COMMENTAIRE

SUR

LE YAÇNA

COMMENTAIRE

SUR

LE YAÇNA

L'UN DES LIVRES RELIGIEUX DES PARSES

OUVRAGE CONTENANT

LE TEXTE ZEND EXPLIQUÉ POUR LA PREMIÈRE FOIS
LES VARIANTES DES QUATRE MANUSCRITS DE LA BIBLIOTHÈQUE ROYALE
ET LA VERSION SANSCRITE INÉDITE DE NÉRIOSENGH

PAR

EUGÈNE BURNOUF

MEMBRE DE L'INSTITUT
PROFESSEUR DE SANSCRIT AU COLLÉGE DE FRANCE

TOME I

PARIS

IMPRIMÉ PAR AUTORISATION DU ROI
A L'IMPRIMERIE ROYALE

M DCCC XXXIII

Proponuntur hæc a me, non ut pro arbitrio quidquam pronuntiem, verum ut alii habeant de quo amplius quærant.

HEYNE, *Observ. ad Homer. Carm.* tom. VIII, pag. 423.

AVANT-PROPOS.

En livrant au public ce premier volume de mon commentaire sur la partie des ouvrages attribués à Zoroastre dont j'ai publié le texte inédit, je dois faire connaître l'état où se trouvait l'étude de ces ouvrages au moment où j'en ai commencé l'explication, la méthode que j'ai cru devoir suivre, et les principaux résultats auxquels je suis arrivé. Plus la difficulté d'un travail de ce genre, entrepris sans grammaire et sans dictionnaire, a été grande, plus je dois soigneusement rendre compte des moyens par lesquels j'ai suppléé à l'insuffisance des secours dont je pouvais disposer ; et plus les résultats auxquels je suis parvenu ont exigé de travail de ma part, plus je dois apporter d'attention à montrer qu'ils ont été obtenus par des procédés avoués de la critique, et que j'ai d'autres raisons pour les admettre que la peine qu'ils m'ont coûtée.

Personne n'ignore que c'est au célèbre Anquetil Duperron que la France doit de posséder ce qui reste des livres moraux et liturgiques des Parses. On sait quels sacrifices cet homme courageux s'imposa pour aller chercher dans le Guzarate, où les Parses sont établis depuis dix siècles, les débris des ou-

I.   A

vrages religieux qu'ils avaient emportés dans leur exil. Les
soins qu'il se donna pour rassembler des copies de ces précieux livres, pour obtenir des prêtres tous les renseignements
qui pouvaient les éclaircir, pour en pénétrer le sens, enfin pour
les traduire d'une manière qu'il pût croire exacte, sont sans
contredit un exemple du plus noble et du plus difficile usage
qu'on puisse faire de la patience et du savoir; et le récit pourrait en paraître peu vraisemblable, si ses peines n'avaient été
récompensées par le succès. Anquetil rapporta en France ceux
des livres de Zoroastre qu'il avait pu se procurer dans l'Inde,
les déposa à la Bibliothèque du Roi; et en 1771, il en fit paraître la traduction sous le titre de *Zend Avesta, ouvrage de
Zoroastre*, en trois volumes in-4°.

Les savants purent croire dès lors que les institutions religieuses et civiles des Parses, que leurs mœurs, leurs usages,
leurs langues et une portion notable de leur littérature sacrée
étaient définitivement connus; et le Zend Avesta d'Anquetil
devint la base des travaux auxquels l'érudition allemande se
livre depuis le commencement de notre siècle, pour recom-
poser le tableau de l'ancienne civilisation persane. Tout n'é-
tait pas fait cependant pour l'intelligence des ouvrages sur lesquels s'exerçait déjà la critique historique. Les textes n'en
étaient pas publiés, la langue en était complétement inconnue,
on ne possédait ni un ouvrage grammatical qui en contînt les
éléments, ni un lexique qui fournît le moyen d'en apprendre
la terminologie. Un très-court vocabulaire zend et pehlvi avait
été joint par Anquetil au troisième volume de son Zend Avesta;
mais quoique Paulin de Saint-Barthélemy, aidé de ce vocabulaire, pût déjà soupçonner que le zend appartenait à la
même famille que le sanscrit et les idiomes savants de l'Europe,

ce fragment, et quelques détails peu précis sur la grammaire
zende, consignés par Anquetil dans les Mémoires de l'Académie des Inscriptions, formaient tout ce qu'on possédait sur la
langue dans laquelle nous ont été conservés les livres de Zoroastre. S'il y avait là de quoi faire naître la curiosité des savants, c'était trop peu pour la satisfaire. Anquetil avait promis
une grammaire et un dictionnaire zends; mais, soit que la
mort ait prévenu l'exécution de son dessein, soit qu'il eût peu
de goût pour les études purement philologiques, ces travaux
ne parurent jamais, et on n'en trouve que de faibles traces
parmi les manuscrits d'Anquetil, que M. Silvestre de Sacy déposa, depuis la mort de ce savant, à la Bibliothèque du Roi[1].

Il ne restait donc à celui qui aurait voulu apprendre la
langue zende, lire le texte original des livres de Zoroastre, et
le faire connaître à l'Europe d'une manière critique, d'autre
secours que la traduction d'Anquetil, et d'autre méthode à
suivre que la comparaison attentive de cette traduction avec
le texte. On pouvait croire ce travail facile, et il ne faut rien
moins qu'une supposition de ce genre pour expliquer pourquoi
on n'a pas songé à s'en occuper plus tôt. Les personnes qui
voulaient s'ouvrir une route nouvelle dans le vaste champ de
la littérature orientale, devaient être plus empressées d'entreprendre l'étude d'idiomes encore peu connus, que l'interprétation d'un texte qu'il était permis de regarder comme traduit,
et le déchiffrement d'une langue dont tous les monuments
existants en Europe étaient publiés en français. Il faut convenir
d'ailleurs que tout devait confirmer les savants dans l'opinion

---

[1] On trouve l'indication des travaux philologiques qu'Anquetil se proposait de faire, dans le tome XXXI, pag. 432 des Mémoires de l'Académie des inscriptions et belles-lettres, et dans le tome II du Zend Avesta.

A.

qu'il ne restait presque rien à faire après Anquetil : son dévoue-
ment à des études qu'il aimait et dont il avait dû atteindre le
terme; tant de soins bien faits pour porter leurs fruits; une
confiance qui ne pouvait naître que de la certitude du succès,
et qui devait être partagée par le lecteur; enfin cette bonne
foi dont l'expression est aussi naturelle au vrai savoir, que
l'imitation en est difficile au charlatanisme. Aussi éprouvai-je
une surprise que les personnes accoutumées aux recherches
philologiques concevront sans peine, lorsque, comparant pour
la première fois la traduction d'Anquetil au texte original, je
m'aperçus que l'une était d'un faible secours pour l'intelligence
de l'autre. Un examen suivi me persuada qu'avec le seul appui
de son interprétation, ce ne serait pas une entreprise aussi
aisée que je l'avais supposé d'abord, que d'acquérir la connaissance de la langue dans laquelle était écrit le Zend Avesta ; et
je reconnus bientôt que la traduction d'Anquetil était loin
d'être aussi rigoureusement exacte qu'on l'avait cru; et cela
d'autant plus facilement, que l'auteur, en déposant à la Bibliothèque du Roi les textes originaux, avait lui-même livré à la
critique les moyens de la juger. Mais, si cette épreuve fut peu
favorable à la traduction du Zend Avesta, je dois me hâter d'affirmer qu'elle ne diminua en aucune façon ma confiance dans
la probité littéraire de l'auteur. En donnant au public une
version que tout l'autorisait à croire fidèle, Anquetil a pu se
tromper, mais il n'a certainement voulu tromper personne;
il croyait à l'exactitude de sa traduction, parce qu'il avait foi
dans la science des Parses qui la lui avaient dictée. Au moment où il la publiait, les moyens de vérifier les assertions
des Mobeds, ses maîtres, étaient aussi rares que difficiles à
rassembler. L'étude du sanscrit commençait à peine, celle de

la philologie comparative n'existait pas encore; de sorte que, quand même Anquetil, à la vue des obscurités et des incohérences qui restaient dans l'interprétation des Parses, eût éprouvé un sentiment de défiance que, nous osons le dire, rien ne devait éveiller en lui, il n'eût pu aisément discuter leur témoignage avec quelque espoir d'en découvrir la fausseté. Il n'est donc pas responsable des imperfections de son ouvrage; la faute en est à ses maîtres, qui lui enseignaient ce qu'ils ne savaient pas assez, circonstance d'autant plus fâcheuse qu'il lui était impossible de s'adresser à d'autres qu'à eux. Ses erreurs sont du genre de celles qui sont inévitables dans un premier travail sur une matière aussi difficile; et, lors même qu'elles seraient plus nombreuses, lors même qu'il devrait subsister peu de chose de sa traduction, et que ce qui devrait en subsister aurait besoin d'être vérifié de nouveau, il resterait encore à Anquetil Duperron le mérite d'avoir osé commencer une aussi grande entreprise, et d'avoir donné à ses successeurs le moyen de relever quelques-unes de ses fautes. C'est d'ordinaire la seule gloire que conserve celui qui explore le premier une science nouvelle; mais cette gloire est immense, et elle doit être d'autant moins contestée par celui qui vient le second, que lui-même n'aura vraisemblablement, aux yeux de ceux qui plus tard s'occuperont du même sujet, que le seul mérite de les avoir précédés.

Si, dans une première traduction, il a toujours été difficile d'éviter des erreurs de tout genre, ce devait être surtout dans celle des ouvrages attribués à Zoroastre; et rien ne s'explique aussi aisément que les imperfections du travail d'Anquetil, quand on pense à l'état dans lequel nous sont parvenus les livres écrits en zend, aux vicissitudes qu'ils ont éprouvées,

et aux difficultés nombreuses qui doivent, à une si grande
distance des temps où ces ouvrages ont été écrits, en rendre
l'intelligence complète à peu près impossible. Les fragments
qui nous restent ne forment qu'une portion peu considérable
de l'ensemble des livres qui portent le nom de Zoroastre, et
que les Parses regardent comme le fondement de leur loi. Ces
livres se divisaient en vingt et une sections, sous le nom de
nosk (en zend *naçka*); nous ne possédons qu'une partie de la
vingtième, appelée par les Parses *Vendidad*, et traduite par
Anquetil sous ce titre. A cette portion du vingtième *naçka*,
qui contient des notions fort importantes sur la géographie
ancienne du nord de la Perse, et sur les institutions religieuses
et civiles de ce pays, il faut ajouter le livre de la liturgie connu
par les Parses sous le nom d'*Izeschné* (en zend *Yaçna*), et dans
lequel on retrouve des fragments de quelques autres *naçkas*.
Ce livre est accompagné d'un petit recueil d'invocations que
l'on peut cependant en détacher, et qui prend alors le nom de
Vispered. Ces trois ouvrages sont réunis en un seul par les prêtres parses, et ils reçoivent alors le nom de *Vendidad-sadé*, titre
sous lequel j'en ai fait lithographier le texte en un volume in-
folio [2]. Enfin les Parses conservent sous le nom de *Ieschts* et de
Néaeschs, d'anciens fragments dont plusieurs ont, sous le rapport religieux et philosophique, un très-grand intérêt. On voit
déjà par cette description sommaire des monuments de la littérature religieuse des Parses, description à laquelle mon des-

---

[1] Suivant Anquetil, « on donne le nom de
« *sadé*, qui signifie *pur et sans mélange*, aux
« ouvrages zends qui ne sont pas accom-
« pagnés de traductions pehlvies. » (*Journal
des Savans*, juillet 1762, p. 475, et *Zend
Avesta*, t. II, index au mot *Sadé*.) Chacun
des ouvrages dont se compose le Vendidad-
sadé, reçoit, lorsqu'il est copié à part, le
nom de *sadé*. Ainsi on trouve dans les notices des manuscrits d'Anquetil l'*Izeschné-
sadé*, etc. Le mot *sadé*, dans le sens que lui
donne Anquetil, est le persan ساده.

sein n'est pas de donner ici tous les développements qu'elle mérite, que celui qui veut les expliquer et les traduire, doit trouver dans leur petit nombre même un obstacle bien difficile à surmonter. Il se voit, en effet, très-fréquemment privé des secours que lui prêterait la comparaison d'un plus grand nombre de textes, et obligé quelquefois d'abandonner comme inexplicable un passage qui recevrait du rapprochement d'un passage analogue d'utiles éclaircissements.

A cette difficulté qui doit durer jusqu'à ce qu'un hasard heureux nous fasse découvrir d'autres livres que ceux que nous connaissons, s'en ajoute une autre beaucoup plus grave; c'est la juste défiance que ne peut manquer d'éveiller la traduction qu'Anquetil a reçue des Parses, et qui, pour venir jusqu'à lui, a passé par plusieurs idiomes, et s'est trouvée par là exposée à toutes les chances d'erreur, aux inexactitudes involontaires de l'ignorance, comme aux falsifications préméditées de l'esprit de système. En premier lieu, le texte original est écrit dans la langue qu'Anquetil appelle *zend*. Je n'examine pas en ce moment jusqu'à quel point Anquetil a pu être fondé à donner à la langue un nom qui appartient certainement aux livres ou à une portion des livres écrits dans cette langue. Je me contente de constater que c'est le zend qui est l'idiome original des livres de Zoroastre. En second lieu, le texte zend a été traduit, à une époque qui nous est inconnue, dans une autre langue, le pehlvi, de laquelle il me suffira de dire qu'elle diffère considérablement du zend, et que les idiomes appelés sémitiques en forment en grande partie le fonds. Sans entrer dans l'examen des questions très-compliquées auxquelles donne lieu l'existence de cette traduction, nous pouvons avancer que le zend ne devait pas ou ne devait plus être généralement

entendu dans la totalité des pays soumis à la loi de Żoroastre
à l'époque où la version pehlvie fut composée. Car on ne peut
expliquer un travail de ce genre que par deux motifs, ou le
besoin de communiquer à un peuple qui parle une autre langue que celle des livres originaux, la connaissance de ces livres
mêmes, ou l'intention d'en sauver le sens de l'oubli, en les
traduisant dans un dialecte plus populaire. Quelle que soit
l'explication que l'on adopte, on doit reconnaître que les Parses
accordent à la traduction pehlvie une valeur égale à celle du
texte ; et, comme il est aussi facile de démontrer la longue durée
de la connaissance du pehlvi en Perse [3], que difficile de prouver la même chose du zend, il est très-vraisemblable que la
traduction pehlvie n'a succédé au texte zend que parce que le
langage de l'une avait succédé à celui de l'autre. On doit supposer, mais on ne peut affirmer, que la traduction pehlvie a été
faite dans un temps où le zend était encore parfaitement compris, au moins par les prêtres ; qu'elle a été rédigée avec tout
le soin qu'exigeait une entreprise de cette importance ; enfin
qu'elle a pu sans inconvénient être substituée au texte dont elle
était une image fidèle. On doit remarquer toutefois que cette
version est accompagnée d'une glose plus développée que le
texte même ; d'où il résulte, ou que le pehlvi était trop imparfait pour reproduire littéralement la concision de l'original, et
qu'il était forcé de recourir à des circonlocutions, ou, ce qui
est plus probable, que les traducteurs ont trouvé qu'une version toute nue, quoique exacte, ne suffisait pas pour faire

---

[3] Anquetil pense que le pehlvi n'était
déjà plus d'un usage général en Perse au
IIIe siècle de notre ère. (*Mém. de l'Acad. des
Inscr.* t. XXXI, p. 407.) Mais il est certain
que le pehlvi s'est conservé comme langue
savante jusque dans des temps très-rappro-
chés de nous. C'est ce que prouvent plusieurs faits que nous rapporterons plus bas.

comprendre le sens du texte devenu obscur, et qu'ils ont cru devoir l'accompagner d'un court commentaire. Quoi qu'il en soit, si cette traduction conserva l'interprétation traditionnelle de l'original, elle dut être peu favorable à la culture de la langue dans laquelle il était écrit; et le texte zend, qui n'était sans doute plus communément intelligible, puisqu'on avait été obligé de le traduire, dut cesser tout à fait de l'être une fois qu'il fut traduit.

Ce fut donc sur la connaissance du pehlvi que reposa désormais l'interprétation des livres de Zoroastre; et dès lors la valeur de cette interprétation ne dépend plus aux yeux de la critique, que du plus ou du moins d'habileté dans la langue pehlvie qu'on devra supposer à son auteur. Le pehlvi, qui florissait encore sous la dynastie des Sassanides, a survécu longtemps en Perse à l'anéantissement de la monarchie persane, et le sens de la traduction faite dans cet idiome a pu continuer d'y être compris par le petit nombre de Parses qui parvinrent à se soustraire aux persécutions des Musulmans. Mais il n'en fut pas de même de ceux qui abandonnèrent leur patrie pour se réfugier dans le Guzarate; et ce qu'Anquetil Duperron nous apprend des vicissitudes de leur retraite, de la difficulté qu'ils éprouvèrent à conserver intacte l'interprétation traditionnelle, des divisions qui s'introduisirent parmi eux, suffit pour autoriser tous les doutes et justifier tous les soupçons de la critique sur la science des Parses et sur la parfaite conformité de la traduction qu'ils donnent du texte pehlvi avec ce texte lui-même [1]. Après être restés cent ans dans le Kouhestan, quinze ans à Ormuz sur le golfe Persique, dix-neuf à Diu, ils s'étaient établis dans le Guzarate. Au bout de trois cents ans environ,

---

[1] *Zend Avesta*, Discours préliminaire, pag. cccxviij et sqq.

I.   B

depuis Yezdedjerd, dernier roi de Perse, les émigrés, jusque-là
réunis, se dispersèrent; et les résultats de cet événement furent
si fâcheux, que Henri Lord [5] a pu dire « que les Parses perdi-
« rent le souvenir de leur origine et de leur religion, jusqu'à
« ne savoir plus d'où ils étaient descendus. » Si Anquetil a raison de trouver cette assertion exagérée, on ne peut nier que
l'ignorance de la langue pehlvie n'eût fait en peu de temps de
rapides progrès parmi les Parses du Guzarate. Vers la fin du
xive siècle de notre ère, la copie du Vendidad qu'ils avaient apportée avec eux était déjà perdue. Ce fut un Destour, nommé
Ardeschir, qui vint du Sistan dans le Guzarate et qui donna aux
prêtres un exemplaire du Vendidad, avec la traduction pehlvie.
On en tira deux copies, et c'est de ces deux copies que viennent
tous les Vendidad zends et pehlvis que l'on trouve dans l'Inde [6].
Ce n'est pas tout; la traduction pehlvie elle-même subit des
modifications capitales, et ces faits sont si importants dans la
question qui nous occupe, qu'on nous permettra de nous servir
des paroles mêmes d'Anquetil.« Il y a quarante-six ans plus ou
« moins (ce qui nous reporte vers le commencement du xviiie
« siècle), qu'il vint du Kirman un Destour fort habile nommé
« Djamasp..... Il crut devoir examiner le Vendidad qui avait
« cours dans le Guzarate. Il en trouva la traduction pehlvie trop
« longue et peu exacte en plusieurs endroits. L'ignorance était
« le vice dominant des Parses de l'Inde. Pour y remédier, le
« Destour du Kirman forma quelques disciples, Darab à Surate,
« Djamasp à Nauçari, un troisième à Barotch, auxquels il ap-
« prit le zend et le pehlvi. Quelque temps après, las des con-
« tradictions qu'il avait à essuyer, il retourna dans le Kirman...

---

[5] *Histoire de la religion des anciens Persans,*
trad. franç. pag. 141.

[6] *Zend Avesta,* Discours préliminaire,
pag. cccxxiij.

« Ce Destour a laissé dans l'Inde une copie exacte du Vendidad
« zend et pehlvi. Darab, premier disciple de Djamasp et Des-
« tour Mobed, consommé dans la connaissance du zend et du
« pehlvi, voulut corriger la traduction pehlvie du Vendidad, et
« rectifier quelques endroits du texte zend qui lui paraissaient
« ou transposés, ou présenter des répétitions inutiles. Il com-
« mença par expliquer à de jeunes théologiens parses les ou-
« vrages de Zoroastre, que les Mobeds lisaient tous les jours sans
« les entendre..... Le texte zend était inondé de commentaires
« pehlvis souvent très-inconséquents [7]. »

Ainsi, non-seulement la tradition ne se conserva pas dans
toute sa pureté parmi les Parses du Guzarate, mais encore elle
y fut quelque temps interrompue; non-seulement la connaissance de la langue pehlvie ne s'y perpétua pas d'une manière
régulière, mais le souvenir s'en effaça complétement; et, sans
les communications qui s'établirent dans des temps très-mo-
dernes entre les Parses du Guzarate et ceux du Kirman, il
est vraisemblable qu'Anquetil, à son arrivée dans l'Inde, n'aurait plus même trouvé de traces des livres qu'il poursuivait
avec tant de persévérance. Or, si les Parses du Guzarate purent
oublier une fois le pehlvi, quelle garantie la critique possède-
t-elle qu'ils aient pu l'apprendre de nouveau d'une manière
assez complète et assez sûre pour être en état de donner de
la version pehlvie une traduction exacte? Et si les manuscrits
rapportés de l'Inde par Anquetil nous fournissent les moyens
de rectifier leurs assertions, si l'étude comparative du zend,
du sanscrit et des langues de la même famille nous permet
de saisir directement le sens du texte zend, et de corriger avec
certitude plusieurs passages des traductions données par eux à

---

[7] *Zend Avesta*, Discours préliminaire, pag. cccxxvj.

Anquetil, ne faut-il pas admettre de deux choses l'une, ou que, si l'interprétation pehlvie est fidèle, les Parses ne l'entendent plus, ou que, s'ils l'entendent, elle n'est pas fidèle? J'avoue que j'aime mieux croire, quoique je n'aie pas fait une étude spéciale du pehlvi, qu'en général la version pehlvie est exacte, et qu'en supposant qu'il y ait erreur dans la traduction qu'en a reçue Anquetil, l'erreur vient des Parses qui n'en ont plus l'intelligence parfaite. J'ai des raisons nombreuses de penser que la connaissance qu'ils ont du pehlvi est très-superficielle, qu'elle se borne à l'intelligence des mots et ne s'étend pas jusqu'à la grammaire, dont le système, tout différent de celui du zend, se distingue par le manque presque absolu de désinences [8].

Heureusement pour la critique, les moyens de contrôler et de rectifier l'interprétation donnée à Anquetil par les Parses ne manquent pas plus que les raisons d'en suspecter la parfaite exactitude. Ces moyens sont de deux sortes : la tradition des Parses eux-mêmes, puisée à une source plus ancienne que l'explication des maîtres d'Anquetil, et l'analyse approfondie du texte en zend, appuyée sur la comparaison de cet ancien idiome avec les langues auxquelles il est le plus intimement uni. Le

---

[1] Je rassemble ici quelques aveux remarquables d'Anquetil Duperron, relativement à l'ignorance des Parses. En premier lieu : « Les Parses n'osent expliquer ce qui du zend n'a pas été traduit en pehlvi. » (*Mém. de l'Acad. des Inscr.* t. XXXI, p. 346.) Depuis l'établissement des Parses dans l'Inde, « on fut obligé de traduire en indien (*lisez* guzarati) quelques ouvrages de Zoroastre, parce que les Mobeds n'entendaient ni le zend ni le pehlvi. » (*Ibid.* pag. 347.) « Malgré le nombre des ouvrages propres à perpétuer cette langue (le pehlvi) et la nécessité dont elle est pour l'intelligence du zend, l'usage s'en perd insensiblement, et il est rare de rencontrer des prêtres parses qui la sachent même médiocrement. » (*Ibid.* pag. 399.) « A présent même, le Destour chargé de l'instruction des jeunes Mobeds, ne fait qu'interpréter de vive voix les livres de la loi et les sept premiers chapitres du Vendidad, sans permettre d'écrire sous la dictée, ni donner aucune explication tendante à fixer le zend et à bien débrouiller le pehlvi. » (*Ibid.* pag. 347.)

premier moyen ne s'applique pas, il est vrai, à tous les morceaux zends que l'on conserve à la Bibliothèque du Roi, et,
des trois portions dont nous avons dit que se composait le
recueil appelé *Vendidad-sadé*, il n'embrasse que la collection
connue sous le nom d'*Izeschné*. Mais les lumières qu'il répand
sur cet ouvrage éclairent en même temps les autres livres, et
permettent d'y découvrir les inexactitudes de la traduction des
Parses. Comme c'est sur l'emploi simultané des deux moyens
dont je viens de parler que repose tout mon travail, je dois
entrer à ce sujet dans quelques éclaircissements, et indiquer
d'abord ceux des manuscrits d'Anquetil qui m'ont mis en état
d'opposer à l'interprétation très-moderne des Parses une traduction qui, sans remonter très-haut, l'est cependant beaucoup moins.

Il existe parmi les manuscrits zends rapportés par Anquetil,
deux exemplaires du livre de la liturgie ou de l'Izeschné en
zend et en sanscrit. Ces manuscrits portent l'un le n° 2 du
Fonds, et l'autre le n° 3 du Supplément. Le premier est incontestablement plus ancien que l'autre, et même je crois pouvoir avancer que le n° 3 n'est que la copie du n° 2. Il est facile
en effet de reconnaître que les fautes évidentes qui abondent
dans la partie sanscrite du n° 2, sont reproduites dans la même
portion du n° 3 avec une fidélité scrupuleuse. Quoi qu'il en
soit de la question de leur antériorité relative, on comprend
sans peine tout l'intérêt que peut offrir un pareil ouvrage.
C'est déjà un fait très-remarquable que la réunion dans un
même manuscrit de deux langues certainement anciennes,
qui, par les rapports qui les unissent l'une à l'autre d'abord,
puis ensuite aux idiomes savants de l'Europe, doivent ouvrir
à l'étude de la philologie comparée un vaste champ de re-

cherches. Mais, dans la question qui nous occupe, celle des
moyens à l'aide desquels on peut interpréter de nouveau les
textes zends, la traduction d'une partie considérable de ces
textes dans une langue dont la grammaire est aussi rigoureusement fixée que celle du sanscrit, est un monument de
la plus haute importance. Ce qu'Anquetil nous apprend sur
cette traduction sanscrite de l'Izeschné zend, se réduit à peu
de chose : elle a été faite sur le pehlvi, et, ainsi que les autres traductions sanscrites des livres zends, il y a environ
trois cents ans, par les Mobeds Nériosengh, fils de Daval,
et Ormuzdiar, fils de Ramiar [9]. Cette indication, qui n'a pas
toute la précision désirable, nous permet cependant de reporter la date de cet ouvrage vers la fin du xve siècle, et on peut
y voir un effet du redoublement de zèle qui suivit l'arrivée de
Djamasp dans l'Inde au commencement de ce même siècle.
Cette indication est d'ailleurs d'autant plus intéressante que
l'on ne trouve dans les manuscrits mêmes rien qui permette
d'en fixer la date. Les deux manuscrits s'ouvrent par une courte
invocation que nous croyons devoir donner en entier, quoique, à l'exception de quatre lignes, elle soit assez peu instruc-
tive. Les deux originaux sont fort mal écrits; mais j'ai trouvé
dans un autre manuscrit qui porte le titre de *Minokhered* [10], et
dont le texte, qu'Anquetil assure être en *pazend*, est traduit
en sanscrit, une invocation à peu près semblable, qui m'a
permis de déterminer la lecture et le sens de quelques mots
difficiles. Voici cette invocation, que j'ai traduite aussi littéralement qu'il m'a été possible de le faire.

[9] *Zend Avesta*, t. I, 2ᵉ partie, pag. 5
et 74.

[10] Manuscrit d'Anquetil, n° 10, Supp. Cet
ouvrage a été traduit en sanscrit par Nériosengh; le sanscrit est suivi d'une version
en dialecte guzarati.

नाम्रा सर्वाङ्गशक्त्या च साक्षयेन च स्वामिनो अहुरमड्दस्य
महाज्ञानिनः सिद्धिः शुभा भूयात् प्रवृत्तिः प्रसिद्धिश्च उत्तमदी-
नेर्माड्दर्ईखस्न्याः वपुषि च पाठवं दीर्घं ज्ञीवितं च सर्वेषां उत्त-
मानां उत्तममनसां ॥ इदं इज्ञास्निड्नंदपुस्तकं मया निरीश्रोसंघेन
धवलसुतेन पह्लवीज्ञंदात् संस्कृतभाषायामवतारितं ॥ सुखप्रबो-
धाय उत्तमानां शिच्चाश्रोतृणां सतूचेतसां ॥ प्रणामः उत्तमेभ्यः
शुद्धमतेभ्यः सतूज्ञिछेभ्यः सत्यसमाचारेभ्यः ॥ [11]

« Au nom et par la toute-puissance, et avec la faveur du
« Seigneur *Ahuramadjda* (Ormuzd), dont la science est grande,

[11] J'indique dans cette note les changements que j'ai dû faire à la lecture des deux
manuscrits, en me servant, pour deux ou
trois mots, de l'invocation du Minokhered,
qui n'est ni complète dans le manuscrit que
nous possédons, ni exactement semblable à
celle de l'Izeschné. Je lis *sarvânggaçaktyâ*
avec le n° 2, au lieu de *sarvâmsaktyâ* du n° 3;
je corrige dans les deux manuscrits *saktyâ*
en *çaktyâ*. Je lis *muhâ* au lieu de *mâhâ* que
donnent les deux manuscrits, *çubha* au lieu
de *subhâ* du n° 2, et *sâbhâ* du n° 3. J'ajoute
à *pravritti* un visarga que ne donnent pas
les manuscrits. Je lis avec le n° 2, *dîner*, au
lieu de *dîner* du n° 3, et avec le même manuscrit *dîrgham*, et non *dirgham* du n° 3.
Le même n° 3 donne *idjisnidjada*, au lieu
de *idjisnidjamda* du n° 2, leçon confirmée
par celle du Minokhered, où dans un passage analogue on lit *djamda*. Il est certain
que la leçon *djada* rappelle le nom de *sadâ*
qu'on donne à l'Izeschné, lorsqu'il n'est pas
accompagné d'une traduction pehlvie; tou-

tefois je préfère l'autorité des deux manuscrits à celle du n° 3, qui est si fautif, et le
mot *djamda* (pour *djanda*) me paraît être
la transcription du mot *zend* dont j'indique
le sens dans la note suivante. Le n° 3 lit
niriosamghena avec un i bref: on peut choisir entre cette orthographe et celle du n° 2:
la différence de la brève à la longue n'a pas
d'importance. Le n° 3 lit à tort *sûtena* pour
sutena. Le même manuscrit donne *pahalavi*
avec un i bref, changement peu important.
Il lit aussi avec un virâma *samskrit*, au lieu
de *samskrita*. Le n° 3 lit fautivement *sâ-
chaprabodhyâya*; au reste, les deux manuscrits se servent du *ch* pour le *kh*, suivant
un usage orthographique général dans
l'ouest de l'Inde. Le n° 3 oublie l'anusvâra
d'*attamânâm*. Le n° 2 écrit le mot suivant
sichyâçrokchanâm, et le n° 3 *sisyâ*..... La
leçon que j'ai adoptée est fondée sur celle
du Minokhered telle du moins que je crois
pouvoir la lire. Aucun des deux manuscrits
ne met de virâma sous la consonne finale de

« prospérité, bonheur, succès et propagation de l'excellente
« loi des *Mâzdaîasnas*, santé pour le corps et vie longue pour
» tous les hommes vertueux dont l'âme est excellente! Ce vo-
« lume (nommé) le livre *Idjisni* (Izeschné), a été traduit par
« moi *Niriosamgha*, fils de *Dhavala*, du livre *pahalavî* (pehlvi) en
« langue sanscrite pour l'heureux enseignement des hommes
« excellents qui écoutent l'instruction, dont le cœur est ver-
« tueux. Honneur aux hommes excellents dont les pensées sont
« pures, la langue juste et la conduite conforme à la vérité [12]! »

Je ne m'arrêterai pas à relever les incorrections grammaticales que l'on peut remarquer dans ce morceau, telles que
la violation fréquente des règles de l'orthographe sanscrite;
j'ai indiqué dans une note les fautes bien plus graves qu'on
trouve dans les manuscrits.

Je passe à d'autres remarques plus importantes. La première porte sur la manière dont le sanscrit représente le nom
zend d'Ormuzd, le premier des Amschaspands, qu'Anquetil
lit *Ehoré mezdâo*. La transcription de la traduction sanscrite

sat. Tous deux écrivent *pranâmmah*, avec l'addition d'un anusvâra surabondant, comme
cela est d'usage dans les dialectes vulgaires
de l'Inde. Le n° 2 écrit *sudva*, et le n° 3
sâdhya, leçons évidemment fautives. Tous
les deux donnent *satadjahvebhyah*, qu'il faudrait lire, suivant les lois de l'euphonie sanscrite, *sadjdjihvebhyah*. J'ai de même rétabli
l'*d* après le *tch* de *samâtchârebhyah*.

[12] Les mots de cette invocation que je
traduis par *livre Idjisni* et *livre pehlvi*, sont
écrits dans le texte même *idjisni djamda* et
pahalavî djamda. Dans ces deux composés,
djamda (qu'il faudrait peut-être lire *djanda*)
est, selon moi, la transcription exacte du
mot *zend*; car le dévanâgari n'a pas d'autre

signe pour représenter le *z* persan que le *dj*.
Mais je doute que *djamda* ou *zend* désigne
ici la langue qu'Anquetil appelle spécialement *zend*. Ce mot ne peut avoir dans notre
passage d'autre sens que celui de *livre*, acception dans laquelle nous savons que le
mot *zend* est employé par plusieurs écrivains orientaux. Les preuves de cette assertion m'entraîneraient trop loin. Je compte
pouvoir les donner prochainement dans
une dissertation spéciale, où je comparerai
ce que les auteurs orientaux nous apprennent du mot *zend*, avec plusieurs passages
des livres de Zoroastre, où l'on n'a pas jusqu'ici songé à chercher l'origine de cette
dénomination.

est entièrement conforme à celle que M. Rask a rapportée de l'Inde, et c'est une confirmation inattendue de l'une des rectifications que ce savant a faites, sur l'autorité des Parses eux-mêmes, à la lecture d'Anquetil [15]. Ainsi, il y a trois cents ans, les Parses donnaient aux caractères zends, et notamment aux voyelles, des valeurs différentes de celles que leur assignait Anquetil à la fin du dernier siècle; et, chose remarquable, ces valeurs s'accordent mieux avec les résultats des comparaisons étymologiques, et elles rendent aux mots zends leur forme véritable, que leur avait enlevée la lecture irrégulière d'Anquetil. Je ne pense pas qu'on objecte que le traducteur indien a pu altérer la valeur des lettres zendes pour en rendre plus facile la transcription en dévanâgari. L'alphabet dévanâgari possède, en effet, tous les sons nécessaires pour représenter exactement l'alphabet zend; et si, il y a trois siècles, le *a* zend s'était prononcé *é* comme le veut Anquetil, le traducteur eût employé pour le transcrire la voyelle ए *é,* et non, comme il l'a fait, la voyelle अ *a.* Nous pouvons donc accorder toute confiance aux transcriptions de Nériosengh; et, sans entrer ici, sur le mérite de ces transcriptions, dans tous les détails que fournira successivement notre Commentaire, nous pouvons établir comme un fait définitivement prouvé, que la comparaison de la lecture du traducteur indien avec celle des Parses modernes introduit dans les valeurs de l'alphabet zend des changements et des corrections du plus haut intérêt.

Je crois pouvoir ne pas insister en ce moment sur un mot de cette invocation, *dîner* (gén. de *dîni*), qui n'est pas un terme sanscrit, mais le mot persan *dîn* (en zend *daéna*), décliné à la

---

[15] *Ueber das Alter und die Echtheit der Zend-Sprache*, p. 46 (trad. all.).

manière indienne. Mais j'ai besoin de m'expliquer sur le nom
même du traducteur de l'Izeschné, nom qui pourrait suggérer
quelques doutes sur l'authenticité de la traduction sanscrite.

Nous remarquerons d'abord que le Parse qu'Anquetil appelle
Nériosengh, est le seul auquel soit attribuée la version sanscrite
de l'Izeschné. L'invocation, dans laquelle Nériosengh se nomme
lui-même, ne parle pas d'Ormuzdiar, fils de Ramiar, cité par
Anquetil. Le nom de Nériosengh y est écrit en caractères dévanâgaris *Nirfosamgha*; et M. de Bohlen, dans une dissertation
dont j'ai eu occasion de parler ailleurs [14], frappé de la ressemblance de ce mot avec le sanscrit *Narasimha* (le nom d'une
incarnation célèbre de Vichnou), croit pouvoir avancer que
le nom propre zend n'est pas autre chose que le nom du dieu
indien. M. A. W. de Schlegel, qui a bien voulu indiquer l'existence du travail que je fais paraître en ce moment, dans sa
Lettre récemment publiée sur l'étude des langues asiatiques,
semble approuver ce rapprochement. Il ne va pas cependant
jusqu'à en tirer la conséquence que l'auteur de la traduction
de l'Izeschné fût un Indien, ni que la critique doive se mettre
en garde contre les interpolations des idées et des termes
brahmaniques auxquels le traducteur aurait pu se laisser aller [15]. Il est certain toutefois que, si l'on parvenait à prouver
que c'est à un Brahmane qu'est due la traduction sanscrite de
l'Izeschné, l'authenticité de cette traduction deviendrait très-
suspecte, et les inductions qu'on en tirerait relativement au
sens du texte zend, pourraient ne pas reposer sur une base
très-solide. Si, au contraire, le traducteur est un Parse qui
avait appris le sanscrit, on peut avoir autant de confiance dans

[14] *De orig. linguæ zendicæ*, p. 46. (Voy. Journal des Savans, août 1832.)

[15] *Réflexions sur l'étude des langues asiatiques, adressées à Sir James Mackintosh*, p. 68.

son interprétation que dans celle que des Parses plus modernes
ont communiquée à Anquetil; et alors la question du nom
qu'il portait n'est plus que secondaire: car il est assez peu important, quant à la valeur de son travail, que son nom soit
identique à un nom connu dans la mythologie indienne, surtout si l'on fait attention aux rapports si nombreux qui rattachent le sanscrit aux langues de la Perse ancienne et moderne,
ou que l'on admette entre des idiomes aussi rapprochés l'un
de l'autre la possibilité d'une ressemblance fortuite de mots.
Or, Anquetil affirme d'une manière positive que Nériosengh
était un Mobed, et qu'il apprit le sanscrit, ainsi qu'Ormuzdiar,
de trois Brahmanes convertis à la religion de Zoroastre, dont
les noms sont mentionnés dans une prière moderne que l'on
récite en jetant des parfums dans le feu [16]. On ne peut guère
admettre, en effet, que cette traduction ait été rédigée par un
Brahmane; le style en est trop barbare, les règles les plus
simples de la grammaire y sont trop ouvertement violées, et les
fautes nombreuses qu'on y remarque à chaque pas trahissent
trop clairement l'indécision d'un écrivain qui s'exprime dans
une langue qui ne lui est pas familière. L'examen de la traduction sanscrite confirme donc le témoignage d'Anquetil, et
il ne reste plus que le nom du traducteur qui puisse laisser à
la critique quelques doutes.

Mais ces doutes eux-mêmes disparaissent devant l'explication du nom zend de Nériosengh. Nous le rencontrons assez
fréquemment sous sa forme originale dans les livres des Parses;
et, sans entrer ici dans une analyse grammaticale qui trouvera
sa place ailleurs, nous pouvons affirmer que ce nom s'écrit
Nairyô çangha, et qu'il désigne un des vingt-quatre Izeds; c'est,

---

[16] *Zend Avesta*, tom. II, pag. 53, note 1.

C.

d'après les Parses, le génie d'un des feux que la religion consacre, celui qui anime les rois [17]. Je ne m'occupe pas en ce
moment du rôle mythologique de l'Ized Nériosengh, et je
ne cherche pas jusqu'à quel point les Parses sont autorisés
par les textes zends à y voir un des génies du feu. Ce qu'il
m'importe uniquement de constater, c'est que le nom de *Nairyô çangha* est bien un nom zend, et qu'il ne présente, avec le
sanscrit *Narasimha*, qu'une ressemblance fortuite. Je trouve ce
mot écrit *nairyô çangha*, et très-fidèlement transcrit par les
copistes indiens de l'Izeschné, नइरिओसंघ *nairiô samgha*, avec
les différences très-légères de स *s*, pour ᣒ *ç*, et de l'anusvâra
suivi de घ *gh*, pour le zend ᣒᣒ *ngh*, où le ᣒ *h* ne fait pas
corps avec la nasale [18]. Cette simple transcription ne nous apprend pas l'opinion du traducteur indien sur le sens des deux
mots *nairyô çangha*, et Anquetil se contente de nous dire que
le premier signifie *homme* [19], sans indiquer ce qu'il faut entendre par *çangha*. Au XXIIe *fargard* ou chapitre du Vendidad,
Anquetil ajoute, au nom de l'Ized Nériosengh, le titre de *chef
de l'assemblée*, et cette traduction, qui vient, selon toute apparence, de la glose pehlvie, et que j'avoue n'avoir pu jusqu'ici
retrouver dans le texte zend, semble devoir, au premier coup
d'œil, jeter quelque jour sur la signification du nom de *nairyô
çangha*, dont elle peut être comme le commentaire [20]. Dans
cette hypothèse, le mot zend *çangha* serait le sanscrit *samgha*,
réunion, assemblée ; et *nairyô*, à la forme absolue *nairya*, serait

---

[17] *Zend Avesta*, tom. I, 2e part., p. 429,
note 3, p. 133, note 1, et les renvois à la
table d'Anquetil.

[18] Voy. le XVIIe chap. du Yaçna, ms.
Anq., n° 2, Fonds, p. 140.

[19] *Zend Avesta*, t. I, 2e part., p. 133,
note 1.

[20] *Vendidad* zend-pehlvi, ms. Anq., n° 1,
Fonds, pag. 869.

l'adjectif de *nar* (radical, *nere*), homme, et signifierait *viril*, d'où l'on traduirait le composé entier par « assemblée des hommes » ou peut-être « celui qui préside à l'assemblée des hommes. » Toutefois l'identité du zend *çangha* et du sanscrit *samgha* est plus apparente que réelle, et il serait possible que ces deux mots vinssent de racines différentes. Je trouve en effet en zend, et notamment dans le passage même du Vendidad auquel je viens de faire allusion tout à l'heure, un radical verbal écrit *çangh*, dans lequel des lois de permutation de lettres que j'ai établies le premier [21], me permettent de reconnaître le sanscrit शास् *ças*, dire, ou même शंस् *çams*, ordonner, annoncer [22]. Le mot *çangha* en est le substantif et signifie *ordre, parole*; d'où je me crois autorisé à traduire *nairyô çangha* par les mots « ordre « humain ou précepte des hommes, » titre qui a pu être convenablement donné à celui qui, dans le passage précité, est chargé de transmettre aux hommes la volonté d'Ormuzd. Cette traduction me paraît de beaucoup préférable à celle d'*assemblée virile*, et je n'hésite pas à l'adopter à l'exclusion de la première. Au reste, quelle que soit celle qu'on admette, le rapprochement du nom de Nériosengh (*nairyô çangha*) avec celui de *Narasimha* ne doit plus paraître fondé; et le traducteur de l'Izeschné, qu'Anquetil affirme avoir été un Parse, porte en réalité un nom d'origine zende, et qui, pour être composé d'éléments communs à cette langue et au sanscrit, ne peut pas pour cela passer pour dérivé de ce dernier idiome.

La discussion à laquelle je viens de me livrer paraîtra peut-être sortir du caractère que j'ai voulu donner à cet Avant-propos. Mais, comme la version sanscrite de Nériosengh est,

---

[21] *Nouveau Journal asiat.* t. II, p. 342.
[22] Le radical sanscrit *ças*, et avec une na- sale *çams*, n'est pas, selon toute apparence, fondamentalement différent de *çâs*.

à mes yeux, une traduction de l'interprétation traditionnelle
de l'Izeschné, et que je m'en sers pour critiquer le témoignage
des Parses modernes, j'avais besoin de dissiper tous les doutes
qui pouvaient s'élever sur son authenticité. Je suis d'opinion
(et l'étude attentive de cette version devra inspirer le même
sentiment au lecteur) que la traduction de Nériosengh est aussi
pure d'interpolations brahmaniques qu'on peut le désirer pour
un travail de ce genre, rédigé par des Orientaux, c'est-à-dire
par des écrivains dont la critique n'est pas très-rigoureuse; et
j'ai l'espoir qu'on sera bientôt convaincu, comme moi, que le
petit nombre de termes empruntés par Nériosengh à la mythologie et au langage religieux des Brahmanes n'est pas de nature
à diminuer la confiance que doit inspirer sa traduction sanscrite de l'Izeschné. Cette confiance repose en entier sur cette
circonstance, que la glose sanscrite est la reproduction fidèle
de la version pehlvie, qu'Anquetil n'a pu se procurer dans
l'Inde. Ce fait est formellement énoncé dans le préambule que
j'ai traduit plus haut : le mot *pehlvi* y est exprimé; et quoique
l'addition du mot सिद *djamda,* que je crois être la transcription
du nom de *zend,* donne lieu à des questions fort difficiles que
je m'engage à examiner ailleurs, le témoignage d'Anquetil et
celui de ce préambule même déterminent suffisamment l'origine de cette traduction sanscrite. J'ai même un double motif
pour croire que le traducteur ne s'est pas référé souvent, si
jamais il l'a fait, au texte zend, et qu'il a suivi avec une ser-
vilité excessive la version pehlvie. C'est, en premier lieu, que
la traduction sanscrite est beaucoup plus développée que l'original zend; et cela vient de ce que les versions pehlvies, outre
l'interprétation littérale du texte, en donnent encore un commentaire plus ou moins étendu. Ensuite la glose sanscrite est

le plus souvent composée d'une série de mots placés les uns auprès des autres, sans qu'aucune désinence en marque les rapports mutuels; et cela me semble tenir encore au pehlvi, qui est loin d'être aussi riche en désinences grammaticales que le zend. On peut donc regarder comme un fait certain, quoiqu'il manque à cette assertion la preuve la plus décisive, c'est-à-dire la comparaison du texte pehlvi lui-même avec la traduction sanscrite, que le travail de Nériosengh est une copie fort exacte de la version pehlvie, qui existait, il y a trois siècles, dans le Guzarate. Qu'une exactitude aussi minutieuse ait ses inconvénients, c'est ce qui n'est pas douteux, et on n'en trouvera dans la suite de ce Commentaire que trop de preuves. Mais le mérite littéraire de la version de Nériosengh, le plus ou le moins de difficulté qu'elle présente au lecteur qui veut la comprendre, ne sont pas en ce moment en question. Ce qu'il m'importait d'établir, c'est qu'elle est authentique, qu'elle est la reproduction de l'original pehlvi, et que, comme telle, on doit la placer au premier rang parmi les moyens dont la critique peut disposer pour entreprendre une traduction nouvelle du livre zend de la liturgie, et par suite des autres ouvrages de Zoroastre.

Ces considérations m'ont engagé à la publier intégralement, et à la soumettre ainsi aux discussions qu'elle ne peut manquer de faire naître. Sans parler du secours qu'elle doit offrir pour l'intelligence de la version pehlvie, si jamais on la possède en France, j'ai voulu, en en donnant le texte, fournir au lecteur le moyen de vérifier l'usage que j'en ai fait. Je l'ai donc transcrite fidèlement, avec les fautes le plus souvent très-grossières qui la déparent, ne me permettant aucun changement sans en avertir le lecteur, à moins que ce ne fût une de ces corrections faciles que me suggérait la comparaison des deux manuscrits. J'ai agi de même pour les passages qui m'ont paru inintelligibles, parce qu'ils peuvent être compris par d'autres personnes, et que d'ailleurs leur obscurité vient peut-être de ce qu'ils renferment des termes pehlvis ou persans qui me sont inconnus. Ainsi le lecteur est mis en possession d'un nouveau moyen d'interprétation, dont il peut user avec indépendance, et il a pour vérifier mon travail l'instrument dont je me suis servi pour contrôler celui d'Anquetil.

Je n'insisterai pas davantage en ce moment sur l'importance de cette glose sanscrite, sur les défauts et les mérites de sa rédaction, sur l'esprit des commentaires dont elle se compose, sur les notables changements qu'elle introduit dans l'interprétation d'un grand nombre de passages fondamentaux du texte. La plupart des observations que je ferais ici auraient besoin de preuves, et les preuves se présenteront en foule dans la suite de ce Commentaire. Les rassembler en ce moment, et les offrir au lecteur dans cette préface, ce serait, dans bien des cas, répéter des faits qui n'ont besoin que d'être indiqués une seule fois, et qui seront suffisamment appréciés en leur lieu; ce serait d'ailleurs anticiper sur l'exposé des résultats généraux de ce travail, qui ne peuvent être jugés que quand on en possédera l'ensemble et qu'on aura pu se rendre compte des moyens par lesquels ils ont été obtenus. Ces résultats sont si variés; ils touchent à tant et de si belles questions : l'étude d'une langue jusqu'ici à peu près inconnue, l'analyse comparative de cette langue et de celles qui appartiennent à la même souche, l'interprétation des ouvrages religieux qui ont formé pendant des siècles la base de la civilisation persane, l'intelligence du système philosophique contenu dans ces livres, et la comparaison de ce système avec ceux de quelques grandes

nations de l'Asie, en un mot, tout ce qui intéresse l'histoire de
l'homme doit en recevoir des éclaircissements si nombreux et
quelquefois si nouveaux, que ce ne serait pas trop d'un travail
spécial pour les exposer avec tous les développements nécessaires. Mais quand même j'aurais sur toutes ces questions, les
plus difficiles peut-être de l'histoire orientale, une réponse ou
une conjecture à offrir au lecteur, je ne songerais pas à la lui
soumettre avant d'avoir mis entre ses mains la totalité des
preuves qui peuvent la justifier.

Je passe au second moyen d'interprétation que j'ai employé
pour vérifier la traduction d'Anquetil; les détails dans lesquels
je dois entrer à ce sujet feront en même temps connaître une
partie des résultats de cet ouvrage, ceux qui importent à la
connaissance du zend, et à la comparaison de cet idiome avec
d'autres langues de l'Asie et de l'Europe. En possession de la
traduction d'Anquetil et de celle de Nériosengh, j'avais un
double secours pour l'interprétation du texte. Ou Anquetil et
Nériosengh s'accordent sur le sens de l'original; et alors je devais admettre que la tradition des Parses était uniforme, et il
ne me restait plus qu'à retrouver dans le texte le sens des mots,
et la valeur des signes de rapport qui les unissent dans la proposition. Ou Anquetil et Nériosengh différaient entre eux, et
je devais encore me reporter au texte pour y reconnaître à
laquelle des deux interprétations il se prêtait le mieux : de
part et d'autre, la lecture des deux traductions m'imposait toujours l'obligation d'une analyse grammaticale du texte, analyse
dont le but était de justifier l'une des deux versions. Si les deux
traductions (ou seulement l'une d'elles) eussent été exactes,
ce travail d'analyse eût été bientôt fait; il en serait aisément
sorti une grammaire et un dictionnaire zends, et le résultat

I.   ·   D

philologique eût été dès lors complétement atteint. Malheureusement il n'en a pas été ainsi, et l'examen le plus rapide de
ce Commentaire prouvera au lecteur combien la traduction
d'Anquetil et celle de Nériosengh, prises à part ou comparées
l'une à l'autre, laissent encore subsister de difficultés graves
sur le sens du texte, difficultés qui viennent ou de ce que la
signification des mots zends est inconnue, ou de ce que le
rôle qu'ils jouent dans la phrase n'est pas assez nettement déterminé. Les preuves de cette assertion se présenteront à chaque ligne de cet ouvrage; et, pour ne pas m'arrêter davantage
sur ce fait, je dirai qu'il a sa raison dans l'extrême licence de
la traduction des Parses. Au lieu de suivre pas à pas le texte,
les traducteurs n'en ont guère donné qu'une imitation approxi-
mative; de sorte qu'en supposant même que cette imitation
représente le sens général, elle n'est encore que d'un faible secours pour l'explication approfondie de chaque expression du
texte zend. Pour sortir du vague de ces traductions inexactes,
je me suis attaché à déterminer aussi rigoureusement que cela
m'a été possible la valeur des formes grammaticales de chaque
mot; et, quoique ce travail offrît quelque difficulté, parce qu'il
arrive souvent que la forme grammaticale ne peut être reconnue que quand on sait la signification du mot, je dois dire
cependant que la ressemblance si frappante du zend avec le
sanscrit m'a été d'un grand secours. La détermination des désinences qui marquent les rapports des mots m'a donné la
proposition, et il ne m'est plus resté qu'à faire à chacun de
ces mots l'application du sens vague dont Nériosengh et Anquetil me fournissaient les éléments. Les obstacles que j'ai ren-
contrés dans cette portion de mon travail étaient très-consi-
dérables; ils ont été levés en partie, et d'une manière directe,

par le moyen du dictionnaire sanscrit, qui peut le plus souvent servir de vocabulaire zend, et par la comparaison des divers passages où un même mot se trouvait répété. Mais quand ces passages n'étaient pas assez nombreux pour que le rapprochement des différentes positions d'un même mot pût conduire à un résultat positif, j'ai dû avoir recours à une espèce de divination dont le lecteur appréciera le mérite dans chaque cas donné, mais dont je dois brièvement lui faire connaître les procédés généraux.

Le problème que j'avais à résoudre était celui-ci : étant donné un mot zend auquel les Parses attribuent une signification que la comparaison des textes et l'étude des langues qui appartiennent à la même famille ne confirment ni n'expliquent, justifier le sens donné par les Parses ou en trouver un autre. J'ai commencé par détacher du mot à traduire les désinences, formatives et suffixes, que l'analyse grammaticale m'avait fait reconnaître dans d'autres mots sur lesquels le concours de Nériosengh, d'Anquetil et de la comparaison des langues ne laissait aucune incertitude. J'ai réduit ainsi à ses éléments les plus simples, ou à ce qu'on appelle le radical, le mot sur lequel portait la difficulté, et, une fois maître de ce radical, j'ai cherché si les langues avec lesquelles le zend a le plus de rapport, comme le sanscrit, le grec, le latin, les dialectes germaniques, etc., n'en offraient pas quelques traces. Cette méthode m'a conduit, dans un grand nombre de cas, à des résultats très-curieux ; ainsi j'ai constaté que la liste des racines sanscrites contenait presque tous les radicaux dont je cherchais le sens, mais que ces radicaux n'étaient pas fréquemment usités, s'ils l'étaient jamais, dans le sanscrit classique, et que, pour les trouver dans la langue, il fallait remonter jusqu'aux Védas. Ces radicaux

D.

anciens étaient d'ordinaire étrangers aux langues grecque et latine, car autrement je les eusse reconnus plus vite; quelques-uns seulement se trouvaient dans les dialectes germaniques : de sorte que les radicaux zends et sanscrits, envisagés par rapport à leur emploi, se sont distingués naturellement pour moi en classes dont je n'indique en ce moment que les plus tranchées :

1° Radicaux zends qui appartiennent à peu près exclusivement au langage des Védas ou au plus ancien sanscrit, très-rares dans les langues grecque et latine, plus communs dans les langues germaniques.

2° Radicaux zends qui ne se trouvent pas dans le sanscrit classique, mais qui, étant mentionnés dans les listes de racines, ont certainement appartenu à la langue, et vraisemblablement à son état le plus ancien; cette classe nombreuse est rare dans les idiomes savants de l'Europe.

3° Radicaux zends qui appartiennent à tous les âges de la langue sanscrite, communs aux langues grecque, latine, germanique, slave et celtique; cette classe est la plus nombreuse de toutes, on peut dire qu'elle forme le fonds commun de toutes ces langues.

4° Enfin, radicaux zends que je n'ai pu ramener à aucun radical connu de ces diverses langues, mais que j'ai presque toujours retrouvés, plus ou moins altérés, dans le dictionnaire persan.

Si, comme j'ose l'espérer, ces résultats, au moins dans ce qu'ils ont de plus général, ne sont pas sujets à contestation, ils jettent sur la statistique d'une des familles les plus riches des langues humaines des lumières nouvelles. En premier lieu, ils établissent la haute antiquité de la langue zende, dont une partie considérable se trouve ainsi contemporaine du dialecte primitif des Védas. En second lieu, ils prouvent évidemment que les langues diverses qui composent la famille sanscritique, ne doivent pas être considérées comme dérivées les unes des autres, mais, qu'à part les différents âges de leur culture, qui établissent entre elles une apparence de succession chronologique, elles appartiennent primitivement à un seul et même fonds, auquel elles ont puisé dans des proportions inégales. Cette inégalité, si frappante dans l'emploi des radicaux, se retrouve dans le plus ou moins de développement que ces radicaux ont reçu dans les divers idiomes qui les ont conservés. Ainsi telle racine qui, en sanscrit, est restée improductive, a, en zend, donné naissance à de nombreux rejetons; telle autre, s'arrêtant, dans un de ces idiomes, au milieu de sa croissance, n'en a parcouru que le premier période, et dans un autre que le dernier; en un mot, dérivés comme radicaux, rien n'est absolument égal entre toutes ces langues, mais tout y part d'un fonds primitivement commun, et s'y développe d'après les mêmes lois.

Cette communauté d'origine, dont je rencontrais à chaque pas des preuves si convaincantes, m'a enhardi jusqu'à essayer de rendre compte d'un certain nombre de mots zends que je voyais résister aux moyens d'analyse dont je viens d'indiquer sommairement la marche et les résultats. La comparaison des mots identiques, ou à peu près identiques, en zend et en sanscrit, par exemple, m'avait donné un certain nombre de lois de permutation de lettres, lois dont la certitude est d'autant plus grande qu'elle repose sur un plus grand nombre d'observations, et qu'elle a sa raison dernière dans la constitution propre de l'organe vocal. Les mots zends qui ne différaient des mots sanscrits que par le changement d'une lettre, et auxquels l'application d'une de ces lois pouvait se faire avec certitude, devinrent la base de laquelle je m'élevai à d'autres mots dans lesquels l'application simultanée de plusieurs lois était nécessaire; de telle sorte que je parvins à expliquer des termes zends très-différents, par le son, des termes sanscrits correspondants, et à les ramener par l'analyse comparée de leurs éléments à la forme sous laquelle ils se montrent dans d'autres idiomes. Je suis loin de me dissimuler les inconvénients attachés à l'emploi exclusif d'une pareille méthode, et je n'ignore pas quels dangers il y aurait à l'appliquer sans discernement. Car la valeur des règles de permutation n'est pas tout à fait la même pour les mots qui diffèrent complétement les uns des autres, que pour ceux qui sont à peu près semblables, et la certitude de ces lois décroît en quelque sorte en proportion du besoin qu'on a de les appliquer. Mais l'appréciation des diverses circonstances qui peuvent en permettre ou en limiter l'usage appartient à la critique, et j'ai l'espoir qu'on ne trouvera pas que j'aie, dans ce travail, refusé au lecteur aucun des moyens de vérification qu'il était de mon devoir de lui fournir.

De ces recherches philologiques, et de la nécessité de me rendre compte de tout, parce que rien n'était suffisamment clair, est résultée la forme particulière de cet ouvrage. Nul n'en connaît mieux que moi les imperfections, et la critique ne m'adressera pas un reproche que je ne me sois fait d'avance à moi-même. Mais j'avoue que je n'ai pu trouver une forme qui satisfît plus complétement aux diverses conditions imposées à celui qui veut expliquer un texte aussi obscur, et faire connaître la langue dans laquelle il est écrit. Des personnes

aussi respectables par leur caractère que par leur science profonde ont exprimé le regret que je n'aie pas rédigé une grammaire et un dictionnaire de la langue zende, au lieu de suivre
pas à pas le texte, et de disséminer les observations auxquelles
chaque mot donne lieu dans un commentaire aussi développé.
Mais l'index qui terminera cet ouvrage sera un véritable dictionnaire, au moins des textes que j'aurai interprétés. J'ajouterai qu'il ne m'eût pas été difficile de disposer par ordre
alphabétique les remarques que j'ai faites sur chaque mot, et
de commencer ainsi cette publication par le dictionnaire; mais
on comprendra sans peine que l'adoption d'un tel plan eût
entraîné des répétitions sans nombre, puisque le sens des mots
n'étant d'ordinaire déterminé que par celui des autres termes
avec lesquels ils sont en rapport, une phrase de trois mots,
par exemple, eût dû être répétée trois fois, c'est-à-dire une
fois pour chacun des mots dont elle se compose. La méthode
que j'ai suivie me dispense de répétitions de ce genre. Le texte
zend est divisé en paragraphes, dont l'étendue est fixée par le
sens que j'ai cru pouvoir attribuer aux diverses portions de
l'original; les mots de chaque paragraphe sont transcrits en
caractères latins, pour que ce Commentaire puisse être parcouru par les personnes qui s'occupent de recherches sur les
analogies des langues, et qui n'ont pas l'intention ou le loisir
d'apprendre à fond toutes celles qu'ils ont besoin de comparer. La traduction de Nériosengh, pour les ouvrages auxquels
on la trouve jointe, suit immédiatement chaque paragraphe;
et si elle est un peu étendue, je la divise en petites phrases,
avec des chiffres de renvoi à la partie correspondante du
texte, disposition qui m'a paru d'autant plus nécessaire que
la traduction de Nériosengh est beaucoup plus développée

que l'original zend, et qu'on pourrait quelquefois éprouver
de la difficulté à y retrouver le texte. Je fais suivre la version
de Nériosengh de celle d'Anquetil, parce que c'est une autre
expression du sens traditionnel; et, après avoir mis sous les
yeux du lecteur ce double moyen d'interprétation, je me livre
à la discussion de chacun des mots du paragraphe, comparant entre elles les variantes des manuscrits, et terminant par
un résumé qui confirme ou rectifie la traduction de Nériosengh, ou celle d'Anquetil, ou l'une et l'autre à la fois.

L'original se trouve ainsi découpé en petits chapitres formés d'un texte, d'une discussion et d'une traduction, et rien
n'est plus facile que de trouver, sur chaque passage donné,
la conclusion à laquelle je suis parvenu. Car, de trois choses
l'une, ou je pense que la traduction de Nériosengh ou celle
d'Anquetil, ou l'une et l'autre à la fois, sont exactes, et alors
la discussion a pour but de prouver cette opinion; ou, ce
qui est beaucoup plus fréquent, je rectifie la traduction d'Anquetil à l'aide de celle de Nériosengh ou de l'analyse du texte;
ou enfin je trouve que la traduction d'Anquetil et celle de Nériosengh sont inexactes, mais ni l'une ni l'autre ne me donnent les moyens d'en proposer une nouvelle. Dans ces trois
cas, la vérification est également facile, et le lecteur a tous les
moyens de compléter ou de corriger mon explication. Cette
méthode entraîne sans doute des longueurs. Mais elle est sûre;
et elle m'était d'ailleurs imposée par le manque d'un dictionnaire et d'une grammaire zends. Le commentateur qui se propose d'expliquer un texte écrit dans une langue dont on possède la grammaire et le dictionnaire, n'a sans doute pas besoin
d'entrer dans le détail des motifs qui lui font assigner à chaque mot tel ou tel sens; il suppose ce sens connu, et son au-

autorité est le dictionnaire de la langue, instrument qui se trouve entre les mains du lecteur comme entre les siennes. Il en est tout autrement, lorsqu'il s'agit d'interpréter un texte pour l'explication duquel on n'a que des indications incomplètes. Pour retrouver dans l'original le sens donné par ces indications, ou pour démontrer l'inexactitude de ces indications mêmes et y substituer quelque chose de plus certain, il est besoin d'une discussion d'autant plus approfondie que le texte offre plus de difficultés. Il faut tout prouver alors, parce que tout est en question, la valeur des formes comme le sens des mots; et la discussion ne peut s'arrêter que quand elle a découvert l'une et l'autre, ou prouvé qu'elle manquait des moyens de le faire. Cette méthode est sans contredit celle qui laisse le moins de place à l'arbitraire et au charlatanisme, et qui met le plus nettement au grand jour ce que l'auteur ignore comme ce qu'il peut savoir.

Je me suis fait un devoir de l'appliquer dans toute sa rigueur à celle des trois parties du Vendidad-sadé dont la traduction sanscrite se trouve à la Bibliothèque du Roi. Comme je l'ai dit en commençant, le Vendidad-sadé est la réunion de trois ouvrages, l'Izeschné, le Vispered et le Vendidad proprement dit. Ces trois ouvrages sont d'ordinaire copiés à part, et celui qu'Anquetil nomme, d'après les Parses, *Izeschné*, est reproduit de cette manière dans trois manuscrits de la Bibliothèque. Le premier et le plus ancien de ces manuscrits porte le n° 6 du Supplément; il ne contient que le texte zend. C'est un volume in-4°, d'une main lourde, mais lisible, qui m'a fourni d'excellentes leçons, et qui jette beaucoup de jour sur plusieurs particularités de l'orthographe zende, notamment sur les valeurs que j'attribue aux lettres *ç*, *ch* et *s*. Son

I.

ancienneté, qui n'est pas déterminée exactement, mais qui est facilement reconnaissable, lui donne en outre une grande valeur paléographique, et on y aperçoit clairement que la voyelle ᴸ est la réunion du trait ᐠ et de la voyelle ⟩ *ou,* ce qui établit un rapport frappant entre la formation du signe de l'*o* en zend, et celle du même signe dans quelques alphabets dérivés du dévanâgari.

Le second manuscrit porte le n° 2 du Fonds d'Anquetil; il contient la glose sanscrite de Nériosengh. C'est encore un manuscrit d'une grande valeur pour la critique du texte zend. Il est peut-être plus moderne que le précédent; cependant il est assez ancien, et certainement bien antérieur au troisième manuscrit. Le format en est petit in-4°, et l'écriture annonce une main exercée. Le dernier manuscrit de l'Izeschné porte le n° 3 du Supplément d'Anquetil; le texte est accompagné de la glose de Nériosengh, et suivi d'un autre ouvrage, les *Ieschts* et les *Néaeschs,* qu'Anquetil a traduits dans le tome second de son Zend Avesta. C'est un manuscrit in-folio d'une bonne main, mais en général peu correct, et bien inférieur au précédent, dont il est, je crois, la copie, à moins que le n° 3 et le n° 2 ne soient tous deux copiés sur un même exemplaire plus ancien. Il m'a été cependant d'une grande utilité pour le déchiffrement de la glose de Nériosengh, qui est souvent moins lisible dans le n° 2 du Fonds. Je n'insiste pas en ce moment sur les autres particularités de ces trois manuscrits; on peut voir à ce sujet les Notices qu'en a données Anquetil au commencement de la IIe partie de son premier volume. Je n'ai pas davantage à m'occuper ici de relever les passages de l'Izeschné qui peuvent manquer dans l'un et se trouver dans l'autre; ces détails seront exposés dans la suite de mon Commentaire. La comparaison que je donnerai des diverses leçons entre elles, permettra d'apprécier l'autorité relative des trois manuscrits qui nous offrent l'Izeschné séparé des autres ouvrages zends.

Le texte qui sert de base à mon travail est celui du Vendidad-sadé, où l'Izeschné est joint au Vispered et au Vendidad. J'ai choisi ce texte, non qu'il fût le meilleur, mais parce qu'il est déjà dans les mains des personnes qui prennent intérêt à ces études. J'ai détaché l'Izeschné des deux autres ouvrages auxquels il est mêlé; et quoique j'aie analysé de la même manière la plus grande partie du Vispered, lequel n'est pas accompagné d'une traduction sanscrite, j'ai cru ne pas devoir joindre le Vispered à l'Izeschné pour donner ce dernier ouvrage seul, comme le présentent les Parses. Accompagné de la glose de Nériosengh, que nous ne possédons pas pour les autres livres, il forme en effet un ouvrage tout à fait distinct. J'ai dû rendre à cet ouvrage son véritable nom zend, celui de *Yaçna*, que les Parses ont remplacé par la transcription pehlvie *Izeschné*, mot duquel je me suis servi dans cette préface, pour que les personnes qui connaissent la traduction d'Anquetil ne fussent pas déroutées par une appellation nouvelle. Mais dans le cours du Commentaire, je fais exclusivement usage de celle de *Yaçna*, qui est le véritable titre de l'ouvrage.

Lorsque ce Commentaire sera achevé, mon intention est de le faire suivre du texte du Yaçna, tel que la discussion des variantes m'aura permis de le fixer. J'y joindrai la traduction française avec les corrections que j'aurai pu faire à celle d'Anquetil. Je passerai alors au Vispered, dont la traduction est déjà très-avancée. Quant au Vendidad, comme M. Olshausen a donné une édition très-soignée des quatre premiers chapitres de cet ouvrage, et qu'il a promis sur cette partie des livres zends un travail d'explication analogue à celui que j'ai fait pour le Yaçna, je ne publierai pas de commentaire sur un livre qui est en de si savantes mains. Cette détermination ne pourrait changer que si d'autres travaux empêchaient M. Olshausen de continuer sa publication.

Il est temps de terminer cette préface : je crains bien que le lecteur ne l'ait trouvée beaucoup trop longue ; mais je lui devais ces détails, moins pour intéresser son indulgence en ma faveur, que pour lui faire connaître l'état actuel de cette étude, et le mettre à même d'apprécier la valeur des moyens nouveaux que j'ai essayé d'y appliquer. Si, dans la discussion du texte, on remarque que je suis souvent en désaccord avec Anquetil, j'espère qu'on ne m'accusera pas d'avoir dissimulé ce que je devais au fondateur de l'interprétation des livres zends en Europe. Nul ne sait mieux que moi ce qu'il a fallu de science à Anquetil pour composer son Zend Avesta ; nul n'admire plus franchement cette alliance de l'érudition et de l'enthousiasme dont sa vie tout entière a offert un si parfait modèle ; et si le soin que j'ai apporté à lui faire hommage de ce qui lui appartient ne répondait pas suffisamment de ma vénération profonde, je dirais qu'Anquetil a fait plus pour l'intelligence des livres de Zoroastre que d'en donner le texte et l'explication : il a été, au péril de sa vie, les chercher dans l'Inde, les a traduits le premier, et n'a pas craint d'en déposer le texte dans la plus célèbre bibliothèque de l'Europe, pour appeler sur son travail l'examen de la critique.

Paris, 15 février 1833.

OBSERVATIONS

PRÉLIMINAIRES

SUR

L'ALPHABET ZEND.

L'alphabet zend, tel qu'il est donné par Anquetil Duperron, se compose de quarante-huit caractères, dont seize pour les voyelles, et trente-deux pour les consonnes, sans compter trois groupes ou lettres composées, qui portent le nombre des signes zends de l'al-

[1] Les observations qu'on va lire ont un double objet : elles sont destinées à faire connaître au lecteur la forme et la valeur des caractères zends, et à indiquer d'une manière générale la relation de ces valeurs à celles de l'alphabet dévanâgari. Je n'ai pas trouvé qu'un tableau de l'alphabet zend, avec les valeurs des signes dont il se compose, suffît pour atteindre au premier but. La lecture du zend présente en effet des difficultés qui viennent de ce que nous sommes placés entre deux systèmes, soutenus l'un et l'autre par le témoignage des Parses. Anquetil Duperron a publié l'un vers la fin du dernier siècle, et il l'a suivi pour la transcription des mots qui se trouvent dans son Zend Avesta; M. Rask a fait connaître le second dans sa dissertation sur l'antiquité et l'authenticité de la langue zende, traduite du danois en allemand, et publiée à Berlin en 1826. Ces deux systèmes de lecture diffèrent en plusieurs

phabet d'Anquetil à cinquante et un [2]. Ces caractères n'expriment que trente-cinq valeurs : douze voyelles et vingt-trois consonnes. Le grand nombre des signes, relativement au petit nombre des valeurs,

points importants, et comme ils reposent tous deux sur des autorités également respectables, c'est à la critique de décider lequel doit être préféré. J'ai donc dû, pour la mettre à même de faire son choix, comparer en détail la lecture d'Anquetil à celle de M. Rask. Après avoir déterminé la valeur de chacune des lettres en particulier, j'ai cru nécessaire de donner un résumé de ce que m'avait appris, quant à leur rôle dans la formation des mots, l'analyse des textes zends que j'ai interprétés jusqu'ici. Le sanscrit, comme celle de toutes les langues qui se rapproche le plus du zend, a été le point principal de mes comparaisons, d'où j'ai essayé de déduire quelques conséquences sur l'antiquité relative des alphabets zend et dévanâgari. Dans cette seconde partie de la discussion, j'ai dû m'abstenir de multiplier les exemples : ils se présenteront en foule dans la suite du Commentaire. Les faits qui, se répétant le plus fréquemment, sont les mieux constatés, m'ont donné les lois les plus générales, celles que je me suis cru dispensé de démontrer par un grand nombre de preuves, lesquelles viendront plus tard. J'ai agi autrement pour certains faits moins communs, qui ont cependant de l'importance, en ce qu'ils caractérisent le système des sons et des articulations de la langue zende, et qu'ils permettent d'en apprécier la relation avec le système des sons et des articulations du sanscrit. J'ai toujours appuyé les observations auxquelles ces faits donnaient lieu d'un des exemples au moins qui leur ser-

vaient de preuves. Enfin, j'ai laissé dans l'ombre d'autres faits beaucoup plus rares, qui seront discutés dans les circonstances particulières où ils se présenteront. L'état dans lequel nous sont parvenus les livres zends, et la difficulté de les entendre complétement, ne m'ont pas permis de restreindre le nombre de ces faits encore obscurs dans des limites aussi étroites que je l'eusse désiré. Il y a encore, du moins pour moi, trop de mots sur le sens et sur la forme desquels il reste des doutes, pour qu'on puisse donner une opinion précise sur les éléments, tant voyelles que consonnes, dont ils se composent. Quelle pourrait être la certitude de lois déduites de termes qui, peut-être, sont mal écrits ? Mais, outre que les mots obscurs ou incorrects peuvent être plus tard déterminés avec précision par la comparaison de nouveaux manuscrits, et par la découverte de textes plus étendus, le lecteur peut déjà considérer comme fondées et valables, quant aux faits qu'il est en son pouvoir de vérifier avec moi, les remarques que m'a suggérées la comparaison des alphabets zend et sanscrit. Je désire seulement qu'il ne s'attende pas à trouver ici, sur tous les points, une opinion définitive, qu'il me serait encore bien difficile de lui donner quand je posséderais la collection complète de tous les manuscrits zends qui existent en Europe. Toutefois c'est un résultat auquel je ne désespère pas de parvenir un jour : ce sera le résumé de la partie philologique de mon travail.

[2] *Zend Avesta*, t. II, p. 424.

vient de ce que quelques-uns sont employés au commencement,
d'autres au milieu, d'autres à la fin des mots. C'est uniquement à
ces détails que se réduisent les explications qu'Anquetil a données
sur la Planche qui contient l'alphabet zend, et qui fait partie du
tome second de son Zend Avesta [3].

Avant d'examiner en particulier chacune des lettres dont cet alphabet se compose, il est peut-être permis de reprocher à Anquetil
de les avoir classées d'après un ordre pour lequel il n'a pas trouvé
d'autorité suffisante dans les textes. Il est certain, en effet, que des
trois classifications que nous offrent les livres zends rapportés par
Anquetil, celle qu'il adopte ne s'y rencontre qu'une fois. L'une des
deux autres, au contraire, est répétée dans deux ouvrages différents,
le volume des Ieschts-sadés et le Grand Ravaët [4]. Nous donnons dans un
tableau ces diverses classifications avec l'indication des manuscrits où
elles se trouvent : on verra que la troisième du Grand Ravaët est la
même que celle du volume des Ieschts. La seconde du Grand Ravaët
a aussi beaucoup d'analogie avec celle des Ieschts, mais elle s'en distingue en ce qu'elle est plus complète sous le rapport des voyelles.
Entre ces divers ordres, Anquetil a choisi le premier de ceux que
présente le Grand Ravaët. Mais les raisons qu'il expose à l'appui de
son choix ne me paraissent pas convaincantes. En effet, de ce que
les lettres pehlvies, dérivées des lettres zendes, procèdent suivant
l'ordre qu'il a reproduit dans sa Planche, on ne peut conclure
que les lettres zendes aient suivi ce même ordre dans l'origine. Anquetil avoue que l'arrangement primitif de l'alphabet est inconnu ;
c'était un motif de plus pour examiner avec soin les diverses classifications conservées par les livres zends, surtout celles qui nous

[3] Voyez le Tableau ci-joint contenant
l'alphabet zend d'après Anquetil, l'alphabet
rectifié, en partie d'après M. Rask, et la
série des caractères zends d'après les diverses classifications des Parses.

[4] Mss. Anq. n° 3, Supp. p. 273, et n° 12,
Supp. p. 284 et 285. Notre Tableau donne
la classification du volume des Ieschts, et
les trois alphabets du Grand Ravaët dans
l'ordre du manuscrit.

montrent les lettres disposées presque systématiquement selon le
plus ou le moins d'analogie qu'elles présentent entre elles. Anquetil a
fait connaître, il est vrai, la disposition du volume des Ieschts[5]; mais
il eût dû, selon nous, la respecter davantage, ou au moins en proposer une qui fût plus systématique, et plus conforme à la nature
de l'alphabet zend.

On peut déjà se convaincre, en examinant la disposition suivie
par le copiste du volume des Ieschts, et la classification du Grand
Ravaët, que l'ordre qu'elles présentent offre des traces d'une tenta-
tive de régularisation. Les lettres de même organe y sont généralement réunies ensemble, mais d'une manière moins parfaite que
dans l'alphabet dévanâgari. Plusieurs lettres y sont répétées sans
qu'on en puisse apercevoir la raison. D'autres sont suivies d'additions qui peuvent être ou des mots servant de nom à la lettre, ou
seulement des syllabes destinées à en faciliter la prononciation.
Les mots *ananaya, ananya, yaya*, me paraissent être de cette dernière espèce. On y voit dominer la voyelle *a*, qui sert à vocaliser la
consonne, système qui semble imité de l'alphabet sanscrit. La répétition de la consonne paraît elle-même un emprunt à la manière
dont on prononce dans quelques provinces, et notamment chez les
Tamouls, l'alphabet et le syllabaire dévanâgari. Je crois, en effet,
me rappeler d'avoir entendu rapporter par des voyageurs, que,
quand on apprenait à lire aux enfants malabares, chaque consonne
était prononcée deux fois, ou suivie d'un *a* répété deux fois, de cette
manière : *na-a, na-a.*

Ces observations sembleraient indiquer que nous regardons l'ordre
des caractères zends, tel qu'il est donné par le volume des Ieschts
et par le Grand Ravaët, comme imité de l'alphabet dévanâgari.
Nous ne croyons cependant pas qu'elles suffisent pour trancher la
question. L'origine et l'antiquité de cet ordre nous sont également
inconnues. Nous ne savons pas même avec certitude s'il est adopté

[5] *Mém. de l'Acad. des Inscr.* t. XXXI, p. 357, pl. 1, n° 1.

ALPE		CLASSIFICATION
RECTIFIÉ EN		
»	V méd.	L'ALPHABET ZEND D'APRÈS LE VOLUME DES IESCHTS-SADÉS.
	W	(Ms. Anq. n° 3 Supp. pag. 273.)
	Ç	
	CH	
	S	
	H	
	AH	**CLASSIFICATIONS**
	SK	S DE L'ALPHABET ZEND D'APRÈS LE GRAND RAVAET.
	ST	(Ms. Anq. n° 12 Supp. pag. 284 sqq.)
	HM	N° I.

N° II.

N° III.

par les Parses du Kirman, comme il paraît l'être par ceux de l'Inde. Ce serait là un point qui mériterait d'être examiné; car, si l'on venait à reconnaître que les Destours de la Perse ne suivent pas cet ordre, on serait en droit d'en suspecter l'originalité. Comme, en effet, les manuscrits auxquels nous l'empruntons, ainsi que tous ceux d'Anquetil, ont été écrits dans le Guzarate par des Parses qui devaient connaître la classification des alphabets indiens, il ne serait pas impossible que l'idée d'un classement systématique leur eût été inspirée par l'habitude qu'ils avaient prise d'employer l'alphabet dévanâgari du Guzarate. Mais cette présomption n'est pas assez forte pour faire rejeter, sans autre preuve, l'ordre des manuscrits que nous citons; car il est toujours permis de supposer que les Parses de l'Inde le doivent aux relations fréquentes qu'ils ont, à diverses époques, entretenues avec ceux de la Perse.

Si nous comparons avec l'alphabet de la Planche d'Anquetil, la totalité des caractères donnés par le volume des Ieschts et par le Grand Ravaët, en complétant l'une par l'autre les diverses séries de notre Tableau, nous trouvons quarante-neuf formes, tandis qu'Anquetil en a cinquante et une. Cette différence vient de ce que l'alphabet du Zend Avesta renferme des groupes dont Anquetil a cru devoir donner la lecture à cause de la difficulté qu'ils pouvaient offrir. Il se trouve ainsi que quelques formes manquent dans l'alphabet que l'on peut extraire des manuscrits; ce sont le *eh* et le *scht*, et de plus la quatrième forme du n° 6 d'Anquetil, en commençant par la droite. L'alphabet des manuscrits a, d'une autre part, le *l* qui, ne se trouvant pas dans la langue zende, a été emprunté au pehlvi, et que nous représentons dans notre Tableau par un *l* entre deux crochets, et de plus le *è*, que M. Rask a rétabli depuis dans l'alphabet zend, et qu'il est d'autant plus singulier de voir omis par Anquetil, que cet *è* se trouve non-seulement dans les deux dernières classifications du Grand Ravaët, dont il n'a pas tenu compte, mais encore dans la première de ces classifications, celle qu'il a suivie exactement. Quoi

I.   F qu'il en soit de cette omission d'Anquetil, qui vient de ce qu'il ne s'était pas fait une idée assez nette du rôle de cet *è*, nous regardons comme très-intéressants ces essais de classification, quelque incomplets qu'on doive les trouver comparativement à l'alphabet dévanâgari. Ils offrent d'ailleurs avec ce dernier un trait frappant de ressemblance, c'est que les consonnes y sont séparées des voyelles. Dans le nº II du Grand Ravaët, les voyelles sont même régulièrement disposées à la manière indienne, *a â, i î, o ô, ë è, u û*, etc.; et, de même que dans le volume des Ieschts, l'alphabet commence par les gutturales, et n'arrive aux voyelles qu'après avoir épuisé à peu près toutes les consonnes. Cette division trace celle que nous allons suivre dans notre examen; seulement nous commencerons par les voyelles, parce que c'est sur elles que portent les corrections les plus importantes, dont une partie a déjà été proposée par M. Rask.

§ I.

VOYELLES.

Anquetil donne, dans son alphabet, treize voyelles : *a, i, ï-i, e, o, ô, é, an, ân, ou, â, oû, âo,* quoique, dans son explication, il avance que l'alphabet zend n'en a que douze; c'est que la dernière *âo*, est considérée par Anquetil comme un groupe qu'il ne fait pas entrer dans sa liste. Ces voyelles ont chacune plusieurs signes; ainsi *e* est représenté par le nº 1 ou le nº 25; *i*, par les deux formes du nº 20; *î*, par les deux formes du nº 21; *o*, par les deux formes du nº 26; *é*, par les deux formes du nº 28. Cette multiplicité de formes est déjà quelque chose d'assez difficile à admettre. De plus, les analogies que l'on remarque entre les nombreux signes destinés à représenter les douze voyelles, révèlent, dans le système de l'alphabet zend, une régularité que l'on ne retrouve pas dans celui d'Anquetil. Ainsi il ne faut pas un long examen pour remarquer

qu'entre le caractère ﺵﻭ *i* (première forme du n° 2 1) et ﺝ *e* (n° 25),
il y a le même rapport qu'entre ﺵﻭ *où* (n° 35) et ﺝ *o* (première forme
du n° 2 6); et le résultat auquel conduit cette comparaison, c'est
que *où* est le double de *o*, comme *i* l'est de *e*. Mais sur le caractère
où il s'élève un doute; car au Kirman, où les Parses ont sans doute
eu plus de moyens de conserver la tradition de la vraie prononciation, on le lit *w*. Or, il arrive que dans les textes ce signe est toujours suivi d'une voyelle, qu'il soit ou non précédé d'une consonne,
par exemple dans le mot *urvara* (arbre) qu'Anquetil écrit *orouere* [6].
On peut donc transcrire, si l'on veut, ce signe avec nos caractères
où, mais il faut nécessairement lui donner le son d'un *v*. Ainsi la
prononciation du Kirman, beaucoup plus logique que celle du Guzarate, doit servir à rectifier l'orthographe d'Anquetil. Tels sont
sans doute les motifs qui ont décidé M. Rask à adopter cette lecture, qu'il a depuis longtemps proposée [7].

Ce point une fois admis, il est facile d'en tirer quelques conséquences, que justifient également les textes zends. Si ﺵﻭ *où*, le double
de ﺝ *o*, est *v* et non *où*, ﺵﻭ *i*, le double de ﺝ *e*, doit être *y* (*ya* sanscrit)
et non *i*; d'ailleurs Anquetil lui-même avouerait cette correction,
puisqu'il représente souvent ce caractère par un *i*, qui joue en français exactement le même rôle que *y*. Ici encore nous nous appuyons
de la lecture de M. Rask qui est déjà arrivé au même résultat [8]. Ainsi,
des dix-huit signes dont Anquetil se sert pour écrire douze sons
vocaux, deux ne doivent plus être considérés comme tels, mais
seulement comme des semi-voyelles, ce qu'explique et leur place
dans les mots, et la forme même des caractères employés pour les
représenter.

[6] Ce mot est le latin *arbor*. En sanscrit *ur-
vard* signifiant *terre fertile*, n'est sans doute
pas sans analogie avec le mot zend. On
remarque le même rapport entre le sanscrit
bhûmî (terre) et l'allemand *baum* (arbre).

[7] Voyez *Journ. asiat.* t. II, p. 146, et
*Ueber das Alter, und die Echtheit der Zend-
Sprache*, p. 51, 57, et la planche.

[8] Voyez *Journ. asiat.* t. II, p. 146, et
Ueber das Alter, etc. p. 52.

F.

Passons maintenant aux autres signes. ⟨ *i* et ⟩ *ou* sont dans le même rapport que ⟩ *e* et ⟩ *o*. Ce qui distingue les deux premiers caractères des deux autres, c'est l'addition de la ligne souscrite, qui dans l'*ou* est un peu plus longue que dans l'*i*. Il semble devoir en résulter que le n° 25 ⟩ est le simple de ⟨ *i*, c'est-à-dire *i* bref, comme la première forme du n° 26 est le correspondant de *ou*. Il y a plus; si la ligne souscrite est, dans la deuxième forme du n° 21, ce qui marque la longue, comme l'a constaté M. Rask, il en doit être de même pour le caractère n° 32, qui se trouve être la longue de la première forme du n° 26. Ajoutons que l'*oú* long de l'alphabet d'Anquetil a été reconnu être un *v*, de sorte qu'il n'y a plus de signe pour cette voyelle, si nous n'admettons pas que cette lettre qui, selon Anquetil, est un *ou* bref, et qui, d'ailleurs, a tant d'analogie avec ⟩, doive passer pour le véritable *oú* long. Or, on ne révoquera pas en doute la nécessité d'introduire dans l'alphabet un *oú* long, puisque chaque voyelle y est accompagnée de sa longue, comme il suit: *a á, i í, o ó*, etc. De plus, l'analyse que nous venons de faire tout à l'heure des n°ˢ 21 et 35 d'Anquetil, appuie encore notre explication; car, si la première forme du n° 21 vaut *y*, l'élément qui compose cette lettre doit être plutôt un *i* qu'un *e*; et de même, le n° 35 ⟩⟩ étant *v*, l'élément qui le constitue doit être un *ou* plutôt qu'un *o*. En résumé, après ces changements qui, au fond, ne portent que sur deux caractères, mais dont les conséquences peuvent avoir quelque intérêt, nous dresserons la liste suivante des voyelles critiquées, en représentant le son *ou* par *u*, prononcé à l'italienne:

$$\text{⟩ }i,\text{ ⟨ }í,\text{ ⟩ }u,\text{ ⟩ }ú,\text{ ⟩⟩ }y,\text{ ⟩⟩ }v\ (y\text{ et }v\text{ médiales}).$$

Notre analyse a enlevé à la voyelle *e* un caractère, mais il lui en reste encore trois dans l'alphabet d'Anquetil; ce sont les trois signes des n°ˢ 1 et 28. Le premier ne peut pas répondre à cette voyelle, au moins dans nos transcriptions, qui doivent, autant qu'il est possible, reproduire fidèlement toutes les nuances orthographiques des originaux. Puisque Anquetil lui a donné le son de l'*a* dans sa Planche, il est peu conséquent en lui attribuant celui de l'*é* dans ses transcriptions; c'est multiplier à dessein dans la langue la voyelle *é*, qui prête aux mots zends une apparence d'uniformité qu'ils n'ont plus quand on les examine de près. Les formes du n° 28 restent donc les seules qui puissent s'appliquer à l'*e*; elles doivent représenter deux prononciations un peu différentes, l'une longue et forte, l'autre brève et muette. Nous verrons bientôt que la seconde ﻩ *ě*, remplace, dans un grand nombre de mots et de terminaisons zendes identiques au sanscrit, l'*a* bref usité dans cette langue; l'autre ﻬ *é* répond exactement à l'*é* de l'alphabet dévanâgari.

Outre les deux formes que nous venons d'examiner, on doit à M. Rask d'avoir constaté l'existence d'une troisième, qu'Anquetil a oubliée, quoiqu'elle se rencontre fréquemment dans les textes, et notamment, ainsi que nous le remarquions tout à l'heure, dans la liste des caractères du volume des Ieschts et dans celles du Grand Ravaët. On lui donne, dit M. Rask, soit en bas, soit à gauche, une fois autant de longueur que de hauteur [9]. La valeur de ce caractère paraît double; quelquefois il ne doit offrir qu'une légère nuance de la première forme du n° 28, et paraît surtout employé dans les désinences grammaticales composées de deux voyelles. D'autres fois il répond au sanscrit ए *di*, notamment dans l'instrumental du pluriel des noms en *a*, et dans d'autres désinences. M. Rask qui transcrit, je crois à tort, la première forme du n° 28 par *æ*, ajoute le signe de la longue à cette lettre pour représenter l'*é* ﻩ qu'il a retrouvé. Nous nous servirons d'un *è* avec un accent grave, sans attacher une grande importance à cette transcription. Il y a donc dans l'alphabet zend trois *e* : *ě*, *é*, *è*. M. Rask croit remarquer quelque analogie entre cet ordre et celui des idiomes populaires de l'Inde méridionale, qui ont de plus que le sanscrit un *e* qui leur est propre [10]. La ressem-

---

[9] Voyez *Journ. asiat.* t. II, p. 146; et *Ueber das Alter*, etc. p. 53, 54. — [10] *Ueber das Alter,* etc. p. 54.

blance serait complète si le dernier *é* (n° 28, seconde forme) avait
la valeur de la diphthongue indienne *âi;* la série des sons *e* se déve-
lopperait comme celle des sons *o : o, ó, âo,* disposition tout à fait
identique à celle des langues du sud de l'Inde. Mais ce rapport,
auquel M. Rask semble tenir beaucoup, ne me paraît qu'accidentel.
Le premier *ĕ* n'est que le représentant ou d'un *a* bref dévanâgari
déjà usé, ou du son très-bref appelé *scheva,* que l'on fait inévitablement entendre lorsque deux consonnes, comme *f* et *r,* par exemple,
viennent à se rencontrer. Dans le premier cas, il remplace un *a* dévanâgari précédant un *m* soit médial soit final, non-seulement dans
plusieurs désinences et flexions, mais même dans l'intérieur de divers
radicaux. Il se prête encore, comme nous le verrons tout à l'heure,
à l'expression de la voyelle sanscrite *rĭ,* lorsqu'il précède et suit la
liquide *r.* Enfin, en tant que *scheva,* il n'est guère qu'un signe
orthographique sans valeur pour l'étymologie.

Nous venons de déterminer la valeur de tous les signes consacrés
aux voyelles, excepté la deuxième forme du n° 26, le n° 27 et le
n° (36). Ici il n'y a rien à changer à la lecture d'Anquetil. Le n° 26
est l'*o,* le n° 27 l'*ó* long, et le n° (36) une double qui se trouve
dans l'alphabet extrait des diverses classifications du Grand Ravaët.
L'examen de ces caractères prouve l'exactitude des observations qui
portent sur les précédents. En effet, la petite barre inférieure est
dans le n° 27 le signe de la longue, comme M. Rask avait remarqué
qu'elle devait l'être dans la deuxième forme du n° 21 et dans le
n° 32 de la Planche d'Anquetil.

Nous remarquerons de plus de nombreuses analogies entre ces
signes et ceux qui leur correspondent dans l'alphabet dévanâgari. La
deuxième forme du n° 26 paraît évidemment composée, surtout
dans les manuscrits les plus anciens, de la première forme de ce
même numéro ⟩ *u,* avec une barre supérieure. Or, dans l'alphabet
très-logique du sanscrit, *o* est un composé de *u* et de *a.* Quelques
langues indiennes montrent même aux yeux les éléments de la

voyelle *o ;* tel est le pâli qui, pour figurer ce son, prend le signe de
l'*a* qu'il surmonte d'une barre comme le zend [11]. Le caractère du
n° 36 paraît matériellement formé de l'*á* long et de l'*ĕ*. Or, le *ó* (et le
do) sanscrits sont aussi composés de l'*á* long et du signe de l'*ĕ ;* seulement l'espèce de l'*ĕ* est autre, et le signe en est répété deux fois.
Cette formation a quelque chose de trop singulier pour avoir été inventée dans des contrées différentes par deux peuples différents; et
quand les langues où on la trouve ont entre elles autant d'analogie
que le zend et le sanscrit, il est encore moins permis d'attribuer
ce rapprochement au hasard. Quant à la question de savoir quelle
langue l'a empruntée à l'autre, je suis hors d'état de la décider. Il
est très-vraisemblable que cette formation appartient à une époque
où les deux idiomes ne s'étaient pas encore séparés l'un de l'autre;
et cette conjecture, si elle était admise, permettrait d'assigner, sinon aux caractères mêmes de l'alphabet zend, du moins au système
de valeurs qu'ils représentent, et jusqu'à un certain point à leurs
combinaisons, une très-haute antiquité. Quelques observations suffiront pour faire comprendre en quoi le système de formation du zend
ᵹᴗ *do,* ressemble à celui de l'*ó* et de l'*áo* sanscrits.

En dévanâgari, l'*ó* et l'*áo* sont représentés, surtout au milieu des
mots, par les signes de l'*á* et de l'*ĕ* réunis. Ce système est peut-être
même plus moderne que celui qu'on remarque dans quelques inscriptions et dans un petit nombre de manuscrits du nord de l'Inde;
il en paraît du moins dérivé. Toute consonne sanscrite est surmontée
d'une petite barre qu'on appelle *mâtrá* (mesure), qui répond à un
a très-bref; c'est un point mis hors de doute par la découverte des
inscriptions du huitième et du neuvième siècle de notre ère [12].
Quand on veut écrire un *á* long, on accompagne la consonne d'une
barre que l'on place après elle, et perpendiculairement à la première.
Ainsi la barre perpendiculaire devient le signe de l'*á* long, comme
dans क्ा *ká.* Veut-on écrire un *ó,* on place cette barre avant la lettre,

---

[11] Voyez *Essai sur le pâli*, pl. ii. — [12] Voyez *Asiat. Research.* t. XV, p. 5o6.

रूक *ké;* si c'est un *ó*, on place deux barres, l'une avant la lettre, l'autre après, रूको *kó.* Il en est de même de *do,* avec cette différence que la barre placée après la consonne est surmontée d'une petite ligne diagonale, afin d'éviter la confusion de *do* avec *ó,* रूको *kdo.* C'est donc la barre perpendiculaire qui, dans ses diverses positions, sert à représenter *á* et *é,* et, quand elle est répétée, *ó* et *do.*

Maintenant pourquoi dire que l'*ó* en dévanâgari est représenté par *á* et *é?* C'est qu'outre la méthode que nous venons d'expliquer, il en est une autre qui en dérive (c'est la plus commune aujourd'hui), et par laquelle *á* long, surmonté du signe de l'*é,* égale *ó* (रॊ). Au lieu de représenter *é* par la perpendiculaire précédant la consonne (ce qui pouvait laisser le lecteur dans l'incertitude de savoir si la perpendiculaire ne devait pas suivre la consonne précédente, et jouer à son égard le rôle d'*á* long), on l'a placée, sous la forme d'une diagonale, au-dessus de la consonne qu'on voulait prononcer avec *é;* la perpendiculaire seule est restée affectée à la représentation de l'*á.* Or, pour écrire *ó,* il y avait deux perpendiculaires, une avant, l'autre après; celle d'après, signifiant *á* long, est restée; celle d'avant, signifiant *é,* a été ôtée de sa place, figurée par la diagonale, et fixée sur *á* long को *kó,* ou auprès de l'*á* long केा. Par là *ó* s'est trouvé représenté par *á* et par *é,* et *do* de la même façon, si ce n'est que le signe de l'*é* est redoublé. Or, comme les éléments constitutifs de la diphthongue zende *do* sont évidemment *á* et *ě,* il y a lieu de croire que ce caractère a été composé en même temps que l'*ó* sanscrit. Mais il y a ici une observation qu'il ne faut pas perdre de vue, c'est que cette discussion porte uniquement sur la composition extérieure en quelque sorte de ces deux caractères. Il n'en faut rien conclure quant à leur valeur, et nous verrons par la suite que le zend ‎ *do* ne répond pas exclusivement au sanscrit *do.*

Nous joignons ici aux voyelles le n° 29 qu'Anquetil lit *an.* M. Rask appelle ce caractère un *a* nasal, ce qui ne s'éloigne pas beaucoup de l'opinion d'Anquetil. Ce caractère joue quelquefois en zend le même rôle qu'en sanscrit, le signe représentatif du son nasal, nommé *anusvâra*. Il y a cependant cette différence qu'il est formé d'un *a* bref, dont on peut reconnaître la figure dans la partie supérieure du signe, et selon toute apparence, d'un *n*. Nous nous servirons dans nos transcriptions du *ã*, d'après le système de M. Rask.

Quant au caractère du n° 3o, qu'Anquetil lit *ân*, parce qu'en réalité il paraît formé d'un *â* long et d'une modification de la nasale *n*, comme le *ã* l'est d'un *a* bref et de cette même nasale, c'est à dessein que nous l'omettons ici. Nous en parlerons plus bas au paragraphe des consonnes, et on se convaincra, comme nous, que ce signe ne peut être rangé au nombre des voyelles.

Restent les deux caractères du n° 2o qu'Anquetil appelle *i*. Ces lettres ne se trouvent jamais qu'au commencement des mots, et suivies d'une voyelle; il s'ensuit que ce sont des formes initiales de l'*y* ou de l'*î* tréma d'Anquetil, comme l'a fait remarquer M. Rask. Les mots zends qui se rencontrent avec cette lettre ont l'*y* en sanscrit; ainsi, zend *yô*, sanscrit *yas* (qui); zend *yaṭ*, sanscrit *yat* (que); zend *yathâ*, sanscrit *yathâ* (comme), et d'autres.

Si maintenant nous résumons les voyelles zendes, d'après les corrections de M. Rask et les observations précédentes, nous en présenterons la liste dans l'ordre suivant:

è		u		a	
o		û		â	
ô		ĕ		i	
âo		é		î	
		ã			

Dans ce tableau, l'analogie des voyelles zendes avec celles du dévanâgari est frappante; on y voit l'application des mêmes principes quant à la classification des sons, et presque le même nombre

I.   G de signes. Les voyelles simples *a, i, u* sont les mêmes en zend qu'en sanscrit. Mais le zend n'a pas la voyelle sanscrite *rĭ*, ou pour mieux dire, il n'a pas de signe pour cette voyelle, et il l'envisage un peu autrement que ne le fait l'alphabet sanscrit, puisque nous verrons qu'en zend *ĕrĕ* représente exactement le sanscrit *rĭ*. Nous avons lieu de soupçonner que cette manière d'écrire la liquide accompagnée du son très-bref *ĕ*, qui en est en quelque façon la vocalisation indispensable, est antérieure à la systématisation de l'alphabet sanscrit, qui envisage ce son, à cause de son caractère douteux, comme une voyelle. Quoi qu'il en soit, le nombre des mots dans lesquels la voyelle zend *ĕ*, précédant et suivant la liquide *r*, répond au *rĭ* dévanâgari, est assez considérable pour que nous soyons dispensés d'en citer ici des exemples; on en rencontrera un très-grand nombre dans la suite de notre Commentaire. Nous connaissons bien peu de mots ayant en sanscrit un *rĭ*, qui ne portent pas *ĕrĕ* en zend. Ce principe une fois posé, il devient même d'un grand secours pour remonter à la forme primitive de plusieurs mots zends ou sanscrits, dont une modification de la voyelle *rĭ* (ou *rī*) en zend *ĕrĕ*, telle que *ar ra, ir ri, ur ür*, nous cache quelquefois la véritable étymologie. Nous en proposerons plus bas un exemple en parlant de la consonne zende *z*, comparée au *dj* et au *h* dévanâgari. Mais nous ne pouvons nous interdire de parler en ce moment d'une racine verbale d'un très-fréquent usage en zend, et à laquelle des formes très-variées, et en apparence très-différentes les unes des autres, donnent dans les textes des rôles divers.

La racine sanscrite *rich* (tuer, détruire) existe également en zend, et, comme en sanscrit, elle est conjuguée suivant le thème de la première classe (ou de la dixième). On trouve plusieurs temps de ce verbe dans le Vendidad-sadé, et notamment au xv⁰ fargard du Vendidad proprement dit : *yâ kainê maskyânãm parô foharĕmâṭ qatô garĕwĕm raéchayâṭ*[15]; « la jeune fille qui, devant la demeure des hommes,

[15] *Vendid. lith.* pag. 43o, et plusieurs fois pag. 4o6 et 4o7.

« vient à détruire elle-même son fruit. » Ici *raéchayât* est un optatif ou
une espèce de temps secondaire du conjonctif dont nous parlerons
plus tard ; ce serait dans le dialecte ancien des Védas *réchayât*,
comme *póchayât* (de *puch*, nourrir) [14]. Cette forme et celles qui lui
ressemblent se laissent si facilement ramener au radical *rich*, que
l'on n'est pas tenté, pour les expliquer, de s'adresser à une autre
racine. Il n'en est pas tout à fait de même, lorsque l'on rapproche
raéchayât de *irichyéiti* (il meurt), verbe très-fréquemment usité dans
ce sens, et de *irichyât*, dans cette phrase, *ahmât hatcha irichyât* [15],
« s'il vient à en mourir. » Les formes *irichyéiti* et *irichyât* nous montrent le radical *irich*, avec la lettre formative *y*, qui donne aux racines auxquelles elle est jointe, ainsi que l'ont très-bien fait voir
MM. Haughton et Lassen [16], une signification neutre.

Mais si nous comparons ensemble les deux racines *irich* et *rich*,
nous les trouverons aussi semblables pour la forme qu'elles le sont
pour le sens ; de sorte que nous pouvons regarder ces deux radicaux
comme une seule et même racine très-légèrement diversifiée par
l'addition ou le retranchement d'un *i*. L'addition de cet *i* peut s'expliquer de deux manières : ou il est épenthétique, c'est-à-dire attiré
par l'*i* de *rich*, ou bien il représente un *ĕ* zend, tant avant qu'après
le *r*, de sorte que *iri* revient à *ĕrĕ*, par un changement très-naturel,
et alors la racine peut être *ĕrĕch* (qui serait en sanscrit *rich*) ; et *rich*
par la liquide *r* n'en est plus qu'une forme secondaire. J'inclinerais
pour cette dernière explication, non pas qu'il y ait en sanscrit un
radical *rich*, tuer (cette racine n'y a pas ce sens), mais parce qu'entre
plusieurs formes d'une racine où se trouve la liquide *r*, celle qui la
présente accompagnée d'un son très-bref *ri* (ou *ĕrĕ*) est incontestablement la forme primitive. Dans le radical *irich*, les syllabes *iri* ne
me paraissent donc pas autre chose que la modification très-légère

[14] Rosen, *Rigvedæ specimen*, p. 12.
[15] *Vendid. lith.* p. 430. *Conf.* p. 241.
[16] *Manusamhitâ*, tom. I, pag. 329 et sqq.,
et *Ind. Biblioth.* tom. III, pag. 95. Les remarques de M. Haughton forment un excellent traité sur cette matière.

G.

d'un *ĕrĕ* zend; le *ri* (de *rich*) en est une altération plus forte et semblable à celle qui change le *rĭ* de *krĭ* en *kri* (par un *r*) dans le mot
kriyâ (action). Et ce qui me confirme dans cette opinion, c'est que
toutes les formes où je trouve *iri* me paraissent contenir en elles-
mêmes la cause de la conservation d'un *ĕrĕ* (ou *iri*) non affecté de
guṇa. Cette cause, c'est le *y* caractéristique de la quatrième classe
des verbes sanscrits, devant lequel une voyelle radicale susceptible
de *guṇa* ne reçoit pas cette modification. On peut donc avoir *irichyât*
(pour *ĕrĕchyât*), comme on aurait en sanscrit *rĭchyât* si ce radical y
existait. Au reste, le radical *irich* donne encore naissance à d'autres
mots qu'on ne retrouve pas aisément au premier coup d'œil en sanscrit. C'est d'abord le participe parfait passif *irista*, qui signifie *mort*,
et auquel répond le sanscrit *richṭa;* puis le verbe *irithyêiti* (il
meurt), dans lequel je ne puis voir autre chose que le radical *rich*
(*irich* ou *ĕrĕch*) dont la sifflante a été remplacée par le *th* qui, dans
le système des articulations zendes, n'est pas moins sifflant que *ch*
ou *s*[17]. En résumé, nous sommes toujours autorisés, par la discussion
précédente, à regarder tous ces mots comme appartenant à la même
racine, et les modifications très-peu importantes que subit ce radical unique, quel qu'il soit, pour former trois verbes distincts, sont
déjà un exemple d'un fait que nous verrons se reproduire plus
d'une fois; savoir, que le nombre des éléments primitifs desquels

---

[17] Le changement de *ch* (*sch* allemand)
en *th* (θ grec), quoique rare, s'explique cependant en ce que ces deux consonnes ont
pour élément commun la sifflante dont elles
sont des modifications diverses. Si le passage du *th* en *s* et celui de *s* en *ch* sont, de
toutes les permutations de lettres, les plus
évidemment démontrées, on doit admettre
aussi le retour possible de *ch* à *th* en passant par *s* dental pour arriver à *th* qui est
plus dental encore. D'après cette explication, le changement aurait lieu à partir de
ch jusqu'à *th*, c'est-à-dire à partir d'une sifflante d'origine presque gutturale pour arriver à une sifflante d'origine dentale, c'est-à-
dire qu'il aurait lieu pour ainsi dire en ligne
droite dans la série des sifflantes. Mais il
peut se faire aussi transversalement en
quelque sorte, de la ligne des gutturales à
celle des dentales, puisque ce qui, dans la
série des dentales, répond à *kh* et à son
adoucissement *ch*, c'est le *th* sifflant, tout
de même que ce qui répond à *k* est *t*, et
ainsi des autres.

sort cette grande variété de mots qui fait la richesse des langues sanscritiques, est relativement peu considérable.

Reprenons maintenant la comparaison de l'alphabet zend avec l'alphabet dévanâgari : autant la ressemblance en est frappante dans les voyelles simples, autant la différence en est marquée lorsqu'on arrive aux voyelles composées *é, ô,* etc. Le premier *ě* est un signe qui n'existe pas dans l'alphabet dévanâgari : nous disons *signe* et non pas *son,* car il n'est nullement prouvé que l'*a* bref dévanâgari n'ait eu, déjà anciennement et au moins dans certains cas, le son d'un *ě* bref, à la représentation duquel est destiné le ç zend [18]. Cette voyelle n'est donc qu'une transformation de la lettre *a,* c'est un *a* affaibli en quelque sorte par l'usage et devenant *ě,* comme *a* dévanâgari l'est devenu dans quelques dialectes populaires du nord de l'Inde. Il est seulement très-remarquable qu'il soit écrit en zend; et comme ce son ne paraît pouvoir prendre la place d'un *a* que quand une langue a été longtemps parlée, il semblerait naturel de conclure de la présence dans l'alphabet zend d'un signe destiné à le figurer, que l'alphabet n'a été appliqué à la langue que plusieurs siècles après l'époque où elle commença d'être en usage. Le son *a* s'était déjà altéré dans quelques désinences grammaticales, et même dans l'intérieur de plusieurs mots, et était devenu *ě,* et l'alphabet, trouvant ce son dans la langue, fut naturellement appelé à le représenter.

La seconde voyelle *é* est bien l'*é* sanscrit, notamment dans les désinences grammaticales. C'est aussi le *guṇa* d'*i,* avec cette différence toutefois que quand *é* répond à un *é guṇa* sanscrit, il est en zend précédé d'un *a* bref; ainsi *daéva* est en zend pour le sanscrit *déva.* C'est, selon moi, une sorte de *guṇa* surabondant : l'*a* et

[18] Cette opinion est très-solidement établie par M. Bopp, dans son Mémoire sur la comparaison du sanscrit, du grec et du latin, etc., inséré dans les *Annals of oriental literature,* pag. 7. Nous devons toutefois ajouter qu'elle n'a pas reçu l'approbation du célèbre philologue J. Grimm, qui, dans sa grammaire allemande, la contredit formellement. (*Deutsch. Gramm.* tom. I, pag. 594.)

l'*i* se sont déjà fondus ensemble pour former *é* suivant le système indien; mais l'*a* se répète comme pour marquer que l'*é* est un son composé, le résultat d'un travail étymologique; en un mot, il subsiste pour indiquer que *é* n'est pas là un son premier comme *i* et *u*.

Si telle est bien la cause de la présence de l'*a* bref devant la voyelle *é*, résultat du *guṇa* de *i*, cette orthographe doit selon toute apparence être ancienne, et elle nous reporte à un moment dans la formation étymologique de la langue zende, où les éléments constitutifs du *guṇa* n'étaient pas encore fondus ensemble, et assimilés d'une manière tellement parfaite qu'on ne pût les reconnaître en partie. Quel que soit, au reste, l'âge relatif de cette particularité orthographique, elle ne m'en paraît pas moins tenir au phénomène du *guṇa* si important dans les langues sanscritiques. Il y a plus; comme on ne remarque pas qu'elle se reproduise lorsque l'*é* est employé comme désinence grammaticale, par exemple dans les verbes à la forme moyenne, et, sauf quelques exceptions, dans les locatifs des noms en *a*, j'en tirerais une nouvelle preuve que l'insertion de l'*a* devant *é* est destinée exclusivement à marquer le *guṇa* d'un *i*. Il est bien vrai que dans les langues de la famille *arienne*, comme M. Lassen les a si heureusement nommées, l'*é* n'est pas une voyelle première; c'est ou la réunion d'un *a* et d'un *i*, ou une modification qui tient aux lois les plus intimes du développement étymologique de ces langues. Mais, une fois le son *é* entré dans le langage, on comprend sans peine que son origine puisse être oubliée, et que la facilité de le prononcer puisse le faire regarder comme une voyelle aussi primitive que *i* et *u* (prononcez *ou*). Or, cela doit très-facilement avoir lieu dans les désinences grammaticales, où *é* ne paraît pas toujours être le *guṇa* de *i*. Dans ce cas, l'*é*, quelle que soit son origine ($a+i$), se suffit à lui-même, et représente directement un son très-naturel à l'organe vocal. C'est en quelque sorte un second *é*, distinct de l'*é*, *guṇa* de *i*; et l'intérêt même qu'on a de reconnaître l'*é guṇa* pour les besoins de l'étymologie et de la dérivation, doit donner naissance à cette distinction [19]. En résumé, j'inclinerais à penser que la langue zende nous laisse apercevoir un double usage du son *é* qui ne paraît plus, au moins extérieurement, dans la langue sanscrite : 1° le son *é* est la réunion d'un *a* et d'un *i*; cela du moins est reconnaissable dans certains cas dont nous parlerons ailleurs; quelquefois même il peut être directement employé comme désinence grammaticale, sans qu'on pense à ses éléments composants, et alors il est représenté par *é*; 2° le son *é* est le *guṇa* de *i*, et alors il est représenté par *aé*. On doit d'ailleurs toujours conclure de l'état actuel de l'alphabet zend, quelle que soit la valeur des observations précédentes, qu'il n'y a pas dans l'ancienne langue persane de signe spécial pour le *guṇa* de l'*i*, puisque, au moins dans le plus grand nombre de cas, cette modification de la voyelle *i* est représentée par la réunion des deux signes *a* et *é*.

Enfin, nous devons ajouter qu'il est encore une circonstance dans laquelle *é* est employé et précédé d'un *a* bref, quoiqu'il puisse quelquefois ne pas répondre au *guṇa* de l'*i*; c'est lorsqu'une contraction ou une règle de formation a changé *aya* en *é* par le moyen du déplacement du dernier *a* et du rappel de *y* à son élément premier *i*, lequel se fond avec *a* ($+ai = é$). Nous avons déjà cité autre part des exemples de ce fait sur lequel nous reviendrons plus bas, en analysant le mot *paém* (lait). Nous indiquerons seulement ici la possibilité d'une autre explication qui consisterait à considérer quelquefois *aé*, répondant au sanscrit *aya*, comme un *guṇa* non résolu.

---

[19] Nous verrons tout à l'heure que la même observation s'applique, jusqu'à un certain point, à la voyelle *o*, qui même a deux signes que l'on peut regarder comme affectés chacun à l'un de ces deux emplois. Il ne serait peut-être pas impossible de reconnaître une autre forme de l'*é* zend, dont la queue est beaucoup plus prolongée et retourne à droite. Cette forme, qui est, dans la seconde classification du Grand Ravaët, rapprochée de la forme n° 28 d'Anquetil, serait, dans l'hypothèse de son existence, usitée pour l'*é* non résultat de *guṇa*. Mais cette figure n'est peut-être qu'une variation de l'*é*, et je n'ai pas osé la faire graver, n'ayant à ma disposition que des manuscrits modernes, et qui ne paraissent pas réguliers quant à l'emploi de ces deux lettres.

Quoi qu'il en soit, on doit ajouter aux usages de l'*é* zend indiqués ci-dessus celui que nous venons de mentionner; savoir, que dans un grand nombre de flexions zendes, *aé* correspond à un *aya* sanscrit.

Ce que nous avons dit tout à l'heure de la voyelle *é*, considérée comme *guṇa* ou modification de *i*, s'applique de même à la seconde modification de cette voyelle, ou au *vrĭddhi* sanscrit. Il n'y a pas non plus de signe dans l'alphabet zend pour la voyelle sanscrite ऐ *âi*, considérée comme *vrĭddhi* de l'*i*; le *vrĭddhi* est représenté, comme nous le verrons plus tard, par *âi*. Le signe *é* en remplit, il est vrai, le rôle dans le cas, assez rare d'ailleurs, d'un instrumental pluriel d'un nom en *a*. Mais cet emploi de ce signe est évidemment le moins commun, et nous le rencontrons dans des désinences grammaticales où il ne remplace certainement pas un *âi* sanscrit. Nous voulons parler des génitifs de quelques noms en *u*, dans lesquels il équivaut à l'*a* dévanâgari. Nous nous expliquerons plus tard sur cette formation particulière, mais nous pouvons déjà affirmer que la valeur fondamentale du signe *é* est, dans ce cas, celle d'un *e*, et qu'il ne doit pas différer essentiellement de l'*ĕ* bref; la ressemblance des deux signes semble d'ailleurs indiquer une analogie de valeur. Enfin, ce caractère se retrouve encore dans une désinence grammaticale, le datif de quelques noms féminins en *i*. Nous analyserons également cette forme, et nous y reconnaîtrons un *e* qui a peut-être plus d'analogie avec ꭹ *é*, que dans le cas où il fait partie des désinences des noms en *u*. Nous représentons ce caractère par *è*, non pas que nous prétendions que ce soit là le son véritable de cette lettre, et que nous tenions en aucune manière à cette transcription; nous voulons seulement distinguer le signe ꭲ du signe ꭹ que les Parses prononcent *é* ou *é*. Ce serait peut-être, à vrai dire, ce dernier ꭹ *é* qu'il serait plus convenable de surmonter d'un accent grave.

La série des sons *o* en zend, comparée aux sons correspondants de l'alphabet dévanâgari, donne lieu à des observations analogues. Les deux alphabets ne se correspondent pas ici plus exactement que dans la série des sons *e*; on peut même remarquer en zend une confusion dans l'emploi des voyelles *o* et *ó*, qu'il est difficile d'expliquer.

La valeur de l'*o* zend est celle d'un *o* véritable, c'est-à-dire d'une voyelle résultant de la combinaison de *a*+*u*; comme en sanscrit, *o* zend est le *guṇa* de la voyelle *u*. Lorsqu'un *u* est soumis par une loi étymologique à la modification du *guṇa*, et qu'il devient en sanscrit *ó*, c'est le signe ⅃ qui représente cette voyelle en zend, non pas directement et exclusivement, mais avec l'addition d'un *a*. Ainsi le *guṇa* de *u*, qui est en sanscrit *o*, est remplacé en zend par *ao*, comme nous avons vu que le *guṇa* de *i*, en sanscrit *é*, était en zend *aé*; d'où il suit que dans l'*ao* zend, le second signe est autant un *o* que, dans l'*aé* de la même langue, la seconde lettre est un *é*. Tel est l'usage le plus général de cet *o*, tellement que je ne crois pas qu'il soit régulier de l'employer isolément, et sans qu'il soit précédé de *a*. Sous ce rapport, il se distingue nettement de l'*ó* long dont nous allons parler tout à l'heure, et qui seul s'emploie isolément. Enfin, il est encore une circonstance dans laquelle l'*o*, que nous appelons bref, par opposition à l'*ó*, se trouve employé et précédé d'un *a*, quoiqu'il puisse quelquefois ne pas répondre au *guṇa* de *u*; c'est lorsqu'une contraction ou une règle de formation a changé *ava* en *ao*, au moyen du déplacement du dernier *a*, et du retour du *v* à son élément constitutif *u*. Nous disons *quelquefois*, car il se peut faire que, dans certains cas où *ao* répond à *ava* sanscrit, le *ao* zend soit un véritable *guṇa*, qui n'a pu se changer en *ava* parce qu'il n'a jamais été suivi d'un *a*. Au reste, nous nous expliquerons dans la suite sur ce fait, et nous aurons soin de distinguer cet emploi du signe *o* de l'autre usage que nous venons de lui reconnaître. En résumé, ce signe est un *o* sanscrit dans deux cas : 1° quand il est le *guṇa* de *u*, et alors on le fait précéder de *a*; 2° quand il est la réduction de *ava* en *a*+*u*, et alors encore il est précédé de *a*.

Le signe suivant *ó* est, dans l'opinion de M. Rask, un *ó* long, et

I.   H

dans le fait il porte la petite marque à laquelle nous reconnaissons
les longues dans l'alphabet zend. Mais il semble qu'au fond tout *o*
doive être long, si ce n'est peut-être dans le cas où cette voyelle est
une dégradation du son de l'*a* bref. La différence qu'on remarque
entre ce signe et le précédent, n'exprime vraisemblablement pas une
différence de quantité, mais une différence d'emploi. Ainsi *ó* est
employé seul et non précédé de l'*a* bref dans les désinences grammaticales où le *visarga* sanscrit suit un *a*. On le trouve encore seul
dans le corps des mots. Mais là il paraît quelquefois être une modification semblable à celle du *guṇa*, et son emploi se confond alors
avec celui de l'*o* précédé d'un *a*. Cette confusion va même très-loin ;
dans le même manuscrit, on rencontre aussi fréquemment l'*ó* précédé d'un *a* que l'o bref. On serait cependant porté à distinguer ces
deux signes de la manière suivante : *o guṇa* serait en zend *ao ; o* résultat d'un *s* supprimé, ou représentant le son *o* obtenu par une
autre voie que celle du *guṇa*, serait 🖑 *ó ;* si on faisait précéder cet *ó*
long d'un *a*, ce serait, comme nous le proposerons dans notre Commentaire, pour distinguer, du cas de *guṇa*, le cas de la contraction
d'*ava* en *aó*, contraction indiquée tout à l'heure, sur *o* bref. Mais je
n'oserais pas dire que les manuscrits appuyassent également toutes
ces propositions. La première et la seconde sont toutefois d'une exactitude incontestable, et c'en est assez pour distinguer l'un de l'autre
les deux signes 🖑 *o* et 🖑 *ó*. Or, cette distinction du son *o*, résultat
du *guṇa*, et du même son, lorsqu'il est désinence grammaticale, et
obtenu d'une autre manière, atteste la présence en zend d'un second
o qui correspond bien au second *é* que nous avons reconnu plus haut.
Il y a toutefois cette différence importante, que le second *o* est distingué du premier par sa forme, comme il l'est par son emploi,
tandis que nous n'avons pas vu qu'on pût être autorisé, si ce n'est
par une conjecture que l'état de nos manuscrits ne nous permet
pas de vérifier, à reconnaître dans les textes une seconde forme pour
le second *é*, c'est-à-dire pour l'*é* non *guṇa*.

Mais toutes les idées d'une classification systématique sont confondues, lorsque l'on voit cette voyelle *ô*, qui se distingue, sinon
par la quantité, au moins par son emploi, de la voyelle *o*, servir
dans quelques désinences grammaticales à remplacer l'*a* du sanscrit,
quand, dans cette dernière langue, cet *a* se joint et se fond avec
un *i* qui vient à le suivre. Il se passe ici ce que nous avons remarqué tout à l'heure sur le signe *é*, qui, dans des désinences grammaticales composées de deux voyelles dont la première est un *a*
en sanscrit, est l'équivalent de cet *a*. Nous donnerons par la suite
plus de détails sur ces faits, que nous n'indiquons en ce moment
que d'une manière sommaire, et seulement pour faire connaître en
général les valeurs des signes de l'alphabet zend. Mais nous pouvons
déjà remarquer que le son *a* sanscrit, en tant qu'élément constitutif
de certaines désinences grammaticales, a subi en zend une double
modification, et qu'il est devenu ou *é* ou *ô*, en restant, chose remarquable, séparé de la voyelle avec laquelle il fait corps en sanscrit. Ce changement devra peu étonner sans doute, si l'on pense que,
dans l'Inde même, l'*a* bref dévanâgari vaut *o* suivant la prononciation bengâlie, et *e* bref comme nous l'avons déjà remarqué plus
haut. Dans ce cas l'*ô* zend n'est pas en réalité l'*ô* dévanâgari ; c'est
plutôt l'*omicron* grec, en tant qu'il répond à l'*a* sanscrit et à l'*e* latin
dans les mots que ces trois langues possèdent en commun. Toutefois il est permis d'être surpris que ce rôle ait été plutôt assigné à
l'*ô*, que l'on peut regarder comme long, au moins d'après le témoignage des Parses, qu'à celui que, par opposition, on serait tenté
d'appeler bref. Il y a, vraisemblablement, dans les signes destinés
à la représentation des modifications diverses du son *o*, une confusion qui doit être ancienne. Mais ces modifications n'en existent
pas moins, et elles nous donnent, outre un *o* véritable, identique
à l'*ô* de l'alphabet dévanâgari, une seconde voyelle d'une valeur
un peu différente, qui répond à l'*a* bref sanscrit, et qui est à l'é-
gard du véritable *o*, dans le même rapport que l'*ë* à l'égard de l'*é*.

H.

Jusqu'ici nous n'avons pas trouvé de signe zend pour représenter le *vrĭddhi* de l'*u* sanscrit, et dans le fait il n'en existe pas plus que pour celui de la voyelle *i*. On serait tenté de regarder le signe ᆑ comme ayant cette destination, mais ce serait, je crois, une erreur. Il n'y a, dans le plus grand nombre de cas, entre l'*áo* zend et l'*áo* (ou bien *áu*) sanscrit, qu'une analogie de son. Cette diphthongue représente le plus souvent une particularité orthographique de l'ancien persan qui est digne de remarque; elle répond à un *s* sanscrit précédé d'un *á*, notamment dans les désinences *ás*. Ce changement de *ás* en *áo* confirme pleinement la conjecture si ingénieuse avancée par M. Bopp [20], sur la cause de la suppression de *s* précédé d'*á* long. Au reste, nous reviendrons plus tard sur ce fait; il nous suffira pour le moment d'avoir constaté que *áo* zend n'était pas alors un *vrĭddhi* sanscrit. Cette assertion, qui sera plus complétement démontrée lorsque nous aurons reconnu que ce qui représente en zend cette modification étymologique est *áu*, ne paraît susceptible que de deux objections. La première est suggérée par la désinence *áoñti* des troisièmes personnes plurielles des verbes; désinence qui, comme nous le verrons plus tard, peut passer pour un *vrĭddhi*, semblable jusqu'à un certain point au *vrĭddhi* des duels moyens que M. Lassen a extraits de la grammaire de *Pánini* [21]. La seconde est l'augmentation de la voyelle *á* en *áo*, lorsque cet *á* long tombe sur un *s* dévanâgari, qu'une loi euphonique zende, qui sera expliquée tout à l'heure, change en *h* précédé de *g̃* (ng).

La comparaison que nous venons de faire des voyelles zendes et des voyelles sanscrites, peut se résumer dans les deux lignes suivantes, dont la première donne ce qui est commun au zend et au sanscrit, et la seconde, ce qui est propre au zend :

Zend et sanscrit	a	»	á	i	í	u	ú	é	»	»	ó	».
Zend seul		»	ĕ	»	»	»	»	»	»	è	o	»	áo.

---

[20] *Gramm. sanscr. r.* 78 et 76 *b.* — [21] *Ind. Biblioth.* tom. III, pag. 84.

Ce que le zend a en commun avec le sanscrit, l'emporte de beaucoup sur ce qu'il possède en propre. Les trois sons primitifs, éléments
fondamentaux des autres voyelles, se trouvent dans l'alphabet zend
comme dans l'alphabet sanscrit, et cette coïncidence suffit pour démontrer l'identité complète du système des sons vocaux dans les
deux langues. Ils jouent, comme en sanscrit, un rôle très-important, par exemple, dans la formation des pronoms, des prépositions et des suffixes. Au contraire, ce qui distingue le zend de
l'idiome brahmanique n'est pas primitif; ce sont (à l'exception peut-
être de *è*, mais dans des cas très-rares) des sons développés d'autres
sons, et conséquemment postérieurs à leur égard. Ainsi *ĕ* et *ŏ* ne
sont d'ordinaire que les substituts de l'*a* dévanâgari; *ào* est, au moins
lorsqu'il est final, une modification de *ás*. Le zend a donc développé quelques sons qu'il possédait ainsi que le sanscrit, et en a
tiré d'autres sons dont on doit reconnaître la postériorité à l'égard
des premiers. C'est là un fait très-important que nous verrons se
répéter tout à l'heure, lorsque nous analyserons les consonnes.
Nous exposerons alors, en résumant nos remarques sur l'ensemble
de l'alphabet zend, ce qu'il nous semble indispensable d'en conclure quant à l'antiquité du système des sons vocaux de la langue
zende en général.

Un fait non moins curieux, c'est l'absence en zend d'un signe
spécial pour le *guṇa* et le *vṛïddhi*. En le constatant plus haut, nous
avons annoncé que les modifications du *guṇa* et du *vṛïddhi* elles-
mêmes n'étaient pas pour cela ignorées de la langue, mais qu'elles
y étaient exprimées de la manière suivante :

Voyelles susceptibles de *guṇa* et de *vṛïddhi*	*i*	*u*	(*ĕrĕ*).	
Guṇa	*aĕ*	*ao* (*aŏ*)	*ar.*	
Vṛïddhi	*âi*	*âu*	*âr.*	

C'est là, suivant la théorie de M. Bopp, qui a déjà ainsi rendu
compte de la dernière de ces modifications, l'état primitif de ces

changements de voyelles, lesquels jouent un si grand rôle dans les
langues zende et sanscrite. Mais, sans examiner ici jusqu'à quel point
aê et *ao* sont bien un *guṇa* primitif, ce qu'il nous importe de constater en ce moment, c'est que le zend suit, dans la représentation de
ces modifications étymologiques des voyelles, un principe presque
opposé à celui du sanscrit. Ainsi, non-seulement il affecte de *guṇa*
la voyelle simple et la change en *ê* et en *ô*, mais encore il ajoute
à la voyelle *gounifiée* le signe même de la dérivation, l'*a* bref; et il
laisse ces deux éléments désunis, méconnaissant en cela, jusqu'à un
certain point, la loi de combinaison des voyelles qu'on pourrait appeler, en grammaire indienne, le *sandhi* intérieur.

C'est à l'ignorance de cette loi, qui exerce sur le système grammatical du sanscrit une très-grande influence, que sont dues les alliances
de voyelles zendes ou les diphthongues, dont nous donnons ici les
principales; alliances qui appartiennent en propre à la langue ancienne de l'Arie, et qui démontrent de la manière la plus évidente
l'originalité des principes d'après lesquels est réglé l'emploi de ses
voyelles. Ainsi on trouve très-fréquemment dans l'intérieur des mots
les combinaisons suivantes des sons vocaux:

ai   au   aê   ao   aô   aêî   aêu   aêâ   aoi   aou   aôi   aôu.

âa   âi   âu.

ui   ûi.

ëi   êu   êê   êi.

ôi   ôu[22].

Ce qu'il y a de plus remarquable dans cette liste, c'est que les

[22] De ces vingt-deux combinaisons de
voyelles, il y en a six, savoir: *aê, ao, aô,
âa, êu, êê*, qui sont déjà dans le texte, ou
expliquées, ou au moins indiquées comme
devant l'être plus complétement par la
suite. Les autres ont besoin de quelques
éclaircissements que nous donnerons dans
cette note. L'*i* de la diphthongue *ai* est
épenthétique, c'est-à-dire attiré par un autre *i*, lequel vocalise la consonne du radical, par exemple dans *paiti* pour *pati* (maître). De même dans *au*, l'*u* est épenthétique;
comparez le zend *taaruna* (jeune) au sanscrit *taruṇa*. Cette épenthèse est beaucoup
plus rare que celle de l'*i*.

Dans *aêi*, *aê* est un *guṇa* de *i*, et la

voyelles semblables et dissemblables s'y heurtent l'une contre l'autre, au lieu de s'assimiler euphoniquement comme en sanscrit; d'où il suit que le zend ne connaît pas la fusion d'une voyelle tombant sur une voyelle semblable ou dissemblable, et s'unissant à elle pour

dernière voyelle *i* est introduite par épenthèse. Mais *i* pourrait être aussi le retour d'un *y* à son élément primitif, comme l'est la voyelle *u* dans *aéu*.

La diphthongue *aéu* répond à un sanscrit *éva*, dans les accusatifs des noms en *va*, par exemple dans le zend *daéum*, pour le sanscrit *dévam*. C'est un retour du *v* suivi de *a* tombant sur *m*, à son élément primitif *u*, retour analogue au changement de *avya-m* en *aoi-m*.

Le groupe *aoi* a deux emplois en zend; ou bien *i* est épenthétique, ou il n'est que le retour d'un *y* à son élément primitif. Dans son premier emploi, *aoi*, avec un *o* bref ou un *ô* long, se trouve dans le mot *yaoiti* qui, avec *gao*, forme le composé *gaoyaoiti*, un des titres de Mithra, qu'Anquetil traduit « qui rend fertiles les terres « incultes, » mais qui revient au *boum abactor* des anciens, ainsi que nous le verrons plus tard. Ce groupe *aoi* forme à lui seul la préposition *sur*, *vers*, qui s'écrit fréquemment *aôai* ou *aoai*; mais je suis disposé à regarder l'insertion de l'*a* comme relativement récente, et comme introduite dans l'orthographe par la prononciation. L'addition de cette voyelle semble indiquer le passage de *aoi* en *avi*, qui se rencontre fréquemment dans les textes zends, quoiqu'on n'en trouve pas de trace en sanscrit. J'explique de la manière suivante cette préposition, dont le sens le plus général est *sur*. L'*i* final, dans un grand nombre de prépositions sanscrites et zendes, doit être

regardé (Lassen, *Ind. Bibl.* tom. III, p. 65) comme la désinence d'un locatif, les prépositions n'étant que les débris de noms ou de pronoms dont la déclinaison est oubliée. Si nous retranchons cet *i* du zend *aoi* (ou *aôi*), il reste *ao* (*guṇa* de *u*), qui, en sanscrit, serait *ô*, et qui devrait se résoudre en *av* devant *i* (*avi*), ainsi qu'il semble que le fait ait lieu dans le zend *avi*. Il en résulte que dans *aoi*, les éléments de la préposition restent reconnaissables, la formative *i* s'opposant à *ao*. Quant à cet *ao* même, c'est, selon moi, le radical du pronom zend *ava*, dans lequel *av* est pour *ao* résolu devant *a*, suivant la règle commune au zend et au sanscrit. Mais cet *ao* lui-même, radical pronominal, n'est que secondaire: il se laisse ramener à *u*, comme le radical pronominal *é* revient à *i*, la voyelle *u* subissant, pour devenir pronom, la modification qui change, comme l'a démontré M. Bopp, *i* en *é*. Nous sommes donc conduits jusqu'à la voyelle *u*, élément primitif d'un pronom et d'un préfixe; de sorte qu'il faut ajouter aux lettres formatives des pronoms zends *a*, *i*, la voyelle *u*. La voyelle *u*, qui forme le sanscrit *u-pa*, *u-ta*, et le zend *u-iti*, se retrouve fréquemment dans les Védas à l'état isolé, et avec la valeur d'une conjonction d'un sens indicatif très-vague. Peut-être même dans cet emploi aurait-elle quelque analogie avec le *ou* sémitique. Quoi qu'il en soit, il résulte de ce que nous venons de dire, que les trois voyelles fondamentales *a*, *i*, *u*, produisent dans les langues de la fa-

former un nouveau son vocal composé. Cependant, quoique ce fait ressorte de la manière la plus claire de notre liste, il faudrait bien se garder d'en tirer une conclusion trop générale, par exemple que le *sandhi*, dans l'intérieur des mots, est absolument étranger au zend.

mille arienne autant de pronoms indicatifs et par suite de préfixes ; et l'origine de ces mots, si importants dans la formation de ces idiomes, se trouve ainsi rattachée aux trois sons élémentaires sur lesquels repose toute la théorie de l'étymologie et de la dérivation. C'est, pour le dire en passant, un résultat curieux, et qui montre combien sont réguliers et simples les principes qui ont présidé au développement de ces langues. Quant au second emploi de *aoi*, que nous avons indiqué en commençant, on en trouve un exemple frappant dans le mot *haoim*, que les manuscrits modernes écrivent peu correctement selon moi *hôim*. Ce mot, qui est l'accusatif masculin de l'adjectif *haoya*, répond au sanscrit *savya* (gauche). La nasale *m*, comme désinence d'un accusatif singulier, repousse, ainsi que nous l'avons remarqué sur *aêu*, et que nous le verrons sur *âu*, l'*a* final de la formative *ya*. La semi-voyelle *y*, abandonnée de l'*a* qui la rendait consonne, retourne à son élément voyelle *i*; on a donc *im* en zend là où le sanscrit voulait *yam*. Cela étant, *i* n'est pas au même titre dans *haoi-m* que dans le *yaoiti*, cité tout à l'heure dans cette note. Quant au commencement du mot, il se passe ce que nous avons remarqué ci-dessus dans l'analyse de la voyelle *o*, *hao* zend est pour le sanscrit *sav*; et nous nous trouvons ainsi en état de pouvoir constater sur le même mot un double exemple de ces retours des semi-voyelles à leurs éléments générateurs, ou plutôt de ces formations

primitives dans lesquelles il ne paraît pas que les lettres se soient développées encore conformément aux lois régulières de l'organisme de la langue sanscrite.

Dans *aou*, que l'o soit bref ou long, *ao* est un *guṇa* de *u*, et la dernière voyelle *u* est introduite par épenthèse. Les mots *paouru* et *paourva* peuvent servir d'exemple pour ce groupe. Le premier est le sanscrit *puru*; l'*u* radical reçoit la modification du *guṇa*, ce qui change *pu* en *pao*, et avec l'addition de l'*u* appelé par l'épenthèse qu'exerce l'*u* du suffixe, on obtient *paouru*. Il en est de même de *paourva* pour le sanscrit *pûrva*. L'*u* étant une fois devenu *ao*, il est suivi de l'*u* appelé par l'action de la semi-voyelle *v*, de sorte qu'au lieu de *paorva*, qui serait en sanscrit *pûrva*, on a le mot presque bizarre à cause de l'accumulation des voyelles *paourva*. Quand le suffixe *ya* vient à s'ajouter à cette forme absolue du mot, *v* seul continue d'exercer son action, et l'on a *paourvya* sans épenthèse de l'*i*. Enfin *u* peut être aussi le retour d'un *v* à son élément primitif, comme l'est la voyelle *i* dans le groupe *aoi*, ainsi qu'il est dit ci-dessus.

La diphthongue *âi* est *vriddhi* de *i*, dans les datifs singuliers des noms en *a*; dans l'instrumental pluriel des mêmes noms; à la première personne de l'impératif moyen, comme dans *daidhyâi* (que je donne); à la forme *dhyâi* qui répond à l'ancien infinitif *dhyâi* des Védas, par exemple dans *fraçrû-idhyâi*, littéralement *pour l'audition* (pour entendre), et dans d'autres

Car, quoiqu'il y soit assez rare, on l'y remarque déjà dans quelques cas évidents. Ainsi, pour commencer par le *sandhi* des voyelles semblables, *â* long ne se fond pas, il est vrai, avec sa semblable *a* bref, dans *âaṭ* (alors, *à-lors*), qui est formé de *â*, ou de la préposition *ad*

cas que nous noterons par la suite. Mais quelque nombreux que soient ces faits, il n'en faut pas conclure que *âi* n'est jamais en zend qu'un *vriddhi;* ce serait une grave erreur. Dans la diphthongue *âi,* la dernière voyelle est souvent épenthétique, par exemple dans la troisième personne du présent, que j'appellerais avec M. Lassen *conjonctif,* parce qu'il répond au temps des Védas nommé *lêṭ.* Comparez le zend *yazâiti* (qu'il sacrifie) et le védique *vapâti* (qu'il sème).

La diphthongue *âu* est *vriddhi* de *u,* notamment dans *gâus* (bœuf) au nominatif; dans le nominatif *hâu* du pronom qui, en sanscrit, est *a-sâo.* On peut ajouter aussi *pĕrĕçdum,* pour le sanscrit *pârçvam* (le côté). Analysé d'après les lois de permutations de lettres que nous exposerons dans la suite, *pĕrĕçdum* serait en sanscrit *priçâvam.* Supposons (et en zend cette supposition est un fait) que le *m,* marque de l'accusatif, repousse la voyelle *a* précédée d'un *y* ou d'un *v,* le *v* de *va* retourner à son élément *u,* et nous aurons *âu* pour *âva,* comme nous avons *âo* pour *ava,* dans *yâom,* pour le sanscrit *yavam* (orge). En ce sens, *âu* est un *vriddhi* comme *âo* est un *guṇa,* puisque *âu* répond au sanscrit *âva* (*âo+a=âva*), comme *âo* répond au sanscrit *ava* (*ô+a= ava*). Remarquons en passant que le zend, comparé au sanscrit, est peut-être plus primitif. En effet, dans *pârçva* dérivé de *parçu* (que l'on tire de *spriç,* toucher), *pârç* est un *vriddhi* de *priç,* qui serait en zend *pérêç.* Enfin, dans *âu,* la dernière voyelle

peut aussi être épenthétique, mais il y en a moins d'exemples que pour *âi.*

Dans les diphthongues *ui* et *âi, u* est radical, et *i* est épenthétique. Ce fait incontestable peut servir à expliquer la conjonction zende *uiti* qui répond au sanscrit *iti* (voilà). En admettant que dans *uiti* le premier *i* soit épenthétique, le mot zend revient exactement au latin *uti,* où *ti* est un suffixe indiquant le mode, la manière. Le radical de cette conjonction est la voyelle *u,* qui forme déjà en zend comme en sanscrit, *uta* (le latin *aut*). D'un autre côté, on peut regarder *uiti* comme la réunion des mots *u* (et), et *iti* (voilà), qui, selon *Pâṇini* (I. 1. 17) seraient en sanscrit *uiti,* ou *viti,* mais qui ne se trouvent pas séparés en zend. Quant au sanscrit *iti* lui-même, nous verrons plus bas qu'en le comparant à d'autres prépositions, on pourrait le regarder comme un mot à forme de locatif.

Le groupe *ĕi* est fort rare, et usité seulement lorsque le son *ĕrĕ* est suivi d'une consonne (une dentale) vocalisée par *i.*

La diphthongue *êi* est assez rare, et elle n'est souvent que le reste de *aêi,* qui alors en est l'orthographe véritable et primitive. Cependant *ê,* dans un assez grand nombre de verbes, ne devant pas être précédé d'un *a,* le groupe *êi* est alors régulier, et l'*i* est épenthétique.

La diphthongue *ôi* répond souvent à l'*ê* dévanâgari, comme nous le verrons par la suite. L'*i* peut être encore épenthétique comme l'*u* dans la diphthongue *ôu.*

I.

(vers), et de *aṭ*, un des radicaux de l'adjectif indicatif *ce*, *cela*.
Mais d'un autre côté, la voyelle *u* dans *hu* (bien), se confond avec
l'*u* initial d'*ukhta* (dit), et fait *hâkhta* (bien dit). De même on peut,
dans l'intérieur des mots, trouver des traces de la fusion de deux
a brefs en un *â* long. Quant au *sandhi* des voyelles dissemblables,
on en voit aussi des exemples, rares cependant; du moins peut-
on quelquefois rapporter l'origine de la voyelle *é* à la réunion
d'un *a* et d'un *i*. De même, les diphthongues *aé* et *aô* remplacent
fréquemment le sanscrit *aya* et *ava*, ainsi que nous l'avons montré
ci-dessus dans l'analyse des voyelles zendes. Or, comme *aya* et *ava*
sont en sanscrit *é+a* et *ô+a*, on peut expliquer le zend *aé* et
aô, par le déplacement du dernier *a*, par le retour de *y* et de *v* à
leur élément primitif *i* et *u*, et par la fusion de l'*a* déplacé avec *i*
et *u*, en *é* et *ô*. Ce serait encore là un exemple du *sandhi* en zend.
Mais cette manière de rendre compte du *aé* zend pour le sanscrit
aya n'est peut-être pas la seule véritable, et il ne serait pas impossible, au moins dans quelques circonstances, que *aé* et *aô* fussent un
guṇa non résolu, parce que ce *guṇa* n'aurait pas été suivi de *a*
(*é+a=aya, aya—a=é*); par exemple dans *paém* (lait), que l'on
tirerait de *pî* (boire), devenant par le *guṇa* formatif d'un nom substantif *paé* (boisson), auquel se joindrait *m*, marque d'un cas neutre
ou masculin. Cette formation serait très-primitive et conséquemment
fort curieuse; et il faudrait en conclure que les diphthonges zendes
aé pour *aya* et *aô* pour *ava*, ne sont pas obtenues par le *sandhi*. Mais,
quand même ces faits ne devraient pas être mis sur le compte de
cette loi euphonique, il resterait encore en zend assez de traces de
son action pour qu'il ne fût pas permis d'avancer qu'elle y est complétement inconnue; seulement ce qu'on peut dire sans crainte de
se tromper, c'est qu'elle y est très-rare.

Il n'en est pas tout à fait de même de la loi en vertu de laquelle
les voyelles *i* et *u*, tombant sur une voyelle dissemblable, se changent
dans le corps des mots en leur semi-voyelle correspondante *y* et *v*;

cette loi est commune au zend et au sanscrit [25]. On trouve de même
en zend (ce qui en est la conséquence) la résolution de *ao* et *âu* suivi
de *a* en *ava* et *âva; de même *aê* et *âi* suivis de *a* deviennent *aya* et *âya*.
Ce qu'il faut seulement remarquer, c'est que les signes mêmes qui,
dans ce cas, représentent *y* et *v*, conservent des traces plus reconnaissables de l'origine de la semi-voyelle en zend qu'en sanscrit,
puisque *y* n'est que le redoublement du caractère *i*, et *v* du caractère
u. Il semble que la semi-voyelle reste encore en partie une voyelle.

En résumé, l'originalité des voyelles zendes paraît moins dans les
valeurs isolées de ces voyelles, qui sont les mêmes qu'en sanscrit,
que dans l'emploi que le zend en fait. Sous ce dernier point de vue,
le zend se distingue très-nettement du sanscrit. Il n'applique qu'imparfaitement la loi euphonique de la fusion des voyelles dans l'intérieur des mots; nous verrons plus bas qu'il la méconnaît complètement d'un mot isolé à un autre mot. Est-ce ignorance et oubli d'un
système ancien et plus parfait? Est-ce, au contraire, incertitude dans
l'emploi d'une règle qui ne fait que de naître? En d'autres termes,
la différence du zend à l'égard du sanscrit doit-elle être attribuée
à la barbarie qui aurait altéré l'ordonnance savante des voyelles brahmaniques, ou bien les faibles traces qu'on remarque de cette ordonnance en seraient-elles les premiers essais? Les sons vocaux zends
seraient-ils les débris des sons vocaux indiens, ou en seraient-ils les
éléments antiques, fixés avant d'avoir pu se développer complètement? Ce sont là les deux seules questions auxquelles puissent don-

---

[25] C'est ainsi que dans le tableau des combinaisons des voyelles, que nous avons
donné ci-dessus, on ne trouve pas de diphthongues, comme *ia*, *iê*, *iô*, etc. Les manuscrits en offrent, il est vrai, quelques
exemples; mais j'ai lieu de soupçonner que
ce sont des fautes de copistes. La voyelle *i*
(ou *î*) doit, dans mon opinion, se changer
toujours en *y*, lorsqu'elle tombe sur une
voyelle dissemblable. Il en est de même de
u, qui devient *v*, quoique l'on voie dans
notre tableau *ui* et *âi*, qui ne sont pas devenus *vi*. C'est que dans ce cas l'*i* est épenthétique, et l'*u*, au contraire, radical. Il
semble alors que pour que le rôle de ces
deux voyelles puisse être reconnu, elles
restent dans leur état d'isolement, et s'op-
posent l'une à l'autre sans se réunir.

ner lieu les remarques dont les combinaisons des voyelles zendes ont été l'objet. C'est par ces deux hypothèses seulement qu'on peut rendre compte des différences de ces combinaisons dans l'ancienne langue des Parses et dans celle des Brahmanes. Nous les discuterons plus bas d'une manière détaillée, après avoir traité des consonnes, dont le système diffère peut-être encore plus que celui des voyelles, du système dévanâgari. Les remarques précédentes avaient uniquement pour but de mettre les faits dans tout leur jour, et de poser les termes d'un problème que fait naître également, comme on va le voir tout à l'heure, l'analyse des consonnes zendes.

S II.

CONSONNES.

Les rectifications qu'il est nécessaire de faire subir aux valeurs attribuées par Anquetil aux consonnes zendes, ne sont pas aussi nombreuses que celles dont les voyelles viennent d'être l'objet. M. Rask en a déjà proposé quelques-unes; les autres résultent de la comparaison du zend avec le sanscrit, et elles portent plutôt sur l'emploi grammatical, si je puis m'exprimer ainsi, que sur la valeur phonétique proprement dite des consonnes. Nous suivrons l'ordre de la Planche d'Anquetil reproduite dans notre Tableau; puis nous présenterons un résumé des consonnes zendes comparées aux consonnes sanscrites.

Le n° 2 d'Anquetil ل *b* a bien en réalité cette valeur; mais si on le compare à la suite des labiales douces de l'alphabet dévanâgari, on trouve qu'il répond presque toujours au *bh* aspiré du sanscrit, et seulement dans des cas très-rares, au *b* non aspiré. Ce rapport ne nous semble pas cependant de nature à autoriser un changement dans la transcription de cette lettre. Nous laissons au n° 2 d'Anquetil la valeur d'un *b* non aspiré, valeur fondée sur l'usage de la langue persane, qui, dans les mots ayant cette lettre, qu'elle emprunte au zend, ne connaît pas le *bh* aspiré, et sur la comparaison de quelques idiomes de la même famille, tels que les dialectes germaniques, qui n'emploient qu'un *b* non aspiré là où le sanscrit, et avec lui le grec et le latin, aspirent la labiale [24]. Nous ajouterons pour appuyer cette observation que le *b* zend doit être par le fait si peu aspiré, qu'il remplace quelquefois un *v* dévanâgari précédé d'une autre consonne, notamment *d* et *h ;* dans les mots *ţbaécha* (haine), pour le sanscrit *dvécha,* et *zbayémi* (j'invoque), pour le sanscrit *hvayámi, z* remplaçant très-fréquemment en zend l'aspiration sanscrite, ainsi que nous le dirons plus bas.

La labiale *b,* suivie de la voyelle *i* ou de la semi-voyelle *y,* est une des consonnes qui admettent l'épenthèse d'un *i ;* ainsi de *abi* (pour le sanscrit *abhi*), le zend forme *aibi.* Ce fait, que nous avons indiqué depuis longtemps, est un des plus caractéristiques de l'orthographe zende ; nous aurons soin de noter sur chacune des consonnes qui vont suivre, les cas où l'on en voit l'application. La labiale, d'un autre côté, échappe à la loi que nous exposerons plus bas sur la liquide *r,* c'est-à-dire que *b* ne se change pas en aspirée devant la liquide, comme le font d'autres consonnes ; ainsi on a *brátá* (frère), pour le sanscrit *bhrátá,* tandis que le sanscrit *trátá* (protecteur) est en zend *thrátá.* La labiale *b* est d'ailleurs, en zend comme en sanscrit, une lettre douce, et à ce titre elle entre dans des groupes dont la première consonne doit nécessairement être une douce. Il faut en excepter le groupe *ţb* dont nous avons cité un exemple tout à l'heure ; cet exemple permettrait de conjecturer que la lettre que nous prenons pour un *ţ,* n'est peut-être qu'une variation du *d.*

Le n° 3 ꬹ *t* est la première des dentales fortes, le *t* dévanâgari ;

---

[24] Voyez *Nouv. Journ. asiat.* tom. IX, pag. 53 et sqq.

la valeur de cette lettre ne peut faire aucune difficulté. Il faut cependant observer qu'elle répond quelquefois à un *th* dévanâgari, notamment dans les dérivés du radical verbal *çtâ*, pour le sanscrit *sthâ*
(se tenir debout). Nous remarquerons en outre tout à l'heure qu'elle
a un substitut dans le n° 34 qui remplace souvent, d'après certaines
lois, le n° 3. La dentale *t* est en effet une des lettres sur lesquelles
agissent le plus fréquemment les lois euphoniques exposées sur les
lettres *n*, *m*, *y*, *r*, *v*. Il en résulte que les groupes *ty*, *tr*, *tv* sont
très-rares en zend; l'orthographe véritable de ces groupes est *thy*,
thr, *thv*. Le *t* admet également l'épenthèse de l'*i*, ainsi *aiti* est pour
ati (par-dessus). Les deux lois de l'aspiration du *t* et de l'épenthèse
de l'*i* se combinent lorsque c'est un *y* qui suit le *t*, de sorte que
atya sanscrit fait en zend *aithya*.

Le n° 4 ꭓ *dj* est la première des palatales douces, le *dj*, et, suivant
la transcription anglaise, le *j* de l'alphabet dévanâgari; la comparaison des mots identiques en sanscrit et en zend, et celle de l'emploi
étymologique de cette lettre dans les deux langues, confirment également la valeur assignée par Anquetil et M. Rask à ce caractère. Ainsi
le *dj* est fréquemment, en zend comme en sanscrit, le remplaçant
de la gutturale douce et aspirée, par exemple dans *djaghmâchî* (celle
qui est allée) de *gam*, et dans *djaghnista* (celui qui détruit le plus)
de *ghna* (modification de *han*). Je serais même tenté de croire que
dj est le substitut d'un *g* indien, non-seulement dans les redoublements, mais encore dans l'intérieur même des radicaux. Ainsi
le radical *djaç*, très-usité en zend pour signifier *aller*, serait pour
moi le sanscrit *gatchh*; au moins est-il certain que *djaç* est en zend
employé au lieu et place du radical *gatchh*. Dans *djaç*, la sifflante *ç*
est le substitut de l'aspirée sanscrite *tchh*, comme nous le ferons voir
sur la lettre *ç*, et la palatale initiale est le son dérivé de la gutturale douce. Si ce rapprochement est fondé, le zend *djaç* serait une
forme comparativement moderne du sanscrit *gatchh*. Outre ce rôle

du *dj* zend substitut du *g* sanscrit, on trouve que *dj,* comparé à une autre articulation propre à la langue zende, c'est-à-dire à *z,* en est le remplaçant. Ainsi le radical zend *zan* (tuer) fait *djaiñti* (sanscrit *hanti*) il tue, et *djata* (sanscrit *hata*) tué. Il est bon de remarquer qu'ici la permutation a lieu non pas du sanscrit au zend, mais bien du zend au zend lui-même. Mais comme le *z* zend n'est déjà le plus souvent que le substitut d'une autre consonne dévanâgarie, on comprend que dans certaines circonstances, le *dj* cache l'étymologie véritable du mot. C'est ainsi que le verbe *aodjaiti* [25] signifiant, selon Anquetil, *il nomme,* nous rappelle le radical *úh* (penser, réfléchir), et peut-être plutôt *ah,* qui manque en sanscrit dans ce sens.

La consonne *dj* qui, par suite de ses divers rôles, est assez commune en zend, est une douce, et comme telle, elle ne peut faire partie que d'un groupe dans lequel entrent les douces, comme *g, gh, j* et semi-voyelles *y* et *v.* Je crois qu'on peut établir comme un fait qui ne souffre pas d'exception, qu'elle repousse l'épenthèse de l'*i.*

Le n° 5 donne deux formes ᴗ et ᴗ qu'Anquetil regarde comme ayant une seule et même valeur, celle de *kh.* M. Rask, au contraire, remarquant que ces deux consonnes se trouvent dans des mots différents, et combinées avec des consonnes dissemblables, et que de plus elles ne se confondent jamais l'une avec l'autre, en conclut justement qu'elles doivent exprimer des valeurs différentes. Selon lui, le signe ᴗ répond à ʒ ou *q;* il le représente par cette dernière lettre barrée inférieurement. L'autre signe ᴗ lui paraît être la consonne de l'aspiration forte, le *c̦* ou *x* d'après l'ancienne prononciation espagnole; c'est aussi par cette dernière lettre qu'il le remplace dans ses transcriptions. Nous devons dire que ce n'est pas tout à fait à ce résultat que nous a conduits la comparaison des mots zends où se trouve cette consonne, avec les mots sanscrits correspondants.

Le signe ᴗ me paraît être un véritable *kh* aspiré, que je n'oserais

[25] Voyez XVI° fargard du Vendidad, *Vend. lith.* p. 450, 456, 459, et p. 397-399.

peut-être pas comparer absolument au *kh* dévanâgari ; au moins est-il certain qu'il ne se trouve que rarement dans les mêmes mots en zend et en sanscrit. Son emploi le plus fréquent est dans les groupes *khr*, *kh*, *ch*, *khn*, etc., où, selon ma théorie, il est appelé par la consonne suivante, soit sifflante, soit nasale, soit liquide. Or, dans ces cas, il ne répond pas au *kh* dévanâgari, mais bien au *k*, la première des gutturales sourdes, puisque le sanscrit ne connaît pas cette loi d'aspiration. Il résulte de là que si le ᭪ *kh* zend est le *kh* dévanâgari, ce qui a lieu dans un petit nombre de mots, il est beaucoup plus souvent le substitut de *k*. Il y a plus ; on rencontre très-fréquemment le *kh* aspiré zend dans des mots où le sanscrit a, et doit étymologiquement avoir, la première gutturale sourde non aspirée. Comme aucune loi euphonique ne peut alors expliquer la présence de l'aspiration en zend, je pense qu'il y a eu entre ce *kh* et le *k* non aspiré une confusion sans doute ancienne, mais qui vient peut-être autant de la prononciation que du fait des copistes.

Le Tableau des combinaisons des consonnes zendes, que nous donnerons ci-dessous, fait connaître d'une manière complète les usages de ce *kh*. On le voit en effet dans des groupes dont la seconde lettre en explique suffisamment, comme nous le dirons sur les consonnes *n*, *m*, *y*, *r*, *v*, *ç*, *ch*, *s*, la forme aspirée. Nous devons remarquer que la gutturale sourde aspirée repousse l'épenthèse de la voyelle *i*, et que les groupes dans lesquels elle entre produisent le même résultat.

La lettre que M. Rask considère comme un *x* espagnol ne me paraît pas moins propre à la langue zende que la précédente, et c'est une des consonnes qui prouvent le plus clairement l'originalité de cet alphabet, non pas dans les signes qu'il emploie peut-être, mais dans les valeurs qu'il exprime à l'aide de ces signes. J'ai déjà énoncé l'opinion que le ᭪ répondait au groupe sanscrit *sv*, et les mots zends où on le rencontre, et que j'ai pu retrouver en sanscrit, ont tous confirmé cette observation. On pourrait en conclure que le و zend est un groupe oublié, *kv*, par exemple, et qu'un de ses éléments aura disparu sous la double influence de la prononciation et de l'écriture, l'une absorbant le *v*, comme cela se voit dans le mot persan خواب où le ‌و ne se prononce pas, quoiqu'il s'écrive, l'autre fondant le signe destiné à l'indication du *v* dans la figure du *k*. Cette conclusion serait certainement appuyée par la comparaison des mots zends où se trouve cette lettre, et des mots persans qui ont avec eux un rapport incontestable, puisque en persan on ne fait entendre que le son de la gutturale, et que le *vaw* ne sert en quelque façon qu'à prolonger celui de la voyelle *a*. Mais que و soit un groupe dont la seconde partie aura été méconnue, ou que ce soit une gutturale unique et d'une nature propre à la langue zende, inventée exprès pour représenter la prononciation particulière du خ persan, on doit toujours y reconnaître une consonne de l'ordre des gutturales. Quant au fait que *sv* devienne en zend *k* ou *kv*, cela ne doit pas surprendre; car nous savons déjà qu'une sifflante, celle qui correspond à l'ordre des palatales et que nous représentons par *ç*, est dans les langues anciennes de l'Europe un *x* ou *c*, c'est-à-dire un véritable *k*. Pour distinguer le و zend du خ qui, selon nous, est en dévanâgari *kha*, nous avons adopté *q*, ce qui n'est sans doute pas un mode satisfaisant de transcription; mais ce qui est au fond sans inconvénient, quand on peut, comme nous le faisons, se référer à tout instant au caractère original. Cette gutturale n'entre que dans un très-petit nombre de combinaisons, sans doute parce qu'elle est déjà composée par elle-même. On la voit jointe aux liquides *y* et *r*, et à l'aspirée *dh*. Elle n'a pas d'aspirée qui lui corresponde, et elle échappe ainsi aux lois dont nous parlerons sur *r* et *y*. Comme la gutturale *kh*, elle empêche l'épenthèse de l'*i*.

Le n° 6 d'Anquetil donne quatre signes pour une seule valeur, celle de la dentale douce. M. Rask fait justement remarquer qu'il y a

I.   K

ici erreur [26]. Nous pensons, avec ce savant, que le premier signe est
la dentale douce : c'est exactement le *d* de l'alphabet dévanâgari,
ce qui n'empêche pas que le zend ne le confonde parfois avec le *dh*.
Le second signe est bien encore, comme le croit M. Rask, un *dh*
aspiré : c'est le *dh* du dévanâgari; mais les manuscrits zends sont si
peu conséquents dans leur orthographe, que ce *dh* remplace le plus
souvent un *d* non aspiré. La valeur véritable de la seconde forme
du n° 6 d'Anquetil peut être cependant prouvée par deux voies
différentes. En premier lieu nous trouvons, ainsi qu'on le verra
dans notre Tableau des combinaisons des consonnes, la dentale
(pour nous *dh*) combinée avec les lettres *n, y, r, v; w,* c'est-à-dire
avec la nasale et les semi-voyelles qui, en zend, jouissent de la
propriété d'aspirer quelques-unes des consonnes qui les précèdent.
Il résulte de là, qu'à moins d'admettre en faveur de *d* une exception à cette règle générale pour les dentales, on doit reconnaître
que la seconde forme du n° 6 d'Anquetil est un *dh* aspiré. En second lieu, sa valeur ressort clairement de la comparaison de quelques radicaux zends où il se trouve, avec les mots sanscrits qui leur
correspondent, et qui ont la dentale douce aspirée, comme *budh*
(connaître), et *maidhya* pour le sanscrit *madhya* [27]. Enfin, on peut
citer encore en preuve de l'aspiration de cette consonne le radical
verbal *rudh* (pousser, croître), qui n'est autre que le sanscrit *ruh*,
qui a le même sens [28]. Si l'identité du zend *rudh* et du sanscrit
ruh est évidente pour tout le monde, et que même le zend *rudh*

---

[26] *Ueber das Alter,* etc. p. 47.

[27] Le *madhya* sanscrit paraît être un reste
du *maidhya* zend , car on ne voit pas en
sanscrit la raison de l'aspiration du *dh.* Elle
est au contraire très-reconnaissable en zend,
où le radical *mat* (avec) change sa dure
en *d* devant *y*, et l'aspire en *dh.* On verra
que *mat* s'ajoute quelquefois aux substantifs , et leur donne le sens d'un instrumen-

tal ou d'un ablatif. Cet usage remarquable
explique comment *mat* peut servir de suffixe pour former des adjectifs possessifs. Au
reste , ce mot zend doit avoir du rapport
avec le sanscrit *mithas* (mutuo), et *mi-
thuna* (couple); M. Lassen a déjà rapproché *mithas* de l'ancien haut-allemand *mit*
(avec). Voyez *Ind. Bibl.* tom. III, p. 65.

[28] Nous différons, comme on voit, de

doive passer pour antérieur au sanscrit *rah*, qui n'en est qu'un adoucissement, il faut bien admettre pour expliquer la présence du *h*
sanscrit que le ൧ zend est une dentale douce aspirée [29]. Au reste, il
est parfois difficile de reconnaître les circonstances dans lesquelles
il faut employer l'une de ces dentales plutôt que l'autre; la confusion de ces signes jette même souvent une grande obscurité sur
le sens des mots, et elle a, dans quelques cas, fait commettre à Anquetil des erreurs très-graves. Ainsi, dans un passage du VIIe fargard du Vendidad, Anquetil a pris pour *daéna* (loi) le mot *dhaéna*
qui entre en composition avec les mots *açpô* (cheval), *gaô* (bœuf),
ustrô (chameau), *kathwô* (âne), et il traduit « un cheval, un tau-
« reau, un âne, un chameau selon la loi, » tandis que le sens doit
être « une cavale, une vache, un chameau femelle, une ânesse, qui
« donnent du lait; » car j'ai peine à croire que dans le composé
açpô-dhaéna, le dernier mot ne se rattache pas à la même racine
que le sanscrit *dhênu*, « vache qui vient de mettre bas. »

La simple inspection de notre Tableau des combinaisons des consonnes zendes achève de faire connaître la véritable nature de ces
deux dentales *d* et *dh*. Elles appartiennent à l'ordre des douces ou
sonnantes, et, comme telles, elles se combinent avec les douces
gh, *j*, *z*, *b*, *r*, *v*, *w*, *ñ*, *n*. Toutefois on rencontre dans notre Tableau
des groupes qui font exception à la loi de l'attraction mutuelle des
lettres les unes à l'égard des autres. C'est d'une part *khdh*, dans lequel on s'attendrait à voir le *kh* changé en *g* ou *gh*, et d'autre part
dk et *dtch* qui sont complétement étrangers au système des combinaisons du dévanâgari. Ces faits, qui sont prouvés par tous les
manuscrits, sont importants à constater comme des anomalies à un
système qui exerce en zend une influence considérable, quoique
moins étendue qu'en sanscrit. Mais comme ces groupes ne présentent pas des difficultés insurmontables à l'organe qui essaie de les

M. Bopp, quant au sens que nous donnons
à ce radical. Voyez *Gramm. sanscr.* p. 331.

[29] Le passage du *dh* à l'*h* a été déjà démontré par M. Bopp, *Gramm. sanscr. r.* 104.

K.

prononcer, on s'explique assez aisément comment ils ont pu subsister nonobstant la loi d'euphonie qui veut qu'une sourde tombant
sur une sonnante se change en la sonnante de sa classe.

Ainsi que nous l'avons dit au commencement, *d* est soumis aux
règles d'aspiration que nous exposerons sur *n*, *y*, *r*, *v*, *w*, et il en
résulte les groupes de notre Tableau, où *dh* figure. Cependant on
trouve que *d* échappe plus fréquemment à ces lois que la sourde *t*, et
nous avons dû en conséquence mentionner des combinaisons, comme
dy, *dr*, *dv*, que nous voyons soutenues par tous les manuscrits. Peut-
être des copies plus anciennes diminueraient-elles le nombre de ces
exemples. Quant à l'épenthèse de l'*i*, la douce de l'ordre des dentales, simple ou aspirée, l'admet aussi fréquemment que la sourde *t*.

Il ne nous reste plus à examiner que les deux signes ꭞ et ꭞ :
M. Rask les regarde comme des aspirées de ꭞ, parce qu'il y reconnaît le trait qui, dans *hm* (n° 16), marque l'aspiration. Il est bien
vrai que ces signes ꭞ et ꭞ dérivent de ꭞ *t*; mais il n'est peut-être
pas également permis d'en conclure que la queue qui les distingue
soit une marque d'aspiration. Pour moi, le premier de ces deux
signes ne me paraît être autre chose que le ꭞ dont le dernier trait
se sera prolongé parce que cette lettre était employée à la fin des
mots. Je ne fais donc aucune différence du ꭞ au ꭞ, si ce n'est que
l'un est final et l'autre initial et médial. Cependant, comme il peut
avoir existé quelque nuance dans la prononciation, suivant que la
dentale sourde était médiale dans un mot, ou finale dans une désinence grammaticale, je crois pouvoir sans inconvénient distinguer
par un point ce signe, du *t* (n° 3); ce qui ne veut nullement dire que
ce soit un autre *t*, mais ce que je propose comme un moyen purement matériel de transcription. J'y trouve du moins l'avantage que la
question de l'identité ou de la diversité de ces deux lettres n'est
pas ainsi préjugée aux yeux des lecteurs pour lesquels elle pourrait
paraître encore douteuse.

Cette forme du *t* n'est, ainsi que nous l'avons dit, employée le plus souvent qu'à la fin des mots, dans quelques désinences grammaticales. Lorsqu'une formative dans la composition de laquelle entre un *t*, comme *at*, par exemple, devient finale, c'est de ce ᵱ que l'on se sert; mais quand le *t* du suffixe est suivi d'une voyelle, notamment dans les féminins en *t*, le ᵱ *t* (n° 3) reparaît. Ce rapprochement donne, ce semble, une grande force à l'opinion que nous avons avancée sur l'identité de ᵱ et de ᵱ. Cette lettre n'est souvent médiale, que par suite d'une erreur des copistes qui l'emploient pour *d* ou *dh*. On la trouve cependant aussi devant *k*, *tch*, *b*, c'est-à-dire à la fois devant des sourdes et une sonnante. Dans la dernière de ces combinaisons (*tb*), ce n'est peut-être plus le même *t* que nous regardons comme identique à la dentale sourde à la fin d'un mot. Quelques manuscrits semblent même préférer dans ce cas le ᵱ dont il nous reste à parler.

Ce signe ᵱ laisse encore mieux voir, s'il est possible, la forme première du ᵱ *t*, et à ce titre je n'hésite pas à le regarder comme le *t* dental final; ce n'est qu'une autre forme du *t* que nous venons d'examiner tout à l'heure. On pourrait croire cependant que ce n'est pas sans dessein que ces deux figures ᵱ et ᵱ sont ainsi différenciées dans les textes. Quant à moi, je n'ai pas encore pu découvrir la raison de cette différence, si ce n'est que devant *k* et *b*, les manuscrits semblent en général préférer la forme ᵱ à ᵱ. Comme M. Rask ne les distingue pas l'une de l'autre, nous ferons de même, nous éloignant toutefois de son sentiment, en ce que nous ne regardons pas cette consonne comme une aspirée. Nous ajouterons que, des quatre classifications des lettres zendes que nous avons empruntées aux manuscrits d'Anquetil, il y en a trois dans lesquelles ce signe ᵱ n'est pas reproduit, ce qui prouve que, pour quelques copistes, il n'avait pas une existence distincte de celle du ᵱ *t*

. Le n° 7 ⟩ *r* ne fait aucune difficulté; c'est, de l'aveu de M. Rask, le *r* européen. Nous ferons remarquer en outre que ce signe remplace non-seulement le *r* dévanâgari, mais même le *l*, liquide que ne possède pas le zend. Précédé et suivi de la voyelle *ĕ*, *r* représente, ainsi que nous l'avons dit ci-dessus dans notre analyse des voyelles, le sanscrit *rĭ*, sous cette forme *ĕrĕ*. Suivie des voyelles *i* et *u* et des semi-voyelles *y* et *v* ou *w*, la liquide *r* admet l'épenthèse de l'*i* et de l'*u*, par exemple dans *ndirĭ* (femme), pour le sanscrit *nârĭ*, et dans *tauruna* (jeune homme), pour *taruṇa*. L'épenthèse de l'*i* et de l'*u* n'a pas lieu lorsque la liquide fait partie d'un groupe où entre une gutturale, une dentale, une labiale, une sifflante ou l'aspiration, soit que ces lettres précèdent ou qu'elles suivent la liquide.

Pour ce qui est de *r*, dans ses rapports avec les consonnes, on doit faire les observations suivantes. Le *r* zend peut suivre toutes les consonnes gutturales, dentales, labiales, douces et fortes, à l'exclusion peut-être des palatales. Je ne me rappelle pas du moins d'avoir rencontré *tchr* ni *djr*. Il suit encore les nasales * q̄* (ng), *n*, *m*, les semi-voyelles *v* et *w*, les sifflantes *z*, *ç* et *h*. Le groupe *sr* est impossible en zend, puisque nous verrons sur le n° 19 d'Anquetil, que la sifflante dentale devant *r* se change en *h* précédé de *ḡ*. A l'égard des gutturales, des dentales et des labiales, il y a une remarque importante à faire; c'est que la liquide force la consonne douce ou forte à se changer en son aspirée correspondante, *k* en *kh*, *g* en *gh*, *t* en *th*, *d* en *dh*, *p* en *f*; il faut seulement en excepter *b*, qui, en zend, n'a pas d'aspirée, et de plus, les cas où *t*, par exemple, est précédé des sifflantes *ch* et *s*. On doit conclure de là que *r* porte avec soi une aspiration qui lui est inhérente, et qui, lorsqu'une consonne vient à tomber sur la liquide, remonte sur cette consonne [30]. Car l'action des lettres

---

[30] Je n'ai pas besoin d'insister sur l'analogie que présentent en ce point le grec et le zend. En grec, le ῥ est virtuellement accompagné d'une aspiration, qui me paraît

dans certains cas, et particulièrement dans le suffixe θρον, remonter sur le τ et le changer en θ. (Conf. sanscr. *tra*, zend *thra*.) J'ai déjà donné quelques détails sur ce fait dans

l'une sur l'autre procède en zend de la seconde à la première,
comme cela se voit le plus souvent en sanscrit. C'est vraisemblablement cette aspiration inhérente à la liquide *r*, qui est écrite, lorsqu'au lieu de suivre la consonne, *r* tombe sur une gutturale ou une
labiale forte dans les mots *vĕhrka* (loup), *mahrka* (mort) et *kĕhrpa*
(corps). Il est vrai cependant que l'on remarque (et nous avons
donné ces faits dans notre liste des combinaisons des consonnes), *r*
précédant la forte de la classe des gutturales et des labiales, les
liquides *y*, *v*, les sifflantes et la nasale *m*, sans être escorté de ce *h*
dont il semble nécessaire d'accompagner la liquide *r*, lorsqu'elle n'est
pas précédée d'une consonne. Mais nous ferons observer que la plupart des combinaisons de *r* consignées dans notre Tableau s'écrivent
aussi en intercalant, entre *r* et la consonne, l'*ĕ* bref, qui, comme
nous l'avons déjà indiqué, remplace le *scheva*, de cette manière :
karĕta au lieu de *karta*. Le mot dans ce cas ne doit plus être épelé
de la même façon : au lieu de *kar-ta*, on a *ka+rĕ+ta*; ce n'est plus
là le cas de *vĕhr-ka*, dans lequel on peut supposer que le *h* fait partie
de la syllabe *vĕhr*, et distingue, par sa présence, *r* précédé d'une
voyelle et tombant sur une consonne, de *r* entre deux voyelles et
formant avec la seconde de ces voyelles une syllabe (*ka-rĕ-ta*). Quelle
que soit au reste la valeur de cette observation, on remarquera que
r ne précède jamais une sonnante, excepté les semi-voyelles et *m*.

Le n° 8 ⟨z⟩ *z* est, également de l'aveu de M. Rask, le *z* grec et persan. Il est nécessaire toutefois de prendre en considération l'observation suivante. On sait que le dévanâgari ne connaît pas le *z*, de
sorte que le *z* zend existe dans la langue des Parses, ou parce
qu'elle possède des mots non sanscrits où se trouve cette articulation, ou parce que le *z* zend est le substitut d'une autre lettre
indienne. Nous verrons que c'est par ce dernier principe que l'on

le Nouveau Journal asiatique (tom. IX,   aime aussi le groupe *hr*, que Grimm (tom. I,
pag. 53 et sqq.). J'ajouterai que le gothique   pag. 72) rattache au *ρ* grec et au *rh* latin.

doit rendre raison de l'existence de la lettre *z* en zend. On reconnaîtra que les mots de l'ancien persan où elle se rencontre peuvent se ramener à des mots sanscrits qui ont une autre lettre. Les consonnes pour lesquelles *z* est le plus fréquemment substitué, sont *h* et *dj* dévanâgaris, et un *ç* ou *s* zend. Quelques remarques mettront dans tout leur jour les faits que nous venons d'indiquer.

Nous avons dit que le *z* zend répondait souvent à un *h* dévanâgari. Ce fait est un des mieux démontrés de tous ceux qu'a fait jusqu'ici connaître la comparaison des lettres zendes et sanscrites ; nous ne nous arrêterons donc pas à en donner des exemples [51]. Cependant le changement de *h* sanscrit en *z*, joue dans la langue zende un rôle trop important pour que nous n'en cherchions pas la raison sous le point de vue philologique. Les remarques dont il va être l'objet, ne seront pas inutiles pour la suite de notre discussion sur l'alphabet zend comparé à l'alphabet dévanâgari. Nous ferons d'abord observer que le *h* devient *z* dans d'autres langues que le zend, et particulièrement en lithuanien où *z* remplace fréquemment un *h*

[51] L'application de la règle qui, en zend, nous fait reconnaître *z* comme substitut d'un *h*, peut servir à expliquer un mot sanscrit, dont l'origine est obscure. Je veux parler du superlatif *nêdichtha* (le plus près), qui n'est autre chose que le zend *nazdista*. On dérive *nêdichtha* d'un thème *nêda* qu'on n'explique pas. Il me semble plus naturel d'y voir une forme partie du primitif qui a donné naissance au zend *nazdista*, peut-être même une altération de ce superlatif. En effet, tandis que le sanscrit *nêdichtha* est isolé dans la langue, et qu'il est par suite difficile à analyser, on peut rendre compte de *nazdista* dans lequel *nazd* reste comme la forme absolue du mot, après qu'on en a retranché la formative du superlatif *ista*. Le monosyllabe *nazd* doit avoir eu, à la forme absolue, un *a* final ; et avoir été *nazda*, dans lequel on retrouvera ou un participe parfait passif de *naz* (s'approcher), dont le suffixe *ta* aura été changé en *da* par suite de l'action de la sonnante *z* sur la sourde *t*, ou, ce qui me paraît plus vraisemblable, un mot composé de *naz* et de *da* (donné près), composé analogue aux mots *yaoj-da* et *mîj-da*, dont il est parlé ci-dessous. Le radical *naz* est la forme zende du radical sanscrit *nah*, qui est bien connu pour appartenir également aux dialectes germaniques (cf. l'allemand *nahe, nach*, l'anglais *next*, etc.) ; de sorte que le *nêdichtha* du sanscrit est ramené, mais en passant par le zend, à une racine qui lui appartient aussi bien qu'à l'ancienne langue des Persans.

sanscrit. En voici quelques exemples, avec les formes que prennent les mots qui nous les fournissent dans d'autres langues anciennes ou modernes de l'Europe.

Sanscr. *mih*, lith. *myzu*, zend *miz*, gr. *ὀμίχω*, lat. *mingo*.

Sanscr. *hima*, lith. *ziema*, zend *zyâo*, gr. *χῖμα*, lat. *hiems*.

Sanscr. *hamsa*, lith. *zasis*, gr. *χὴν*, goth. *gans*, lat. *anser*.

Sanscr. *b-hûmí*, lith. *zeme*, z. *zĕm*, gr. *χαμαί*, goth. *gauï*, lat. *humus*.

Sanscr. *hrĭdaya*, lith. *szirdis*, gr. *καρδία*, lat. *cor*, goth. *hairtô*.

Sanscr. *aham*, lith. *isz*, zend *azĕm*, goth. *ik*, gr. *ἐγώ*, lat. *ego*.

Sanscr. *hasta*, zend *zasta*, gr. *χείρ*, goth. *hand*, lat. *pre-hend-ere*.

Sanscr. *mahat*, zend *maz*, goth. *mikils*, gr. *μέγας*, lat. *magnus*.

Sanscr. *hari*, zend *zairi*, gr. *ὠχρός*, lat. *viridis* [32].

[32] Quelques-uns des exemples de cette liste ont besoin d'explication : ce sont les diverses formes des mots *main* et *vert*. J'ai cité le grec *χείρ* et *ὠχρός*, moins d'abord pour le rapprocher des mots qui leur correspondent dans d'autres langues, que pour compléter ma liste. Il ne serait cependant pas impossible de ramener le premier de ces mots au radical duquel dérivent d'un côté *hasta*, et de l'autre *hand*. Il faut d'abord remarquer que le *hasta* et le *zasta* sanscrit et zend ne sont pas fort éloignés du *hand* et du *pre-hend-ere* germanique et latin. Le radical est la syllabe *ha*, suivie dans un cas d'une sifflante, dans l'autre d'une nasale, sons très-flottants de leur nature. Nous devons en effet détacher du sanscrit et du zend *hasta* et *zasta*, la syllabe *ta* qui n'est autre chose qu'un suffixe dont la suppression nous laisse *has* pour radical. C'est de cette manière que les Brahmanes expliquent leur *hasta* ; mais la racine *has* a le sens de *rire*, ce qui nous donne une étymologie insou-tenable. J'aimerais mieux dériver *has-ta* du radical *hrĭ* (prendre), avec *guṇa*, *har*, dans lequel la liquide serait changée en la sif-flante *s*, par suite de l'influence du *t*, qui recherche, comme on sait, la sifflante den-tale. Je n'ignore pas que le changement de *r* en *s* n'est pas très-commun en sanscrit ; car je ne puis me servir de *dar*, *nir*, et au-tres qui, dans certains cas, deviennent *duch* (*dus*) et *nich* (*nis*), parce que, sui-vant moi, ce sont ces dernières formes qui sont primitives. Mais comme *s* est fréquem-ment remplacé par *r*, on pourrait admettre aussi le changement inverse, celui de *r* en *s* devant une dentale dure, ainsi que cela a lieu dans *panar*, devenant *punas*. Si cette opinion était adoptée, le mot grec *χείρ* n'en deviendrait certainement pas davan-tage le *has-ta* sanscrit. Mais il sortirait du même radical *hrĭ*, changé par le *guṇa* en *har*, dont le datif pluriel *χερσί* est la trans-cription aussi exacte qu'on peut la dési-rer. Dans cette hypothèse, le grec *χείρ* dériverait immédiatement du radical *hrĭ*,

I.

Cette liste démontre suffisamment la relation mutuelle de tous ces sons *h*, *χ* ou *ch* allemand, *k* ou *c* dur, et *z*. Le lithuanien possède même un *sz* qui se prononce à peu près comme *ch* français ou *sch* allemand. Ce *sz* qui, dans quelques-uns des mots précités, répond au *h* dévanâgari, représente de même un *h* des dialectes germaniques; mais c'est surtout, autant que nos moyens limités de comparaison nous ont permis de le reconnaître, avec un *ç* palatal dévanâgari et zend que cette sifflante *sz* a le plus de rapport, par exemple : sanscr. *çvan*, zend *çpâ*, lith. *szu*, goth. *hunths*, gr. κύων, lat. *canis*, franç. *chien*; sanscr. *çata*, zend *çata*, lith. *szimta*, all. *hundert*, gr. ἑκατόν, lat. *centum*, franç. *cent* (pron. *sent*); sanscr. *daça*, zend *daça*, lith. *deszimts*, goth. *taihun*, gr. δέκα, lat. *decem*, franç. *dix* (pron. *dis*).

De ces analogies, toutes incontestables, nous n'examinerons en ce moment que la dernière, celle qui rapproche le *h* sanscrit du *ch* français, par l'intermédiaire du *sz* lithuanien. Une fois qu'on a reconnu que la sifflante *ch* est une des permutations possibles de l'aspiration passant à l'état de consonne plus fortement articulée, il faut admettre

sans addition d'aucun suffixe; ou plutôt le suffixe, quel qu'il soit, mais qui a laissé une trace de sa présence dans le *guṇa* de *hrĭ* en *har* (χρ), aurait disparu. L'adjectif ὠχρός paraît peut-être plus difficile à ramener au sanscrit *hari*. Cependant nous remarquerons d'abord que *hari* signifie également *vert* et *jaune*, comme cela est très-naturel, et qu'ainsi nous avons pu comparer à *hari* le grec ὠχρός plutôt que χλωρός qui, d'ailleurs, signifie autant *jaune* que *vert*. Si nous détachons de part et d'autre les désinences *i* et *os*, nous avons *har* et ὠχρ, et ce dernier mot peut être identique au premier, dont il ne diffère que par le déplacement de ω, χωρ = *har*, le χ grec étant presque toujours,

comme le démontre notre liste, un *h* sanscrit. On ne s'étonnera pas de voir la voyelle déplacée dans un mot où figure la liquide *r*, car c'est, à vrai dire, cette liquide elle-même qui a quitté sa place pour se joindre à la gutturale. On sait qu'il n'y a pas de lettre qui soit moins stable que le *r*, et que tantôt elle précède dans une langue, et tantôt elle suit dans une autre la consonne la plus prochaine avec laquelle elle peut s'unir; nous nous contenterons de comparer ensemble le latin *rapio* et le grec ἁρπάζω, *repo* et ἕρπω, qui revient au sanscrit *sṛip*, en latin *serpo*. On pourrait même conclure de cette comparaison l'identité primitive de ὠχρός et χλωρός en passant par χωρός.

aussi toutes les modifications connues de cette sifflante; savoir, la douce *j* qui lui correspond, la sifflante dentale *s*, et sa douce *z*. Tous ces sons s'ordonnent donc de la manière suivante: au point de départ est un *h*, élément générateur des sons et des articulations, suivant qu'il est modifié par le jeu des diverses parties de l'appareil vocal. On ne peut bien juger de ce *h* qu'en oubliant la prononciation très-adoucie qu'il a le plus souvent dans les mots français, tels qu'on les prononce à Paris surtout. Ce *h* est l'aspiration elle-même, qui, devenant plus forte encore, confine à la gutturale. Alors c'est le χ grec, le *x* espagnol, le ϕ allemand. Arrivée à ce point, l'articulation *h* prend deux directions différentes. D'un côté, elle devient purement gutturale, c'est le *k* avec ses variétés en grec, en latin, en français, etc. De l'autre, elle devient *chuintante*, siffle dans l'organe vocal au lieu de s'arrêter à la gorge, et ainsi le ϕ allemand n'est plus pour un Français que *ch* (*sch* allemand). C'est là que se trouve l'origine de tous les sons sifflants dérivés de l'aspirée forte. En effet, *ch* donne *j* qui, à son tour, engendre *z*, lequel est de tous les sons sifflants le plus adouci, en ce qu'il garde le moins de la gutturale, et que, s'il a une très-grande affinité avec un autre ordre d'articulations, c'est avec celui des dentales qui sont incomparablement plus douces que les gutturales. Je rappellerai, pour les personnes qui n'auraient pas songé à observer ces changements de lettres, les essais de prononciation des enfants qui trouvent les dentales avant les gutturales, et *z* avant *j*. Je citerai en outre, pour faire remarquer les diverses modifications de l'aspiration, les formes que prend dans divers idiomes le latin *hortus*, en grec χόρτος, anc. lat. *chors, chortis*, (d'où le français *cour*), l'allemand *garden*, l'italien *giardino*, le français *jardin*, qu'un Allemand prononce *chardin*, et un enfant *zardin*. Nous pourrions multiplier les exemples pour prouver que la sifflante *z* est, pour les langues ariennes du moins, dans la série des permutations de *h*; cette proposition nous semble suffisamment démontrée. Il était toutefois nécessaire de nous y arrêter un instant pour mettre dans son vrai jour le rapport du *z* zend au *h* sanscrit. C'est le *z* qui me paraît postérieur, et le *h* dévanâgari est à son égard l'articulation qui le produit par des modifications successives.

La consonne *z* est encore assez fréquemment le substitut du *dj* sanscrit, par exemple dans *zañta* (une certaine division territoriale habitée), pour le sanscrit *djanta* (être vivant); *baéchaza* (médicament), pour le sanscrit *bhéchadja*, et plusieurs autres. Dans le plus grand nombre de cas, la simple inspection du mot zend suffit pour faire connaître quelle est la lettre de l'alphabet dévanâgari, *h* ou *dj*, à laquelle répond le *z* zend. On trouve cependant deux mots qui, par la ressemblance qu'ils offrent l'un avec l'autre, et la facilité qu'on a de les rattacher à deux radicaux différents, peuvent au premier coup d'œil offrir quelque embarras. Le mot zend *ĕrĕzata* signifie *argent*, et c'est évidemment le même mot que le sanscrit *radjata* et le latin *argentum*. Si même on se rappelle l'observation que nous avons faite plus haut sur la voyelle *rĭ*, en zend *ĕrĕ*, on pourrait croire que le sanscrit *radjata* ne diffère du zend *ĕrĕzata* que par *ra*, modification irrégulière de la voyelle *rĭ* (zend *ĕrĕ*). Ce ne serait donc plus au radical verbal *rañdj* (colorer), qu'il faudrait demander l'étymologie du sanscrit *radjata*, et cette dérivation devrait être négligée, comme beaucoup de celles que proposent les grammairiens indiens pour certains mots difficiles. Le rapprochement du sanscrit *radjata* et du zend *ĕrĕzata* nous conduirait à un radical *rĭdj*, en zend *ĕrĕz*, où le *z* de l'ancien persan représenterait un *dj* dévanâgari. Or, on trouve en sanscrit deux radicaux, *rĭdj* et *ardj* (gagner), qui ne sont que la modification très-légère l'un de l'autre au moyen du *guṇa*, et auxquels il paraît nécessaire de rattacher le zend *ĕrĕzata*; et si *ĕrĕzata* a autant de rapport avec *radjata* que nous le croyons, on peut conjecturer que *radjata* lui-même dérive par un *guṇa* irrégulier de celui de ces radicaux qui a la voyelle *rĭ*. Je sais bien que cette explication a le désavantage de substituer une étymologie métaphysique à une dérivation prise dans un ordre d'idées plus matérielles, et empruntées de la notion de couleur (*rañdj*)[33]. Mais, en admettant que le rapprochement de *radjata* sanscrit et de *ĕrĕzata* zend ne soít pas fondé, et qu'il faille toujours tirer *radjata* de *rañdj*, on conviendra sans peine qu'on n'en peut faire autant du mot *ĕrĕzata*, et qu'il faut nécessairement y voir un radical *ĕrĕz*, qui, au premier abord, paraît être en sanscrit *rĭdj*.

D'un autre côté, si le *z* de la racine *ĕrĕz* ne répondait pas à un *dj* dévanâgari, et qu'il fût le substitut d'un *h*, ce ne serait plus à un radical sanscrit *rĭdj* qu'il faudrait s'adresser, mais à une racine *rĭh*. Cette racine n'existe pas, il est vrai, en sanscrit; cependant nous y trouvons un mot qui peut n'en être qu'une modification très-légère; c'est le radical *arh* (valoir, mériter), qui permet de supposer un *rĭh*, au même titre que *ardj* revient à *rĭdj*. Dans cette supposition, le mot zend *ĕrĕzata* se rattacherait non plus à un radical *rĭdj* (gagner, acquérir), mais à un radical ancien (conservé dans *arh*) *rĭh* (valoir, avoir du prix), et on laisserait de côté le rapprochement proposé entre *ĕrĕzata* et *radjata*, dont on respecterait l'étymologie indienne. Ce qu'il y a de certain, quelque opinion qu'on adopte d'ailleurs sur ces rapprochements, c'est que le radical sanscrit *arh*, sous sa forme

---

[33] Il est peut-être permis de rattacher au radical *rĭdj* (radical auquel nous conduit la comparaison du zend *ĕrĕz-ata* et du sanscrit *radj-ata*) la notion de couleur, de sorte que l'étymologie du nom de l'argent, en sanscrit comme en zend, continuerait d'être empruntée au même ordre d'idées qu'indique la racine *rañdj*. En effet, le mot *ardjuna* a, entre autres significations, celle de *blanc*. Or, quoique la dérivation de ce mot ne soit pas très-claire, on y peut voir un radical *ardj* (en sanscrit *gagner*) qui, dans la supposition qu'il aurait le sens d'*être blanc*, serait exactement le grec ἀργός (blanc), d'où ἄργυρος (argent). Nous sommes en outre autorisés par la discussion qui fait le fonds de notre texte, à ramener *ardj* à une racine *rĭdj*, de laquelle nous venons de démontrer que dérive nécessairement le zend *ĕrĕz-ata*. Cette racine à laquelle on donne le sens de *gagner*, aurait donc aussi celui d'*être blanc*, et ce serait de cette dernière signification que viendrait d'un côté le zend *ĕrĕz-ata*, et de l'autre les mots sanscrits *ardj-una* (blanc), et *radj-ata* (argent). Si même l'allemand *Erz* n'était pas aussi rapproché du latin *æs* et du sanscrit *ayas*, on pourrait croire qu'il appartient à cette famille.

que je serais tenté de regarder comme secondaire, n'est pas inconnu en zend même, où nous voyons *arēza* (prix, valeur), qui est même beaucoup plus souvent écrit *arëdja*, orthographe dans laquelle il ne faut voir, selon toute apparence, qu'une permutation irrégulière du *z*, primitif à l'égard du *dj*.

Il nous reste à indiquer les autres consonnes pour lesquelles le zend emploie souvent la lettre *z*; ce sont les deux sifflantes *ç* et *s*. On trouve fréquemment que la consonne *z* est le substitut, devant certaines lettres, des sifflantes *ç* et *s* existant déjà dans la langue à la fin d'un mot. Ainsi la préposition *uç* (préposition qui n'est sans doute autre chose que le *us* gothique et le *ut* sanscrit) reste, lorsqu'elle est isolée, sous cette forme ou sous celle de *us*, par suite d'une confusion des sifflantes que nous indiquerons tout à l'heure [34]. Mais lorsqu'elle se joint à un mot commençant par

[34] Les diverses formes que prend la préposition gothique *us*, tant dans les dialectes germaniques que dans les langues lithuaniennes et slaves, formes que J. Grimm a rassemblées (*Deutsch. Gramm.* tom. III, p. 253), offrent de curieuses analogies avec les faits de l'euphonie zende que nous exposons en ce moment; et elles me confirment dans une conjecture que je n'eusse pas osé indiquer de moi-même, sur l'identité de *ἐκ* et *ἐξ* grec avec le zend *uç* (*us*). En effet, les diverses orthographes de cette préposition dans l'ancienne langue des Parses ont autant de représentants dans les mots des idiomes suivants : goth. *us*, *uz-uh*; anc. all. *ur*; slav. *iz*; lithuan. *isz*; anc. prussien *is*; letton. *is*; latin *ex*; grec *ἐκ*, *ἐξ*. L'orthographe zende de cette préposition quand elle est isolée, *uç*, donne le grec *ἐκ*, puisque *ç* zend égale *κ* grec. L'orthographe plus rare *us* est le gothique *us*, dont l'adoucissement *uz* est analogue au slave *ız*. J'ai dit dans le texte que le *uç* zend était le même que le sanscrit *ut* : ceci a besoin d'explication, d'autant plus qu'on pourrait y voir une contradiction avec la théorie de Grimm, qui, sans donner son opinion sur l'*ut* sanscrit, distingue cependant très-nettement le *ût* gothique de *us*, le premier devenant dans d'autres dialectes germaniques *úz* et *aus*, et étant plutôt un adverbe qu'une préposition. Quoi qu'il en soit de cette distinction, il me paraît possible de rapprocher le *ut* sanscrit du *uç* (*us*, *uz*) zend, parce que ces trois lettres *ç*, *s*, *t*, outre leur affinité mutuelle dans la langue zende, ont encore un rapport non moins évident avec *k*, et que de plus, une fois *uç* changé en *uk*, il peut devenir très-facilement *ut*. Ces diverses formes *uç*, *ἐκ*, *ut*, ont peut-être leur point commun de réunion dans un *utch* sanscrit, qui lui-même présupposerait un *uk*, lequel nous conduit jusqu'à l'allemand *hoch*. Le radical

une lettre douce, ou, suivant la division indïenne, une sonnante, elle s'écrit *uz*, notamment devant une voyelle et devant les consonnes *g*, *dj*, *d*, *b*, *v*. Dans les cas que nous venons d'indiquer, le *z* n'est que le résultat de la permutation euphonique d'une sifflante,

•

atch n'a encore été trouvé jusqu'ici que dans le sanscrit *utch-ita* (digne) (Bopp, *Gloss. sanscr.* voc. *utchita*). Il me semble que le *ç* du zend *uç* fait penser à un primitif terminé par une palatale, et que ce rapprochement est favorisé par le *t* sanscrit, élément de la palatale *tch*. Au reste, que la forme première de cette préposition soit terminée par une dentale ou une sifflante, cela est de peu d'intérêt relativement à la question qui nous occupe : le zend *uç* et le sanscrit *at* n'en sont pas moins un seul et même mot. Le sens que les textes donnent à ces deux monosyllabes, est exactement le même en zend et en sanscrit; et comme *at* avec le suffixe du superlatif *tama* fait en sanscrit *attama* (optimus), ainsi *uç*, avec le suffixe *tĕma*, fait en zend *ustĕma*, le *ç* palatal devenant *s* dental devant *t*.

Quant à l'attraction que les sonnantes, et notamment *d*, exercent sur la sifflante, on en trouve en gothique des exemples nombreux : ainsi le groupe *zd* y est fréquent comme en zend, et ce groupe devient dans d'autres dialectes germaniques *rd*, de même qu'en sanscrit un *s* précédé de toute autre voyelle qu'un *a*, et tombant sur une sonnante, passe en *r*. Le mot gothique *mizdô*, en grec *μισθός*, en bohémien *mzda*, et en zend *mĭjda*, en est un exemple frappant. Grimm rattache même à ce mot le latin *merces* (de *mereri*), par l'anglo-saxon *meord*. Le mot zend *mĭjda*, d'où est venu le persan *mezd*, est obscur en ce qu'il n'a pas d'autre

analogue dans l'ancienne langue des Parses. On le trouve écrit de deux manières, *mĭjda* avec un *j* et *myazda* avec un *z*; et il est bon de remarquer que toutes les fois que la voyelle *a* est écrite, c'est le *z* et non le *j* qui suit, ainsi que le prouve la mauvaise orthographe *mĭazda*. Or, comme on verra que *j* zend est l'adoucissement d'un *ch* zend ou sanscrit, de même que *z* est celui d'un *ç* ou *s* zend, les deux formes zendes *mĭjda* et *myazda* auraient l'une un *s* dental, l'autre un *ch* cérébral en sanscrit. Je ne connais pas dans cette dernière langue de mot qui présente le moindre rapport avec le *mĭjda* zend et le *μισθός* grec. Mais le zend *mĭj-da* et *myazda* me paraît composé de *mĭj* ou *myaz* avec un radical *da*, qui n'est vraisemblablement que le reste du participe *dâta* (donné). Nous avons un exemple d'une composition pareille dans le zend *yaoj-dathâmi* (je purifie), où nous voyons un radical *gounifié yaoj* qui revient à *yuj*, et qui, traité d'après les lois de permutation que nous exposerons sur la lettre *j* zend, nous donne le sanscrit *yuch* (vénérer), racine qui, pour ne se rencontrer que dans les commentaires des grammairiens, n'en doit pas moins être rétabli dans le cadre des langues ariennes, puisqu'on la voit en usage dans la langue zende. Nous obtenons donc ainsi comme base du mot *mĭj-da* et *myaz-da* le radical *mĭj* et *myaz*, dans lequel *z* et *j* devront faire place à un *s* et à un *ch*. Si ces deux orthographes ne sont que des variantes du même

permutation qui appartient en propre à la langue zende, et qui offre une trace rare et curieuse de l'action des lettres les unes sur les autres, entre deux mots qui viennent à se rencontrer. Ce principe, auquel je ne connais que bien peu d'exceptions (peut-être le seul mot *aszayata*, où *s*, remplaçant *ç*, ne devient pas *z* devant la douce *z*), est exactement le même que celui qui, en sanscrit, ne permet pas à la sifflante *s* de se placer devant les lettres sonnantes. La sifflante dans cette dernière langue se change en *r*; en zend le changement est plus régulier en ce que l'organe s'adresse à un son très-rapproché de la sifflante, et certainement beaucoup plus semblable à la sifflante que le *r*. Il y a là action de la sonnante sur la sourde *ç* ou *s*, et permutation de la sourde en une lettre ayant plus d'analogie avec la sonnante. C'est exactement le contraire de ce que nous remarquerons tout à l'heure sur la sifflante *ç* (remplacée quelquefois par *s*), laquelle est le substitut de *z* devant une sourde. Il y a cependant, sur le mot *uç* (ou bien *as*), une remarque à faire, c'est qu'il ne faut pas conclure de la loi que nous venons d'établir, qu'elle s'appliquerait à ce mot s'il était écrit *ach* : en d'autres

mot, *myaz* me paraît la plus moderne, et je la crois due à l'action de la prononciation persane, qui a considéré l'*i* long de *mîj-da* comme une semi-voyelle. Les plus anciens manuscrits donnent *mîj-da*, là où le Vendidad-sadé lithographié lit *myaz-da*; seulement les uns écrivent le mot avec un *i* bref, les autres avec un *î* long. L'allongement de l'*i* est probablement dû à la composition même du mot, car on conçoit que pour se joindre à *da* (donné), le radical, qu'on doit supposer bref *mij*, éprouve une modification analogue à celle du *guṇa* zend de *yuj* en *yaoj*. Toutefois, que le radical soit bref ou long, *mij* ou *mîj*, il nous conduit à un radical sanscrit *mich*, auquel Wilson donne le sens de « to contend with, to emu-

late, to contest, to vie, » sens qui ne nous mène sans doute pas directement à celui de *récompense*, mais qui, cependant, présente avec l'idée exprimée par ce mot, une analogie que l'on ne peut méconnaître : c'est la même qui, en grec, existe entre ἆθλος (combat, lutte) et ἆθλον (prix du combat). Je dois ajouter, pour prévenir une objection qui pourrait être empruntée à un des emplois des mots zends expliqués tout à l'heure (le *miezd* de viande, de lait, etc.), qu'il peut s'être établi anciennement une confusion entre le mot *mîjda* dans le sens de *récompense*, et *myazda* que nous croyons dérivé du même radical, mais dans un autre sens. Nous reviendrons plus tard sur cette distinction.

termes, on ne peut pas dire qu'un *ch* dévanâgari se change en *z*,
dans le cas de sa rencontre avec une sonnante. Nous verrons plus
bas sur le *j* (n° 24 d'Anquetil), que c'est *j* qui est alors le véritable
substitut du *ch*. Dans *az* pour *uç*, le changement a lieu du zend au
zend, et non du sanscrit au zend; car *uç* et *us* sont les représentants
zends du sanscrit *ut*; et d'ailleurs *z* est à *ç* et *s*, comme *j* est à *ch*.

Nous ajouterons pour terminer les observations auxquelles donne
lieu la lettre zende *z*, que c'est une des consonnes qui n'admettent
pas l'épenthèse de l'*i*, quelle que soit d'ailleurs la lettre qu'elle représente, *h*, *dj*, ou *ç*.

Le n° 9 ꭕ *ç* est une sifflante; mais M. Rask fait remarquer avec raison que c'est la première sifflante de l'alphabet dévanâgari, la sifflante palatale; et parce que, dans les langues européennes, elle devient, comme on l'a déjà remarqué, *c* et *κ*, ce savant propose de la
représenter par *ç*. M. Lassen et M. Bopp ont déjà adopté cette méthode
de transcription, que nous suivrons également dans le cours de nos
analyses. Il faut observer cependant que ꭕ n'est pas absolument et
dans tous les cas le représentant de la sifflante palatale du dévanâgari. On la trouve très-fréquemment pour le *s* dental qu'elle a même
presque complétement remplacé dans l'usage. Cette permutation
vient, je crois, au moins en partie, d'une erreur orthographique.
Il me semble en effet que les copistes ont confondu *ç* palatal avec *s*
dental, confusion d'autant plus facile à expliquer, que ces sifflantes
peuvent bien avoir perdu par le laps de temps ce qui les distinguait
dans l'origine. Pour comprendre cette confusion, nous sommes obligés d'anticiper sur les remarques dont les diverses formes du n° 10
vont être l'objet tout à l'heure; aussi bien on ne peut apprécier une
de ces sifflantes, et préciser exactement sa valeur, sans les comparer
à la fois toutes entre elles.

Le premier de ces signes ꭕꭖ qui doit être la véritable sifflante dentale, a reçu des Parses, d'après le témoignage d'Anquetil, appuyé

I.   M par les transcriptions des mots zends en caractères persans, la valeur de *ch* (*sch* allemand). Une fois ᴘ *s* confondu avec *ch*, il ne restait plus pour *s* et pour *ç* que le seul caractère ᴘ qui a servi à représenter deux sifflantes primitivement distinctes : du moins l'analyse des mots qui se retrouvent en zend et en sanscrit, m'autorise-t-elle à croire que dans la première comme dans la seconde de ces deux langues, trois sifflantes ont été distinguées, savoir, ᴘ - श *ç*, ᴘ - ष *ch*, ᴘ - स *s;* et que ces trois sifflantes n'ont pu être étymologiquement confondues entre elles.

Les raisons que nous pouvons apporter en faveur de cette opinion, sont de deux espèces : les unes sont tirées de la comparaison des manuscrits, les autres de l'observation de quelques lois euphoniques relatives aux sifflantes. Ainsi, le plus ancien manuscrit du Yaçna, le n° 6 du Supplément d'Anquetil, donne très-souvent et presque régulièrement la sifflante ᴘ là où d'autres manuscrits, et en particulier les plus modernes, ont ᴘ *s;* et d'un autre côté, le même n° 6 emploie ᴘ *s,* au lieu de ᴘ *ç,* dans des cas où des copies récentes préfèrent ce dernier caractère. Nous pouvons conclure de là qu'il fut un temps où ᴘ et ᴘ n'avaient pas la même valeur aux yeux des Parses, et où ces signes n'étaient pas appliqués indifféremment à la représentation du son *ch.* L'emploi du signe ᴘ (première forme du n° 10) dans des circonstances où nous trouvons maintenant ᴘ *ç,* ne peut laisser aucun doute sur la valeur propre de ᴘ. Car, comme ᴘ *ç,* de l'aveu des Parses, n'a jamais représenté le son *ch,* mais bien une sifflante plus ou moins dentale, ᴘ et ᴘ deviennent les signes de la sifflante *s :* cette sifflante ne peut être cherchée que dans ces deux signes, et il ne reste plus qu'à distinguer la sifflante palatale de la sifflante dentale. Or, nous avons déjà dit, et la suite de nos recherches prouvera complétement, que ᴘ *ç* est la sifflante palatale, le *ça* sanscrit; de sorte que, puisque d'après les anciennes copies, ᴘ avait un son analogue à celui de ᴘ ou *ç,* le signe ᴘ ne peut être autre chose que la sifflante appartenant à l'ordre des dentales, en sanscrit स sa.

Ce résultat, obtenu par voie d'exclusion, est confirmé par l'étude des changements que subit une des sifflantes en zend. Lorsque nous serons arrivés à l'examen de l'aspirée h (n° 19 d'Anquetil), nous reconnaîtrons que cette aspirée, précédée ou non précédée d'une nasale, remplace au milieu (et au commencement) des mots le s dental dévanâgari précédé et suivi d'une voyelle. Nous verrons de plus que la nature de la voyelle qui précède le s dental, influe sur la possibilité de ce changement; car si c'est i, u, é, par exemple, comme la sifflante ne reste plus dentale en sanscrit, elle ne devient pas h en zend. Il résulte de là deux faits: l'un que la sifflante dentale s est d'un usage assez rare en zend; l'autre que le zend, de même que le sanscrit, distingue la sifflante s de ch, puisque la sifflante précédée des voyelles i, u, é (et en sanscrit cette sifflante est ch), ne subit pas la modification capitale qui change en l'aspiration h la sifflante précédée de la voyelle a.

Or, le rapprochement de ces deux faits me semble expliquer d'une manière satisfaisante comment la valeur de ch a pu être attribuée à ᭣ s. La loi euphonique du changement de s dental sanscrit en h zend, ne laissant subsister la sifflante dentale que dans des cas très-rares, et d'un autre côté le son ch étant, par suite de cette même loi, très-usité dans la langue, on aura pu facilement s'accoutumer à employer le signe ᭣ concurremment avec ᭟ pour représenter l'articulation ch; et le fréquent retour de la chuintante dans la prononciation, aura fait disparaître ce qu'il pouvait y avoir d'irrégulier dans l'emploi de deux caractères différents pour une valeur unique. Voilà pour la confusion de ᭣ s avec ᭟ ch, confusion que la connaissance de l'action des voyelles i, u, é sur la sifflante qui les suit, peut, jusqu'à un certain point, débrouiller. Reste celle de ᭣ avec ᭠. La sifflante dentale s, avons-nous dit, était peu commune dans la langue; elle y existait cependant, car la grammaire nous l'y montre comme caractéristique de quelques désinences,

M.

notamment des nominatifs des noms terminés par une consonne. On la voit encore précédée de *r* et de *f*, ou s'appuyant sur les lettres *t* et *k*. Mais à côté de cette sifflante, il en existait une autre d'un usage plus fréquent, parce qu'elle est non-seulement radicale dans quelques mots, mais encore le substitut d'autres lettres, entre autres d'un *z* zend, et d'un *tchh* sanscrit. L'usage répété de cette sifflante, qui est la palatale, aura pu introduire une confusion entre ⵞ et ⵘ, analogue à celle que nous avons remarquée entre ⵞ et ⵙ. On aura, par une tendance naturelle, employé le signe du son que la prononciation ramenait le plus souvent. C'est ainsi que le champ un peu restreint accordé à la sifflante dentale par la grammaire et l'euphonie, me paraît avoir encore été resserré par la prédominance des deux autres sifflantes, *ch* et *ç*. Il est en général assez facile de reconnaître les cas dans lesquels ⵞ a été par erreur substitué à ⵙ; les lois de l'euphonie et l'autorité des manuscrits anciens sont des guides sûrs pour la critique. Mais il n'en est pas de même de la confusion de ⵞ avec ⵘ, et je regarde comme une entreprise très-délicate, celle de distinguer les cas où ⵞ *s* doit être plutôt employé que ⵘ *ç*. En observant rigoureusement les principes qui ont présidé à la classification et aux combinaisons des consonnes de l'alphabet dévanâgari, on court le risque d'introduire dans le système des sifflantes zendes une régularité qui peut lui avoir été de tout temps étrangère. Toutefois, comme la loi du changement en *h* de la sifflante dentale sanscrite entre deux voyelles diminue de beaucoup le nombre des cas où la confusion des signes ⵞ *s* et ⵘ *ç* pourrait avoir lieu, la difficulté qu'on éprouve à préciser l'emploi de ces deux signes est par là considérablement limitée. Il y a seulement un soin à prendre, c'est de distinguer bien nettement les permutations qui ont lieu du sanscrit au zend, de celles qui se produisent dans le sein du zend lui-même, et en vertu de lois qui lui sont propres. Les observations suivantes sur la sifflante *ç* feront clairement comprendre notre pensée.

La sifflante ç, comme nous l'avons dit en commençant, est la première des sifflantes indiennes; c'est le ça dévanâgari, et on le trouve dans les mêmes mots en sanscrit et en zend. Le ç zend est comme le ça sanscrit la sifflante des palatales, de telle sorte que quand une sifflante tombe en zend sur la palatale tch (n° 22 d'Anquetil), la loi euphonique du changement de s en ç a lieu en zend, et c'est la sifflante ᴅᴏ ç, et non d'autres, que l'on emploie alors, par exemple dans les nominatifs des noms masculins, dont le thème est en a, et dont la désinence cachée sous la voyelle ó (pour as) reparaît devant tch, de cette manière, yaçtcha (pour yó-tcha). Jusqu'ici tout est commun en zend et en sanscrit relativement à cette lettre; mais il ne faudrait pas conclure de là qu'il en soit toujours ainsi, et que chaque fois que nous verrons ç en zend, nous devions nécessairement retrouver en sanscrit dans le mot correspondant un ça, ou la sifflante palatale. L'analyse de quelques-uns des cas dans lesquels est usité ç zend prouvera le contraire, et nous fera voir que, si la sifflante ç du n° 9 n'est autre que la première sifflante de l'alphabet dévanâgari, l'emploi en est quelquefois différent, et qu'alors elle répond à une autre lettre indienne.

Le ç zend remplace quelquefois directement un tchh dévanâgari, par exemple dans pĕrĕçaṭ, pour le sanscrit aprĭtchtchhat (il interrogea). Ce passage de la palatale à la sifflante (analogue au changement du d en une sifflante s), n'est pas sans exemple même en sanscrit où le mot praçna (question) est formé du radical cité tout à l'heure avec le suffixe na[55]. Seulement le principe dont nous voyons une application en sanscrit, a une extension beaucoup plus grande

---

[55] Le changement de tchh (et sans doute aussi de tch) en ç, n'a rien que de très-naturel. La dentale t, l'un des éléments du t-chh, disparaît pour ne laisser place qu'à la sifflante; seulement cette sifflante est prise dans la classe des palatales, à laquelle appartient tchh. La comparaison des langues de l'Europe avec le sanscrit, fournirait sans doute des exemples de ce passage de la palatale à la sifflante: nous citerons entre autres le latin signum, qui semble être le même mot que le sanscrit tchihna.

en zend, puisque directement et sans que la palatale tombe sur une nasale, elle devient la sifflante ç. Cette consonne subsiste sans changement devant la nasale dentale du zend, et nous avons ainsi *fraçna* (question) du radical *pĕrĕç*, avec le suffixe *na*. Il en résulte le groupe *çn* auquel nous avons donné place dans notre Tableau des combinaisons des consonnes, et qui est très-fréquent en zend, la langue paraissant affectionner la rencontre de cette sifflante avec la nasale dentale. Ainsi nous savons que le sanscrit *yadjña* est en zend *yaçna*, où nous voyons la sifflante ç remplacer la douce de l'ordre des palatales. Mais il est indispensable de remarquer que le changement de *yadjña* en *yaçna* n'a pas lieu du sanscrit au zend; avant de former le mot *yaçna*, le radical sanscrit *yadj* a subi, dans l'ancienne langue de l'Arie, une modification que nous connaissons déjà, c'est que le *dj* est devenu *z* en zend. La sifflante du mot *yaçna* est donc le résultat de la permutation du *z* zend devant la nasale *n*, permutation qui doit s'expliquer par une loi propre à la langue zende, et d'où il résulte que l'on ne peut pas dire absolument que le groupe *çn* du zend réponde à *çn* du dévanâgari. Cette assertion serait encore contredite par les mots où *çn* zend correspond à *sn* du sanscrit [36]. Ici nous voyons un changement qui a lieu du sanscrit au zend, à la différence de celui que nous venons d'indiquer dans le mot *yaçna*. Au lieu de la sifflante dentale, le zend préfère la sifflante palatale devant *n;* et cette préférence paraît tellement exclusive, que je serais tenté de l'admettre comme une particularité de l'orthographe zende, plutôt que comme une altération du sanscrit. En effet, la nasale *m* attire aussi la sifflante ç, tandis qu'elle repousse la sifflante dentale, ainsi que nous le verrons sur la con-

---

[36] Comme toutes les sifflantes combinées avec les consonnes et commençant un mot, la sifflante palatale disparaît quelquefois dans certaines racines; et sa présence ou son absence laisse voir ou dissimule l'étymologie de quelques mots. C'est ainsi que l'allemand *schnee* (neige), mot qui se retrouve aussi dans les dialectes slaves avec une sifflante, et le latin *ningit* (il neige), reviennent également au zend *çnij*.

sonne *h*. En même temps qu'on trouve *ahmâi* pour le sanscrit *asmâi*, on a *maéçma* (urine), dans lequel *ç* est, comme dans *yaçna*, le substitut du *z* zend qui, dans le radical *miz*, représente un *h* sanscrit, selon ce que nous avons dit précédemment sur la consonne *z*. Il résulte donc de là que *ç*, dans les groupes *çn* et *çm*, peut être, suivant les circonstances, ou le sanscrit *çn* et *sn*, ou la permutation, d'après une loi propre à la langue zende, d'un *z*, quelle que soit d'ailleurs l'origine de cette dernière lettre.

Le groupe *çt* ne se laisse pas expliquer d'une manière aussi régulière, et même il est si fréquent qu'on serait tenté de le regarder comme l'expression d'une combinaison de la sifflante palatale et de la dentale que pouvait produire l'organe des anciens Persans, mais qui n'a jamais été connue des peuples fixés dans l'Inde. Toutefois, en examinant le plus grand nombre des cas où se rencontre ce groupe, je crois pouvoir avancer que dans l'emploi du *ç* plutôt que du *s*, il y a souvent une confusion qui vient de ce que devant la forte des dentales (et nous pourrions ajouter des gutturales), le son du *ç* diffère bien peu de celui du *s*; en d'autres termes, il n'y a guère d'autre son sifflant possible devant *t* (et *k*), que *s* et *ch*. Or, comme ‌ᴕ est plutôt *s* que *ch*, on comprend comment ce signe a pu usurper la place de ᴕ *s*. Aussi je pense que la confusion de ces deux caractères doit être ancienne, parce qu'elle a dû être très-facile. Il est cependant des circonstances où le *ç* du groupe *çt* étant le substitut d'une autre lettre zende, et conséquemment ne répondant pas à un *s* dental dévanâgari, on peut le regarder, sinon comme radical, au moins comme étymologiquement nécessaire. Je serais alors disposé à laisser subsister le groupe *çt*, et je ne proposerais de rétablir le *s* ᴕ, qu'étant appuyé par l'autorité de bons manuscrits. Mais la critique a le devoir de déterminer quels peuvent être ces cas, et c'est à l'étymologie d'avertir que le *ç* palatal n'est pas primitif dans tel ou tel mot donné. C'est ainsi que *ç* remplace un *z* dans *varçta* ou *varsta* (fait), de *vĕrĕz* (faire); dans *maçti* ou *masti* (grandeur), de *maz*;

et un *d* aspiré ou non aspiré dans *baçta* ou *basta* (lié), de *bandh*. Le passage du *z* en *ç* devant la forte *t*, et celui du *dh* en *s* devant cette même lettre, sont d'ailleurs des preuves intéressantes de l'action des consonnes les unes sur les autres. La sourde *t* repousse la lettre *z* (qui comme *j*) est une douce, et qui a, ainsi que nous l'avons vu, une tendance marquée à se joindre aux douces; au contraire, la sourde *ç* ou *s* s'unit naturellement à la sourde *t*.

La sifflante palatale du zend a encore une affinité incontestable avec la labiale forte *p* qui, dans ce cas, remplace un *v* dévanâgari, par exemple dans *açpa* (cheval) au lieu de *açva*, *çpaéta* (blanc) pour *çvéta* [37]. Cette règle, qui porte plutôt sur le *p* zend dans son rapport

---

[37] L'existence du zend *açpa* pour le sanscrit *açva*, achève de démontrer l'identité du grec *ἵππος* et du latin *equus*. Dans ce dernier mot, les lettres *qu*, qui reviennent à la gutturale *k*, représentent *ç* du sanscrit *açva*, dont le *v* a disparu. Dans le mot grec, au contraire, *v* étant une fois changé en *p*, d'après le système du zend *açpa*, la sifflante *ç* devenue *κ*, est assimilée au *p*. L'assimilation inverse a lieu dans l'éolien *ἴκκος*, où le second *κ* est le substitut du *v*, changé auparavant en la sourde *p*; et une assimilation de la même espèce, mais d'un genre plus adouci, se remarque encore dans le pâli *assa* (cheval), où le *s* dental, remplaçant le *ç* palatal sanscrit, attire à soi la semi-voyelle *v* et la change en *s*. Voici donc comment nous résumerions ces diverses formes du nom du *cheval*, en mettant en seconde ligne celles qui sont le résultat d'une loi d'assimilation.

S. *açva*, Z. *açpa*, L. *equus*.
P. *assa*, G. *ἵππος*, Eol. *ἴκκος*.

Au reste, la connaissance du rapport du *p* zend avec le *ç* palatal peut jeter du jour sur quelques mots zends dans lesquels il ne paraît pas possible au premier coup d'œil de retrouver un radical sanscrit. L'adjectif *çpëñta* qui figure dans le nom des Amschaspands (*amécha çpëñta*), et qu'Anquetil, d'accord avec Nériosengh, traduit par *excellent*, peut servir à faire apprécier l'importance de cette règle. Le zend *çpëñta* représente un sanscrit *çvanta*; mais ce mot n'existe pas dans l'idiome brahmanique, et on ne voit pas d'abord à quel terme sanscrit rattacher le zend *çpëñta*. Cependant on ne tarde pas à trouver un rapport entre *çpë* (ou *çpa*), radical qui subsiste après qu'on a enlevé la formative *nta* (ou *ëñta*), et le sanscrit *çvas*, qui veut dire, dans quelques composés, « heureusement, avec bonheur. » Le sanscrit *çv-as* ne diffère du zend que par le suffixe *as*; mais je ne doute pas que *çv*, radical véritable de ce mot, ne soit le zend *çp*, dont la signification première est peut-être aussi bien celle de *fortuné* que celle d'*excellent*. L'analyse que nous ferons dans la suite de quelques dérivés du radical zend, donnera, nous l'espérons, un haut degré de vraisemblance à cette étymologie.

avec le *v* sanscrit, achève cependant de nous faire voir quelles sont
les consonnes avec lesquelles la sifflante de l'ordre des palatales
a le plus d'affinité. Ce sont les dures *k, t, p*, et cela, quelle que
soit l'origine de la sifflante *ç*, qu'elle soit radicale, ou qu'on doive
y reconnaître le résultat d'une permutation euphonique de lettres.
Ce fait prouve définitivement ce que nous avancions tout à l'heure;
il nous montre le son *ç* exclu d'un groupe dont la seconde consonne est une lettre qui, dans l'alphabet dévanâgari, serait appelée
sonnante. Les nasales qui, pour les Indiens, sont des sonnantes,
font seules exception, comme elles le font en dévanâgari.

Pour terminer ce que je trouve de plus nécessaire à constater
sur la sifflante palatale, j'ajouterai qu'elle se voit encore comme seconde lettre d'un groupe de consonnes; mais les mots où l'on remarque un groupe comme *khç*, sont le plus souvent (et sans doute
plus régulièrement) écrits *khch*, ou *khs*. Je n'ai pas besoin d'avertir
que je ne considère pas comme une consonne l'*ã* nasal qui, au
contraire, aime à être suivi de la sifflante *ç*. Au reste, si l'on admet que *ç* forme la seconde partie d'un groupe dont une gutturale,
une dentale ou une labiale est la première, il faut lui reconnaître la vertu d'aspirer la consonne, vertu que nous constaterons
dans les sifflantes *s* et *ch*. Cette sifflante est encore une des lettres
qui empêchent l'épenthèse d'un *i*, c'est-à-dire que *ç* peut être suivi
de la voyelle *i*, ou de la semi-voyelle *y* (ce qui, d'ailleurs, est rare),
sans que la voyelle ou la semi-voyelle attire un *i* épenthétique devant la sifflante. Les groupes dans lesquels entre *ç*, jouissent,
comme cette sifflante, de la même propriété.

Le n° 10 donne trois signes auxquels Anquetil n'attribue qu'une
seule valeur, celle du *sch* allemand ou *ch* français. M. Rask a justement critiqué cette confusion, et fait voir que ⟶ est la sifflante
qu'il appelle dure, et qui répond à la dentale de l'alphabet dévanâgari. Nous avons adopté ce résultat, et nous nous en sommes servis

I.

N

pour la discussion à laquelle nous venons de nous livrer sur l'emploi
de ç. M. Rask attribue l'usage qu'on fait de ꭧ pour exprimer *ch* à ce
que telle est la valeur de ce signe en pehlvi, et que, comme les
Parses ont conservé plus longtemps la connaissance du pehlvi que
celle du zend, ils ont été naturellement portés à appliquer aux signes
de la langue qu'ils connaissaient le moins, la valeur des signes de
celle qu'ils connaissaient le mieux [38].

On peut donc admettre comme bien établie l'opinion que le premier signe du n° 10 est la sifflante dentale. Quant au second signe,
c'est encore à M. Rask qu'on doit la détermination exacte de sa valeur. Il a prouvé, par l'état des manuscrits anciens, que ce signe n'é-
tait autre chose que la réunion des deux consonnes *s* et *k*, c'est-à-
dire de la première forme du n° 10 et de celle du n° 13. C'est donc
un groupe qui représente *sk*; et, quoiqu'il se confonde dans nos manuscrits avec ꭧ dont il prend la valeur, on doit nettement l'en
distinguer. C'est pour cela que, dans notre caractère zend, nous
avons cru devoir négliger la forme de la Planche d'Anquetil avec
son trait inférieur développé. Nous avons ramené ce caractère à son
état primitif, en le composant de *s* et de *k*. Enfin, la dernière figure
de ce numéro est bien le *ch* de l'alphabet dévanâgari.

Nous avons peu de chose à ajouter aux observations que nous
avons faites sur les sifflantes à l'occasion de la sifflante palatale du
n° 9. Tout de même que nous avons vu ꭥ ç et ꭧ *s* très-fréquemment confondus, de même nous trouvons souvent ꭧ *s* employé
pour *ch*. Mais les explications que nous venons de présenter tout à
l'heure sur la sifflante ç, et les détails que nous donnerons, à l'occasion de la lettre *h*, sur la permutation de la sifflante dentale en
h zend, nous autorisent à regarder comme une confusion exclusivement due aux copistes l'emploi de *s*, précédé des voyelles *i, u, é*,
et suivi d'une voyelle. Il ne serait même pas impossible d'appuyer
cette assertion du témoignage des manuscrits anciens de la Biblio-

---

[38] *Ueber das Alter*, etc. p. 49.

thèque du Roi, au moins lorsque la sifflante est médiale; car à la
fin des mots, lorsqu'elle est le signe du nominatif des noms en *i*
et en *u*, on ne peut s'empêcher de reconnaître que tous nos manuscrits écrivent *is* et *us*, que les Parses, il est vrai, prononcent *ich*
et *uch*. Les sifflantes ᭄ et ᭄ *s*, dans leurs combinaisons avec les
consonnes, se distinguent l'une de l'autre de la manière suivante. Le
᭄ *ch*, qui n'est jamais final d'un mot, suit souvent *kh* et *f*; en général cette sifflante aime à occuper la seconde place dans un groupe.
Le ᭄ *s* est, au contraire, beaucoup plus fréquemment usité avant
qu'après une consonne; on le trouve d'ordinaire dans les groupes
st et *sk*. La sifflante *s* est quelquefois, dans le groupe *st*, le substitut
d'un *ç* ou d'un *ch*. Ainsi de la particule *uç* et du suffixe du superlatif, on a *ustĕmĕm* (optimum); *nich* (ou *nis*) fait, avec le suffixe *tarĕ*,
l'adverbe *nistarĕ* (dehors), par opposition à *antarĕ* (dans); le suffixe
sanscrit *ichtha* est toujours écrit en zend *ista* avec un ᭄ *s*, et non
ichta avec un ᭄. On voit par là que la sifflante dentale ᭄ persiste
dans des cas où une règle d'euphonie, à peu près aussi générale
en zend qu'en sanscrit, exigerait, si *s* était entre deux voyelles,
qu'il se changeât en *ch*. Cette particularité orthographique peut s'expliquer de trois manières. Ou bien c'est une exception au principe
du changement de *s* en *ch* après *i* et *u*, exception justifiée par l'affinité connue de *s* et de *t*. Ou bien le ᭄ *s*, précédé de l'*i* et de l'*u*,
et suivi de *t* ou de *k*, se prononçait *ch*, quoiqu'on écrivît *s*. Ou enfin
les copistes ont employé par erreur le signe ᭄ *s*, pour le signe ᭄
ch, en donnant au premier de ces deux caractères la valeur de *ch*.
Quelque explication qu'on admette, nous ne croyons pas que la
critique soit autorisée à rétablir ᭄ *ch*, dans le suffixe des superlatifs, par exemple. Rien n'empêche en effet que cette désinence ne
soit en zend *ista*, comme elle est en grec *ιστς*, à la différence de
la forme sanscrite *ichtha*.

La sifflante dentale ne se trouve peut-être jamais devant *p*;
nous avons déjà vu que le zend préférait la palatale. Devant *m*,

N.

la sifflante dentale devient *h*, comme nous l'avons déjà dit sur *ç*,
et comme nous le montrerons sur l'aspiration *h*. Elle est également impossible devant *y*, *r*, *v*; nous verrons sur le n° 19 d'Anquetil que le zend la remplace par l'aspiration seule ou précédée
de la nasale *g̃* (ng). Il n'en est pas de même de *ch*, qui reste devant la lettre *v*. Les deux sifflantes *ch* et *s* (au moins *ch*) subsistent
également sans changement, lorsque, finales dans la préposition
nich (ou *nis*), elles viennent à rencontrer un mot commençant par
un *h*. Ainsi *nich* avec le mot *hadaṭ* (imparfait du conjonctif de *had*,
en sanscrit *sad*) s'écrit *nichhadaṭ*, et, peut-être moins correctement,
nishadaṭ (qu'il s'asseye). Comme *ç*, que cependant nous croyons
moins régulièrement employé après une consonne, les sifflantes *s*
et *ch* suivent très-fréquemment les gutturales et les labiales sourdes,
et la liquide *r*, ainsi qu'on le voit en sanscrit. Mais en zend ces
deux sifflantes portent avec elles une aspiration qui remonte sur la
gutturale et la labiale qui les précède immédiatement [39]. Enfin, les
deux sifflantes *s* et *ch* repoussent, de même que la sifflante *ç*, l'é-
penthèse de la voyelle *i*; les groupes dont elles font partie ne
l'admettent pas davantage.

[39] Cette influence remarquable des sifflantes sur les consonnes qui les précèdent
immédiatement, ne paraît pas avoir été inconnue, même en sanscrit, au moins dans
l'opinion de quelques grammairiens. Ainsi
une des gloses qui suit la règle de Pâṇini
(VIII, 4, 48), nous apprend que, selon *Paoch
karasâdi*, les aspirées *kh*, *tchh*, *ṭh*, *th*, *ph*
pouvaient être substituées à leur forte correspondante *k*, *tch*, *ṭ*, *t*, *p*, lorsque cette
forte tombait sur une sifflante, et qu'ainsi
l'on écrivait *aphsaras* pour *apsaras*, *vathsara*
pour *vatsara*. C'est ce qui est énoncé dans
la règle suivante, *tchayô dvitîyâh çari pâoch-
karasâdêh* : en d'autres termes, les sifflantes

aspirent la gutturale, la dentale, la labiale, etc. qui les précède immédiatement,
tchay désignant les fortes *k*, *t*, etc., *dvitîya*
les aspirées, et *çar* les sifflantes. Le principe
est le même qu'en zend, avec cette différence qu'il est resté dans cette dernière
langue comme règle générale, tandis qu'en
sanscrit il ne s'en retrouve peut-être pas
d'autre trace que dans cette glose d'un
grammairien. Il n'est pas inutile de rapprocher de cette règle le fait d'ailleurs
très-connu, qu'avant l'invention du ξ et
du ψ, les Grecs écrivaient χσ et φσ, la
sifflante aimant mieux être précédée d'une
aspirée que d'une forte simple.

Le n° 11 ⟨_gh⟩ est une gutturale forte; c'est, suivant M. Rask, le ‹ arabe. Cette consonne répond au *gh* aspiré de l'alphabet dévanâgari. Mais elle remplace plus fréquemment le *g* non aspiré, surtout avant la lettre *r*, dont l'aspiration se reporte, ainsi que nous l'avons remarqué plus haut, sur un certain nombre de consonnes. Les groupes *ghn*, *ghm*, *ghv* s'expliquent de la même manière, et nous verrons sur chacune des lettres *n*, *m*, *v*, qu'elles jouissent d'une propriété analogue à celle de la liquide *r*. Les manuscrits présentent cependant quelques exceptions à ce principe; ainsi on trouve dans notre Tableau le groupe *gv*, qui devrait être *ghv*. Remarquons encore que le *gh* n'admet pas l'épenthèse de la voyelle *i*.

Le n° 12 ⟨f⟩ est, suivant Anquetil, dont l'opinion est confirmée par celle de M. Rask, la labiale aspirée *f*. Ce caractère annonce, dans sa forme même, une modification particulière de la consonne *p*, et on pourrait en conclure deux choses: 1° que c'est un *p* aspiré; 2° par suite, que ce *p* répond au *ph* de l'alphabet dévanâgari. La première conclusion serait, selon moi, la seule véritable. Car je ne pense pas que le n° 12 puisse être reconnu comme la même lettre que le *ph* dévanâgari. Je ne me rappelle pas d'avoir vu *f* dans aucun mot zend correspondant à un mot sanscrit où se trouve *ph*, et je ne crois pas que le *f* zend ait un autre emploi que de remplacer le *p* dévanâgari devant un *r* ou toute autre consonne dont l'aspiration remonte sur la consonne précédente. Le son du *f* est d'ailleurs assez différent de celui du *ph*, tel que le conçoivent les Indiens, et il faut laisser *f* à l'alphabet zend auquel il appartient en propre. Les combinaisons dans lesquelles entre la labiale *f*, et que nous avons exposées dans notre Tableau des groupes zends, nous la montrent soumise à l'action des lettres nasales, sifflantes et semi-voyelles auxquelles est inhérente une aspiration. La labiale aspirée repousse en outre l'épenthèse de l'*i*.

Le n° 13 ⟨k⟩ est la première des gutturales fortes d'après M. Rask

et Anquetil; elle répond à la première gutturale de l'alphabet dévanâgari. Mais elle est comparativement moins usitée en zend qu'en
sanscrit. On la trouve cependant avec la semi-voyelle *v* dans une
combinaison où les lois euphoniques exigeraient un *kh* aspiré. D'un
autre côté, cette dernière gutturale me paraît avoir usurpé la place
du *k* non aspiré dans le groupe *kht*. La gutturale du n° 13 n'admet
pas l'épenthèse de l'*i*.

Le n° 14 contient deux formes dont M. Rask [40] rejette la seconde
comme provenant de quelque erreur, et n'existant pas dans les manuscrits. Anquetil, cependant, n'a pas eu tort de lui donner place
dans son alphabet; car il l'a trouvée dans ses manuscrits, notamment
dans celui du Yaçna zend et sanscrit, n° 3, Supp., employée concurremment avec la première forme ou le ꭿ *g*. Nous l'y avons reconnue
après lui, et nous nous croyons autorisés à la laisser subsister dans
l'alphabet, quoiqu'on doive avouer qu'elle est beaucoup plus rare
que la première forme du *g*. Nous regarderons donc ꭿ et ꮻ comme
deux figures de la première des gutturales douces, répondant au *g*
de l'alphabet dèvanâgari. Nous avons remarqué tout à l'heure sur
le n° 11 *gh*, que cette aspirée était en rapport avec le *g* de notre
n° 14 dont elle est le substitut dans certains cas. Nous avons vu
aussi que le *g* non aspiré persistait dans un groupe où les lois
de l'euphonie zende appellent une aspirée. On trouvera en zend un
mot où il semble que le *g* non aspiré répond au *gh* aspiré du dèvanâgari; c'est le substantif *gaocha* (oreille), comparé au sanscrit
ghocha (voix, son), dérivé de *ghuch* (émettre un son). La substitution
du *g* au *gh* n'a rien en elle-même d'extraordinaire; et le rapport
des deux idées, *son* et *oreille*, favorise le rapprochement que nous
proposons [41]. De même que le *gh* aspiré, le *g* du n° 14 repousse
l'épenthèse de l'*i*.

[40] *Ueber das Alter*, etc. p. 50.

[41] Je crois qu'on peut pousser encore plus loin ce rapprochement. Ainsi je ne balance pas à rattacher le gothique *haus-jan* (enten-

Le n° 15 ς *m* est bien la nasale de l'ordre des labiales; c'est
le *m* dévanâgari. Cette nasale exerce, sur la voyelle qui la précède,
une influence marquée. Un *a* bref dévanâgari devient *ĕ*, comme
nous l'avons indiqué ci-dessus en parlant des voyelles, non-seulement dans les désinences grammaticales, mais même dans l'intérieur des mots, par exemple *tĕmó* (obscurité) pour le sanscrit
tamas; nĕmó (adoration) pour *namas; tĕmĕm*, accusatif du superlatif,
pour *tamam*. L'*á* long dévanâgari devient en zend *ã*, dans plusieurs
désinences grammaticales, et entre autres dans l'accusatif féminin
ãm pour le sanscrit *ám;* dans la désinence, d'ailleurs très-rare, du
duel *byãm*, dont le mot *brvaṭbyãm* (superciliorum) est un exemple;
dans *dadãm*i (je donne) pour *dadám*i, etc. Les voyelles brèves *i*
et *u* s'allongent, sans doute en vertu du même principe qui change
á en *ã*, c'est-à-dire qui augmente la voyelle. Il semble même que,
dans ces trois derniers cas, la nasale ait beaucoup moins d'importance que la voyelle, qui gagne en quantité ce que la nasale a perdu
en valeur. Cette nasale me paraît repousser l'épenthèse de l'*i*. Je
n'ignore pas qu'on en trouve des exemples dans les manuscrits;
mais, outre que les diverses copies que j'ai pu collationner sous
ce point de vue sont loin d'être uniformes, il me semble que la
nasale *m* s'incline trop naturellement sur la voyelle qui la précède
pour permettre à une autre voyelle de venir l'en détacher, en se
plaçant entre deux. Une autre propriété de la nasale labiale zende,
importante à constater, c'est qu'elle porte avec elle une aspiration
qui, dans certains cas, remonte sur la consonne qui la précède. Cette
action s'exerce sur les gutturales, dentales et labiales sourdes et

---

dre) et *aus-ó* (oreille), d'où l'allemand actuel
hören et *ohr*, au sanscrit *ghocha* dont la gutturale serait tombée pour ne laisser subsister que l'aspiration. De plus, si l'on
songe au caractère douteux de la lettre *d*,
à son affinité avec la liquide *r* d'une part

(comp. *meridies* et *media dies*) et la sifflante
des dentales de l'autre (comp. *Furias* et
Fuzias), on ne sera sans doute pas éloigné
d'admettre que les mots latins *aur-is* et *aud-
io*, ainsi que le grec *οὖς, ὠτ-ός*, appartiennent originairement à la même famille.

sonnantes, et elle produit les combinaisons de lettres aspirées avec
m, que nous avons consignées dans notre Tableau. Il faut en excepter
la labiale douce *b* qui, comme on sait, n'a pas d'aspirée en zend.
La nasale *m* aime à se joindre aux sifflantes *ç* et *ch;* mais elle repousse *s*, à moins que cette sifflante ne soit précédée d'une autre
consonne, d'une gutturale, par exemple; encore n'est-il pas certain
qu'il ne faille pas lire *khchm* plutôt que *khsm*. La sifflante *s* devant
m forme en zend *hm*, caractère expliqué sous le numéro suivant.

Le n° 16   *hm* est la nasale dont nous venons de parler, accompagnée d'un trait qui représente l'aspiration *h* précédant *m;* cette
valeur ne peut faire l'objet d'aucun doute, puisqu'on rencontre les
mêmes mots écrits indifféremment ou avec *h-m*, ou avec ce signe
qui, conséquemment, représente aussi *hm*. Le groupe zend *hm* répond à *sm* dévanâgari, ainsi qu'on le verra plus bas sur la lettre *h*.

Le n° 17 *n* est la nasale de l'ordre des dentales; c'est le *n* dévanâgari. La nasale dentale jouit, comme la nasale labiale, de la propriété d'aspirer la consonne qui la précède, lorsque c'est une gutturale, une dentale ou une labiale douce ou forte. Cette loi souffre
même peut-être moins d'exception pour la nasale dentale que pour
m. Il en résulte ce grand nombre de groupes à consonnes aspirées
où figure la lettre *n*. Cette lettre suit volontiers *j* et la sifflante *ç*.
Elle ne repousse pas aussi complétement l'épenthèse de l'*i* que la
nasale *m;* par exemple on trouve *ainya* (autre) pour *anya* sanscrit.
Cependant l'addition d'un *i* devant un *n*, suivi de cette même
voyelle ou d'un *y*, est loin d'être aussi régulière que pour la lettre
t, par exemple.

Le n° 18 donne deux formes auxquelles Anquetil ne reconnaît
qu'une valeur, celle de *v*. Mais M. Rask pense, avec juste raison, qu'il
y a ici deux valeurs, puisqu'il y a différence de forme et d'emploi.

On peut en effet remarquer, en parcourant les textes, que ces deux lettres, quoique fréquemment employées l'une pour l'autre, entrent cependant quelquefois dans des combinaisons où chacune d'elles joue un rôle qui lui est propre. Suivant M. Rask, le premier signe ᴜ est le *w* doux anglais usité au commencement des mots; c'est le *w* initial, qui est représenté, quand il devient médial, par ᴊᴊ n° 35. Le second signe ᴜ est, selon le même savant, le *v* dur des Anglais et des Danois. Comme on ne peut se flatter d'arriver à connaître exactement la prononciation des signes d'une langue qui a cessé depuis si longtemps d'être parlée, il est plus utile, pour se faire une idée un peu précise de la valeur de ces lettres, de les comparer à celles des langues de la même famille que le zend, et notamment aux consonnes sanscrites correspondantes. Or, le premier signe me paraît exactement répondre au *v* dévanâgari; il est en zend dans les mêmes mots qu'en sanscrit, toutefois avec quelques particularités propres à la langue des Parses. Je n'en suis pas moins disposé à regarder, avec M. Rask, cette consonne comme ayant une prononciation adoucie, au moins au milieu des mots, où elle n'est autre que le ᴊ *u* redoublé, ce qui ne doit laisser aucun doute sur sa valeur. Seulement j'inclinerais à croire qu'au commencement des mots, et lorsqu'elle devient véritablement consonne (parce qu'elle exprime dans ce cas l'articulation qui ouvre la syllabe), elle doit être naturellement un peu plus forte et un peu plus marquée. C'est en résumé la semi-voyelle *v*, et nous la représentons par cette lettre latine, moins dans une intention systématique, que pour réserver le signe *w*, plus rare chez nous, pour la seconde forme du n° 18 qui est également plus rare en zend.

Nous venons de dire que le signe ᴜ *v* était la figure du *v* initial auquel correspondait ᴊᴊ *v* au milieu des mots: cette assertion a besoin d'être expliquée[42]. Le signe ᴜ n'est en réalité jamais médial; si

---

[42] Le lecteur a déjà remarqué, sans que je l'indiquasse, l'analogie du système zend avec celui des langues germaniques, qui forment également le *w* par la répétition du

on le voit ainsi dans quelques cas très-rares, c'est selon toute apparence une faute de copiste. Au milieu d'un mot, entre deux voyelles, ce *v* s'écrit ⟩⟩, ou double ⟩ : ce signe rappelle bien, ainsi que nous l'avons fait remarquer, l'origine et la formation du *v* dont l'élément premier est *u*. Je crois même qu'on peut reconnaître cet élément jusque dans la figure du *v* initial; car si on compare ⫽ à ⫽ long, par exemple, on trouvera que ces deux caractères ne diffèrent l'un de l'autre que par la direction de la queue. Au milieu d'un mot, mais précédé d'une consonne, le *v* s'écrit encore avec le n° 35; quand cette consonne est un *th* ou un *dh*, on peut l'écrire et on le trouve plus souvent écrit avec un ⳗ. Dans ce cas, il y a confusion des signes ⟩⟩ et ⳗ, mais il est évident que la valeur est toujours la même, c'est un *v* médial. On peut trouver encore un exemple de la confusion de ces deux signes dans le *aiwi*, qui, bien que répondant au sanscrit *abhi*, après le changement du *bh* en *w* que nous allons indiquer tout à l'heure, remplace quelquefois aussi *avi*, c'est-à-dire *a* privatif avec la préposition *vi*. Mais la règle de l'épenthèse de l'*i* peut aider à les distinguer. Ainsi on trouve écrite avec un ⟩⟩ la préposition *avi* (sur), dont nous avons indiqué l'existence ci-dessus dans la note 22. On écrit au contraire avec un ⳗ, et l'*i* épenthétique, *aiwi*, quelle que soit l'origine de ce préfixe. Il résulte du rapprochement de ces deux mots, *avi* et *aiwi*, que quand ⟩⟩ est entre deux voyelles dont la seconde est un *i*, il n'admet pas l'épenthèse de l'*i*, tandis que le contraire a lieu lorsqu'on emploie le caractère ⳗ. Cette différence viendrait-elle de ce que ⟩⟩ est encore trop voyelle pour soutenir l'épenthèse de l'*i*, tandis que ⳗ*w*, à cause de son origine que nous allons indiquer tout à l'heure, est déjà assez consonne pour supporter l'épenthèse? J'inclinerais d'au-

---

v qui est *u*. (Voy. Grimm, *Deutsch. Gramm.* tom. I, p. 57.) Il ne faudrait cependant pas conclure de ce rapport, que le zend a plus d'affinité avec les dialectes germaniques qu'avec aucun autre des idiomes de la même famille. Cette méthode de représenter le *v* est commune au plus grand nombre des langues sanscritiques.

tant plus à le penser, que le *w* zend, entre deux voyelles, n'est primitivement et régulièrement que le *bh* dévanâgari, et que si dans des cas, rares d'ailleurs, il remplace le *v* sanscrit, cela vient de quelque erreur des copistes.

Nous ne pouvons, comme on le voit, discuter les valeurs et les usages de ces deux signes qui s'emploient l'un pour l'autre, sans les examiner tous les deux à la fois; cette méthode nous est imposée par leur affinité même. Ainsi, quel que soit le signe qui le représente, le *v* médial précédé d'une consonne gutturale, dentale, labiale, forte ou douce, a la propriété d'aspirer cette consonne. La semi-voyelle *v* contient donc en elle-même, ainsi que *r*, une aspiration qui lui est inhérente, et qui se reporte sur la consonne qui la précède. On peut dire que cette loi est aussi rigoureuse pour le *v* que pour le *r;* c'est à elle que sont dus les groupes où figurent des consonnes aspirées tombant sur *v* et *w*, que nous avons donnés dans notre Tableau. On trouve cependant des exceptions justifiées par plusieurs manuscrits, et nous avons dû les consigner dans notre liste. Il en est quelques-unes que l'on peut expliquer, à la rigueur, en supposant que le *v* reste encore presque voyelle, par exemple dans *kva*, de *ka* une des formes du pronom interrogatif. Il en est d'autres que la lecture de manuscrits plus corrects ferait probablement disparaître.

Ce que nous venons de dire sur le double signe destiné à la représentation du *v* médial avance déjà beaucoup la connaissance du caractère ⳩. Nous savons ainsi que dans certains cas il remplace le ⟫ (n° 35), au milieu des mots, notamment dans *thwām*, accusatif du pronom de la seconde personne. Nous savons qu'il aspire la consonne précédente. C'est alors véritablement un *v;* et si nous croyons pouvoir le représenter par *w*, c'est qu'en effet cette semi-voyelle est la seule espèce de *v* que l'on puisse faire entendre après un *t*. Mais on trouve aussi ce signe, comme nous l'avons dit plus haut, dans des mots où le sanscrit emploie un *bh* aspiré. Nous

o.

n'en citerons pas ici d'exemples pour ne pas prolonger inutilement
cette discussion; on peut toutefois regarder comme solidement établi, ce fait que j'ai déjà indiqué dans le Journal asiatique[45]. Dans
ce cas, le ⲉⲋ zend est le substitut du *bh* dévanâgari : il n'en résulte
pas que ce signe soit un *bh* aspiré à la manière indienne; mais c'est
au moins un *b* adouci et passant au *w*, assertion sur laquelle l'emploi
de ce signe dans le mot *thwâm* ne peut laisser aucun doute[46]. On
peut ajouter que, si la première des classifications empruntées au
Grand Ravaët place le ⲉⲋ auprès du ⳑ, les deux dernières rapprochent le premier de ces signes de celui du *b*, ce qui semble indiquer, dans la prononciation de ces deux lettres, un rapport que
nous paraît expliquer l'origine du ⲉⲋ. En résumé, on voit que le
zend possède un *v* de plus que le sanscrit : il a 1° le *v* ⳑ qui est
exactement le *v* dévanâgari; 2° un *w* plus doux et plus rapproché de
l'*u* entre deux voyelles, ou précédé d'une consonne et suivi d'une
voyelle; et ce *w* répond au *bh* dévanâgari, et se substitue dans quelques cas au *v*.

Le n° 19 ⲭ *h* est, dans l'opinion de M. Rask, le *h* dur anglais,
danois et allemand. Il faut cependant faire, sur l'emploi de cette
aspirée comparée au *h* de l'alphabet dévanâgari, la remarque qu'il

---

[45] Voyez ce que nous avons dit à ce sujet,
Nouv. Journ. asiat. tom. IX, pag. 53, sqq.
Comp. *garewa* zend, et *garbha* sanscrit.

[46] Le changement de *bh* en *w* est très-
facile à expliquer : il a lieu de l'articulation *b* à *w* en passant par *v*. L'aspiration
reste sur le second plan, sans être omise
cependant tout à fait, puisque le *w*, comme
le *v*, possède une aspiration qui remonte
sur la consonne précédente. On peut douter
toutefois que cette aspiration du *w* soit un
reste de celle du *bh* (*b-h*). C'est plutôt celle
qui est inhérente à toutes les semi-voyelles

zendes, *r, v, y*, et qui leur vient du mode
même de leur formation dans l'organe vocal. S'il en est ainsi, on pourrait dire que
dans *bh*, devenant *w* en zend, il se passe le
contraire de ce qu'on remarque dans le latin *humus*, pour le sanscrit *bhûmî*; puisque,
dans ce dernier cas, c'est l'aspiration seule
qui a subsisté en faisant disparaître la labiale. On peut voir dans Grimm des exemples d'un changement analogue à celui du
bh sanscrit en *w*, d'une prononciation sans
doute très-adoucie. (*Deutsch. Gramm.* tom. I,
pag. 55-57; 134, 135, 582.)

n'y a que bien peu de mots zends (si même il y en a dans quelques
fragments des Ieschts qui ne me sont pas encore tous connus), où
le *h* réponde exactement à un *h* dévanâgari. En effet, l'aspirée *h* n'a
peut-être pas d'existence étymologique en zend, c'est-à-dire qu'elle
ne se trouve presque jamais d'elle-même dans un mot ou dans une
racine : son rôle le plus ordinaire est d'y être le substitut d'un *s*
dental sanscrit, ou le signe de l'aspiration qui, en zend, accompagne virtuellement la lettre *r*. Ce fait est d'autant plus remarquable, que le zend possède, comme on a déjà pu le constater, un
assez grand nombre de consonnes aspirées. Il a bien aussi l'aspiration qui n'est pas soutenue par une articulation qui la précède;
mais cette aspiration n'est le plus souvent que secondaire; c'est le
reste d'une sifflante que la comparaison des langues nous autorise
à regarder comme antérieure à l'aspiration elle-même. Quoi qu'il en
soit de cette assertion, que la suite de nos recherches démontrera,
je l'espère, d'une manière évidente, le *h* zend remplace le *s* dental
sanscrit, employé au commencement des mots et suivi d'une voyelle
ou de la semi-voyelle *y*, quelquefois même de la semi-voyelle *v*.
Ainsi on doit regarder le pronom zend *hyaṭ* comme le représentant
de *syat*, pronom rare dans le sanscrit classique. De même on a *hva*
pour le sanscrit *sva* (sien), de sorte que l'adjectif pronominal *sva*
prend deux formes en zend, *hva* par le changement de *s* en *h*, et *qa*
par la substitution de *q* à *sv*, suivant la remarque faite plus haut sur
une des formes du n° 5 d'Anquetil. Au milieu des mots, *h* zend remplace aussi le *s* dental; mais il y a une distinction à faire : tantôt *h*
est seul, tantôt il est précédé de la nasale *ng* (que nous écrivons *ǧ*),
la seconde forme du n° 31. Quoique l'état des manuscrits ne m'ait
pas permis de faire rentrer tous les faits que j'ai observés sous
une règle générale et absolue, j'ose cependant présenter les remarques suivantes comme des principes auxquels il y a peu d'exceptions.

En premier lieu, pour que le changement d'un *s* dental sanscrit
en *h* zend s'opère au milieu d'un mot, il faut de toute nécessité

que la sifflante soit précédée d'une voyelle, et qu'elle soit suivie également d'une voyelle ou d'une semi-voyelle *y*, *v*, *r*, ou de la nasale
labiale *m*. En d'autres termes, il faut que la sifflante dentale commence une syllabe; seulement quand l'articulation dont se compose
cette syllabe est double, il faut distinguer si la consonne qui accompagne la sifflante est une semi-voyelle, un *m*, ou bien toute
autre consonne. Car les groupes sanscrits *sk*, *st*, *sn*, *sp* ne changent
pas leur *s* en *h* dans la langue zende; le son sifflant persiste, ou,
comme nous l'avons déjà remarqué, et comme on le verra mieux
par notre Tableau des combinaisons des consonnes, il est remplacé
dans les manuscrits par le *ç* palatal, irrégulièrement quelquefois
pour le groupe *st*, mais régulièrement, selon toute apparence, pour
sn. Or, que *h*, substitut de *s* dental sanscrit, doive commencer une
syllabe, cela est conforme à la règle indiquée tout à l'heure sur *s*
dental au commencement d'un mot.

Une fois connues les conditions du changement de la sifflante
dentale en *h*, il faut rechercher les circonstances où ce *h* reste seul
et celles où il reçoit l'addition d'une nasale *g̃*. Or, on trouve que
h n'est jamais précédé de *g̃* lorsqu'il est suivi des voyelles *i* et *í*,
tandis qu'il l'est plus fréquemment lorsqu'il est suivi de *ú* et de *é*.
Les semi-voyelles *y* et *v* rentrent à peu près dans la règle relative à
leur voyelle correspondante. Ainsi, au milieu d'un mot, on rencontre
hy aussi fréquemment que *hi* et *hí*, et réciproquement *hv* aussi rarement que *hú*. L'aspirée *h* reste encore seule et non précédée d'une
nasale, lorsqu'elle est suivie de *m* dans les désinences pronominales,
par exemple dans le zend *ahmái* pour le sanscrit *asmái*. En résumé,
les textes nous présentent les syllabes suivantes: toujours *hi*, *hí*, *hy*,
hm, et jamais *g̃hi* (nghi), *g̃hí*, etc., et concurremment *hú* et *g̃hú*, *hé*
et *g̃hé*, *hv* et *g̃hv*. Maintenant, à quelle particularité de l'orthographe
sanscrite correspondent ces combinaisons? Peut-on dire absolument
que les syllabes qui en sanscrit les représentent, soient *si*, *sí*, *sú*, *sé*,
sm, *sy*, de telle sorte que dans tous les cas où nous trouverons ces

dernières syllabes, nous devions nous attendre à rencontrer en zend *hi*, *hí*, et réciproquement? L'affirmative est hors de doute pour *hi*, *hí*, *hm*, qui sont toujours en sanscrit *si*, *sí*, *sm*: elle est moins certaine relativement aux syllabes zendes *hy*, *há*, *hé*. L'examen des circonstances dans lesquelles l'aspirée zende reçoit la nasale, ainsi que nous venons de l'annoncer tout à l'heure, nous aidera à préciser quels sont les faits qui, en sanscrit, répondent aux faits de la langue zende que nous exposons en ce moment.

Pour commencer par la voyelle *á*, il est assez difficile de déterminer les cas dans lesquels l'aspirée *h* doit être ou non précédée de la nasale *ḡ*; les groupes *há* et *ḡhá* sont à peu près aussi rares l'un que l'autre. Il n'y a peut-être dans toute la langue que le mot *ahá* qui offre *h* non précédé de *ḡ*; de sorte qu'on serait tenté de supposer que, dans ce mot, l'aspirée *h* est radicale; mais elle ne l'est pas dans *vóhá*, mot où le *h* n'est pas précédé de *ḡ*. Dans les cas peu fréquents où la syllabe *há* est précédée de *ḡ*, l'aspirée remplace la sifflante dentale du sanscrit. Cette distinction, si elle était admise, aurait l'avantage de jeter du jour sur l'étymologie de quelques mots zends, terminés par *á* (et *u*), en nous montrant *h* comme primitif dans les uns, et comme secondaire et alors accompagné de *ḡ* dans les autres. Les cas où l'aspiration suivie de *é* doit rester seule, ou être précédée d'une nasale, doivent être distingués de la manière suivante. L'*é* zend est, ou l'*é* sanscrit lui-même, ou le résultat d'une combinaison de sons vocaux dans lesquels entre nécessairement la semi-voyelle *y*. Dans le premier cas, c'est-à-dire lorsque le mot qui a en zend *é*, a aussi cette voyelle en sanscrit, l'aspiration qui représente le *s* dental sanscrit prend le plus souvent la nasale, par exemple dans les datifs singuliers des noms en *as*. Dans le second cas, c'est-à-dire lorsque l'*é* zend est le débris d'une syllabe dont *y* fait partie, l'aspirée zende *h* tantôt subsiste seule, tantôt prend la nasale si la syllabe sanscrite correspondante est *ya*. Ainsi le sanscrit *asya* devient en zend *ahé* ou *aḡhé*, et même *ainḡhé*. Nous remarquerons à cette occasion que l'as-

*

o...

pirée prend la nasale, lorsque la voyelle qui accompagne *y* est *ás*.
Ainsi, *asyás* fait en zend *aghdo* ou *ainghdo* (d'elle). Dans le cas de
ainghé comme dans celui de *ainghdo*, l'*i* qui précède le *ng* n'est pas
dû à l'épenthèse qui serait produite par l'action de l'*é*, épenthèse
que nous savons être repoussée par la lettre *h*. Il me semble plutôt résulter du déplacement de l'élément *y* qui, abandonnant la
syllabe *sya* et *syás*, ou disparaît complétement, ou va se placer devant
la nasale. Il résulte de ces observations, comparées à celles que nous
avons faites sur l'existence en zend de *hy*, que le *sy* sanscrit paraît
sous trois formes aspirées en zend, savoir *hy*, *hé*, *ghé*. Quand des lois
euphoniques, qui seront exposées plus tard, exigent la conservation
en zend de la semi-voyelle *y*, le *s* dévanâgari devient *h* sans nasale,
et c'est ainsi que nous avons en zend *ahyá*, pour *asya* (de lui). Si une
autre loi euphonique, dont on trouvera de très-fréquentes applications, force la syllabe sanscrite *ya*, lorsqu'elle est finale, à devenir *é*
zend, le *s* dévanâgari se change encore en *h* sans nasale, comme dans
ahé, ou avec la nasale, comme dans *aghé* ou *ainghé*, pour *asya*. Enfin,
quand le *y* sanscrit est suivi de *ás*, la sifflante se change encore en *k*,
mais elle reçoit l'addition de la nasale précédée quelquefois d'un *i*,
qui se retrouve comme le représentant de *y* omis à la fin du mot,
dans *ainghdo*, pour *asyás*.

Dans tous les autres cas, c'est-à-dire lorsqu'un *s* dental sanscrit
est immédiatement suivi d'une voyelle autre que celles que nous
avons indiquées plus haut spécialement, en d'autres termes, lorsque
s est suivi de *a*, *á* (qui, en zend, devient souvent *ã*), *u*, *ó*, *áo*, *ĕrĕ*
(*rĭ*), le *h* zend reçoit l'addition de la nasale. Cette observation est appuyée par trop d'exemples pour que nous nous y arrêtions davantage.
Il en résulte que les combinaisons zendes *gha*, *ghĕ*, *ghá*, *ghu*, *ghó*, *gháo*,
répondent aux syllabes sanscrites *sa*, *sá*, *su*, *só* (sas), *sás* [45].

---

[45] Nous empruntons au LXIXe chapitre du
Yaçna deux mots qui peuvent servir d'exemple pour les changements les plus importants de la sifflante dentale sanscrite, que

nous avons essayé d'exposer dans notre
texte. On lit au commencement de ce chapitre : « *á hátãmtcha*, *aghuchãmtcha*, *záta-
« nãmtcha*, *azátanãmtcha*, *achdunãm idha*

Les remarques précédentes ont eu pour but de déterminer avec quelque précision les limites de la loi du changement de *s* dental suivi d'une voyelle en *h*, et de l'addition de la nasale * g̃*. Mais une observation que l'on ne doit pas perdre de vue dans la comparaison du zend avec le sanscrit, c'est que ce changement porte exclusivement sur la sifflante dentale. Si, comme je le crois, ce fait est incontestable, nous en tirerons quelques conséquences utiles relativement à la règle qui nous occupe, et à la valeur propre des diverses

« *djaçĕñti fravachayô;* » ce que je crois pouvoir traduire par « que les Ferouers des « saints, qui existent ou qui ont existé, qui « sont nés ou qui ne sont pas nés, viennent « ici. » Je ne m'occupe en ce moment que des deux mots *hâtām* et *aĝhuchām*, dont le sens est suffisamment déterminé par l'analogie de notre texte avec cette autre formule qui revient souvent, et sur laquelle il ne peut rester aucun doute : *yôi hĕñt: tcha doĝharĕ tcha:* « ceux qui sont et ceux qui ont été. » Le premier de nos deux mots est un génitif pluriel d'un nom dont le thème est en *t*, *hât*, qui, d'après les remarques de notre texte, doit être en sanscrit *sât*. Dans cette dernière langue, *sât* est un des noms de Brahma, et les grammairiens indiens le rattachent à un radical *sât* (causer du plaisir), qui est peut-être inventé exprès pour expliquer ce nom de Brahma. Ne serait-il pas possible, au contraire, de dériver le mot sanscrit *sât* du radical *as* (être), dont le participe présent est *sat* par un *a* bref? *sât* ne différerait de *sat* que par l'allongement de l'*a* (comme dans *pât*, pied, de *pad*, aller). Mais que *sât* vienne de *sît*, radical extrêmement rare, ou de *as*, cela est au fond de peu d'importance, quant à la valeur du rapprochement que nous croyons

pouvoir établir entre le *hât-ām* zend et le *sat-ām* sanscrit. La différence très-légère de l'allongement de l'*a* ne peut pas faire difficulté, quand il s'agit de mots appartenant, sous leur forme actuelle, à des dialectes différents. Le zend *hâtām* doit donc signifier : « de ceux qui sont ; » et le *h* y représente un *s* dental dévanâgari. Reste *aĝhuchām* dans lequel nous devons également retrouver une désinence de génitif pluriel *ām*. Analysé d'après les lois établies dans notre texte, ce mot zend reviendrait au sanscrit *asuchām*, génitif pluriel d'un nom dont le thème serait *asvas*, c'est-à-dire *as-vas*, *as* étant le radical du verbe abstrait, et *vas*, le suffixe du participe du passé. Il est bien vrai que ce mot n'existe pas en sanscrit, et que, dût-il y exister, il y serait formé irrégulièrement, puisqu'il n'aurait pas le redoublement nécessaire dans le participe du parfait. Mais l'absence du redoublement est très-fréquente en zend, de sorte que nous pouvons considérer comme fondée l'explication proposée pour *aĝhuchâm*, mot dans lequel *ĝh* nous cache un *s* sanscrit, qui, une fois retrouvé, nous donne la véritable étymologie et la signification de ce mot, que les lois de l'euphonie zende défigurent presque complétement.

I. P

sifflantes. Ainsi *s* dental étant la seule sifflante du sanscrit qui, en zend, se change en *h*, il s'ensuit que toutes les fois qu'une règle d'euphonie indienne aura exigé le changement de la dentale en une autre sifflante, cette sifflante ne pourra plus devenir *h* précédé ou non précédé d'une nasale. Ainsi les voyelles *i, u, é, ó* n'étant jamais suivies en sanscrit de la sifflante dentale *isolée*, mais l'orthographe voulant dans ce cas la sifflante cérébrale *ch*, de cette manière *ich, uch, éch, óch*, cette sifflante ne deviendra plus *h* en zend, parce que ce n'est plus la sifflante dentale. Aussi ne trouvons-nous jamais que les deux syllabes sanscrites *u-chu* et *é-chu*, par exemple, deviennent en zend soit *uhu*, soit *uǧhu*, soit *éhu*, soit *éǧhu* : au contraire, les manuscrits nous donnent *usu* et *uchu*, *ésu* et *échu*. De là résulte cette règle générale : pour que le *s* dental dévanâgari devienne en zend *h*, précédé ou non précédé d'une nasale, le *s* doit être nécessairement précédé d'un *a* bref ou d'un *â* long[46]. Si en zend nous trouvons des

---

[46] L'affinité de l'aspiration zende *h* avec la voyelle *a*, fait qui, en sanscrit, a son analogue dans le rapport marqué de *a* avec *s* (puisque aucune autre voyelle que l'*a* ne peut précéder la sifflante dentale non suivie d'une consonne), est un des traits les plus remarquables du système des sons et des articulations zendes. Si l'on y joint le changement de *h* sanscrit en *z*, changement sur lequel nous avons donné plus haut les détails nécessaires, on verra que ce fait peut jeter du jour sur le rapport des voyelles avec les consonnes en zend, et on peut le dire, dans les autres branches de la famille arienne, et compléter une théorie fort ingénieuse dont Grimm a déposé le principe et les développements les plus importants dans sa grammaire. (*Deutsch. Gramm.* tom. I, pag. 187.) En déterminant le caractère du *j* allemand,

qu'il démontre être à *i*, comme *w* (ou *v*) est à *a*, Grimm remarque que des trois ordres de consonnes qui forment le fonds de toutes les articulations (excepté les liquides et les nasales), savoir, les gutturales, les dentales et les labiales, il y en a deux, les gutturales et les labiales, qui ont chacun pour élément une des trois voyelles fondamentales des dialectes germaniques, de sorte que la classe des gutturales s'ordonne ainsi parallèlement à la classe des labiales, en partant de la voyelle mère et en passant par les articulations qui en dérivent pour arriver jusqu'à la consonne la plus articulée, celle que nous nommons *forte*, ou dans la division indienne *sourde* : *i y ch g k*.

      u v f b p.

A cette occasion Grimm se demande comment il se fait que l'ordre des dentales n'ait pas aussi pour base une voyelle, cir-

syllabes, comme *é-hí* et *i-ǧhé*, dans lesquelles *ǧh* répond à un *s* dental dévanâgari, ce n'est en aucune manière une exception à notre principe; dans ces cas, *é* et *i* n'existent pas en sanscrit. Si l'on rétablissait, comme nous le ferons en son lieu, la forme sanscrite corres-

constance qui doit d'autant plus étonner, que ces trois ordres se développent l'un à côté de l'autre dans un parallélisme parfait: *kpt, gbd,* etc. Il nous semble que s'il n'est pas possible de donner d'une manière absolue une voyelle pour base aux dentales, on peut du moins, à l'aide de la langue zende, faire faire un pas de plus à la découverte de Grimm. Les faits que nous fournit le zend peuvent être d'autant plus sûrement invoqués ici, que le système des articulations de cette langue est à peu de chose près identique à celui des consonnes des dialectes germaniques, ainsi que nous le démontrerons bientôt dans une note spéciale. Les observations auxquelles l'alphabet zend donne lieu, aideront donc peut-être à compléter la théorie que Grimm a si heureusement déduite des consonnes germaniques.

Cette théorie repose sur ce fait, que dans les dialectes d'origine gothique, deux des voyelles fondamentales donnent naissance à deux classes de consonnes, *i* à celle des gutturales, *u* à celle des labiales. Il reste à rechercher si les dentales peuvent, comme les autres consonnes, être ramenées à un élément voyelle.

En thèse générale, le souffle, depuis son émission la plus faible jusqu'à la plus forte, doit être considéré comme l'élément commun de tous les sons et des articulations que produit l'organe vocal. Quand les diverses parties de cet appareil entrent en jeu, elles

modifient diversement l'émission de l'air qui reçoit improprement le nom d'*aspiration;* et elles donnent successivement naissance à des *voix* d'abord, puis ensuite à des articulations qui deviennent de plus en plus caractérisées, à mesure que l'action des organes est plus considérable, et qu'elle se complique davantage. Mais l'aspiration, à quelque degré qu'on se la figure, n'en est pas moins l'élément de toutes les voix et articulations que produit le jeu varié de l'appareil vocal. Ainsi les voix sont formées par l'air remplissant la cavité de la bouche sans s'arrêter à aucune des barrières qui peuvent plus tard s'opposer à sa libre émission; ce sont jusqu'à un certain point des articulations, en ce que pour en produire les trois seules variétés que reconnaissent avec raison les langues ariennes (*aiu*), une partie de l'organe vocal se met en mouvement et prend des positions diverses. Mais elles diffèrent radicalement des articulations proprement dites ou consonnes : leur source est plus profonde et plus rapprochée du lieu où le souffle lui-même prend naissance. En effet, l'observation nous apprend que *i* et *u* naissent plus avant dans l'organe que *k* et *p* par exemple, et elle confirme ainsi le résultat des observations philologiques de Grimm, sur la génération des gutturales et des labiales. Pour un Allemand comme pour un Grec moderne, *g* et *y* ne sont, dans certains cas, autre chose que *ye :* or, d'un côté *g* est bien plus souvent une gutturale

P.

pondante au mot zend, on trouverait un *s* dental précédé d'un *a*, et non d'un *i* ou d'un *é*, lesquels sont secondaires en zend. Le changement de la sifflante en *h* a donc pour condition nécessaire la nature de la sifflante, laquelle doit être la dentale : hors de ces cas

proprement dite, et de l'autre *y* se ramène à *i* dont il sort. Pour les habitants des provinces méridionales de la France, *b* n'est pas le plus souvent distinct de *v* ou *w* : or, d'un côté *b* est une labiale proprement dite, et de l'autre *v* retourne à *u*, dont il dérive. Enfin, pour un Grec moderne *δ* n'est guère autre chose que le *z* français : or, d'un côté *δ* est bien la dentale douce, et de l'autre *z* n'est qu'une variété légère de la sifflante *s*. En résumé, et d'une manière générale, lorsque l'air est arrêté aux trois points principaux de l'appareil vocal, le gosier, les dents, les lèvres, il produit, depuis le fond de cet appareil jusqu'à son extrémité, les espèces d'articulations dites *gutturales, dentales, labiales,* articulations que l'on voit remplacées l'une par l'autre dans certaines langues, ou d'une langue dans une autre langue, et dont la première et la troisième ont pour origine les voyelles *i* et *u*.

Quant à la seconde classe, celle des dentales, la lettre qui, dans les langues germaniques, lui sert de base, c'est la sifflante *s*; car Grimm en développe ainsi la suite : *s, th, d, t*. Mais *s* est une sifflante qu'il est impossible de rattacher à une voyelle quelconque. Or, ce qui manque aux dialectes gothiques, le zend, selon moi, le possède. En effet, nous savons d'abord que *z* y est le résultat de la permutation du *s* (ou *ç*) devant une douce (*zd* pour *sd*). Non-seulement *z* affectionne en zend la dentale *d*, mais nous savons par

d'autres langues de la même famille, qu'il peut contenir la dentale elle-même, et cette articulation si voisine de *s* ne l'est pas moins de *d*; on n'a besoin pour s'en convaincre que de se rappeler le *δ* et le *ζ* des Grecs modernes, le *ζ* et le *σδ* des anciens. Nous savons de plus que le *z* du zend est le substitut d'un *h*. Nous avons reconnu que ce fait était prouvé de même par les langues lithuaniennes comparées au sanscrit; de sorte que la série germanique *t, d, th, s*, doit s'augmenter, en zend, de deux articulations *z* et *h*. L'aspiration pure que nous représentons par *h*, entre donc dans la série des dentales zendes, parce que la sifflante *z* l'y attire. Elle y entre comme l'élément générateur de la sifflante, qui à son tour traversera la série entière des dentales en se modifiant par des changements de lettres tous historiquement constatés. Or, avec laquelle des trois voyelles *a, i, u* la lettre *h* a-t-elle en zend le plus d'affinité? Avec l'*a*, la seule voyelle qu'elle puisse suivre immédiatement; de sorte que s'il n'est pas possible de ramener l'aspiration à la voyelle *a*, il est au moins permis d'affirmer qu'*a* est le seul des sons vocaux zends qui se laisse suivre d'un *h*. Cette affinité de l'*a* avec *h* qui a son analogue dans quelques langues de l'Asie orientale, où le caractère qui représente le son *a* est semblable et quelquefois même identique à celui du *h*, nous autorise donc à placer la voyelle *a* au-dessous de l'aspiration *h*, qui

la sifflante persiste. J'en conclus que le zend connaît comme le sanscrit la distinction des trois sifflantes, et c'est principalement sur la
considération des faits précédents que je me suis appuyé pour avancer plus haut, sur les nᵒˢ 9 et 10 d'Anquetil, que cette distinction
existait dans la langue ancienne de l'Arie, et que si aujourd'hui les
manuscrits nous montrent les sifflantes confondues, la critique a
le droit de les distinguer.

Ce qu'il y a de certain, c'est que nulle autre sifflante que la dentale ne devient en zend l'aspiration, et que, comme la sifflante dentale n'est jamais précédée des voyelles *i, u, é,* toutes les fois que
ces voyelles précéderont une sifflante, cette sifflante sera un *ç* ou un
ch. Mais de même que la sifflante dentale subsiste en sanscrit après
un *a* et un *â,* de même elle se change en zend, au commencement
d'un mot en *h,* au milieu d'un mot en *h* ou en *ḡh.* Cette dernière
modification ne peut avoir lieu que dans le corps d'un mot; aussi

engendre les sifflantes d'où sortent à leur
tour les dentales, et nous complétons ainsi,
au moins par hypothèse, la théorie de
Grimm, en admettant *a* comme la base
des dentales. Cette théorie à laquelle nous
n'apportons d'autres modifications que de
représenter les aspirées *ch, th, f* par les
signes grecs, et de faire suivre chaque
consonne d'un *a* bref qui la vocalise comme
en sanscrit, peut être exprimée dans le
tableau suivant, que le lecteur est prié de
lire de bas en haut :

k-a	*t-a*	*p-a.*
g-a	*d-a*	*b-a.*
χ-a	*θ-a*	*φ-a.*
y-a	*z-a*	*v-a.*
	h-a.	
i	*a*	*u.*

Si, à la lecture de ce tableau, il reste
des doutes sur la génération des dentales,
ils tiennent uniquement à ce qu'on ne voit
pas le passage de l'*a* au *h,* d'une manière
aussi évidente que celui de l'*i* au *y,* et de
l'*u* au *v;* car une fois arrivée au *h,* la dé-
duction nous paraît inattaquable. Mais il
faut avouer que le premier pas est difficile
à franchir; et le soin que nous avons apporté à présenter les faits sous le jour le
plus favorable à notre hypothèse, ne doit
pas nous empêcher de reconnaître que si
rien n'est mieux démontré que l'affinité de
l'*a* avec le *h* en zend, la transition de l'*a*
au *h* n'est pas aussi certaine que celle de
l'*u* au *v,* et de l'*i* au *y.* Au reste, quelle
que soit l'opinion qu'on admette, il reste
toujours démontré que si *a* n'engendre pas
h, h est certainement la base des sifflantes,
et les sifflantes celle des dentales.

quand un radical commençant par un *h* vient à s'unir à une particule ou à une préposition terminée par la voyelle *a*, l'aspiration *h* initiale, se trouvant médiale, reçoit l'addition du *ĝ*. De là vient qu'on trouve *hĕrĕzayĕn* (qu'ils lâchent), du radical *hĕrĕz*, sanscrit *srĭdj*, et avec les particules *upa* et *fra*, *upaĝhĕrĕzaiti*, *fraĝhĕrĕzaiti* (il lâche). Lorsque c'est un *â* long qui précède la sifflante, la voyelle devient en zend *âo* devant *ĝh*. Ainsi pour ne citer qu'un petit nombre d'exemples de ce fait, qui se reproduit très-fréquemment, on trouve *pâoĝhé* pour *pâsé* (tu protéges), *doĝhana* pour *âsana* (siége), *doĝhât* (qu'il fût)[47], qui répondrait à la forme .védique *âsât*, ou à l'imparfait du conjonctif ; de même *doĝha* pour *âsa* (il était), qui est l'imparfait régulier du verbe *as*, au lieu du sanscrit actuel *âsît*, et qui correspond à *âs* (ou *âç*), seconde forme de cet imparfait, qui n'est autre que le vé-

---

[47] Ce temps sert à former un conjonctif ou un optatif périphrastique, semblable au parfait périphrastique du sanscrit, que M. Bopp a si ingénieusement expliqué, et dont il a constaté en zend l'existence dans les additions à sa grammaire sanscrite, pag. 331. Je ne différerais de l'opinion de M. Bopp qu'en un point peu important ; c'est qu'au lieu de comparer le zend *aĝhĕn* à l'imparfait sanscrit *âsan* (erant), qui en zend devrait être *doĝhĕn*, j'en ferais l'imparfait ancien *asan*, sans augment, comme on le voit fréquemment dans le style des Védas. Quant à *doĝhât*, il se joint, dans deux passages sur lesquels nous reviendrons plus tard, à l'accusatif d'un participe présent féminin en *ntî*. Ces temps périphrastiques sont si communs en zend, qu'on y voit figurer plusieurs substantifs de diverses formes, sur lesquelles nous nous engageons à donner en leur lieu tous les éclaircissements nécessaires. Pour le moment, il nous suffira d'indiquer les noms féminins en *ya* et *aya*, exprimant d'une manière substantive l'action, l'état ou la qualité indiquée par le radical verbal ; et d'autres noms dont quelquefois il n'est pas aisé de trouver le genre, à cause d'une confusion de désinences, résultat de diverses règles euphoniques, mais dans lesquels je reconnais le plus souvent l'accusatif du suffixe *tya*, qui, en zend, paraît former des participes du futur passif, et qui se rattache ainsi au suffixe des gérondifs sanscrits en *ya*, lorsque avec certains radicaux ce suffixe est précédé de *t*. Ainsi *vikrĭtya*, par exemple, est probablement la forme absolue d'un mot dérivé de *krĭ* au moyen d'un suffixe *tya*, suffixe dont nous trouvons l'accusatif singulier masculin dans le zend *ddittm* (devant être donné). D'autres fois, la désinence *tîm* de ces temps périphrastiques peut n'être que l'accusatif féminin d'un mot formé avec le suffixe *ti*.

dique *ds* (*er-at*) trouvé par M. Lassen [48]. Dans ces divers cas, le changement d'un *â* long sanscrit en *do* zend est une espèce de renforcement de la voyelle, qui ressemble beaucoup à un *vriddhi*.

Dans les exemples qui ont servi de base à cette discussion, nous
n'avons pas cité de mot où la sifflante dentale suivie de la liquide *r*
se changeât en *h*. Un mot qui revient très-fréquemment nous offre
ce phénomène, c'est *hazaĝhra* (mille), pour le sanscrit *sahasra*. Dans
ce mot, l'aspiration prend la nasale *ĝ*. Si les observations que nous
venons de présenter tout à l'heure sont fondées, ce fait appuie-
rait l'existence du groupe *sr* en sanscrit, groupe dont M. Lassen a
pu contester la réalité [49]. En effet, si le *s* dental seul se change en *h*
en zend, on peut admettre que le mot zend où se trouve *ĝhr* a pour
correspondant en sanscrit la syllabe *sr*.

L'aspiration *h* se rencontre encore dans quelques positions où elle
joue un rôle propre à la langue sacrée des Parses. Ainsi au commencement du mot *hyaṭ*, qui répond à *yat* (que), elle doit représenter cette aspiration que l'on fait nécessairement entendre lorsque l'on veut donner au son *i*, suivi d'une voyelle, la valeur et le
corps d'une consonne. Peut-être aussi *hyaṭ*, signifiant *que*, n'existe-t-il
pas, et ne doit-on y voir le plus souvent qu'une confusion du relatif
avec le démonstratif *hyaṭ*, en sanscrit *syat*. De même devant *r*, l'existence du *h* zend est probablement due à ce que l'on écrit d'une manière visible l'aspiration qui se trouve virtuellement dans la lettre
r. Nous avons déjà énoncé cette conjecture ci-dessus, en parlant de la
liquide *r*, n° 7 d'Anquetil, et nous l'avons appuyée de l'orthographe
des mots *vĕhrka* (loup), *kĕhrpa* (corps), etc.

Nous devons ajouter pour terminer cette discussion sur la lettre
h, discussion qu'il n'a pas dépendu de nous de rendre plus courte,
que l'aspiration *h* repousse l'épenthèse de l'*i*; ainsi on a *bîmâhya*
(qui dure deux mois), et non *bîmâdihya* [50].

---

[48] *Ind. Biblioth.* tom. III, pag. 78.
[49] *Ind. Biblioth.* tom. III, pag. 49.

[50] La lettre *h* repoussant l'épenthèse de
l'*i*, et d'un autre côté un *s* capable de se

Le n° 20 contient deux formes du *y* initial. Nous avons déjà fait connaître la valeur de ces lettres dans notre discussion sur les voyelles; nous ne les rappelons ici que pour exposer que, médiales et précédées immédiatement d'une consonne, elles jouissent quelquefois de la propriété que nous avons reconnue à la liquide *r*, savoir, d'aspirer une gutturale, une dentale, une labiale douce ou forte. Mais nous devons en même temps avertir que cette loi est d'une application beaucoup moins rigoureuse pour *y* que pour *r* .et pour les semi-voyelles *v* ou *w*.

Le n° 22 ⱳ *tch* a cette valeur dans l'alphabet de M. Rask. C'est le *tch* ou la première des palatales fortes de l'alphabet dévanâgari. Elle se trouve employée dans des mots communs aux deux langues. Cette consonne repousse l'épenthèse de la voyelle; et comme elle n'a pas dans l'alphabet zend d'aspirée qui lui corresponde, elle échappe à la loi d'aspiration que nous avons constatée sur *y* et sur *v*. C'est ainsi que l'on trouve dans notre Tableau des groupes zends, *tchv* et *tchy*. D'un autre côté, cette lettre exerce sur la sifflante la même action que le *tch* dévanâgari; elle force un *s* dental à devenir *ç*.

Le n° 23 ⱷ *p* est le *p* de l'alphabet dévanâgari, la première des labiales fortes. Elle se trouve employée dans des mots communs aux deux langues. Il faut seulement remarquer, qu'après le *ç* palatal, le *p* zend représente le *v* sanscrit. Le *p* admet en outre l'épenthèse de la voyelle *i*, et il est soumis au changement en *f* dans sa rencontre avec les nasales *n*, *m*, les liquides *y*, *r*, et les sifflantes *ç*, *ch*, *s*.

Le n° 24 ⱶ *j* a la même valeur dans l'alphabet de M. Rask; c'est un son propre à la langue zende, et il n'a pas de correspondant en

changer en *h* n'existant jamais après *i*, il en résulte que le zend ne supporte pas l'aspiration *h* après cette voyelle non plus qu'après la lettre *u*. Il se passe dans cette langue à peu près la même chose qu'en gothique, où Grimm nous apprend que *h* ne suit jamais les voyelles *i* et *u*. (*Deutsch. Gramm.* tom. I, pag. 71.)

sanscrit. Cependant, si l'on compare la plupart des mots communs aux deux idiomes dans lesquels se trouve le *j* zend, on reconnaîtra que cette dernière lettre n'est que l'adoucissement du *dj* dévanâgari. Ainsi le zend *jnâtâ* est le sanscrit *djñâtâ* (celui qui connaît); et le zend *vîji* (rue), qui est, selon toute vraisemblance, le gothique *vigs* (voie), l'allemand *wege*, et le latin *vicus* [51], se rattache sans doute au radical sanscrit *vidj* (se mouvoir). La suite de nos analyses nous donnera de fréquentes occasions d'appuyer par des exemples ce rapprochement du *j* avec le *dj* sanscrit.

Mais le *j* zend a encore un usage qui lui appartient en propre; c'est qu'il est le substitut d'un *ch* (ou *s*), final d'un préfixe et venant à s'unir à un mot qui commence par une des sonnantes *g*, *dj*, *d*, *b*, *v*. Les voyelles *â* et *û*, entre autres, exercent la même action que ces consonnes, et ainsi *duch* devient *duj* dans tous les cas de rencontre précités. De même la particule *nich*, qui est au sanscrit *nir*, comme le zend *duch* est à *dur*, se change en *nij* devant les consonnes que nous venons d'indiquer [52]. Cette loi de permutation, nouvelle trace du *sandhi* en zend, est analogue à celle que nous avons précédemment exposée sur la lettre *z*, substitut de *ç* et *s*, et nous avons essayé dès lors d'en faire apprécier l'importance. Toutes ces lettres, *ç*, *ch*, *s*, *j*, *z*, ont entre elles des rapports qu'expriment très-bien les per-

---

[51] Cette étymologie de *vicus* est peut-être plus naturelle que celle que l'on donne ordinairement, οἶκος. Ne pourrait-on pas aussi rattacher à cette famille le mot *via*, nonobstant l'autorité de Varron, qui le tire de *veha* (rac. *vehere*), employé, dit-il, par les hommes de la campagne? *Veha* pourrait bien n'être en effet qu'une mauvaise prononciation de *via*, ou mieux encore un archaïsme qui rapprocherait le mot latin du *wege* tudesque.

[52] Les grammairiens indiens considèrent

nir et *dur* comme la forme première de ces préfixes, que nous trouvons en zend écrits avec la sifflante *ch*. Je doute cependant que *r* soit la finale primitive. En sanscrit *r* est très-fréquemment postérieur à l'égard d'un *s*, ainsi qu'on le voit en latin, et dans les dialectes germaniques où le savant Grimm a démontré le fait jusqu'à l'évidence. (*Deutsch. Gramm.* tom. I, pag. 581, et les renvois indiqués sur cette page.) Comme *nir* et *dur* sanscrits sont même, dans certaines circonstances, *nich* et *duch*, ce sont

mutations euphoniques qu'elles subissent. En effet, *j* est l'adoucissement de *ch*, comme *z* est celui de *s* et de *ç*. Que la loi de permutation d'une sourde en sonnante, lorsque la sourde vient à tomber sur
une sonnante, soit connue d'une langue qui a développé avec prédilection les sons sifflants, et alors *s* rencontrant un *b* deviendra *z* (*zb*),
comme *ch* rencontrant la même lettre sera *j* (*jb*). Les lettres *z* et
j ne sont en réalité que des développements des sifflantes; elles en
ajoutent deux au nombre de trois que possède déjà le zend en commun avec le sanscrit, et peut-être est-ce dans la multiplicité de ces
sons *ç, s, z, ch, j,* qu'il faut chercher la raison de cette opinion
d'Hérodote, qui prétend que tous les mots de la langue persane
étaient terminés par un *s*. Cette assertion, qui a beaucoup embarrassé
les philologues, se trouverait ainsi justifiée, en ce sens que, pour une
oreille étrangère frappée de la fréquente répétition des sifflantes,
chaque mot aurait pu passer pour terminé par un *s*. Quoi qu'il en
soit de ce rapprochement, qui ne peut avoir de valeur qu'autant qu'on
aura prouvé que le zend était la langue des Perses au temps d'Hérodote, la loi de permutation du *ch* zend (ou sanscrit) en *j* a une
grande extension en zend. Nous oserions même nous en servir pour
expliquer, au moins en partie, le nominatif pluriel du pronom de
la deuxième personne *yûjěm* (vous), pour le sanscrit *yûyam*. Certainement le *j* zend peut bien être le substitut du *y* sanscrit, en passant par le *dj*, comme le *ζ* grec l'est fréquemment [55]. Mais comme les

---

ces dernières formes que je serais tenté de
regarder comme primitives. C'est ainsi que
je trancherais une question que M. Ch.
Schmidt, dans son ingénieux Traité sur
les prépositions grecques, a laissée indécise.
(*De præpos. græc.* p. 84.) On pourrait ajouter, relativement à la préposition *duch*, que
c'est le même mot que le radical verbal
sanscrit *duch* (nuire), et selon toute apparence le même que *dvich* (haïr.) Or, dans

ces deux mots, le *ch*, ou d'une manière
plus générale, la sifflante est primitive. En
supposant *ch* devant l'aspiration *h*, et en ren-
versant le mot, on aurait *hud* qui donne le
gothique *hatis* et le latin *odium*.

[55] Notamment dans *ζυγός* pour le sanscrit *yuga*; ce qui n'empêche pas que le *ζ*
grec ne soit aussi le représentant d'un *dj*
sanscrit, par exemple dans *ζάω*, qui est le
sanscrit *djîv* (vivre).

autres cas de ce pronom dérivent du radical *yachmat*, il serait peut-
être permis de supposer que le *j* du nominatif *yújĕm* est l'adoucissement du *ch* qui fait partie du *chm* (ou *sm*) portion élémentaire du
pronom. Si l'on admettait cette explication, *yá-jĕm* se serait formé
du radical *yachmat* par des lois propres au zend; il ne serait pas
venu du sanscrit *yúyam*, qui se serait développé de son côté d'a-
près des principes particuliers à l'idiome brahmanique.

La lettre *j* est encore le substitut du *z* zend; et comme le *z* représente déjà fréquemment un *h* dévanâgari, il en résulte que *j* remplace quelquefois l'aspiration sanscrite, notamment dans *dajât* (qu'il
brûle), *dajaiti* (il brûle), du radical *dah* qui, d'après les observations
faites sur la lettre *z*, deviendrait régulièrement *daz*. Enfin, le *j* zend
n'admet pas l'épenthèse de la voyelle *i*, et il n'est pas davantage soumis aux changements qui résultent pour certaines consonnes de leur
rencontre avec les nasales, les liquides et les sifflantes.

Le n° 3o 𐬥 vaut *ăn* selon Anquetil, c'est dans son système la
longue de 𐬀 *ă*; et, dans le fait, à ne considérer que la forme de ces
signes, ce système repose sur une analogie de composition que l'on
ne peut méconnaître. Mais la comparaison des mots zends dans lesquels se présente cette lettre, avec les mots sanscrits correspondants,
ne favorise pas l'opinion d'Anquetil. M. Rask [54] se contente de remarquer que ce numéro est une consonne nasale distincte du n° 17; et
comme on ne la trouve jamais au commencement des mots, il propose de la représenter par un grand *N*. On comprend sans peine que
la valeur de cette consonne a besoin d'être plus précisément déterminée. Nous la voyons remplir dans les textes deux rôles bien distincts. D'abord elle accompagne toujours une palatale, *tch* par exemple, c'est-à-dire que quand une palatale est précédée du son nasal,
c'est notre n° 3o qui représente ce son. Or, comme nous n'avons pas
encore trouvé jusqu'ici de nasale pour l'ordre des palatales, il me

---

[54] *Ueber das Alter*, etc. pag. 55.

Q.

semble permis d'assigner ce rôle au n° 3o, et c'est pour cela que
nous nous servons dans nos transcriptions du *ñ*.

Il ne faut pas toutefois attacher à cette transcription une trop
grande importance; car le signe *ñ* se trouverait bientôt en contradiction avec l'emploi le plus ordinaire du n° 3o. Cet emploi consiste
en ce qu'on représente le son nasal tombant sur toute consonne,
même autre que *tch*, par le signe que nous venons de reconnaître
comme équivalant à la nasale des palatales. Dans ce cas, le n° 3o
devient un représentant commun du son nasal, quelle que soit la
consonne sur laquelle il porte, et il répond à l'*anusvâra* sanscrit, tel
que les copistes qui se servent du dévanâgari en ont généralisé
l'usage. Mais j'ai lieu de soupçonner que ce rôle du n° 3o n'est que
secondaire, et que sa valeur originelle est celle d'une nasale de
l'ordre des palatales. En effet, je le vois jouant dans la conjugaison
de quelques verbes le même rôle que le *ñ* dévanâgari, notamment
dans *hiñtchaiti* (il asperge), pour le sanscrit *siñtchati*, du radical
sitch, en zend *hitch*. Je dois avouer toutefois que cette opinion ne
repose que sur le fait que *tch* est toujours précédé de *ñ*, et sur
la présomption que, comme il existe une nasale qui, jusqu'à un
certain point, répond à la nasale gutturale sanscrite, il peut exister
de même en zend une nasale palatale. Or, la présomption peut
passer pour une assertion gratuite; et, quant au fait même de la rencontre de *tch* et de *ñ*, on peut l'expliquer par l'emploi le plus général du n° 3o, et dire que ce signe ne se place devant la palatale que
parce qu'il est le représentant commun du son nasal tombant sur
une consonne. Je laisse cette question à décider à de plus habiles.
Je ne ferai plus qu'une observation portant sur la forme de ce
signe. On trouve dans un fragment du Yadjour-vêda, copié en dévanâgari, et donné à la Bibliothèque du Roi, par le colonel Polier,
un signe particulier pour représenter l'*anusvâra nécessaire*, comme
l'appelle M. Bopp : ce signe est ainsi figuré **ৡ**. Je ne veux certainement pas dire que cette forme ressemble à celle du *ñ* zend; mais je

soupçonne que si nous possédions un caractère zend d'une certaine antiquité, on trouverait que le signe védique de l'*anusvâra* doit avoir de l'analogie avec le n° 3o d'Anquetil, et ce rapprochement servirait encore de preuve à l'opinion qui regarde *ñ* comme le représentant général de la nasale tombant sur une consonne. Du reste, le caractère védique de l'*anusvâra* n'est pas sans intérêt pour la paléographie de l'alphabet dévanâgari.

Nous remarquerons, quant à l'emploi euphonique de *ñ* et aux groupes dont il fait partie, que, toutes les fois qu'il tombe sur une consonne de la classe de celles qui admettent l'épenthèse de l'*i*, le *ñ* n'empêche pas cette épenthèse : ainsi on a *bavaiñti* (ils sont), pour le sanscrit *bhavanti*. Cela vient de ce que la nasale fait tellement corps avec la consonne, qu'elle en suit en quelque sorte la condition. Cette lettre exerce encore, sur un *a* bref qui la précède, la même action que la nasale labiale *m;* l'*a* bref se change en *ĕ :* mais cette règle est beaucoup moins généralement applicable à *ñ* qu'à *m;* elle n'a guère lieu que pour les suffixes *at* (ĕñt) et *mat* (mĕñt).

Le n° 3₁ contient deux signes auxquels Anquetil attribue une seule et même valeur, celle du *ṇg*, ou nasale des gutturales. M. Rask[55] croit trouver une différence entre ces deux lettres; il représente la première par *ḡ* pour le ङ de l'alphabet dévanâgari, et considère la seconde comme l'équivalent du ञ ou *ñ* espagnol. Il faut croire que les manuscrits de M. Rask, qui passent pour plus anciens que ceux de la Bibliothèque du Roi, et dont plusieurs même sont les originaux de ceux d'Anquetil, favorisent cette distinction. Mais nous avouerons que nous n'en avons pas trouvé de trace dans les textes zends que nous possédons, et nous croyons pouvoir affirmer que ces deux signes se rencontrent concurremment employés dans les mêmes mots, ᴣ plus fréquemment dans les manuscrits anciens, ᴣ au contraire, dans les manuscrits modernes. Qui sait même si ces

---

[55] *Ueber das Alter*, etc. pag. 55.

deux formes ne reviendraient pas originairement au même, et si leur différence actuelle n'a pas sa raison dans une différence de position et d'inclinaison? Ce que l'on peut remarquer en outre, c'est que la forme zende du $\bar{g}$, telle qu'elle est tracée dans les plus anciens manuscrits, ne paraît pas s'éloigner beaucoup de celle du ङ dévanâgari, dont on retrancherait le point et la barre horizontale qui la surmonte, de cette manière ऽ.

Quant à la valeur de ce signe, c'est bien une nasale gutturale, comme l'est le $\bar{g}$ dévanâgari, et à ce titre nous le représentons par $\bar{g}$, comme le fait M. Rask pour l'un des deux caractères. Mais est-ce exactement le $\bar{g}$ dévanâgari? Oui, pour le son, mais non quant à l'emploi qu'on en fait dans les textes. Les deux signes du n° 31 qui, pour nous comme pour Anquetil, ne représentent qu'une valeur unique, ne sont jamais employés que devant l'aspirée n° 19, qui représente le *s* dental du dévanâgari; de sorte qu'il n'y a rien, dans les mots sanscrits semblables aux mots zends où se trouve cette nasale, qui lui corresponde exactement. Ainsi on a *managhâ* en zend, pour *manasâ* sanscrit, lequel, par le changement de *s* en *h*, deviendrait naturellement *manahâ*. Le signe du n° 31, ou la nasale, y est donc jointe en vertu d'un système propre à la langue zende, et auquel nous ne voyons rien d'analogue en sanscrit. Ajoutons que cette nasale zende n'a pas d'autre emploi qui la rattache au dévanâgari $\bar{g}$. Ainsi on ne la voit pas appelée devant une gutturale comme le $\bar{g}$ sanscrit; lorsque le son nasal tombe sur une gutturale, c'est le signe du n° 30 qu'on emploie à cet effet. Nous nous croyons donc autorisés à dire que, si d'un côté le $\bar{g}$ ou *nḡ* zend est bien en réalité une nasale de l'ordre des gutturales, ce n'est pas exactement la nasale gutturale du dévanâgari, puisqu'elle ne répond pas à cette dernière quant à son emploi; c'est une nasale dont l'usage appartient en propre à la langue zende. Nous avons dit que nous regardions les deux signes comme ayant la même valeur; cependant, comme ils diffèrent l'un de l'autre, nous croyons nécessaire de les distinguer dans nos transcriptions, et nous le faisons de la manière suivante : $\jmath = \tilde{g}$, et $\mathcal{A} = n\tilde{g}$.

Les observations précédentes suffisent pour faire connaître la valeur et l'emploi de la nasale zende $\tilde{g}$. Elle ne peut naturellement être suivie que de *h*, et il n'est pas question pour elle de la loi de l'épenthèse de l'*i*, premièrement parce qu'elle n'est jamais seule, secondement parce qu'elle accompagne la lettre *h* qui, par elle-même, repousse déjà cette introduction de l'*i*. On rencontre cependant le $\tilde{g}$ suivi de deux autres lettres que *h*, ce sont *u* et *r*. Dans les cas où un *sva* sanscrit devient en zend $\tilde{g}hva$, on trouve plus fréquemment dans les manuscrits $\tilde{g}uha$, l'aspiration se détachant de la nasale, et le *v* retournant à son élément fondamental *u*. La liquide *r*, non précédée de *h*, suit aussi immédiatement la nasale $\tilde{g}$ dans le mot *a$\tilde{g}ra$*, première partie du nom d'Ahriman. Mais cette orthographe est peut-être moins régulière que celle d'*a$\tilde{g}hra$*. Dans le cas très-rare où un *i* ou un *y* vient à suivre le groupe $\tilde{g}r$ ou $\tilde{g}hr$, il n'y a pas lieu à l'épenthèse de l'*i*.

Le n° 34 est, suivant Anquetil, un *th* ou *t* aspiré. M. Rask[50] l'appelle une espèce de *t* dur, ou un peu aspiré. Selon ce savant, cette consonne répond au ط arabe, au ת hébreu, et au θ grec ; c'est encore le *th* anglo-saxon, quoique la prononciation de la consonne zende ne soit pas tout à fait la même que celle de *th*. En résumé, M. Rask la déclare très-différente du ط qu'il considère, ainsi que nous l'avons vu plus haut, et selon nous à tort, comme un *th*. Ce savant ne s'explique pas sur le rapport de cette consonne avec le dévanâgari ; les observations suivantes serviront à combler cette lacune. Le n° 34 de l'alphabet zend répond assez souvent au *th* aspiré de l'alphabet dévanâgari, soit dans l'intérieur des mots, soit dans des formatives ou suffixes. Mais son emploi le plus fréquent est dans les groupes *thr, thn, thm* et d'autres, où l'aspiration du *th* me paraît appelée par une règle propre à la langue zende, et où l'on reconnaît que *th* n'est que le substitut du *t* n° 3 de l'alphabet d'Anquetil. Dans ces cas, le *th*

---

[50] *Ueber das Alter*, etc. pag. 56.

a dû se prononcer d'une manière très-sifflante, puisque plusieurs
mots persans modernes ont un *s* là où nous voyons en zend un *th;*
et, sous ce rapport, je n'hésite pas à regarder le signe zend comme
un véritable Θ grec pour le son, et comme un *th* anglo-saxon pour
le son et pour l'emploi. Mais par là même le signe zend n'a plus de
rapport avec le *th* aspiré du dévanâgari; car je ne sache pas qu'il y
ait dans ce dernier alphabet une consonne qui représente le *th* sifflant, connu dans plusieurs idiomes de l'Europe. En résumé, nous
pouvons reconnaître dans le *th* zend un emploi double, l'un commun
au sanscrit et au zend, l'autre exclusivement propre à cette dernière
langue, et se rapprochant par ce point d'une consonne sifflante qui
se retrouve en grec et dans quelques dialectes germaniques.

Comme la forte dont elle est la permutation, la dentale *th* est
soumise à la loi de l'épenthèse de l'*i :* nous renvoyons le lecteur à
ce que nous avons dit plus haut sur le n° 3 de l'alphabet d'Anquetil, relativement à la réunion des deux lois de l'aspiration et de l'é-
penthèse dans le groupe *thy.*

Nous voici arrivés au terme de nos remarques sur les consonnes
zendes; elles nous donnent pour résultat trente valeurs distinctes,
ou seulement vingt-huit, si l'on regarde *ş* et *ṣ* comme des formes
diverses de la nasale unique *ḡ*, et *ţ* comme le *t* final. Ce résultat
diffère de celui d'Anquetil, qui n'attribue, ainsi qu'on l'a vu en
commençant, que vingt-trois valeurs à la totalité des signes de
l'alphabet zend. Les cinq valeurs que nous nous croyons autorisés
à rétablir dans cet alphabet sont celles des consonnes *q, ñ, dh, ç, w.*
De plus, comme Anquetil comprend dans ses vingt-trois valeurs *hm*,
qui est un groupe, le nombre de vingt-trois doit se réduire à vingt-
deux; et, d'un autre côté, au lieu de cinq consonnes rétablies, nous
devons en compter six, puisque nous regardons comme une consonne ou une semi-voyelle le *y* qu'Anquetil prend pour un *i.*

Nous sommes maintenant en état de juger de la ressemblance que
présente la suite des articulations du zend avec celles de l'alphabet

dévanâgari. A cet effet nous placerons les consonnes zendes dans l'ordre où nous sont données les consonnes sanscrites, en les rangeant d'après la partie de l'organe qui les produit.

k	*kh*	*q*	*g*	*gh*	*ḡ*	*nḡ*.
tch			*dj j z*		*ñ*.	
t	*th*	*ṭ*	*d*	*dh*	*n*.	
p	*f*		*b*		*m*.	
y	*r*		*v*	*w*.		
ç	*ch*		*s*	*h*.		

Mais pour comprendre ce paradigme et en apprécier la relation avec le paradigme sanscrit, il est nécessaire de résumer, sur les diverses classes dont il se compose, les remarques auxquelles a donné lieu chaque consonne en particulier.

Dans l'ordre des gutturales, les consonnes qui sont véritablement identiques en zend et en sanscrit, sont les simples non aspirées *k* et *g*. La gutturale douce a aussi son aspirée *gh* identique au *gh* sanscrit; mais on n'en peut pas dire tout à fait autant de la gutturale forte, à laquelle correspond une aspirée, comme en dévanâgari, avec cette différence que non-seulement le zend l'emploie à d'autres usages que le sanscrit, mais qu'elle a dû encore avoir, selon toute apparence, un son plus aspiré que le *kh* de l'alphabet dévanâgari. La nasale gutturale correspond à la même consonne de l'alphabet des Brahmanes, au moins pour le son; mais l'emploi n'en est pas le même, et on ne trouve pas de trace de la règle qui appelle cette nasale devant une gutturale. Le *ḡ* zend s'attache à l'aspiré *h*, et il ne semble pas fait pour être placé devant une autre consonne, si ce n'est *r*. En résumé, le zend a le même développement de gutturales que le sanscrit; la différence des deux alphabets ne se montre que dans l'aspirée de la forte en zend, et dans l'emploi de la nasale.

I R

Dans l'ordre des palatales, le zend n'a pas les aspirées de la forte et de la douce ; *tch* et *dj* sont les seules consonnes communes au zend et au sanscrit. La nasale *ñ* doit se rapporter à cette classe, quoique son emploi soit moins fréquent dans ce rôle que dans celui de représentant du son nasal en général. Les deux lettres *j* et *z* ont été placées dans la classe des palatales, non pas qu'elles y appartiennent réellement, si l'on considère la partie de l'organe vocal où elles prennent naissance, mais c'est qu'elles sont le plus souvent le substitut d'un *dj* dévanâgari. Le *z* a en outre un second rôle, celui de substitut de l'aspiration indienne, et le *j* celui de substitut du *ch* zend et sanscrit. Ces consonnes sont essentiellement propres à la langue zende, de laquelle elles ont passé dans le persan ; mais, si on les compare aux consonnes dévanâgaries auxquelles elles correspondent, on trouve qu'elles ne sont que le développement de ces consonnes qui, à leur égard, sont primitives. En résumé, le zend a la classe des palatales comme le sanscrit ; il en possède les deux éléments fondamentaux, la forte et la douce, mais il ne les systématise pas comme le dévanâgari jusqu'à en dériver des aspirées. D'une autre part, il développe le second de ces éléments, ou la douce *dj*, et en tire deux consonnes (connues des idiomes européens), d'une prononciation plus douce encore et plus affaiblie.

Dans l'ordre des dentales, la ressemblance du zend avec le sanscrit est la même que dans l'ordre des gutturales, avec cette différence que le *th* zend est plus souvent le *th* dévanâgari, que le *kh* zend n'est le *kh* sanscrit. L'aspirée de la douce est la même que le *dh* sanscrit ; et, ainsi que dans l'ordre des gutturales, l'aspirée de la forte, qui répond au *th* dévanâgari, outre qu'elle est employée à des usages propres au zend, a dû avoir un son plus aspiré et plus sifflant que l'aspirée correspondante de l'alphabet dévanâgari. La nasale est identique dans les deux alphabets. En résumé, le zend a le même développement de dentales que le sanscrit, la différence ne se montre que dans l'emploi de l'aspirée de la forte ; et c'est par cette différence que le zend se rattache au grec et, dans certains cas, à quelques-uns des dialectes germaniques.

Dans l'ordre des labiales, le zend possède la forte, la douce et la nasale. Mais les seules consonnes qui répondent exactement aux labiales du dévanâgari sont la forte et la nasale. La douce *b* n'est pas le *b* correspondant de l'alphabet sanscrit, en ce sens qu'en zend *b* remplace plutôt le *bh* aspiré sanscrit. Le zend ne possède donc pas le *bh*, si ce n'est dans son substitut très-adouci *w*. Il ne possède pas davantage le *ph* sanscrit; car, outre qu'il est douteux que le *ph* soit un *f* proprement dit, la labiale sifflante *f* du zend appartient en propre à cette langue, et, comparée au sanscrit, elle représente la labiale dure *p*, modifiée par une loi euphonique propre à l'ancien persan. En résumé, le zend n'a des labiales indiennes que la forte et la douce; la forte identique à la forte sanscrite, la douce résultat du changement de la douce aspirée en la douce simple. D'une autre part, il développe la labiale forte, et en dérive une aspirée plus sifflante que le *ph* sanscrit, et en ce point il se rapproche de quelques langues anciennes de l'Europe.

Dans l'ordre des liquides, le zend a de moins que le sanscrit la liquide *l; r* remplace en zend le *l* sanscrit. Mais il a de plus le *w*, développement du *v*, et substitut d'un *bh* sanscrit passant au *b* très-doux.

Dans l'ordre des sifflantes, l'identité des deux alphabets est complète. Le zend possède enfin comme le sanscrit une aspiration *h*; mais cette aspiration est le substitut d'un *s* dévanâgari, grec, latin, etc.; c'est le développement ou plutôt l'adoucissement de la sifflante dentale.

Nous venons de présenter ce que le zend a de commun avec le sanscrit, en fait d'articulations. Ajoutons, comme dernier trait à cette comparaison, que le zend, non plus qu'aucune langue de l'Europe, ne possède, au moins à ma connaissance, la classe des cérébrales ou linguales, comme on voudra les appeler. Nous reviendrons sur ce

R.

fait tout à l'heure; il nous faut auparavant opposer, dans deux listes comparées, les résultats de nos observations.

ZEND ET SANSCRIT.					ZEND SEUL.	
k	kh	g	gh	$\bar{g}$.	kh	gh.
tch		dj		$\bar{n}$.	th	dh.
t	th	d	dh	n.	f	w.
p		b		m.	j.	
y	r	v.			z.	
ç	ch	s	h.			

J'ai répété dans les colonnes propres au zend, les quatre aspirées des gutturales et des dentales, parce que, si elles sont communes au zend et au sanscrit, elles sont devenues propres au zend par l'extension que cette langue leur a donnée. Dans la partie des sons purement zends, j'ai placé immédiatement l'une sous l'autre les aspirées des gutturales, dentales et labiales, sans les séparer par *j* et *z*, qui appartiennent, quant à leur origine, aux palatales, mais qui, une fois entrées dans la langue, ne doivent plus prendre rang au nombre des consonnes de cet ordre.

Ce qui résulte évidemment de ce tableau, c'est l'originalité d'une partie des consonnes zendes, consonnes dont quelques-unes sont complétement étrangères au dévanâgari. Quant aux combinaisons de ces consonnes soit avec les voyelles, soit avec les consonnes elles-mêmes, nous devons nous y arrêter un instant pour résumer ce que notre analyse de l'alphabet nous a permis de reconnaître comme propre au zend.

Le trait le plus caractéristique des combinaisons des consonnes avec les voyelles en zend, combinaisons qui, en général, sont les mêmes qu'en sanscrit, c'est l'épenthèse d'un *i* et d'un *u* devant certaines consonnes précédées d'une voyelle quelconque et suivies de

l'une ou de l'autre des voyelles *i* et *u* [57]. Les consonnes soumises à l'é-
penthèse d'un *i*, sont *t*, *th*, *d*, *dh*, *n*, *p*, *b*, *w*, *r*; la liquide *r* est
la seule qui admette l'épenthèse de l'*u* [58]. Toutes les autres consonnes, les gutturales, les palatales, les sifflantes, l'aspiration, et

[57] Je rapporte, comme on le voit, l'épenthèse de l'*i* et de l'*u* à la consonne qui
précède immédiatement ces voyelles, plutôt qu'à la voyelle après laquelle se place
l'*i* et l'*u* épenthétique. En d'autres termes,
je dis : un *i* s'insère devant *r*, *p*, *t*, etc. suivis
d'un *i* dans *pairi*, *aipi*, *aiti*, plutôt que de
dire : un *i* s'ajoute à l'*a* de *pairi*, etc., à l'*o* de
yaoiti et ainsi des autres. C'est que je n'ai
pas remarqué que la voyelle à la suite de
laquelle prend place l'*i* épenthétique, exer-
çât sur la production de ce phénomène
singulier, une influence aussi reconnaissable que celle qu'on ne peut s'empêcher
d'attribuer aux consonnes. L'*i* s'ajoute
dans l'intérieur d'un mot, quelle que soit
la voyelle qui se trouve devant lui; tandis
qu'on n'en peut pas dire autant de la consonne qui suit l'*i* épenthétique, puisque
nous avons déjà vu que certaines consonnes
arrêtaient l'épenthèse de l'*i*. Je dois dire cependant qu'il y a une voyelle après laquelle
l'épenthèse est certainement plus rare qu'a-
près les autres; c'est l'*â* long. Ainsi pendant qu'on dit au msc. *aêibyô* (à eux), on
a invariablement au féminin *âbyô* et non
pas *dibyô*; de même encore on trouve *zao-
thrâbyô*, et non *zaothrâdibyô*. La voyelle *â*
exerce donc aussi quelquefois une certaine
influence sur l'application de la loi de
l'épenthèse. Mais j'avoue que je n'ai pu
jusqu'à présent en déterminer les limites.
Peut-être faudrait-il encore ici tenir compte
de la consonne, car il est certain que l'on

dit *ndirî*, et non pas *ndrî*. C'est sans doute
que la liquide *r* est de toutes les consonnes
celle qui aime le mieux à être enveloppée
du son qui la vocalise, et qu'alors l'opposition qui résulte quelquefois de la présence de l'*â*, disparaît complétement devant l'usage qui veut que *r* soit, autant
que cela est permis par l'étymologie, précédé et suivi de la même voyelle.

[58] L'épenthèse de l'*u* est une des lois euphoniques zendes qu'il est le plus nécessaire de prendre en considération. Elle dé-
figure quelquefois les mots sanscrits presque complétement; mais une fois qu'on
connaît la portée de cette règle, il est facile
de ramener à leur forme primitive les mots
les plus altérés en apparence. Il y a épenthèse, lorsque la voyelle *u* précédant *r* est
elle-même précédée d'une voyelle. Lorsqu'au
contraire l'*u* qui tombe sur *r* est seul, et
sans voyelle qui le précède, il n'est pas
épenthétique, mais radical. Ainsi dans le
mot *arvara* (arbre), l'*u*, au moins dans
son état actuel, n'est pas épenthétique;
il est étymologiquement nécessaire dans le
mot. Pour qu'il fût intercalé, il faudrait
que le mot fût écrit *aurvara*; mais alors
la forme primitive ne serait plus *urvara*,
mais *arvara*. Or, comme ce mot n'est
jamais écrit *aurvara* dans les manuscrits,
il faut admettre que le premier *u* y est radical; et alors *urvara* se rattache au sanscrit et au zend *uru* (large), qui est le grec
εὐρύς. Il n'en est pas de même de *aurvaṭ*,

les semi-voyelles *y* et *v*, la repoussent invariablement. Quelle peut être la cause de cette différence? D'où vient qu'on écrit d'un côté *paiti* (maître) avec l'épenthèse d'un *i*, et de l'autre *aji* (serpent) sans épenthèse? J'avoue que la raison de ce fait m'est encore inconnue. L'épenthèse ne me paraît, jusqu'à un certain point, explicable que pour la liquide *r*. La mobilité de cette lettre permet en effet de comprendre comment elle peut flotter entre deux voyelles identiques. Si l'on prononce très-rapidement le mot *arvaṭ* (cheval), en donnant au *v* la valeur d'un *ou*, de cette manière *arouaṭ*, il semble que le son *ou* fasse corps avec la liquide *r*, et l'enveloppe en quelque sorte complétement. Cette observation ne s'applique peut-être pas aussi rigoureusement à la liquide *r* suivie de *y*, dans *narya* que l'on écrit *nairya* (viril). Mais qui sait si cette lettre n'avait pas, chez les peuples qui parlèrent le zend, une prononciation particulière qui rendait en quelque façon dominante la voyelle dont elle était accompagnée? Ce qu'il y a de certain, c'est qu'en zend la liquide *r* aime à être précédée de la voyelle qui la suit, et c'est ainsi qu'on trouve *ĕrĕ* pour le sanscrit *ṛĭ*, *iri* pour *ri*, *ura* pour *ru*.

---

l'un des mots sur lesquels Anquetil a commis les erreurs les plus graves, mais un de ceux aussi que la loi de l'épenthèse éclaircit de la manière la plus satisfaisante. Les manuscrits le donnent, tantôt avec la voyelle *a*, tantôt sans cette voyelle, *arvaṭ*. Je ne doute pas cependant que la première orthographe ne soit la véritable, et que *aurvaṭ* ne revienne au sanscrit védique *arvat* (cheval), du radical *arv* (aller) et du suffixe *at*. Cette dérivation du mot rend compte du plus grand nombre des passages où il se trouve en zend. Il y signifie d'abord, selon moi, *qui va*, *qui court*, et comme tel, il sert d'épithète au cheval, dans le composé *aurvaṭ-açpa* (cheval rapide), ou avec le sens possessif, « celui qui a un cheval ra-

pide. » Puis il désigne un cheval rapide par excellence, celui qui va vite. Anquetil s'est mépris sur le sens de ce mot, dans plusieurs passages très-importants, et notamment dans une phrase du Sérosch-Iescht, très-remarquable sous le rapport philologique. Voici une partie de ce passage que n'a pas compris le traducteur, et auquel notre interprétation donne un sens satisfaisant : *Çraochĕm achĭm yazmaidhĕ yĕm tchathwârô aurvañtô..... vazĕñti.* Anquetil traduit : « Je fais Izeschné à Sérosch pur, à « qui appartient l'un des quatre oiseaux « célestes ; » il faut dire : « Nous offrons le « sacrifice à Çraocha qu'emportent quatre « chevaux rapides. » (*Yaçna*, chap. LXIV, Vend. lith. pag. 520.)

D'un autre côté, on ne comprend pas aussi aisément pourquoi les labiales et les dentales repoussent l'épenthèse de l'*a*, tandis qu'elles admettent celle de l'*i*. Qu'y a-t-il dans la nature de ces consonnes qui explique leur attraction pour *i?* Il n'est pas facile de se figurer comment devaient s'épeler les mots où se remarque l'épenthèse. Disait-on *pai-ti*, ou *pa-iti?* Pour comprendre comment *i* a pu s'intercaler entre la syllabe *pa* et la syllabe *ti*, il faut nécessairement admettre que le second *i* était intimement joint à la consonne *t*, et que l'on disait *pa-ti* et non *pat-i*. C'est, en quelque sorte, dans l'intervalle des deux syllabes que s'insère l'*i* épenthétique, auquel il faut supposer plus d'attraction pour la syllabe *ti* que pour *pa*. Le choix de la voyelle *i*, plutôt que celui de *a, é, ó* par exemple, doit avoir aussi sa raison, qu'il est peut-être plus facile de découvrir. On comprend d'abord qu'une voyelle longue n'ait pu être intercalée de cette manière : une brève seule pouvait être ainsi répétée deux fois, sans que le poids de la syllabe, si l'on peut s'exprimer ainsi, en fût notablement augmenté. Or, de toutes les voyelles, *i* est peut-être celle dont la prononciation est la plus rapide et exige le moins d'effort. On sait de plus que certaines langues admettent cette voyelle *i* devant les groupes ou réunions de deux consonnes pour en faciliter la prononciation. Il y a même des idiomes qui vont plus loin. Nous citerons entre autres le tamoul, qui prépose la voyelle *i* devant des lettres simples comme *y, r*, lorsqu'elles sont initiales d'un mot. On voit bien pourquoi *y* consonne peut être précédée de la voyelle *i*; l'addition de cette lettre est une sorte de préparation à la prononciation de la consonne. Mais écrire *irâyen* pour *râyen*, altération du sanscrit *râdjan* (roi), c'est là un fait plus remarquable et qui n'est pas sans analogie avec l'épenthèse de l'*i* devant *r* zend, en ce sens du moins qu'il prouve la facilité avec laquelle la liquide *r* se laisse accompagner de la voyelle *i*. Cependant si l'insertion de cette voyelle est aussi naturelle, d'où vient qu'un grand nombre de consonnes en sont si complétement affranchies?

Je livre ces diverses questions aux philologues qui ont fait leur étude spéciale des idiomes de la Perse ancienne et moderne. Peut-être que la découverte de quelque nouveau dialecte appartenant à cette famille de langues viendra quelque jour les éclairer. Quant à présent, on peut remarquer que l'épenthèse de l'*i* et de l'*u* est un des traits les plus caractéristiques de la langue zende, un de ceux qui la distinguent le plus nettement du sanscrit, idiome auquel cette loi est à peu près complétement étrangère [59]. On peut ajouter que les Grecs ont reçu plusieurs des mots zends où l'on en voit l'application d'un dialecte qui ne la connaissait pas plus que le sanscrit. C'est ce qu'on peut remarquer dans les noms anciens ἄειοι, ἀεία, ἀρεία, ἀειανή, ἀειύνια, ἀρριανός, ἀειμασπί, qui sont des ethniques dont la véritable forme zende est *airya, airyana* et *airyaman* [60]. Le dialecte auquel les Grecs ont emprunté ces appellations, les écrivait donc, ce qui est fort remarquable, comme on le fait en sanscrit.

Passons maintenant aux combinaisons des consonnes entre elles. Les différences que l'on remarque entre les consonnes isolées du zend, comparées à celles du sanscrit, se retrouvent, comme on doit s'y attendre, dans les groupes qui résultent de leur rencontre. Il en est en zend plusieurs dont le sanscrit n'offre pas de traces; quelques-uns même ne pourraient en aucune façon être prononcés par un organe indien. Nous donnons ici ces combinaisons telles

---

[59] Les formes *vamiti, djvaliti,* pour *vamati, djvalati,* formes que M. Lassen a extraites de la grammaire de Pânini, sont peut-être le produit oublié de la loi d'épenthèse, loi dont il semble qu'on retrouve l'application dans le substantif *giri* (montagne), radical *gar.* (Voyez Lassen, *Ind. Bibl.* tom. III, pag. 92.)

[60] J'aurai plus tard occasion de revenir sur chacun de ces mots zends, dont les formes correspondantes en sanscrit donnent lieu à des remarques importantes pour la question des rapports et de l'identité primitive des peuples qui parlèrent d'un côté le zend, et de l'autre le sanscrit. Je me contente en ce moment de signaler au lecteur le rapprochement bien connu de l'*arya* indien et de l'*airyana* zend, et l'identité non moins incontestable, mais jusqu'à présent non remarquée, du zend *airyaman* avec le sanscrit *aryaman.* On verra par la suite quelle lumière ce dernier rapprochement peut jeter sur des textes qu'Anquetil n'a compris qu'imparfaitement.

qu'on les trouve dans le Vendidad-sadé; la lecture complète de tous les Ieschts et des Néaeschs, ainsi que la découverte de nouveaux morceaux, pourraient vraisemblablement en enrichir la liste. Nous doutons cependant que les additions qu'il y faudrait faire fussent bien considérables, et nous avons la conviction qu'elles n'apporteraient pas de modification sensible au tableau que l'on peut dresser des combinaisons des consonnes en zend. Voici celles de ces combinaisons que je suis autorisé, par la comparaison des manuscrits, à regarder comme réellement existantes dans la langue : j'ai exclu celles que j'ai cru pouvoir considérer comme le résultat d'une erreur de copiste.

COMBINAISONS DES CONSONNES ZENDES.

kv   *ks ?*

kht   *khdh*   *khn*   *khm*   *khy*   *khr*   *khv* · *khç*   *khch*   *khs*   *khtr*
   khrv   *khçt*   *khçn*   *khcht*   *khchn*   *khchm*   *khchy*   *khchv*   *khst*

qdh   *qy*   *qr*

gv   —   *ghj*   *ghd*   *ghdh*   *ghn*   *ghm*   *ghr*   *ghv*   *ghny*

ḡr   *ḡh*   *ḡhr*   *ḡhv*

nḡr   *nḡh*   *nḡhv*

tchy   *tchv*

djy   *djv*

jdj   *jd*   *jn*   *jb*   *jv*

zg   *zd*   *zb*   *zy*   *zr*   *zv*   *zdr*   *zby*   *zrv*

ñg   *ñtch*   *ñdj*   *ñt*   *ñth*   *ñd*   *ñty*   *ñtv*   *ñdr*

ttch   *ty* [61]

ṭk   *ṭtch*   *ṭb*

---

[61] Ce groupe est rare, ainsi que nous l'avons remarqué plus haut dans notre analyse de l'alphabet. Le participe *dditya* (devant être donné) en est un exemple.

I.

thn thm thy thr thv thw thry

dk dtch db dy dr dv drv

dhtch dhn dhb dhm dhy dhr dhv dhw dhby

nt nm ny nv

pt py

fn fm fy fr fç fch fs fry fçt fcht fchn fchv fst
fsn fsv fçtr fchtr fchny fstr fsny

bd bdh by br

mtch mn mb my mr

rk rt rp rm ry rv rw rç rch rs rvy rchy rchv rçt
rçn rst rsn

vy wz wy wr

çk çtch çt çn çp çm çy çr çty çtr çtv çny çrv çtry

chk chn chm chv chh

sk skh st sn sm sky skhr str stry sh [62]

hk hm hy hv hmy hrk hrp

" Il y a dans cette ligne plusieurs groupes, notamment *sn* et *sm*, qu'il faudrait se garder de considérer comme en contradiction avec les observations que nous avons faites plus haut sur l'absence d'un *s* dental devant *n* et *m*, le *n* zend recherchant le *ç* palatal, et *m* devant être précédé d'un *h* dans les cas où l'on a *sm* en sanscrit. Le *s* qui figure dans ces deux groupes, n'est, si je puis m'exprimer ainsi, dental que pour les yeux. En d'autres termes, les copistes se servent d'un *s* dental, qui, à cause des circonstances dans lesquelles il se trouve, n'a pas originairement cette valeur, et qui est, notamment en sanscrit, un *ch*. Ainsi, dans *dusmainyu* et dans *dusnidâta*, le *s* zend ne répond pas à un *s* dental dévanâgari; la lettre qu'il représente est un *ch*, et cela doit être puisque la sifflante est précédée des voyelles *i* et *u*. Si donc *s* a persisté dans ce cas en zend, il faut de deux choses l'une, ou que *s* se soit prononcé *ch*, lorsque, précédé d'un *i* ou d'un *u*, il était suivi de *n* ou de *m*, ou que les copistes aient employé par erreur *s* au lieu de *ch*. Il faut, en un mot, qu'il se passe pour *s*, soutenu par *n* et *m*, la même chose que pour *s* devant *t*, et les observations que j'ai faites ci-dessus sur ce dernier groupe me paraissent trouver ici leur application. Je ne connais pas d'autre manière de rendre compte de la contradiction qu'on remarque entre ces faits et le

Ce Tableau présente sans contredit une assez riche variété de combinaisons. Mais ce qui frappe le plus, c'est la rudesse de plusieurs de ces alliances de consonnes, composées d'articulations qui, dàns le système de quelques langues alliées au zend, et notamment en sanscrit, seraient regardées comme absolument incompatibles. On voit clairement (et c'est un résultat sur lequel nous reviendrons plus bas), que la grande loi d'attraction et d'assimilation qui pénètre si avant dans le système grammatical du sanscrit, est en zend, sinon complétement inconnue, du moins d'une application beaucoup plus restreinte. On s'attend bien que le dernier effet de cette loi, savoir l'assimilation absolue de deux consonnes dissemblables, assimilation qui a lieu en pâli et en prâkrit, est étrangère à cette langue. Aussi je ne me rappelle pas d'avoir rencontré des exemples de ce fait, et je ne crois pas qu'il y ait en zend un seul mot où l'on trouve (comme dans les dialectes cités tout à l'heure) une consonne quelconque répétée deux fois de suite [65].

principe qu'un *s* dental ne subsiste pas devant *n* et *m*. C'est que quand nous disons un *s* dental, nous parlons d'une sifflante qui se trouve dans les conditions euphoniques nécessaires pour qu'elle reste dentale. Or, la première de ces conditions, c'est qu'elle ne soit précédée ni d'un *i*, ni d'un *u*. Que si, au contraire, ces voyelles interviennent, leur action change immédiatement la valeur de la sifflante. Cette dernière devient en sanscrit *ch*, qu'elle soit suivie d'une voyelle ou d'une consonne. En zend, au contraire, elle prend deux formes : elle est 1° *ch*, quand c'est une voyelle qui la suit; 2° *s* (peut-être avec prononciation de *ch*), si elle est suivie de *n* ou de *m*. Mais il n'y a dès lors plus lieu à changer *s* en *ç* devant *n*, ou en *h* devant *m*. Car la présence des voyelles *i* et *u* a soustrait dès l'abord la

sifflante *s* aux causes qui auraient décidé de son changement en *ç* ou en *h*. Ajoutons pour terminer qu'il y a dans l'orthographe de *dusmainyu* et de *dusnidâta* une exception au principe qui veut que *s* qui devrait être ici *ch*, se change en *j* devant une sonnante, comme par exemple dans *dujvarěsta* et d'autres. C'est que, quoique appartenant à la classe des sonnantes, les nasales *n* et *m* font une exception spéciale dont nous avons déjà eu occasion de parler, lorsque, par exemple, nous avons montré que *m* et *n* étaient, à l'égard de *r* et de la sifflante *ç*, dans d'autres conditions que le reste des consonnes sonnantes.

" Le zend avait, dans la rencontre de *nis* ou *nich* avec *sad*, l'occasion de redoubler la sifflante; cependant la sifflante de *sad* a été changée en *h*, et le *s* ou *ch* de *nis* a

8.

Il n'en faut cependant pas conclure que les consonnes soient sans action l'une sur l'autre; bien au contraire, et en ce point même on reconnaît une nouvelle preuve de l'originalité du système zend. On a pu remarquer, dans notre analyse des lettres isolées, que la distinction des sourdes et des sonnantes était loin d'être inconnue en zend. Cette langue en possède le principe et l'applique même régulièrement dans certains cas; mais l'action en est restreinte dans des limites assez étroites, et elle ne porte guère que sur les sifflantes, et sur certaines lettres qui reçoivent de la consonne qui les suit une aspiration qu'elles ne possédaient pas avant leur rencontre avec cette consonne. Déjà nous avons constaté que certaines sifflantes étaient soit attirées, soit repoussées par certaines lettres. On a vu de plus que les liquides *r*, *v*, *y*, les nasales *n*, *m*, les sifflantes *s* et *ch* étaient plus ou moins douées de la propriété d'as-

seul subsisté; tant le redoublement d'une consonne paraît étranger à cette langue!

Il faut convenir aussi que cette absence de redoublement d'une consonne semblable, circonstance qui atteste que l'assimilation n'a pas fait de grands progrès en zend, est due quelquefois à des causes qui agissent de la même façon que l'assimilation elle-même; et qu'ainsi on ne serait pas en droit de conclure de la rareté des traces de l'assimilation, que tous les mots zends, sans exception, se présentent sous une forme primitive et non encore modifiée par l'un des moyens les plus actifs dont se serve l'euphonie. Si, par exemple, au lieu de l'assimilation, le zend avait un autre principe, celui de la suppression, on ne trouverait pas, il est vrai, des faits analogues à ceux du pâli *suppatibôdha*, par exemple, mais ce mot serait devenu *hupaitibaodha*. Or, quoique le *r* ne soit pas représenté par

p, au moyen de l'assimilation, ou plutôt par cela même que le *r* a disparu complétement, la forme zend *hupaiti* est plus moderne que le sanscrit *suprati*, je dirai même que le pâli *suppati*. De même, dans le mot *aiwyô*, où le témoignage formel de Nériosengh et le sens d'un grand nombre de passages nous permettent de reconnaître le sanscrit *adbhyah* (aux eaux), il y a une altération qui est plus qu'une assimilation, le *p* du radical et le *bh* de la désinence s'étant fondus et adoucis en un *w*. Cependant ces exemples ne sont pas très-nombreux, et nous ne nous en croyons pas moins autorisés, par notre tableau des groupes zends, à dire que le sanscrit a fait un pas de plus que le zend dans l'application des lois d'attraction et d'assimilation, pour lesquelles l'euphonie réclame d'autant plus impérieusement que les langues vivent davantage.

pirer la consonne qui les précède, propriété qui donne naissance
à ces alliances propres à la langue zende dont nous avons déjà
vu les éléments, lorsque nous avons parcouru une à une les aspirées de son alphabet. Ce qui se passe dans cette circonstance est
un commencement d'assimilation : les consonnes s'assimilent l'une
à l'autre par l'aspiration, la consonne qui contient l'aspiration
forçant l'autre consonne à recevoir cette modification nouvelle.
Mais il y a loin de là aux règles si savantes et si minutieuses
même, auxquelles la grande distinction des consonnes en sourdes
et en sonnantes, suivie et appliquée avec rigueur, donne lieu en
sanscrit.

Maintenant que nous avons vu les éléments dont se compose le
système des articulations zendes, et que nous avons pris une notion générale de la manière dont elles se combinent, soit entre elles,
soit avec les sons vocaux, nous pouvons apprécier le degré de ressemblance et de différence que présente ce système avec celui du dévanâgari. Si la ressemblance est grande, les différences ne le sont
pas moins ; car les consonnes zendes diffèrent autant des consonnes
sanscrites par ce qui leur manque, que par ce qu'elles ont de plus
que ces dernières.

Ici s'élève la question de savoir comment on peut rendre compte
de différences aussi marquées. Serait-ce que ces deux systèmes
d'articulations, sortis d'une source commune, et séparés très-anciennement l'un de l'autre, se seraient développés isolément, et
auraient reçu, des influences diverses du climat et des lieux ainsi
que d'un degré inégal de culture, la forme qu'ils ont aujourd'hui?
Ou bien la différence de l'alphabet du zend viendrait-elle de ce que
cet idiome aurait oublié les principes qui servent de base à la classification si philosophique des consonnes indiennes? Ne serait-elle
que le produit grossier de l'ignorance? Enfin, faudrait-il descendre,
pour l'expliquer, jusques aux causes les plus vulgaires, les erreurs et
les inexactitudes des copistes? Peut-être aucune de ces hypothèses

ne rend-elle complétement compte de la différence de ces deux systèmes; mais je crois pouvoir affirmer que la seconde doit réunir, aux yeux de la critique, bien moins de probabilités que la première.

Faisons d'abord la part de l'ignorance des copistes. Je crois bien qu'on en peut trouver quelques traces dans l'emploi des consonnes zendes, mais ces traces se réduisent peut-être à un seul fait, encore ce fait lui-même peut-il avoir sa cause dans une particularité de la prononciation du zend qui nous est inconnue. Je veux parler de l'emploi du *kh* dans les mots où l'étymologie appelle nécessairement un *k* non aspiré. Il y a ici une confusion évidente de deux gutturales que le zend lui-même distingue soigneusement, puisqu'il attribue à la seconde une force d'aspiration qui ne paraît pas connue en sanscrit. Cette confusion peut venir des copistes; mais pour qu'on en comprenne la possibilité, il me semble indispensable d'admettre que les copistes ont transcrit les livres à une époque beaucoup plus récente que celle où ces livres ont été composés, ou, pour parler plus généralement, que celle où la langue zende était communément en usage dans l'ancienne Arie. Alors, de deux choses l'une: ou bien ils n'avaient plus une connaissance très-étendue des lois étymologiques de la langue, et ils pouvaient, contrairement à ces lois, prendre une consonne pour une autre; ou bien la consonne avait, par le laps de temps, perdu, dans certaines circonstances, quelque chose de sa valeur première, et elle se confondait presque d'elle-même avec une autre consonne. Dans le premier cas, l'adoption fautive du *kh* dans des mots où il faut de toute nécessité un *k* simple, devrait être exclusivement attribuée à l'ignorance; dans le second, elle le serait à l'ignorance justifiée par l'éloignement des temps et par le changement de la prononciation.

A l'exception de ce fait et de la confusion dans l'emploi des sifflantes dont nous avons parlé ci-dessus, je n'en connais aucun autre dans l'alphabet des consonnes zendes qui puisse être absolument mis sur le compte des copistes. Car je ne crois pas qu'on puisse leur

attribuer l'absence d'un *bh* aspiré, et la substitution du *b* au *bh* dévanâgari. Voici comme je comprends ce fait, qui a lieu non-seulement du zend au sanscrit, mais des dialectes germaniques au grec
et au latin. Je remarquerai d'abord que la classe des labiales est
une de celles où se montre dans les alphabets le plus de variété. Il
y a des langues qui n'ont jamais distingué d'une manière bien claire
l'articulation du *b* doux de celle du *v* ou même du *w*; il y en a d'autres qui n'ont absolument pas de *b*, et qui ne connaissent que la
forte *p*. Or, je pense que le sanscrit a dû être dans le cas des premières de ces langues, c'est-à-dire qu'il n'a jamais dû distinguer
bien nettement le *b* doux du *v*, et cette opinion se fonde sur les
deux faits suivants : 1° sur ce qu'il y a bien peu de mots dans la
langue (si même il y en a aucun), qui, écrits par un *b*, ne puissent en
même temps l'être par un *v*; 2° sur ce que le signe qui, dans l'alphabet, représente le *b*, n'est que très-peu différent de la forme du
v. Cependant la langue possédait un *bh* d'une prononciation forte et
aspirée à la manière indienne; ce *bh* se trouvait aussi inhérent aux
racines des mots où on le rencontre, que nous venons de voir le *b*
doux l'être peu. Autant le *b* doux avait de tendance à se confondre
avec le *v*, autant le *bh* devait s'en distinguer dans la prononciation.
Le *bh*, en un mot, était le *b* véritable, celui qui s'opposait de la manière la plus tranchée à la forte *p*. Tel devait être, selon moi, l'état
de la série des labiales au moment où les Brahmanes grammairiens
introduisirent dans l'alphabet dévanâgari l'ordre admirable qui y
règne aujourd'hui : dans la langue, une forte *p*, une douce d'une
prononciation bien tranchée et même aspirée *bh*, plus un son qui
devait flotter entre le *v* et le *b* très-doux. La facilité avec laquelle s'é-
tait régularisé le développement des autres séries, celle des dentales, par exemple, dut inviter les grammairiens à réaliser le même
ordre dans la classe des labiales. Chaque consonne simple avait son
aspirée, le *t* son *th*, le *k* son *kh;* dans l'ordre des labiales l'aspirée
bh était donnée, elle appelait la douce simple; cette douce fut le

son qui flottait entre *v* et *b*, et la forme même du signe adopté pour la représenter indiqua en quelque sorte son origine.

Si l'hypothèse que je viens d'imaginer pour expliquer le classement de l'ordre des labiales en dévanâgari ne paraît pas trop arbitraire, elle pourra rendre compte de l'absence en zend du *bh* sanscrit, et de la substitution du *b* à la lettre aspirée de l'alphabet indien. Je me figure en effet le zend s'arrêtant à l'état où se trouvait le dévanâgari avant qu'il se systématisât. En zend était un *p*, la forte labiale, plus un *b* dont la prononciation devait être nettement articulée pour qu'elle ne fût pas confondue avec le *v* et le *w*; il ne paraît pas qu'il y eût de son flottant entre *v* et *b*, à moins que ce ne fût, et seulement dans certains cas, le *w*. Que le point de vue systématique qui appelle auprès de chaque consonne simple une articulation identique, mais suivie d'une aspiration forte, ne s'introduise pas en zend; que l'alphabet ne soit pas rangé et peut-être remanié par des grammairiens intelligents; que la langue soit écrite assez tard, quand certaines nuances délicates de la prononciation ancienne avaient eu le temps de s'effacer, et que des nuances nouvelles avaient pu se faire sentir, et on comprendra sans peine comment il se peut faire qu'un *bh* à prononciation aspirée (puisqu'en latin et en grec il est d'ordinaire représenté par un φ, un *f*, ou simplement un *h*) ait pu devenir le *b* non aspiré de l'alphabet zend. Le seul *b* qui existât réellement dans la langue, le *b* à prononciation nettement articulée, se trouva naturellement confondu avec la douce qui s'opposait à la forte *p*; et de là vint que cette labiale put en zend, c'est-à-dire dans une langue dont l'alphabet ne paraît pas avoir subi le même travail que le dévanâgari, répondre aux variétés de la labiale douce indienne.

La discussion à laquelle nous venons de nous livrer ne repose pas exclusivement sur des hypothèses, et nous devons en avertir le lecteur pour qu'il consente plus volontiers à nous suivre dans le développement des inductions que nous croyons pouvoir tirer de la

différence du système des consonnes zendes avec celui des consonnes dévanâgaries. C'est un fait que le principe qui a organisé
l'alphabet des consonnes en sanscrit n'a pas exercé la même influence sur les consonnes zendes; la comparaison des deux alphabets
suffit pour le démontrer. Chaque consonne n'est pas en zend, comme
elle l'est en sanscrit, suivie de son aspirée correspondante. Mais ce
qui, dans ce genre, manque dans l'alphabet zend, cet alphabet ne
me paraît pas l'avoir perdu; il semble, au contraire, s'être fixé
avant de l'avoir acquis.

La classe des palatales n'a pas d'aspirées; mais combien les aspirées de cette classe, surtout le *djh,* sont-elles rares même en
sanscrit! La labiale *p* n'a pas d'aspirée à la manière indienne, mais
elle en possède une d'un caractère propre aux dialectes persans.
Enfin, la classe des linguales ou cérébrales sanscrites ne se trouve
pas en zend: mais n'est-il pas remarquable qu'on ne la rencontre
pas davantage dans les langues de l'Europe qui appartiennent à la
même famille, et que, parmi les mots indiens où se voient les cérébrales, il en soit passé un si petit nombre dans les idiomes européens? Pour moi, quand je pense au rôle que jouent ces consonnes
dans les dialectes du Décan, particulièrement en tamoul et en
telougou, et au nombre relativement assez restreint des mots sanscrits qui les possèdent, je me persuade qu'elles appartiennent en
propre au sol de l'Inde, et que leur origine ne doit pas être cherchée en deçà de l'Indus, dans l'ancienne Arie. Il me paraît qu'elles
ont été empruntées par le sanscrit aux dialectes primitifs qu'il
rencontra dans l'Inde, et admises par lui dans son alphabet, lorsque les Brahmanes sentirent le besoin de le régulariser et de le
mettre en parfaite harmonie avec l'état de la langue. En un mot,
la présence des cérébrales dans la série des consonnes sanscrites
est, à mes yeux, un des appuis les plus solides de l'hypothèse qui
rapporte le classement et l'ordonnance de l'alphabet dévanâgari à
une époque où le sanscrit, déjà établi dans l'Inde, avait pu entrer

I.   T

en contact avec d'autres langues, et, selon toute apparence, avec
d'autres systèmes alphabétiques.

Si cela est ainsi, la série des consonnes zendes peut passer pour
un alphabet dévanâgari primitif, non encore complétement régularisé, ou plutôt dont une partie seulement est susceptible d'un classement systématique. Cette partie, dans laquelle peut se rétablir
l'ordre indien, c'est la classe des gutturales et celle des dentales.
Les deux autres classes, celle des palatales et celle des labiales,
sont, au contraire, incomplètes; mais l'état dans lequel nous les
voyons vient plutôt, selon nous, d'une absence de développement,
que de retranchements faits par l'ignorance à un ancien alphabet
plus perfectionné. En d'autres termes, le système des consonnes
zendes ne nous paraît pas une altération du système des consonnes
sanscrites; nous le regardons comme étant au fond le même, à la
différence près de la classification. Ce qu'il y a de primitif et d'essentiellement organique dans les articulations du dévanâgari, se
retrouve également dans la série des consonnes zendes. Ce dernier
alphabet possède les éléments du classement régulier en forte,
forte aspirée, douce, douce aspirée. La langue y a déposé, comme
dans l'alphabet sanscrit, la puissance d'aspiration qui tire de chaque
articulation une articulation identique, mais suivie d'une émission
de voix que nous ne pouvons mieux représenter que par notre *h*
aspiré. Et certes, cela doit être ainsi, puisque les langues zende et
sanscrite sont si semblables l'une à l'autre. Car, comme il n'y a, en
général, dans un alphabet que ce qui est dans la langue, et comme,
pourvu qu'un alphabet soit composé avec quelque soin, il doit
contenir tout ce que la langue possède en fait d'articulations, la
série des consonnes zendes doit laisser voir, sinon l'ordonnance
régulière des consonnes sanscrites, au moins les éléments fondamentaux qui pourront plus tard donner naissance à une classification
systématique. En un mot, l'analogie des deux langues doit passer
dans les deux systèmes d'articulations; ces systèmes doivent ne dif-

férer l'un de l'autre que par les traits qui forment le caractère propre et l'individualité de chacun de ces idiomes.

Un de ces traits, c'est le grand nombre des aspirées fortes du zend, un *kh* qui a été vraisemblablement plus voisin du χ grec que du *kh* sanscrit, un *gh* dont le son est peut-être celui du *ghain* arabe, un *th* qui n'est autre qu'une sifflante, un *f* qui est le φ grec, le *f* de nos langues européennes, puis deux *chuintantes* ou sifflantes d'une nature particulière, mais connues aussi de nos idiomes, *j* et *z*. Tout cela appartient exclusivement au système des consonnes zendes, et c'est surtout par là que l'ancienne langue de l'Arie se rapproche des dialectes germaniques [64]; or on n'en trouve pas de trace en déva-

---

[64] Je dois donner ici la preuve du fait que j'avance dans le texte, fait auquel le lecteur a dû être déjà préparé par quelques notes dans lesquelles j'ai indiqué les rapports les plus fréquents que présentent les consonnes zendes avec les consonnes des dialectes germaniques. J'offre ici ce résultat avec d'autant plus de confiance, qu'il s'accorde, ce me semble, complétement avec ceux auxquels est arrivé J. Grimm, dans ses recherches dont on ne peut trop admirer la solidité et la profondeur. Personne ne contestera l'identité du *th* et du *f* zends avec le *th* et le *f* gothiques: ces aspirées sifflantes sont employées par les deux langues dans les mêmes mots, comme je pourrais en fournir de nombreux exemples. Le *kh* zend est peut-être plus douteux, et on peut croire au premier coup d'œil qu'il diffère du *ch* de l'ancien haut allemand. Mais puisqu'en zend il est dû aux mêmes lois que le *th* et le *f*, qu'il est postérieur, comme il l'est en haut allemand à l'égard d'un *k* gothique (Grimm, *Deutsch. Gramm.* tom. I, pag. 177, sqq.), je ne doute pas qu'il ne soit à la classe des gutturales dans le même rapport que *th* et *f* à celles des dentales et des labiales. Nous avons déjà remarqué qu'en gothique *z* est l'adoucissement de *s* (dental). La tendance de *s* à se permuter en une autre lettre, soit *z*, soit *r*, est encore un nouveau trait de ressemblance qu'offrent les dialectes germaniques avec le zend, qui ne supporte guère la sifflante dentale que lorsqu'elle est soutenue par une dentale, une gutturale ou une nasale. La liquide *r* a, dans les dialectes gothiques comme en zend, une affinité marquée pour l'aspirée *h*; on en peut dire autant, jusqu'à un certain point, de *m*, puisqu'en gothique le groupe *hm* est d'usage comme en zend. Il suit de là que le développement des aspirées, si caractéristique dans le système des articulations zendes, est presque aussi considérable dans les dialectes germaniques. Si maintenant nous passons en revue chacun des ordres dans lesquels sont divisées les articulations sanscrites et zendes, en commençant par l'articulation la plus consonne, si je puis m'ex-

T.

nâgari. Mais comme nous avons montré ci-dessus que ces articulations n'étaient que le développement d'articulations primitives à leur égard, *kh* pour *k*, *gh* pour *g*, *th* pour *t*, *f* pour *p*, *j* pour *dj*, et *z* pour *h*, il est permis de se demander si l'origine de ces articulations doit être cherchée dans l'alphabet sanscrit, ou dans l'alphabet zend. Il faut voir si ce ne sont pas des altérations et des dégradations

primer ainsi, par celle, en un mot, qui est la plus éloignée du point où la voyelle prend naissance, c'est-à-dire par la classe des labiales, et en finissant par celle des gutturales, nous trouverons les articulations suivantes, que nous avons empruntées aux dialectes germaniques de tous les âges, et que nous rapprochons des articulations zendes.

DIALECTES GERMANIQUES.

p	*t*	*k-q.*
b	*d*	*g.*
f	*th*	*ch.*
v	*s*	*j.*
z	*h.*	

ZEND.

p	*t*	*k-q.*
b	*d*	*g.*
f	*th*	*kh.*
v	*s*	*y.*
z	*h.*	

L'identité de ces deux paradigmes est frappante; les palatales *tsch* et *dsch* qui correspondent aux palatales zendes *tch* et *dj*, achèvent de les compléter. Comme en zend, elles n'ont pas d'aspirée qui dérive d'elles; et en ce point les dialectes germaniques s'éloignent encore du sanscrit pour se rapprocher davantage du zend. Dans la classe

des labiales on pourrait encore placer au-dessous du *v* une variété adoucie de cette consonne qui appartient aux langues germaniques comme au zend. Dans la classe des gutturales, il faudrait aussi placer entre *y* et *kh*, en remontant, la sifflante chuintante *ch*, identique au *sch* germanique. Les seules consonnes de cet idiome qui ne se retrouvent pas dans la série des articulations germaniques, savoir la sifflante *ç*, qui devient ordinairement *h* dans le gothique, et *x* et *c* en grec et en latin, et les deux aspirées *dh* et *gh*, sont les traits par lesquels l'alphabet zend se rapproche du dévanâgari. Mais ces traits sont loin d'égaler en nombre et en importance ceux par lesquels le zend se rattache aux dialectes germaniques. Nous pouvons donc conclure de cette comparaison que si le système des consonnes zendes présente de nombreux traits de ressemblance avec le système dévanâgari, il n'en offre pas moins avec celui des consonnes germaniques; et comme les points par lesquels il diffère du dévanâgari sont, selon nous, dérivés et relativement modernes, si on les compare au sanscrit, il suit de là que les articulations zendes sont, dans ce qu'elles ont conservé de primitif, semblables au sanscrit, et dans leurs développements et leurs acquisitions modernes, semblables aux dialectes germaniques.

de l'alphabet dévanâgari, altérations qui, si elles étaient prouvées, enlèveraient au système des consonnes zendes une partie des titres qu'il paraît avoir à passer pour original. Or, si l'observation que nous avons faite tout à l'heure sur le rapport nécessaire de tout alphabet à la langue qui s'en sert, est fondée en raison, nous répondrons que les aspirées zendes, aussi étrangères à la langue sanscrite qu'à son alphabet, et appartenant au contraire autant à la langue zende qu'au système de signes qui en exprime les articulations, ne peuvent en aucune manière être considérées comme dérivant du sanscrit. Il faut les laisser à l'alphabet zend qui les tient de la langue zende; et si, sous le rapport de l'origine, on trouve qu'elles ne sont que le développement d'articulations qui ont leurs correspondantes en sanscrit, il faut reconnaître que ce développement s'est opéré non pas de l'articulation sanscrite à l'articulation zende, mais dans les articulations zendes elles-mêmes, travaillées par un organe qui avait, relativement à l'euphonie, d'autres besoins que l'organe des Hindous.

Cette observation nous conduit à une conséquence importante, c'est que les signes représentatifs des consonnes zendes n'ont dû être appliqués à la langue que depuis qu'elle avait acquis ces consonnes qui lui sont propres. En effet, si les articulations qu'expriment plusieurs de ces consonnes ne sont que le développement d'autres articulations, il faut admettre un espace de temps quelconque, si court qu'on le suppose, pour que la loi du changement des articulations en d'autres articulations ait pu se produire. Comme de plus le sanscrit n'a rien d'analogue à ce fait, il faut encore admettre que ce développement n'a eu lieu que depuis le départ des deux langues, qu'il est postérieur aux événements qui ont décidé de l'établissement du sanscrit dans l'Inde, qu'en un mot il a pris naissance dans les lieux où était resté le zend, ou la langue quelle qu'elle soit d'où le zend dérive.

C'est là une conséquence historique, et je n'ignore pas qu'il y a

quelque danger à tirer des conclusions de cette espèce de rapprochements et de comparaisons qui peuvent paraître porter sur des
faits trop peu nombreux et trop peu importants. Mais nous verrons
cette conséquence confirmée par l'état général de la langue zende,
à mesure que nous avancerons dans notre travail. Nous reconnaîtrons qu'au milieu d'un grand nombre de caractères qui attestent la
dégradation d'un idiome, le zend en a conservé d'autres, et de plus
nombreux, qui témoignent de sa haute antiquité; de telle sorte que
les premiers prouvent seulement que cette langue a eu plusieurs
siècles d'existence, et qu'elle a subi d'elle-même quelques-unes
des modifications auxquelles sont soumis les idiomes qui ont été
longtemps parlés.

Quoi qu'il en soit, et pour ne pas sortir de notre sujet, la discussion du système des consonnes zendes, comparé avec celui des consonnes sanscrites, nous autorise, ce me semble, à regarder comme
prouvées les deux propositions suivantes : 1° la série des consonnes
zendes peut passer pour un alphabet dévanâgari primitif, non encore
régularisé; 2° plusieurs des consonnes zendes, développement d'autres consonnes auxquelles elles correspondent, ne peuvent avoir pris
naissance que depuis les événements qui ont séparé l'un de l'autre
le sanscrit et le zend, en d'autres termes, ce sont des consonnes
relativement modernes [65].

Ces propositions peuvent, au premier coup d'œil, paraître contradictoires; mais le lecteur trouvera, je l'espère, que la contradic-

[65] J. Grimm a définitivement démontré
que les aspirées *ph* et *ch*, qui, depuis le
VIIIe siècle, se sont introduites dans le haut
allemand, sont postérieures à la gutturale
et à la labiale *k* et *p* du gothique. (Grimm,
Deutsch. Gramm. pag. 127, sqq., 177, sqq.)
Ce rapprochement suffirait à lui seul pour
faire soupçonner la postériorité des aspirées
zendes *kh*, *th*, *f*, comparées aux fortes sanscrites *k*, *t*, *p*. Mais comme nous avons vu,
sur chacune de ces consonnes, qu'il était
possible de trouver dans la langue zende
elle-même la cause de leur aspiration, la
théorie qui les regarde comme des développements plus modernes des sons *k*, *t*, *p*, a
moins besoin de la preuve que ne pourrait
manquer de fournir l'analyse des consonnes
germaniques.

tion est plus apparente que réelle, et qu'elle disparaît devant l'observation que nous faisions tout à l'heure sur la longue durée qu'il faut accorder à la langue zende. D'ailleurs ces deux propositions ne portent pas également sur les mêmes faits; et si toutes deux sont rigoureusement déduites de l'examen des consonnes zendes prises dans leur ensemble, chacune d'elles ne s'applique pas indifféremment à l'une ou à l'autre des divisions que nous avons cru pouvoir établir dans la série des articulations que ces consonnes représentent. Rappelons-nous que nous avons reconnu deux espèces d'articulations zendes, celles qui sont communes au zend et au sanscrit, et celles qui sont particulières au zend. Ce qu'il y a d'ancien dans ces articulations, c'est ce qui est commun aux deux langues; ce qu'il y a de comparativement moderne, c'est ce que le zend possède en propre. Quand nous disons que la série des consonnes zendes nous reporte à une époque où l'alphabet n'était pas encore régularisé d'après les idées systématiques du dévanâgari, nous parlons de ce que les deux alphabets ont de commun, de l'élément ancien resté plus ancien en zend, en ce sens qu'il n'a pas subi dans cette dernière langue le travail qui, en sanscrit, l'a si heureusement transformé pour l'assouplir à l'expression des délicatesses de l'euphonie indienne. Quand nous disons que plusieurs articulations zendes nous paraissent postérieures à d'autres articulations qui leur correspondent en sanscrit, nous parlons de ce qui est exclusivement propre au zend, de cet élément moderne à l'égard du sanscrit, en ce sens qu'il s'est développé en zend, depuis que les deux idiomes sortis de la même source se sont séparés pour aller vivre éloignés l'un de l'autre. C'est de cette manière que nous essayons de concilier tous les faits, ainsi que les conséquences en apparence contradictoires que nous nous sommes crus en droit d'en tirer.

Ce que nous venons de dire des consonnes peut s'appliquer également aux voyelles et conséquemment à l'ensemble de l'alphabet zend. Nous avons déjà constaté, dans notre résumé sur les voyelles, des faits exactement analogues à ceux que nous a fournis l'analyse des consonnes. Ainsi nous avons reconnu que deux des voyelles zendes n'étaient que le développement, et, on peut le dire, l'altération d'une autre voyelle sanscrite. Conclurons-nous de la postériorité des sons zends *ĕ* et *ó* à l'égard du son sanscrit *a*, que les mots où ces voyelles se trouvent sont postérieurs aux mots sanscrits qui ont conservé l'*a*, et qu'ils n'existent en zend que parce qu'ils sont venus du sanscrit? Cette conclusion serait en contradiction avec celle que nous avons adoptée plus haut, lorsque nous avons comparé aux articulations indiennes plusieurs articulations zendes postérieures à leur égard. Il y a dans la série des voyelles, comme dans celle des consonnes, une partie exclusivement propre au zend; c'est le résultat d'un développement. Comme pour les consonnes, ce développement des sons vocaux n'a pas eu lieu du sanscrit au zend, mais il est parti du zend lui-même, se modifiant pour produire d'autres sons. Les altérations qui en résultent dans les voyelles ne prouvent donc qu'une chose, c'est que le zend a vécu assez longtemps pour que des changements, faciles à expliquer, s'introduisissent dans la prononciation de quelques voyelles; l'écriture ne sera venue que quand ces changements avaient déjà pris place dans la langue.

Les caractères que nous avons reconnus aux combinaisons des voyelles, ou aux diphthongues véritables qui en résultent, en attestant l'originalité de cette partie de l'alphabet zend, se prêtent avec la plus grande facilité au système d'explication que nous avons admis pour les consonnes. Nous avons vu que les éléments du *vriddhi* n'étaient pas fondus en zend comme ils le sont en sanscrit : nous en conclurons qu'ils sont encore en zend à l'état primitif. Le *sandhi* indien nous a semblé violé par la composition des diphthongues zendes, et par les règles de l'insertion de certaines voyelles, règles dont l'effet est d'accumuler dans le corps des mots des voyelles qui ne peuvent y jouer le rôle qui les y appelle qu'autant qu'elles y restent désunies. Enfin, le système suivi par les copistes dans la transcription des textes, système qui consiste à séparer tous les mots par un point, qu'ils soient terminés par une voyelle ou par une consonne, démontre d'une manière définitive que le zend n'a pas connu le *sandhi* dans son emploi véritablement indien, c'est-à-dire l'union de tous les mots en une série non interrompue.

Or, tous ces faits sont pour nous autant d'indices d'une haute antiquité: interprétés comme ceux que nous offraient tout à l'heure les consonnes, ils nous permettent d'affirmer que le principe qui préside à la disposition des sons vocaux en zend présente tous les caractères de l'antériorité, si on le compare au système indien. Comme les consonnes, les voyelles nous reportent à un état ancien de la langue zende, lorsque tous les sons vocaux qu'elle possède en commun avec le sanscrit existaient déjà et tendaient à se modifier conformément aux lois de l'étymologie et de la dérivation, mais ne se modifiaient encore que d'une manière imparfaite, l'étymologie agissant presque seule et n'accordant à l'euphonie qu'une faible part dans la disposition des matériaux bruts du langage. Enfin, tout dans l'alphabet zend, peut-être même les voyelles plus encore que les consonnes, nous annonce un idiome s'arrêtant à un moment où il est bien rare que l'on puisse saisir les langues, celui où tous les éléments de leur organisation entrent en jeu, mais où l'action, qui, après les avoir réunis, devait les modifier l'un par l'autre pour en composer un organisme parfait, vient à s'arrêter tout à coup, et laisse son œuvre inachevée.

I.

V

COMMENTAIRE

SUR LE YAÇNA.

INVOCATION.

I.

ل‌ﺷﻤﻬﻤﻬﻴﺮ. ﻣﻬﻤﻮ‌ﭺﻩ..

(Ms. Anquetil n° 1 Supp. pag. 2, lig. 1 *a*.)

Ces deux mots sont l'abrégé du xii° chapitre du Yaçna, qui ne
se trouve pas dans le manuscrit que nous avons fait lithographier;
il n'y est indiqué, comme ici [1], que par le premier et le dernier
mot de la prière. Lorsque nous serons parvenus au commentaire
du xii° chapitre [2], nous rétablirons cette lacune du manuscrit.
Nous aimons mieux suivre en ce moment la disposition du Vendidad-
sadé, afin d'arriver plus vite à l'examen du texte des premiers chapitres du Yaçna.

[1] *Zend Avesta*, t. I, 2° part., p. 79. — [2] *Vendidad-sadé* lith. pag. 61, lig. 15 et 16.

II.

مم‌ملی. ‌ادیین‌ع. واطاسم. س

(Lignes 1 *b*, 2 *a*.)

Je divise ici le texte d'une autre manière qu'Anquetil, qui fait rapporter جوپسوج *çtaómi* à la prière précédente [3]. Lorsque nous analyserons le XII° chapitre, nous reconnaîtrons que ce mot ne peut faire partie de notre texte, parce que ce chapitre se termine par جوپسول) *ustánĕm*, et que le sens est complet sans l'addition du verbe *çtaómi* (je loue). Il est donc nécessaire de faire rapporter ce verbe aux mots سویین. واطاسم qui désignent la prière célèbre qu'Anquetil nomme *Eschem vóhou*. Elle est ici donnée en abrégé, et suivie du signe س qui indique que ce passage doit être répété trois fois. On pourrait croire que ce signe n'est que la première lettre du persan سه (trois); cependant on sait par Anquetil que cette figure est un des chiffres pehlvis [4]. Le passage entier signifie, selon moi, « je célèbre l'*Achĕm vóhá* (trois fois). » Le mot *çtaómi* est écrit fréquemment جوپسوج *çtaomi* avec un *o* bref, entre autres dans le manuscrit n° 2 F, pag. 119 et *pass.* [5]. Je crois que cette dernière orthographe est la meilleure, parce que, dans les manuscrits anciens, l'*a* est plus communément préposé à ل qu'à ط. Au reste, nous avons déjà remarqué, dans nos observations préliminaires, qu'il y a une grande incertitude quant à l'emploi des voyelles *o* et *ó* précédées d'un *a*. L'identité du zend *çtaomi* et du sanscrit *stáumi*

[1] *Zend Avesta*, tom. I, 2° part., pag. 79, note 1.

[2] *Mém. de l'Acad. des inscr.* tom. XXXI, pag. 358, pl. 11.

[3] Voyez *Vendidad-sadé*, p. 348, lig. 17, où ce verbe est écrit avec un *o* bref, tandis qu'il l'est avec un *ó* long dans dix autres passages. Mais le n° 6 S et le n° 2 F donnent l'*o* bref beaucoup plus fréquemment que l'*ó* long, et aux mêmes passages où notre manuscrit lithographié, qui est moderne, a la voyelle longue.

est d'ailleurs évidente, avec cette différence toutefois que le radical zend *çta* prend seulement le *guṇa*, tandis que le sanscrit *stu* a un *vrĭddhi*; or le zend est en ce point peut-être plus régulier que le sanscrit. Il observe en effet plus rigoureusement la loi de la formation des verbes de la seconde classe terminés par une voyelle, loi qui est celle du *guṇa* et non celle du *vrĭddhi*. On remarquera que dans le zend le ϫ *ç* palatal est employé au lieu du ϫ *s* dental (sanscr. स), particularité dont nous avons déjà fait mention dans nos observations préliminaires sur l'alphabet. Le ϫ zend a dans ce cas tellement remplacé le *s* dental, que je ne crois pas qu'il soit possible de citer un seul exemple du radical *çta* écrit avec un ϫ.

La prière *Achĕm vóhú* est ainsi nommée, des deux premiers mots dont elle se compose. C'est le plus souvent de cette manière qu'elle est citée dans les livres de la liturgie, parce que les Parses doivent la répéter de mémoire. Nous en donnerons, plus tard, le texte entier.

III.

(Lignes 2 b — 9 a.)

TRADUCTION D'ANQUETIL.

« Je fais pratiquer l'excellente loi de Zoroastre, la réponse
« d'Ormuzd dont le Dew est ennemi. Ce Vendidad donné à Zo-

1.

« roastre, pur, saint et grand, je lui fais Izeschné et Néaesch, je
« veux lui plaire, je lui adresse des vœux. Je fais Izeschné aux
« temps (qui sont) les jours, les Gâhs, les mois, les Gâhanbars,
« les années; je leur fais Néaesch, je veux leur plaire, je leur
« adresse des vœux[6]. »

L'analyse suivante fera voir en quoi nous croyons pouvoir
adopter une interprétation différente de celle d'Anquetil, et séparer autrement que lui les diverses parties de ce texte. Pour plus
de clarté, nous le considérerons comme formant deux phrases,
dont la première est terminée au mot ﺳﻮﻳﻮ. Lorsque ces deux
phrases auront été analysées, nous montrerons le rapport qu'elles
ont entre elles, et comment elles sont réunies pour ne former
qu'une période.

La première phrase terminée à ﺳﻮﻳﻮ *rathwé*, est, à proprement parler, la profession de foi des Parses; elle comprend
les deux objets principaux de leur vénération, Ormuzd et Zoroastre.
Subdivisant encore cette phrase, et s'arrêtant au mot ﻭﻟﻴﻮﺳﻮ,
Anquetil en propose en note une autre traduction : « Je célèbre,
« je fais connaître, moi serviteur d'Ormuzd, selon la loi de Zo-
« roastre, la réponse d'Ormuzd dont le Dew est ennemi[7]. » Ce
passage est, avec quelques phrases du Vendidad-sadé, expliquées
par M. Bopp dans de savants articles, le seul fragment zend qui
ait été examiné et retraduit, depuis Anquetil Duperron[8]. On en
doit une version nouvelle à M. Rask, qui l'a exposée dans son
Mémoire sur l'antiquité et l'authenticité des livres zends[9]. Selon
ce savant, le texte signifie : « Venerabor (semper ut verus) Oro-
« mazdis cultor, Zoroastris assecla, dæmonum adversarius, sanctæ
« legis sectator datum huc (in mundum?) datum contra dæmones
« Zoroastrem. » Comme cette invocation est placée, dans le ma-

[6] *Zend Avesta*, tom. I, 2ᵉ part., pag. 80.   [8] *Jahrb. f. wissensch. Kritik*, mars 1831.
[7] *Ibid.*   [9] *Ueber das Alter*, etc. p. 22.

nuscrit que nous suivons, en dehors du Yaçna proprement dit,
les exemplaires de ce rituel, accompagnés d'une traduction sanscrite,
ne la reproduisent pas à cette place. Ainsi le n° 2 F commence
le Yaçna sans autre préambule qu'une sorte de préface en pehlvi,
traduite en sanscrit barbare, que nous donnons ailleurs. Le n° 3 S
suit exactement la même disposition. Le n° 6 S qui donne le Yaçna
sans aucune traduction et qui porte, selon Anquetil, le titre spécial
d'*Izeschné-sadé,* est le seul qui reproduise une partie du morceau
que nous désignons par le nom d'Invocation, et dont nous analysons
en ce moment la première phrase. J'ai lieu de supposer que ce
n° 6 S a eu, dans le principe, l'invocation tout entière, mais que
le commencement en est tronqué. Nous nous en servirons lorsque
nous serons parvenus à la partie de ce morceau qui se retrouve au
commencement de ce manuscrit si précieux à cause de son ancienneté. Quant à l'invocation elle-même, elle se compose de phrases
extraites plus ou moins fidèlement du Yaçna, et peut-être même
d'autres livres, et c'est ainsi qu'on rencontre le passage qui nous
occupe, cité et traduit en sanscrit, à la fin du 1ᵉʳ chapitre du Yaçna,
et au commencement du xiiiᵉ chapitre du même livre, de la manière
suivante : « Je prononce (la loi) des *Mazdayaçna,* de Zoroastre, qui
« brise les Dévas, qui contient les préceptes d'Ormuzd, c'est-à-dire,
« je prononce au milieu des pécheurs [10]. »

De ces trois traductions, dont la dernière d'ailleurs est incom-
plète, la plus exacte est celle de M. Rask. Ainsi, le mot ﻟﺴﺪﺭﻭﺳﻢ
fravaráné, qu'on le traduise avec Anquetil et Nériosengh par *prononcer,* ou avec M. Rask par *vénérer,* n'est pas, comme l'a fait observer
cet habile philologue, un indicatif présent, mais très-certainement
la première personne de l'impératif, dont la terminaison est *ané,*
répondant au sanscrit *áni.* On peut même avancer que la désinence véritable de ce temps est, en zend comme en sanscrit, *áni,*

---

[10] Ms. Anq. n° 2 F, pag. 22 et 119.

leçon qu'on rencontre assez fréquemment et particulièrement dans le Vendidad [11]. Il est d'autant plus facile d'expliquer le changement de *âni* en *âné*, qu'Anquetil, d'après l'autorité des Parses, a toujours lu la voyelle ᠎ *e*, et jamais ᠎ *i*. On se sera peut-être de bonne heure accoutumé à lire ᠎ (*âni*) comme *âné* (᠎), et ensuite l'orthographe se sera réglée sur la prononciation. Aussi il y a lieu de croire que la faute, si c'en est une, est déjà ancienne. Dans tous les cas où la désinence *âni* se présente, elle donne au verbe qu'elle affecte le sens d'un optatif, *puissé-je faire* ou *que je fasse*; mais comme on ne peut exprimer un souhait que pour un objet encore dans l'avenir, il est facile de comprendre comment cette forme peut aussi marquer le futur. *Fravarâné*, que je propose de lire *fravarâni*, est donc un impératif à la première personne, et nous pouvons analyser ainsi ce mot, *fra-var-âni*. Le radical est *var*, qui me paraît exactement le *guṇa* du sanscrit *vṛĭ* (vénérer) et le latin *vereri*. Il y a seulement cette différence que *var-âni*, comparé au sanscrit, indique un verbe qui suit le thème de la première classe, tandis qu'en sanscrit *vṛĭ*, dans le sens de *vénérer*, est de la neuvième. Mais cette différence est au fond peu importante, et elle se retrouverait peut-être dans l'état ancien de la langue sanscrite, puisque nous avons la preuve que, dans les Védas, on rencontre des verbes à d'autres conjugaisons que dans le sanscrit épique [12]. Quant au sens de *parler* donné au radical *var* (ou plutôt *vĕrĕ*), je crois que c'est une confusion qui vient des Parses. Nous savons d'une manière positive que le verbe *parler* est exprimé en zend par le radical *mrú* (sanscrit *brú*). *Mrú* veut ordinairement son complément direct à l'accusatif, tandis que celui de *vĕrĕ* est au datif.

   Mazdayaçnô est un adjectif au nominatif masc. sing., composé de *mazda* (forme absolue abrégée), une des épithètes d'Ormuzd dont

---

[11] Voyez aussi ms. Anquetil nº 3 S, pag. 495 et *pass.*

[12] On trouve d'ailleurs, dans le texte du Yaçna, *vĕrĕné* à la première pers. de l'indic. prés. forme moyenne, ce qui est exactement le sanscrit *vṛĭṇé*, à la neuvième classe.

il sera parlé plus bas, et de *yaçna*, qui n'est autre que le sanscrit *yadjña* (sacrifice). Comme ce dernier mot, le *yaçna* zend vient de *yaz*, en sanscrit *yadj*, le ς *z* remplaçant le plus souvent le *dj*. Il y a toutefois cette différence que devant le suffixe *na*, ς *z* a été changé en la sifflante de l'ordre des palatales ఴ, tandis que le *dj* a subsisté en sanscrit. Mais cette permútation naturelle d'une sifflante douce (*z*) en une autre doit d'autant moins nous étonner que nous trouvons dans le sanscrit *praçna* un exemple du passage du *tchh* en *ç*. M. Rask traduit ce composé par *Oromazdis cultor;* et c'est une erreur manifeste du scoliaste indien, d'en avoir fait un adjectif à l'accusatif se rapportant à *la loi de Zoroastre;* il signifie littéralement « qui célèbre le sacrifice en l'honneur de Mazda. »

Zarathustris est de même un adjectif au nominatif, qui signifie « sectateur de Zoroastre. » Il est dérivé du nom propre *zarathustra*, avec le suffixe *i* (nominatif *is*) qui, en zend comme en sanscrit, sert à former des adjectifs, quelquefois sans *vrïddhi* de la première voyelle du radical. Nériosengh a fait dans sa traduction la même méprise que pour l'adjectif précédent.

Vidhaévó, suivant M. Rask « dæmonum adversarius, » est encore un adjectif au nominatif singulier, formé de *vi*, indiquant, comme *vi* en sanscrit, *bi* en persan et *ve* en latin, *séparation, absence*, et de *dhaévó* dans lequel l'aspiration du *dh* n'est pas radicale, puisque la ligne suivante nous offre le même mot écrit avec un *d* non aspiré, *vidaévái*, et que le n° 2 F, p. 119, et le n° 3 S, p. 74, écrivent avec un *d, vidaévó*. Nous verrons plus d'une fois ces deux lettres ୬ et ౿ confondues par les copistes, qui paraissent les avoir prises pour des formes diverses d'une seule et même articulation, tandis que nous avons déjà montré, dans nos observations préliminaires sur l'alphabet zend, que le ౿ répondait primitivement au *dh* sanscrit.

Le sens d'opposition, qu'avec Anquetil et Nériosengh nous trouvons dans *vidaévó*, vient de la particule *vi*, dont l'*i* est allongé, sans doute parce que l'accent du mot composé étant placé sur *vi*, la voyelle primitivement brève s'est trouvée naturellement ainsi augmentée. Quant au thème *daéva* qui subsiste après le retranchement de la désinence fondue dans l'*ô*, nous y voyons cette modification particulière du *gaṇa* en zend, que nous avons remarquée dans nos observations préliminaires sur l'alphabet. Nous aurons à chaque instant l'occasion de constater l'existence de cette particularité de l'étymologie zende. Nous croyons pouvoir la regarder comme un des faits qui démontrent la haute antiquité de cette langue, puisqu'il semble nous reporter à une époque où la fusion des divers signes destinés à indiquer cette modification de la flexion, n'était pas encore complétement opérée sous l'influence de la loi d'euphonie.

Le mot *daéva* est le sanscrit *déva*, mais avec cette différence notable et déjà remarquée, que *déva*, chez les Brahmanes, signifie *dieu*, et *daéva* chez les Parses, *mauvais génie*. Cette différence indique une opposition tranchée entre la religion de Zoroastre et celle de Brahmâ, et elle établit en même temps d'une manière incontestable l'antériorité du sens de *dieu*, sens avec lequel le mot *déva* est passé dans les anciennes langues de l'Europe sous les formes de *deus, dews*, peut-être même *θεύς, ζεύς*, etc. Il en a été des *déva* indiens chez les Parses, comme des *δαίμων* ou génies des Grecs, qui plus tard sont devenus les *démons*. Sans insister en ce moment sur cette différence qui touche à la question des rapports et de l'opposition de ces deux anciens cultes, nous devons ici rendre compte de la forme même du mot *vîdaévô*. Comme dans *mazdayaçnô*, nous y trouvons *ô* remplaçant le sanscrit *as*, désinence des nominatifs des noms en *a*. Cette modification, restreinte dans des limites assez resserrées en sanscrit, est beaucoup plus fréquente en zend, et elle atteste dans la déclinaison des noms en *a* de cette langue, une altération semblable à celle que l'on a déjà remarquée à l'occasion d'un idiome dérivé du sanscrit. Nous verrons toutefois, par la suite, qu'il n'est pas rare que cet *ô*, modification de *as*, retourne, même en zend, à ses éléments primitifs, notamment devant *tcha*. La dési-

nence *ó* fait de *vídaévó* un adjectif possessif signifiant : « qui a les
« Dévas contre soi, contraire aux Dévas. » Nériosengh en le traduisant par *vibhinnadévám*, « (la loi) par laquelle les Dévas sont brisés, »
donne le sens qu'Anquetil d'ailleurs nous fait connaître. Mais il se
trompe encore sur le rapport de ce mot avec les autres termes de
la proposition, en ce qu'il méconnaît le véritable cas de l'adjectif.
On ne doit pas du reste s'en étonner, puisque Nériosengh ne traduisait pas directement le zend du sanscrit, mais qu'il suivait exclusivement, ce semble, la version faite en pehlvi, langue dans laquelle
il ne paraît pas que les rapports grammaticaux soient marqués avec
beaucoup de précision.

Le mot suivant *ahurafkaésó* (car il faut lire en un seul mot ce
que notre manuscrit sépare en deux) [15] est rendu, dans le Mémoire
souvent cité de M. Rask, par « sanctæ legis sector. » Le sens exact
est « celui qui suit les préceptes d'Ahura; » et la forme du mot est
celle d'un adjectif possessif dans lequel *fkaésó*, avec la marque d'un
nom. masc. sing., nous donne un nom dont le thème est en *a*. Ce
mot que les copies les plus anciennes écrivent *fkaécha*, orthographe
qui me paraît la véritable, est un terme d'un usage très-fréquent
en zend. Je suppose qu'il signifie proprement *instruction, précepte;*
c'est le mot *daéna* qui veut dire *loi, religion*. Analysé d'après les principes de dérivation communs au zend et au sanscrit, *fkaécha* nous
présente un substantif masc. formé avec le suffixe *a* qui exige le *guṇa*
d'un radical *fkich* dont je n'ai pu jusqu'à présent retrouver l'analogue
en sanscrit. Mais, d'un autre côté, c'est, selon toute apparence, le
persan کیش, le *f* du zend *fkich* étant supprimé; de sorte que *fkaécha*
peut passer pour un de ces mots, rares d'ailleurs, pour lesquels
le dictionnaire persan supplée jusqu'ici à l'absence de tout autre
moyen d'explication.

Quant à la première partie du composé, *ahura*, nous remarquerons
qu'elle est ici à la forme absolue, contre le système le plus ordi-

[15] Voyez ms. Anq. nº 2 F, pag. 22, 119 et *pass.*

I.

nairement suivi par la langue zende, qui, lorsque le premier terme
d'un composé est un nom en *a*, le met ordinairement au nominatif
en *ô*. C'est une observation qui se vérifiera dans la plupart des
cas où ce même mot *ahura*, sur lequel nous reviendrons plus tard,
entrera en composition avec un autre substantif ou adjectif que *ṭkaê-
cha*. C'est ainsi que nous trouverons *aharadâta* (et non *ahurôdâta*),
orthographe qui nous autorise à lire en un seul mot *ahuraṭkaêchô*.

Les mots *dâtâi* jusqu'à *zarathustrâi* portent, à l'exception de *hadha*,
la désinence *âi* qui dans les noms masc. en *a* est celle d'un datif sing.
L'identité de cette désinence avec celle des mêmes noms en sanscrit (*âya*) est trop évidente pour ne pas être immédiatement reconnue. La terminaison zende ne diffère de *âya* que par l'absence
de l'*a* final que M. Bopp croit supprimé dans la désinence *âi*, de
sorte que cette dernière serait postérieure à *âya*[14]. Cette suppression
d'une voyelle *a* qui force *y* de retourner à son élément primitif est
certainement fréquente en zend, et nous en avons déjà parlé dans
nos observations sur l'alphabet. Mais il ne suffit pas de dire qu'*âi* est
le résultat de la suppression de l'*a* final de la désinence *âya*, il faut
démontrer que cette dernière désinence a bien le droit de passer
pour antérieure à *âi*. Car s'il arrivait que *âi* fût une désinence primitive à l'égard de *âya*, on ne pourrait pas prétendre que l'*a* de *âya*
en a été retranché : ce serait au contraire cette désinence *âya* qui
se serait développée de *âi* par l'addition d'un *a*. Toute la question
se réduit donc à savoir si *âi* est le résultat d'une de ces contractions
que l'on rencontre si souvent dans le dialecte prâkrit, et qui sont
incontestablement plus modernes que les formes sanscrites correspondantes, ou bien si *âi* est une désinence des noms en *a*, propre
à la langue zende, dont les éléments sont bien les mêmes que ceux
de l'*âya* sanscrit, mais qui n'en dérive pas pour cela directement.

Or la comparaison d'un grand nombre de formes très-significatives
nous apprend qu'*âi* en zend n'est autre chose que le sanscrit ए, ou,

[14] *Jahrb. f. wissensch. Kritik*, mars 1831.

comme nous l'avons déjà fait remarquer, un *vrĭddhi* de l'*i*. Si donc
le zend *ái* est la forme propre du *vrĭddhi* sanscrit ऐ, ne peut-on pas
dire que dans *dát-ái* nous devons voir un sanscrit *datt-ái*, soit qu'on
admette que la désinence *ái* est celle des pronoms, *tasmái* par exemple, et conséquemment qu'on la prenne pour un *vrĭddhi*, soit qu'on
veuille considérer cet *ái* comme le résultat de la fusion de l'*a* de
la forme déclinable avec l'*ê*, désinence du datif, suivant l'observation de M. Bopp [15]? Je pense donc qu'il n'est pas besoin de recourir
à la désinence *áya*, déjà modifiée d'après le génie de la langue
brahmanique, pour rendre compte de la désinence zende *ái*; et
qu'au contraire celle-ci, comparée à la terminaison des pronoms *kah-
mái*, *ahmái*, etc., est un *vrĭddhi* à la manière zende. Je ne repous-
serai pas non plus le rapprochement que M. Rask [16] établit entre
cette désinence *ái* et le grec *ωι*, parce que l'*á* passe très-fréquemment à l'*ó* (*ω*), et que, tout en étant au fond identique à la désinence sanscrite *áya*, la terminaison *ái*, sous cette forme que je
regarde comme primitive, peut l'être également à *ωι*.

Le thème déclinable qui subsiste après le retranchement de la
désinence *ái* et le replacement de l'*a* final, mérite encore d'être
comparé au sanscrit, et il semble même plus régulièrement formé
et conséquemment plus ancien que *datta*, puisqu'il vient directement du radical *dá* par la seule addition du suffixe *ta*.

Le mot suivant, *hadha*, est un adverbe de lieu sur le sens duquel
Nériosengh et Anquetil ne sont pas d'accord avec l'analyse grammaticale, mais qui doit, selon nous, signifier *ici*. M. Rask traduit donc
assez exactement *hadha* par *huc*; car ce mot est formé de *ha*, modification zende de la syllabe pronominale sanscrite *sa*, et du suffixe
dha qui se retrouve dans un grand nombre d'adverbes zends dérivés
des lettres pronominales, comme *adha*, de la voyelle pronominale
a; *avadha*, du pronom *ava*, le ای des Persans; *idha*, de la voyelle
pronominale *i*, mot qui est resté également dans le pâli *idha*;

[15] *Gramm. sanscr.* r. 127, not. ult. — [16] *Ueber das Alter*, etc. pag. 21.

2.

tadha, de la syllabe pronominale *ta*, etc. C'est une des nombreuses formatives d'adverbes employées par la langue zende qui est très-riche en ce genre, et nous devons y reconnaître le suffixe sanscrit *ha*, où le *h* représente le *dh* zend. Cette dérivation est d'autant moins douteuse, que M. Rosen a déjà constaté l'existence, dans le dialecte des Védas, du mot *sadha* pour *saha* [17].

Le mot *zarathustrái* est encore un datif, celui de *zarathustra*, véritable forme du nom de Zoroastre, que nous avons déjà rencontré dans l'adjectif *zarathustris*. Je suis loin d'être fixé sur la signification de ce mot, dont Anquetil a rassemblé les diverses interprétations proposées avant lui [18]. Celle qu'il leur substitue, quoique fondée sur une connaissance en apparence plus exacte de la langue zende, me paraît susceptible de graves difficultés, et elle ne peut se soutenir que si l'on admet des changements de lettres que, selon moi, rien ne justifie. Anquetil lit ﺍﺳﻞﻮ *zerétho-schtré*, ce qu'avec M. Rask nous transcrivons *zarathustra*, ou *zara-thuchtra*, si l'on veut continuer à donner au ﻞ le son du ﻮ ou *ch*. Dans ce mot, Anquetil trouve *zeré* (d'or) et *thaschtré*, qui ne diffère, selon lui, que par l'addition d'un *h*, de *teschtré*, nom d'un astre qui fait l'objet d'une des prières appelées *Ieschts* et qu'on identifie avec l'étoile Sirius [19]. Cette manière de diviser ce mot le conduit à la traduction suivante : « *Taschter* (astre) d'or, c'est-à-dire brillant « et libéral. » Mais d'abord, pour que la ressemblance ou la diffé-

---

[17] *Rigved. spec.* pag. 23, not. Voyez Pánini, VI, 3, 96.

[18] *Zend Avesta*, tom. I, 2e part., pag. 2 et sqq. et les notes.

[19] *Zend Avesta*, tom. II, pag. 186, et not. 1. Le nom de cet astre qui est assez rare dans le Vendidad-sadé, mais que l'on rencontre fréquemment et sous des formes très-diverses dans l'Iescht de Taschter, est cité dans notre texte sans plus ample ex-plication, parce que ce qui importe en ce moment, c'est de montrer qu'il ne peut, en aucune façon, être retrouvé dans le nom de Zoroastre. Nous chercherons à en rendre compte plus bas sur le premier chapitre du Yaçna, et nous verrons qu'on doit le rattacher au même radical que le sanscrit *tachtṛi*, l'un des noms du soleil, sous l'une de ses douze manifestations nommées, dans la mythologie, *áditya*.

rence de tous ces mots puisse être exactement appréciée, on a
besoin de les voir écrits en caractères originaux. Le mot qu'Anquetil lit *zeré* et qu'il traduit par *d'or, de couleur d'or*, n'est autre
que ڙﺎﻳﺮ *zairi* (en sanscrit *hari*), *jaune*, et par extension *doré*. Or
je ne puis trouver dans ce mot la première partie du nom de Zoroastre, *zara*. Ce qu'Anquetil lit *thaschtré* et qu'il trouve identique
à *teschtré*, est le mot ﺗﺴﺘﺮﻳﺎ *tistrya*, dans lequel personne ne
reconnaîtra la seconde partie du nom de Zoroastre, selon Anquetil
thoschtré et selon nous *thastra;* car rien n'autorise le changement de
t en *th*, ni celui de *i* en *o*. Il me paraît donc que l'interprétation
d'Anquetil ne peut se défendre étymologiquement, et je crois qu'il
est difficile de retrouver dans le nom de Zoroastre le mot *astre*,
que les Grecs, trompés sans doute par une transcription ou une
prononciation peu exacte, ont cru y reconnaître [20].

Malheureusement je ne trouve pas dans la langue les éléments
d'une interprétation complétement satisfaisante pour le nom de
zarathustra. Le seul mot que j'y reconnaisse d'une manière certaine,
est *ustra*, qui en zend, comme *uchtra* en sanscrit, signifie *chameau*.
On sait que les noms propres étaient fréquemment formés, dans
l'ancienne Perse et dans la Bactriane, du nom de divers animaux
domestiques, entre autres de celui du cheval (*açpa* et *aurvaṭ*), du
chien (*çpá*), etc. On s'étonnera donc peu que le nom du chameau
se retrouve comme un des éléments de celui de Zoroastre. Dans
cette hypothèse, après avoir retranché *ustra* de *zarathustra*, il restera *zarath*, comme première partie du mot composé. Mais je ne
crois pas avoir vu ailleurs ce mot, dans lequel on peut cependant
reconnaître *zar*, radical qui, avec le suffixe *i*, forme *zairi* (jaune,
doré), et qui existe aussi en persan sous sa forme primitive زر (or).
La syllabe *ath*, la seule qui soit encore à expliquer, peut n'être que
la formative *at*, dont le *t* aura été changé en *th* par une raison qui
m'est inconnue. Sans prétendre que la voyelle *u* soit douée, comme

[20] Conf. Diog. Laert. *in procem. ad Vit. philosoph.*

on sait que le sont certaines semi-voyelles, et *v* entre autres, d'une
aspiration qui remonte sur la consonne précédente, il est assez remarquable que l'*v* grec initial soit virtuellement et nécessairement
accompagné d'un esprit rude qui se reporte sur la consonne radicale
d'une préposition, par exemple, venant à se joindre à un mot commençant par *v*. Si l'on pouvait supposer que l'*u* zend est, dans certaines circonstances, aussi aspiré que l'*v* grec, j'y verrais une confirmation de la conjecture qui regarde le suffixe *ath* de *zarath* comme
une simple modification de *at*. Si cela est ainsi, *zarath* doit signifier *jaune* (en persan زرد); et le nom de Zoroastre, dont le père
s'appelait « celui qui possède beaucoup de chevaux, » devra se traduire par « fulvos camelos habens. » Au reste, ce n'est là qu'une
simple conjecture, et je laisse au lecteur à décider si les raisons
dont je viens de l'appuyer sont suffisantes pour la faire substituer
au témoignage de l'antiquité, qui a vu le mot *astre* (ἀστροθύτης) dans
le nom du réformateur du magisme.

Immédiatement après *zarathustrái*, vient *achaoné* qui nous donne
une nouvelle forme de datif; car c'est incontestablement la désinence sanscrite *é*, employée en zend à peu près dans les mêmes
cas que dans l'idiome sacré des Brahmanes. Le mot *achaoné*, dont
nous rencontrerons par la suite un grand nombre de formes, est un
adjectif dérivé du substantif *acha*, qui sera expliqué tout à l'heure,
et du suffixe *van*, qui se trouve en entier à l'accusatif *acha-van-ěm*.
La permutation du suffixe *van* au datif et dans les autres cas indirects où nous la reconnaîtrons plus tard, est digne de remarque en
ce que la loi d'après laquelle elle s'opère, est d'une application fréquente dans la langue zende. L'*a* du suffixe *van* disparaissant, ou
plutôt étant déplacé, le *v* retourne à son élément primitif, qui est *u*,
et cette voyelle à son tour, s'incorporant l'*a* déplacé, devient *o*. Ainsi
de *acha-van* on a *acha-on*, à peu près de la même manière que du
sanscrit *maghavan* on forme *maghôn* dans le plus grand nombre
des cas indirects. Telle, du moins, me semble être l'explication

de cette particularité, où il faut remarquer que la voyelle *a*, placée devant *o*, n'y est pas appelée par la même règle que dans les mots où l'*o* est le résultat du *guṇa* d'un *u*, ou bien l'*é*, résultat du *guṇa* d'un *i*. L'*a* de *acha-oné* semble au contraire appartenir en propre au thème du substantif *acha*. Peut-être dans le cas de *achaoné*, expliqué comme nous venons de le faire, faudrait-il lire *ó* long, en affectant cette voyelle précédée d'*a* bref à la représentation de la contraction des syllabes *ava* (comme dans *yaóm* pour *yavam*), et en gardant l'autre forme de l'*o* pour le cas du *guṇa*. Cependant les manuscrits les plus anciens, et notamment le n° 6 S, adoptent presque toujours l'*o* bref dans le premier cas comme dans celui du *guṇa*: ils indiquent ainsi par la même orthographe des faits qui mériteraient, ce semble, d'être distingués; en d'autres termes, ils ne distinguent pas ces deux faits l'un de l'autre, et regardent *ao* de *acha-oné* comme dû au même principe que l'*ao*, évidemment *guṇa* d'*u*, dans *raotchayéiti*, forme causale de *ratch*.

Nous venons de voir que si nous supprimons le suffixe *van*, ou ce qui en est la modification affaiblie *on*, il nous reste *acha*, thème dont nous avons le génitif dans *achahé*. La désinence *hé* s'explique jusqu'à un certain point par la règle dont nous avons parlé tout à l'heure. Je crois y reconnaître le sanscrit *sya*, dont le *s* est devenu *h*, d'après le génie de l'idiome sacré des Parses. En déplaçant l'*a* de *hya*, et en ramenant *y* à son élément voyelle, on aura *hai* qui s'assimilant d'après les lois de la fusion des lettres, nous donne *hé*. Cette forme est le résultat d'une contraction, et on peut dès-lors la considérer comme relativement moderne. C'est, selon moi, une altération du genre de celles qui constatent la postériorité du prâkrit à l'égard du sanscrit, et qui, dans la question du zend comparé à l'idiome sacré des Brahmanes, peuvent servir à prouver que la première de ces deux langues offre dans son état actuel un mélange de formes de plusieurs âges, sans doute parce qu'elle a été moins soigneusement cultivée, ou écrite dans des temps relativement plus modernes. Le thème *acha*, que nous verrons écrit fautivement *asa*, signifie, selon Anquetil et Nériosengh, *sainteté, pureté*. J'ai lieu de soupçonner que ce mot appartient à la même racine que le sanscrit *atchtchha* (transparent), le *tchh* que nous savons devenir *ç* en zend, se changeant dans quelques cas plus rares en *ch*. Ce substantif, qui a une famille plus étendue en zend qu'en sanscrit, forme ᵐᵘᵐ *achya* qui me paraît être le grec ἴσος (saint), et c'est, je crois, ce dernier mot qu'on doit chercher dans la première partie du nom de la famille royale des Achæménides, nom qui peut avoir été en zend *achyô mainyus* (l'être céleste et saint) [21]. Le zend *acha* ou quelqu'un de ses nombreux dérivés est sans doute encore le mot que les Grecs ont transcrit dans les noms de fleuves, Ὄχος et Ὄξος.

Le seul mot de notre première phrase qui reste encore à expliquer est *rathwé*, qui nous présente la même désinence *é*, à laquelle nous avons reconnu un datif. Si l'on retranche cette terminaison, l'on

---

[21] Wahl (*Geschichte des pers. Reichs*, etc. pag. 209) pense que le nom d'Achæménès est le même que celui de Djemschid. Mais le nom de Djemschid est en zend *Yimô khchaêtô*, mots qui n'ont pas le moindre rapport avec Ἀχαιμένης. En proposant d'expliquer cet ancien nom par les deux mots zends *achyô mainyus*, je ne fais qu'avancer une conjecture qui ne pourrait devenir une certitude que si l'on trouvait les mots *achyô mainyus* employés dans un texte zend, ou comme nom propre, ou seulement comme titre honorifique d'un ancien roi. Nous ne devons pas oublier que M. Rask (*Ueber das Alter*, etc. pag. 28) a lu dans la plus courte des inscriptions cunéiformes de Xerxès le mot *âqamnôsôh*, que M. Grotefend lisait *akhêôtchôschôh* (dans Heeren, *Politique et commerce des peuples de l'antiquité*, t. II, tabl. IV), et M. Saint-Martin *oukhadbyschyé*

(*Journal asiatique*, tom. II, pag. 83); et que M. Bopp (*Jahrb. f. wissensch. Kritik*, déc. 1831), d'accord avec M. Rask, voit dans cette lecture l'origine du nom d'Achæménès. Au reste, il n'y a rien, selon nous, d'inconciliable entre l'étymologie zende que nous proposons pour le nom des Achæménides, et la lecture de ce nom, telle que la voit M. Rask dans les inscriptions persépolitaines. Nous espérons en effet pouvoir démontrer que la langue de ces inscriptions, quoique offrant des traits nombreux de ressemblance avec le zend, en diffère cependant d'une manière notable et dans des points très-importants. Cette question de critique fait l'objet d'un mémoire destiné à l'Académie des inscriptions, dans lequel nous croyons avoir fait faire un pas de plus à la lecture et à l'interprétation de ces monuments précieux.

a *rathw*, dans lequel il est indispensable de regarder *w* comme la permutation d'un *u* en *w*, d'après la loi euphonique, qu'une voyelle tombant sur une voyelle dissemblable, se change en sa semi-voyelle correspondante. Si, en effet, on ramène *w* à son élément voyelle primitif, on aura un mot terminé en *u*, que nous reconnaîtrons pour le thème de ce nom. Ce thème n'est cependant pas *rathu*, mais bien *rata*, car l'aspiration du *th* disparaît avec la cause qui la produisait, c'est-à-dire avec le *w*, dont la présence exigeait le changement du *t* en *th*, ainsi que nous l'avons remarqué déjà dans nos observations préliminaires. Anquetil traduit le mot *rata* par *grand*, comme s'il était un adjectif, ou tout au moins un adjectif substantifié. Dans une note, qui se rapporte à une autre forme de ce même mot (*rathwãm*), que nous allons examiner tout à l'heure, sous la phrase n° 2, Anquetil ajoute que ce mot désigne en général les temps, et particulièrement les cinq parties du jour, et les cinq Gâhanbars ou jours épagomènes [22]. Nériosengh s'accorde assez bien avec Anquetil en le rendant par *guru* (maître). Je crois que ce mot, dont le thème est *rata* masc., n'est autre que le sanscrit *rïta* (saison), lequel a pris chez les Parses une acception que je ne vois pas qu'il ait eue en sanscrit, quoiqu'un mot fort ancien de cette dernière langue donne lieu à un rapprochement qui n'est pas sans intérêt.

Pour comprendre le rapport que je vois entre le zend *rata* et le sanscrit *rïtu*, il faut savoir que, dans le Zend Avesta, le mot *rata* est le plus souvent employé comme qualificatif des êtres divins sous la garde desquels se trouve une division quelconque de la durée. C'est pour cela, sans doute, qu'Anquetil dit que *rata* désigne en général *les temps*, quoiqu'il l'interprète par *grand, maître*. Or, voici, je crois, comment un mot qui signifie *temps*, a pu, par la suite et selon les besoins de la liturgie, prendre une acception aussi différente que celle de *maître*. Les divisions du temps, qui jouent un rôle si important dans la doctrine de Zoroastre, ont reçu des dé-

[22] *Zend Avesta*, tom. I, 2ᵉ part., p. 80, not. 3.

nominations spéciales dont on a fait des personnifications, et en
quelque sorte des génies, des chefs, auxquels sont soumises les
diverses parties de la durée que leur nom désigne. Le mot *rïtu*
(zend *ratu*) a pu, d'après cette explication, cesser d'être significatif au
propre en zend, ou plutôt il a pris un sens détourné qui lui vient
de l'usage spécial auquel l'ont appliqué les Parses. Mais dans cette
langue même, il serait facile de trouver des traces de sa signification première; et outre le témoignage d'Anquetil, nous nous contenterons de renvoyer le lecteur à un passage du xviii° *fargard* du
Vendidad où Anquetil, sans doute d'après les Parses, traduit le
mot *ratu* par *temps* [25].

Enfin, je crois qu'on peut découvrir aussi en sanscrit la trace
de ce passage du sens de *saison* à celui de *maître, chef,* dans le nom
ancien que porte chez les Brahmanes le prêtre domestique *rïtvidj,* littéralement « celui qui sacrifie dans les *rïtu,* ou saisons prescrites. » Il
est vraisemblable que, dans ce composé, *rïtu* ne désigne pas seulement les trois ou six saisons qui divisent l'année dans l'Inde. Ce
mot doit, selon toute apparence, s'appliquer aussi, comme en zend,
aux diverses portions du jour et de la nuit d'après la division litur-
gique. Or, quand on voit, chez les Brahmanes, le prêtre officiant
nommé « celui qui sacrifie aux diverses divisions du temps, » on
comprend sans peine que ces divisions personnifiées sous le nom
que la liturgie leur assigne, aient pu devenir des maîtres ou des
chefs. Nous devons ajouter que, dans une acception différente et très-
usitée aussi, le mot zend *ratu* peut bien n'être que le nom du
rïtvidj lui-même; car nous verrons plus bas que le second des prêtres officiants, celui que les Parses appellent le *raspi,* porte en zend
le nom de *rata.* Dans cette hypothèse, à laquelle une autre remarque
sur un des personnages qui figurent dans la liturgie zende donnera
plus tard quelque vraisemblance, *rata* doit être regardé moins
comme l'abréviation du sanscrit *rïtvidj* (la dernière partie du com-

[25] Voyez *Vendidad-sadé* lith. p. 455; *Zend Avesta,* tom. I, 2° part., pag. 403.

posé ayant été supprimée) que comme une sorte de changement intérieur de *rïta* qui, en zend, devrait être *ërëta,* et qui n'est sans doute devenu *rata* que par un *gaṇa* irrégulier. En d'autres termes, le zend *rata,* dérivé de *rïta,* doit signifier « relatif aux saisons, ou, « qui observe les diverses saisons. »

Il est d'ailleurs assez remarquable que le mot *rata* existe en sanscrit, mais seulement dans deux sens, suivant Wilson : « 1° le Gange « céleste ; 2° femme qui dit la vérité. » Ce mot sanscrit dont le second sens s'accorderait assez bien avec les idées que réveille le nom du prêtre, dérive, suivant les grammairiens indiens, d'une de ces racines *sâutra* que l'on ne trouve que dans les commentaires, racines qu'il est de la plus grande importance. de prendre en considération, parce qu'elles jettent souvent un jour nouveau sur des mots obscurs en sanscrit et en zend, et qu'elles permettent, au moins dans un grand nombre de cas, de ramener à une origine commune des termes qui se trouvent dans ces deux langues, lettre pour lettre, mais avec des acceptions différentes. Wilson qui, sur l'autorité des grammairiens indiens, rattache le sanscrit *rata* au radical *sâutra* qu'il écrit *rït,* ne donne pas sur *rata* le sens de ce radical. Mais cette racine. existe dans son dictionnaire à son rang alphabétique, avec les significations de « aller, être puissant, domi- « ner, haïr. » Le sens le plus ordinaire de ce radical pour lequel M. Rosen n'apporte pas d'exemple, est difficile par cela même à déterminer. Mais ce qu'il importe de remarquer, c'est qu'on en tire en sanscrit *rata,* par un *gaṇa* irrégulier, semblable à celui auquel nous avons recours pour rattacher le zend *rata* au sanscrit *rïta.* Ce rapprochement du *rata* sanscrit dérivé de *rït,* et du *rata* zend comparé à *rïta,* ne justifie pas seulement le procédé de dérivation que nous proposons pour le terme zend (*rï* devenant *ra*) ; il suggère encore une autre explication d'après laquelle *rata* signifierait *chef,* de la racine *rït* (dominer). Nous pouvons donc, en résumant les observations précédentes, présenter une triple explication du zend

3.

ratu, qui signifie dans la liturgie *maître*, quelquefois, selon Anquetil lui-même, *temps*, et qui est le nom du second prêtre officiant.

1° *Rata* n'est que le sanscrit *rĭtu* (saison) avec un *guṇa* irrégulier : la signification de *temps* donnée à *ratu* résulte naturellement de celle du sanscrit *rĭtu*, et l'acception plus éloignée de *maître* vient de la personnification des diverses parties de la durée appelées *ratu*.

2° *Rata* correspond au sanscrit *rĭtvidj* (celui qui sacrifie aux saisons déterminées) : la signification de *prêtre officiant* vient du sens propre de *rĭtu* (saison); elle ressort de la forme dérivée du mot *rata*.

3° *Rata* dans le sens de *chef* et dans celui de *prêtre officiant*, peut n'être que le sanscrit *rata*, lequel, il est vrai, n'a pas ce sens, mais qui vient d'une racine *rĭt* à laquelle on peut rattacher le zend *rata*.

Il n'est pas inutile de remarquer que les deux premières explications sont très-conciliables, en ce sens qu'elles répondent à des acceptions différentes du même mot. Elles rentrent même, à vrai dire, l'une dans l'autre. La troisième me paraît la moins vraisemblable. Il était toutefois utile de la présenter pour faire voir que le sanscrit possède, comme le zend, le mot *rata*, mais avec un autre sens. C'est un de ces termes assez nombreux qui forment comme le patrimoine antique de ces deux langues, mais que l'usage a, dans chacune d'elles, employé à des valeurs totalement dissemblables.

Après l'analyse à laquelle nous venons de nous livrer, il nous est possible d'apprécier au juste l'exactitude de la traduction qu'Anquetil a reçue des Parses. Il est évident que les mots « pur, saint « et grand » ne sont pas une traduction exacte de *achaoné achahé rathwé*, littéralement *puro puritatis domino*. Ces mots sont au cas d'attribution avec un déterminatif au génitif, de même que *dátái haḍha*, etc., littéralement *dato hic dato contra Devos Zoroastri*. Ils forment le complément du verbe *fravaráni*, et terminent cette profession de foi du Parse : « Moi adorateur de Mazda, sectateur de Zo-

« roastre, ennemi des Dévas, observateur des préceptes d'Ahura,
« que j'adrèsse mon hommage à celui qui est donné ici, donné
« contre les Dévas, à Zoroastre, pur, maître de pureté! » Il ne me
semble pas que le sens puisse être douteux, et les datifs *dâtâi* ne
doivent être que des qualificatifs de *zarathustrâi*. Mais comme cette
interprétation modifie d'une manière notable celle d'Anquetil, nous
devons nous y arrêter un instant.

On ne peut pas essayer de traduire « que j'adresse mon hommage
« à ce qui a été donné contre les Dévas à Zoroastre, » ni voir dans les
mots « ce qui a été donné contre les Dévas, » l'explication du titre
du livre appelé *Vendidad*, que notre texte présenterait comme ayant
été donné à Zoroastre. En effet, dans tous les passages où le Vendidad est cité, le texte joint toujours aux mots *vîdaêva dâta* le nom
de Zoroastre placé au même cas que ces mots mêmes. Il suit nécessairement de là que *vîdaêva dâta* sont des adjectifs qui déterminent
le nom propre *zarathustra*. J'ai examiné avec la plus grande attention
tous les passages où, suivant les Parses et Anquetil, il est
fait mention du Vendidad, et j'ai acquis la certitude qu'à l'exception
de deux textes, les mots *vîdaêva dâta* sont toujours accompagnés
du nom propre de Zoroastre [24].

L'un de ces textes se trouve dans le IVe *cardé* de l'Iescht de Sérosch,
et il est répété dans le Grand Sirouzé [25]; il est conçu de manière que
les mots *vîdaêva dâta* peuvent se rapporter à *mâthra* (la parole), invo-
quée dans la prière qui précède immédiatement; d'où il résulte que
là encore *vîdaêva dâta* seraient des épithètes de *la parole*, comme,

[24] Mon but n'est pas de discuter en ce
moment tous les passages dans lesquels les
mots *vîdaêva dâta* sont rapprochés du nom
de Zoroastre, ni de signaler cette particularité intéressante de la forme plurielle
sous laquelle se présentent ces mots, et par
suite le nom de Zoroastre qui est en rapport avec eux. Le commentaire du Yaçna

nous donnera plus tard l'occasion de mettre ces faits dans tout leur jour. Je ne dois,
quant à présent, m'occuper qu'à constater
le rapport de *vîdaêva dâta* avec *zarathustra*,
pour en faire ressortir la véritable signification des deux premiers mots.

[25] Ms. Anquetil n° 3 S, pag. 552 ; *Zend
Avesta*, tom. II, pag. 236 et 334.

dans les autres textes, ils le sont de Zoroastre. Le second passage qui se lit au xxiv° *cardé* de l'Iescht Farvardin est beaucoup
plus obscur [26]; mais quoique je ne puisse encore en donner une explication complétement satisfaisante, je ne crois pas cependant qu'on
soit autorisé à se servir de ce texte pour affirmer que *vîdaéva dâta*
signifie ce que les Parses appellent *Vendidad*. En effet, on lit dans
ce passage *daévô dâtĕm,* « à Devis datum, » et non *yîdaévô dâtĕm,*
comme il faudrait lire si l'on voulait trouver dans ce mot le nom du
Vendidad. De tout ceci il résulte que les textes où les Parses croient
reconnaître la présence du nom de ce livre, le xx° *nosk* de l'Avesta,
signifient non pas absolument « ce qui est donné contre les Dévas, »
mais ou « Zoroastre donné contre les Dévas, » ou, dans un seul passage, « la parole donnée contre les Dévas. » Si donc il faut chercher
dans ces textes le titre d'un livre, ce n'est pas *Vendidad* qu'on devra
y trouver, mais bien « Zarathustra donné contre les Dévas. » Or, il
est très-facile de comprendre qu'on ait appelé du nom de Zoroastre
l'ouvrage qui renferme les questions qu'il a adressées à Ormuzd; et
d'ailleurs on voit ce titre confirmé d'une manière remarquable par
une tradition que nous a conservée Henri Lord, qui s'exprime ainsi
sur la troisième division des livres des Parses: « Le troisième (traité)
« s'appelait *Zertoost,* parce qu'il contenait toutes leurs lois et toutes
« les choses qui appartiennent à la religion [27]. » On conviendra que
le titre donné par H. Lord au troisième traité religieux des Parses
se retrouve mot pour mot dans notre texte, et qu'il en est la traduction exacte [28].

[26] Ms. Anquetil n° 3 S, pag. 582; *Zend
Avesta,* tom. II, pag. 264.

[27] *Hist. de la rel. des anc. Pers.* (trad.
franç.), pag. 176; Hyde, *De vet. rel. Pers.*
pag. 345, éd. 1760, et Anquetil, *Mém. de
l'Acad. des inscr.* tom. XXXVIII, pag. 258.

[28] Il est assez remarquable que les Parses
divisent la totalité de leurs livres en trois

parties dont chacune comprend sept traités.
Cette classification en trois corps d'ouvrages
fait penser à celle des Védas. Cependant
comme les nombres 3 et 7 sont réputés
sacrés dans tout l'Orient, les Parses, comme
les Indiens, ont bien pu imaginer cette division chacun de leur côté. Voyez sur cette
classification des livres, H. Lord, *loc. cit.*

Maintenant, peut-on dire que les Parses aient eu tort, 1° de prétendre que *Vendidad* venait de *vidaéva dâta;* 2° de donner ce titre
à l'ouvrage qui le porte; et, dans ce cas, comment concilier avec
cette conclusion le fait que le Vendidad est cité comme le xx° des
livres qui composent l'ensemble des ouvrages attribués à Zoroastre[20]?
Si, comme Anquetil le propose, on doit dériver *Vendidad* de *vidaéva
dâta,* cette contradiction n'est pas impossible à lever. Car rien n'empêche que les Parses n'aient appelé par excellence un de leurs livres
« ce qui est donné contre les Dévas; » et le texte de l'Iescht de Sérosch
interprété comme je propose de le faire, « la parole donnée contre
« les Dévas, » explique d'une manière très-satisfaisante comment les
mots *vidaéva dâta* ont pu devenir le titre d'un des ouvrages religieux
des Parses. Nous verrons en outre plus tard, quand nous analyserons le xiii° chapitre du Yaçna, quelle importance ce texte attribue aux paroles « contraires aux Dévas, » qui sont exprimées dans
les questions adressées par Zoroastre à Ormuzd. Or, comme le livre
nommé par les Parses *Vendidad* n'est qu'une série de demandes et
de réponses, et un dialogue entre Zoroastre et Ormuzd, on comprend sans peine qu'un tel traité ait reçu le nom de *vidaéva dâta*
(Vendidad), « ce qui est donné contre les Dévas. » Mais il ne m'en
semble pas moins constant. d'un autre côté, que c'est par extension, et peut-être même à tort, que les Parses voient le titre de ce
livre dans le passage qui a donné lieu à cette discussion. Il y a
cette différence entre le titre du Vendidad et celui du Yaçna,
que le second est positivement mentionné dans les textes sous cette
forme même de Yaçna, et qu'il peut prétendre à une antiquité
égale à celle des textes eux-mêmes, tandis que le premier est
composé de deux mots, qui résument sans doute assez bien le sens
général et le but de l'ouvrage, mais qui ne se trouvent pas don-

---

[20] Anquetil, *Mém. de l'Acad. des inscr.*   Wullers, *Fragm. ueber Zoroaster,* pag. 39
tom. XXXVIII, pag. 252, 253 et 267;   et 40.

nés dans l'ouvrage même d'une manière assez explicite pour qu'on
puisse regarder le titre qu'ils forment comme contemporain de la
rédaction de ce livre. Il semble, au contraire, que tout porte à regarder ce titre comme adopté par les sectateurs de Zoroastre à une
époque relativement plus moderne, et comme emprunté après coup
aux deux premiers mots du texte que nous venons d'expliquer [30].

Nous voici parvenus à la seconde partie de la période transcrite au commencement de cet article; nous allons d'abord examiner les mots qui la composent, jusqu'à *rathwām* exclusivement.
Le premier, *yaçnâitcha*, est *yaçnâi* suivi de la copulative *tcha* (et),
en zend comme en sanscrit; *yaçnâi* est le datif de *yaçna*, que nous
avons analysé précédemment, et qui signifie *sacrifice avec prières*,
ou plus généralement « culte consistant en prières accompagnées
« d'offrandes. » Anquetil traduit ce mot par « je fais Izeschné, » ce qui
n'est guère qu'une transcription, qui nous sert cependant en ce
qu'elle nous montre que nous pouvons chercher dans le terme de
l'original *Yaçna* le nom du recueil appelé *Izeschné* par les Parses.
C'est ce que confirme le témoignage de Nériosengh, qui transcrit
l'altération pehlvie du zend *Yaçna*, par *idjiçni* ou *idjisni* (Izeschné),
quand il ne le traduit pas par *drâdhana* (culte, adoration). Mais
nous ne pouvons voir avec Anquetil un verbe dans ce mot *yaçnâi*,
c'est un nom au datif.

Le mot suivant, *vahmâitcha*, est de la même espèce et d'une
égale importance pour la nomenclature des livres du Zend Avesta.

---

[30] Anquetil Duperron a consigné, dans
son Mémoire sur les livres de Zoroastre, des
remarques judicieuses sur le rapport des
noms que portent les livres qui nous restent
des anciens Parses, avec le contenu de ces
livres eux-mêmes. (*Mém. de l'Acad. des
inscr.* tom. XXXVIII, pag. 221, 222.) Il
est au reste facile de comprendre comment
le nom de *Yaçna* a dû plus aisément se trouver dans l'ouvrage même qu'il désigne,
que celui de *Vendidad* dans la collection
connue sous ce titre. C'est qu'en réalité
Yaçna est moins un titre de livre que le
nom de la liturgie elle-même, ou plus littéralement du sacrifice. L'ouvrage qui contenait les prières de la liturgie a dû naturellement recevoir son nom de celui de
cette dernière.

Anquetil le traduit par « je fais Néaesch. » Je ne puis non plus voir
ici un verbe, mais seulement un datif de *vahma* qui se trouve ainsi
être le titre original des prières qui, dans le recueil d'Anquetil,
portent le nom persan de *Néaesch*. Le mot *vahma* (neutre) que nous
rencontrerons fréquemment et toujours avec la même signification,
est traduit dans Nériosengh par *namaskárana*, « l'action de faire l'invo-
« cation appelée *namas*, c'est-à-dire, l'action d'invoquer avec respect. »
Cette interprétation semble indiquer que *vahma* doit se traduire par
invocation, et qu'il faut y voir, avec le suffixe *ma*, un radical *vah*,
transformation du sanscrit *vatch* (ou primitivement *vak*), qui signifie
parler. J'expliquerais cette transformation par le changement du *k*
radical en *kh* devant *m*, d'après une règle d'aspiration dont nous
retrouverons plus tard de nombreux exemples. Le radical *vak* réuni
au suffixe *ma*, sera devenu *vakhma*; puis la gutturale disparaissant,
l'aspiration seule aura subsisté.

De même *khsnaothráitcha*, où Anquetil trouve le verbe « je veux
« plaire, » est encore un mot d'où dérive le nom d'une prière appelée
Khoschnoumen, nôm qui s'appliquerait peut-être plus exactement à
la partie de la liturgie qui commence par le mot zend *khchnûmainé*.
C'est un datif du nom neutre *khsnaothra*, ou, suivant une lecture vraisemblablement plus exacte, *khchnaothra*, dans lequel l'analyse peut
trouver, après la suppression de *thra*[51], répondant au suffixe sanscrit *tra*, *khchnao* (guna) de *khchnu*, radical auquel se rattache le persan سنود (content), qui est en zend *khchnûta*. La prière nommée
khchnaothra peut donc signifier littéralement « le moyen de plaire
« ou de se rendre agréable à une divinité. » Dans la glose de Nériosengh, ce mot est traduit tantôt par *mânana*[52] (révérence), tantôt

---

[51] Nous avons déjà parlé de la différence qu'on remarque dans l'orthographe
du suffixe *tra* en sanscrit et *thra* en zend.
Elle vient de l'aspiration inhérente à *r*, qui
se reporte sur la consonne précédente. Mais
pour qu'on ne s'étonne pas de voir le nom de
Zoroastre (*zarathustra*) écrit par un *t*, quoique ce *t* soit, comme ici, suivi d'un *r*, nous
remarquerons que le *r* n'aspire pas la consonne qui le précède, quand cette consonne
elle-même est précédée d'une sifflante.

[52] Ms. Anquetil n° 2 F, pag. 23.

I.   4

par *sanmânakriti* [55], « acte d'un bon respect, ou l'action de respecter
« les gens de bien. » Quant au radical *khchnu*, la connaissance des lois
euphoniques propres au sanscrit et au zend nous permet de l'identifier à la racine *kchnu* qui, selon Wilson, signifie *aiguiser*, et de plus,
dans Rosen, *abducere*. Il n'y a rien, dans ces deux sens, qui réponde
à celui que tout nous autorise à donner au zend *khchna*. Je n'hésite
pas cependant à regarder ces deux radicaux comme identiques, et
comme appartenant à l'état ancien des deux langues. La différence
des sens doit être postérieure à la séparation des idiomes qui s'en
sont, en quelque sorte, partagé les acceptions.

Enfin, *fraçaçtayaétcha* qu'Anquetil traduit par « j'adresse des
« vœux, » n'est autre qu'un substantif en *i* au datif sing., qui est
aussi régulièrement formé que les masculins et féminins sanscrits
terminés par cette voyelle, et qui ne diffère de *mati* (*matayé*) que
par l'insertion d'un *a* devant l'*é* de la désinence.

On pourrait croire au premier abord que l'insertion de cet *a*
bref devant l'*é*, désinence propre des datifs, a pour but de marquer
une différence de genre, et qu'ainsi *fraçaçtayaétcha* est un féminin,
tandis que *rathwé*, que nous avons analysé tout à l'heure, est un masculin. Mais il ne faut pas un long examen pour se convaincre du
contraire; car on trouve le mot masc. *rathwé*, dans lequel *é* est bien
la désinence du datif, écrit six fois dans le Vendidad *rathwaétcha*.
D'autres datifs en *é* prennent de même régulièrement *a* devant cet
é, lorsqu'ils sont suivis de la conjonction *tcha* (et) qui, comme on
le sait, se joint immédiatement au mot sur lequel elle porte. Il
semble résulter de là que c'est à la réunion du *tcha* avec le mot qui
le précède qu'est due l'insertion de l'*a* devant la désinence *é*. La
conjonction *tcha* est une enclitique qui, ajoutée à un mot, l'augmente d'une syllabe, et peut dans certains cas changer les conditions de ce mot, quant à la position de l'accent tonique, et quant à la
valeur prosodique de la voyelle sur laquelle la présence de l'encli-

[55] Ms. Anquetil n° 2 F, pag. 49.

tique appelle un accent nouveau. Cela est si vrai que les préfixes *ni* et *fra* que nous savons être naturellement brefs, en zend comme en sanscrit, prennent souvent une longue *î* et *â*, lorsque, séparés par une tmèse 'de leur verbe, ils s'unissent à *tcha, té* ou *mé* (pronoms qui sont quelquefois enclitiques), de sorte qu'on écrit *nîtcha, nîté*, etc. [34]. Si cette influence de la conjonction *tcha* est incontestable, on peut s'en servir pour expliquer l'addition d'un *a* à la désinence *é* du datif. La réunion de *tcha* au mot *rathwé*, par exemple, forçait peut-être l'accent à tomber sur *é*; la voyelle acquérait ainsi un développement nouveau, marqué dans la prononciation, et par suite dans l'orthographe, au moyen de l'addition d'un *a*.

Je dois avouer toutefois que cette explication ne me satisfait pas complétement, et que l'analyse que j'ai donnée de l'*aé* zend dans mes observations préliminaires sur l'alphabet, jointe à d'autres considérations sur l'influence de la conjonction *tcha* unie au mot qui la précède, me suggère une autre manière de rendre compte de cette particularité orthographique. Nous venons de dire tout à l'heure que les préfixes *ni* et *fra* prennent une longue, lorsque *tcha* ou tout autre mot enclitique, venant à se réunir à eux, les rend capables de soutenir un accent qu'ils ne portaient pas avant cette réunion. Mais quand au lieu de tomber sur un préfixe, *tcha* se joint à un mot infléchi, il se passe alors un fait remarquable dû à la même cause que le précédent, quoiqu'il diffère de ce dernier en un point principal. La conjonction *tcha* conserve intacte la désinence grammaticale du mot auquel elle s'unit, c'est-à-dire que cette désinence, qui, en tant que finale, avait pu subir une altération plus ou moins forte, et quelquefois même disparaître presque complétement, se retrouve devant le *tcha* qui la soutient. Nous ne

---

[34] M. Bopp considère quelque part *nîté* comme un adverbe dont on a en sanscrit un autre cas dans le mot *nityam*. Je crois pouvoir m'éloigner de son sentiment. parce que les passages où je trouve ce mot nous le montrent comme la réunion du préfixe *ni* et du pronom *té*. (Voyez *Vendidad-sadé* lith. pag. 12 et 43.)

4.

citerons en ce moment que le *yaç-tcha* pour *yô-tcha*, qui se rencontre à chaque instant dans le Vendidad. Cette action exercée par
tcha sur la désinence va même plus loin; car les éléments constitutifs de la terminaison reparaissent, même avec la modification
particulière qu'ils ont subie, d'après le génie de la langue zende,
et nonobstant cette modification. La désinence ou une de ses parties se trouve ainsi répétée deux fois, une fois altérée par les lois
euphoniques du zend, une seconde fois restituée et rétablie en
quelque façon par l'action du *tcha* : c'est ainsi que l'accusatif pluriel des noms féminins du thème en *a*, en sanscrit *ás*, est en zend *do*
à la fin d'un mot, et *âoç* devant *tcha* (*âoçtcha*).

Si nous appliquons cette remarque au fait qui nous occupe,
celui de l'addition ou de la suppression d'un *a* devant la désinence
é du datif, selon qu'elle est ou qu'elle n'est pas suivie de *tcha*, ne
peut-on pas dire que la véritable désinence du datif est un *é guṇa*,
c'est-à-dire en zend *aé*, et que cette désinence reparaît aussitôt que
la présence de l'enclitique *tcha* lui en fournit l'occasion? L'addition
de l'*a* devant *é* suivi de *tcha* ne doit pas être due exclusivement à
l'influence du *tcha*. Car autrement il faudrait aussi un *a* devant l'*é* de
la désinence *hé* du génitif, lorsqu'elle est suivie de *tcha*, et cependant les textes ne nous en fournissent pas un seul exemple. La nature
de l'*é* entre donc pour beaucoup dans les conditions qui donnent
lieu à cette particularité orthographique. Quand l'*é* résulte de l'altération d'une syllabe ou d'une lettre étymologiquement nécessaire, il
ne prend pas l'*a*; il le prend au contraire lorsqu'il est *guṇa*, ou qu'il
peut passer pour tel [35]. Ce qui me ferait croire que c'est au *guṇa*
ou à une imitation de ce phénomène que tient la désinence *aé* des
datifs suivis de *tcha*, c'est qu'en sanscrit on connaît deux terminaisons pour ce cas, lesquelles répondent aux deux modifications de

---

[35] Je ne parle pas en ce moment de l'*a*
ajouté devant l'*é* des plur. masc. des pronoms (*taétcha*). Ce point sera examiné plus
bas, lorsque nous en rencontrerons un exemple. Voy. une note sur les diverses origines
de l'*é* zend, à la fin de ce volume.

la voyelle *i*, le *guṇa* et le *vrĭddhi*. Si cette explication est admise, *i* doit passer pour l'élément fondamental de la désinence du datif, résultat qui paraît confirmé par la comparaison des langues de la même famille, laquelle nous montre *i* caractéristique des datifs en grec, et, à quelques exceptions près, en latin. Le sanscrit et le zend, en adoptant *é* et *aé* comme caractéristique de ce cas, ont développé la désinence, qui est restée plus primitive en grec et en latin.

Lorsqu'on a retranché de *fraçaçtayaé* la désinence *aé*, et ramené *ay* (c'est-à-dire *é*) à *i* (comme dans *matay-é* de *mati*), on obtient le thème du nom féminin *fraçaçti*, qui, après la suppression du suffixe *ti*, et de la préposition *fra* (sanscrit *pra*), donne le radical *çaç* ou plutôt *ças* (en sanscrit श्रस्), « dire, et adresser une bénédiction ou « des vœux. » Les diverses formes sous lesquelles nous rencontrerons dans la suite ce radical *ças*, m'autorisent à penser que l'orthographe véritable est ﺳﻮﺱ et non ﺳﺲ. Ce verbe devient en effet *çaǧh*, que nous trouvons dans le nom de *nairyó çaǧhó* (Nériosengh)[36]. Or, comme *ǧh* zend, entre deux voyelles, remplace *s* dental sanscrit, ainsi que nous l'avons montré dans nos observations préliminaires, le radical duquel vient le substantif *fraçaçti* (quelle que soit d'ailleurs l'orthographe actuelle des Parses), doit porter un *s* dental en sanscrit, et non un *ç* palatal. On remarquera que, quand la lettre finale du radical tombe sur une consonne, *t* par exemple, la sifflante reparaît soutenue par cette consonne, et il n'y a pas lieu au changement de

---

[36] J'ai parlé, dans l'Avant-propos qui précède ce travail, de la signification de ce nom propre que nous aurons bientôt occasion de rencontrer dans le texte du Yaçna. M. le baron S. de Sacy a bien voulu depuis m'avertir que le nom persan de *Nar-sès* n'était autre chose que celui de Nériosengh. Ce fait, qui me paraît hors de doute, est d'un grand intérêt en ce qu'il nous montre la forme persane de ce nom plus rapprochée du sanscrit que ne l'est la forme zende. Dans le parsi *Nar-sès*, la dernière syllabe conserve la sifflante du sanscrit *ças*; tandis que dans le zend *nairyó çaǧhó*, cette sifflante s'est changée en *h* précédé d'une nasale *ǧ*. Nous aurons plus tard occasion de citer d'autres exemples de ce rapport du persan avec le sanscrit, dans des points où le zend s'éloigne de l'un et de l'autre idiome.

la sifflante en *ğh*. C'est ce qui fait que des mots en apparence aussi différents que *çağha* et *çasti*, peuvent être sûrement ramenés au même radical. Nériosengh traduit toujours le mot de notre texte par *prakâça* (manifestation, célébration?), ce qui s'éloigne un peu du sens d'Anquetil, mais ce qui revient complétement à une des significations du radical sanscrit *ças* (dire).

Il n'y a plus, selon moi, de doute que nous ne devions voir dans les quatre mots précédemment expliqués, ainsi que le pense Anquétil, les noms de prières ou de portions spéciales des écritures sacrées des Parses. Nous avons, dans la classification actuelle de ces livres, deux titres correspondant aux deux premiers mots, savoir : Izeschné à *Yaçna*, Néaesch à *Vahma*. Le nom de *khchnaothra* n'est pas, à ce qu'il paraît d'après Anquetil, celui de Khochnoumen, mais ces deux mots appartiennent à la même racine. Reste *fraçasti*, mot pour lequel je ne vois pas de correspondant parmi les noms que les Parses donnent aux portions de leurs écritures sacrées.

Maintenant que la valeur de ces mots est constatée, devons-nous, avec Anquetil, les subordonner à *dâtdi vîdaêvdi*, « ce Vendi- « dad... je veux lui plaire, etc.? » Je ne le pense pas : ces divers mots étant au même cas que *dâtdi*, etc., il faut, ainsi que ces derniers, les considérer comme le complément de *fravarâni*, et traduire, en réunissant cette phrase à la précédente, « puissé-je adresser mon « hommage..... à Zoroastre..... et au Yaçna (sacrifice avec prières ou « offrande), et à l'invocation (Néaesch), et à la prière qui rend favo- « rable, et à la bénédiction. » Il est vrai qu'il reste encoré, dans la phrase à laquelle nous donnons le n° 2, tous les mots dont le pre- mier est ٱﺳﻜﻮﺋﺖ, que l'on pourrait être tenté de rapporter aux datifs précédents, de cette manière : « puissé-je adresser mon hom- « mage... à l'invocation... des chefs, » c'est-à-dire à la série des prières, comme le *Yaçna*, le *Vahma*, et autres textes consacrés aux *rathwãm* ou chefs. Mais on peut aussi laisser isolés les termes *yaçnditcha*, qui expriment des objets que je considère comme de nature à être

adorés à part, suivant un usage qui n'a rien d'insolite en Orient
où les livres sacrés sont aussi souvent que la divinité elle-même
un objet d'invocation. On est, en effet, embarrassé de construire
les derniers mots indiqués uniquement par les lettres initiales
ٯ ٯ ٯ ٯ, et qui ne sont autres que *yaçnâitcha*, etc., analysés
tout à l'heure. Il n'est possible de leur trouver un sens qu'en les
interprétant d'une manière absolue, comme nous avons proposé de
le faire pour les premiers, car il ne me semble pas qu'il y ait une
troisième construction possible. Ou bien *rathwãm* et les génitifs
qui le suivent sont le complément du premier *yaçnâitcha,* et alors
on traduirait : « puissé-je adresser mon hommage... à Zoroastre...
« et à l'invocation des chefs... et au Yaçna, etc. » Ou bien *rathwãm* est
le complément des derniers mots indiqués par leur initiale, et alors
le sens serait : « puissé-je adresser mon hommage... à Zoroastre...
« et au Yaçna... et à l'invocation des chefs, etc. » On voit qu'il n'y a
rien de changé au fond pour le sens; il n'y a qu'une différence,
d'ailleurs peu importante, de construction.

Jusqu'à ce qu'il se présente quelque raison décisive en faveur de
l'une des deux interprétations, toutes deux peuvent être également
défendues. Nous devons cependant rendre compte du mot *rathwãm* et de ceux qui le suivent, mots qui désignent des êtres célé-
brés plus d'une fois dans la liturgie du Yaçna. En premier lieu,
rathwãm a la désinence ٯ *ãm* des génitifs pluriels répondant au *ãm*
sanscrit de la déclinaison imparisyllabique. Anquetil le traduit par *les
temps,* ce qui confirme l'étymologie donnée ci-dessus de ce mot. On
peut toutefois, comme les mots que nous allons examiner sont de véritables personnifications, préférer le sens d'extension, celui qui est
le plus fréquemment employé dans les formules du Yaçna. Je crois
qu'Anquetil a bien vu que *rathwãm* était apposé à tous les mots qui
suivent, ce qu'il a fait sentir en ajoutant entre parenthèses (*qui sont*).
Rathwãm n'est pas accompagné de la copulative *tcha,* qui distingue les
termes suivants, et il est clair qu'il faut traduire « des chefs, *sa-*

« *voir* les jours, les portions diurnes, les mois, les Gâhanbars, etc. »

Après *rathwãm*, le mot *ayaranãmtcha* est encore un génitif suivi de la conjonction *tcha*; mais nous y trouvons la désinence *anãm* répondant au sanscrit *ânâm*, et caractérisant les noms dont la forme déclinable est terminée par *a*. Cette désinence ne se distingue de la terminaison sanscrite que par l'abrégement de la voyelle *a*, qui précède le *n* de *nãm*; en d'autres termes, l'*a* du thème ne s'est pas allongé devant le *n* intercalé euphoniquement entre le thème et la désinence *ãm*, en zend *ãm*; le thème est resté plus pur qu'en sanscrit.

La forme absolue de ce mot que je crois être neutre, est *ayara*, désignant, d'après le scoliaste indien, les cinq Izeds ou génies qui président aux cinq parties du jour, suivant la division des Parses. Anquetil le traduit par *jour*. Nériosengh, au contraire, le rend par le sanscrit *sandhyâ*, mot qui désigne, comme on sait, les trois époques du jour consacrées par les Brahmanes : le lever du soleil, le midi, et le coucher du soleil. Les deux traducteurs diffèrent en ce que, pour Anquetil, *ayara* est le jour lui-même, et le mot suivant (*açnyanãmtcha*) ses parties, qu'il appelle du nom persan de كَs (temps); tandis que pour Nériosengh, c'est *ayara* qui désigne les parties du jour, et c'est *açnya* qui signifie *jour* (sanscrit *dina*). Nériosengh, comme plus ancien, devrait sans doute être suivi de préférence; de plus, il est naturel de supposer que dans cette énumération des parties du temps, on commence par la portion la moins longue, pour passer à celles qui le sont le plus, de cette manière : les parties du jour (les Gâhs), les jours, les mois, etc. L'étymologie que nous donnerons tout à l'heure du mot *açnya* se prête d'ailleurs assez bien au sens de *jour*; et si une fois on adopte cette interprétation, il ne reste plus pour le mot *ayara* d'autre signification que celle de *partie du jour*, à moins de supposer que *ayara* a les deux sens. Mais, outre que l'autorité d'Anquetil qui s'appuie, comme Nériosengh, sur la tradition des Parses, peut balancer celle de ce dernier, il est à remarquer que dans plusieurs autres passages, c'est

le mot *ayara* qui est opposé au mot qui désigne la nuit [57]; dans
ce cas, *ayara* ne peut signifier autre chose que le jour. Nous per-
sistons donc dans l'interprétation donnée par Anquetil, jusqu'à ce
que nous trouvions quelque texte qui mette hors de toute contestation celle de Nériosengh. Nous devons convenir en même temps
que l'incertitude qui reste encore sur le sens propre de *ayara*, vient
de l'impossibilité où nous nous trouvons d'en déterminer l'étymologie. J'ai vainement cherché dans tout le Vendidad un autre mot
qui, par son rapport avec *ayara*, pût servir à le faire comprendre.
On peut bien supposer qu'il se rattache à un radical *i* ou *ay* signifiant *aller;* mais, outre que la dérivation du mot serait obscure, une
notion aussi vague que celle de *mouvement* ne rend pas suffisamment compte de la signification d'un terme qui ne peut exprimer
que l'une de ces deux idées, ou peut-être l'une et l'autre à la fois,
le jour ou les parties du jour.

Le mot suivant, *açnyanāmtcha*, appartient à la même déclinaison
que *ayara*, et nous venons de voir, qu'Anquetil le regarde comme
le nom de chacun des cinq Izeds qui président aux cinq divisions
du jour. Ce mot nous donne pour thème *açnya* qui a une forme
adjective, et qui, employé substantivement, doit être du genre
neutre. Si l'on supprime le suffixe *ya*, *açnya* se réduit à *açn*, ou au
thème plus usité *açna*. Ce dernier mot se rencontre en réalité plus
d'une fois dans les textes, et quoiqu'il paraisse avoir, au moins d'a-
près Anquetil et Nériosengh, deux acceptions différentes, il y a certainement des passages dans lesquels il ne peut signifier que *jour* [58].
Son dérivé *açnya* se traduira donc par « relatif au jour, ou diurne; »
et par là s'explique le sens de *parties du jour*, qu'Anquetil, contre
l'opinion de Nériosengh, donne à *açnya*.

Il nous reste à analyser le thème *açna* (et aussi *açn*) qui subsiste
après qu'on a retranché le suffixe *ya*, formatif de l'adjectif ou plu-

[57] *Vendidad*, IXe *farg.*, pag. 338. *Ibid.*
XIIIe *farg.* pag. 414.

[58] *Vend.* IVe *farg.* pag. 149 et 163.
Yaçna, chap. XLVIII, n° 2 F, pag. 339.

tôt du dérivé *açnya*. Ce thème auquel nous venons de dire qu'il
faut attribuer le sens de *jour*, a aussi celui d'*éther, atmosphère*, et
Nériosengh le traduit une fois par *âkâça* dans un passage que nous
examinerons bientôt en détail. Il y a, dans ce double sens, de quoi
justifier les deux interprétations d'Anquetil et de Nériosengh. En
effet, si *açna*, dans son sens de *jour*, peut, comme on vient de le
voir, former un adjectif *açnya* (diurne), *açn* peut aussi, dans son sens
d'*éther*, et sans doute de *ciel*, donner naissance à un dérivé signifiant
éthéré, par extension *jour*, de la même manière qu'en sanscrit le
terme qui exprime le *jour* vient du mot *ciel*. Le rapport si naturel de
ces deux idées se trouve ainsi, en zend comme en sanscrit, indiqué
par les mots qui les désignent; et, ce qui est digne de remarque,
si la conception est la même, le mode d'expression est différent.

Il y a plus; outre les mots *açn* et *açna*, auxquels s'attache la
double notion d'éther et de jour, le zend possède, pour désigner
le ciel, un autre substantif qui se dérive évidemment du même
radical que *açna*, et dont le rapprochement achève de mettre
hors de doute l'identité primitive des notions de ciel et de jour :
c'est le mot *açman*, dont l'étymologie a été longtemps pour moi
très-obscure. Nous savons déjà par Wilson que dans le style des
Védas *açma* signifie *nuage*. C'en est assez pour affirmer que ce mot
appartient en commun au zend et au sanscrit, car sauf la différence très-légère de la finale, il indique dans ces deux langues des
objets aussi rapprochés l'un de l'autre que le *nabhas* sanscrit et le
nubes latin. On a d'ailleurs aussi en sanscrit *açman* avec le sens de
pierre, sens qui fait involontairement penser à cette notion antique
d'un ciel solide de cristal. La racine que les grammairiens indiens
admettent pour *açma* et *açman*, est *aç* (se répandre, remplir l'espace), signification qui s'accorde aussi bien avec la notion de ciel
qu'avec celle de jour, et qui, appliquée à nos deux mots zends
açna et *açman*, nous donne un radical commun *aç*, recevant cette
double acception des suffixes *na* et *man*.

Cette explication paraît rendre suffisamment compte de ces deux mots; mais je dois en même temps avouer que les lois euphoniques établies au commencement de ce travail suggèrent une autre étymologie, que les principes de la dérivation avouent également, et qui a l'avantage de rattacher *açna* et *açman* à un mot dont nous avons déjà, si je ne me trompe, trouvé la véritable origine. On sait que le *ç* palatal cache souvent en zend un *tchh* sanscrit, et que la permutation a lieu surtout devant une nasale. Or si, après avoir retranché des mots *açna* et *açman* les suffixes *na* et *man*, on traite le monosyllabe *aç* de la même manière que *fraç*, de *fraçna*, on ramènera *aç* au radical *atchh* d'où doit dériver le sanscrit *atchtchha* (transparent), en zend *acha*, quoique les grammairiens indiens qui tirent *atchtchha* de *a* privatif et de *tchô*, ne dussent pas admettre cette dérivation. Au reste, quelque explication qu'on adopte, *açna* (ou plutôt la forme *açn*) dans le sens de *jour* n'est peut-être pas très-éloigné du sanscrit *ahan* (cas indirect *ahn*), mot irrégulier où le *h* peut représenter un *ç* zend, comme nous savons que le fait a lieu dans plusieurs mots sanscrits et zends en *ç*, qui, dans les dialectes germaniques, prennent *h*. Mais l'origine du sanscrit *ahan* ou *ahas* est trop obscure pour que nous osions rien affirmer à cet égard.

C'est encore un nom à forme adjective que ⚯⚯⚯⚯⚯ *máhyanāmtcha*, signifiant *mois*, d'après Nériosengh et Anquetil; en supprimant le suffixe *ya*, on obtient *máh*, qui est exactement le sanscrit *más* (lune), après le changement ordinaire du *s* en *h*. De *máh*, avec le suffixe des adjectifs *ya*, dérive *máhya*, littéralement *lunaire*, désignation naturelle (et dont on connaît d'autres exemples) de la période de temps qu'embrasse chaque lunaison. Il est bien vrai que la lune porte en zend le nom en apparence différent de *máo* et dans les cas indirects, à l'accusatif par exemple, *máoğh-ĕm;* mais le thème *máoğh* n'est autre que le sanscrit *más*, modifié d'une manière conforme au génie de la langue zende, ainsi que nous l'a-

5.

vons indiqué ci-dessus et que nous le verrons plus tard. Si dans
mâh-ya (mois) on ne voit pas **ય** *h* (remplaçant le sanscrit *s*) précédé de la nasale **ક** *ĝ*, c'est que je crois avoir remarqué que *s* sanscrit, suivi de *y* (subsistant sans altération en zend), se change
en *h* sans qu'on ajoute la nasale **ક** *ĝ*, ce qui, sans doute, ferait une
accumulation trop grande de consonnes. Ajoutons que, comme presque tous les substantifs qui dérivent originairement de noms adjectifs, ce mot est du genre neutre.

Le mot suivant, *ýâiryanãmtcha*, donne lieu à des observations analogues; c'est le génitif pluriel d'un nom dont le thème est *ýâirya*, et
qu'Anquetil remplace par le mot parsi *Gâhanbar*, désignant six fêtes
de cinq jours chacune (en tout un mois de trente jours), instituées
par Djemschid, en mémoire des six époques auxquelles Ormuzd créa
les êtres que renferme l'univers [39]. Nériosengh, qui traduit quelquefois ce mot par *année*, et le plus souvent transcrit la forme parsie
qu'Anquetil a adoptée, donne dans sa glose l'explication de ce mot
de la manière suivante : « les Gâhanbars, c'est-à-dire la collection
« des temps de la création des êtres. » Le mot *ýâirya* me paraît un
adjectif employé substantivement, au genre neutre, et dans lequel
je reconnais le suffixe *ya* qui, supprimé, donne *ýâir* pour forme absolue; ici l'*i* n'est pas radical, et il me semble appelé uniquement
par le **ય** *y* qui suit le *r*. Si cette observation est exacte, de *ýâir-ya*,
en retranchant le suffixe et l'*i* épenthétique, nous aurons *ýâr*, radical qui se trouve en effet dans le substantif neutre **ॣ***ýârĕ*
(année), mot qui est identiquement le gothique *yér* et l'anglais
year. *Ýâirya* doit donc signifier *annuel;* et on comprend sans peine
comment on aura dû nommer *annuels* par excellence, les jours, ou
les fêtes consacrées à rappeler le souvenir des six époques de la
création, et qui reviennent chaque année [40].

[39] *Zend Avesta*, tom. II, pag. 575, 602,
et l'index d'Anquetil au mot *Gâhanbar*.
Voyez Fréret, *Mémoires de l'Académie*

des *inscriptions* tom. XVI, pag. 233 sqq.
  [40] Voyez l'*Afrin du Gâhanbar, Zend
Avesta*, tom. II, pag. 81 sqq.

Enfin, *çarĕdhanāmtcha* est encore un génitif pluriel du thème *çarĕdha*, que Nériosengh et Anquetil entendent par *année*, et qui est le même mot que le sanscrit *çarad* ou *çaradâ*. Dans le zend *çarĕdha*, l'*ĕ* bref représente l'*a* dévanâgari, et le **℈**, le *d* non aspiré. Cette orthographe, quoique irrégulière, puisque rien n'explique l'aspiration du *d*, est cependant celle qui est adoptée par le plus grand nombre des manuscrits. La comparaison des diverses formes de ce mot m'autorise à le regarder comme un nom neutre.

Notre phrase n° 2 se termine par les initiales *y*, *v*, *kh*, *f*, abréviation des mots *yaçnàitcha*, etc. Nous avons indiqué tout à l'heure les deux partis que l'on avait à prendre relativement à la construction de la fin de notre passage; nous donnons ici les deux traductions qui résultent de chacun d'eux. Dans le premier cas, *rathwãm* est subordonné au premier *yaçnàitcha*; dans le second, il l'est au dernier.

Première traduction : « Adorateur de Mazda, sectateur de Zoroas- « tre, ennemi des Dévas, observateur des préceptes d'Ahura, que « j'adresse mon hommage à celui qui est donné ici, donné contre les « Dévas, à Zoroastre, pur, maître de pureté; et au sacrifice (Yaçna); « et à l'invocation; et à la prière qui rend favorable; et à la béné- « diction; (que j'adresse aussi mon hommage) au sacrifice, à l'invo- « cation, à la prière qui rend favorable, et à la bénédiction des « maîtres, (qui sont) les jours, les portions diurnes, les mois, les « époques de l'année (Gâhanbars), les années! »

Deuxième traduction : « Adorateur de Mazda, sectateur de Zoroas- « tre, ennemi des Dévas, observateur des préceptes d'Ahura, que « j'adresse mon hommage à celui qui est donné ici, donné contre « les Dévas, à Zoroastre, pur, maître de pureté; et au sacrifice (Yaçna), « et à l'invocation, et à la prière qui rend favorable, et à la béné- « diction des maîtres, (qui sont) les jours, les portions diurnes, les « mois, les époques de l'année (Gâhanbars), les années; (que j'a- « dresse aussi mon hommage) au sacrifice (Yaçna), et à l'invocation, « et à la prière qui rend favorable, et à la bénédiction ! »

IV.

ये ह्सनृमिनि बिठा ठ्स्ते पछीर् ॥

(Ligne 9 b.)

Les mots en caractères dévanâgaris qui font l'objet de ce paragraphe, sont, dans le manuscrit d'Anquetil que nous avons fait lithographier, transcrits en beaux caractères nâgris du Guzarate renversés.
C'est ainsi que sont presque toujours indiquées, dans les manuscrits d'Anquetil, les diverses cérémonies qui ont lieu pendant la
lecture de l'office des Parses. Les caractères sont tracés à rebours,
parce qu'ils doivent être lus par le Raspi, placé en face du Djouti ou
prêtre célébrant. Celui-ci lit le zend d'un côté, et son ministre, les
cérémonies de l'autre. Comme les caractères sanscrits procèdent de
gauche à droite, c'est-à-dire dans le sens contraire à la marche du
caractère zend, cette disposition, singulière au premier coup d'œil,
rend possible le rapprochement dans une même page de deux systèmes d'écriture qui sont entièrement opposés. C'est ainsi que sont
écrites et intercalées au milieu du texte les gloses sanscrites de
Nériosengh sur le Yaçna.

Anquetil, dans sa lecture et traduction littérale du commencement du Vendidad, lit ainsi ces mots guzaratis : *Djé khoschnoumen
betha hoêté parié.* La vraie lecture, sauf la prononciation du Guzarate
que je ne connais pas, est : *Yé khsanûmini biṭhâ huité paḍhti.* Anquetil traduit : « quodcunque *Khoschnoumen* sedens sit, lege; » et en
français : « on récite le *Khoschnoumen* qui est d'obligation. » N'ayant
ni grammaire ni dictionnaire guzarati, je ne puis déterminer rigoureusement la forme et le sens de ces mots. Je n'ai pu, dans les

courts paradigmes de Drummond[41], trouver aucune des formes de notre texte. Cependant *huité* paraît l'altération du sanscrit *bhavati*, en pâli *hôti;* et *paḍhti*, qu'Anquetil lit *parié*, à cause du passage facile du *ṭ* ou *ḍ* cérébral au son du *r*, vient sans doute du sanscrit *paṭh* (lire). *Biṭhd* appartient bien certainement à un radical qui signifie *s'asseoir*, car on lit dans le Nouveau Testament, traduit en guzarati, *báiṭháo* (il s'assit), dans le chapitre XIII, 1, de Saint Matthieu : ये हिबसें पिम्बु पत्थी उत्ने समुद्ने काठि बेठी. « Ce même jour Jé-« sus étant sorti de la maison, s'assit au bord de la mer. » Ce mot se rattache évidemment à l'hindoustani بيْٹهنا *baiṭhná*, que Shakespear dérive du sanscrit *upavichṭa* (assis). Pour en revenir à notre passage, on peut supposer qu'il signifie : « quod *Khoschnumen* se-« dens est, lege. »

V.

(Ligne 10, et page 3, lig. 1, 2 a.)

TRADUCTION D'ANQUETIL.

« Que Sérosch pur, fort, corps obéissant, éclatant de la gloire « d'Ormuzd, me soit favorable, je lui fais Izeschné et Néaesch, je « veux lui plaire, je lui adresse des vœux. »

Comme cette prière se représente souvent dans les invocations du Yaçna, nous possédons l'interprétation qu'en a faite Nériosengh; nous nous en servirons dans la discussion de ce passage, sans la

[41] *Illustrations of the gramm. parts of the Gazarattee*, etc. *languages.* Bombay, 1808.

transcrire ici, parce qu'elle reviendra plus tard en son lieu quand nous expliquerons les chapitres du Yaçna où elle se trouve.

Nériosengh, dans sa glose, représente le mot zend *çraochahé* par *çróçasyá* qui n'en est que la transcription. Il résulte de là que ce mot est un nom propre, celui de l'Ized Sérosch, dont nous recherche-rons la signification tout à l'heure. Le mot suivant est traduit par *puṇyátmanah* (celui dont l'âme est pure), comme *acha* est rendu par *puṇyam*. Le mot *achyéhé* est le génitif d'un thème *achya* qui est dé-rivé du substantif *acha* au moyen du suffixe *ya*. Cet adjectif forme son génitif ʊʊʊʊ d'une manière remarquable, admettant *é* au lieu de *a* avant la désinence *hé*, contre l'analogie des noms en *a*, comme *çraochahé*. Déjà nous avons reconnu l'existence de cette mo-dification de la voyelle *a* devenant *é* dans le mot *nivaédhayémi;* nous la verrons encore dans *yéçnya* pour *yaçnya* (adorandus), dans *áyéçé* pour *áyaçé* (je glorifie). Cette altération que je regarde comme pos-térieure, est due sans doute à l'action de la semi-voyelle *y.*

Le mot *takhmahé,* qui est mieux lu par d'autres manuscrits, ʊʊʊ *takhmahé* [42], est traduit dans Nériosengh, tantôt par *ba-lichṭhasya* (très-fort), tantôt par *driḍhasya* (solide). Cet adjectif peut, selon toute apparence, se rattacher au sanscrit तक् *tak* (porter, sup-porter), dont le क tombant sur le suffixe *ma* qui est, en zend, d'un très-fréquent usage, s'est aspiré en vertu de l'action qu'exercent fré-quemment les nasales *m* et *n* sur les consonnes qui les précèdent. Il faut seulement remarquer, qu'outre des substantifs, ce suffixe *ma* peut former directement d'un radical verbal un adjectif, comme le suffixe *uṇádi* (ma) du sanscrit.

Jusqu'ici Nériosengh s'accorde avec Anquetil; il s'en éloigne dans la traduction plus exacte qu'il donne de *tanumáthrahé.* Anquetil dit *corps obéissant,* Nériosengh *corps des préceptes,* ou, à prendre *máthra* dans son sens ordinaire, *corps de la parole.* Mais il faut reconnaître

___

[42] Mss. Anq. n° 2 F, pag. 48; n° 3 S, pag. 26.

que cet adjectif est un composé possessif, et traduire : « celui qui a
« la parole pour corps, celui dont la parole est le corps; » et peut-
être par extension : « parole faite corps, incarnée. » Cette interprétation ne saurait être douteuse; car le sens' de *tanu* est bien fixé en
zend, c'est le sanscrit *tanu* et le persan ى (corps); et celui de
māthra n'est pas moins certain, puisque ce mot zend ne diffère du
sanscrit *mantra* que par l'adoption de l'*ā* qui aime à précéder *th*
et les sifflantes, et par l'aspiration du *th* laquelle résulte de la rencontre de la dentale et de la liquide *r*. Toutefois, quelque différente que soit l'interprétation sanscrite de celle d'Anquetil, on
trouve dans la glose de Nériosengh, telle qu'elle est reproduite par
le n° 3 S des manuscrits de la bibliothèque du Roi, un mot qui
peut rendre raison du sens adopté par Anquetil, et qui montre
qu'il y a déjà plus de trois siècles les Parses se faisaient la même
idée que lui du mot *tanumāthra*: c'est l'adjectif *bhaktiçtla*, « celui
« dont la vertu est la soumission. »

Quant à la manière dont est composé le mot *tanumāthra*, il n'est
pas inutile de remarquer que, comme dans *ahuraṭkaēcha*, la première partie du composé est placée à la forme absolue, sans aucune marque de cas, circonstance qui nécessite la réunion en un
seul mot et sans séparation des deux parties composantes. Nous
ferons observer en outre que les fragments de Ctésias nous offrent
l'exemple d'une formation analogue à celle de *tanumāthra* dans un
nom propre où entre *tanu* même. C'est le nom du plus jeune fils de
Cyrus, *Tanuoxarces*, qui fut chargé par son père du gouvernement
de la Bactriane : Τανοξάρκην δὲ τὸν νεώτερον ἐπίστησι δεσπότην Βακτλείων κ. τ. λ. [45].
Ce nom qui est écrit par Xénophon Ταναξάρης est évidemment com-
posé du zend *tanu* (corps), et de *xarces*, qui n'est autre que le nom
de Xercès, dont l'orthographe se rapproche beaucoup de celle des
inscriptions de Persépolis (*Khchearcha*). Si l'on interprétait ces deux
mots suivant la loi ordinaire des composés zends, leur réunion

[45] Ctésias, pag. 65, 113, ed. Baehr.

signifierait *roi du corps*. Mais en considérant *Tanuoxarces* comme un composé possessif, il peut signifier : « celui qui a le roi pour corps, « dont le roi est le corps. » Le système d'explication que nous proposons pour *tanumâthra* doit, selon nous, s'appliquer également à ce mot.

Au reste, les deux interprétations, celle de Nériosengh et celle d'Anquetil, s'expliquent également par le caractère de Sérosch, Ized de la parole d'Ormuzd, qui la transmet au monde, et la fait respecter sur la terre, parce que lui-même lui obéit le premier. C'est, à ce qu'il semble, la parole elle-même personnifiée, d'après le génie de l'ancienne religion des Parses, qui a individualisé sous une forme et sous un nom propre chacune des grandes conceptions de la philosophie orientale. L'étymologie du mot *çraocha* rend également compte de l'idée d'obéissance et de celle de parole. En effet *çraocha* ne peut appartenir à un autre radical qu'à *çru* (entendre), qui, en zend, mis à la forme causale, veut dire « faire entendre, » c'est-à-dire *proférer, parler,* ainsi que nous aurons occasion de le voir plus d'une fois ; et d'un autre côté ce radical *çru* forme en sanscrit un substantif qui signifie en même temps *oreille* et *obéissance*, par suite d'un de ces sens d'extension, si simples à la fois et si expressifs, qui font la beauté des anciens idiomes. La signification d'*auditeur* est tellement primitive dans le mot *çraocha* que, même dans l'Iescht consacré à cet Ized, Nériosengh ne s'attachant qu'au sens radical de ce titre, et oubliant en quelque sorte le caractère divin de l'être qui le porte, le remplace par *çrôtâ* (l'auditeur). Nous ne trouvons pas en sanscrit de mot qui corresponde complétement au zend *çraocha*. En admettant que *ao* soit le *gaṇa* de *u* dans *çru*, on peut supposer un suffixe *cha* qui donne au radical *çru* les sens d'*auditeur, obéissant*. Ce suffixe doit à son tour être ramené au *sa* sanscrit qui forme, comme on sait, des adjectifs dérivés ; le *s* dental est changé en *ch* par l'influence de la voyelle *o* qui le précède.

Drisidris, mot qui s'écrit aussi en deux parties *darsi draos*, notam-

ment n° 2 F, pag. 49, et n° 3 S, pag. 26, est très-diversement
interprété. Anquetil, le réunissant à l'adjectif *âhuiryêhê*, hésite
entre « tout brillant de la gloire d'Ormuzd, » et « dont la gloire
« est déployée et royale. » Nériosengh, au contraire, le traduit par un
mot sanscrit qui me paraît très-rare, *tchamatkâri-çastra*, « celui
« dont l'épée cause le désordre. » Anquetil, pour trouver dans *dri-*
sîdris le sens, « tout brillant de gloire, » ou « dont la gloire est
« déployée, » a rattaché peut-être ce mot au persan درخشان (brillant). Quant à l'interprétation de Nériosengh, que l'on peut rendre
en français par « celui dont l'épée cause le désordre ou l'étonne-
« ment, » d'après le sens que le dictionnaire bengali donne au mot
tchamatkâra, elle nous suggère une explication qui rend compte
d'une manière satisfaisante du mot de notre texte, et qui met dans
leur vrai jour les éléments qui le composent. Je remarquerai d'a-
bord que ce mot *drisîdris* ou *darsidraos* doit être, comme ceux qui
le précèdent et le suivent, un génitif sing. masc. Car quoique la désinence *aos* soit peu commune à ce cas, et que les noms en *u* prennent le plus souvent *ô* pour *as*, ou *êus* ainsi que nous le montrerons bientôt, la terminaison *aos* qui est l'orthographe zende de la
désinence *ôs* des noms sanscrits en *u*, n'est pas tellement rare qu'on
ne la trouve encore dans la langue jointe à d'autres mots. Nous citerons par exemple le mot *bâzaos*, génitif de *bâzu* (bras). Dans cette
hypothèse *draos* sera le génitif d'un nom en *u*, *dru*, que je ne trouve
pas en sanscrit, mais qui doit appartenir à la même famille que *dru*
(blesser), lequel forme *druṇa* (épée): le *dru* zend n'est peut-être
même autre chose que le grec δόρυ. Quoi qu'il en soit de ce dernier
rapprochement, le substantif *dru* appartient à un radical dont la famille est très-étendue en zend; et le sens de *blesser*, que nous devons assigner aux mots qui la composent, s'accorde avec la version
de Nériosengh, qui donne pour équivalent à ce mot celui d'*épée*.

Le second mot *drisî* ou *darsi*, et suivant une troisième lecture que
je crois plus correcte *darchi*, ne peut être autre chose qu'un adjec-

6.

tif dérivé avec le suffixe *i* du sanscrit *dharcha*, qui vient lui-même du radical *dhrïch* (opprimer, faire violence). Les manuscrits écrivent ce mot tantôt avec un *î*, tantôt avec un *i* bref. La première orthographe donnerait lieu de supposer que l'adjectif *darchî* est un nominatif masculin singulier d'un thème en *in*. Mais je crois avoir remarqué que ce suffixe est d'un usage assez rare en zend, et que la plupart des mots où la comparaison du sanscrit semble en appeler la présence, sont formés dans l'ancienne langue de l'Arie au moyen du suffixe *i* bref. A moins donc de supposer que la voyelle finale de·*darchî* a été allongée par l'influence de l'accent modifiant la quantité de la lettre, j'aime mieux conserver la brève qui laisse subsister le suffixe intact et à la forme absolue. Le zend *darchi*, où nous ne remarquerons plus que l'absence d'aspiration dans le *d*, un *dh* n'étant presque jamais initial en zend, signifiera donc *oppresseur* ou *audacieux*, et ce sera le grec θαρσύς ou θϵρσύς, car le θ grec représente, comme on sait, le sanscrit *dh*. Il résulte de là que si l'on réunit ces deux mots en un composé possessif, nous devrons traduire le zend *darchidraos*, par « celui qui a une épée audacieuse ou « victorieuse, » et que ce composé reviendra pour le sens, comme pour le son, à l'adjectif poétique grec δορυθαρσής [44].

Ahûiryêhê, que l'on rencontre plus souvent écrit *dhûiryêhê*, est un adjectif dérivé de *ahura*, avec *vrïddhi* de la première voyelle du radical, et signifiant « relatif à Ahura (Ormuzd). » Le suffixe formatif de cet adjectif est *ya*, dont le génitif est *êhê*, et non *ahê*, comme nous l'avons fait remarquer tout à l'heure. Anquetil traduisant *ahura* par *roi*, rend bien cet adjectif par *royal*; mais l'interprète indien se trompe en mettant le substantif *roi* ou *maître*, au lieu de « relatif

---

[44] Le mot *dru*, employé comme substantif, ne se trouve peut-être qu'en composition. Ainsi on le rencontre encore avec l'adjectif *khrui* (cruel), et Anquetil le rend dans ce cas par *éclat* (cruel éclat); interprétation singulière qui semble dériver de la même source que le *tchamatkârin* de Nériosengh, avec cette différence que *tchamatkârin* représente pour le traducteur indien le zend *darchi*.

« au roi, ou au maître. » Il s'accorde toutefois avec Anquetil quant au sens fondamental du mot; c'est un rapprochement sur lequel nous aurons occasion de revenir tout à l'heure.

Reste ا)ﺪﺴﻳﻮﺳ khšnaothra, que nous écrirons plus régulièrement khchnaothra, suivi des initiales des noms de prières que nous avons vus ainsi indiqués précédemment. Anquetil, considérant ce mot comme un verbe, traduit : « qu'il me soit favorable. » Mais nous pouvons déjà, par l'analyse que nous avons donnée de khchnaothrái, reconnaître que khchnaothra est une des formes de ce nom substantif. Ce doit être, selon moi, un nominatif pluriel neutre, car nous verrons plus bas que la désinence plurielle de ce genre est, comme dans le sanscrit des Védas et dans le pâli, un á long pour les noms dont le thème est en a, et que cette voyelle, en zend, s'abrége le plus souvent à la fin des mots; ce qui explique de la manière la plus satisfaisante les neutres pluriels en grec et en latin, lesquels partent de la forme védique et zende, et non de celle du sanscrit classique [45]. Il ne résulte cependant pas de cette analyse un sens différent au fond de celui d'Anquetil, parce que pour rendre compte de ce nominatif nous sommes obligés de sous-entendre le verbe substantif, par exemple à l'impératif ou au subjonctif, de cette manière: « que les prières qui rendent favorable soient « pour Sérosch, etc. » Aussi Nériosengh, traduisant khchnaothra par ânandakritýái, me paraît confondre ce mot avec les suivants, qui sont en effet au datif, dans cette prière comme dans celle de la page 2 du manuscrit lithographié. Mais sa version est plus exacte que celle d'Anquetil, en ce qu'au moins il reconnaît le mot de notre texte pour un substantif.

En résumé, je pense que çraochahé, avec les adjectifs qui se rapportent à ce nom, dépend de khchnaothra, et qu'on doit traduire : « que les prières qui rendent favorable soient pour Sérosch, saint,

[45] Voyez Lassen, *Ind. Bibl.* tom. III, pag. 74. *Nouv. Journ. asiat.* tom. III, p. 309. Bopp, *Gramm. sanscr.* pag. 323. Nous reviendrons plus tard sur ce neutre du zend.

« fort, dont la parole (d'Ormuzd) est le corps, dont l'épée est victo-
« rieuse, serviteur d'Ahura. » Mais on éprouve quelque embarras pour
rattacher à cette prière, qui est complète par elle-même, les mots
annoncés seulement par leurs initiales, et que nous connaissons
déjà pour être répétés à la fin de la prière *fravarâni*. Il n'y a pas de
doute que ces mots ne soient au datif, puisque le dernier qui est
transcrit intégralement nous offre ce cas. Or, si ces mots que nous
avons reconnu être des noms sacramentaux de certaines prières
dont plusieurs se retrouvent dans la liturgie, doivent, comme semble
l'indiquer leur place, se rattacher à la phrase que nous expliquons,
comment se fait-il qu'ils soient à un cas différent? Comment de
plus expliquer la présence de ﻮﺑ pour *khchnaothrâi* dans une prière
où le mot *khchnaothra* joue déjà le rôle principal? Pourrait-on traduire avec quelque espoir d'être arrivé au sens véritable : « que les
« prières qui rendent favorable soient pour Sérosch... et pour le
« sacrifice (Yaçna), l'invocation, la prière qui rend favorable, et la
« bénédiction? » C'est cependant le sens le plus naturel que je puisse
trouver pour ce passage, qui se représente assez fréquemment dans
les textes zends, et où nous devons, selon toute apparence, regarder, ainsi que nous l'avons fait plus haut, les mots *yaçnâitcha*, etc.
comme des noms de prières et de parties des textes sacrés que leur
importance rend un objet spécial d'adoration. Ainsi, jusqu'à ce qu'on
possède l'intelligence complète de cette prière, et de celles du
même genre, lesquelles forment incontestablement la partie la plus
difficile et la plus obscure des livres attribués à Zoroastre, nous
proposerons la traduction suivante : « que les prières qui rendent
« favorable soient pour Sérosch, saint, fort, dont la parole est le
« corps, dont l'épée est victorieuse, serviteur d'Ahura, et pour le
« sacrifice (Yaçna), et pour l'invocation, et pour la prière qui rend
« favorable (Khchnaothra), et pour la bénédiction. »

VI.

(text in Pahlavi/Zend script)

(Lignes 2 *b* — 5 *a*.)

TRADUCTION D'ANQUETIL.

« Dites-moi, ô Djouti, c'est le désir d'Ormuzd (que le chef fasse « des actions pures). Dites au chef de faire des œuvres saintes et « utiles : avertissez-le de cela. »

Le passage que nous venons de transcrire est une des prières les plus célèbres et les plus fréquemment répétées dans les livres des Parses. Elle se trouve reproduite, entre autres endroits, à la fin du iiie chapitre du Yaçna, où nous empruntons la glose de Nériosengh, d'après le n° 2 F, pag. 43, 44, et le n° 3 S, pag. 27, 28. Nous ne reproduisons pas ici le texte de cette traduction sanscrite, qui sera donnée bientôt en son lieu lorsque nous serons parvenus à l'analyse du iiie chapitre du Yaçna.

Voici la traduction latine littérale de ce passage : « Qualiter Do- « mini cupido, (id est) qualiter Ahuramazdæ desiderium, o Djuti, « præcipue mihi dic actum purum quoque; Râthvî (sic loquitur). Res- « ponsum facit Djuti : Ita lex : puritate quacumque, præcipue, o pure « animo, præceptum dico; id est, omnem actum purum ita lex « (jubet) facere ut Ahuramazdæ placeat. » En donnant cette traduc- tion presque barbare, je ne prétends pas reproduire d'une manière absolument claire le sens du passage sanscrit; je veux seulement mettre le lecteur à même de vérifier, au moyen d'une interprétation très-littérale, la valeur de cette glose obscure, qui peut signifier en français : « Comme est le désir du maître, comme est l'intention « d'Ahuramazda, o Djouti, dis-moi quel acte pur il faut faire (pour « satisfaire Ormuzd); c'est le Raspi(qui parle). Le Djouti répond : « Telle est la loi : par tout acte de pureté quel qu'il soit (on plaît à « Ormuzd), ô homme dont l'âme est pure, c'est là le précepte que « je donne; c'est-à-dire, la loi veut qu'on fasse tout acte de pureté « (pour plaire à Ormuzd). » Cette traduction rentre à peu de chose près dans celle que propose Anquetil; seulement elle indique une autre division logique des propositions, ainsi que la présence d'une espèce de dialogue qu'Anquetil n'exprime pas d'une manière aussi nette.

Pour bien comprendre ce dialogue, et nous faire une idée du sens de ce passage difficile, nous remarquerons en premier lieu que cette prière, si souvent répétée dans le Vendidad-sadé, n'est pas celle qui porte le nom spécial de *Yathá ahú vairyô*, prière que les Parses regardent comme la parole créatrice d'Ormuzd, et qui est composée de vingt et un mots auxquels répondent les vingt et un Nosks ou divisions de l'Avesta. Le fragment qui fait l'objet de notre analyse, ne remplit pas cette condition à laquelle satisfait au contraire la prière que l'on trouve transcrite sous le titre de *Yathá ahú vairyô*, au commencement du volume des Ieschts-sadés. Notre fragment, outre qu'il est plus court, contient d'un autre côté des mots qui ne se trouvent pas dans cette prière. Nous n'avons donc ici que des portions de la prière *Yathá ahú vairyô*, de ces portions que les textes eux-mêmes appellent *bagha*, terme zend correspondant au sanscrit *bhâga*, et par lequel sont désignées, au XIX° chapitre du Yaçna, les parties de la prière *Yathá*, etc. Ces portions qui, dans l'opinion des Parses, possèdent l'efficacité qu'on attribue au *Yathá* entier, se trouvent, dans notre passage, ainsi que l'indiquent Nériosengh et la comparaison de la prière elle-même avec ses parties, mêlées à deux membres de phrase qui forment une sorte de dialogue. On comprend que si nous parvenons à entendre

ces additions faites au texte primitif de la prière, nous aurons déjà
beaucoup avancé l'intelligence de notre passage.

Dans l'opinion de Nériosengh, tout ce qui est contenu entre les
mots ﺳﻮﯾﺲ et ﺟﻮﯾﺲ inclusivement, forme la première partie du
dialogue, laquelle est prononcée par le Raspi; c'est au moins de cette
manière que je crois pouvoir entendre le mot *ráthví*, transcription
sanscrite du nom du prêtre que les Parses nomment *Raspi*, d'un des
cas indirects du mot *ratus*, le ministre du prêtre officiant, qui est
nommé en zend *zaotá*, et par les Parses *Djouti*. Il me semble que
je suis autorisé à regarder la mention du mot *ráthví* comme celle
d'un interlocuteur, et à traduire ce seul mot comme je l'ai fait,
« c'est le Raspi qui parle; » et ce qui me confirme dans cette interprétation, c'est qu'Anquetil indique que c'est au Raspi à prononcer
ce commencement de la prière [46].

Après le mot *ráthví*, Nériosengh nous avertit que le Djouti répond; de sorte que, suivant le scoliaste indien, les mots compris
entre *athá* et *mraotá* forment la réponse du second interlocuteur.
Notre texte se trouve donc ainsi divisé, dans la pensée de Nériosengh, en deux portions que, pour plus de clarté, nous devons examiner à part et successivement, en comparant sur chacune d'elles
la version d'Anquetil à la glose de Nériosengh.

Dans la première partie de la prière, Nériosengh et Anquetil s'accordent pour regarder les mots ﺳﻮﯾﺲ ﺳﻮﯾﺲ ﺳﻮﯾﺲ comme empruntés à la prière ainsi nommée d'après son commencement, et
tous deux les traduisent de même : « c'est le désir d'Ormuzd, » ou
« comme est le désir d'Ormuzd. » Tous deux s'accordent également
pour traduire la fin par « dites-moi, Djouti. » L'interprétation d'Anquetil a donc pour elle l'opinion de Nériosengh, et de cette comparaison il résulte qu'il y a déjà près de quatre cents ans les Parses
entendaient de cette manière cette prière importante. Il ne nous

[46] *Zend Avesta*, tom. I, 2ᵉ part., pag. 80, note 7.

I.   7

reste qu'à vérifier si l'analyse à laquelle nous pouvons soumettre le texte, la confirme ou la contredit.

Le premier mot, *yathâ*, ne peut faire aucune difficulté : en zend comme en sanscrit il signifie *de même que*, *comme*, et a pour corrélatif une conjonction formée du même suffixe *thâ* avec une lettre pronominale indicative *ta* ou *a*. Le mot suivant, *ahú*, qui se rencontre rarement dans les textes à un autre cas, mais que nous trouvons quelquefois à l'accusatif, notamment dans le Vispered, signifie, suivant Nériosengh, *svâmin* (maître), suivant Anquetil, *Ormuzd*; et ces deux interprétations rentrent à peu près l'une dans l'autre, car Nériosengh ne traduit jamais autrement *ahura* (Ormuzd) que par *svâmin*. Quoiqu'à l'accusatif *ahú* doive se traduire le plus souvent par *demeure, monde*, ainsi que nous le verrons plus tard, on trouve cependant à ce cas *ahúm* signifiant *maître* [47], et c'en est assez, ce semble, pour justifier une interprétation appuyée sur le témoignage de Nériosengh et d'Anquetil.

Il n'est cependant pas facile de rendre compte étymologiquement de ce mot, dans lequel on peut reconnaître le suffixe *ú*, et *ah* que les règles de permutation des lettres nous autorisent à comparer au sanscrit *as* (être). Ce suffixe se distingue de l'*u* bref, voyelle formative d'un fréquent usage, en ce qu'il n'est pas suivi du *s* dental, signe du nominatif. Le zend *ahú*, sauf l'allongement de l'*u* du suffixe, répondrait donc, d'après cette analyse, au sanscrit *asu*, dont le sens le plus ordinaire est *souffle vital*, et qui signifie quelquefois *pensée, réflexion*. Si nous ne trouvons pas ici de trace du sens de *maître* donné par les Parses à ce mot, cela vient peut-être de la différence du suffixe, bref dans *asu* (vie), et long dans *ahú* (maître). Nous remarquerons d'ailleurs plus d'une fois que les mots identiques dans les deux idiomes, et par le son et par l'étymologie, ne se correspondent pas toujours pour le sens, parce que les deux langues se sont partagé en quelque sorte toutes les significa-

[47] Voyez *Vendidad-sadé* lith. pag. 84.

tions possibles d'un même mot, l'une gardant celle qui est la plus
rapprochée du radical, l'autre préférant un sens d'extension. Sans
insister même sur la différence de quantité du suffixe, et en supposant que la signification de *maître* ne soit qu'un sens secondaire, il
est permis de conjecturer que le zend *ahú* veut dire, comme le sanscrit *asu, la vie,* ou peut-être *celui qui est.* Dans cette hypothèse, il
ne restera plus à expliquer que l'espèce d'anomalie que nous avons
remarquée déjà dans nos observations préliminaires, où nous avons
fait voir que l'aspirée *h* doit, suivant l'usage le plus général de la
langue zende, être accompagnée de la nasale *g̃,* quand elle. est
précédée d'un *a.* Cette anomalie se retrouve également lorsque le
mot *ahúm* est pris dans le sens de *monde* [48], et elle y est d'autant
plus digne d'attention, que les autres cas de ce mot ont, ainsi qu'on
le verra plus tard, cette même nasale. On est tenté d'attribuer cette
irrégularité à la présence de l'*ú* long, ou bien de supposer, comme
nous l'avons indiqué dans nos observations préliminaires, que la racine du mot *ahú* avec le sens de *seigneur,* a primitivement un *h* et
non un *s,* et qu'elle peut être *ah* par exemple, le zend *ahú* signifiant
« celui qui pénètre. »

Sous le rapport de la syntaxe, je ferai remarquer que l'opinion
de Nériosengh et celle d'Anquetil quant à la relation de ce mot
avec le suivant ne peuvent être soutenues, et que c'est à tort que les
Parses considèrent *ahú* comme le complément au génitif de *vairyô:*
ahú ne porte aucune marque de génitif, et il est en rapport de concordance avec *vairyô.* L'analyse que nous allons donner de ce dernier
mot, mettra ce fait dans tout son jour. Les deux interprètes s'accordent encore ici pour le traduire par *désir,* mais j'avoue que j'ai
quelques doutes sur l'exactitude complète de cette interprétation;
non pas que celle que je proposerai doive, en dernière analyse,

---

[48] On ne s'étonnera pas que le mot *ahu* (cas indir. *ag̃hu*), dérivé du radical *as* (être), signifie *monde,* si l'on se rappelle qu'il en est exactement de même en sanscrit où le radical *bhú* forme des mots qui ont le sens de *monde* et de *terre.*

changer beaucoup au sens général de notre passage, mais c'est que nous avons besoin d'être fixés sur le véritable rôle grammatical et sur l'étymologie de ce mot. Je remarquerai d'abord que *vairyô* a pour désinence celle d'un substantif ou adjectif masculin au nominatif singulier d'un thème en *a*, *vairya*. La dernière syllabe *ya* paraît être une formative d'adjectif ou de participe en *ya*; et comme cette formative attire, ainsi que nous aurons lieu de le reconnaître plus d'une fois, un *i* épenthétique avant la consonne qui précède *ya*, il nous reste pour radical de ce mot *var*, qui signifie en sanscrit *désirer*, *obtenir*, ou *vrĭ* (avec *guṇa*), *choisir*. Toutefois je n'en conclurais pas qu'il faille traduire *vairyô* par *désir*, mais plutôt par *désirable*, ou *digne d'être désiré*, ou encore *chef*, *principal*, en comparant directement le zend *vairya* au sanscrit *varya*; car il résulte de l'analyse que nous avons donnée de ce mot que c'est un adjectif. L'opinion que nous avons émise tout à l'heure sur *ahû*, mot dans lequel on ne peut reconnaître qu'un substantif au nominatif, confirme encore notre hypothèse sur *vairyô*, qui est nécessairement un adjectif au même cas.

Cela posé, si l'on conserve au mot que nous considérons comme un adjectif, le sens radical donné par Anquetil et Nériosengh, c'est-à-dire par la tradition uniforme des Parses, on pourra traduire : « qualiter Dominus optandus. » Mais cette traduction ne donne pas un sens très-satisfaisant, et elle ne s'accorde pas bien avec celui que nous sommes autorisés à trouver dans la fin de la prière. En comparant *vairyô* à *fravarâni* que nous avons précédemment expliqué, et en le rattachant au même radical *vrĭ* ou *vĕrĕ*, qui ne souffrirait d'autre modification qu'un *guṇa*, nous pourrions traduire : « qui doit « être vénéré, respecté, *venerandus*; » interprétation qui s'accorde avec la suite du discours, telle du moins que nous croyons pouvoir l'entendre. En résumé, ce membre de phrase pourrait, dans notre opinion, se traduire : « comment le Seigneur (Ormuzd) doit-il être « honoré? »

Nous venons d'analyser les mots que Nériosengh et Anquetil s'accordent l'un et l'autre à regarder comme faisant partie de la prière même nommée *Yathâ*, etc. Passons maintenant à la proposition que les deux interprètes regardent également comme une incise, ܣܘܝܠܒ ܣ ܠܟܕ. ܣ ܟܝ ܣ܇ ܟܝܦ ܝ, et qu'ils traduisent : « dis—moi, ô Djouti. » Le premier mot *zaôtâ*, que je proposerai de lire avec les plus anciens manuscrits, ܣܘܝܠܒܣ *zaotâ*, est le nom zend du prêtre officiant dont les Parses ont fait Djouti. Suivant Anquetil, ce mot signifie : « celui « qui (prononce) rapidement ; » or, dans cette traduction, suggérée à Anquetil par ses Destours, la parenthèse indique que le verbe *prononcer* ne fait pas, à proprement parler, partie du sens du mot *zaotâ*, et qu'il y est comme sous—entendu ; restent donc les mots, « celui « qui rapidement, » traduction qui n'explique rien.

Nous sommes ainsi autorisés à en chercher une autre qui soit plus conforme au véritable emploi de ce mot dans les textes. Le Djouti est, comme on sait, le prêtre officiant : c'est lui qui prononce une grande partie des invocations et des prières, qui offre en sacrifice la chair des animaux et le jus de la plante *Haoma* (Hom), qui accomplit, avec son ministre, les actes les plus importants de la liturgie ; en un mot, c'est le sacrificateur [10]. Or, *zaotâ* nous donne, après le retranchement du suffixe *tâ*, nominatif de *tar*, qui forme des noms d'agents aussi nombreux en zend qu'en sanscrit, *zao*, qui est le *guna* de *zu*, et que les règles du changement des consonnes en zend et en sanscrit nous montrent comme répondant à *hu* (sacrifier au feu). C'en est assez, ce semble, pour identifier le zend *zaotâ* au sanscrit *hôtâ*, et pour traduire *zaotâ* par *sacrificateur*. J'ajouterai que nous trouverons une confirmation de cette conjecture dans le mot *zaothra*, dont les Parses ont fait *zour* et que je propose d'identifier au sanscrit *hôtra*. Or, si notre analyse est exacte, *zaotâ* est un nominatif, et il ne faut pas le traduire, comme An-

[10] *Zend Avesta*, tom. II, pag. 572.

quetil et Nériosengh le font, par le vocatif; ce cas serait en zend ٍ‍‍‍‍‍ *zaotarĕ*, comme *dâtarĕ* de *dâtá*.

Le verbe qui est en rapport avec ce sujet, sera donc à la troisième personne, non à la seconde comme l'ont pensé les interprètes parses: et en effet, dans la désinence de *mrûtéé*, nous ne pouvons reconnaître une seconde personne. Mais il faut remarquer que les manuscrits varient sur l'orthographe de ce verbe; le n° 2 F, entre autres, donne très-fréquemment *mrûté*, où je reconnais la désinence ‍‍‍‍ de l'indicatif présent moyen du radical *mrû*, qui, en zend, répond au sanscrit *brû* par le changement facile de la labiale douce en la nasale labiale; *mrûté* est donc exactement le sanscrit *brûté*. D'un autre côté, il se pourrait que la désinence, d'ailleurs rare, ‍‍‍‍, telle que la lit notre manuscrit, fût une forme de la troisième personne de l'impératif, qui ne se trouve pas en sanscrit, où *tâm* remplit ce rôle, mais qui pourrait s'expliquer par le développement que prennent le plus souvent les terminaisons de l'impératif, comme l'a remarqué M. Bopp [50]. Nous reconnaîtrons plus tard que, dans la déclinaison, la lettre ‍ suivie de ‍‍ répond aux syllabes sanscrites *ayé* ou *yâi*, au datif des noms féminins en *i*. Si ‍‍ pouvait passer quelquefois pour l'équivalent de *yâi*, ou seulement de *âi* (voyelle qui, d'ailleurs, est plus souvent représentée en zend par ‍‍ *âi*), le verbe *mrûtéé* reviendrait à *brûtâi*, qui n'existe pas, il est vrai, en sanscrit, mais qui, rapproché de la désinence de la première personne de l'impératif, peut paraître moins anomal. On pourrait encore, toujours dans l'hypothèse que *é* seul ou avec *é* représente *âi*, soupçonner ici l'existence d'un subjonctif, formé de la même manière que celui dont M. Lassen a reconnu l'existence dans sa critique de la grammaire de M. Bopp, et dont la troisième personne plurielle est terminée par la voyelle *âi* [51]. Si telle est la désinence au pluriel, ne pourrait-on pas supposer qu'il en est de même au singulier?

---

[50] *Gramm. sanscr.* r. 313, not. — [51] *Ind. Bibl.* tom. III, pag. 84.

Au reste, si l'on doit reconnaître que l'impératif ou le subjonctif présenteraient un sens plus satisfaisant pour l'ensemble de la phrase, elle reste de même intelligible avec la leçon qui nous donne l'indicatif présent. Cette leçon (*mrûté*) est même soutenue par les plus anciens manuscrits; l'autre (*mrûtéé*) nous offre une désinence qui ne se retrouve pas, que je sache, jointe à un grand nombre d'autres verbes; de sorte que je serais tenté de la regarder comme une faute de copiste. Elle vient, selon toute apparence, de la confusion des désinences *é* et *éé*, désinences que l'on rencontre concurremment dans les substantifs comme caractéristique des datifs singuliers des noms en *i*.

Les mots qui séparent *zaotá* de *mrûtéé* ne présentent aucune difficulté; les deux interprètes les traduisent également par « à moi; » il faut seulement remarquer la tmèse de *frá mé mrûtéé,* où nous voyons la préposition séparée du verbe sur lequel elle porte, par le pronom, complément indirect du verbe. La particule *frá* est le sanscrit *pra*, dont la labiale est aspirée en zend par suite de l'action de la liquide *r*. On remarquera en outre l'allongement de l'*a*, dans le zend *frá*, sans doute parce que l'accent du pronom *mé* se reporte sur le mot *fra*, et parce que cette addition d'un accent sur *fra* entraîne l'allongement de la voyelle. Peut-être aussi *frá* a-t-il une voyelle longue parce qu'il est le résultat de la fusion de *fra* avec le préfixe *á* (vers). La tmèse de la préposition qui tombe sur un verbe, est en elle-même digne de remarque, en ce qu'elle se trouve dans le plus ancien dialecte sanscrit, celui des Védas, ainsi qu'on peut s'en convaincre par les extraits publiés du Rig-Véda, et qu'elle forme un des nombreux traits de ressemblance qui rapprochent l'idiome des Parses du plus ancien dialecte sanscrit [52]. En résumé, après l'analyse que nous venons de donner des deux propositions qui forment la première partie de notre prière, nous pourrons traduire, soit avec l'impératif, soit avec le subjonctif: « que le sa-

[52] Rosen, *Rigved. spec.* pag. 6. Voy. *Pánini*, I, 4, 82 sqq.

« crificateur (le Djouti) me dise comment le Seigneur doit être
« vénéré; » ou bien: « le sacrificateur me dit comment le Seigneur
« doit être vénéré. »

Dans la seconde partie de la prière à laquelle nous voici parvenus,
Anquetil et Nériosengh ne distinguent pas aussi nettement qu'ils
l'ont fait pour la première ce qui appartient à la prière proprement dite, *Yathâ ahû,* etc., de ce qui fait le fonds de l'espèce de
dialogue qui en divise les parties, et les place, selon toute vraisemblance, dans la bouche des deux interlocuteurs, le Raspi et le
Djouti. Anquetil ne paraît pas soupçonner qu'un nouvel interlocuteur reprenne la parole, ce qui semble cependant naturel, puisque
dans le commencement de la prière le Djouti est interrogé par le
Raspi; et conséquemment le traducteur met le passage tout entier
sur le compte du Raspi, et en fait la suite de la phrase que nous
venons de traduire tout à l'heure.

La glose de Nériosengh est plus précise, et vraisemblablement
plus exacte; elle indique entre la première partie de la prière et la seconde que nous examinons maintenant, la présence d'un interlocuteur nouveau, c'est-à-dire une réponse du Djouti. Il y a seulement
ceci à remarquer, que dans la pensée de Nériosengh l'indication
de la présence du Djouti n'a pas lieu dans le texte même, opinion
qui, comme on le verra tout à l'heure, ne peut être contestée. Ainsi,
selon le traducteur indien, tout ce qui suit le mot ﺍﺛﺎ *athâ* forme
la réponse du Djouti. Nous remarquerons d'abord que la régularité du dialogue exige qu'à côté d'une portion de la prière *Yathâ
ahû,* etc. servant de réponse à celle qu'a prononcée le Raspi, se
trouve l'indication formelle que c'est là la réponse. Nous avons ensuite dans la comparaison de notre fragment avec la prière elle-
même, qui paraît copiée en entier au commencement des Ieschts-
sadés, un moyen sûr de vérifier ce qui appartient en réalité à cette
prière, et de constater ici l'intervention ou l'absence d'une phrase
étrangère. Or, tous les mots compris entre *athâ* et *hatcha* inclu-

sivement, font partie du *Yathâ ahû vairyô;* ceux qui suivent ne s'y trouvent pas contenus. Nous sommes donc autorisés à diviser cette seconde partie de la prière en deux fragments, comme nous l'avons fait pour le commencement; l'examen en sera par là rendu plus facile.

Ainsi que nous venons de l'indiquer, les mots entre *athâ* et *hatcha* inclusivement sont une portion du véritable *Yathâ ahû vairyô.* De ces mots, le premier, *athâ,* est bien en rapport avec *yathâ* de notre première partie; c'est, avec le même suffixe *thâ,* la lettre pronominale indicative *a;* aussi Nériosengh le traduit-il par *évam.* La corrélation de *athâ* avec *yathâ* établit un rapport intime entre cette partie de la prière et la précédente; et en effet nous aurons besoin de ce rapport pour rendre complétement compte du texte que nous examinons en ce moment. Le mot ‌‌‌‌ﺍﺳﻮﺭﺗﻮ *ratus* est un nominatif avec la désinence *s,* qui persiste beaucoup plus souvent en zend qu'en sanscrit; c'est le mot dont nous avons vu plus haut le datif. Dans le passage auquel nous faisons allusion, on a pu se convaincre, par le double témoignage de Nériosengh et d'Anquetil, qu'il signifiait *maître, chef.* Nous savons en outre que le nom donné par les Parses à un des prêtres qui célèbrent l'office du Yaçna est *Raspi,* et que ce nom est transcrit dans les gloses en caractères du Guzarate *râthvî,* où l'on ne peut voir qu'une altération de l'un des cas indirects de *ratus.* Ces deux mots, *Raspi* et *Râthvî,* ne sont donc que la transcription moderne du zend *ratus;* et il en résulte que l'on peut traduire ici les deux mots *athâ ratus* par « ainsi le maître ou « le Raspi, » et les considérer comme correspondant au *râthvî* de Nériosengh. Mais dans cette hypothèse les mots *athâ ratus* devraient être en dehors de la prière, où ils se trouvent cependant compris dans le volume des Ieschts-sadés, et où les appelle la corrélation des mots *athâ* et *yathâ.* Or, si les mots *athâ ratus* font en effet partie de la prière, on ne doit pas les regarder comme l'indication d'un interlocuteur; il n'est plus permis de les traduire « ainsi parle le Raspi, »

I.   8

et il faut chercher pour le mot *ratus* une interprétation nouvelle.

Cette interprétation, la glose de Nériosengh nous la fournit, et le sens qui en résulte me paraît résoudre la difficulté. Nériosengh traduit *ratus* par *ádéshah* (instruction, précepte), de sorte que le commencement de notre prière revient à *ita lex*, «,tel est le précepte, la «loi.» On comprend sans peine comment le mot qui signifie *précepteur*, peut passer à la signification de *précepte;* et de plus les textes zends eux-mêmes nous offrent des passages où il est impossible de donner à ce mot une autre valeur. Nous citerons entre autres cette phrase du premier chapitre du Vispered : ··ﺳ﮲··· ﺳﯖ··· *nivaédayémi ratèus běrězó hadhaokhdhahé,* suivant Anquetil : « j'invoque le grand et le sublime *Hadokht* (le « XXI° Nosk de l'Avesta); » ce que, selon toute apparence, il faut traduire : « j'invoque la sublime loi Hadokht. » Cette interprétation semble confirmée par la différence de la désinence de *ratu* dans ce fragment, et du même mot dans les autres textes, où, de l'aveu même de Nériosengh et d'Anquetil, il signifie *maître.* Dans cette dernière acception le génitif de *ratu* est ﺳﯖ *rathwó,* formation sur laquelle nous aurons occasion de nous expliquer plus tard, et qui diffère de celle de ﺳﯖ *ratèus,* dans la phrase du Vispered. Sans nous occuper en ce moment de la terminaison *éus* des génitifs des noms en *u,* nous pouvons dire que *ratèus* et *rathwó* sont deux mots dont certainement l'origine est la même, mais dont l'acception peut être diverse comme est leur forme.

Les mots suivants, ﺳﯖ ﺳﯖ *asáṭ tchiṭ,* ne sont pas très-distinctement traduits dans Anquetil; on y voit bien « des actions pures, « des œuvres saintes, » mais sa version n'est pas ici assez littérale pour être d'un grand secours. Nériosengh suit plus fidèlement le texte, dont il reproduit même la forme grammaticale; ﺳﯖ *asáṭ,* qu'il faut plus correctement lire ﺳﯖ *acháṭ,* y est rendu par un ablatif, *puṇyáṭ,* «par la pureté, par la vertu. » En effet, *ṭ* est bien

en zend la désinence de l'ablatif singulier, désinence devant laquelle
l'*a* des noms dont le thème est terminé par cette voyelle, s'allonge
le plus souvent et devient *â*.

A ce mot doit se rattacher la particule *tchît*, écrite non moins fréquemment avec un *ɔ i* bref, et qui, en zend comme en sanscrit, et
comme *quid* en latin, donne une signification plus générale et plus
étendue au pronom qu'elle suit. Nériosengh a, dans sa glose, très-nettement fait comprendre ce que cette particule (qui est, à proprement
parler, un pronom neutre dont nous verrons plus tard le nominatif et
l'accusatif masculins) ajoute au sens du substantif, en faisant suivre
les pronoms *yasmât kasmâtch-tchit* de cette même particule, en sanscrit *tchit*. Mais il est digne de remarque qu'en zend ce monosyllabe se
joigne même à un substantif; ce fait annonce un emploi plus étendu
et sans doute plus ancien de ce pronom en zend qu'en sanscrit.

Si maintenant nous revenons au mot *achât*, et que nous cherchions la raison de l'ablatif, nous la trouverons, je crois, dans le
rapport que nous avons essayé d'établir entre nos deux propositions. Dans celle que nous examinons actuellement, l'absence d'un
verbe nous force de recourir à la précédente où nous voyons *vairyó*,
que nous avons traduit par « devant être vénéré. » En rapprochant
achât de ce dérivé verbal, nous expliquons l'ablatif, et nous traduisons : « comment doit être vénéré le Seigneur : par toute action
« vertueuse, par tout acte de pureté. » Seulement entre ces deux
parties de la prière, il faut introduire, comme le fait avec raison Nériosengh, l'interprétation des mots *athâ ratus*, « telle est la loi; » de
sorte qu'en réunissant les deux fragments déjà analysés, nous pourrons proposer la traduction suivante avec quelque espoir d'avoir
trouvé le sens véritable : « Que le sacrificateur (Djouti) me dise : com-
« ment le Seigneur doit être vénéré. — Telle est la loi : par tout
« acte de pureté. » Cette construction conforme à la brièveté antique
me paraît très-naturelle, et elle me semble ainsi comprise dans la
version de Nériosengh.

8.

Il nous reste à expliquer le dissyllabe ᮙᮝᮝᮙᮝ *hatcha,* qui, dans cette phrase dont le sens est complet à *tchit,* paraît explétif. Dans le plus grand nombre des passages où se trouve cette particule, d'un usage très-fréquent en zend, elle indique le rapport d'éloignement, de séparation, quelquefois même de cause. Elle répond alors aux prépositions latines *ex* et *ab.* Le Vendidad proprement dit nous fournit plus de cent passages dans lesquels *hatcha* ne peut avoir d'autre sens, et la valeur de cette particule doit être alors d'autant moins contestée qu'Anquetil lui-même, d'après les Parses, l'a presque toujours reconnue. C'est ainsi qu'il traduit très-exactement des phrases comme les suivantes : *tanaoț hatcha machyêh,* « e corpore ho- « minis; » *apakhtarâț hatcha nmânâț,* « septentrionali e regione; » *thri-gâim hatcha apaț,* « à trois gâms de l'eau, etc. » Cela posé, on doit croire que *hatcha,* qui dans les longues énumérations précède le substantif à l'ablatif (ou même à un autre cas), tandis qu'il le suit plus fré-quemment quand le substantif est isolé, on doit croire, dis-je, que *hatcha* est dans notre texte un exposant surabondant de l'ablatif déjà exprimé par la désinence de *achâț,* ou que c'est une véritable prépo-sition et qu'il répond exactement au français *par.* Pour moi, la va-leur bien connue de l'ablatif m'engage à regarder dans notre phrase *hatcha* comme explétif. Au reste, que *hatcha* soit surabondant, ou qu'il soit ici, comme dans presque tous les autres textes, une pré-position véritable, sa présence dans la langue atteste un progrès ana-lytique tout à fait digne de remarque.

Mais je dois mentionner à cette occasion un autre usage beau-coup plus rare de *hatcha,* parce qu'on peut avantageusement s'en servir pour remonter jusqu'aux éléments qui composent cette par-ticule. On rencontre quelquefois *hatcha* entre un substantif et un adjectif au même cas, et réunis par le relatif *yaț* au neutre, no-tamment dans cette formule : *achâț hatcha yaț vahistâț,* qui revient à dire : « par la pureté excellente. » Que cette phrase puisse très-bien s'expliquer en donnant à *hatcha* le sens de la préposition *par,* cela est évident. Mais n'est-il pas remarquable que si l'on rétablissait en sans-crit *hatcha* d'après les lois euphoniques qui nous sont connues, on obtiendrait *satcha*, c'est-à-dire *isque;* en d'autres termes, un pronom indicatif vraisemblablement en rapport avec le relatif *yaṭ* qui le suit? On ne peut en effet s'empêcher de reconnaître dans *hatcha,* outre la conjonction *tcha,* le *ha* monosyllabe pronominal, répondant au sanscrit *sa* dont il est l'altération. Cette analyse donne pour sens à ce mot *et lui, et cela,* en admettant que *ha* ne porte aucune terminaison de cas, ou même qu'il soit au nominatif sans désinence, comme cela a lieu en sanscrit le plus souvent. Cette dernière ex-plication, qui confirme l'opinion de M. Bopp sur le plus ancien état du pronom *sa* sanscrit [53], pourrait paraître susceptible de quelque ob-jection, si l'on ne savait d'ailleurs qu'en zend les mots en compo-sition portent fréquemment la désinence du nominatif masculin, sans que l'esprit doive, en aucune façon, tenir compte de cette dé-sinence. De même encore le relatif *yô, yâ, yaṭ* est employé fré-quemment dans l'unique but de joindre des propositions entre elles, et sans que le lecteur doive faire attention au genre ou au nombre qu'il porte. Si, dans ce cas, on ne considère dans le relatif que sa valeur conjonctive, ne peut-on pas dire de même que dans *ha-tcha* on n'a en vue que sa valeur indicative, et qu'ainsi *hatcha* doit ré-pondre à *et cela* [54] ? Ainsi l'exemple que nous venons de citer s'ex-pliquerait de la manière suivante en latin barbare : « puritate et is (id) « quod excellente, » et sans considération du genre du pronom tant indicatif que relatif. Ajoutons qu'on pourrait encore regarder *hatcha*

[53] *Vergleich. Zerglied. der sanscr. Sprach.* Abhand. III, pag. 5 et sqq. Abhand. IV, pag. 1.

[54] Si l'on admet qu'en latin la particule *at* soit dérivée d'une lettre pronominale *a* avec la formative du neutre *t*, la conjonc-tion *at-que* reviendrait au zend *hatcha*, dans l'emploi que nous signalons. Au reste, il est certain que le *atque* latin existe en zend sous la forme *aṭtcha* (idque), qui n'est que la réunion du pronom *aṭ* et de la con-jonctive *tcha*. Le monosyllabe *aṭ* est le neutre régulier de la lettre pronominale *a*, qui n'est pure en sanscrit que dans les cas indirects, et dans *adas*, forme évidemment composée de deux pronoms, *a* et *das*.

comme la réunion des deux particules sanscrites *ha* et *tcha*. La première n'est le plus souvent qu'explétive dans le sanscrit classique,
mais il est déjà permis de conjecturer qu'elle était d'un plus fréquent
usage dans le style des Védas. Je ne puis guère trouver à la réunion
des deux monosyllabes *ha* et *tcha*, d'autre sens que celui d'une conjonction affirmative comme *nempe* ou *certe*. Mais je dois faire remarquer qu'il serait plus régulier que le *ha* sanscrit fût écrit en zend *za*.

Si l'on compare notre fragment du *Yathá* à la formule *achát hatcha
yaṭ vahistâṭ* expliquée tout à l'heure, on voit qu'il n'en diffère que
parce que *hatcha* n'est pas suivi d'un adjectif au même cas que *achâṭ*,
ce qui ferait supposer que les mots ⟨zend⟩ . ⟨zend⟩ . ⟨zend⟩ sont l'abrégé
de cette formule. Mais dans la prière que je regarde comme l'original du *Yathá ahú vairyó*, il en est exactement de même ; de sorte
qu'à moins de supposer que cette prière elle-même n'est pas encore
complète dans le volume des Ieschts-sadés, il faut admettre nécessairement que les mots *achâṭ tchíṭ hatcha* forment à eux seuls
un sens achevé. Dans cette hypothèse, *hatcha* considéré comme la
réunion du pronom *ha* et de *tcha*, doit peut-être se rattacher à *tchíṭ*
dont il est sans doute destiné à généraliser encore le sens : « puritate
« qualibet illaque. » Mais nous ne devons pas oublier que cette traduction ne peut être proposée qu'au défaut de celle que nous avons
adoptée plus haut. Le sens de *par*, donné à la particule *hatcha*, rend
suffisamment compte de notre phrase. Ce que nous avons voulu
faire voir par l'analyse précédente, c'est qu'en s'en tenant à la signification propre des éléments dont se compose *hatcha*, on arrive à
une interprétation, moins facile sans doute et moins satisfaisante,
mais qui cependant peut être encore justifiée. Il resterait à montrer,
pour concilier ces deux explications, comment il se peut faire qu'un
mot qui signifie *ille que*, ait été employé par la langue comme préposition avec le sens de *ex*, *ab*. Mais j'avoue que je n'ai pu jusqu'à
présent trouver la raison de ce fait singulier.

Nous voici parvenus à la seconde phrase du dernier fragment de la prière, celle que je considère comme ne faisant pas partie intégrante du *Yathâ ahû vairyô* original, mais comme répondant à la portion dialoguée du commencement. Ici Nériosengh et Anquetil me paraissent avoir complétement abandonné le texte, et avoir à tort méconnu la distinction nécessaire de cette nouvelle proposition. Quand je ne serais pas autorisé par l'analyse grammaticale à élever des doutes sur l'exactitude de l'interprétation donnée par les Destours parses, j'y serais déjà conduit par la différence notable de la traduction d'Anquetil et de celle de Nériosengh. On voit par celle d'Anquetil, qu'il s'est fait une idée peu exacte des rapports grammaticaux de ces mots entre eux; et par celle de Nériosengh, que son point de vue, quoique différent, n'en est pas plus exact. Selon l'usage déjà remarqué, la particule ﻭﺝ *frâ* est séparée du verbe sur lequel elle porte dans l'ordre logique; elle encadre en quelque sorte la proposition, et sert à la détacher de ce qui précède. La voyelle finale en est allongée, sans doute à cause de l'isolement même de la particule, et comme pour lui donner une consistance qu'elle n'a pas par elle-même.

Le mot suivant, ﺳﻮﺟﺴﻮ *asava*, que nous trouverons écrit plus souvent ﺳﻮﺟﺴﻮﺳ *achava*, est un des cas de l'adjectif dont nous avons déjà vu le datif *achaonê*. Anquetil n'en précise pas exactement la forme; sa version est trop libre. Mais Nériosengh se décide, je crois, à tort pour le vocatif, comme si celui qui parle s'adressait à l'autre interlocuteur en l'appelant « homme vertueux ! » Nous savons que le vocatif de ce mot est ﺟﺴﻮﺟﺴ *achâum*, que l'on rencontre si fréquemment dans les questions adressées par Zoroastre à Ormuzd. Nous savons de plus avec une égale certitude, et par de nombreux exemples[55], que notre forme actuelle est un nominatif du thème *achavan*, par le retranchement de la nasale finale du suffixe, sans allongement de l'*a*, et contrairement à ce qui a lieu en sanscrit, où dans

---

[55] *Vispered*, IXe *cardé* init. *Vendidad-sadé*, pag. 79, 137 et *pass*.

les mots de cette espèce l'allongement de la voyelle compense la suppression de la nasale. Ici la forme zende me paraît plus moderne, en ce qu'elle tire la conséquence du principe qui se remarque déjà en sanscrit, et qu'après avoir fait disparaître la nasale du suffixe, elle abrége le seul élément qui pourrait encore la représenter.

Il n'en est pas de même de ｧﾟﾟﾟﾟﾟ *vídhváo,* où l'on reconnaît dès l'abord le sanscrit *vidván,* malgré l'allongement irrégulier de l'*i* du radical et le changement de *án* en *áo.* Cette dernière modification *áo* conserve plus entière la désinence primitive. Mais ce qu'il est important de remarquer, c'est qu'elle est à l'égard du sanscrit *ván* (rad. *vas*), dans le même rapport que le *va* zend de *achava* à l'é-gard du sanscrit *vá* (rad. *van*). Ainsi, quand le sanscrit fait disparaître la nasale pour ne conserver qu'un *á* long, le zend abrége l'*a;* et quand, au nominatif du suffixe *vas,* le sanscrit adopte une nasale précédée d'une voyelle longue, le zend qui, dans cette circonstance encore, modifie la finale, fait disparaître cette nasale, mais la rem-place par la voyelle *o* qui se joint à l'*á* subsistant long. Ainsi, de *ván* on a *váo,* par un procédé presque analogue à celui que l'on remarque dans quelques langues du midi de l'Europe, où la nasale est remplacée fréquemment par une voyelle dans la prononciation de laquelle persiste encore une nasale sourde. Une particularité qu'il est également important de constater, c'est l'aspiration du *dh* pour le *d* non aspiré du sanscrit. Il est bien vrai que les manus-crits ne paraissent pas suivre un système très-rigoureux dans l'em-ploi des deux dentales *d* et *dh,* mais ici la présence du ﾟﾟ ne me semble pas arbitraire, et je crois pouvoir l'expliquer par l'aspiration inhérente au *v* en zend, qu'il soit figuré par » ou par ﾟﾟ.

Enfin, nous remarquerons pour dernière particularité, que le zend allonge l'*i* du sanscrit *vidván;* ce qui peut venir de ce que cette voyelle étant longue par position, on s'est trouvé naturellement conduit à exprimer par l'écriture sa valeur prosodique. Peut-être aussi l'allongement de la voyelle du radical *vid* est-il destiné à compenser, d'une manière irrégulière il est vrai, l'absence du redoublement qui doit se trouver dans ce participe (*vídhvâo* pour *vívidhvâo*).

Il ne nous reste plus à expliquer que ꝑꝑ, que Nériosengh traduit par *je dis*, et Anquetil par *avertissez.* On ne peut cependant méconnaître ici une troisième personne de l'impératif en *tú*, la voyelle finale allongée, ainsi que cela est d'usage en zend pour cette voyelle et pour *i*, avec *mráo*, *guṇa* de *mrú*, selon la règle des verbes sanscrits de la 2ᵉ classe. Il y a seulement cette différence, que la formation de l'impératif zend est plus régulière que celle du temps correspondant en sanscrit, puisque le radical affecté de *guṇa* se joint immédiatement à la désinence, au lieu qu'en sanscrit la réunion ne se fait que par l'intermédiaire d'un *i*, voyelle de liaison placée entre le radical modifié et la désinence. L'analyse précédente nous autorise donc à traduire la fin de la seconde partie de notre prière : « purus sciens dicat. » En résumé, si nous réunissons les divers fragments du texte, nous les traduirons ainsi littéralement en latin, et en mettant en italique ce qui, dans notre opinion, appartient aux interlocuteurs et ne fait pas partie de la prière originale : « Qua- « liter Dominus colendus *sacrificator mihi dicit*, —taliter lex : puri- « tate qualibet, *purus sciens dicat.* »

Maintenant, dans la bouche de qui mettrons-nous ces diverses propositions qui, ainsi présentées, nous offrent l'apparence d'un dialogue? Anquetil place toute la prière dans la bouche du Raspi, et ici seulement par exception dans celle du Djouti qui sollicite le prêtre assistant à réciter le *Yathâ ahû vairyô*, et qui en même temps lui dicte ce qu'il doit dire. Or, les observations que nous avons faites ci-dessus sur la division de notre texte en quatre parties distinctes réfutent suffisamment cette assertion. Nériosengh approche plus de la vérité en n'attribuant au Raspi que le commencement de la prière jusqu'à *taliter;* mais il méconnaît la valeur grammaticale de la fin de la seconde partie, en supposant que le Djouti qui la prononce

I.   9

s'adresse au Raspi à la seconde personne; car sa traduction revient
à ce dialogue:

Le Raspi.

Quel est le désir du maître, l'intention d'Ahuramazda? Quelle
action pure faut-il faire pour lui plaire?

Le Djouti.

Telle est la loi: on plaît à Ahuramazda par toute action pure; ô
toi dont l'âme est pure, c'est là le précepte que je donne.

Cette manière de traduire la fin du texte vient de ce que les Destours parses se sont mépris sur *mraotû*, car c'est en partie du sujet
qu'on donne à ce verbe que dépend l'intelligence complète de la
seconde portion du passage. Il faut en effet admettre avec les interprètes parses que le Raspi, ou le ministre du prêtre officiant, prononce le commencement de la prière et s'adresse au Djouti : « Que
« le Djouti me dise comment doit être vénéré le Seigneur. » Il faut
admettre également avec Nériosengh que la fin de la prière contient
la réponse du Djouti. Conformément à cette division du texte justifiée par nos analyses, il faut traduire, en plaçant en dehors du dialogue les noms des interlocuteurs, qui n'y sont pas positivement
exprimés, mais seulement sous-entendus:

Le Raspi.

« Comment doit être vénéré le Seigneur, que le Djouti me le
« dise. »

Le Djouti.

« Telle est la loi : par tout acte de pureté; qu'ainsi dise l'homme
« pur qui sait. »

Maintenant, que veulent dire les mots : « que l'homme pur qui
« sait dise? » Est-ce un ordre adressé par le Djouti au Raspi, et cet
homme pur est-il le Raspi? Mais dans ce dialogue, si toutefois j'en
comprends bien la suite, le Raspi est représenté comme interro-
geant le Djouti sur les moyens de vénérer Ormuzd; c'est là ce qui
résulte de la première phrase. Avec la seconde commence le rôle
du Djouti; car c'est cette phrase qui doit renfermer la réponse à
l'interrogation du Raspi. Cette réponse est dans les mots : « telle est
« la loi : par tout acte de pureté. » Ce qui suit, « purus sapiens dicat, »
ne me paraît pas avoir de sens, si l'on n'y voit une invitation
qu'adresse le Djouti aux hommes purs et savants comme lui, de
répondre à la demande du prêtre assistant. Mais cette invitation
est en quelque sorte en dehors de la réponse à la question de savoir
« comment Ormuzd doit être vénéré. » C'est comme si le Djouti
disait : « à cette demande, que l'homme pur qui sait dise : telle est la
« loi; par la pureté. » Ces mots : « que l'homme pur qui sait dise, » servent donc de cadre à la partie de la prière *Yathâ,* etc. qui est, à proprement parler, la réponse à la demande du Raspi. Ils complètent
le dialogue commencé par l'interrogation de ce dernier.

On pourrait encore supposer que cette phrase n'est dans la
bouche d'aucun des deux interlocuteurs. Il faudrait dans cette hypothèse donner au texte *frâ achava,* etc. un nouveau sujet, qui ne
fût ni le Raspi, ni le Djouti, mais le fondateur de la loi, comme
Zoroastre, ou le Dieu qui l'a révélée, comme Ormuzd. Selon cette
nouvelle interprétation, après que le ministre du prêtre officiant a
interrogé le Djouti, et qu'il l'a sollicité de lui indiquer comment
il faut vénérer le Seigneur, l'auteur de la loi intervient, mais d'une
manière générale, et sans être spécialement nommé, pour dicter
au Djouti la réponse qu'il doit faire. Conséquemment nous tradui-
rions, en mettant le commencement de notre prière dans la bouche
du Raspi, et en faisant de la dernière phrase dont elle se compose
un précepte qui est imposé au Djouti en dehors du dialogue : « Que

9.

« le sacrificateur (Djouti) me dise comment doit être vénéré le Sei-
« gneur, — telle est la loi : par tout acte de pureté. Qu'ainsi réponde
« l'homme pur qui sait. » Mais j'avoue que cette manière de diviser
le texte me semble moins naturelle que l'interprétation que je
viens de proposer. Le parallélisme du dialogue appelle nécessairement dans la réponse du Djouti une phrase qui soit en rapport
avec ces paroles du Raspi : « que le Djouti me dise. »

Je dois enfin exposer une troisième interprétation qui consisterait à mettre la prière tout entière dans la bouche d'un seul interlocuteur, et à renverser les rôles, de cette manière :

Le Raspi.

« Comment doit être vénéré le Seigneur, me dit le Djouti, — telle
« est la loi, par tout acte de pureté, qu'ainsi dise l'homme pur qui
« sait. » Cette traduction qui nous montre le Raspi faisant la réponse
à la demande dont il rappelle lui-même les termes, est, gramma-
ticalement parlant, aussi correcte que celle que nous avons proposée
plus haut. Il y a plus, elle a peut-être sur cette dernière, l'avantage
de laisser au verbe *mrûté* son sens d'indicatif. Mais la glose de Nériosengh qui exprime ici de la manière la plus formelle l'existence
d'un dialogue dont le Raspi et le Djouti sont les interlocuteurs,
m'engage à préférer ma première interprétation.

VII.

(Lignes 5 *b*, 6 *a*.)

Les deux premiers mots sont l'abrégé de la prière *Achem vôhû*,
que nous avons déjà vue et que nous verrons encore très-fréquem-

ment indiquée de cette manière. Le signe ٥, dans le manuscrit original, indique que la phrase est en abrégé; d'autres fois et notamment après les mots qui suivent, il marque la fin d'une phrase ou simplement la fin d'un mot. Anquetil traduit les mots ٥ روري سر par « on dit trois fois; » c'est la transcription en caractères zends des mots persans سه گفت. Nous savons que ﯗ est le signe numérique du nombre *trois*. Le mot روري devrait être écrit روري (*gpt*); mais le ﯗ et le ﯗ ne différant l'un de l'autre que par l'allongement du trait de gauche, se confondent d'ordinaire très-aisément.

VIII.

روبروايسملکانه. سرر دلسسرور. سردليديسموررر. سرراسسرور. ٤سدادردررد.

سرسدکددسد. واسراجردمرمری. سردددسر. واسردرسد. سراسرردماديددد. سرردری.

واسرسر. وسرر ٥ سردلسد. سرر٥. واسددددد. وسرر ٥

(Lignes 6 *b* — 10 *a*.)

TRADUCTION D'ANQUETIL.

« Que ma (prière) plaise à Ormuzd! Qu'il brise Ahriman et ac-
« complisse publiquement mes souhaits jusqu'à la résurrection!
« — L'abondance et le Béhescht, etc., *dix fois*. C'est le désir d'Or-
« muzd, etc., *dix fois.* »

Le premier mot de ce passage, *khsnaothra,* est le même substantif que nous avons vu ci-dessus au paragraphe V de cette Invocation. Comme dans le passage auquel nous nous référons, *khsnaothra,* que nous lirons *khchnaothra,* est au nominatif pluriel neutre : « les moyens « de rendre favorable, ou les prières qui rendent content. » La phrase ne nous donne pas de verbe qui réponde à ce sujet, que je crois au pluriel; je proposerai donc de suppléer le verbe abstrait à l'impératif : « sint preces quæ, etc. »

Le mot *àhurahé* est le génitif du mot *ahura* que nous avons déjà vu en composition (*ahuraṭkaéchó*) et dont nous connaissons un adjectif dérivé. Avec *mazdáo* ce mot forme le nom du premier des sept Amschaspands, d'Ormuzd, qu'on trouve écrit dans les auteurs grecs Ὡϱομάζης, Ὡϱομάσδης, Ὡϱομάτης, Ὀρμίσδας, Ὀρμισδάστης, etc. [56]. Je n'énumérerai pas ici les diverses explications qu'on a proposées de ce nom propre, avant que l'on en connût la véritable orthographe en zend. Quelque vraisemblables qu'aient pu paraître ces explications, elles doivent faire place à celles qui ont été exposées depuis qu'on a reconnu la forme sous laquelle ce mot se présente dans les textes originaux. M. Rask, dans son mémoire déjà cité, regarde le mot *ahura* comme une épithète qui, ainsi qu'il le fait justement remarquer, paraît non-seulement dans le nom d'Ormuzd, mais encore dans celui de quelques autres êtres divins invoqués par les Parses (comme le *Bordj*, *Mithra*, etc.), et il suppose que ce mot peut signifier *saint* [57]. Le mot *mazdáo* ne lui paraît pas un adjectif comme le conjecture Anquetil, mais bien le nom de Dieu lui-même; car il traduit le composé *mazdadáta* par « donné de Dieu, » explication qui ne peut être complétement admise, comme le prouvera notre analyse du mot *mazdáo*.

M. de Bohlen s'attache au contraire à réfuter cette opinion, et il pense que *ahura* signifie *soleil*, et que *mazddo* (qu'il lit *mazddé*) n'est qu'une autre forme du sanscrit *mahat*, grec μέγας (grand); d'où il résulterait que le nom d'Ormuzd reviendrait à *sol magnus* [58]. Je dois ajouter que cette opinion était également celle d'un savant célèbre, M. Saint-Martin, qui, rapprochant *ahura* du zend *hvarĕ*, et *hárô* (gén.), le traduisait par *lumière*, et expliquait l'*a* ajouté du mot

---

[56] Burton, Λιίψαra vet. ling. persicæ, sub voc. Oromasdes, p. 61, ed. von Seelen.

[57] *Ueber das Alter*, etc. pag. 34.

[58] *De orig. ling. zend.* pag. 32.

ahara par une de ces prothèses qui sont fréquentes dans la langue persane, et de même en zend, où l'on trouve ـله *actâra*, pour ـله *çtâra* (astre). M. Bopp, dans la savante critique qu'il a faite des dissertations de MM. Rask et de Bohlen, admet, avec ce dernier, que *mazdâo* est de la même famille que *mahat*, et qu'il doit signilier *grand* [59]. M. Bopp trouve même dans la désinence *âo* ـله du zend une confirmation de cette explication, parce que ـله *mazdâo* lui paraît représenter exactement le sanscrit *mahat* (en composition *mahâ*), l'*o* final étant la permutation du *s* signe du nominatif *mazdâ-s*. De plus, dans ce mot à l'accusatif ـله *mazdâm*, que le savant critique regarde comme une autre forme de *mazdâ-m*, on retrouve encore le thème *mazdâ*, qui, en composition et au vocatif, s'abrége en ـله. Cette origine adjective du mot n'empêche pas cependant, suivant M. Bopp, que l'on ne doive y reconnaître un substantif; et sous ce rapport, il pense avec M. Rask que ce mot a pu former un nom propre.

Quant à ـله, M. Bopp n'admet pas l'opinion de M. Rask. Il regarde, avec M. de Bohlen, ce mot comme un substantif; seulement il n'adopte pas l'explication de ce dernier, et se demande d'où peut venir l'ـله *a*, qui, dans l'opinion de M. de Bohlen, aurait été ajouté au mot zend qui signifie *soleil*. Le zend *ahara* lui paraît être une transformation régulière du sanscrit *asura*, nom qui désigne une classe entière de mauvais génies, les frères des Souras et des Dêvas (ou dieux), et cette opinion ingénieuse est soutenue par cette considération que les Dêvas ou dieux des Indiens étant devenus, dans la mythologie persane, les démons ou génies des ténèbres, il semble naturel que le nom des mauvais génies désigne à son tour la divinité dans le système des Parses. M. Bopp s'appuyant en outre sur des passages où Anquetil traduit *ahura* par *divin*, en conclut que ce mot doit se rendre plus régulièrement par *Dieu*.

[59] *Jahrb. f. wissensch. Kritik*, décembre 1831.

Avant de discuter ces diverses opinions et de nous fixer sur le sens
d'une dénomination aussi importante, il nous reste à exposer le sentiment des Parses, que nous pouvons connaître par une double voie :
premièrement par le témoignage d'Anquetil, secondement par celui
de Nériosengh. Anquetil traduit les deux mots *ahura mazdâo* par
grand roi, prenant *mazdâo* pour un adjectif et *ahura* pour le substantif *roi*. Nériosengh, quand il n'en transcrit pas simplement l'altération persane *hormidjda* (Hormizda), les rend par *svâmin mahâdjñânin*, « le Seigneur ou le maître grandement savant. » Nous aurons
plus tard occasion de constater la répétition fréquente de cette manière de traduire les deux mots qui forment le nom du premier
des êtres divins appelés *Amschaspands*. Pour Nériosengh, *ahura* et
mazdâo sont deux mots qui gardent, quand ils sont séparés, le sens
qu'ils ont quand ils sont réunis. La traduction de *ahura* par *svâmin*
se reproduit en effet chaque fois que ce mot zend se représente ; d'où
il résulte que le sens de *seigneur* ou *maître* donné à *ahura* n'est pas,
pour Nériosengh, l'indication vague d'un des attributs de l'être qu'il
désigne, mais bien une interprétation qui repose sur la signification virtuelle qu'il croyait devoir attacher à ce mot.

L'explication du mot *mazdâo* par *grandement savant* est même
justifiée par un témoignage plus irrécusable encore, celui des textes.
Suivant Nériosengh, ce mot est composé ; et en effet l'analyse nous
permet d'y reconnaître *maz* et *dâo*. Mais pour que cette analyse ne
soit pas inexacte et qu'il y ait réellement deux radicaux dans le mot,
il faut que ces deux radicaux se trouvent séparément en zend avec
le sens l'un de *grand*, l'autre de *science*. Or, nous pouvons affirmer
qu'il en est ainsi de *maz*, par exemple dans un passage du XLVᵉ chapitre du Yaçna, où *mazôi magâi* est traduit dans Nériosengh par *ma-
hatâ mahattvêna*, littéralement *magna magnitudine* [60]. Les mots *mazôi magâi* sont au datif, comme on pourra s'en convaincre par la suite

⁶⁰ Ms. Anq. n° 2 F, pag. 315.

de nos analyses : or, après le retranchement de la désinence *ói*, on a le radical *maz* qui signifie à lui seul *grand*; car si la racine qui exprime cette idée était *mazdáo* ou *mazdá*, ou *mazda*, on retrouverait sans doute au datif *mazói* quelque trace du *d*. On devrait aussi peut-être rencontrer cette consonne dans les deux superlatifs que nous présentent les textes zends, et qui répondent à des formes sanscrites vieillies. Le premier est *mazista*, composé de la désinence sanscrite et grecque *ichtha*, ιστς, et du radical *maz* (en sanscrit *mah*), dont le grec a fait μέγας au positif, et au superlatif μέγιστς. Le second se trouve au féminin à l'accusatif *maçyéhím*, qui est bien, comme l'a fait voir M. Bopp dans l'article que nous avons déjà cité plus d'une fois, le sanscrit *mahíyasím*. Ce superlatif qui n'est pas, au moins que je sache, usité dans le sanscrit classique, l'a été certainement dans le style ancien des Védas. Je le trouve au masculin dans un passage remarquable de l'Oupanichad, appelé *Mahánáráyaṇa*, du Yadjour-véda, mais dont le mètre (*Indravadjra?*) paraît altéré [61].

अम्भस्यपारे भुवनस्य मध्ये नाकस्य पृष्ठे मह्तो मह्तीयान् ।

शुक्रेण ज्योतींषि समनुप्रविष्ट: प्रजापतिश्चरति गर्भ अन्त: ॥

« Dans l'onde sans rivage, au milieu de l'univers, par delà le ciel, « Pradjâpati plus grand que ce qui est grand repose dans la ma- « trice (d'or). » Le rapprochement du zend *maçyéhí* suffit pour prouver que le *d* de *mazdáo* n'appartient pas au radical qui signifie *grand*. La transformation que la racine zende *maz* a subie pour former *maçyéhí* (orthographe que je crois préférable à celle de *masyéhí*), est suffisamment expliquée par les remarques que nous avons précédemment faites sur le rapport de *z* et de *ç* [62]. Le *z* se change en *ç*

---

[61] *Yadj. ved.*, Ms. tel. n° 2, c, fol. 162. Ne faut-il pas lire *djyótimchyanusam...?*

[62] Voyez ci-dessus Observations sur l'alphabet zend, pag. xciv sqq. Les modifica-

tions du suffixe féminin *íyasí* sont toutes également faciles à expliquer. Le suffixe sanscrit perd son *í* en zend; ou plutôt *í*, voyelle de liaison, n'est pas inséré entre le

devant le suffixe, comme cela se voit encore dans le substantif
maçô (grandeur), qui répond au sanscrit *mahas*. Nous ne trouvons
donc, dans ces deux superlatifs zends, que le radical *maç* et *maz*,
dont l'un n'est qu'une variante très-peu différente de l'autre. Le *d*
de *mazdâo* n'appartient en aucune manière à *maz*, qui n'est en réalité autre chose que le radical sanscrit pur *mah*.

On pourrait sans doute avancer, quoiqu'il fût difficile de le prouver,
que le *d* de *mazdâo* a disparu dans quelques cas indirects et dans les
superlatifs que nous venons d'analyser, parce que le suffixe *at*, dont
on pourrait le regarder comme un débris, doit être supprimé en
sanscrit dans cette forme du superlatif de *mahat*. Mais cette objection, qui aurait de la valeur si la syllabe *dâo* n'avait aucun sens en
zend, tombe devant le fait bien prouvé de l'existence de ce mot
avec la signification de *loi, doctrine, science,* exactement comme
l'interprète Nériosengh dans le mot *mazdâo*. Ainsi nous verrons plus
tard le mot *dām*, acc. sing. fém., avec le sens de *loi*. Nous trouverons
encore *hudâo*, « qui suit la bonne loi, » de *hu* (sanscrit *su*, bien) et de
dâo que nous analyserons plus bas, de même que *dujdâo*, un des titres
d'Ahriman qu'Anquetil traduit « qui suit la mauvaise loi, » et dans
lequel nous reconnaissons, avec le mot *dâo*, le préfixe *duj* pour *duch*,
identique au sanscrit et au grec *dur* et *δυς*. L'existence du mot *dâo*
en composition, et celle d'un substantif *dâ* employé isolément, sont
donc démontrées par les textes; et, sans nous occuper en ce moment
de rapprocher ce mot de son homophone *dâo* (acc. *dâoḡhĕm*)[65], qui se

suffixe *yas* et le thème absolu du mot qu'il
doit modifier. L'*a* médial se change en *é*
par suite de l'influence de la semi-voyelle
y, et le *s* devient *h*. La nasale *ḡ* ne s'insère
pas devant *h*, quoique cette lettre soit précédée de la voyelle *é*, parce que *é* n'est pas
primitif dans le suffixe zend, et qu'il n'est
que la transformation d'un *a*. Ce mot est
un de ceux auxquels nous avons fait allusion dans nos Observations préliminaires,
pag. cxv.

[65] Il y a telle circonstance dans laquelle
il est difficile de déterminer quel sens le
texte attache au mot *dâo*. Par exemple le
mot *huddo* (qui donne bien), suivant le
thème de la déclinaison imparisyllabique,
fait au nominatif pluriel *huddoḡhô*, qui nous
donne la forme absolue *huddoḡh* (sanscrit

présente dans quelques composés avec le sens de *donateur*, nous constaterons que la diphthongue ख़, répondant le plus souvent au sanscrit *âs*, nous donne pour correspondant du zend *dâo* le sanscrit *dâs*.

Traité d'après les lois de la grammaire sanscrite, qui se sont
conservées dans certains cas en zend avec une si remarquable fidélité, *dâs*, seconde partie d'un composé que nous supposons pour un
instant être en sanscrit *mahâ-dâs*, sera le nom. sing. masc. d'un de ces
noms rares terminés par *d* qui suivent le thème de la première déclinaison en *a* bref. Ces noms dérivent immédiatement de radicaux
verbaux en *d*; de sorte qu'en supprimant le *s*, signe du nominatif,
nous sommes conduits au radical *dâ*, qui existe également en zend et
en sanscrit avec le sens de *donner*. Le composé *mahâ-dâs*, et par suite
l'adjectif zend *maz-dâo* qui n'en est que la transformation, pourra
donc signifier « qui magna dat. » Cette traduction répond déjà très-
bien à un des attributs d'Ormuzd, celui de créateur, et nous savons
que dans le langage religieux des Parses, le mot *donner* est synonyme de *créer*. Mais elle ne paraît plus s'accorder avec celle de
Nériosengh, qui trouve dans le zend *mazdâo* le sens de *multiscius*.
Elle ne rend pas mieux compte des mots *hudâo* et *dujdâo*, que le
témoignage uniforme des Parses traduit par « celui dont la loi est
« bonne, celui dont la loi est mauvaise. » Nous devons donc chercher encore s'il ne serait pas possible de justifier la traduction de
Nériosengh, et de trouver dans le radical *dâ* le sens de *loi* ou *science*.

Je remarquerai d'abord que, toute loi et toute science émanant
de l'intelligence suprême chez les Parses, comme chez les autres
nations anciennes de l'Asie, la loi peut être appelée un don de

---

sudâs) et *ô* désinence pour *as*. Mais comme
en zend, ainsi que dans le dialecte des Védas, les noms substantifs dont le thème
est en *a* prennent très-fréquemment, au nominatif pluriel masculin, la désinence
âoghô pour le sanscrit *âsah*, *haddo* (qui sait

bien), qui, comme *mazdâo*, pourrait, sauf
quelques exceptions, suivre la déclinaison
des noms en *a*, fait cependant aussi *hu-
dâoghô*, de même que nous voyons *yazata*
(un Ized) devenir *yazatâoghô*, et *ahara*
(seigneur), *ahardoghô*.

10.

Dieu, et le mot qui, signifiant dans l'origine *donner*, prend déjà par extension le sens de *créer*, peut bien recevoir celui de donner la loi et la science, la promulguer. C'est ainsi que le radical sanscrit *dhâ* (poser) produit, au moyen du préfixe *vi*, un substantif *vidhi* signifiant *règle*. Ce dernier rapprochement suggère même la conjecture que le radical zend *dâ*, auquel l'analyse nous a conduits tout à l'heure, pourrait bien n'être que le sanscrit *dhâ* avec la seule différence du *dh* au *d*. On a donc le choix entre ces deux radicaux *dâ* (donner) et *dhâ* (poser). Enfin, si ces explications paraissaient trop détournées, et que l'on voulût trouver directement dans la syllabe *dâ* le sens de *connaître*, qui est resté dans le persan moderne *dânâ* (savant), et dans le verbe دانستن, nous rapprocherions le *dâ* zend de la racine grecque δα (apprendre). Cette racine se trouve dans l'inusité δάημι, à l'aoriste ἐδάην, et surtout dans le verbe δι-δά-σκω où la suppression de la syllabe de redoublement et de la formative laisse à nu le monosyllabe δα auquel je ne crains pas de rattacher le zend *dâ* dans le sens de *savoir*. J'explique donc les mots *hudâo*, *dujdâo* et *mazdâo* comme des adjectifs formés du radical *dâ* avec le signe du nominatif changé en *o*, et je les traduis par « bene, « male, multum sciens. » On remarquera que dans *maz-dâo* en particulier, l'adjectif *maz* n'a plus de suffixe, et qu'il est réduit au radical même d'où il dérive.

Nous venons de rendre compte de chacune des parties qui composent le mot *mazdâo* (mahâdjñânin). Il nous reste, pour terminer ce que nous avons à en dire, à remarquer qu'il ne diffère pas au génitif du nominatif, de telle sorte que pour expliquer cette particularité on a le choix entre ces deux hypothèses, ou que *mazdâo* est un génitif d'une formation particulière, ou que ce qualificatif s'est attaché au génitif *ahurahê*, sans que l'on songeât à le faire accorder en cas avec son substantif. J'avoue que cette dernière explication est contredite par tous les exemples où l'on voit ce même mot *mazdâo* prendre les désinences diverses de l'accusatif et du datif. C'est ainsi qu'on trouve l'accusatif *mazdām* et le datif *mazdái*, que nous analyserons plus tard. Si *mazdáo* a tous ces cas, d'où vient qu'il manquerait du génitif, et pourquoi se serait-on adressé au nominatif pour le remplacer? J'aime mieux croire que la forme *mazdáo* est un génitif véritable. J'y trouve la désinence *as*, laquelle se fondant avec l'*a* du thème, que je suppose abrégé comme il arrive dans les noms masculins sanscrits en *á*, fait *mazda-as*, et en zend *mazdáo*. Si le génitif ressemble au nominatif, ce rapport est purement accidentel. Car les éléments dont se composent ces deux cas sont différents, *s* se joignant seul dans l'un au thème en *á* long, et *as* dans l'autre à la forme en *a* bref. Il y a, en quelque façon, deux thèmes pour ce mot, l'un en *á* (nominatif et accusatif), l'autre en *a* (génitif, datif, vocatif). C'est ce dernier qui figure dans les composés comme *mazda-yaçna* que nous avons analysé plus haut.

Nous pouvons avancer maintenant que l'opinion de Nériosengh est confirmée de la manière la plus satisfaisante, par l'analyse grammaticale et par l'interprétation qu'il nous a été permis de donner de chacun des éléments zends dont se compose *mazdáo*. Il faut admettre avec Anquetil, et MM. de Bohlen et Bopp, que *mazdáo* est un adjectif; mais il faut aussi corriger l'interprétation de ces savants et regarder *mazdáo* comme un adjectif composé. Il est du reste facile de reconnaître, avec M. Rask, que le long emploi de ce mot pour désigner le premier des sept Amschaspands a dû le faire passer à l'état de substantif, notamment dans les composés comme ᴪᴪᴪ *mazdadáta*, ᴪᴪᴪ *mazdayaçna* (donné par Mazda, adorateur de Mazda).

Nous sera-t-il possible d'arriver à la même certitude à l'égard du mot *ahura*, et la comparaison des diverses opinions des savants que nous avons cités, avec la traduction de Nériosengh et l'analyse du mot telle que nous allons essayer de la faire, nous mettra-t-elle en état d'adopter en connaissance de cause une des trois interprétations proposées? Nous remarquerons d'abord qu'en donnant, avec Nériosengh, le sens de *maître, seigneur,* ou avec Anquetil celui de *roi* au mot *ahura,* nous admettons une interprétation traditionnelle d'un mot dont nous ne nous rendons pas plus compte que ne le font les Parses eux-mêmes. Or, il se peut faire que le sens de *maître* ou *roi* ne soit ici qu'un sens d'extension, et qu'il ne soit pas fondé complétement, ou même qu'il ne soit fondé en aucune façon, sur la valeur étymologique des éléments qui composent *ahura*. Parce que l'être qui portait le nom d'*ahurâ* occupait le rang le plus élevé parmi les Amschaspands, on aura pu s'accoutumer à rattacher à son nom l'idée de la suprême puissance ou de la suprême science, sans avoir aucunement égard à la signification propre de ce nom même.

Nous ne pouvons donc définitivement admettre l'une des trois interprétations proposées pour *ahura,* que quand nous l'aurons vérifiée, autant que cela nous est possible, par l'analyse étymologique. Or, de ces trois interprétations, nous devons convenir que celle de M. Bopp est, au premier abord, la plus satisfaisante. Elle fait directement venir le zend *ahura* du sanscrit *asura,* qui, lui-même, est le négatif de *sura,* sans autre modification que le changement très-ordinaire du *s* sanscrit en *h* zend. L'objection la plus forte dont cette opinion me paraisse susceptible, c'est que le choix du nom des Asouras, pour désigner le premier des êtres divins vénérés par les Parses, quand déjà celui des Dévas est devenu l'appellation des mauvais génies, paraît trop systématique, et semble annoncer d'une manière trop matérielle pour être fondée en réalité l'opposition de ces deux cultes, celui des Brahmanes et celui des Parses.

Je sais bien que cette opposition est déjà démontrée par le sens que les Parses ont donné au mot *daéva,* dont la signification première est incontestablement celle de Dieu. Ce changement dans l'acception du mot *déva,* dont il serait si important et dont il sera peut-être à jamais impossible de fixer la date, a dû arriver à une époque où les deux religions se séparèrent pour se développer chacune isolément, mais toutefois dans des localités assez rapprochées pour qu'elles

pussent se rencontrer et entrer en lutte l'une contre l'autre [64]. Il
serait difficile d'admettre que les Perses, ou le peuple chez lequel
a pris naissance la religion dont Zoroastre passe pour le révéla-
teur ou le réformateur, n'eurent connaissance du mot *daêva* que
quand ils eurent intérêt à se distinguer des Brahmanes, et qu'ils
empruntèrent à leurs adversaires, pour désigner les mauvais génies,
un mot qu'ils ne possédaient pas eux-mêmes. L'orthographe même
du mot *daêva*, conforme de tout point au génie de la langue zende,
prouve que ce mot appartient à cet idiome, aussi bien qu'à celui
des Brahmanes. Or, une fois que l'existence ancienne de *daêva* en
zend est admise, il en résulte nécessairement que le mot a pu
avoir même pour les Perses, et avant que leur religion se fût cons-
tituée d'une manière indépendante, le sens de Dieu. C'est le fait
même de la distinction des idées religieuses des Perses d'avec celles
des Brahmanes qui a fait descendre les Dévas des Indiens du rang
qu'ils occupaient dans le Panthéon de ces derniers. Ce serait une explication trop factice que de dire que ce changement a été introduit
à dessein et de propos délibéré; que c'est l'œuvre libre d'un réformateur qui, pour assurer son culte nouveau contre les réminiscences
de celui qui l'avait précédé, a flétri les dieux d'une religion rivale
en les rejetant parmi les ennemis de la lumière et de la pureté. Ce
n'est pas que les enseignements de Zoroastre, si c'est à lui qu'est
due la dernière forme donnée au magisme, aient été étrangers à

[64] J'espère pouvoir démontrer plus tard
que le fonds des anciennes croyances mé-
diques est le même que celui du culte
primitif des Brahmanes, tel qu'on peut
l'entrevoir dans les fragments si courts
que nous possédons des Védas. On verra,
dans la suite de ce Commentaire, combien
ces deux cultes ont conservé de dénominations et de symboles communs, dont le
sens s'est plus ou moins effacé dans l'un
ou dans l'autre. L'opposition du magisme
contre le brahmanisme n'est donc pas relativement très-ancienne. Elle n'a pas lieu du
magisme à la religion des Védas : mais elle
me paraît dirigée en partie contre les développements mythologiques ultérieurs des
croyances primitives conservées dans ces
anciens livres, développements qui ont
donné naissance à la religion polythéistique
que résument les Pourânas.

ce déplacement. Nous voulons dire seulement qu'il a dû avoir lieu
d'une manière plus spontanée et moins artificielle; car, pour devenir définitif et prendre place au nombre des croyances populaires,
il fallait qu'il partît du peuple lui-même, et que son introduction
fût favorisée par une rivalité nationale, vraisemblablement déjà ancienne.

Tels sont les motifs qui m'empêchent d'admettre que le mot zend
ahura soit le sanscrit *asura*; et, aux diverses considérations qui me
font regarder ce changement comme trop systématique, s'ajoute une
remarque d'un ordre inférieur, mais qui est fondée sur une loi à
laquelle nous voyons peu d'exceptions : c'est que l'aspirée *h*, remplaçant le *s* dévanâgari, est ici dans des conditions telles qu'elle doit
nécessairement être précédée de la nasale *ǧ*; d'où il suit que si le
sanscrit *asura* était passé en zend, il y serait écrit سوهرا *aǧhura*.
Nous avons, il est vrai, déjà reconnu une exception à ce principe
dans le mot *ahû*, que nous comparons au sanscrit *asu*. Mais nous
avons fait remarquer que dans ce mot la voyelle *û* était longue, et
que chaque fois qu'elle redevenait brève, notamment dans les cas
indirects de *aǧhu* signifiant *demeure, monde*, la loi du changement de
s en *ǧh* reprenait en général son empire. Or, dans *ahura* non plus que
dans *asura*, il n'y a pas de longue, et l'on ne comprend pas pour quelle
raison la langue zende, si régulière dans l'application des lois euphoniques qui la caractérisent, s'en serait écartée en ce point.

Nous nous trouvons de cette manière ramenés à la traduction
des Parses, telle qu'elle nous est transmise par Nériosengh et Anquetil; mais nous devons avouer qu'il n'est pas aisé de la justifier
étymologiquement, et qu'il reste, au moins pour nous, beaucoup
d'obscurité sur les éléments dont ce mot est formé. La difficulté
n'est pas dans le rôle grammatical qu'il joue, et il importe peu
que ce soit un adjectif ou un substantif. Outre que, philosophique-
ment parlant, le nom propre se confond avec l'adjectif, nous verrons par plus d'un exemple que les noms des divinités sont chez les

Parses fréquemment composés de deux adjectifs dont la réunion forme un qualificatif, qui est rapporté intellectuellement à un sujet vague, comme l'*être* par exemple. Le problème est donc purement étymologique, et les questions de cette espèce sont, dans l'absence de tout dictionnaire, d'une solution difficile.

Déjà nous avons reconnu que le témoignage d'Anquetil, confirmé par celui de Nériosengh, donnait le sens de *roi*, ou seulement de *maître*, à un mot dont nous avons trouvé que le nominatif et l'accusatif étaient ꜧꝏ *ahú* et ꜯꝏ *ahúm*. Ce mot peut être l'élément fondamental de *ahura*, qui en serait un dérivé au moyen du suffixe *ra*, comme en sanscrit *madhura* (doux) vient de *madhu* (miel). Dans cette hypothèse *ahura* signifierait « relatif au maître, au prince, au « roi, » en d'autres termes, *royal;* et ce qualificatif aurait été, suivant l'esprit de la religion des Parses, détourné de son emploi d'adjectif pour devenir un nom propre qui, joint à l'adjectif *mazdáo*, signifierait : « l'être royal très-savant, ou le roi très-savant. » Si, sans s'arrêter au sens que nous avons reconnu à *ahú*, celui de *roi* ou *maître*, on veut remonter à celle de ses acceptions qui semble devoir être primitive, et presser davantage le sens de la racine, en donnant à *ahú* la signification que la comparaison avec le sanscrit nous a autorisés à lui reconnaître, celle de *vie*, on pourra traduire *ahura* par *vivant* (l'être doué de vie), et cette traduction reproduira un des caractères les plus élevés de l'être que les Parses placent, sous le nom d'Ormuzd, à la tête des Amschaspands, et qu'ils reconnaissent comme le créateur. Quoi qu'il en soit de cette nuance dans la signification du mot d'où nous dérivons *ahura*, notre interprétation a certainement l'avantage de rendre raison de celle que nous donne la tradition uniforme des Parses. Mais nous devons en même temps convenir qu'elle ne paraît pas à l'abri de l'objection que nous avons adressée plus haut à celle de M. Bopp. J'y vois cependant la différence suivante. Pour moi, le zend *ahura* ne vient pas du sanscrit *asu* (vie) et du suffixe *ra*, mais du zend *ahú* (maître), quelle

I.   11

que soit d'ailleurs l'origine de ce dernier mot. C'est peut-être par
exception que l'*ú* final, devant lequel *h* persiste en zend, a été abrégé
pour former *ahura*. Cette conjecture m'est suggérée par l'orthographe de l'adjectif dérivé de *ahura*, que nous voyons très-fréquemment et, selon toute apparence, plus régulièrement écrit avec un
á long, *áhúirya*. Il semble que le radical soit resté plus pur dans le
dérivé que dans le primitif.

Il est temps de reprendre la suite de notre passage, dont nous a
détournés l'analyse, à laquelle nous devions nous livrer, du nom propre *ahuró mazdáo*. Les mots du texte qui répondent à cette phrase de
la traduction d'Anquetil : « qu'il brise Ahriman, » sont : ﻣﻊﻝﻯﺏ
ﻣﻊﻝﻯﺏ . *taróidhíté agrahé mainyèus*. Nous y trouvons le
nom d'Ahriman, dont nous devrons faire un examen aussi approfondi que celui dont le nom d'Ormuzd vient d'être l'objet. Le premier mot de cette phrase, ﻣﻊﻝﻯﺏ *taróidhíté*, est bien difficile
à expliquer, en ce qu'il ne se rencontre qu'une fois, à ma connaissance, dans le Vendidad-sadé. Outre que nous manquons ainsi du
secours que peuvent fournir des variantes d'écriture, nous sommes
privés des moyens de constater, par la comparaison de ses diverses
formes, à quelle catégorie grammaticale il appartient, puisque
nous ne pouvons l'envisager que sous un seul aspect, celui qu'il
a dans notre texte. Le n° 6 S, qui donne ce passage comme introduction au Yaçna, écrit ce mot en deux parties : ﻣﻊﻝﻯﺏ
taraó diti; c'est là l'unique moyen de comparaison que nous trouvions dans les textes, et il ne semble pas, au premier abord, fait
pour répandre sur ce mot un grand jour.

La première question à résoudre, c'est celle de savoir si ce terme
est un mot unique, ou s'il est composé de deux parties, qu'elles
soient réunies en un seul tout ou séparées par un point, ainsi que
le donne le Yaçna du n° 6 S. Il nous faut voir ce que l'on peut faire
de ce mot dans l'une et l'autre de ces hypothèses. A cet effet, nous

commencerons par celle qui regarde ce terme comme un mot
unique avec une désinence développée.

Le sens général de notre passage doit rentrer d'une manière plus
ou moins complète dans celui d'Anquetil, et nous devons être presque certains que si le texte renferme un vœu pour Ormuzd, il doit
aussi exprimer une malédiction contre Ahriman. Si nous restons
dans les limites du sens adopté par Anquetil, nous ne trouvons dans
la langue zende que le radical *tur* et *túr* qui, de même qu'en sanscrit, signifie *blesser, tuer.* Mais il ne paraît pas que ce radical ait
rien à faire pour l'explication de notre mot; car nous avons *taró* ou
taraó, et en admettant le radical *tur* affecté de *guṇa*, il faudrait *taora*
et non pas *taraó*. Que faire ensuite de ﯨﯨﯨﯨﯨ *idhíté* ou de ﯨﯨﯨﯨ *diti*,
suivant la lecture du n° 6 S? Faut-il, comme notre manuscrit lithographié, écrire avec un *dh* aspiré et un *t* long, ou comme le n° 6
avec un ﯨ et un *i* bref? Dans l'hypothèse où *taróidhíté* est un seul
mot, il me semble que le ﯨ s'explique par l'habitude où sont les
Parses de préférer le *dh* médial au *d*. Nous pouvons donc conserver
le *dh*, par respect pour le système orthographique des manuscrits,
sauf à rechercher s'il est bien réellement étymologique. La voyelle
i qui suit l'*ó* s'explique encore, parce que l'épenthèse d'un *i* n'a lieu
que dans le corps d'un mot. D'où il suit que *taróidhíté* paraît présenter tous les caractères d'un mot organiquement un.

Cela posé, on ne peut disconvenir qu'à la première vue *taróidhíté* n'ait l'aspect d'une deuxième personne de l'impératif *taróidhí*,
auquel serait joint enclitiquement le génitif ou le datif *té* (à toi ou
de toi). Mais si la phrase tout entière exprime une suite de vœux
favorables pour Ormuzd, et défavorables pour Ahriman, n'est-ce
pas plutôt une première personne à laquelle on devrait s'attendre,
par exemple: « que je puisse te briser, Ahriman ! » L'emploi de la seconde personne est au contraire difficile à comprendre. D'une autre
part, si *té* n'est pas un cas du pronom, il fait corps avec *taróidhí*,

11.

et alors s'élève la question de savoir si ce mot est un verbe ou un substantif. Il est vrai que *té* est bien une troisième personne singulière de l'indicatif présent moyen; mais si nous nous reportons au sujet *khchnaothra*, il nous faut nécessairement un pluriel.

Le verbe ainsi exclu, reste le substantif, qui serait ici d'autant mieux à sa place, que le nom d'Ahriman est, comme nous le verrons plus bas, au génitif. Dans cette hypothèse, *é* peut être admis comme une désinence de datif d'un nom suivant la déclinaison imparisyllabique. Le retranchement de la désinence nous donnera *taróidhít*, dans lequel *it* (dont l'*i* est allongé sans doute à tort) peut être regardé comme un suffixe. Or, comme un *i* précédé d'une dentale attire un autre *i* que nous nommons épenthétique, de *taróidhít*, après le retranchement du suffixe et de la voyelle appelée par l'épenthèse, nous avons pour thème *taródh*, ou, suivant une autre leçon, *taraód*, que nous pouvons poser comme radical du mot *taróidhit* ou *taraóidit*. Si cette analyse est exacte, la forme *taraódh* (ou *taraodh*) devra être regardée comme le *guṇa*, appelé par le suffixe *it*, d'une racine *tarudh* ou *tarud*, dont le rapport avec le latin *trad-ere* (chasser violemment) peut ne pas paraître dénué de vraisemblance. Le zend *tarudh*, ainsi obtenu par conjecture, ne présente pas, il est vrai, le caractère indispensable pour qu'un mot de la famille des langues à laquelle appartient le zend puisse être déclaré véritablement radical, c'est-à-dire qu'il n'est pas monosyllabique. Mais, outre que rien n'est plus commun que de voir les mots où entre la liquide *r* précédée d'une consonne, séparer cette liquide de la consonne par l'intercalation d'une voyelle, nous avons en sanscrit plusieurs exemples de radicaux ainsi développés, soit par des additions de ce genre, soit par des redoublements dont la cause grammaticale est oubliée, de sorte que ces radicaux passent, sous cette forme amplifiée, dans les listes des grammairiens, et prennent rang à côté de racines réellement monosyllabiques.

En réunissant ces diverses notions, nous obtiendrons un substantif au datif dont le sens reviendra au latin *expulsio*, à l'allemand *vertreibung*, en français *expulsion*, et par analogie *destruction;* de sorte que la première partie de notre texte se liera d'une manière assez satisfaisante à celle dont nous expliquons maintenant le premier mot, de cette façon : « preces Ahuram-mazdam propitiantes in « Ahrimanis destructionem, » phrase dans laquelle il faut, comme on l'a dit précédemment, suppléer le verbe abstrait, et qui doit présenter en français le sens suivant : « que l'on prononce les prières « qui rendent Ormuzd favorable pour la destruction d'Ahriman. » On voit que cette traduction revient au fond à celle d'Anquetil, et cet accord même semble donner à notre explication un certain degré de vraisemblance. Elle est obtenue par une voie analytique, et on serait tenté de la croire à l'abri de toute objection, si l'on avait la certitude qu'il fût permis de former avec le suffixe *it* des noms abstraits du genre de celui dont nous sommes obligés, dans le cas actuel, de supposer l'existence.

Nous venons d'expliquer le mot *tarôidhhté* dans la première de nos deux hypothèses; et les efforts mêmes que nous avons dû faire pour donner à notre interprétation quelque vraisemblance, suffisent pour montrer de combien de difficultés elle est encore embarrassée. Peut-être arriverons-nous plus près des véritables éléments du mot dans la seconde supposition. En admettant que ce mot se compose de deux parties distinctes, *tarô diti*, soit que ces parties restent séparées par un point, ou que, réunies en un seul mot, elles se joignent par le lien d'un *i* épenthétique, nous trouvons d'abord *tarô*, qui existe fréquemment dans les textes à l'état isolé. C'est un adverbe qui répond exactement au *trans* latin. Il est dérivé du radical *trî* (traverser), avec un suffixe d'ablatif *as*, et il est très-curieux en ce qu'il complète une série de prépositions et d'adverbes en *as*, comme *parô*, *apô*, *avô*, etc., qui se développe beaucoup plus régulièrement en zend qu'en sanscrit, et s'oppose aux autres prépositions à forme locative, comme *pari, api, avi*, etc. Sans nous occuper en ce moment de cette théorie qui trouvera sa place ailleurs, nous ne nous attacherons qu'au sens de *taró*, celui de *au delà, par delà*. Ce n'est pas tout; non-seulement *taró*, que le n° 6 S sépare du mot suivant, existe dans les textes, mais ce dernier mot lui-même se trouve aussi à part trois fois dans le Vendidad-sadé, écrit *díti*, à peu près comme dans le n° 6 S, ou *daiti*, ou *daêiti*, et réuni à la préposition *paiti* [65]. Dans ces trois passages Anquetil interprète ce mot comme s'il signifiait « regarder, jeter les yeux sur, » et il a été vraisemblablement guidé dans cette explication par le rapport apparent du mot zend avec le persan دیدن (voir).

Je ne trouve rien dans le texte où se voit *díti* et ses diverses orthographes qui contredise formellement l'interprétation d'Anquetil, quoique, à vrai dire, je ne sois pas encore fixé sur le sens complet du passage. Mais ce que je dois dire, c'est que notre Vendidad-sadé lithographié est le seul qui lise ce mot avec un *i* final. Le n° 1 F et le n° 2 S le donnent uniformément avec un *a*, et quatre fois sur six avec un *i* bref [66]. Cette observation ne peut toutefois être employée qu'avec réserve pour l'explication de *taró díti*, parce qu'avec *taró*, et dans notre texte, *díti* peut jouer un autre rôle grammatical que *dita* avec *paiti*. J'en devais néanmoins faire le rapprochement, parce que c'est la comparaison de toutes ces formes qui m'a conduit à une explication que je crois beaucoup plus vraisemblable que celle que j'ai proposée tout à l'heure.

Observant que la lettre *dh* n'est presque jamais initiale en zend, et que, même dans les mots où elle est radicale, elle a été remplacée par *d*, tout comme elle s'est substituée à *d* au milieu d'un mot, je ramène *dita* et *diti* à *dhita* et *dhiti*. Or, le premier de ces deux mots se présente comme la forme zende régulière du sanscrit *hita*, participe parfait passif de *dhá*, le *dh* zend ayant persisté dans des cas où le sanscrit n'en a conservé que l'aspiration *h*. Et ce qui, sans

<hr>

[65] *Vendidad-sadé*, pag. 467 et 468.
[66] Ms. Anq. n° 1 F, p. 775 et 776; n° 2 S,

p. 434, trois fois. Aucun ms. ne donne le *dh*, repoussé du commencement d'un mot.

doute, est fait pour donner à cette observation quelque valeur, c'est que le sanscrit *hita* précédé de *tiras*, forme le composé *tiróhita* (caché, dérobé, éloigné de la vue). L'adverbe *tiras* n'est certainement pas autre chose que le zend *taró* (pour *taras*), et la particule zende est même plus régulière; d'où il suit que *taró dhita* revenant pour la forme au sanscrit *tiróhita*, doit en avoir aussi le sens et signifier « éloigné de la vue. » Le lecteur remarquera que nous retrouvons ici l'idée de *voir*, à laquelle arrivait déjà Anquetil dans le composé *paiti dita*, mais selon nous par une mauvaise voie. Avec la préposition *paiti*, le mot *dita* a, selon toute apparence, une signification opposée à *taró dita*; et si ce dernier mot veut dire « dérobé à la vue, » le premier doit se rendre par « présent aux yeux. » Quant à la leçon *diti*, on peut la faire rentrer dans mon explication, en la considérant comme un substantif en *ti* avec le sens de *disparition*. Toutefois l'*i* final devrait être suivi de *s*, signe du nominatif, la construction paraissant exiger ce cas. Si l'on veut garder la leçon du Vendidad-sadé, *dité* (pour *dhité*), on aura un neutre pluriel, formé du thème *dita* et de la désinence *i*, jointe sans intercalation d'un *n*, comme dans le pâli *tchitté*. Le pluriel répondra même bien au commencement de la prière (*khchnaothra*), et *taró dité* (ou *taróidhité*) sera en grec αἱ ἀφανίσεις. Il est cependant encore difficile de faire de cet adjectif un substantif abstrait. Il reste donc, comme on voit, quelque obscurité sur la forme grammaticale du mot; mais notre analyse étymologique n'en est pas pour cela ébranlée.

Quant à l'interprétation du passage entier, cette nouvelle explication ne la change pas d'une manière notable. Il faut seulement y voir une double invocation, et le séparer ainsi : « preces Ahuram-« mazdam propitiantes ! expulso Ahrimanis ! » J'avoue que je regrette de ne pas trouver ici un datif, « pour l'expulsion d'Ahriman; » ou, ce qui jetterait beaucoup plus de clarté encore, une troisième personne plurielle d'un verbe à l'actif ou au moyen, répondant au sanscrit *dadhati* et *dadhaté*, ou sans redoublement *dhati*, *dhaté* (avec *taró*, ils font disparaître). Les deux finales de nos deux manuscrits suggéreraient sans doute cette conjecture, mais il faudrait faire subir une forte correction au texte, expédient que l'on doit s'interdire quand il s'agit d'un mot aussi court et aussi rare.

Nous venons de dire tout à l'heure que le nom d'Ahriman, ou ce qui, dans notre texte, représente cette dénomination altérée par l'orthographe et la prononciation persane, était au génitif. En effet, le premier mot, ﻦﻫﺮﺳﻤ *aḡrahé*, nous offre la même désinence que *ahurahé* que nous avons précédemment reconnu pour un génitif. Il n'est pas bien facile de voir quel sens Anquetil attachait à ce mot, et surtout s'il se faisait une idée bien nette de sa forme grammaticale. Les deux mots qui composent le nom d'Ahriman signifient, selon lui, *absorbé* ou *caché dans le crime;* et comme il traduit d'une manière analogue *çpëñtó mainyus,* nom sous lequel est souvent désigné Ormuzd, par *absorbé dans l'excellence,* on doit conclure de ce rapprochement, que pour lui ﺮﺟﻤ *aḡra* signifiait *crime.* M. Rask, dans son mémoire déjà cité, regarde *aḡra* comme un adjectif, qui a le sens de *méchant;* et M. Bopp, dans l'article auquel nous avons renvoyé plus d'une fois, adoptant cette explication, se livre sur ce mot à une discussion approfondie d'où il résulte que ﺮﺟﻤ *aḡra* est, ou le mot sanscrit *asra* (sang ou larme) par la permutation fréquente de *s* en ﺞ *ḡ*, ou bien l'adjectif *árya* (respectable). Enfin, Nériosengh au xxv° chapitre du Yaçna, traduit ﺮﺟﻤ *aḡra* par *durgati,* « celui dont la voie « est mauvaise; » dans son opinion, *aḡra* est un adjectif dont le sens fondamental revient à *méchant.*

Si nous cherchons maintenant à vérifier par l'étymologie ces diverses interprétations, nous remarquerons d'abord que les textes ne nous fournissent pas beaucoup de secours, puisque ce mot, substantif ou adjectif, ne se rencontre guère qu'avec le suivant *mainyus,* pour former le nom d'Ahriman. On peut admettre que *aḡra* est un adjectif, parce que nous savons déjà que les Parses aiment à composer les noms des êtres supérieurs de qualificatifs. Le rapprochement établi par M. Bopp entre le zend اغر‎ *aĝra* et le sanscrit *asra* est certainement très-digne de remarque, et en faisant de *aĝra* un adjectif avec le sens de *sanguinaire, cruel*, on satisferait aux conditions de l'étymologie et du sens. Il faut toutefois remarquer que, dans cette hypothèse, on devrait écrire non pas اغر comme notre texte, mais اغهر *aĝhra*, comme fait le n° 6 S, ainsi que d'autres manuscrits. Ce n'est pas que l'orthographe اغر *aĝra* ne puisse être appuyée par d'anciens manuscrits, et par une autorité imposante, celle de M. Olshausen, qui rejette le *h*. Mais c'est que, si la forme première du mot a un *s*, on peut bien reconnaître que ce *s* devient *h*, auquel se joint la nasale, tandis que je ne pense pas que la nasale puisse être directement substituée à *s* sans l'aspirée. En outre, il semble nécessaire d'admettre une aspiration dans le nom que les textes originaux donnent à Ahriman, puisque cette aspiration existe dans l'altération persane qui en dérive اهرمن, et qu'il semble que le *h* soit inexplicable dans le dérivé, s'il n'est déjà dans le primitif.

Je dois avertir cependant que la liquide *r* portant en zend une aspiration qui lui est virtuellement inhérente, comme cela est prouvé par l'action de cette liquide sur la consonne qui la précède, ce peut être cette aspiration qui s'est résolue dans l'altération du persan اهرمن. L'orthographe de اغر *aĝra*, ou اغهر *aĝhra*, est donc encore douteuse; du moins je ne vois pas de preuve bien décisive pour que l'on garde ou que l'on rejette la lettre ن. Mais, si l'on admet une aspiration virtuellement attachée à *r*, ces deux orthographes reviendront à peu près au même, et le choix de l'une ou de l'autre devra peu influer sur le sens primitif du mot.

Quant à la seconde explication proposée par M. Bopp, celle qui dérive *aĝra* du sanscrit *árya* (vénérable), outre que je ne vois pas par quel changement de lettres il serait possible de l'expliquer, elle me paraît un peu systématique, et il est permis de lui opposer les

objections que nous adressions tout à l'heure à celle d'*ahura*, comme
dérivé d'*asura*. Il ne faut pas, je crois, chercher dans le zend *agra*
ou *aghra*, un autre sens que celui de *méchant, cruel*, parce que
les notions que toute l'antiquité classique s'accorde à nous transmettre sur les deux principes supérieurs dans la religion des Parses,
nous les montrent comme l'opposition du bien et du mal, de l'être
bon et du mauvais, et que cette opposition se retrouve dans celle des
titres mêmes donnés par les textes zends aux deux principes, *çpẽñtô*
mainyus (Ormuzd), et *aghrô mainyus*, ou Ahriman [67]. Si *aghra* signifie
méchant, on peut, avec quelque vraisemblance, le rattacher au même
radical que le mot anglais *anger* (colère); les mots latins *angere* et
angor n'ont sans doute qu'une ressemblance extérieure avec ce mot
zend.

Nous devons examiner maintenant le second mot qui sert à la
formation du nom d'Ahriman, dans notre texte ᵃᵘᵍ *mainyèus*,
que le n° 6 S, pag. 1, écrit, je crois, à tort ᵃᵘᵍ. Si *aghrahê*
est un génitif, *mainyèus* est également à ce cas, et en effet nous
reconnaissons la désinence *s* qui caractérise le génitif des noms de
plusieurs déclinaisons en zend comme en sanscrit. La comparaison de ce mot avec les diverses formes sous lesquelles il se présente dans les textes, nous apprend en outre que le thème absolu
est *mainyu*, d'où il suit que la désinence reste ᵃᵘᵍ *èus*. Cette dési-

---

[67] Ainsi, pour ne citer qu'un témoignage d'une date ancienne, Aristote, au
rapport de Diogène de Laërte (*de Vit. philos.*
procem. II), nommait, dans le premier livre
de son *Traité sur la philosophie*, les deux
principes opposés admis par les Parses,
ἀγαθὸς δαίμων et κακὸς δαίμων. Or, puisque
dans le nom donné très-fréquemment à
Ormuzd (*çpẽñtô mainyus*), se retrouve le mot
qui forme la seconde partie de celui d'Ahriman, et que, comme nous le verrons tout à

l'heure, *mainyus* doit signifier l'*être doué*
d'intelligence, ou l'*être invisible*, ce titre répond bien à l'idée que voulait exprimer
Aristote par le mot Δαίμων, et alors les
deux mots *çpẽñtô* et *aghrô* dont le premier
signifie *bon*, d'après le témoignage d'Anquetil, appuyé de celui de Nériosengh, représentent les deux adjectifs grecs ἀγαθὸς et
κακός, et de ce rapprochement ressort une
confirmation du sens que nous donnons,
avec M. Rask, au mot zend *aghra*.

nence est remarquable en ce qu'elle paraît formée des mêmes éléments que celle des mots correspondants en sanscrit, mais que ces éléments sont diversement disposés. Dans le génitif sanscrit *bhânôs* (*bhânôh*) du sanscrit *bhânu*, il semble que la voyelle qui termine le thème en soit séparée par l'insertion de l'*a* bref de *as*, qui abandonne sa place, se fond avec *u* et en entraîne le changement en आ *ô*. En zend le même déplacement de la voyelle finale du thème a lieu, avec cette seule différence que la voyelle qui s'intercale entre le thème et l'*u* n'est plus la même, et, ce qui est bien digne de remarque, qu'elle ne se fond pas avec cet *u* pour former une autre voyelle. C'est ę *è*, qui n'est vraisemblablement dans ce rôle qu'une modification de l'*ĕ* ę, dégradation de l'*a* bref. L'*ĕ* ne précédant jamais, au moins régulièrement, d'autre voyelle que l'*i* appelé par l'épenthèse, on se sert d'une autre forme de l'*e*, forme dont la destination la plus générale est, à quelques exceptions près, de précéder une voyelle. Les éléments constitutifs de la désinence *ôs*, savoir *a* (devenant *è*) et *u*, plus *s*, restent donc désunis, d'où il me paraît résulter que cette formation est antérieure à celle où ils sont déjà fondus sous l'influence d'une loi d'euphonie plus rigoureuse. Nous devons, au reste, ajouter en passant que nous ferons la même remarque sur les noms en *i*, où nous verrons se répéter ce même déplacement de la voyelle du thème [68]. Étant posé *mainyu* comme forme absolue du mot, il ne nous reste plus qu'à en déterminer le sens.

M. Rask, dans son mémoire déjà cité, l'interprète par *esprit*, et compare justement à ce mot l'adjectif *duchmainyus* (méchant), que nous verrons plus tard, et qui est bien, comme le pense ce savant, le grec δυσμενής [69]. M. Bopp, dans l'article auquel nous avons renvoyé déjà plus haut, adopte cette opinion, en y ajoutant que le zend *mainyu*, dérivé du radical *man* (penser) avec le suffixe *yu*, est exactement le sanscrit *manyu* (chagrin, colère), et qu'on en tire même

---

[68] La comparaison de la désinence *èus* avec *ôis* nous permettra plus tard de supposer que *è* se rapproche plus de *ê* que de *ĕ*.

[69] *Ueber das Alter*, etc. pag. 34.

en zend un autre adjectif *mainyava*, qu'Anquetil traduit par *céleste*, et qu'il faudrait rendre par *intelligent*. La comparaison des diverses formes de ce mot tel qu'il nous est donné par les textes, et l'analyse approfondie que nous en ferons successivement à mesure que nous le rencontrerons, m'autorisent à penser que *mainyu* n'est pas un substantif, mais un adjectif, et à poser comme à peu près démontrées les observations suivantes : 1° *mainyu* est, dans le plus grand nombre des passages du Zend Avesta, un adjectif; 2° il s'applique à Ormuzd et aux Izeds, aussi bien qu'à Ahriman et aux Darvands; 3° il est souvent opposé à l'adjectif signifiant *terrestre*; 4° Nériosengh le traduisait, il y a plus de trois cents ans, par *céleste*, ou par *invisible*. Le sens de *céleste* n'est pas rigoureusement celui auquel nous sommes conduits en dérivant *mainyu* de *manó* (intelligence); mais en réalité la différence entre ces trois acceptions, *intelligent*, *céleste*, *invisible*, est moins grande qu'on ne pourrait le croire. D'après les idées religieuses de tous les anciens peuples, l'intelligence réside dans le ciel ou dans le monde invisible, et il y a un rapport si prochain entre ces deux idées, que le terme qui désigne l'être intelligent, peut en même temps signifier *céleste*. Aussi, en proposant de traduire *mainyu* par *doué d'intelligence*, je crois donner le sens fondamental du mot, mais je n'exclus en aucune façon celui de *céleste*, qui peut, dans certains cas, s'accorder mieux avec l'ensemble du discours.

Nous sommes maintenant parvenus aux mots ﺳﻮﺩﺏ *haithyá*, etc. dont nous faisons jusqu'à ﻉﺳﻮﺏﻣﻊﻋﻋ une proposition, à l'examen de laquelle nous allons nous livrer. La première question qui se présente est celle de savoir comment cette proposition se joint à la précédente : « que l'on prononce (ou prononçons) les prières « qui rendent Ormuzd favorable, qu'Ahriman disparaisse ! » Anquetil juxta-pose simplement la phrase *haithyá*, etc. à la précédente, de cette manière : « qu'il accomplisse publiquement mes « souhaits jusqu'à la résurrection; » ou, sans introduire l'idée de

résurrection : « que les souhaits que je fais publiquement soient
« accomplis ! » Il me semble que le mot qui forme la liaison des
deux phrases est *hyaṭ*, pronom qui répond, selon moi, au sanscrit
syat (cela). Je crois pouvoir regarder *hyaṭ*, ou plutôt la forme primitive dont il n'est qu'une altération, comme la réunion en un seul
mot de deux pronoms, d'abord la lettre pronominale *s* sans *a* qui
la vocalise, puis *yat* neutre du pronom relatif. Dans cette supposition,
qui se prête très-bien au rôle que joue *hyaṭ* dans les textes, où il
paraît avec un sens relatif et indicatif tout à la fois, il doit être traduit par *ce qui*, et se rapporter à ce qui précède ; savoir, les prières
qui rendent favorable Ormuzd, et qui servent à chasser Ahriman.
Nous allons trouver en outre, dans la phrase que nous analysons,
un adjectif au neutre en rapport avec *hyaṭ*.

Cela posé, nous remarquerons d'abord que cette phrase se trouve
répétée à la fin du XLVIII° chapitre du Yaçna, où nous pouvons comparer le texte zend et l'interprétation d'Anquetil avec la glose de
Nériosengh : la voici telle que la donne le n° 2 F, pag. 340, et le
n° 3 S, pag. 215.

यथा प्रकटकर्म्मिणां योऽभिलाष: प्रकृष्टतर: योऽभिलाषोऽपापानां प्रभूत: स्वा-
मिन् प्रसादं प्रसादपूर्तिं देहि प्रवाह्लेन अध्युक्तो भवामि ॥

Ce texte signifie littéralement : « sicut aperte agentium quæ cupido
« præcipua, (*id est*) quæ cupido in hominibus non peccantibus eximia,
« Domine, favorem (*id est*) favoris exsequutionem da ; agendi ratione
« Zoroaster fio. » Il y a, comme on voit, dans cette traduction bien
plus que dans le texte zend : le premier membre de phrase, depuis
sicut jusqu'à *præcipua*, est la reproduction littérale du texte ; le reste
est un commentaire explicatif de cette traduction. *Yathâ*, qui n'est
pas dans le zend, est introduit dans le sanscrit, pour joindre cette
proposition à la précédente. Le mot suivant est un adjectif répondant aux deux mots zends *haithyâ varĕçtām* que Nériosengh interprète « ceux dont les actions sont publiques, c'est-à-dire qui agissent

« au grand jour. » Il nous reste à voir comment il est possible de retrouver en zend le sens de la traduction sanscrite.

Le premier de ces deux mots, *haithyâ*, que les manuscrits nous montrent toujours écrit de la même manière, est invariablement traduit dans Nériosengh comme dans Anquetil, par *publiquement*. Analysé d'après les lois de permutation qui nous sont connues, *haithyâ* se ramène au sanscrit *satyâ*, *h* zend remplaçant le *s* dévanâgari, *i* étant intercalé par l'action épenthétique du *y*, et *th* étant aspiré par suite de sa rencontre avec la semi-voyelle *y*, laquelle possède comme *r* et *v* une aspiration qui remonte, quoique moins fréquemment, sur la consonne précédente. Le sanscrit *satyâ* est ou le nominatif singulier féminin de l'adjectif *satya* (vrai), ou l'instrumental singulier féminin de *satî* (existante). On peut dire en thèse générale que cette analyse s'applique au zend *haithyâ*. En effet, dans un très-grand nombre de passages, le thème du zend *haithyâ*, quelles que soient ses formes grammaticales (*haithîm*, verum, *haithyâis*, veris), répond exactement au sanscrit *satya* (vrai). Dans d'autres textes (et il n'y en a que trois [70] où le fait soit complétement démontré), notre mot zend répond au sanscrit *satî* (existante). L'emploi relativement rare de ce terme dans ce dernier sens vient de ce que c'est, comme nous le verrons plus tard, le mot *hâiti* (ou *hâitî*), féminin de *hât* (existant), qui représente le sanscrit *satî*. Le sens que nous avons proposé en second lieu me paraît inadmissible; on verra par l'analyse des mots suivants qu'il serait impossible de s'en servir pour l'explication du passage qui nous occupe. Reste la signification de *vrai*, et tout me persuade que c'est l'interprétation la plus satisfaisante [71].

---

[70] Ces textes se trouvent dans le Vendidad-sadé, pag. 83, 471 et 532.

[71] L'explication que nous proposons du mot *haithyâ* n'empêche pas que M. Bopp, dans l'article qu'il a bien voulu consacrer à la publication du Vendidad-sadé (*Jahrb. f. wissensch. Kritik*, mars 1831), n'ait pu comparer le zend *haiti* (ou *haitî*) au féminin du participe *sat*, c'est-à-dire au sanscrit *satî* (existante). Nous citons nous-mêmes trois passages du Vendidad où *haiti* répond au sanscrit *satî*. Mais il était peut-être nécessaire de faire observer que cette orthographe est beaucoup plus rare que celle de

Mais quelle est la forme grammaticale de ce mot? L'*â* long zend répond à un grand nombre de désinences sanscrites, entre autres à celle
des nominatifs pluriels neutres et à l'instrumental singulier. C'est à
cette dernière forme que je crois pouvoir m'arrêter, et, sans expliquer
ici l'organisme de cette désinence, que j'analyserai tout à l'heure sur
le mot *vaçnd*, j'admets que *haithyâ* est l'instrumental singulier masculin de *haithya* (vrai), qui, employé comme substantif, signifie *avec
vérité*, ou, comme adverbe, *véritablement*. Ce sens n'est pas très-éloigné de celui que les Parses ont adopté pour ce mot, *publiquement*,
c'est-à-dire, comme agissent les hommes vertueux qui ne déguisent
pas leurs actions par le mensonge. Il est tout à fait digne de remarque que, pour expliquer ces mots : « ceux qui agissent au grand
« jour, » la glose sanscrite ajoute : « les gens de bien, ceux qui ne
« pèchent pas; » expression qui confirme de la manière la plus satisfaisante l'explication que nous proposons pour *haithyâ*, et qui, d'ailleurs, en précisant davantage le sens de *public*, est tout à fait conforme à la doctrine de Zoroastre, pour laquelle les ténèbres sont
dans un rapport intime avec le mal, comme la lumière avec le bien.

Le mot suivant, *varĕçtãm*, fréquemment et mieux écrit ܡܪܒ
avec un ܡ dental, notamment dans le n° 6 S, a la désinence ܡ
qui paraît au premier coup d'œil être celle d'un accusatif singulier
féminin, mais qui, en réalité, ne peut être autre que la terminaison
du génitif pluriel ܡ, jointe au thème *varĕsta* immédiatement et sans
l'addition ordinaire du *n* intercalé entre l'*a* du thème et la désinence. Je me crois autorisé par quelques autres mots que nous examinerons plus tard à donner cette analyse de *varĕstãm*. Mais je dois
reconnaître que cette forme est beaucoup moins fréquente que celle
que nous savons appartenir au zend aussi bien qu'au sanscrit, avec

---

hâiti (ou *hâitĭ*), véritable féminin du participe présent de *as*, en zend *hât*. Lorsque ce
mot est écrit avec un *a* bref, il est d'ordinaire le représentant du sanscrit *satya*. Il

n'est peut-être pas inutile de remarquer
que l'adjectif grec ἐτός (véritable), dérive
du verbe εἰμί (je suis), comme *satya*, en
zend *haithya*, de *as* (être).

cette différence toutefois que le zend n'allonge pas l'*a* du thème devant *n*. Ainsi on rencontre fréquemment ڤاواریشتنام *varĕstanām* du thème *varĕsta*, qui a dans les textes le sens d'*action, chose faite*. L'existence de la désinence *ām*, jointe immédiatement au thème des noms en *a*, nous fournit le moyen de constater une époque, dans la formation de la langue zende, où la déclinaison des substantifs, qu'ils fussent terminés par une voyelle ou par une consonne, se développait régulièrement et d'après un principe uniforme. Nous avons déjà vu une preuve de ce fait dans le zend *rathw-ām*, comparé au sanscrit *rĭtû-n-ám*; nous en verrons encore d'autres par la suite. Mais aucune ne me paraît aussi intéressante que celle que nous venons de constater. En effet, il était difficile de retrouver la trace d'un génitif pluriel dans un mot qui se présente avec la désinence d'un accusatif féminin. Il est encore nécessaire de remarquer que cette formation, vraisemblablement antique, se rapproche plus de celle des noms grecs avec leur désinence ων que de celle des noms latins dont la terminaison *rum* (quelle que soit l'origine de la liquide *r*) présente cela de commun avec les génitifs sanscrits en *n-ám*, qu'une lettre est intercalée entre le thème et la désinence.

Le thème *varĕsta*, que nous rétablissons après la suppression de la désinence, est le participe parfait passif d'un radical *vĕrĕz*, dont on rencontre un très-grand nombre de formes dans les textes zends. Ce radical *vĕrĕz* répond ou au sanscrit वृज् *vrĭdj* (abandonner), le *dj* sanscrit devenant d'ordinaire *z* zend, ou, ce que j'aimerais mieux croire, au radical *vrĭh*, dans le sens qu'on lui donne quand il est conjugué à la 6ᵉ classe, *to make any effort or exertion*. Outre que ce sens convient parfaitement à celui de notre mot zend, et à ses formes variées, nous savons que le ह *ha* dévanâgari a pour correspondant *z*, de sorte que l'identité de *vĕrĕz* et de *vrĭh* peut passer pour incontestable [72]. Il n'est peut-être pas hors de propos de rap-

---

[72] Ce n'est pas arbitrairement que je donne *vĕrĕz* comme le radical de notre mot zend; je le trouve dans plusieurs formes de la conjugaison que nous verrons plus tard.

procher de ce radical le mot germanique *werk* et *work*, dans lequel la gutturale *k* représente, comme cela se voit souvent, l'aspiration *h*.

La formation du participe *varĕsta*, dans lequel le ʒ *z* du radical devient ᴁ *s* (ou fautivement ᴁ *ç*), comme dans le substantif ᴊᴘᴀᴜᴄ *masti* (grandeur), de *maz* (grand), paraît au premier coup d'œil anomale. Car la syllabe *var* semble être le *guṇa* de *vĕrĕ*, et cependant le suffixe du participe *ta* n'exige pas de *guṇa* du radical, au moins en sanscrit. On est tenté de soupçonner que, loin d'être insérée pour faciliter la prononciation du groupe *rst*, la voyelle brève ʒ *ĕ* est un reste de ʒ)ʒ, et que c'est par suite de la confusion de ᴀ *a*, qui se prononce comme ʒ *ĕ*, qu'on a écrit *varĕsta* au lieu de *vĕrĕsta*, qui pourrait être la forme primitive, quoiqu'à ma connaissance elle ne se présente pas dans les textes. Dans cette hypothèse, l'anomalie d'un *guṇa* au participe parfait passif disparaîtrait, et *varĕsta* ne serait qu'une autre orthographe de *vĕrĕsta*. Toutefois, je ne crois pas qu'il soit nécessaire de faire subir ce changement au texte, et j'aime mieux admettre que la formation du participe parfait passif des verbes en *ĕrĕ* s'éloigne des règles de la grammaire sanscrite. Je trouve, en effet, deux autres radicaux en *ĕrĕ* (sanscrit *rĭ*), qui changent en *ar* cette syllabe. Ce sont *pĕrĕç* (interroger) et *kĕrĕch* (labourer), qui font au participe parfait pass. *parĕsta* ou *parsta*, *karĕsta* ou *karsta*, formations qui justifient celle de *varĕsta*, et qui, en nous montrant ce participe infléchi d'après un autre principe qu'en sanscrit, nous dispensent de recourir à la correction proposée tout à l'heure [75].

Nous venons d'expliquer la forme grammaticale et l'étymologie de *varĕst-ām*, il nous reste à voir quel peut être le rôle logique de ce mot dans notre proposition. Si *varĕsta* est un participe employé substantivement, et signifiant *action*, comme cela sera démontré suffisamment pour d'autres textes dans la suite de notre travail, on est porté à réunir les deux mots *haithyā varĕsta*, pour en former un

[75] Cela vient, je crois, de l'attraction de *r* pour *s*. Car on ne voit pas ce changement de *ĕrĕ* en *ar* dans *bĕrĕta* pour *bhrĭta* (porté), ni dans *gĕrĕpta*, d'un primit. *grĭbh* (prendre).

I.   13

adjectif possessif, « ceux dont les actions sont dans la vérité. » Cette
explication paraît même confirmée par la glose de Nériosengh, qui
donne en un composé *prakaṭakarmiṇâm* « qui agissent ouvertement. »
Je ne craindrais pas de la proposer, si je ne voyais la possibilité
d'expliquer ce passage sans rien changer à la disposition des textes,
c'est-à-dire en laissant les deux mots désunis. Au lieu de regarder
varĕsta comme un adjectif neutre pris substantivement, on doit le
considérer comme le participe masc. du parfait du verbe *vĕrĕz* (faire
effort, agir); or, l'on sait que les participes passés des verbes intran-
sitifs n'ont pas nécessairement le sens d'un parfait passif. Nous traduirons donc *varĕsta* par « celui qui a agi, » et en le rattachant au
mot précédent *haithyâ*, « ceux qui ont agi, » et par extension, « qui
« se conduisent conformément à la vérité. »

Les mots que nous venons d'expliquer me paraissent subordonnés
au suivant, *vaçnâ*, qu'Anquetil traduit par *souhait*, et Nériosengh par
abhilâcha (désir). Ce doit être le sens véritable de ce mot, dans lequel on reconnaît facilement le radical sanscrit et zend *vaç* (vouloir, désirer). Mais il ne peut être dans le texte zend, comme dans la
glose sanscrite, au nominatif, ainsi que semble le prétendre Anquetil. On doit voir dans ce mot un substantif à l'instrumental marqué
par l'allongement de l'â, *vaçnâ*, dont le thème sera *vaçna*, formé
du radical *vaç* avec le suffixe *na*, comme *yaçna* (sacrifice), et *fraçna*
(question). Le mot *vaçna* se retrouve à un autre cas dans le Vendidad, et c'est l'existence de cette dernière forme qui me décide à
regarder *vaçna* comme le thème absolu, plutôt que *vaça*, qui, d'ailleurs, existe avec le sens de *volonté*. Pour dériver *vaçnâ* de *vaça*, et
le considérer comme un instrumental, il faudrait supposer que *n*
s'est interposé entre la désinence *â* caractéristique de l'instrumental,
et le radical *vaça* privé de son *a* (formatif du substantif). Mais ceci
est contraire à l'analogie des autres substantifs dans lesquels le zend
a conservé *n* intercalé, comme *maĕçmana* (cum urina) et *çrayana*
(cum perfectione), formes qui seront expliquées plus tard. On re-

marquera d'ailleurs que, quand le zend intercale la lettre *n* entre la désinence et le radical, la désinence *â* long s'abrége toujours, tandis qu'elle persiste d'ordinaire avec sa quantité primitive, lorsqu'elle se joint immédiatement au radical, surtout dans la déclinaison imparisyllabique.

Je regarde donc *vaçnâ* comme formé du thème *vaçna* et de la terminaison de l'instrumental *â* long. Je vois dans ce mot une nouvelle preuve d'un fait que nous avons déjà pu remarquer; savoir, que les désinences de la déclinaison imparisyllabique se sont, à une certaine époque, appliquées à celle des noms en *a*, fait qui a son analogue dans celui de l'insertion d'un *n* entre l'*â* (abrégé en *a*) et le thème de noms imparisyllabiques tels que *çrayas*, que nous citions tout à l'heure. Ajoutons que l'on pourrait encore rendre compte de *vaçnâ* à l'instrumental, en le considérant comme formé de *vaçna*, plus de la désinence *a* (abrégée de *â*). Mais quand nous analyserons des mots comme *kana* (a quo) et *maêçmana*, comparés avec *zaothra* (cum zaothra) et *managhâ* (cum mente), nous reconnaîtrons trois formes pour l'instrumental zend, *â*, *na* et *a*, et nous verrons que cette dernière paraît dériver plutôt par apocope de la seconde, que par abrégement de la première [74]. Si donc *vaçnâ* est bien un instrumental, j'aime mieux attribuer l'existence de son *â* long final à la

---

[74] M. Bopp a déjà, dans la seconde édition de sa grammaire sanscrite, attiré l'attention des philologues sur l'instrumental zend en *a* bref, et il en a déduit une explication ingénieuse du gérondif sanscrit en *a*. (Voyez *Gramm. sanscr.* pag. 250.) Nous croyons cependant que ce savant est allé un peu loin, quand il a dit que la langue zende n'admettait pas à l'instrumental singulier le *n* euphonique qu'insèrent en sanscrit les substantifs masculins et neutres terminés par la voyelle *a*. Comment en effet rendre compte de formes telles que *maêçmana* et quelques autres, si l'on n'y reconnaît pas le *na* de la première déclinaison sanscrite ? Ce qu'il faut dire, selon nous, c'est que le cas de l'insertion du *n* entre le thème et la désinence est beaucoup plus rare que celui de la suppression de cette lettre. Il est surtout nécessaire de distinguer soigneusement les noms terminés par une consonne de ceux qui le sont par une voyelle; les seconds prennent beaucoup plus fréquemment *a* bref, tandis que les

présence de la désinence *á* qui persiste dans plusieurs autres circonstances.

Nous avons dit que *hyaṭ* était en rapport avec un adjectif au neutre; cet adjectif est *fĕrasôtĕmĕm*, écrit dans le n° 2 F et le n° 3 S
ᴄᴇᴄᴩᴇ⸻, et dans le n° 6 S ᴄᴇᴄᴩᴇ⸻, et dont la véritable orthographe doit être *frachôtĕmĕm*. Ce mot n'est qu'approximativement
traduit par *prakrĭchṭatara* (principal, éminent), mot que l'interprète
indien emploie le plus souvent pour exprimer l'idée de supériorité
contenue dans la seule préposition zende *fra*. Le mot *prabhúta* du
commentaire n'ajoute pas non plus beaucoup au sens : il montre que
le scoliaste n'a vu dans ce terme zend que l'idée d'excellence, de
supériorité qui, pour nous, est dans la désinence *tĕmĕm*. Il n'est pas
aussi facile de retrouver dans ce mot l'incise ajoutée par Anquetil,
« jusqu'à la résurrection; » le commentaire sanscrit n'en dit absolument rien, et je ne crains pas d'affirmer qu'il n'en est pas question
dans le texte. Il est vrai que toutes les fois qu'Anquetil rencontre
le mot *frachô* avec ses diverses orthographes, soit seul, soit comme
ici joint à l'affixe du superlatif, il le traduit par *résurrection*, quoique, comme j'essayerai de le prouver à mesure que se présenteront
les textes, le sens général se refuse, si ce n'est dans un petit nombre
de cas, à cette interprétation. Il en est de même du mot *fraçna*,
qui, selon Anquetil, exprime aussi l'idée de *résurrection*, tandis que,
dans le fait, le vrai sens de ce mot est *question*. Ces diverses assertions seront prouvées dans la suite de notre Commentaire [75]. Il
nous suffira de faire remarquer ici que dans le passage qui nous

premiers conservent intacte la désinence
sanscrite. Mais ce qu'il faut aussi remarquer, c'est que même les mots de la déclinaison imparisyllabique prennent quelquefois *na*, comme si leur thème était en *a*
bref. Ainsi *maço* (grandeur) fait *maça-na;*
çrayô (perfection), *çraya-na; vaĝhô* (excellence), *vaĝha-na*. Il en est de même en pâli

où *attá* (âtman) fait *attand*, et *atténa* suivant le thème de la première déclinaison.
Ces faits prouvent d'une manière définitive
l'existence du *n* à l'instrumental zend.

[75] J'ai discuté tous les textes zends relatifs à la notion de la résurrection, dans un
mémoire que je compte soumettre prochainement à l'Académie des inscriptions.

occupé, Anquetil lui-même ne tenait pas beaucoup à l'idée de résurrection, puisqu'il laisse au lecteur à choisir entre sa première version où cette idée se trouve, et cette seconde : « que les souhaits « que je fais publiquement soient accomplis! »

Maintenant que nous avons la liberté de chercher autre part que dans l'idée de résurrection le sens de ce mot, nous ferons remarquer que *tĕmĕm* est la désinence du superlatif au neutre (sanscr. *tamam*), qui laisse à nu le mot *frasô*, dans d'autres passages ۵ﺳﯾۏﻝﻩ *frachô*, et plus rarement ۵ﺳﯾۏﻝﻩ *fraçô* : on voit que nous omettons le ç *ĕ* inséré entre ﻩ et ﻝ, qui, dût-il subsister, ne change rien au sens du mot. La désinence *ô* annonce un nominatif singulier masculin d'un thème en *a*; et, en effet, nous verrons par la suite que le suffixe du superlatif se joint très-fréquemment au thème décliné au nominatif, et non à la forme absolue comme en sanscrit : les copistes vont même quelquefois jusqu'à séparer la désinence *tĕmĕm* du mot ainsi infléchi qu'elle affecte. Le thème *frasa*, *fracha* ou *fraça*, comparé dans les divers textes où paraissent ces diverses formes, a, selon moi, le sens de *question*, *prière*, et je n'hésite pas à le dériver du radical sanscrit et zend *pratchh* et *pĕrĕç*, mot dont le *p* est toujours *f* en zend, quand il tombe sur *r*.

La seule circonstance qui puisse rester en question est celle de l'orthographe véritable du mot. On ne peut, il est vrai, balancer qu'entre ﺳﯾۏﻝﻩ *fracha* et ﺳۏﻝﻩ *fraça*; car ﺳۏ *s* et ﯾۏ *ch* se confondent perpétuellement dans les copies que nous possédons, et la prononciation des Parses nous apprend que ﺳۏ *s* est uniformément employé pour ﯾۏ *ch*. Au premier coup d'œil *fraça* paraît préférable, car le ऋ sanscrit de *pratchh* se change déjà en ﺳ *ç* zend dans l'imparfait ۺﺳﯾﻩ *pĕrĕçat* (il demanda), et il en est de même dans *fraç-na* (question); pour le sanscrit *praçna*. Dans cette hypothèse, le zend *fraça* offrirait une analogie bien remarquable avec le latin *prec-s*, *prec-is*, puisque dans les langues de l'Europe ancienne le *c* ou le x répond fréquemment au इ et au म dévanâgari et zend. Mais la leçon *fracha* est également soutenable; et si l'on a pu admettre le rapprochement que nous avons fait du zend ⁣ *acha* (pur) avec le sanscrit *atchtchha* (transparent); si, de plus, l'on reconnaît l'identité de ⁣ *kacha* et du sanscrit *katchtchha* (bord d'un fleuve), on n'aura pas de peine à croire que *fracha* représente exactement le sanscrit *pratchh*, qui n'est pour moi qu'un radical déjà modifié. Car je n'hésite pas à regarder le zend *fracha* comme un substantif formé avec le suffixe *a* d'un radical *pĕrĕç* (en sanscrit *prĭtchh*), radical modifié par le *guṇa*, mais avec déplacement de *r, fracha* pour *farcha*, comme on sait que cela se passe en sanscrit quand le *r* tombe sur plusieurs consonnes groupées.

Au reste, quelque orthographe qu'on adopte, il me paraît hors de doute que le sens de ce mot est *demande, prière*, et que la réunion de *frachô* avec le suffixe du superlatif signifie « ce qui est « le plus un objet de prière. » L'addition de la formative du superlatif à un nom substantif n'a rien qui doive étonner, puisqu'on la voit jointe même à un nom propre, par exemple à celui de Zoroastre; dans les formations de ce genre, le suffixe a une force plus grande peut-être que quand il s'unit à un simple adjectif. Mais la juxta-position du suffixe au mot conservant la marque du nominatif, et le fait de sa séparation fréquente d'avec ce mot, sont des particularités intéressantes qui nous font assister à la formation première du superlatif. Évidemment il y eut une époque où le suffixe *tama* était envisagé comme un mot à part, exprimant par lui-même la supériorité, l'excès, et ajoutant cette notion au terme que le langage le chargeait de modifier. On le joignait à l'adjectif ou au substantif selon les lois de la composition, système dont la persistance du signe du nominatif est une trace curieuse. Car, comme la composition n'était pas encore réglée en zend par le principe de la fusion intime des parties composantes, l'adhérence du suffixe au substantif ne devait pas être plus grande que celle de deux substantifs se réunissant pour former un tout d'après les lois imparfaites de la langue.

De ces diverses analyses il résulte que nous pourrons traduire, avec quelque apparence de certitude, la proposition qui nous occupe : « cum veritate agentium quod voto optatissimum ; » ou : « ce qui est « le désir le plus ardent de ceux qui agissent suivant la vérité· (ou, « d'après les Parses, publiquement). » On voit que nous réunissons cette proposition à la précédente en manière d'apposition ; nous y sommes autorisés par le pronom neutre *hyaṭ*. Cependant, comme le mot *frachôtĕmĕm* est suivi du substantif neutre *achĕm* (la pureté), on pourrait croire que ce mot *achĕm* fait partie de notre proposition en qualité d'attribut, et que c'est à lui que se rapporte l'adjectif *frachôtĕmĕm*. Cette disposition changerait assez peu le sens du texte, qui deviendrait : « ce qui est la pureté la plus désirée de ceux qui « agissent conformément à la vérité. » Toutefois cette proposition se lierait alors moins bien à la précédente ; et comme il arrive quelquefois que le mot *achĕm*, qui est le premier de la prière *achĕm vôhû*, est répété lorsqu'on cite en abrégé cette prière, j'aime mieux laisser *achĕm* en dehors de notre proposition, et traduire d'après la première hypothèse, en réunissant les deux parties du texte : « prononçons les prières qui rendent Ormuzd favorable, qu'Ahriman « disparaisse, ce qui est le vœu le plus ardent des hommes qui « agissent conformément à la vérité [76] ! »

[76] C'est sans doute à des prières du genre de celle-ci que faisait allusion Plutarque, dans le passage classique sur la religion persane, où il dit, d'après Théopompe, que Zoroastre apprit aux hommes à sacrifier à Ormuzd, pour lui demander tous les biens et pour l'en remercier, comme à Ahriman pour détourner et repousser son influence : ἐδίδαξε μὲν τῷ εὐκταῖα θύειν ἢ χαριστήρια, τῷ δὲ ἀποτρόπαια ἢ σκυθρωπά. (De Is. et Osir. cap. 46.) Anquetil, qui a donné un bon commentaire sur le morceau de Plutarque, dans les Mémoires de l'Académie des inscriptions (tom. XXXIV, pag. 376 sqq.), fait remarquer avec raison (pag. 383) que les Mages n'ont jamais honoré les mauvais génies ; et sous ce rapport il y a peut-être quelque inexactitude dans l'expression de Plutarque. Mais elle nous paraît convenir à de nombreux passages du Zend Avesta, et notamment à des prières comme celle de notre texte, où Ormuzd est invoqué et Ahriman proscrit ; εὐκταῖα répond à *khchnaothra*, et ἀποτρόπαια à *tarô dité*.

Nous considérons donc le premier *achĕm* comme une répétition emphatique du premier mot de la prière *achĕm vóhá,* que le mot ⲟⳙⳝ *dah,* en lettres rouges (persan ⦁⦁), nous annonce devoir être prononcée dix fois. Il en est de même de *yathá ahá vairyô,* dont, suivant l'usage des Parses, les premiers mots seulement sont donnés dans les textes qui en recommandent la récitation.

COMMENTAIRE

SUR LE YAÇNA.

CHAPITRE I.

I.

[Avestan/Pahlavi script text, 8 lines]

(Page 3, lignes 10 *b* — 18 *a*.)

TRADUCTION DE NÉRIOSENGH.

१ निमन्नयामि संपूर्णयामि किल इज़िम्रि निमन्नयामि संपूर्णा च करोमि
दातारं स्वामिनं महाक्षानिनं शुद्धिमन्तं श्रीमन्तं २ महत्तरं च किल वपुषा उत्कृ.

छतरं च मूल्येन 3 सुन्दरतरं च दर्शनेन गाहतरं च कार्यन्याये: 4 बुद्धितमं
च ज्ञनितमं सुकलेवरतमं च किलास्य ब्रह्मानि ब्रन्योन्यं ब्रनुरूपतराणि
5 पुण्यात् प्रधानतमं च सद्ाचारात् किल ह्योर्मिज्ञात् यद्रूप: पुण्येन तन्मरूतरं
6 उत्तमज्ञानी किल सद्ाापाज्ञानी स्वेच्छानन्द्री किल ब्रपरान् ब्रभीप्सिततरेण
ब्रानन्देन कुरुते ७ योऽस्मान् दरौ यो वाठयामास तनुबिबं (तनुबिभु?) म: प्रत्य-
पालयत् 8 योऽरूर्श्येभ्यो बृरूतर: ॥ ॥

(N° 2 Fonds, pag. 2 et 3.)

TRADUCTION D'ANQUETIL.

« Je prie et j'invoque le grand Ormuzd, brillant, éclatant de lu-
« mière, très-parfait, très-excellent, très-pur, très-fort, très-intelli-
« gent, qui a le corps le plus pur, au-dessus de tout ce qui est
« saint, qui ne pense que le bien, source de plaisirs, qui me donne
« (ce que je possède), qui est fort et agissant, qui nourrit, qui est
« souverainement absorbé dans l'excellence [1]. »

Avant d'examiner en détail le texte de ce paragraphe, il est nécessaire de nous fixer sur la dénomination que doivent porter les
diverses parties du Yaçna. Anquetil nous apprend que les soixante
et douze chapitres dans lesquels est divisé cet ouvrage, ont le titre
de *Hâs*. « Le nom de *Hâ* vient, dit-il, du zend *hâetîm* ou *hâtanm*
« (*hâitîm* ou *hâtâm*). C'est le second mot de la prière qui termine
« la plupart des Hâs de l'Izeschné. Elle commence ainsi : *Ienghé*
« *hâtanm*, etc., c'est-à-dire, ceux qui récitent ainsi les Hâs de l'Izes-
« chné. De *hâtanm* s'est formé *had*, qui, en parsi, signifie *mesure*,
« *borne*, et qui doit être distingué de *aïat*, nom des versets de l'Al-
« coran [2]. » L'opinion d'Anquetil paraît fondée en raison, et il n'est pas

---

[1] *Zend Avesta*, tom. I, 2ᵉ partie, p. 81.
Nous donnerons dans le cours de notre analyse les variantes de la traduction d'Anquetil.
[2] *Zend Avesta*, t. I, 2ᵉ partie, p. 73 et 74.

difficile de comprendre comment l'un des premiers mots d'une prière qui se reproduit à la fin du plus grand nombre des divisions du Yaçna, a pu donner son nom à la plupart de ces divisions elles-mêmes. Cette habitude doit être ancienne; car une portion importante du Yaçna est connue, non-seulement dans la division de la liturgie (que l'on peut soupçonner d'être plus moderne que les textes qui la composent), mais dans ces textes mêmes, et notamment dans celui du Vispered, sous le titre de *Haftenghât*, en zend *haptaĝhâiti gâtha*, c'est-à-dire, « le chant composé de sept *hâta*. »

Après cela, le lecteur peut se demander pourquoi je n'ai pas conservé cette dénomination, et continué, avec Anquetil, de désigner les portions du Yaçna par un titre qui paraît depuis si longtemps consacré par les Parses, qu'il figure dans les textes mêmes. C'est que l'emploi du mot *Hâ* est de nature à perpétuer une notion qui, pour être justifiée dans l'origine, n'en est pas moins devenue, par l'extension qu'on lui a donnée, une véritable erreur. Certainement si la prière de laquelle Anquetil a extrait le nom de *Hâ*, avait le sens qu'il lui donne, si le mot zend, quel qu'il soit, ressemblant au terme moderne *Hâ* pouvait avoir cette signification, il faudrait accepter ce titre sans hésiter, et tout au plus resterait-il à chercher comment le mot original peut présenter ce sens; en d'autres termes, il ne resterait plus qu'à le rattacher à quelque autre mot de l'une ou de plusieurs des langues alliées au zend. Mais je crois pouvoir affirmer qu'il n'en est rien. Le mot zend duquel dérive *Hâ* n'a pas le sens que lui assigne Anquetil, et l'on n'est autorisé à donner ce titre aux parties du Yaçna qu'il désigne, que par un usage analogue à celui qui nous fait appeler *pater* et *avé* les prières dont ces mots forment le commencement. L'analyse de ce passage important mettra, je l'espère, cette assertion à l'abri de toute contestation. J'hésite d'autant moins à en faire l'examen en ce moment, que nous devons, avant de passer outre, prendre un parti sur la question relative au titre des chapitres du Yaçna.

ɪ4.

Le passage dans lequel Anquetil trouve le nom de *Hâ* est emprunté à la fin du quatrième chapitre du Yaçna. On le trouve en
entier dans le n° 2 F, pag. 50, contre l'habitude des copistes qui n'en
transcrivent d'ordinaire que les deux premiers et les trois derniers
mots. En voici le texte littéralement copié : *yênghê hâtãm daȶ yaçnê
paiti vaghô mazdâo ahurô vaêthâ achâȶ hatcha yâoghãmtchâ tãȶtchâ
tâoçtchâ yaz* (*yazamaidhê*), ce que Nériosengh interprète ainsi :

ये वर्तमानेभ्य: एवं इज़िल्या उपरि उत्तमे (sic) मह्राक्षानिनः स्वामिनः किल
इज़िल्री: क्षोर्मिञ्ज्ल्स्यार्थं प्रचुराः कुर्वन्ति चेतरि (sic) पुण्यात् यत् किंचित् पुण्यं
प्रसादह्लान क्षोर्मिञ्ज्ञो वेत्ति समवायकान् तान् ताम्र ब्राराधये नरत्त्रीब्राकृतीन्
ब्रमिश्रास्पितान् ॥

Anquetil traduit : « ceux qui récitent ainsi les Hâs de l'Izeschné,
« Ormuzd veille sur eux; il les récompensera, soit que ce soient des
« hommes ou des femmes, je leur fais Izeschné. » J'avoue qu'il me
paraît aussi difficile de retrouver dans l'original cette dernière traduction que la première. La glose de Nériosengh est en particulier d'une
barbarie extrême, les lois orthographiques du sanscrit y sont ouvertement violées, et il ne serait possible de tirer un sens de ces mots
sans suite, qu'en leur faisant subir des corrections pour lesquelles on
n'a même pas de base fixe [5]. La version de Nériosengh ne peut donc
servir ici (et nous verrons qu'il en est de même dans un très-grand
nombre de passages) que comme d'un vocabulaire, quelquefois double, en ce que la traduction proprement dite est d'ordinaire suivie
d'une glose, annoncée par la présence du mot *kila* (c'est-à-dire).
Cette glose s'éloigne quelquefois, et d'autres fois se rapproche de la
traduction d'Anquetil, pour laquelle elle fournit un moyen de con-
trôle. L'analyse du passage assez difficile où il s'agit de vérifier l'existence du mot *Hâ* va nous donner un exemple du genre de secours
qu'on peut trouver dans cette traduction, d'ailleurs si incorrecte.

[5] Ce texte devant se représenter bientôt, à la fin du IV° chapitre du Yaçna, je
remets à ce moment le relevé des variantes
et des fautes de la glose de Nériosengh.

Je remarquerai d'abord que le mot qui fait l'objet principal de
notre recherche, *hâtãm*, est traduit dans Nériosengh par *vartamânê-
bhyah* (à ceux qui se trouvent, qui existent); indication très-impor-
tante, en ce qu'elle suggère la conjecture que *hâtãm* pourrait bien
ne pas être, comme on est tenté de le penser au premier coup
d'œil, un acc. sing. féminin. Si ce mot n'est pas à ce dernier cas,
il ne peut être qu'un gén. plur. d'un nom ou adjectif en *t*, et déjà
nous avons cru devoir le citer en cette qualité dans une note relative aux permutations de la sifflante dentale en zend [1]. L'examen
comparé des passages du Vendidad-sadé où se trouve le terme *hâtãm*,
nous autorise à le traduire par *existentium* (en sanscrit *satãm*). Il ne
diffère du participe présent du verbe *as* en sanscrit, que par l'allongement de l'*â* dont nous avons parlé dans la note à laquelle nous
avons renvoyé tout à l'heure.

Les mots *yaçnê* et *paiti* ne peuvent faire difficulté; l'un est le locatif sing. de *yaçna* (dans le sacrifice [2]), et l'autre l'altération du sanscrit
prati (vers), altération qui place cette préposition zende exactement
au même degré, à l'égard de la forme primitive, que le pali *pati*;
seulement dans le zend *paiti* nous remarquons l'*i* épenthétique, appelé
par une loi propre à l'ancienne langue des Parses. *Mazdâo ahurô* sont
également connus, ce sont les deux parties du nom d'Ormuzd au
nom. masc. sing. qui ont été expliquées tout à l'heure en détail. La
seule remarque nouvelle à laquelle ils donnent lieu ici, c'est qu'ils
sont déplacés, l'usage ordinaire mettant le premier le nom d'Ahura.
Ce déplacement a cela de remarquable, qu'il nous indique une époque où le nom d'Ormuzd était pris, comme il doit l'être réellement,
pour une expression composée, formée d'un substantif et d'un adjectif.

---

[1] Ci-dessus, *Observ. sur l'Alph. zend*,
pag. cxii, note 45.

[2] Le mot *yaçnê* est, dans cette prière
ainsi que dans le *yênghê mê*, etc. qui n'en
est qu'une variante, écrit très-fréquemment
yêçnê, l'*a* radical de *yaz* ayant été changé
en *ê* par l'influence du *y*. Cependant je crois
que l'orthographe régulière de *yaçna* doit
porter un *a*, et je réserve l'emploi de la
voyelle *ê* pour d'autres dérivés de cette racine, comme *yêçnya* et *yêsti* (ou *yêstê*.) Je distingue ainsi le part. *yêçnya* du subst. *yaçna*.

Restent *yênghê vaghô* et *vaéthâ;* j'omets à dessein *yênghê*, qui sera mieux compris lorsque nous le rapprocherons de *ydoghâm*. Le dernier de ces trois mots, *vaéthâ*, se trouve, dans une prière où est répétée la plus grande partie de celle que nous analysons, écrit soit *vaidâ*, soit *vaédha*, leçons desquelles je crois pouvoir conclure que la véritable orthographe est *vaéda*, qui serait en sanscrit le parfait de *vid* (connaître), *véda* (novit). La préposition *paiti*, détachée de ce verbe par une tmèse très-fréquente en zend, s'y rapporte cependant, et je me figure qu'elle doit faire subir au sens du radical *vid* une modification importante. Remarquons que Nériosengh fournit, dans la fin de sa glose, une preuve de l'exactitude de cette interprétation. On y lit : « quodcunque purum favoris donum Hormiz- « das novit; » glose qui se réfère, il est vrai, au mot *achât*, mais qui nous montre que le souvenir de l'idée de *connaître* s'était conservé dans la version pehlvie qu'a suivie Nériosengh.

Après *vaéda* je place *vaghô*, terme qui a pour moi une grande importance, en ce qu'il achève de mettre dans tout son jour la véritable étymologie d'un mot qui joue un rôle capital dans les textes zends, de même que dans les croyances des Parses. Analysé d'après les lois dont j'ai depuis longtemps indiqué l'existence en zend, et dont on trouve le résumé dans les Observations préliminaires sur l'alphabet, *vaghô* revient à une forme sanscrite *vasas*, l'ô zend représentant le sanscrit *as* à la fin d'un mot, et *agh* remplaçant la même syllabe lorsqu'elle est médiale. Je crois pouvoir affirmer que le mot *vaghô* n'a pas ici la désinence d'un nominatif masculin d'un nom dont le thème est en *a*, car je le trouve invariablement joint à des mots comme *dâtĕm* et *imaṭ*, dont le dernier particulièrement ne peut être qu'un neutre, soit au nominatif, soit à l'accusatif. C'est donc un nom neutre dont nous avons ici à la fois le thème, et le nominatif ou l'accusatif. Comme le verbe, que nous avons conjecturé être *paiti vaéda*, a pour sujet *mazdâo ahurô*, il faut de toute nécessité admettre que *vaghô* est un accusatif, et il ne reste plus qu'à en déterminer le sens à l'aide des moyens que nous fournit l'étymologie.

Rapproché du sanscrit *vas-as*, le mot zend pourrait passer pour avoir la signification de *vêtement* (sanscrit *vásas*). Mais cette interprétation ne donne pas un sens qui s'accorde avec celui des autres mots de notre texte, et elle ne sert pas davantage à l'intelligence des autres passages où figure *vaǧhô*. Si, au contraire, abandonnant les diverses significations que prend le radical sanscrit *vas* (vêtir, habiter) dans ses divers dérivés, nous nous adressons exclusivement à la langue zende, nous reconnaîtrons que ce même radical, avec une acception nouvelle et à peu près oubliée du sanscrit, y forme un nombre très-considérable de mots, tous importants par leur valeur mythologique. Nous y trouvons d'abord *vaǧhu*, qu'Anquetil traduit à peu près invariablement par *saint*, et Nériosengh par *excellent*. Nous devons voir dans ce mot ce même radical *vaǧh*, et sous sa forme première *vas*, plus le suffixe *u*, de sorte que le zend *vaǧhu* est, sauf le sens, le sanscrit *vasu*. Ce même radical, changeant *s* en *h* sans faire précéder l'aspiration d'une nasale, forme encore l'adjectif *vôhu* (à la forme absolue), qui a le même sens que *vaǧhu*. Mais l'*a* du radical y a subi une modification importante; il s'est changé en *ô* par suite de l'action assimilatrice du *v*, action analogue à celle du *y* sur la voyelle *a* qui vient à le suivre. La même modification et de la sifflante et de la voyelle radicale se trouve dans le substantif *vôhû* (les biens) au neutre pluriel, lequel dérive du même radical, et qui en même temps se rapproche du sanscrit *vasu* (chose, richesse); coïncidence remarquable, et qui donne à la théorie par laquelle nous rattachons ce mot et tous ceux qui lui ressemblent au radical *vas*, toute la vraisemblance désirable [6]. C'est encore *vas*, modifié en *vah* par le

---

[6] M. Bopp (*Gramm. sanscr.* pag. 323) a déjà fait le rapprochement du zend *vôhu* et du sanscrit *vasu*; mais il est facile de voir que nous sommes arrivés à ce résultat par une autre voie, et que, dans notre explica- tion, il fait partie d'une théorie dont ne pa- raît pas s'être occupé M. Bopp. Ce savant pense que le changement de l'*a* radical en *ô* est dû à l'action assimilatrice de l'*u* final, laquelle remonte sur la syllabe précédente,

génie de la langue zende, que l'on reconnaît dans l'adjectif *vahya*
(excellent), que nous donne fréquemment le Vendidad-sadé, et
dans le mot célèbre *vahista*, qu'Anquetil traduit bien par *excellent*,
et que nous analyserons tout à l'heure, au commencement du texte
qui fait l'objet de ce paragraphe.

Je dis qu'Anquetil traduit bien ce mot par *excellent;* car en premier lieu Nériosengh lui donne souvent cette signification, et ensuite les lois que j'ai établies pour le changement de la sifflante

et il cite en preuve les datifs et génitifs
athuruné et *athurunó* du thème *atharvan*.
La preuve ne me paraît pas concluante;
car, dans les mots cités, l'épenthèse appelle
devant le r une voyelle identiquement semblable à celle qui le suit (*u-ru*), tandis que
dans *vóhu*, la voyelle qui remplace *a* est
bien une modification de l'*a*, mais non *a*
lui-même. Notre explication paraît rendre
compte du fait d'une manière plus directe;
elle attribue au *v* une action sur la voyelle
qui la suit, analogue à celle qu'on ne peut
s'empêcher de reconnaître au *y*. Elle explique entre autres la permutation du radical sanscrit *vatch* en *vótch*, comme nous
ferons voir que l'écrit le zend. Elle s'étend
plus loin encore, et montre comment le
bahu sanscrit a pu devenir en singhalais
bóhó (beaucoup). Ajoutons, pour le dire
en passant, que ce dernier adjectif, que les
grammairiens indiens dérivent d'un radical *bah* (croître), peut bien n'être que le
sanscrit *vasu* lui-même, sous une forme
déjà altérée selon le génie de la langue zende
(*vah-u*, *bah-u*). Il y aurait encore beaucoup de choses à dire sur l'argument que
tire M. Bopp du nom de l'Athorné. L'orthographe qu'il choisit n'est pas la meilleure; car, dans les cas indirects, les manus-

crits anciens donnent *athauran-é,-ó*, etc.
Cela doit être, si, comme je le pense, le
thème est identique au sanscrit *atharvan*,
rapprochement curieux sur lequel nous reviendrons plus tard. M. Bopp supprime l'*a*
de *athauruné*, et il croit que l'*u* le remplace;
mais l'*u* est ici épenthétique, tandis que
l'*a* appartient au thème; les deux voyelles
doivent être écrites. Ces diverses assertions
seront mises plus tard dans tout leur jour,
et l'analyse détaillée que nous donnerons
de ce mot important, fera voir qu'il faut,
pour en apprécier les formes variées à leur
juste valeur, apporter une grande attention
à l'orthographe et à la comparaison des
manuscrits. Par exemple, M. Bopp écrit
indifféremment avec un *a* bref, et le thème
atharvan, et sa contraction *áthrava*, qu'il
lit *athrava*. Mais il ne dit pas que, quand le
thème par la métathèse perd l'*a* qui précé-
dait *r*, la première voyelle du radical, l'*a*
initial, attire cet *a*, et qu'ainsi l'on écrit
áthrava au nom., tandis que l'*a* reste bref
au gén. *athauranó*. Cette espèce d'équilibre
qui s'établit entre le commencement et le
milieu du mot, doit être remarqué. Quelque opinion qu'on s'en forme, il faut le
reconnaître, et nous ne voyons pas de raison pour changer la leçon des manuscrits.

dentale sanscrite en zend, me permettent de ramener *vahista* à sa forme première, celle d'un superlatif, *vasista,* ou en sanscrit *vasichṭha.* Je parlerai tout à l'heure, sur le texte, de ce rapprochement remarquable à tant d'égards ; je me contente pour le moment de chercher à déterminer le radical, et, par suite, la signification commune de ces divers mots, *vaĝhó, vaĝhu, vóhu, vahya, vahista.* Or, le rapprochement de ces cinq termes, interprétés par les lois euphoniques exposées au commencement de ce travail, nous donne (après la suppression des désinences ou suffixes *a, ó, ya, ista*) les radicaux *vaĝh* et *vah,* qui reviennent également à *vas,* monosyllabe auquel il faut reconnaître le sens de *bon* ou de *bonté,* ce qui résulte de la signification d'*excellent* donnée uniformément au superlatif *vahista,* et de celle de *très-bon,* attribuée par Nériosengh à *vaĝhu.* Le radical *vas* doit donc signifier *bon* ou *bonté,* sens qu'il n'a plus en sanscrit, mais qui se retrouve encore dans le persan ‎به‎ où le *b* remplace le *v* zend, et où le *h* est le reste de l'ancien *ĝh.* Si, comme je le crois, cette analyse est exacte, nous devrons regarder le *vaĝhó* de notre texte comme un substantif signifiant « ce qui est bien, le bien. » En le rapprochant du verbe *paiti vaéda,* et en supposant à ce verbe la signification d'*annoncer, faire connaître,* que, avec la préposition *prati,* le sanscrit *vid* prend au causatif, nous traduirons : « Ahura-mazda declaravit bonum, » c'est-à-dire, « Ormuzd a enseigné le bien. »

Quant à *yénĝhé,* c'est une forme du pronom relatif au nominatif pluriel, remarquable en ce qu'elle contient un pronom indicatif qui en constitue la seconde partie. En d'autres termes, *yénĝhé* zend paraît répondre au sanscrit *yé-sé,* en prenant *sé* pour la syllabe pronominale *sa* au nominatif pluriel. M. Bopp est le premier qui ait fait connaître cette analyse du zend *yénĝhé,* dans les savantes additions qu'il a jointes à la seconde partie de sa grammaire sanscrite [1]. Je dois dire,

---

[1] *Gramm. sanscr.* pag. 327. M. Bopp y considère *yénĝhé* comme formé de *yé,* pronom relatif déjà au nominatif, et de *sé* changé en *ĝhé.* On verra pour quel motif nous croyons pouvoir nous éloigner en partie de son sentiment.

toutefois, que j'étais déjà arrivé de mon côté à une interprétation analogue, fondé, 1° sur la connaissance des permutations euphoniques
de la sifflante dentale en zend (permutations dont j'ai indiqué, il
y a déjà longtemps, le principe); 2° sur l'existence d'un nombre
très-considérable de formes de la syllabe pronominale *sa*, notamment *hé, hói, há, him, his;* 3° enfin, sur cette considération que
le même mot qui, étant initial, s'écrit *hé,* doit, lorsqu'il devient
médial et est précédé d'une voyelle, s'écrire *ḡhé.* Je diffère seulement de M. Bopp en ce que je trouve cette orthographe de *yé-ḡhé*
pour *yé-sé* en contradiction avec le principe que j'ai posé; savoir, que
é n'est jamais suivi d'un *s* dental, conséquemment que *s* ne peut pas
devenir *ḡh* après la voyelle *é.* On pourrait sans doute lever cette
contradiction en supposant que notre principe ne reçoit pas son
application dans les circonstances, d'ailleurs fort rares, où deux mots
sont réunis en un. Mais j'aime mieux croire que la forme primitive de *yénḡhé,* comme nominatif pluriel de *ya,* est *yasé,* et que le
premier *é* zend est le substitut et le développement de la voyelle
a, ainsi qu'on le remarque dans plusieurs mots dont il a déjà été
parlé ci-dessus. Le relatif (comme dans les formes attiques *τνὸ* et
όπτας) est resté au radical, et le pronom indicatif seul a pris la désinence, ou pour mieux dire, il a tout entier servi de désinence au
pronom relatif. Ajoutons que ces deux mots sont réunis par un
procédé de composition dont nous avons déjà vu un exemple dans
hyaṭ, où se trouvent les mêmes éléments, mais renversés. Quoi qu'il
en soit de cette dernière conjecture, je dois remarquer, parce qu'il
ne semble pas que ce fait ait frappé M. Bopp, que *yénḡhé* n'est pas
toujours le nominatif pluriel masculin du relatif, mais qu'on le rencontre quelquefois, quoique moins fréquemment, comme génitif singulier masculin répondant au sanscrit *yasya,* de la même manière que
le pronom indicatif *asya* est devenu en zend *aḡhé.* Nous nous contenterons d'en citer un exemple emprunté à la fin du IX° chapitre du
Yaçna, où ce pronom est joint, par une irrégularité commune en

zend, à un nom féminin, celui de la femme impudique, de laquelle
il est dit: *yĕnḡhĕ fra fravaiti manó yathá awarĕm vátó chútĕm* , « celle
« dont le cœur va toujours, comme un nuage chassé par le vent[8]. »

Tous les mots que nous venons d'expliquer forment une première
proposition, dont la disposition a cela de remarquable, que le rapport qui l'unit à la proposition principale *tāçtchá, táoçtchá yaz*.....
est exprimé irrégulièrement. Le mot qui fait le lien de ces deux
propositions est *yĕnḡhĕ*, qu'il serait plus naturel de voir au génitif en
rapport avec *hátăm*, terme qui doit être traduit dans le sens d'un datif,
ainsi que la syntaxe le veut le plus souvent en zend aussi bien qu'en
sanscrit. Littéralement rendue, la phrase signifie en latin barbare :
« quicunque existentium tunc in sacrificio bonum multiscius Ahura
« declaravit per puritatem, et quarumcunque (feminarum existentium
« tunc, etc.), illosque hasque adoramus[9]. » Il est évident que les deux
premiers mots représentent cette expression *quibus illis existentibus.*
Mais il est d'autant plus facile de comprendre l'espèce d'irrégularité
de construction qui se trouve dans cette phrase, que la tournure zende
revient à cette forme qui nous est familière : « tous les êtres exis-
« tants auxquels le tout savant Ahura a enseigné alors dans le sa-
« crifice (ou le Yaçna) le bien par la pureté (c'est-à-dire, a enseigné
« que le bien s'obtenait dans le sacrifice par la pureté)... nous leur
« adressons un sacrifice. » Entre ces deux propositions s'en place une
troisième qui répond à *táoçtchá* (illasque), comme la première répond à *tāçtchá*. Cette proposition, qui, dans le style souvent si
elliptique du Zend Avesta, n'est exprimée que par un mot, est annoncée par *ydĕḡhămtchá*, qui est au génitif pluriel féminin, beaucoup
plus régulièrement que le *yĕnḡhĕ* masculin du commencement. Il

---

[8] *Vendidad-sadé*, pag. 48. Ms. Anq. n° 2
F, pag. 101. Peut-être, dans ce cas, faudrait-il lire *yainghĕ*; mais cette correction
n'est pas autorisée par les manuscrits. En
grec d'ailleurs ὅπυ se dit aussi pour ἤπποτ.

[9] J'omets à dessein de parler ici du mot
daṭ (alors), pour ne pas prolonger cette discussion préliminaire. Il a vraisemblablement ici un sens plus élevé, celui de « ja-
dis, à l'origine des choses. »

faut y rétablir, après *yâoğhâmtchâ* (*et quarum* pour *et quibus*), la phrase entière qui suit *yénğhé*, en mettant sans doute *hâtãm* au féminin (*hâitinãm*). Les mots *tãçtchâ, tâoçtchâ,* que nous examinerons plus tard sous le point de vue grammatical, nous feraient déjà par eux-mêmes soupçonner qu'il s'agit d'êtres des deux sexes, quand même la glose de Nériosengh n'ajouterait pas encore cette indication précieuse ; savoir, que cette prière se rapporte aux Amschaspands, dont les uns sont mâles et les autres femelles. Nous pouvons donc, d'après cette analyse, traduire de la manière suivante : « tous les êtres mâles « et femelles à qui le tout savant Ahura a enseigné alors que le bien « s'obtenait dans le sacrifice par la pureté, nous leur adressons le « sacrifice. »

Si tel est bien le sens de notre passage, on peut considérer cette prière, malgré sa brièveté, comme un des textes les plus remarquables du Zend Avesta. Elle résume en peu de mots les principales idées sur lesquelles repose la partie morale du système religieux de Zoroastre : le bien ou la sainteté (*vağhô*) ; le sacrifice (*yaçna*), considéré comme le moyen d'y parvenir ; et la pureté (*acha*), indiquée comme la condition nécessaire pour pouvoir célébrer le sacrifice et en obtenir les résultats. Elle nous conserve, en outre, la trace d'une notion qui occupe certainement moins de place dans les livres des Parses que dans ceux des Brahmanes, mais qui n'est cependant pas entièrement étrangère aux premiers. Nous y voyons, en effet, Ahura enseignant aux Amschaspands que le sacrifice est la voie de la sainteté ; et l'Ormuzd des Parses y paraît, comme le Pouroucha indien, l'instituteur du sacrifice. Cette notion, dont le mythe de Kaiomorts est une des expressions les plus complètes, a pris, dans la prière de notre texte, la couleur morale qui distingue d'une manière si tranchée l'ancienne croyance des Parses de celle des Hindous.

Le lecteur est maintenant en état d'apprécier jusqu'à quel point il est permis d'appeler *Hâs* les divisions ou les portions de textes qui forment l'ensemble du Yaçna. On voit que, pour répondre à cette question, il y a plusieurs distinctions à faire. S'agit-il de savoir si les Parses ont pu désigner ces portions par l'un des premiers mots de l'une des prières qui y figure le plus souvent? L'affirmative n'est pas douteuse. S'agit-il de reconnaître quel est le mot qui a fourni les éléments de la dénomination de *Hâ?* C'est, dans la prière que nous venons d'expliquer, le terme *hâtãm.* Enfin, s'agit-il de savoir si le mot *hâta* a le sens de *division, chapitre,* ou, comme semble le croire Anquetil, de *terme, limite?* La négative n'est pas plus douteuse; car, quand même je n'aurais pas fait ressortir dans tous ses détails le sens véritable d'un texte que sa précision rend certainement obscur, on peut dès à présent affirmer qu'Anquetil n'en a pas donné une interprétation exacte [10]. Le terme qui fait l'objet principal de la discussion signifie, sans aucun doute, *de ceux qui existent.* C'est un point que nous aurons occasion de démontrer de nouveau chaque fois que *hâtãm* se représentera.

Nous pouvons maintenant passer à l'examen du texte du Yaçna lui-même. Je l'ai divisé en petites phrases auxquelles correspondent

[10] Je n'en suis pas moins convaincu que l'interprétation donnée par Anquetil repose sur un texte ancien, et qu'elle a pour elle l'autorité des Parses. Nous verrons, notamment quand nous serons parvenus au XXI° chapitre du Yaçna, que les Parses ont un commentaire en zend de la prière *yênĝhê hâtãm,* commentaire dans lequel se trouvent les éléments du sens d'Anquetil. L'existence de commentaires de cette espèce (et il y en a plus d'un dans le Yaçna), est une particularité très-curieuse pour la critique des portions qui nous restent des livres attribués à Zoroastre, et elle donne déjà à penser que ces diverses portions n'ont pas été rédigées à la même époque. La manière dont sont composées ces gloses, souvent très-développées, me paraît devoir changer ce soupçon en certitude. On voit qu'elles consistent en phrases empruntées, selon toute apparence, à d'autres parties des textes, et rattachées au passage à expliquer par un rapport qu'il n'est pas toujours aisé de saisir. Le sens qui résulte de la combinaison de ces gloses avec le texte est d'ordinaire moins élevé et beaucoup plus pratique que celui que l'on peut trouver directement dans la prière primitive. Je dois avertir que, dans la discussion qui précède, je n'ai fait aucun usage du commentaire sur le *yênĝhê hâtãm* donné dans le XXI° chapitre du Yaçna. On verra, par l'analyse de ce chapitre, jusqu'à quel point il était possible d'en tirer des lumières pour résoudre les difficultés de notre texte.

les numéros de la version de Nériosengh, afin de rendre l'analyse du passage entier plus facile. L'exemple de cette division du texte en nombreux paragraphes nous est donné par les copies du Yaçna zend et sanscrit; elle y est même poussée plus loin que nous ne l'avons fait. Je dois également avertir que j'ai reproduit la glose de Nériorengh telle qu'elle est transcrite par les manuscrits, et notamment par le plus ancien, le n° 2 du Fonds d'Anquetil : je n'ai rien changé à l'orthographe ; seulement je me suis permis de corriger quelques fautes trop grossières que j'ai indiquées dans une note [11]. Mais pour

[11] Quoique la glose de Nériosengh soit certainement le texte sanscrit le plus incorrect et le plus barbare qui soit encore parvenu en Europe, l'importance des données qu'elle fournit pour l'explication du texte zend est trop considérable pour qu'il ne soit pas nécessaire de la reproduire telle que la donnent les manuscrits que nous en possédons. On m'excusera donc de ne pas lui avoir fait subir les corrections dont elle a besoin, je ne dis pas pour devenir du sanscrit classique, cela est impossible à moins de changements radicaux dans les termes et dans les tournures, mais pour être ramenée aux lois les plus vulgaires de l'euphonie. Les personnes qui croient qu'on en peut tirer quelques lumières pour l'intelligence du texte du Yaçna, me sauront peut-être gré d'avoir rassemblé, dans une note sur chacun des paragraphes dont cette version se compose, les variantes, même les plus fautives, qu'on y remarque. Cet inventaire d'erreurs, souvent si grossières, est sans doute bien fastidieux. Mais on peut se dispenser de le lire, ainsi que la glose elle-même, dont les indications essentielles reparaissent toujours dans ma discussion du texte zend. Je ne puis trop répéter, pour les philologues dont une violation aussi flagrante des lois de la grammaire sanscrite pourrait allumer l'indignation, que cette traduction a été faite sur le pehlvi par un Parse qui ne savait le sanscrit que très-médiocrement, et qu'on ne doit pas juger ce travail, précieux pour nous, avec les idées qu'on apporterait à l'examen d'un texte sanscrit réputé classique. Combien peu de légendes pouraniques, telles que les *Mâhâtmyas*, et souvent les Pourânas eux-mêmes, pourraient résister à l'examen sévère de critiques comme les Schlegel et les Lassen !

Le n° 3 S a *sampurṇayâmi kili*, fautes que ne donne pas le n° 2 F. Le n° 3 S donne *idjisni*, et le n° 2 a eu aussi cette leçon dans le principe ; il donne en même temps, après le groupe *sni*, un *â* long et le signe de l'*ê* de cette manière फ़ी. Cela est bien peu intelligible ; nous avons cependant conservé la leçon *idjisni*, mot qui ne porte aucune marque de cas, mais que le traducteur a considéré comme un accusatif fém. sing. avec lequel il a mis en rapport l'adjectif *sampûrṇâm*. Nous verrons dans d'autres textes le nom de l'*Izeschné* mis au pluriel.

que je me crusse autorisé à faire ces corrections, il a fallu que la faute fût parfaitement visible, et qu'il ne restât pas la moindre obscurité sur le sens du mot; autrement j'ai dû laisser subsister la leçon des manuscrits, sauf à la critiquer, si le cas l'exigeait.

1. Le premier mot de notre texte, *nivaéidhayêmi*, est lu dans le n° 6 S, p. 1, ‌⁩, et dans les n° 2 F et 3 S, ‌⁩. Cette dernière orthographe me paraît préférable à celle du texte

Le n° 2 a, dans *sampûrṇâm*, l'*â* long du féminin d'une main moderne; et le n° 3, toujours fautivement, l'*u* bref. Le n° 3 a *djñâmninam*. Les deux manuscrits ont *çuddhimatam*, *çrîmatam*, *mahataram*. Le n° 3 seul a *sûndarataram... darsanéna*. Le n° 2 a *kâryanyâyâi* sans visarga, et le n° 3 *kâryanâydi*. Je lis *sakalévaratamam* au lieu de *sukalivartamam* du n° 2, et *sâkalivartamam* du n° 3. Le même manuscrit donne *agâni*, et les deux ont *anurupa* avec *u* bref: les mots y étant divisés, je les ai laissés dans cet état. Le n° 3 a *pradhânam*, nous suivons le n° 2. Le n° 3 a *puṇyadja*, ce que nous lisons *puṇyéna*, nous n'osons dire avec le n° 2, car l'*é* qui a été surajouté après coup sur *puṇyana*, a été effacé par une main plus moderne encore. Le n° 2 donne *tat*, et une main récente a corrigé de la même manière le n° 2, qui avait antérieurement *tan*. Au lieu d'*uttamadjñânî*, le n° 2 a *uttamam djñâni*, et le n° 3 *uttamam djñâmni*; la correction était aussi nécessaire que facile. La faute vient de ce que le traducteur oubliant que cette énumération des qualités d'Ormuzd doit être à l'accusatif, a voulu mettre ce mot et les suivants au nominatif. Nous avons dû le suivre, quoiqu'à la rigueur il faille *djñâninam*. Les deux manuscrits donnent en deux mots *sat vyâpd....*

nous avons observé plus exactement la loi d'euphonie. Le n° 3 donne encore avec un *i* bref le deuxième *djñâmni*, ainsi que *ânandi*; nous suivons le n° 2. Les deux manuscrits donnent avec un *i* bref *abhipsita...* mais le n° 2 avait anciennement l'*î* long, qui a été mal corrigé et remplacé par un *i* bref au-dessus de la ligne. Le n° 3 lit *yé ausmâm*, le n° 2 *yô asmân*; si on lit *yô*, il faut supprimer l'*a* suivant, et le remplacer par une apostrophe, ce que nous avons fait. Le n° 2 avait primitivement *usmân*, une main moderne a placé au-dessus de cette lettre un *a*, et les deux lectures, la bonne et la mauvaise, sont passées dans la copie du n° 3. C'est une triste preuve de l'inattention du copiste auquel est dû le n° 3. Les deux manuscrits ont *ghaṭa...* nous rétablissons l'*d* de la forme causale. Le n° 2 donne *tanubibam*, le n° 3 *anubibum*. Je ne connais pas ces deux mots, à moins qu'il ne faille lire *tanuvibhum* (corpore solidum.) Les deux manuscrits ont *yah arddagyôbhyô*; mais une main récente a, dans le n° 2, remplacé le premier *ô* par un *é*, correction nécessaire; j'y ajoute celle de la suppression de l'*a* initial après le changement de *yah* en *yô*, et le rétablissement de *drî* pour *rdda*, cette manière bizarre de représenter le *rî* étant très-commune dans nos deux manuscrits.

lithographié qui fait l'objet de cette discussion, comme à celle
du n° 6 S. Je ne pense pas, en effet, que, dans *nivaêdhayêmi* (où l'on
reconnaît immédiatement le sanscrit *nivédayámi*), le second *é* doive
être, comme le premier, précédé d'un *a* bref. Dans *vaêdh-ayê-mi*,
vaêdh est le radical *vid* affecté de *guṇa*; c'est le sanscrit *véd* avec la
seule différence du ꝗ *dh* pour le ꝗ *d*, permutation qui vient peut-
être primitivement d'une erreur des copistes, et qui se trouve régu-
larisée en quelque sorte par l'habitude où ils sont d'employer au
milieu des mots le *dh* beaucoup plus fréquemment que le *d*. Mais
dans les syllabes *ayê*, l'*é* représente un *á* long sanscrit, par suite d'une
modification de lettres propre aux verbes où figure *y*. Peut-être cet
é est-il dû à l'influence secrète de l'épenthèse, *émi*, pour *á+imi*. Cependant j'aimerais mieux l'attribuer à la même cause que le changement d'un *a* bref en *é* après *y*, changement dont nous avons plus d'une
fois constaté l'existence. Celui d'un *á* en *é* est certainement beaucoup plus rare; mais il peut exister en zend concurremment avec
celui d'un *a* bref. Car ce changement consistant, selon moi, dans
l'insertion d'un *i* avec lequel *a* se fond en *é*, la fusion peut s'opérer,
comme on sait, que la voyelle *a* soit brève ou qu'elle soit longue.
La permutation de la voyelle *á* en *é* se montre d'ailleurs de la
manière la plus visible en sanscrit, où M. Bopp s'est attaché à l'expliquer, et où il a pu, dans bien des cas, y voir le résultat d'une sorte
d'attraction exercée par une lettre analogue à *i*, notamment par *y*[12].
Au reste, quelle qu'en soit la cause, ce que nous venons de dire
suffit pour justifier l'opinion que nous avançons en commençant
sur l'orthographe de ce mot. C'est *émi* qu'il faut écrire, comme
le veulent deux manuscrits, parce que *é* est dû à une autre cause
que le *guṇa*. La différence d'orthographe des deux parties de ce mot
est donc une des nombreuses confirmations du principe posé dans
les Observations préliminaires sur l'alphabet zend; savoir, que *aê*
représente le plus souvent l'*é guṇa* sanscrit.

[12] *Gramm. sanscr.* r. 471, et surtout r. 626.

Quant au sens de notre verbe *nivaêdhayêmi*, dont les autres particularités, comme le préfixe *ni* et la désinence *mi*, n'ont pas besoin de plus ample explication, à cause de leur ressemblance avec le verbe sanscrit correspondant, nous le traduirons, avec Nériosengh, par *j'invoque* ou *j'appelle*; traduction qui ne s'éloigne pas beaucoup de celle d'Anquetil, *je prie*, mais qui est vraisemblablement plus près du sens du radical *vid*, à la forme causale, et précédé du préfixe *ni*.

Le second verbe, *hañkâiryêmi*, est lu, dans le n° 6 S et le n° 2 F, ابسببوس اسددغج, et dans le n° 3 S, ابسببوسواسدغج. De ces deux leçons, la véritable est celle des deux premiers manuscrits. Ce verbe est en effet à la dixième classe; nous devons donc y trouver, comme dans le mot analysé tout à l'heure, *ayêmi*. La caractéristique de cette classe est, pour le verbe *krĭ* (zend *kĕrĕ*), un *vrĭddhi*, ainsi que nous pourrons le reconnaître plus tard; nous aurons donc *kâr* plutôt que *kar*. Ainsi *kârayêmi* zend reviendra au sanscrit *kârayâmi* (je fais faire). Avec la préposition *hañ* qui représente *sam* en sanscrit, *h* remplaçant *s*, et *ñ* le son nasal tombant sur une consonne, ce verbe prend en zend, selon Anquetil, l'acception de *j'invoque*, selon Nériosengh, *j'accomplis*. Mais la glose sanscrite précise un peu plus le sens de ce dernier verbe, et donne à entendre qu'il s'agit de l'accomplissement du sacrifice, ou de la célébration du Yaçna en l'honneur d'Ormuzd. C'est du moins là le sens que je crois pouvoir donner à ces mots, dont l'interprétation littérale est : « *Idjisni* absolutam facio. » L'acception dans laquelle je crois pouvoir les prendre, me paraît résulter du rapprochement du mot *nimantrayâmi* (j'invoque). Il semble en effet qu'après l'idée d'invocation, celle qui se présente le plus naturellement, c'est celle de célébration des cérémonies destinées à honorer le dieu qu'on invoque.

Le mot suivant, *dathusô*, est écrit de même dans nos trois autres manuscrits. Je n'hésite cependant pas à penser que la véritable orthographe doit être *dathuchô*, la voyelle *u* agissant sur la sifflante de la même manière en zend qu'en sanscrit. Ce mot qui est le gé-

I. 16

nitif singulier d'un adjectif dont nous croyons que le thème est *dátar*, présente plusieurs particularités remarquables [13]. Si, dans cette supposition, nous le comparons au sanscrit *dátus*, nous trouvons que, comme ce dernier, c'est un changement anomal du thème *dátar*. C'est là un trait de ressemblance qui prouve l'intime rapport des langues zende et sanscrite. Mais la différence se montre dans l'abrégement de la voyelle *a*, voyelle qui reste longue en sanscrit, dans l'aspiration du *th*, et dans l'addition d'un *ó*, qui donne à ce génitif une voyelle de plus qu'au mot sanscrit *dátus*.

Je crois d'abord qu'on peut expliquer l'aspiration du *th* en la regardant comme le résultat de l'action d'un *r* qui a disparu, ainsi que M. Bopp conjecture que le fait a eu lieu dans le sanscrit *pituh* pour *pitruh*. La forme zende *dathuchó*, pour le sanscrit *dátus*, me semble confirmer d'une manière très-heureuse la conjecture de cet habile philologue; car le sanscrit *tru* ne peut être en zend autre chose que *thru*. En écrivant *dathuchó*, le zend a, d'un côté, obéi à la loi qui, en sanscrit, a supprimé le *r*, et il a, de l'autre, conservé plus fidèlement que le sanscrit la trace de cette liquide, élément intégrant du suffixe *trĭ* (en zend *tĕrĕ*). Ajoutons que cette analyse peut, jusqu'à un certain point, justifier l'abrégement de l'*á* du radical *dá*; car dans le mot suivi du suffixe entier *dá-thruchó*, la voyelle du radical, déjà longue naturellement, le devenait encore par position. On a donc pu cesser d'écrire la voyelle longue, puisque les consonnes qui la suivaient devaient lui donner cette quantité; et cette habitude une fois prise s'est perpétuée, lors même que la cause qui l'avait introduite eut disparu. Enfin, pour expliquer la voyelle finale

---

[13] Nous verrons qu'il existe en zend un radical *dath*, qui a exactement le même sens que le sanscrit et le zend *dá* (donner, créer). On pourrait donc supposer que *dathuchó* vient de ce radical, au moyen d'un suffixe *us* (*uch*), ici au génitif. Mais ce qui m'empê-che d'admettre cette étymologie, c'est qu'on ne trouve pas dans le Vendidad d'autre cas de ce mot *dathus*, tandis que *dátar* se montre sous un grand nombre de formes, et qu'il se complète avec *dathuchó*, exactement comme le sanscrit *dátrĭ* avec *dátuh*.

ô qui représente un *as* sanscrit, on peut conjecturer que c'est une nouvelle désinence de génitif surajoutée au mot *dathus*, déjà au génitif; procédé de formation qui, sans doute, annonce la barbarie, et, si je puis m'exprimer ainsi, l'hésitation de la langue, mais dont nous retrouverons par la suite d'autres exemples non moins curieux et plus reconnaissables encore.

Nous passons les deux mots *ahurahê mazdâo*, analysés dans le viii⁰ paragraphe de l'Invocation, pour arriver à l'adjectif *raivatô*, orthographe fautive qu'il faut remplacer par *raêvatô* que donnent uniformément tous les autres manuscrits. Anquetil traduit ce mot par *brillant*, ou en note par *libéral*, et Nériosengh par *pur*. C'est bien le génitif d'un nom dont le thème est en *aţ, raêv-aţ*, lequel, en sanscrit, serait *rêvat*. Mais la signification de ce dernier mot, participe présent de *rêv* (aller), ne s'accorde pas avec celle que les Parses attribuent à leur adjectif *raêvaţ*. Nous n'avons aucune raison de soupçonner les Parses d'inexactitude, et nous pouvons, si nous admettons leur traduction comme valable, ranger le zend *raêv* et le sanscrit *rêv* au nombre de ces mots identiques pour le son dans les deux langues, mais différents quant à la signification. Nous devons en outre remarquer, qu'avec le développement de sa voyelle, le radical *rêv* présuppose une racine antérieure sans *gaṇa*, par exemple *riv*, qui a pu réunir les deux sens que se sont partagés les deux radicaux zend et sanscrit.

Les observations précédentes partent de l'hypothèse que *raêvaţ* est le participe présent de *raêv*. Mais l'existence du mot zend *raya* auquel Anquetil donne le sens de *splendeur*, nous permet de rapprocher ces deux mots, et d'y voir un radical *raê* avec le suffixe *vaţ*, et non plus la racine *raêv* avec *aţ*. Le mot *raya* est la résolution régulière de *raê*, auquel vient se joindre le suffixe *a*; et c'est ce mot, moins le suffixe *a*, qui est entier dans *raê-vaţ*. Il faut supposer *ri* ou *rî*, comme radical primitif de la syllabe *raê*; et en effet on doit croire qu'il a pu exister en sanscrit une racine avec ce sens, car

16.

Wilson donne au substantif *ri*, entre autres significations, celle de *splendeur*.

Ce qu'il y a de remarquable, c'est qu'on trouve dans le sanscrit ancien des Védas le mot *révat* même, employé dans une acception différente, mais qui présente un curieux rapport avec un des sens qu'Anquetil donne au zend *raévat*, celui de *libéral*. Cet adjectif prenant un autre suffixe, *mat*, joint au radical *ré* par le moyen d'un *i*, voyelle de liaison, se change en *rayimat*, auquel les gloses sur Pâṇini donnent pour synonyme *puchṭivarddhana*, « qui augmente la nourriture [14]. » Le mot *révat* se trouve dans cet exemple cité par le scoliaste : आ रेवानेतु नो विश: « que celui qui donne la nourriture vienne vers nous autres « hommes. » Bhaṭṭôdjidîkchita, dans son traité connu sous le nom de *Siddhântakâumudî*, ne donne pas l'exemple que nous avons extrait des gloses sur la règle de Pâṇini; il se contente de rapprocher *révat* et *rayimat*, de cette manière : रेवान् रयिमान् पुष्टिवर्द्धन:॥ Il semble résulter de ce texte que ces deux adjectifs sont synonymes, que tous deux veulent dire : « qui augmente la prospérité, » qu'ils dérivent du substantif *rái* (richesse) changé en *ré*, mais que la résolution de *ré* en *ray* devant *i*, voyelle de liaison qui précède le suffixe, est limitée à l'emploi du suffixe *mat*. Ces deux dernières propositions sont établies de la manière la plus positive par les gloses de la règle précitée de Pâṇini, où *rayi* (रयिमती) est donné comme le substitut de रे *rái*.

L'existence du sanscrit *rayimat* répondant à *révat* a cela d'intéressant, que, traité d'après les lois de la langue zende, ce mot reviendrait à *raémaṭ*, sans *i* voyelle de liaison. Or, c'est exactement cette forme (*raêmĕṇṭ*) qui, dans l'idiome dérivé du zend qu'Anquetil nomme *pazend*, remplace l'ancien *raévat*. Pour n'en citer ici qu'un exemple, nous transcrirons le commencement du Néaesch du soleil, tel que le donne le n° 3 S, pag. 282 : دهسسوده ‹سروسن‹ روسو ‹مسسود. بو‹جوسو. سو‹‹وسو. اسرى‹‹مر. *çtaêm jbâêam dâdhâr hórmĕzda raêmĕnṭ*; ce

---

[14] Pâṇini, VI, 1, 37. *Siddh. Kâum.* pag. 440.

qu'Anquetil traduit : « je vous prie et je relève votre gloire, Ormuzd,
« juste juge, éclatant de gloire. » Il serait plus exact de dire : « je
« loue, j'invoque le créateur Hormĕzda resplendissant; » car ces
mots dont quelques-uns ont déjà pris la forme du persan moderne,
seraient en zend ٠ﻌﻴﻜﻮ٢ع ٠ﻊ٢ﯼﺳ�T ٠ﻊ٢ﻤﻤﻤﺴﯨ ٠٢ﺳﺩﺩﻮﻳﻌ٢ﯼ ٠٢ﺧﻤﻤﻄﻌﻳ
٠ﻌﻮ٢ﻤﭘﻌﻳﺳﻮ. Il est très-curieux de rencontrer, dans un dialecte
qui a fait de si nombreux emprunts à l'ancienne langue de l'Arie,
une forme qui ne se retrouve plus dans cette dernière langue, à en
juger du moins par les textes que nous en possédons. Ces deux
mots, *raévat* et *raémĕñt* (lequel part des cas indirects de *raémat*),
nous représentent exactement les deux adjectifs sanscrits *révat* et
rayimat, qui sont dérivés de *rái* (richesse) [15].

Il résulte des observations précédentes qu'on peut présenter deux
traductions et trois explications étymologiques du zend *raévat*.

1° Le mot *raévat* est le participe présent d'un radical *raév*, primitivement *riv*, auquel Anquetil donne le sens de *resplendir*. Cette racine
signifie en sanscrit *aller*. Mais il n'est pas inutile de remarquer
qu'on trouve en sanscrit un nom propre, celui du cinquième Manou
du Kalpa actuel, *Ráivata* ou *Révanta*, que Wilson regarde comme fils

[15] Ce n'est pas le seul rapprochement
philologique que pourrait fournir ce dialecte, mélange singulier de formes persanes et de mots zends à peine modifiés.
Un des traits les plus remarquables qui le
distinguent, c'est qu'on y trouve quelquefois
des formes plus voisines du sanscrit qu'en
zend même. Ainsi le mot *bahôt* (il devient)
semble partir d'un radical qui, comme le
pâli *bhôti*, conserve encore le *h* qui a disparu dans le zend *bavaiti*. Le *bahôt* pazend
est certainement plus altéré sous le rapport
de la désinence; mais il est remarquable
qu'il ait gardé le *h* primitif qui a été séparé du *b* radical par un *a* bref intercalé. Ce

n'est pas ici le lieu d'exposer les motifs qui
m'engagent à regarder ce dialecte comme
ayant existé réellement dans une des provinces de l'empire persan au temps des Sassanides. Si cet idiome était un mélange factice de mots empruntés aux textes zends, on
n'y retrouverait pas des formes telles que
raémĕñt et *bahôt*, formes qu'on ne crée pas
à plaisir, et qui suffiraient seules pour prouver l'originalité du dialecte qui les possède.
J'aurai peut-être plus tard une occasion
plus directe de m'occuper de cette langue
et des textes où l'on en peut puiser la connaissance. — Au lieu de *jbdéam* du texte
cité, il faut peut-être lire *jbdém*.

lu soleil [16]. Cette parenté permet de supposer que le radical *rév* a pu avoir anciennement en sanscrit la même signification qu'en zend.

2° Le mot *raévat* est un adjectif possessif formé du substantif *raé* avec le suffixe *vat*, et dans ce cas il peut avoir deux sens, selon celui qu'on adopte pour le primitif *raé*. Si *raé* est le *guṇa* de *ri*, qui signifie en sanscrit *splendeur*, et qui se retrouve encore avec un *guṇa* résolu dans le zend *raya* (éclat), *raévat* signifiera *brillant*. Si *raé* est le même mot que le sanscrit *rái* (richesse), qui, avec les suffixes *vat* et *mat*, devient *ré* (sauf à se résoudre en *ay* devant *mat*), l'adjectif *raévat* pourra signifier *riche*. Mais il vaudra mieux lui donner le sens de *libéral* que lui reconnaît Anquetil, et que suggère la comparaison du sanscrit *rayimat* avec notre mot zend.

L'adjectif qui suit celui que nous venons d'expliquer, est de la même déclinaison et au même cas. Le manuscrit lithographié l'écrit *qarĕnağuható*; les n°ˢ 2 F, p. 2, et 3 S, p. 1, ⟨zend⟩; et le n° 6 S, p. 1 (mais d'une main moderne, la page primitive ayant été déchirée), ⟨zend⟩. Cette dernière orthographe est trop évidemment fautive pour que nous nous y arrêtions un seul instant. Celle de *qarĕnağható* se laisse analyser de la manière suivante : *ató* est le suffixe *at* au génitif, et *qarĕnağh* la forme absolue d'un substantif dont le nominatif et l'accusatif sont *qarĕnó*, auquel Anquetil attribue invariablement le sens d'*éclat*; Nériosengh le traduit par *bonheur* ou *beauté*. Cette explication nous donne un adjectif, selon Anquetil, « éclatant « de lumière, » sur le sens duquel il ne peut s'élever aucun doute.

Je ferai toutefois remarquer que, le suffixe *at* formant à peu près exclusivement des participes d'un radical verbal, plutôt que des dérivés d'un substantif, on aimerait à trouver dans l'adjectif que

---

[16] C'est d'après M. Wilson que nous écrivons *Rêvanta*. Le code de Manou (I, 62) et le Bhâgavata Pourâna (VIII, 5, 1 sqq.) écrivent *Rãivata*. Ce dernier ouvrage considère ce Manou comme frère de Tâmasa et d'Outtama et comme fils de Priyavrata. (Conf. VIII, 1, 23.) Le titre de fils du Soleil doit, ce me semble, être réservé pour le septième Manou, Vaivasvata (fils de Vivasvat), nommé aussi *Rãivata*.

nous expliquons une autre formative que *aṭ*. J'en vois la trace dans
la leçon du manuscrit lithographié, que je crois pouvoir conserver
pour cette raison. En effet, *qarĕnag̃uhatô* garde un *u* qui s'est intercalé entre le *g̃* et le *h*, mais qui appartient, à proprement parler,
au suffixe. Si on le déplace et qu'on le reporte auprès de la syllabe
à laquelle il a été enlevé par une règle d'euphonie dont nous retrouverons plus tard d'autres applications, on aura *qarĕnag̃h-uatô*,
ou plutôt *qarĕnag̃h-vatô*, l'*u* ne pouvant pas plus en zend qu'en sanscrit précéder la voyelle *a*, sans se changer en *v*. Si l'on a une
voyelle *u* dans l'intérieur du mot *qarĕnag̃uhatô*, c'est que le *v* du suffixe *vaṭ* abandonnant la voyelle qui le rend consonne, retourne à son
élément primitif, ce que sa position entre deux consonnes rend indispensable. Je regarde donc cet adjectif comme formé du suffixe
vaṭ joint, moyennant un changement propre à la langue zende, au
substantif *qarĕnag̃h*.

Quant à ce substantif lui-même, les lois de permutation des lettres sanscrites dans leur passage en zend, établies depuis longtemps,
nous permettent d'y voir *ag̃h* pour le sanscrit *as*, *ĕ scheva*, qui doit
ne pas exister en sanscrit, et *qar* pour *svar*. Il faut seulement admettre un suffixe *nas*, que je ne trouve pas en sanscrit, mais que
l'on peut concevoir dans le même rapport avec le suffixe ordinaire
na, que *as* l'est avec *a*. Le monosyllabe *svar*, que nous trouverons
plus tard sous la forme de *hvarĕ* (soleil), doit être une modification
et comme une sorte de *guṇa* du sanscrit *sur* (briller); de sorte que
le substantif *qarĕnag̃h*, formé des éléments *svar-nas*, devra signifier
splendeur [17]. Si le mot sanscrit *svarṇa* (or) n'était pas aussi évidemment la contraction de *su-varṇa* [18], « qui a une belle couleur, » on

---

[17] Le groupe initial du latin *spl-endor*
offre un rapport singulier avec le sanscrit
svar, dans lequel *v* serait changé en *p* comme
dans le zend *açpa*, et *r* en *l*, lettre qui n'en
est que l'adoucissement. Nous ne prétendons pas dire cependant que *spl* et *svar*
soient le même radical.

[18] La contraction de *su-varṇa* en *svarṇa*
a son analogue en zend, où *hvarsta* (bonne
action) est formé de *hu* et de *varsta* par

aimerait à y voir le même mot, moins la variante du suffixe, que le zend *qarĕnô*, ou, à la forme absolue, et après le changement de *s* en *ğh* devant une voyelle, *qarĕnağh*.

2. Les deux mots de la phrase n° 2 sont écrits dans notre texte *maziçtahétcha vahiçtahétcha*. Le n° 3 S donne mieux, selon nous, avec deux sifflantes dentales soutenues par le *t*, ٮٯٮٮ. ٮٯٮٮٮٮٮ. Le n° 2 F écrit le premier mot avec ce même ٮ *s* ainsi que le second; mais il lit à tort ٮٯٮٮٮٮ par suite de la confusion fréquente des lettres ٯ et ٮ. Le n° 6 S écrit d'une manière tout à fait barbare ٮٯٮٮٮ. ٮٯٮٮٮ. Ces deux adjectifs, importants à divers titres, sont bien entendus dans Anquetil et dans Nériosengh. Anquetil traduit le premier par « très-parfait, » et Nériosengh par « très-grand, » ce qui est plus exact. Sa glose donne même à entendre qu'il s'agit ici de la grandeur physique, « maxi- « mumque, scilicet corpore. » Le mot est en effet l'adjectif *maz* (grand), avec le suffixe du superlatif *ista*. On remarquera que le *t* de ce suffixe n'est pas plus aspiré en zend que celui du radical *stâ* (se tenir debout), dont je crois que la formative du superlatif dérive, comme on sait que celle du comparatif vient de *tri* (traverser).

Le second adjectif, que nous lisons avec le n° 3 S *vahistahê*, signifie, selon Anquetil, « très-bon, excellent; » et selon Nériosengh, « plus éminent. » La glose sanscrite paraît indiquer qu'il s'agit ici de la valeur morale, de l'excellence des perfections intérieures; du moins je crois pouvoir l'entendre de cette manière, « qui l'emporte extrê- « mement en importance, en prix. » L'adjectif *vahista* est un des mots les plus fréquemment usités dans le Zend Avesta, parce que, outre sa signification propre, la manière dont on l'emploie d'ordinaire lui a donné une valeur d'extension, sous laquelle il est à peu près ex-

---

un sandhi qui absorbe la voyelle dans la consonne. Cette contraction, qui altère le commencement du mot, paraît être moderne.

clusivement connu aujourd'hui des Parses les plus habiles. Avec le substantif *ahû* (monde), il désigne la demeure d'Ormuzd et des bienheureux, le paradis, que les Persans nomment *Béhescht,* ce qui revient, à proprement parler, à la *demeure excellente.* On voit déjà ici un exemple intéressant de la manière dont les titres, formés primitivement de simples adjectifs, finissent par donner naissance à des noms propres, que la tradition recueille et consacre, et dont l'ignorance oublie bientôt la valeur première.

Le sens d'*excellent*, qu'Anquetil donne à ce mot, ne peut être douteux, car j'y vois, après le retranchement du suffixe du superlatif *ista,* le radical *vah* (*vas*), que nous savons être le persan ﺏ (bon). Avec la désinence du superlatif, le mot *vahista* renforçant en *b* la semivoyelle *v*, est à peu près identique au mot germanique *best* (le meilleur.) Déjà nous avons indiqué l'existence de ce radical *vah,* qui a une famille si étendue en zend, et auquel nous devons reconnaître le sens de *bon*. Nous avons vu *vah-ya* (excellent), *vagh-ô* (excellence), *vagh-u* (bon), mots dans lesquels la suppression du ﺝ *g*, justifiée par des lois euphoniques connues, donne le monosyllabe *vah,* que nous rapprochons, non pas du sanscrit *vah* (porter) qui est en zend *vaz,* mais de *vas* (habiter). On ne trouve pas, il est vrai, parmi les sens de *vas,* celui d'*être bon;* et, de tous les mots sanscrits qui en dérivent, il n'y a 1° que *vasu* (dans le sens de *richesse*) qui ait une analogie bien marquée avec le zend *vôhû* (les biens), lequel se tire de *vah,* et 2° que la forme causale du radical *vas,* qui prend, selon Wilson et les textes, la signification d'*être affectionné.* Ce n'est donc pas uniquement sur ces analogies que je me fonde pour avancer que le *vah* zend doit se ramener à un *vas,* primitif à son égard. Il serait sans doute satisfaisant de retrouver en sanscrit ce *vas* avec le sens que le zend a donné à *vah.* Mais si l'on ne peut y parvenir, les lois euphoniques qui appuient ce rapprochement n'en sont pas pour cela ébranlées. Ce mot doit seulement être rangé au nombre de ceux qui sont identiques dans les deux langues pour le son, mais qui ne

I.   17

s'y trouvent pas, au moins dans leur état actuel, avec le même sens.

Je crois cependant reconnaître une trace curieuse du radical *vas* en sanscrit, dans un mot qui reproduit lettre pour lettre la forme qu'aurait chez les Brahmanes le zend *vahista*, s'il y existait. C'est le nom du très-ancien sage Vasichṭha, l'un des Brahmâdicas, et aussi l'un des sept Richis dont la réunion forme, dans l'astronomie mythologique des Brahmanes, la constellation de la grande Ourse. Si l'on cherche en sanscrit l'origine de ce nom propre, on ne trouve que des explications insuffisantes; de sorte qu'il reste démontré qu'il est à peu près inintelligible dans l'état actuel de la langue sanscrite, et qu'on ne peut, avec le seul secours de cet idiome, rendre compte du titre sous lequel est connu un des personnages les plus célèbres qui figurent dans les livres religieux des Brahmanes. Tout devient facile, au contraire, si l'on s'adresse à la langue zende. Nous y trouvons *vahista*, qui nous donne le sanscrit *vasichṭha*, sans aucune autre altération que les changements de lettres justifiés par le génie particulier de chacun de ces deux idiomes. Le nom de cet ancien sage est ainsi expliqué; on doit le traduire par « celui qui est excellent, » et sa valeur est retrouvée dans la forme modifiée qu'en a gardée une langue voisine. C'est, pour le dire en passant, un reste précieux d'une haute antiquité; car le mot sanscrit *vasichṭha* nous reporte à une époque antérieure à la séparation des deux idiomes, dont le premier l'a conservé intact sans le comprendre, et dont l'autre a continué de l'entendre en l'altérant. L'importance du rôle que joue le sage Vasichṭha dans la mythologie, la place élevée qu'il occupe dans les cieux, ce sont là autant de notions qui doivent remonter au berceau des croyances indiennes; et il est intéressant de voir le personnage qui les exprime donner plus tard son nom au paradis des sectateurs de Zoroastre.

Ajoutons que, sous un point de vue plus secondaire, notre rapprochement du sanscrit *vasichṭha* et du zend *vahista* se recommande encore aux yeux des philologues, en ce qu'il fournit à la critique une réponse précise à la question de savoir s'il faut écrire le nom propre du personnage dont nous parlons, वसिष्ठ ou वशिष्ठ. Les manuscrits varient beaucoup en ce point; mais tous les doutes sont levés si l'on admet notre explication. Car, comme il n'y a qu'un ष *s* qui puisse se changer en ų *h* zend, il faut reconnaître que la forme primitive de laquelle part *vahista*, doit s'écrire en sanscrit *vasichṭha*, et non avec un *ç* palatal, lequel persisterait en zend.

3. La phrase qui est marquée n° 3 commence par l'adjectif *çraéçta-hétcha*, que les deux Yaçna zend-sanscrits écrivent bien avec un ų dental ꝛ, tandis que le n° 6 S lit fautivement ꝛ. La ressemblance de ce mot avec le sanscrit *çréchṭha* est trop évidente pour qu'il soit nécessaire de nous y arrêter. Il est bon toutefois de remarquer que le principe que nous avons posé au commencement de ce travail sur l'identité du zend *aé* et du sanscrit *é*, reçoit de l'étymologie de ce mot une confirmation nouvelle. Je n'hésite pas, en effet, à rattacher le superlatif *çraésta* au mot *çrayó* (perfection), que nous verrons plus tard dans les textes au nominatif et à l'instrumental. Or, *çray-ó* répond à un sanscrit *çrayas* qui n'existe pas, il est vrai, mais que les lois euphoniques nous permettent de regarder comme la résolution de *çré* devant le suffixe *as*. Le zend *çray-ó*, de même que le sanscrit *pay-as* (lait), nous montre la syllabe *ay* précédant une voyelle. La syllabe *ay* doit donc, dans la première de ces deux langues, venir des mêmes éléments que dans la seconde, c'est-à-dire d'un *é*. Par là le radical du substantif *çray-ó* se trouve ramené à *çraé*, élément du superlatif *çraé* (-*sta*), auquel la formative *sta* se joint immédiatement sans la voyelle de liaison *i*, qui ne me semble pas appartenir primitivement au suffixe. Mais ce radical *çraé* ne peut être lui-même que secondaire; il faut y voir le *guṇa* de *çrí*, mot très-connu en sanscrit avec le sens de *prospérité*, *beauté*, et en général de *perfection* due à la nature ou au hasard. Je n'ai pas rencontré *çrí* à part en zend; mais il est

17.

bien reconnaissable dans l'adjectif *çrîra* (fortuné), adjectif formé de
çrî avec le suffixe *ra*. En résumé, le substantif *çrî* (prospérité) me paraît donner naissance à tous ces mots : 1° *çrî-ra* (fortuné); 2° *çray-ô*
(perfection), avec un *guṇa* appelé par le suffixe *as*, et résolu devant la voyelle de ce suffixe; 3° *çraé-sta* (parfait), avec un *guṇa* qui
reste sans changement devant la formative du superlatif *sta*. Ici,
comme on voit, le zend jette le plus grand jour sur un mot sanscrit,
çréchṭha, que les Brahmanes n'expliquent qu'imparfaitement quand
ils le dérivent de *çra* ou de *çré*, et dont aucune grammaire euro-
péenne n'a encore essayé l'analyse. Quant au sens que les Parses donnent à cet adjectif, il s'accorde très-bien avec les rapprochements que
nous venons de faire. Anquetil le traduit par *très-pur;* il vaudrait
peut-être mieux dire *très-parfait.* Mais Nériosengh conserve, à ce
qu'il semble, une trace curieuse de l'une des significations de *çréchṭha*
(rad. *çrî*) dans sa traduction qui signifie « très-beau à la vue. »

L'adjectif suivant, lu dans le manuscrit lithographié *khraôjdiçta-
hétcha,* est écrit, dans l'addition faite d'une main récente au n° 6 S,
سسرودوهرۇ, leçon excessivement fautive; dans le n° 3 S, فيرا
طلوسسرونڡدلوسوسر, où le second *ﺴ a* pour *ﺴ i* est seul fautif; enfin,
dans le n° 2 F, لوسوسرولودولوطرسوسر, ce que je crois être la véritable orthographe. Premièrement on y voit entière et sans altération la désinence *ista,* écrite avec le ﺴﻮ dental, selon l'usage des anciens manuscrits; et secondement l'*o* du thème *khraojda* y est bref,
comme dans le n° 3 S et dans les meilleures copies. Selon Anquetil,
cet adjectif signifie *très-fort;* selon Nériosengh, *excessif, oppressif.* Ce
dernier sens doit revenir à celui d'Anquetil, car la glose sanscrite
ajoute pour le déterminer *kâryanyâyâih,* mot après lequel nous plaçons
un visarga que ne donne pas le n° 2 F, en abandonnant la lecture du
n° 3 S, कार्यनायी, qui ne nous paraît qu'une faute de copiste. Ce
composé, qui signifie littéralement « actionum proprietatibus, » ou
« par les choses propres à l'action, » paraît destiné à modifier la

valeur de l'adjectif *gâḍhatara*, et à lui donner le sens de « énergique « dans l'accomplissement de l'action. » Au reste, la signification d'*oppressif*, donnée par Nériosengh, s'accorde assez avec celle que suggère l'étymologie du mot. Après le retranchement de la formative *ista*, il nous reste *khraojd*, qui se retrouve en zend dans d'autres mots, mais en petit nombre. Ce radical doit avoir perdu, devant le suffixe *ista* du superlatif, la voyelle *a* qui en faisait un adjectif, *khraojda*. Si nous admettons que *ao* soit l'expression zende du *guṇa* appelé par le suffixe *a*, nous ramènerons ce mot à *khruĵd*, c'est-à-dire à un radical terminé en *d*, comme *mîjd-a*, *yaojd-a* et *pazd-a*.

Nous avons déjà essayé d'analyser deux de ces mots difficiles, en nous appuyant sur la comparaison du *j* zend avec le *ch* sanscrit. Nous avons émis la conjecture que *da*, dont la dentale paraît faire partie du radical *mîj*, *yaoj*, etc., doit n'être qu'un reste de la racine *dâ* qu'on peut considérer comme ayant tantôt la signification active, tantôt la signification passive. C'est ainsi que dans *mîj-da* (récompense), comme nous avons essayé de l'expliquer, *da* ne peut guère avoir d'autre sens que celui d'un participe parfait passif, « donné en récom- « pense. » Mais il faut admettre aussi que *da* signifie *qui donne* (comme à la fin d'un grand nombre de composés sanscrits) dans le verbe *pazda*, « frapper à coups de pieds, » où nous voyons un exemple intéressant du changement du *d* radical de *pad* (pied) en la lettre plus douce *z* devant la dentale *d*, tant la langue zende repousse l'accumulation en un groupe de deux consonnes semblables.

Si nous appliquons ces principes de décomposition à *khraoj-da*, nous trouverons après la suppression de *da*, reste du radical *dâ* (donner), *khraoj* ou *khruj*, monosyllabe dans lequel la finale *j* peut être la permutation de diverses lettres. Elle peut se ramener d'abord à une sifflante *ch*, de la même façon que *dujdâo* revient à *duch-dâo*. On obtient ainsi le radical *khruch*, qui n'est, selon toute apparence, qu'une modification de la racine *khruç*, le *ç* primitif passant au *ch* devant une dentale (comme le sanscrit *krôchṭu*, chacal, de *kruç*), et ce *ch* se changeant ensuite en *j* dans sa rencontre avec la sonnante *d*. Le radical *khruç* existe d'ailleurs en zend, où il suit le thème de la quatrième classe. Mais, ou il faut admettre que ce radical a eu d'autres significations que celle de *crier*, ou l'on doit convenir que la traduction qui résulte de cette analyse, « clamores dans, » est assez peu satisfaisante. Si, d'un autre côté, l'on se reporte à l'analyse que nous proposons pour *pazda*, dans lequel *z* représente un *d*, ou même un *dh*, selon l'orthographe du mot *padh* assez fréquente en zend, on ramènera *khraj* à *khrudh*, en sanscrit *krudh* (colère). La différence du *z* au *j* ne peut pas faire difficulté, puisque *j* après *i*, *u*, *o*, répond à une sifflante (*ch*), différente de celle que remplace *z* après *a*, savoir *s*, et que de plus il faut supposer, pour comprendre ce changement de *d* en *z* et en *j*, que la dentale simple ou aspirée passe par les sifflantes *s* et *ch*, de cette manière *pad-da*, *pas-da*, *paz-da*, et *khraodh-da*, *kraoch-da*, *khraoj-da*.

Ce changement d'une dentale radicale en *s* devant une autre dentale, changement que nous avons indiqué dans nos Observations préliminaires, se présentera quelquefois en zend, où il nous aidera à expliquer divers mots difficiles. Il nous suffira, quant à présent, de remarquer qu'il se voit également en latin où *est* vient d'un verbe *ed-ere* dont le radical est terminé par une consonne dentale qui, au lieu de persister devant la dentale *t* de la désinence, se change en la sifflante *s*. Ajoutons toutefois que dans *paz-da*, par exemple, le zend a non-seulement remplacé la dentale par une sifflante, mais encore choisi la sifflante la plus douce de toutes celles qui peuvent précéder la dentale *d*.

Si les observations précédentes sont fondées, le zend *khraojda* peut répondre non-seulement à un composé sanscrit *krudh-da*, que l'on pourrait traduire par *iram dans*, c'est-à-dire, « violent, emporté, » mais encore à l'adjectif *kruddha* (irrité). Cette dernière explication me paraît toutefois moins vraisemblable que la première. Car, pour qu'on dût l'admettre, il faudrait que les règles relatives à la forma-

tion des participes parfaits du passif fussent exactement les mêmes
en zend qu'en sanscrit. Or, c'est ce qu'on ne peut affirmer. En zend
(comme en grec), l'action du suffixe *ta* s'exerce sans partage sur la
consonne finale du radical, tandis qu'en sanscrit cette consonne elle-
même réagit dans un grand nombre de cas sur le suffixe *ta*. Pour
comprendre la différence du zend et du sanscrit en ce point, il suffit
de comparer le participe parfait passif *rapta* dans la première de ces
deux langues avec *rabdha* dans la seconde. Ces deux formes viennent
également du radical *rabh* (en zend *raf*); mais il y a cette différence
importante, qu'en zend l'action euphonique des consonnes dans leur
rencontre mutuelle part exclusivement de la dernière pour remonter sur la première, suivant le principe général et primitif des modifications des lettres. Je crois pouvoir conclure de ces observations,
que le zend *khraoj-da* n'est pas formé du radical *khrudh* avec le suffixe
ta. Je ne vois pas, dans les faits qui me sont connus, de raison du changement de *ta* en *da*; et je suis fondé à penser que si *khrudh* existait en zend avec un participe parfait passif, ce participe serait
khras-ta. Ajoutons que le *guṇa* de *khrudh* en *khraoj*, *guṇa* dont j'avoue
que j'ignore la cause, est tout à fait inexplicable dans l'hypothèse
que *khraojda* serait un participe parfait passif.

Nous traduirons donc l'adjectif *khraoj-da* par *violent, emporté*;
mais il sera vraisemblablement nécessaire d'admettre une légère
modification dans le sens de cet adjectif, car on ne concevrait pas
aisément que les Parses eussent regardé la colère comme un des
attributs d'Ormuzd. Le mot *khraoj*, dont je propose d'écrire la forme
primitive *khrudh*, comme en sanscrit, doit signifier ce mouvement
passionné et violent que développe la force dans celui qui veut agir,
mouvement qui peut très-bien être attribué au Dieu suprême d'une
religion où domine l'idée de la lutte de deux principes opposés.
C'est, selon toute apparence, dans son opposition avec Ahriman
qu'Ormuzd est appelé *violent*, en même temps qu'on le nomme
parfait lorsqu'on l'envisage en lui-même et dans la plénitude de

ses attributs divins, ceux de créateur, de lumineux et d'intelligent.

4. Le mot suivant, qui est lu dans le manuscrit lithographié *khrath-wiçtahêtcha*, l'est dans le n° 6 S, pag. 2, ⟨zend⟩, et beaucoup mieux dans les deux Yaçna zend-sanscrits, ⟨zend⟩, ⟨zend⟩, ce qui est la véritable orthographe. Nériosengh et Anquetil s'accordent pour traduire cet adjectif par « très-intelligent. » Nous y trouvons en effet, après le retranchement de la formative *ista*, le mot *khrathw*, dont la semi-voyelle finale doit retourner à son élément voyelle, ce qui nous donne *khrathu*. Ce n'est pas encore là la forme primitive du mot; car *th* doit être ramené à *t*, l'aspiration de la dentale résultant de sa rencontre avec le *w*, et devant cesser aussitôt que cette semi-voyelle perd l'aspiration qui la rendait consonne pour redevenir voyelle. Nous arrivons ainsi au thème *khratu*, et nous savons en effet que, dans les textes zends, *khratu* a le sens d'*intelligence* : c'est, moins les voyelles, le persan ⟨خرد⟩. Nous n'en citerons qu'un exemple emprunté au Vispered, dans lequel on voit clairement que le *t* non aspiré est radical dans ce mot : .⟨zend⟩ ⟨zend⟩ . ⟨zend⟩ . ⟨zend⟩ *khratâm víçpô vídhvâoğhëm ya-zamaidhê*, « nous adorons l'intelligence qui sait tout [19]. »

Le sanscrit nous donne pour correspondant de ce mot, *kratu* sans *kh*, parce que, chez les Brahmanes, le *r* n'aspire pas la consonne qui le précède; mais ce mot ne signifie que *sacrifice*, ou bien il sert de nom propre à l'un des sept Richis. L'étymologie que les grammairiens indiens en donnent, *kri̇* (faire), avec le suffixe *ta*, va très-bien au sens de *sacrifice*, mais elle rend peut-être moins complétement compte de celui d'*intelligence*. On n'en doit pas moins regarder les deux mots *khratu* et *kratu* comme identiques, et on peut supposer qu'à une époque ancienne le radical *kri̇* avait la double signification de *faire* et de *comprendre*. C'est sans doute de ce même radical que partent

[19] *Vendidad-sadé*, pag. 395.

les mots κεἰρω et *cerno,* avec l'addition d'une nasale qui fait passer la racine *krĭ* dans la cinquième des classes reconnues par les grammairiens indiens, comme nous verrons que le fait a lieu pour le zend *kĕrĕ* dans le sens de *faire.*

Le mot suivant, *hukĕrĕftĕmahêtcha,* est lu par les trois autres manuscrits ⟨ZEND SCRIPT⟩; seulement une main moderne a, dans le n° 6 S, mis *ka* au lieu de *kĕ,* dont le manuscrit garde la trace ancienne. Anquetil traduit ce mot par « qui a le corps le plus pur, » et Nériosengh par « qui a un très-beau corps, » et, comme si cette traduction n'était pas suffisamment claire, il y ajoute une glose dont le sens est « que ses membres sont bien proportionnés. » Cette explication, prise dans la traduction pehlvie du Yaçna, fait voir combien cette dernière était détaillée; et nous y trouvons en même temps un motif de supposer qu'elle a été rédigée à une époque où les descriptions et les expressions du texte zend étaient prises tout à fait au propre, et dans leur sens le plus matériel. Quant à la forme même de notre adjectif, nous y voyons, après le retranchement du suffixe du superlatif, le mot *hukĕrĕp,* ou, suivant notre manuscrit, *hukĕrĕf.*

Ce mot est formé de *hu* (bien) et de *kĕrĕp* (dont nous examinerons plus tard une autre orthographe, *kĕhrp*) qui signifie *corps;* c'est évidemment le latin *corpus.* La leçon *hukĕrĕp* doit être la meilleure, car le *p* ne peut pas s'aspirer devant *t.* Mais celle du manuscrit lithographié est jusqu'à un certain point explicable, en ce qu'on y peut voir la trace d'une habitude des Persans qui aiment le *f* devant *t,* ou un souvenir de l'influence du *s,* signe du nominatif, qui subsiste d'ordinaire même devant le suffixe du superlatif, et qui n'aura pu être supprimé ici sans laisser une marque de son ancienne existence. Comparé au sanscrit, le zend *kĕrĕp* ou *kĕhrp* doit revenir à *krĭp,* comme *vĕhrka* (loup) est ramené à *vrĭka.* Mais je ne vois en sanscrit que les mots *karpara* (crâne) et *krĭpĭṭa* (ventre), qui présentent une analogie, encore assez éloignée, avec le nom du corps en zend. Toutefois ces trois mots

I.   18

peuvent appartenir à un radical commun *krïp*, dont il paraît que le sanscrit n'a pas conservé toutes les significations.

5. Le premier mot de cette portion du texte nous est déjà connu. Tous les manuscrits lisent bien, excepté le n° 6 S déchiré en cet endroit, ce mot *achât*, qui signifie « par la pureté. » Le n° 6 S est le seul qui réunisse en un seul mot ᵐᵖᵛᵍᵉᵍᵘᵐᶜᶜᵖᵇᶨᵐᵍᵘ, ce que les deux Yaçna zend-sanscrits séparent en deux, comme le manuscrit lithographié. Anquetil traduit : « au-dessus de tout ce qui est saint. » Nériosengh donne : « éminent en pureté, » ce qui est plus près du texte; seulement sa glose, qui me paraît signifier « le corps qui vient d'Or- « muzd (c'est-à-dire le corps d'Ormuzd) est le plus grand en pureté, » semble rapporter ce nouvel attribut d'Ormuzd au précédent article, où il est question de son corps, ce que je ne crois pas exact.

Après avoir retranché du mot *apanôtĕmahĕ* la formative du superlatif, nous trouvons *apanô* avec une désinence de nominatif singulier masculin. Je n'ai encore rencontré ce mot dans le Vendidad que joint à ce suffixe, et avec le radical *stâ* formant un composé *apanasta*, qu'Anquetil traduit par « qui est sur (la terre)[20]. » La notion de *la terre* qui n'est pas dans le mot étant supprimée, il reste « qui est sur, » sens qui revient à celui de *au-dessus*, qu'Anquetil attribue au superlatif. Si *apana-sta* peut signifier « qui se tient au-dessus; » *apana* est ou un adverbe, ou un adjectif signifiant *élevé*. Je ne trouve pas en sanscrit son analogue; mais le mot me paraît formé de la préposition *apa* avec le suffixe *na*, qui transforme la préposition en adjectif, de la même manière qu'en sanscrit *parâ* (autrefois) fait l'adjectif *purâṇa*. Il est vrai que les diverses significations de la particule sanscrite *apa* s'accordent peu avec le sens qu'Anquetil et Nériosengh attribuent au zend *apana*. On peut trouver la trace de l'une de ces significations dans le composé *apanasta*, qui, dans le passage du xx° fargard auquel j'ai renvoyé, peut être traduit : « ex adverso stans (qui

---

[20] *Vendidad-sadé*, pag. 499, init.

« est contraire). » Mais cette notion, non plus que celle de *différence* et d'*éloignement*, ne rend pas suffisamment compte de notre mot au superlatif, et j'aime mieux supposer qu'à la particule *apa* s'est attachée l'idée de *sur, au-dessus*, idée qui est contraire à celle qu'exprime le plus souvent cette préposition. On sait que les mots de cette espèce se prêtent quelquefois à l'indication simultanée de deux rapports exactement opposés l'un à l'autre.

6. Le premier mot de cette phrase, *hudhâomanô*, est lu dans tous les manuscrits de la même manière, avec cette seule exception que le n° 3 S, pag. 2, sépare *hudhâo* de *manô* par un point. Anquetil traduit ce mot par « qui ne pense que le bien, » et Nériosengh par « qui con- « naît ce qu'il y a de meilleur, ou le bien. » Ces deux interprétations s'accordent très-bien avec ce que nous savons des éléments dont se compose ce mot. Nous y voyons *manô*, génitif d'un suffixe *man*, et *hudhâo*, mot dans lequel le *d* radical a été changé en *dh* par suite de l'habitude où sont les copistes de préférer le *dh* au *d*, quand il s'agit d'écrire au milieu d'un mot la dentale douce. Le mot *hudhâo* est un adjectif que nous reverrons plus tard avec le sens de « qui a une « bonne science. » Comme *mazdâo* que nous avons précédemment analysé, il peut être ou au nominatif ou au génitif. Mais il semble que le suffixe *manô* se soit ajouté au mot revêtu de la désinence de l'un de ces deux cas, pour indiquer avec précision qu'il est pris dans le sens du génitif. Cette précaution, inutile avec *mazdâo* quand il accompagne *ahurahê*, devient nécessaire ici pour *hudhaô*, qui est très-éloigné de son substantif. On pourrait encore supposer que *manô* représente le *manas* sanscrit, et traduire notre mot comme un composé : « dont l'esprit possède la bonne science; » mais il faudrait *managhô* au génitif, et non *manô* au nominatif [21]. J'aime mieux admettre

---

[21] Le rapprochement de *manô* gén. d'un suffixe et de *manô* (esprit), donne à penser que le suffixe et le substantif peuvent avoir, dans certains cas, la même origine.

ici l'addition d'un suffixe à un mot déjà infléchi (procédé dont la formation des composés zends nous offre l'analogue), que d'introduire un mot au nominatif au milieu de cette série dont les termes sont à un autre cas.

Le mot suivant, *vôurarafnaĝhô,* est lu exactement de même dans tous les manuscrits. Le n° 3 S seul met un point après *vôuru,* et le n° 6 S, pag. 2, suit peut-être aussi cette méthode de diviser le mot, mais la page du manuscrit est trop fatiguée pour qu'on puisse rien affirmer à cet égard. Anquetil traduit ce mot par « source de « plaisirs, » ou par « comblé de plaisirs. » Nériosengh le rend par un composé signifiant « qui a le bonheur à souhait, » ce qui revient à la seconde traduction d'Anquetil, « comblé de plaisirs, » et il ajoute une glose barbare dont le sens est « qu'il comble les autres du bon-« heur qu'ils désirent, » ce qui revient à la première interprétation d'Anquetil. Notre adjectif est évidemment un composé possessif, formé de *vôuru* (beaucoup), sens qu'a ce mot dans un grand nombre de passages, et de *rafnaĝhô* (gén. de *rafnô*).

Le mot *vôuru* a une telle ressemblance avec l'adjectif zend *pôuru,* que je soupçonne que c'est le même terme, modifié seulement par l'adoucissement du *p* en *v.* Il est bien vrai que Nériosengh ne favorise pas ce rapprochement, et qu'il joint à l'idée de *plaisir* exprimée par le mot suivant (*rafnaĝhô*), celle de *désir.* Or, en partant de cette donnée, on peut détacher de *vôuru* le suffixe *u,* qui entraîne avec lui l'*u* épenthétique, ce qui laisse *vôr,* monosyllabe dans lequel *ô* peut n'être que le substitut d'un *a* sanscrit. Ramené à *var,* ce radical peut prendre les significations de *choix* et de *désir.* Toutefois, je préfère la première explication, qui s'accorde mieux avec les diverses situations de ce mot, lequel ne se rencontre guère que comme première partie d'un composé possessif. Remarquons que cet adjectif ne porte pas de caractéristique de cas, et qu'en conséquence il se joint immédiatement au substantif qu'il modifie, au lieu d'en être séparé par un point.

Ce substantif est le génitif d'un nom en *nas*, formative changée en *naǧh* devant la désinence du génitif *ó*. Quand on a retranché de *raf-naǧh-ó* la marque du génitif et le suffixe, on obtient le radical *raf*, qui me paraît identique au sanscrit *rabh*, par le changement du *bh* en *f*. La racine sanscrite *rabh* a, comme on sait, le sens de *se réjouir*, sens qu'elle garde dans quelques-uns de ses dérivés, comme *rabhasa* (joie); c'en est assez, ce me semble, pour nous autoriser à rapprocher l'un de l'autre ces deux monosyllabes *raf* et *rabh*. Nous ajouterons que le changement du *bh* sanscrit en *f* zend, qui se remarque dans d'autres cas encore, est vraisemblablement ici favorisé par la présence du *n* du suffixe. Mais, quelle qu'en soit la cause, on y voit une nouvelle preuve de l'analogie du zend et du grec dans certains détails de la théorie des lettres. On sait en effet que le भ *bha* sanscrit devient souvent φ en grec. Or, outre divers changements qu'il subit en passant en zend, le *bh* dévanâgari devient encore *f* comme en grec. S'il en fallait une autre preuve, nous comparerions au sanscrit *nâbhi* (nombril) le zend *nafĕdhra*, qui sera expliqué plus bas, et le grec ὀμφαλός.

7. La dernière division de notre texte se compose de courtes propositions formées d'un sujet et d'un verbe; le sujet commun de ces propositions est *yó* pour le sanscrit *yah*, qui se rapporte à Ormuzd. Ce fait, établi par Anquetil et par Nériosengh, ne peut être douteux. Le mot suivant *nó*, pour le sanscrit *nah*, est également le pronom de la première personne à l'accusatif pluriel. Nériosengh reconnaît la véritable valeur de ce mot, mais Anquetil le prend à tort pour un singulier (qui *me* donne les biens, etc.). Nous verrons dans le cours de notre travail se reproduire cette confusion qu'Anquetil fait du singulier avec le pluriel des pronoms. Les manuscrits écrivent tous uniformément le mot *dadha* de la même manière; seulement le n° 2 F, pag. 3, oubliant les points après *yó* et *nó*, réunit ces trois mots en un seul. Le mot *dadha*, que l'on reconnaîtrait pour

le sanscrit *dadâu*, quand bien même Nériosengh ne nous en avertirait pas, est plutôt le parfait du verbe *dâ* (donner), pour les Parses *créer*, que celui de *dhâ* (poser, établir), qui pourrait prendre aussi le sens de *créer*, par extension. Nous savons en effet que les copistes préfèrent comme lettre médiale le *dh* au *d*.

Le parfait *dadha*, avec son redoublement, et sa brève pour désinence, est intéressant en ce qu'il se prête à deux explications qui, toutes deux, éclairent la grammaire zende. En premier lieu, on peut croire que, dans cette troisième personne du parfait, la désinence *a* fait disparaître l'*â* long du radical, qui se trouve dans *dâta*, *dâitya*, *dâtarĕ*, etc., et qu'elle se substitue à sa place. Cette formation peut même passer pour ancienne, en ce qu'elle fait rentrer le radical *dâ*, quoique terminé par une voyelle longue, dans l'analogie des verbes terminés par une consonne, et qu'elle traite ce verbe d'après les lois générales de la conjugaison du parfait. Secondement (et cette interprétation me paraît plus vraisemblable), *dadha* peut être l'abrégement de *dadhâu*, par la suppression de l'élément *u* de la diphthongue, *âu* devenant *â*, comme nous verrons que le fait a lieu pour *mazdâo*, au nominatif même *mazdâ*, et cet *a* final se contractant encore en un *a* bref. Les trois mots de notre phrase signifieront donc littéralement « qui nous a donnés, » c'est-à-dire *créés*.

Le mot suivant, *tatas*, lu de même dans le n° 2 F, est écrit ⲙⲁⲩⲅⲁⲙⲫⲁ dans le n° 3 S, et mieux encore ⲙⲩⲅⲁⲙⲫⲁ dans le n° 6 S. Il faut en effet à ce verbe sa désinence *a*; et nous savons qu'un ⲩ *s* dental n'est jamais précédé d'un *a* en zend sans se changer en ⲟ *h*. Anquetil traduit ou plutôt paraphrase ce verbe par « qui est fort « et agissant. » Nériosengh le rend à peu près de même par un verbe sanscrit signifiant « agir avec énergie; » mais il en précise davantage le sens en le conjuguant à la dixième classe, littéralement en latin « qui coagmentavit. » Ces deux acceptions me paraissent également justifiées par les textes, où nous voyons ce radical et plusieurs de ses dérivés avec les sens suivants : « agir avec énergie, organiser, dis-

« poser. » Il est vraisemblable qu'il faut suppléer le complément *nó*,
« qui nous a organisés, formés, » idée qui précise davantage et détermine celle de *création*, exprimée d'une manière générale par la proposition *yó nó dadha*. Lorsqu'on a retranché du parfait *tatacha* le
redoublement et la désinence *tá* et *a*, on obtient le radical *tach*, que je
crois le même que le sanscrit *tákch* (façonner), et vraisemblablement
que le grec τάσσω (disposer). L'identité de ces deux radicaux paraît
surtout dans les dérivés qu'ils forment de part et d'autre. Car comme
le *kch* perd sa gutturale en sanscrit, le radical *takch* est réduit à *tach*,
de même qu'en zend. Ce passage du *kch* au *ch* a lieu, comme nous
le verrons, en zend même, notamment dans le mot *fravachi* (Fé-
rouer), que je n'hésite pas à rattacher au radical zend et germanique
vakhs. Ce rapport m'a suggéré pendant quelque temps la conjecture
que le mot *takhma*, que nous avons vu au paragraphe v de l'Invocation, pourrait aussi appartenir au radical *takch*, dont le *ch* aurait disparu pour ne laisser subsister que la gutturale. Mais comme on
trouve en sanscrit un radical *tak*, dont on n'a pas besoin de forcer
beaucoup le sens pour le rattacher au zend *takhma*, j'aime mieux
laisser séparés ces deux radicaux *tach* et *tak*, jusqu'à ce qu'on dé-
couvre un mot qui en montre plus clairement l'identité.

La proposition suivante nous donne encore un verbe, *tuthraye*,
que lisent de même les deux Yaçna zend-sanscrits, et que le n° 6 S
écrit ڡرﻮﺸسﻮﻮﺳ. Cette leçon me paraît fautive en ce que nous
avons besoin dans ce texte d'un verbe et non du génitif singulier
d'un adjectif en *ya*, forme que semble présenter le mot donné par
le n° 6. L'accord de trois manuscrits, et surtout la facilité avec laquelle s'explique leur leçon, me paraissent lui assurer toute la certitude désirable. Le verbe *tuthraye* a la désinence d'une troisième personne du singulier du parfait moyen, *é*. Cette désinence me semble
ne se joindre ici au radical que par l'intermédiaire d'un *i*, voyelle
de liaison qui se change en *y* devant *é*. L'insertion de cette lettre
est très-fréquente en zend après une voyelle *u* et *ú*, ainsi que l'a re-

marqué M. Bopp pour le verbe *mrûyê* (je dis) et pour *dayê* (deux)[22]. Mais ce savant philologue n'a pas énuméré tous les cas où se montre ce fait, qui se reproduit dans le dialecte des Védas[23], et il a notamment omis d'en constater l'existence après les voyelles *ô* et *ao* dans plusieurs cas d'un adjectif dérivé de *mainyu*, dont la déclinaison reçoit de la connaissance de cette règle une grande lumière. Je pense aussi que c'est plutôt la voyelle *i* que l'on insère pour la changer ensuite en *y*; au moins savons-nous d'une manière certaine que la lettre *i* joue, comme voyelle de liaison, un très-grand rôle dans les formations grammaticales, surtout dans celles des verbes.

L'emploi d'une lettre intercalée a ici un résultat remarquable, et qui prouve bien l'analogie intime de la conjugaison zende avec celle du sanscrit. Cette lettre me paraît destinée à conserver entière la voyelle du radical *u* devant la désinence *ê*, désinence qui, suivant la théorie de M. Bopp, étant *grave*, ne doit pas être précédée d'une augmentation du radical. Changer la voyelle *u* en *v* devant *ê*, selon la loi euphonique, eût occasionné une accumulation de lettres *tuthrv-ê*, que l'on n'eût pu prononcer que très-difficilement. Développer comme en sanscrit l'*u* du radical en *uv*, c'eût été apporter une certaine modification à la racine. Le radical subsiste au contraire intact au moyen de l'insertion de la semi-voyelle *y*, et en ce point le zend me paraît rester plus fidèle que le sanscrit à la loi de la conjugaison des verbes comme *stu*, *brû*, et le zend *thru*.

Après le retranchement de la désinence et de la lettre intercalée, il nous reste *tuthru* dont le redoublement est régulièrement formé, comme en sanscrit, de la première consonne et de la première voyelle du radical. La racine *thru*, que nous obtenons ainsi par l'analyse, a, selon Anquetil, le sens de *nourrir*, selon Nériosengh, celui de *pro-*

[22] *Gramm. sanscr.* pag. 328. On peut ajouter encore *frêçtuyê*, qui ouvre le Vendidad-sadé, de *çtu* (louer), *tanuyê* (au corps) pour *tanavê* qu'on ne trouve pas, et d'autres mots que nous verrons ailleurs.

[23] Voy. les scolies sur Pâṇini, VII, 1, 39, cité par Lassen, *Ind. bibl.* tom. III, pag. 74, et par Bopp, *Gramm. sanscr.* pag. 321.

téger. Je ne trouve en sanscrit aucun radical qui réponde à ce verbe zend. L'idée de *protéger* est, dans la langue des Parses comme dans celle des Brahmanes, exprimée par la racine *thrá* et *trá* (pour *trái*), qui n'a qu'un rapport très-éloigné avec *thru.* Je crois que cette racine, qui d'ailleurs est très-rare en zend, doit être rangée au nombre de celles qui appartiennent exclusivement à la langue de l'Arie. On verra par la suite combien le nombre de ces racines est borné. Peut-être même pourrait-on rapprocher *thru* du grec τρέφω.

Enfin, la dernière partie du paragraphe est formée de deux adjectifs, que les deux Yaçna zend-sanscrits lisent de même, tandis que le n° 6 S a fautivement ﻣﺠﺮﺑﺮﺍﺳﻤﻊ. Ce dernier manuscrit est le seul qui réunisse en un même mot la formative du superlatif avec l'adjectif *çpĕñtô,* infléchi au nominatif selon l'usage le plus ordinaire de la langue zende. Nous avons déjà vu ces deux mots, le premier au génitif dans le viii° paragraphe de l'Invocation, le second dans une note sur nos Observations préliminaires, où nous avons essayé de le rattacher de loin au sanscrit. Ici, tous deux sont au nominatif singulier masculin, et le second est de plus au superlatif. Le premier, *mainyus,* a la désinence *s,* caractéristique du nominatif, comme dans *ratus;* nous avons déjà dit que ce mot signifiait dans le principe *intelligent.* Le second a, dans Anquetil, le sens d'*excellent.* Au reste, l'interprétation que donne ce savant ne paraît pas prouver qu'il se soit fait une idée bien nette de ces deux mots. La paraphrase : « qui « est souverainement absorbé dans l'excellence, » ne présente pas les éléments d'une analyse précise. Nériosengh traduit *mainyus* par un sens d'extension : « le plus grand des êtres invisibles, » pour dire, des êtres divins. Enfin, M. Rask est plus près du sens, quand il adopte « spiritus excellentissimus [24]; » seulement nous ne croyons pas que *mainyus* soit un substantif.

Après l'analyse successive que nous venons de donner de toutes les parties de notre premier paragraphe, nous pourrons présenter

[24] *Ueber das Alter,* etc. pag. 35.

la traduction suivante comme fondée sur la connaissance du sens des mots et de leur forme, telle du moins qu'il nous a été possible de l'obtenir :

« J'invoque et je célèbre le créateur Ahura-mazda, lumineux, res-
« plendissant, très-grand et très-bon, très-parfait et très-énergique,
« très-intelligent et très-beau, éminent en pureté, qui possède la
« bonne science, source de plaisir, lui qui nous a créés, qui nous
« a formés, qui nous a nourris, lui le plus accompli des êtres intel-
« ligents. »

II.

(Lignes 18 *b*, 19; et pag. 4, lig. 1 — 3 *a*.)

TRADUCTION DE NÉRIOSENGH.

1 निमन्त्रयामि संपूर्णयामि ग्बह्लाननामानं श्रमरं गबां पशूनां पतिं 2 श्रश्वबहि-
स्तनामानं श्रमरं श्रग्नीनां पतिं 3 सह्लेवनामानं श्रमरं सप्रधातूनां पतिं
4 स्यिंठारमह्लनामानं श्रमरं·पृथ्वीपतिं 5 श्रविठारह्लनामानं श्रमरं श्रपां पतिं श्रमि-
ठारह्लनामानं श्रमरं बनस्पतीनां पतिं 6 गोस्तनु गोरालमानं 7 श्रग्निं ह्लार्म्मिज्ह्लय

समागन्तृतमं क्रमेरेथ्या गुह्य : चिह्रे यतो ऽ स्मिन् दिधि प्राप्ते स्त: परलोकस्य इह लोकस्य च अग्रग्रो ज्योतिम्ब ॥ ²⁴

(Ms. Anq. nº 2 F, pag. 3 et 4.)

TRADUCTION D'ANQUETIL.

« Je prie et j'invoque Bahman, Ardibehescht, Schahriver, Sapan-
« domad, Khordad, Amerdad, Goschoroun qui a soin des troupeaux,
« le Feu d'Ormuzd, le plus agissant des Amschaspands²⁶. »

Ce paragraphe contient l'énumération des noms des Amschaspands, avec ceux de deux autres personnages divins qui jouent un

²⁴ VARIANTES DE LA TRADUCTION
DE NÉRIOSENGH.

Les deux manuscrits oublient le *n*
de *nimantrayámi*. Le nº 2 lit le nom de
Bahman *gvahmamana*, et le nº 3 *gvahma*;
mais dans le nº 2 le second *m* n'étant pas
terminé, doit être supprimé comme il l'est
dans le nº 3. Le nº 2 avait *námnámánam*,
ce qu'a transcrit le nº 3 ; une main moderne a effacé la syllabe fautive *mná*, et a
rétabli la vraie leçon. Le nº 3 écrit fautivement *paçandm* avec un *u* bref, *agnindm* avec
un *i* bref, *dhátundm* avec un *u* bref; le nº 2
n'a de ces fautes que la dernière. Après le
nom *spiñdáramada*, le nº 2 avait primitivement *námnim*, au féminin; cette leçon a
été changée en *námánam* en rapport avec
amaram. Le nº 3 mutile tout ce passage
d'une manière barbare en lisant *námana
amaram thvipatim*. Le nº 2 a eu anciennement *prithvípatim*; mais le groupe *tim* a été
remplacé par *ttim* (*tnim*?), sans doute en
considération de ce que Sapandomad est

du sexe féminin. Les deux manuscrits
doublent le *d* sous le *r* de *avirdáda* et de
ámirdáda. Après ce dernier mot le nº 3 lit
à tort *námanam*, et avec un *i* bref *vanaspa-
tindm*. Les deux manuscrits donnent avec
un visarga *góh átmánam* ; comme le sandhi
a été observé dans l'orthographe du mot
précédent, nous avons cru devoir en faire
autant pour *góh* dans sa rencontre avec
átmánam. Le nº 3 oublie l'anusvâra de
agnim ; il lit *tchiñhné* au lieu de *tchihné*.
Après *'smin*, le nº 2 lit *dvithi* et le nº 3 *dviti*;
mot que je ne comprends pas; peut-être
faut-il lire *dvidhá* ou seulement *dvé*. Le nº 2
avait primitivement *ahilókasya*, ce qu'une
main moderne a remplacé par *ihalókasya*;
le nº 3 S n'a fait que la moitié de la correction, et lit encore inexactement *aha....* Les
deux manuscrits lisent fautivement *ghyó-
tiçtcha*, par suite d'une confusion fréquente
du *gh* et du *dj*, quand *y* vient à suivre ces
lettres.

²⁶ *Zend Avesta*, tom. I, 2ᵉ part. pag. 81.

19.

rôle élevé dans la doctrine de Zoroastre. Il est curieux en ce qu'il
nous montre les Amschaspands rangés en quelque façon suivant
l'ordre de leur importance relative, au-dessous d'Ormuzd, qui est
cité et invoqué à part à cause de son caractère de créateur. La glose
de Nériosengh donne aussi sur chacun de ces êtres, dont nous trouverons que les titres sont significatifs, des détails qu'il est nécessaire
de connaître.

1. Cette phrase dans le manuscrit lithographié commence par le
mot 오스스스 suivi d'un point vide qui indique une abréviation. Le
n° 3 S, pag. 2, et le n° 6 S, pag. 2, écrivent en toutes lettres les
mots *nivaédhayémi, hañkárayémi*, avec l'orthographe que nous croyons
être la meilleure; le n° 2 F a seul 스스스스스스스. L'être invoqué
en ces termes est Bahman, dont le nom au datif est écrit de la
même manière, *vaghavé managhé*, par tous les manuscrits à l'exception du n° 6 S, qui lit en un seul mot 스스스스스스스스스스스, orthographe rare et remarquable, qui nous montre la désinence *é* prenant
la voyelle *a* prothétique en redevenant médiale, soit par l'influence
de l'accent, soit parce que *é* médial peut passer pour un *guṇa*.

Anquetil traduit les deux mots qui composent ce titre par « sainte
« disposition du cœur. » Nériosengh les transcrit de manière à se
rapprocher le plus qu'il lui est possible du nom parsi *Bahman*, altération des deux mots zends. Il est remarquable cependant, qu'au
lieu de se servir directement du *b*, il emploie le groupe *gv, Gvah-
mana*, selon la lecture du n° 3 S, lecture qui se reproduira plus
tard. Cette orthographe conserve encore quelque chose du *v* primitif, uni à une gutturale qui, comme on sait, remplace fréquemment le *v* et le *w*. Il y a tout lieu de croire qu'elle est ancienne;
car Hyde nous apprend que les Parses appellent *Ghuâd*, ou *Govâd*,
le vingt-deuxième jour du mois, nommé en persan *bâd*, du zend
vâta (vent) [27]. C'est même par des combinaisons comme celle que

---

[27] *De vet. rel. Pers.* pag. 263, édit. 1760.

nous présente cette orthographe, que l'on peut sûrement passer du
g au *b*, ainsi que le propose M. Bopp, en rapprochant le sanscrit *gâ*
du grec βαίνω [28]. Nous ferons observer, en outre, que les Grecs ont
connu, mais dans·des temps assez modernes, le nom de Bahman
sous sa forme parsie, et qu'ils l'ont transcrit Μπαχμάν, et même encore
d'une manière plus altérée Πιλμάν [29].

Le premier des deux mots qui forment le nom de Bahman, est
l'adjectif *vaǧhu*, au datif avec la désinence *ê*, devant laquelle la
voyelle finale du thème, prenant un *guṇa*, se résout en *av* (*vaǧho+ê*
=*vaǧhavé*). Nous savons déjà à quel radical rattacher cet adjectif; la
suppression de l'*u* formatif nous donne le monosyllabe *vaǧh* qui se
ramène à *vah*, dont l'origine première est *vas*. Anquetil voit dans ce
mot l'idée de *sainteté*: celle de *bonté* est peut-être plus près du sens;
au moins s'accorde-t-elle mieux avec les emplois divers des nombreux dérivés que forme le radical *vas*. Le substantif *manaǧhé* est
bien le datif de *manô*, forme absolue, devant une voyelle *manaǧh*; il
signifie en zend comme en sanscrit, *esprit, cœur, pensée*. Nous traduirons donc le nom de Bahman par « le bon cœur, » en conservant
toutefois dans notre interprétation définitive la transcription parsie,
qui est devenue un nom propre que l'on ne peut supprimer maintenant sans porter le désordre dans le système religieux des Parses.
Ce qu'il faut toutefois ne pas oublier, c'est que ce titre a été significatif au propre, et qu'il a désigné « la bonté de cœur ou la bienveil-
« lance, » avant de devenir un mot que les Parses répètent le plus
souvent sans y voir les notions qu'il devrait réveiller. Nériosengh,
qui, comme nous l'avons déjà remarqué, se contente de transcrire
le nom parsi, donne en revanche, sur les attributs de cet être, une
indication qui est confirmée par d'autres textes relatifs à Bahman.
Il le nomme « l'immortel, le maître de la vache et des troupeaux. »
Or, on sait que quelques passages du Zend Avesta attribuent à Bah-

---

[28] Bopp, *Gloss. sanscr.* pag. 204; l'auteur
rapproche le sanscrit *gâ* du grec βίβημι.

[29] Burton, *Asíǰara vet. ling. pers.* p. 58
et 200.

man la protection des bestiaux [30]. Le titre d'immortel, que Nériosengh donne à Bahman, répond à sa qualité d'Amschaspand, le mot
sanscrit *amara* représentant, pour le scoliaste indien, le zend *amĕcha*,
qui sera expliqué plus bas. C'est par un titre analogue, celui de
dieu, θεός, que Plutarque désigne les six Amschaspands. Le premier
est pour lui « le dieu de la bienveillance, » εὐνοίας, définition qui
s'accorde d'une manière remarquable avec l'interprétation que l'autorité des Parses et l'analyse grammaticale nous suggèrent pour
vaǵhu manó [31].

2. Le second titre est celui du troisième Amschaspand (ou du
second, en omettant Ormuzd), que les Parses nomment, d'après la
transcription pehlvie, *Ardibehescht*. Les deux manuscrits du Yaçna
accompagnés de la traduction sanscrite lisent les deux mots zends
exactement comme notre lithographie. Le n° 6 S seul donne fautivement en deux parties ﺍﺳﭙﻨﺪ. ﻭﺍﺳﭙﺲ. Ces deux mots, qui sont au
datif singulier masculin, ont été expliqués déjà plus haut, *acha*, au
III° paragraphe de l'Invocation, et *vahista* au premier paragraphe du
Yaçna, que nous analysons en ce moment. Anquetil les traduit par
« saint et excellent; » il est plus exact de dire « la pureté excellente; »
car, de ces deux mots, l'un est un substantif et l'autre un adjectif.
Comme pour le précédent Amschaspand, Nériosengh, au lieu de
donner le sens de son nom, se contente de le transcrire en caractères dévanâgaris. Mais sa transcription reproduit ici fidèlement
l'orthographe zende, tandis que, pour le nom de Bahman, il s'était
arrêté à l'altération pehlvie, et n'était pas remonté jusqu'à l'original.
La glose dont il accompagne ce titre signifie « l'immortel, le maître
« des feux. » Cette indication est encore confirmée par quelques
textes zends, où l'Amschaspand Ardibehescht est envisagé comme
en rapport avec le feu ou avec des êtres qui y ont eux-mêmes quel-

---

[30] *Zend Avesta*, tom. I, 2° part. pag. 134
et 417. tom. II, pag. 69 et 77.

[31] *De Is. et Osir.* c. 47. Anquetil, *Mém.
de l'Acad. des inscr.* tom. XXXIV, pag. 393.

que rapport [32]. Selon Plutarque, le second des dieux créés par Ormuzd était celui de la vérité, *ἀληθείας*; et Anquetil n'hésite pas à
reconnaître, à cette définition, l'Amschaspand Ardibehescht ou « la
« pureté excellente [33]. » On ne peut cependant s'empêcher de remarquer que l'expression de Plutarque est un peu vague, et qu'elle ne
désigne qu'imparfaitement le troisième des Amschaspands. Mais on
doit convenir aussi d'un autre côté que le mot *acha* est très-général,
et que l'idée de vérité peut être renfermée dans celle de pureté ou
de sainteté que, d'accord avec la tradition des Parses, nous attri-
buons à ce mot.

　　3. Le troisième titre est celui du quatrième Amschaspand, *Schahriver* selon les Parses. Tous les manuscrits lisent de même ces deux
mots zends qui sont un substantif et un adjectif au datif singulier
masculin. Anquetil les traduit par « désir du roi, et désir royal,
« c'est-à-dire, puissant roi; » ce n'est pas là une traduction bien précise. Nériosengh se contente de transcrire l'altération parsie de ces
deux mots, et ne nous donne aucune lumière sur leur sens primitif.
Le premier est le datif de *khsathra* (ou *khchathra*), signifiant *roi;* nous
le retrouverons plus tard dans des passages où sa valeur ne peut être
douteuse. C'est exactement le sanscrit *kchattra* (guerrier), avec la
différence très-légère de l'aspiration du *th* zend pour le *t* sanscrit.
　　Le mot suivant, *vairyâi*, est encore un datif; c'est le même adjectif
dont nous avons trouvé le nominatif dans le vi° paragraphe de l'Invocation. Nous avons déjà dit que les Parses attachaient à ce mot l'idée
de *désir*, et l'on a vu que cette notion s'expliquait si on le dérivait
du radical *var* (désirer). Mais l'identité du zend *vairya* et du sanscrit *varya* nous a engagés à regarder le premier de ces deux mots
comme venant de *vrî*, au même titre, quoique avec un autre sens,
que le second, et comme également irrégulier, en ce qu'au lieu

[32] *Zend Avesta*, tom. II, pag. 69 et 77.　　*Mém. de l'Acad. des inscr.* tom. XXXIV,
[33] Voy. *De Is. et Osir.* loc. cit. Anquetil,　　pag. 392.

d'un *vrĭddhi*, devant le suffixe *ya*, la racine ne subit qu'un *guṇa*. Ici je serais moins éloigné d'admettre le sens de *désir* pour expliquer le titre de *khchathra vairya*, qui peut signifier « le roi désirable, » ou, en donnant au zend *vairya* le sens que prend d'ordinaire le sanscrit *varya*, « l'excellent roi. » On peut choisir entre cette dernière traduction et la suivante, « le roi qui doit être vénéré; » car l'une et l'autre est justifiée par l'analyse grammaticale, et nous ne trouvons rien dans les attributions de l'Amschaspand Schahriver, qui se rapporte plus exclusivement à la première qu'à la seconde. La glose de Nériosengh nous apprend que cet être divin est « le maître des sept « métaux. » Or, le Zend Avesta nous fournit des textes qui reconnaissent à Schahriver le caractère d'un dieu sous la garde duquel sont les richesses enfouies dans la terre [34]. C'est, jusqu'à un certain point, une divinité analogue au Kouvêra indien; et ce qu'il y a de singulier, c'est que, non-seulement le caractère d'un puissant roi est commun à Kouvêra et à Schahriver, mais encore la seconde partie du nom du dieu des richesses, dans la mythologie brahmanique, présente une analogie frappante avec la seconde partie du titre de l'Amschaspand bactrien. Dans le mot *Kuvéra*, les syllabes *véra* ne sont pas fort éloignées du zend *vairya*. Mais ce ne peut être pour nous un motif de renoncer à l'explication que les grammairiens indiens donnent du nom de *Kuvéra* (celui dont le corps est difforme). Le rapprochement que l'on peut établir entre les noms de ces deux personnages mythologiques est vraisemblablement dû au hasard.

Quant au rapport de l'Amschaspand Schahriver avec les noms de génies que nous a transmis Plutarque, il n'est pas aisé à déterminer, parce que les expressions que nous a conservées cet auteur ont, à peu d'exceptions près, une signification trop vague. Anquetil n'hésite cependant pas à regarder Schahriver comme le génie de l'équité, εὐνομίας [35]. Les seuls arguments qui nous paraissent donner quelque

[34] Zend Avesta, tom. II, pag. 153, 154 et 317.

[35] *De Is. et Osir.* c. 47. Anquetil, *Mém. de l'Acad. des inscr.* tom. XXXIV, pag. 393.

poids à cette opinion, c'est que le génie de l'équité occupe dans la
classification de Plutarque la même place que Schahriver dans notre
texte, et que cet Amschaspand a pour coopérateur un Ized nommé
vôhukhchathra, « le bon roi. » Or, de toutes les vertus qui font le bon
roi, l'équité est sans contredit la première. Si l'on pouvait admettre
que la classification de Plutarque n'est pas très-rigoureuse, on serait
tenté de conjecturer que Schahriver est le génie que cet écrivain
appelle le dieu des richesses. Ce que les textes zends et la glose de
Nériosengh nous apprennent de cet Amschaspand pourrait donner
quelque vraisemblance à ce dernier rapprochement.

4. Les deux mots suivants forment le nom propre de l'Amschaspand que les Parses appellent *Sapandomad*. Le premier est lu comme
dans notre lithographie par le n° 2 E et par le n° 6 S. Le n° 3 lit seul
ﻮﻉﯾﺮﻣﻮﻣﺩﺩﺩﺳﺳ. La seconde partie de ce nom propre est écrite par les
trois manuscrits précités ﺞﻮﺳﻉﺩ, ce que l'accord des plus anciennes copies et la connaissance de la véritable désinence des datifs de quelques noms en *i*, nous doit faire admettre pour l'orthographe véritable. Anquetil traduit ce nom propre par « disposition
« de cœur excellente et d'esclave, c'est-à-dire humble et soumise. »
Nériosengh se contente d'en transcrire l'altération pehlvie.

De ces deux mots, celui pour lequel nous avons le plus de moyens
d'interprétation est *çpĕñtayái*, dont la forme absolue, *çpĕñta*, nous
est connue avec le sens d'*excellent*. Ici nous devons trouver un
datif du féminin; car, en premier lieu, *ârmaiti* se présente dans
les textes avec ce genre, et ce mot est réellement ici au datif (*ârmai-
tĕĕ*). Mais quelle en sera l'orthographe? Sera-ce *çpĕñtaydi* ou *çpĕñ-
tayâo?* Les manuscrits varient beaucoup sur ce point, et les désinences *aydi* et *aydo* sont d'ordinaire confondues par les copistes.
Mais une comparaison attentive des combinaisons de ces désinences
avec les autres mots qui les accompagnent, me permet d'affirmer
que *aydo* étant spécialement affecté au génitif féminin, et par ex-

I.   20

tension seulement au datif, *ayái* doit être la désinence propre du
datif de ce même genre. Nous ne parlons en ce moment que des
féminins d'un thème en *a*, catégorie à laquelle appartient *çpëñta;*
nous verrons plus tard quelles modifications subissent les finales
des autres thèmes dans leur rencontre avec la voyelle de la désinence. Ce que nous devons remarquer en ce moment, c'est le rapport du féminin *çpëñtayái* avec le masculin *çpëñtái*. Si l'on admet,
ce qui nous semble plus que vraisemblable, que *ái* représente de
part et d'autre un *vrĭddhi* sanscrit, au masculin la diphthongue se
joindra immédiatement au thème du mot, tandis qu'au féminin elle
ne s'y ajoutera qu'après que le radical, augmenté en *ĕ*, se sera résolu
en *ay* devant la désinence. Il nous semble du moins qu'on peut
appliquer ici la belle théorie de M. Bopp sur la formation de l'instrumental féminin d'un thème en *a*, théorie qui nous servira plus
tard pour rendre compte d'autres faits analogues de la langue
zende [36]. Dans ce dernier idiome, le datif féminin ne diffère que par
une nuance légère du datif sanscrit, qui prend *áy* (*ái*), et non *ay* (*ê*),
devant la désinence.

Nous venons de dire que *ârmaitéé* était un datif féminin; mais
comment en rendre compte? Évidemment la comparaison seule du
datif zend et du datif sanscrit n'est ici que d'un faible secours; car
ce ne serait pas donner une explication complète que de dire que
éé représente le *ayé* sanscrit. Le rapprochement des diverses terminaisons zendes des noms en *i* au datif fournit, ce semble, plus de
lumières. Déjà nous avons reconnu une terminaison en *ayaé* devant
tcha pour les substantifs qui nous occupent, ou, pour mieux dire,
nous avons vu, selon la théorie de M. Bopp, la voyelle finale du
thème subir un *guṇa*, lequel se résout devant l'*ĕ* de la désinence.
Nous pouvons dire en ce moment que cette terminaison *ayaé* ne
se trouve jamais que devant la copulative *tcha;* et cela doit être,
car nous savons que *tcha* jouit de la propriété de conserver entières

[36] *Gramm. sanscr.* r. 125.

les désinences, qui s'altèrent et qui sont apocopées quand elles ne
sont plus immédiatement suivies de cette particule. Or, l'altération
que subit la désinence *ayaé* est son retour à *éé*, que nous donne
ârmaitéé. Ce fait, qui est resté longtemps obscur pour moi, est mis
hors de doute par l'existence dans le Vendidad de mots qui ont à
la fois et *ayaé* et *éé*, selon qu'ils sont suivis ou non de la copulative
tcha. C'est, entre autres, le substantif *paitistâtéé*, qui se trouve ainsi
seul plus de trente fois, et qui s'écrit dans deux passages *paitistâ-
tayaétcha* [37]. Nous devons donc admettre l'identité de ces deux désinences *ayaé* et *éé*, et il ne nous reste plus qu'à rechercher laquelle
est antérieure à l'autre.

On comprend bien d'abord comment l'*a* pénultième de *ayaé* a
dû disparaître quand la désinence est devenue finale, car *aé* n'est
jamais employé à la fin d'un mot. La suppression de l'*a* laisse *ayé*,
comme en sanscrit, de sorte que le signe է *è* de ⅋է *éé* doit représenter *ay* de *ay-é*. Mais *ay* n'est qu'un *guṇa* résolu; de sorte que
է est ici le substitut d'un *é guṇa* non résolu, et que la désinence *éé*
se présente sous une forme plus primitive que *ay-é*. Je ne me dissimule pas que l'on est obligé d'admettre ici un nouvel emploi de
la voyelle է *è*, que nous savons déjà remplacer un *a* sanscrit dans les
désinences des génitifs en *éus*; mais, d'un autre côté, je ne vois pas
comment on pourrait se refuser à la conséquence qui résulte du rapprochement de *ay-é* et de *éé* employés dans les mêmes mots. Il est
même indispensable de supposer l'existence de l'élément *i* dans la
voyelle է; car, sans cela, l'*i* de *armaitéé* serait inexplicable. Il y a
plus, le rapprochement de *éé* et de *éus*, et par-dessus tout, l'analyse de ce qui se passe dans la désinence *ôis*, suggèrent pour la
terminaison *éus* une nouvelle explication, qui rentre dans celle que
nous donnons de *éé*.

Nous avons dit plus haut, sur *mainyéus*, que cette désinence *éus* représentait un *ôs* sanscrit, et qu'en conséquence le *è* devait y jouer le

[37] *Vendidad-sadé*, pag. 547.

même rôle que l'*a* dans *ôs*; et nous avons pu croire que, dans ce cas,
ſ *è* n'était qu'une variété de l'autre ſ *ĕ* zend, que nous reconnaissons
pour le substitut naturel de l'*a* dévanâgari passant au son de l'*e* bref.
C'est là une explication qui a pour elle 1° la très-grande ressemblance des formes ſ et ſ, 2° le fait beaucoup plus important que les
éléments qui composent les désinences grammaticales en zend restent souvent désunis. Mais si, au lieu d'être une dégradation de l'*a*
de la désinence *ôs* (aus), la voyelle *è* en était une sorte de développement, ne faudrait-il pas reconnaître à cet *è* une valeur plus rapprochée de celle de ꭓ *é?* Admettons pour un instant la supposition
que, dans *èas*, le signe ſ *è* soit le développement d'un *a*. Pour qu'un *a*
devienne *è*, il faut nécessairement que l'élément *i* s'y attache et fasse
corps avec lui, tout de même qu'un *a* ne peut devenir *ô* qu'en se
joignant à l'élément *u*. Aussi observe-t-on, suivant cette hypothèse,
un parallélisme bien remarquable entre les modifications des génitifs
zends des noms en *u* et celles des noms en *i*. Les premiers ont *èas*
pour le sanscrit *ôs*, les seconds *ôis* pour le sanscrit *ês*; en d'autres termes, les voyelles *i* et *u* finales du thème restant intactes, l'*a*, qui devait se fondre avec elles, s'augmente devant *u* en *è*, devant *i* en *ô*, de
sorte que *mainyèas* revient en quelque façon à *mainyai-us*, et *patôis*
(du maître) à *patau-is*. On remarquera que l'augmentation de l'*a* se
fait à l'aide de la voyelle la plus dissemblable à celle qui suit et qui
reste entière. Dans *ârmaitèé*, il est vrai, ſ *è* ne s'oppose pas d'une
manière aussi tranchée à la finale ꭓ *é*. Toutefois, je ne vois pas là une
objection contre le rapprochement que je viens de faire, puisque
l'*é* de *ârmaitèé* n'est pas dû à la combinaison d'un *a* avec un *i* appelé
en quelque sorte du dehors, mais bien à la contraction d'un *a* et
d'un *i* qui existe dans la désinence développée *ay-é*. Ce que nous
voulons montrer en ce moment, c'est qu'il est possible de concilier
les deux emplois de ſ, 1° dans ꭓꭓ *èas*, 2° dans ꭓꭓ *éé*, en supposant
que dans la première désinence *è* peut être l'augmentation d'un *a* au
moyen d'un *i*, comme dans la seconde il est dû à la fusion des élé-

ments *ay* de la terminaison *ay-ė*, ou à la modification de l'*i* du thème.

Au reste, quelle que soit l'analyse que l'on donne de la désinence ⲯ *ėė* comparée à *ayė*, et quelque opinion que l'on adopte sur le rapport du signe ⲅ *ė*, qui y joue un rôle, avec le même signe dans ⲙⲯ *ėus*, le fait qui nous importe le plus, savoir la valeur grammaticale de la terminaison, n'en est pas moins constaté. Nous savons que c'est un datif, comme nous avons reconnu que *ėus* est un génitif; la diversité des explications auxquelles ces formes peuvent donner lieu ne change rien au sens que nous leur avons assigné.

Le thème qui subsiste après qu'on a retranché la désinence *ėė*, est *ârmaiti*, mot ayant la forme d'un féminin d'un thème en *at*, participe ou adjectif. Le premier *i* est attiré par le second, et, en les supprimant tous les deux, nous avons *ârmat*, et pour radical *ârm*. Si, au contraire, on admet que le suffixe soit *mat*, on aura le radical *âr-mat*. Anquetil et Nériosengh s'accordent pour traduire ce mot par *soumis*, même dans le cas où il ne figure pas comme seconde partie du nom de l'Amschaspand Sapandomad. C'est une interprétation que nous devons accepter, telle que la tradition nous l'a transmise, avec le regret toutefois de ne pouvoir la vérifier. Le mot est en effet seul de son espèce dans le Vendidad-sadé : on ne rencontre dans cet ouvrage ni substantif, ni verbe qui en dérive ou qui s'y rattache. La langue sanscrite ne m'offre pas plus de secours, et ce n'est que dans les dialectes germaniques que je trouve *arm* (pauvre), qui n'a, selon toute apparence, qu'un rapport accidentel avec notre mot zend, et qui, d'ailleurs, n'a pas le même sens. En résumé, il faudra traduire, avec les Parses, le nom de Sapandomad, par « celle qui est sainte et soumise. »

Sapandomad, ou, comme l'appellent encore les Parses, *Espendarmad*, en respectant davantage l'orthographe primitive des deux mots zends, est, d'après d'autres textes, l'Ized ou le génie de la terre. Nériosengh l'appelle de même « la maîtresse de la terre. » Anquetil pense que c'est de cet Amschaspand que Plutarque voulait parler

quand il hommait le quatrième des êtres créés par Ormuzd, le génie
de la sagesse [56]. On doit convenir que cette désignation est un peu
vague. Les idées de soumission et de libéralité sont celles qui domi-
nent dans le caractère de Sapandomad, à ne le considérer toutefois
que sous le point de vue exclusivement moral.

5. Ce paragraphe, nous donne les noms du cinquième et du
sixième Amschaspand, Khordad et Amerdad, comme les écrivent
les Parses, et d'après eux Anquetil, sans jamais séparer l'un de l'autre
ces deux Amschaspands. Le premier, qui est écrit dans notre manuscrit lithographié *hauruadhbya*, l'est dans le n° 6 S en deux mots
ܥܠܠ.ܠܠܠ, dans le n° 2 F ܠܠܠܠܠܠ, et dans le n° 3 S
ܥܠܠܠܠ. Le second, lu dans le Vendidad lithographié *amĕ-*
rĕtatbya, est écrit de la même manière dans les deux Yaçna zend-
sanscrits, et en deux mots ܥܠܠ .ܥܠܠ dans le n° 6 S. Les désinences de ces deux mots sont identiques, et, comme nous venons
de le remarquer tout à l'heure, les êtres qu'ils désignent ne sont
presque jamais séparés l'un de l'autre dans les textes. Leur union
est exprimée dans Anquetil par la copulative *et*, de même aussi le
plus souvent dans Nériosengh. Mais la conjonction *et* ne se trouve
pas dans notre texte, de sorte que l'alliance intime qui paraît exister
entre ces deux génies est indiquée par la juxta-position de leurs noms,
et par l'identité de la désinence que ces noms portent. Je n'hésite pas
à regarder cette désinence comme celle d'un datif duel, pour le sanscrit *bhyâm*, et je me fonde 1° sur l'extrême analogie des autres terminaisons du duel zend avec le duel sanscrit, le zend possédant les désinences *é, âo, â, í, ú, ó*, comme le sanscrit; 2° sur cette circonstance,
que le plus grand nombre des mots auxquels se joint la terminaison
bya désignent des objets doubles, comme certaines parties du corps
humain, telles que les pieds, les mains, les yeux, etc.; or, on sait que

---

[56] *Mém. de l'Acad. des inscr.* t. XXXIV, pag. 393.

l'idée du duel a été suggérée en partie par la vue de ces objets doubles, comme aussi c'est aux noms qui les désignent que le duel reste le plus longtemps attaché dans les langues qui l'ont perdu d'ailleurs; 3° enfin, sur ce que Nériosengh a reconnu lui-même que ces deux génies formaient un couple qui ne se séparait jamais, puisque dans un passage remarquable du xxxiv.° chapitre du Yaçna, sa version les appelle *dvitayam* [59]. Je n'en conclurais pas que Nériosengh a reconnu la valeur de la désinence *bya*, mais je dois avouer que c'est la comparaison de passages tels que celui que je viens de citer avec les noms de quelques parties du corps humain portant cette désinence, qui m'a donné la véritable signification d'une terminaison que j'ai, pendant quelque temps, regardée comme une variété de *byah*, parce que dans un grand nombre de cas elle se confond avec cette dernière. Il est d'ailleurs remarquable que, devant *tcha*, cette terminaison *bya* ne devient jamais *byaç*, ce qui devrait avoir lieu si *bya* était l'apocope de *bhyas*, ou de *bhyó* (sanscrit). La seule modification qu'elle subisse, c'est l'allongement de l'*a* final, la désinence devenant *byá*. Ce changement qui a lieu même sans que *tcha* suive la désinence, me semble rapprocher davantage le zend *byá* et *bya* du sanscrit *byá-m*. Ces deux terminaisons ne diffèrent plus l'une de l'autre que par la présence ou l'absence de la nasale labiale finale, que nous verrons également supprimée dans un autre cas analogue. Or, cette suppression me paraît être une marque de postériorité; du moins je n'ai pas de raison de supposer que la désinence du datif duel ait été d'abord *bya*, qui se serait plus tard augmenté, et aurait formé *bhyâm*. La véritable désinence se trouve d'ailleurs en zend même, dans le mot *brvaïbyãm* (superciliorum), qui est employé quatre fois dans le Vendidad-sadé.

Une autre particularité non moins digne de remarque, c'est la lecture du manuscrit n° 6 S, qui sépare la désinence du radical par un point. Nous verrons cette orthographe se reproduire par la suite

[59] Mss. Anq. n° 2 F, pag. 248.

et s'appliquer même aux désinences *byô*, *byaç-tcha*, et *bis*, *bíçtcha*, du datif et de l'instrumental pluriel. J'examinerai plus tard jusqu'à quel point cette orthographe peut passer pour une faute de copiste ou pour un fait appartenant à l'ancien état de la langue, lorsque les désinences n'étaient pas encore intimement unies au thème qu'elles étaient destinées à modifier. Dans l'état d'imperfection où se trouvent nos manuscrits zends, il est, pour quelques cas, difficile de décider avec leur seul secours, la question de savoir s'il faut suivre de préférence la leçon des copies où la désinence est immédiatement liée au radical. Mais ce que je puis affirmer, c'est que cette séparation de la désinence d'avec le thème absolu du mot n'est pas usitée pour toutes les déclinaisons, et qu'il y a des substantifs qui n'en offrent jamais d'exemple. Il faudra voir jusqu'à quel point cette distinction nécessaire peut jeter du jour sur la question. Nous remarquerons dès à présent, pour *haurvaṭbya*, que, même lorsque la désinence *bya* se joint immédiatement au thème, il n'y a pas lieu à l'épenthèse d'un *i* attiré par la semi-voyelle *y* de *bya*. Cela vient ici de l'accumulation des deux consonnes *ṭ* et *b*, au delà desquelles l'action de *y* ne peut se faire sentir.

Quand on a retranché la désinence *bya*, on obtient, pour thème du mot dont les Parses ont fait en l'altérant le nom propre Khordad, *haurvadh*, *haorvaṭ*, *haourvaṭ*, *hurvaṭ*. Aucune de ces leçons ne me paraît complétement irréprochable, et je me crois autorisé, par la comparaison des autres cas de ce mot, à lire *haurvaṭ*. J'y trouve d'abord *haurva*, qui ne peut être autre chose que le sanscrit *sarva* (tout), l'*u* qui précède *r* étant attiré par le *v* qui suit la liquide. Les lois du changement des lettres que nous avons établies, et le témoignage de Nériosengh, ne laissent aucun doute à cet égard. La version sanscrite du Yaçna traduit en effet, dans un passage du xviie chapitre, le nom de l'Amschaspand Khordad par *sarvapratchâra*, ce qui signifie : « celui qui produit tout [40]. »

[40] Mss. Anq. n° 2 F, pag. 136.

NOTES

ET

ÉCLAIRCISSEMENTS.

COMMENTAIRE
SUR LE YAÇNA.

NOTES
ET ÉCLAIRCISSEMENTS. [1]

NOTE A.

Sur le pronom *ava* et sur le substantif *avô.*

(*Observ. sur l'Alph. zend*, pag. LXIII, note.)

L'existence en zend du pronom *ava*, qui manque en sanscrit, soit qu'on le dérive, comme nous le proposons, de la voyelle *a*, affectée d'un *guṇa*, soit qu'on le regarde comme formé de la lettre *a* avec un suffixe *va*, ainsi que le sanscrit *iva* et *éva*, n'est pas un fait difficile à prouver, puisque ce pronom se rencontre très-fréquemment, et sous des formes assez nombreuses, dans le Vendidad-sadé,

[1] Je me propose dans ces notes de confirmer, par de nouveaux exemples, quelques-unes des règles que j'ai établies, soit dans les Observations préliminaires sur l'alphabet, soit dans le cours du Commentaire. L'indication de ces exemples dans la partie même du texte à laquelle ils se rapportent eût détourné trop longtemps l'attention du lecteur de l'objet principal de la

a.

ainsi que dans les parties encore inédites du Zend Avesta. Mais ce qu'il est important de remarquer, c'est qu'il existe en même temps dans la langue un substantif qui a un tout autre sens, et qui, dans quelques-uns de ses cas, se confond avec ce pronom. Si l'on s'arrêtait aux lois euphoniques que nous avons exposées, et à l'identité d'orthographe de certains cas de ce pronom et du substantif dont nous parlons, on commettrait de graves erreurs, ou plutôt un nombre assez considérable de passages du Zend Avesta seraient tout à fait inintelligibles. Sous ce rapport, cette note pourra ne pas être inutile aux personnes qui voudront se livrer à des recherches grammaticales sur la langue zende, et qui, désirant avoir une opinion sur un certain nombre de formes données, n'auraient pas le loisir ou les moyens d'entreprendre la traduction complète des phrases dans lesquelles se présentent ces formes.

Établissons d'abord par quelques exemples l'existence du pronom *ava;* nous passerons ensuite aux cas qui peuvent donner lieu à la confusion dont nous venons de parler.

Le thème *ava,* que nous reconnaîtrons sous les désinences variées qui le modifient, devant appartenir à la déclinaison des noms dont la forme absolue est en *a,* comme *anya,* il serait naturel que son nominatif masculin singulier fût *avô,* pour le sanscrit *avah* ou *avas.* Il est certain qu'on rencontre fréquemment dans les textes le mot *avô;* mais, quelque attention que j'y aie apportée, je n'ai pu jusqu'ici découvrir un seul passage où *avô* fût le nominatif singulier masculin du pronom qui nous occupe. Dans tous les passages où se trouve ce mot, il a

discussion. J'ai cru aussi pouvoir exposer quelques faits importants, empruntés pour la plupart à des portions des textes dont il ne me sera pas possible de publier l'explication aussitôt que je le désirerais. Il m'a fallu, sous ce rapport, résister à la tentation de placer dans ces éclaircissements tout ce que j'ai pu rassembler sur la langue zende et sur l'interprétation des livres de Zoroastre. Mais quoique j'eusse de très-bonnes raisons pour y céder, et que l'emploi d'un plus petit caractère me fournît les moyens de condenser en peu de pages une grande partie de mon travail, j'ai dû me borner aux faits qui avaient un rapport direct avec ceux que j'ai exposés dans mon texte. Je me résigne donc à ne m'occuper des autres qu'à mesure qu'ils se présenteront dans le Commentaire du Yaçna, et j'abandonne

sans regret un plan qui m'eût permis d'offrir au lecteur l'apparence d'un ensemble, mais qui m'eût entraîné plus tard dans de fréquentes répétitions, parce que j'eusse été toujours obligé de revenir sur ces faits dans le Commentaire du Yaçna et du Vispered. Je n'ai pu, dans ces éclaircissements, me servir du petit caractère zend destiné aux notes, dont la gravure n'est pas encore complétement achevée. Ce travail est confié à M. Marcellin Legrand, à l'habileté duquel nous devons le caractère zend employé dans cet ouvrage. Les personnes qui peuvent consulter les manuscrits de la Bibliothèque du Roi, trouveront sans doute que cet artiste a résolu avec un grand bonheur les difficultés nombreuses que présentait la gravure du caractère zend.

la valeur d'un substantif, de ce substantif même sur lequel nous avons dessein d'attirer l'attention du lecteur, parce qu'il se confond avec le pronom *ava*, et qu'il est indispensable de l'en distinguer. C'est une assertion qui sera démontrée tout à l'heure par la discussion et l'analyse des principaux textes où nous rencontrons *avô* : on verra qu'il ne peut, dans ces textes du moins, passer pour le nominatif singulier masculin du pronom *ava*. Cependant *ava* doit faire à ce cas *avô*, à moins que, comme le sanscrit *asâu*, il ne prenne la désinence *âu* ou *âo*, modification dont nous indiquerons tout à l'heure la possibilité. Quant à présent, ce que nous pouvons dire, c'est que nous n'avons pas jusqu'ici reconnu le véritable nominatif de *ava*, et que, si l'on avance qu'il doit être *avô* ou *avâo*, c'est uniquement par une conjecture.

Je trouve ce pronom, dont le thème est *ava*, au nominatif singulier neutre dans ce passage du xviii° *fargard* du Vendidad : ꝑꝑꝑ. ꝑꝑꝑ. ꝑꝑꝑ. ꝑꝑꝑ ; ce qui, je crois, signifie : « voici le moyen d'effacer cela [2]. » Le mot *aom* est la contraction régulière de *ava-m*, le *m* repoussant l'*a* bref précédé de *v*, cette semi-voyelle retournant à son élément voyelle, et s'unissant à l'*a* déplacé. Dans le passage cité, l'*o* de *aom* est bref dans tous les manuscrits ; et je crois que c'est en effet l'orthographe la plus régulière. Il y a plus d'incertitude, relativement à l'orthographe de ce mot, dans un autre passage du Vendidad où cette même phrase est répétée ; cependant les manuscrits anciens sont pour *aom* [3].

Il en est de même de l'accusatif masculin singulier, qui est également *aom*, et que l'on trouve avec un *ô* dans le Vendidad-sadé lithographié [4] ; mais un autre manuscrit donne *aom*. J'en citerai encore un exemple emprunté au xvi° *cardé* de l'Iescht de Taschter : ꝑꝑꝑ. ꝑꝑꝑ. ꝑꝑꝑ. ꝑꝑꝑ. ꝑꝑꝑ. ꝑꝑꝑ. ꝑꝑꝑ. « j'ai donné, ô très-excellent Zoroastre, cet astre Tistrya [5]. » Je n'hésite pas à corriger *aôm* du manuscrit, et à le remplacer par *aom*, d'autant plus que je trouve ce même mot bien écrit au premier *cardé* de l'Iescht des Ferouers : ꝑꝑꝑ. ꝑꝑꝑ. ꝑꝑꝑ. ꝑꝑꝑ. ꝑꝑꝑ. « j'ai conservé, ô Zoroastre, ce ciel qui est élevé et lumineux [6]. »

J'omets à dessein de parler ici du génitif singulier masculin de ce pronom, parce que c'est ce génitif même qui se confond avec un des cas du substantif

---

[2] *Vendidad-sadé*, pag. 463.

[3] *Vendidad-sadé*, pag. 464. Notre manuscrit lithographié est le seul qui ait *aôm* ; le n° 1 F, pag. 767, et le n° 2 S, pag. 429, ont *aom* ; le n° 5 S, pag. 495, a seul fautivement *aoim*.

[4] *Vendidad-sadé*, p. 459 ; le n° 1 F, pag. 746, lit *aom* ; le n° 2 S, pag. 415, et le n° 5 S, p. 483, ont par erreur *aoim*.

[5] Ms. Anq. n° 3 S, pag. 507.

[6] Ms. Anq. n° 3 S, pag. 566.

auquel nous avons fait allusion au commencement de cette note ; il nous servira tout à l'heure de transition pour passer à l'indication et à l'analyse de ce substantif.

Le génitif singulier féminin est formé d'après des lois euphoniques qui nous sont connues ; c'est ﺳﻮﺑﺮﺭﺳ *avaĝhaó*, dont la forme primitive et plus régulière devrait être, selon toute apparence, *avainĝhâo*. Car ce cas répondrait au sanscrit *avasyâh* ou *avasyâs*, si le pronom *ava* existait dans l'Inde. Conformément aux lois d'euphonie propres à la langue zende, *âs* final du sanscrit se change en *âo ;* le *y*, ou se déplace et va précéder le *s* changé en *h* et auquel se joint *ĝ*, ou bien disparaît complétement ; de sorte qu'on a *avainĝhâo* ou *avaĝhâo*. Mais, tandis qu'on trouve concurremment dans les textes ﺳﻮﺑﺪﻛﺳ *ainĝhdo* et ﺳﻮﺑﺮﺳ *aĝhdo*, pour le sanscrit *asyâs* (d'elle), formes dont la seconde n'est vraisemblablement qu'un adoucissement de la première, on ne rencontre que *avaĝhdo*, du pronom *ava*, qui, d'ailleurs, est plus rare que le pronom *aém* (sanscr. *ayam*). On voit ce mot *avaĝhâo* joint au génitif féminin singulier *pairikayâo* (de la Péri), dans des passages qui ne laissent aucun doute sur la valeur grammaticale de cette forme[7]. Notre manuscrit lithographié écrit une fois ce mot ﺳﻮﺑﺮﺭﺳ *avaĝhâu*[8], et ﺳﻮﺑﺮﺭﺳ *avaĝhâi*[9] ; mais ces deux orthographes me paraissent également fautives. L'une vient de ce que le copiste aura écrit le groupe ﺳ *âo*, à peu près comme on le prononce, *âu* (ﺳ) ; l'autre de ce qu'on a confondu la dernière partie du groupe ﻕ *ê* (dans ﺳ) avec ﺳ *i*, que les Parses prononcent quelquefois *é*.

L'ablatif singulier féminin a une forme très-remarquable, et que l'on serait tenté de prendre pour celle d'un masculin, si le genre des mots avec lesquels notre pronom est en rapport, ne faisait cesser toute incertitude à cet égard. On trouve en effet dans le Vendidad, au xixe *fargard*, le mot ﺳﻮﺑﺮﺭﺳ *avaĝhât* qui est incontestablement un ablatif féminin, dans ce membre de phrase : ﺑﺳﻮﺳ ﻣﺳﻮﺑﺮﺭﺳ . ﻣﺳﻮﺑﺮﺳ . ﺳﺳﺳﻣﺳﺳﺳ . « hors de ce corps frappé « par le Déva[10]. » On remarquera le génitif zend *djatayâo*, pour le sanscrit *hatâyâh* (ou *hatâyâs*), mis en rapport avec un ablatif, par suite d'une confusion des cas dont on trouve de nombreux exemples dans la langue savante des Parses ; cette leçon, qui est appuyée par deux autres manuscrits, doit être, selon toute apparence, respectée. Cependant un manuscrit, le n° 5 Supp.[11], lit plus correctement

---

[7] *Vendidad-sadé*, pag. 71 ; ms. Anq. n° 2 F, pag. 138. Voy. encore *Vendidad-sadé*, pag. 547 et 345.

[8] *Vendidad-sadé*, pag. 345.

[9] *Vendidad-sadé*, pag. 71. Les trois autres manuscrits du Yaçna ont *avanghdo*.

[10] *Vendidad-sadé*, pag. 482.

[11] Ms. Anq. n° 5 S, pag. 524.

à l'ablatif ⟨⟨⟨⟨ *djatayât*, en rapport avec *tanvat*, ablatif de *tana*, formé au moyen de la désinence *t* (jointe au thème à l'aide d'un *a* intercalé), selon la belle théorie de M. Bopp[13]. Mais je dois faire remarquer ici que cette leçon *tanvat*, qui nous donne un ablatif de *tana* formé comme le génitif *tanv-ó*, sans *guṇa* de la voyelle finale du thème, et par la seule juxta-position de la désinence, est unique dans le Vendidad. La forme ordinaire est *tanavat;* et dans le passage même que nous citons, deux manuscrits, le n° 1 F et le n° 5 S, écrivent uniformément *tanavat*, et le n° 2 S donne fautivement *tavat*[13], ce qui, du reste, se rapproche autant de *tanavat* que de *tanvat*. J'ai déjà ailleurs indiqué l'existence de cet ablatif, et j'ai cité aussi une autre forme, *tanaot*, qui se trouve concurremment employée dans les textes avec *tanavat*[14]. Ces deux formes peuvent n'être que des variantes d'orthographe, *tanaot* venant de *tanavat* par le déplacement de l'*a* de *at*, et sa réunion avec l'élément *u*, qui se trouve dans le thème *tanao* modifié par le *guṇa*. Cette explication suppose l'antériorité de *tanav-at;* *av* étant la résolution du *guṇa* qui a frappé la voyelle *u*. Mais on peut croire aussi que *tanaot* est primitif, et que *tanao*, qui est le radical *tanu* affecté de *guṇa*, s'est immédiatement uni au *t* caractéristique de l'ablatif, sans la voyelle de liaison *a*. Quoi qu'il en soit de ces deux explications, je crois pouvoir regarder *tanvat* comme une faute de copiste. Il n'en est pas moins remarquable que *tanu* à l'ablatif prenne un *guṇa*, tandis qu'il n'en prend pas au génitif, et qu'on trouve une seule fois *tanavó*, au lieu de *tanvó*. Au reste, *tanavat* est bien l'ablatif singulier d'un nom féminin; et c'en est assez pour nous permettre d'affirmer que *avaĝhât* est aussi un ablatif singulier féminin. Avant de l'analyser, nous devons en donner encore un exemple qui démontrera définitivement ce fait.

Cet exemple se trouve au même *fargard* du Vendidad, avec le mot *vícat* ⟨⟨⟨⟨ ⟩⟩⟩⟩ , c'est-à-dire « hors « de ce lieu qui appartient aux Mazdayaçnas[15]. » Tous les manuscrits du Vendidad, les n°ˢ 1 F, 2 S et 5 S, s'accordent sur la lecture de ce mot, avec cette différence que tous lisent ici ⟨⟨⟨⟨ *avanĝhât* avec le *ng̃*, au lieu du *ĝ* que notre Vendidad-sadé lithographié paraît en général affectionner. Dans l'exemple précédemment cité, le n° 2 S était le seul qui eût ⟨⟨⟨⟨ *avanĝhât*; les deux autres donnaient le *ĝ*, comme notre lithographie. Cette variété d'orthographe, que j'ai dû indiquer ici, parce que j'y trouve une nouvelle preuve de ce que j'ai avancé dans mes Observations préliminaires sur le fait que les anciennes copies

[13] *Gramm. sanscr.* r. 156. Annot.
[13] *Ms. Anq.* n° 2 S, pag. 452.

[14] *Nouv. Journ. asiat* tom. III, pag. 311, 312.
[15] *Vendidad-sadé,* pag. 479.

préfèrent 𝐀 *nĝ* à 𝐉 *ĝ*, et sur l'impossibilité où l'on se trouve d'établir une distinction un peu fondée entre ces deux signes, cette variété, dis-je, ne doit apporter aucun changement à la signification de notre ablatif du pronom *ava*, *avanĝháț* ou *avaĝháț*.

Si maintenant nous cherchons à analyser cette forme d'après les lois euphoniques qui nous sont connues, nous trouverons, en nous reportant à l'explication
que nous avons donnée du génitif *avaĝháo*, que la finale de *ava-ĝháț* doit répondre
à la syllabe sanscrite *syáț*, comme *ĝháo* répond à *syás*. Car, une fois qu'on a
pu admettre pour le génitif la possibilité de la disparition de *y*, rien n'est plus
naturel que d'en faire autant pour l'ablatif. Le zend *avanĝháț* répond donc au
sanscrit *avasyáț*, qui n'existe pas, il est vrai, mais que la forme zende nous
autorise, pour un instant, à supposer. Il résulte de là que le zend a distingué,
pour le féminin comme pour le masculin, l'ablatif du génitif (distinction qui
ne se trouve plus en sanscrit), et que de plus l'ancienne langue de l'Arie s'est
servie pour ce cas de la même lettre caractéristique que pour le masculin, c'est-à-
dire de *ț*. La voyelle *a* qui précède le *ț* est allongée pour le féminin comme elle l'est
d'ordinaire pour le masculin, de sorte que les deux genres de ce pronom sont dans
un parallélisme complet, *avahmáț* (que nous ne trouvons pas, mais dont tout
nous autorise à supposer l'existence) étant pour *ava-smáț*, et *avanĝháț* pour
ava-syáț. Je n'en dirai pas davantage ici sur la formation de l'ablatif féminin en
ț précédé de *a*, à peu près uniformément dans la déclinaison des noms terminés
par une consonne, et de *á* ou de *a*, dans celle des substantifs dont le thème a
pour finale la voyelle *a*. Le lecteur trouvera sur ce sujet d'excellentes observations de M. Bopp dans les Additions de sa grammaire sanscrite, et nous tâcherons
nous-mêmes de présenter, dans le travail grammatical qui suivra ce Commentaire, le résumé, aussi complet qu'il nous sera possible de le donner, des faits
relatifs à cette forme intéressante qui ne nous a jamais présenté de difficulté [18].

Les textes nous offrent encore un certain nombre de formes de ce pronom

---

[18] Au moment où j'imprime cette note, je
puis consulter le nouveau travail de M. Bopp,
sur la grammaire comparative des langues de
la famille sanscritique, ouvrage capital dont
je m'occupe en ce moment à rédiger, pour le
Journal des Savants, un examen approfondi.
M. Bopp y traite (pag. 200 et sqq.), avec une
grande supériorité, la question de l'ablatif féminin en zend; et on doit dire qu'il a su donner une explication très-satisfaisante de tous
les faits qu'il a reconnus. Toutefois il y a encore dans la langue des cas, comme l'ablatif
de *mainyu*, *mainyèat* (ms. Anq. n° 3 S, p. 450),
qu'il me paraît nécessaire de prendre en considération. M. Bopp n'explique pas non plus
la totalité des mots auxquels il emprunte les
formes grammaticales dont il a besoin, de
sorte que les traductions qu'il donne ne reposent que sur l'autorité d'Anquetil, autorité qui,
comme on sait, n'est pas toujours suffisante.

ava, moins importantes pour la grammaire, en ce qu'elles sont plus faciles à reconnaître, et sont plus aisément ramenées au type sanscrit. Il y en a cependant deux, savoir, *avá*, nominatif et accusatif pluriels et duels masculins, et *avé* qui paraît être un locatif, dont je compte discuter plus tard en détail la formation, sur les divers passages du Yaçna où elles se trouvent. Mais je range au nombre des formes faciles l'instrumental pluriel سردسدوه *aváis* (par eux), qui se lit deux fois dans le Vendidad-sadé [17], ainsi que le génitif pluriel ڡسردسدوسردس *avaéchãm*, que nous verrons dans un passage du xxixᵉ chapitre du Yaçna [18], et l'accusatif singulier féminin ڡسردس *avãm*, qui, du reste, n'est pas d'un fréquent usage. L'orthographe de *avabyó*, que je ne trouve qu'une fois dans le Vendidad-sadé, est plus douteuse [19]; car cet adjectif, que je crois en rapport avec un substantif féminin, devrait prendre un *á* long, et faire *avábyo* comme *ábyó*.

Il y a aussi quelque doute sur سردس *aváo*, qu'on serait tenté de prendre, dans tous les textes où il se rencontre, pour l'accusatif pluriel féminin ou pour le nominatif duel masculin du pronom que nous examinons en ce moment. En effet, rien de plus naturel que cette conjecture, une fois que l'on·sait que le *áo* zend se ramène à la syllabe sanscrite *ás*, qui est entre autres la désinence des accusatifs pluriels féminins des noms dont le thème est en *a*; et, quant au duel, la désinence *áo* est à peu près identique au sanscrit *áu*. Mais, si je ne me

---

Or, il me paraît indispensable de vérifier, autant que cela est possible, les assertions d'Anquetil, au moyen de l'analyse étymologique. Par exemple, M. Bopp rencontre dans le Yaçna *dáonghaot*, et le regarde comme l'ablatif du substantif *dáongha*, qu'Anquetil traduit par *création*. Mais d'abord nous devons remarquer que les trois autres manuscrits du Yaçna lisent uniformément *dáonghóit* ce mot, qui ne se rencontre que deux fois dans le Vendidad. Comment ensuite retrouver dans ce mot le sens de *création*, et le lecteur peut-il y parvenir s'il n'a pas une connaissance déjà très-avancée des lois euphoniques de la langue zende? Le mot *dáonghóit* me paraît répondre à un terme sanscrit qui n'existe pas, mais qui serait *dáséh*, et que je dérive de *dás*, dans le sens de *donner*, et du suffixe *i*. Dans le zend *dáonghóit*, *óit* est la désinence de l'ablatif d'un nom en *i*; *dáongh* se ramène ensuite à *dás*, la sifflante ayant été changée en *h* précédé de *ng*, et l'*á* long augmenté en *áo*. Ce qui prouve l'exactitude de cette analyse, et en même temps la certitude des lois euphoniques exposées dans nos Observations préliminaires, c'est que ce mot, que je suppose être en sanscrit *dási*, fait en zend à l'accusatif *dáhĩm*, dans la phrase qui suit le texte même auquel M. Bopp a emprunté le mot dont nous complétons l'analyse. Je remarquerai encore que le radical *dás*, peu usité dans le sanscrit classique, se rencontre sans doute plus fréquemment dans les Védas. Car on en trouve un dérivé dans le *specimen* du Rig-Véda qu'a donné M. Rosen; ce dérivé est l'adjectif *dásvat* (libéral). C'est encore un mot à ajouter à la liste nombreuse de ceux que le zend possède en commun avec le plus ancien dialecte sanscrit.

[17] *Vendidad-sadé*, pag. 219 et 354.

[18] *Ibid.* pag. 170.

[19] *Ibid.* pag. 403.

trompe, *avâo* n'a cette valeur que dans un texte du Vispered, où il est en rapport avec des substantifs que tout me porte à regarder comme des accusatifs pluriels de noms féminins [10], et dans un autre passage du Vendidad où notre manuscrit lithographié lit ﺳﺮﻳﺮﻣ *avâu*, en confondant ﺳﻤ *âu*, qui n'est jamais final, avec ﺳﻤ *âo*. Les trois autres manuscrits du Vendidad corrigent cette faute et lisent *avâo*, dans la phrase ﺳﻤﺴﻣ . ﺳﺮﻳﺮﻣ . ﻣﻪ ﻣﺪﻭﺭﻣﻪ « pour ces mondes [11]. »

Dans les autres passages où je trouve ce mot *avâo*, il se présente comme le nominatif sing. masc. d'un adjectif répondant au *talis* latin, et il est employé d'ordinaire comme un pronom indicatif désignant l'être dont on vient de parler, d'une manière plus précise et plus déterminée que le pronom *aêm*. Ce mot a été longtemps pour moi très-obscur, et j'avoue que, maintenant même que je puis comparer entre eux les passages où il se trouve, il me paraît se prêter à deux explications presque aussi satisfaisantes l'une que l'autre. Donnons d'abord les textes où j'en ai constaté l'existence. Ce sera déjà assez pour démontrer que *avâo* n'y joue pas le rôle d'un accusatif pluriel féminin du pronom *ava*, et que si l'on s'arrêtait à cette première analyse, qui paraît rendre compte d'une manière assez satisfaisante du passage cité ci-dessus, on s'exposerait à de graves erreurs.

Le premier passage où je trouve ﺳﺮﻳﺮﻣ *avâo*, est à la fin du premier chapitre du Yaçna, dans une phrase que je ne cite pas en ce moment, parce qu'elle sera bientôt analysée en détail [12]. On le trouve encore vers la fin du IIIe *fargard* du Vendidad dans ce texte :

ﺳﺮﻳﺮﻣ . ﻣﻪ . ﻳﺴﺪﻣﻪ . ﻋﺪﻙﺍﺳﺪﻣﻪ . ﻣﺎﻳﻪﺩﻣﻪ . ﻭﺭﻭﺳﻌﺴﻣﻌﻳﻤﻪ . ﻭﺭﻳﻠﻣﺠﻮﻙﻌﻌﻣ

ﻳﻤﻪ . ﻭﺭﻳﻠﻣﺮﻳﺮ ﺍﻭﻣﻌﻌﻣ ﻳﻤﻪ.

Ce texte, si toutefois je le divise bien, me paraît signifier : « celui-là confesse « toutes ses mauvaises pensées, et ses mauvaises paroles, et ses mauvaises ac-« tions [13]. » Le même mot se lit encore vers le commencement du XLIIe chapitre du Yaçna, dans un passage que nous analyserons dans notre Commentaire [14]. Quoique ce texte soit très-embarrassé, je crois pouvoir en conclure cependant que *avâo* est un pronom au nominatif singulier masculin. Si je ne me méprends pas sur ces passages, dont quelques-uns présentent encore pour moi quelque obscurité, *avâo* n'y est pas un accusatif pluriel féminin du pronom *ava*, mais bien un pronom au nominatif singulier. Mais si *avâo* est un nominatif

[10] *Vendidad-sadé*, pag. 111; ms. Anq. n° 3 F, pag. 49.

[11] *Vendidad-sadé*, pag. 399.

[12] *Ibid.* pag. 12.

[13] *Ibid.* p. 142. Olshausen, *Vendidad*, p. 37. Voy. le même passage, *Vendidad-sadé*, pag. 336.

[14] *Vendidad-sadé*, pag. 347; ms. Anq. n° 2 F, pag. 272.

sing. masc., à quelle forme sanscrite reviendra-t-il? La première réponse qui se présente, c'est que *avâo* appartient au même système de formation que le nomin. du pronom sanscrit *adas*, qui est au masc. *asâu*. Ce rapprochement est encore confirmé par l'absence d'un nominatif pour les cas divers dans lesquels *ava* subsiste plus ou moins altéré. Puisque les textes ne nous présentent pas, au moins à ma connaissance, de nominatif pour *ava*, il semble naturel d'assigner ce rôle à *avâo*, que nous croyons pouvoir regarder, dans certains cas, comme un nominatif singulier masculin d'un pronom indicatif. Je ne balancerais pas à adopter cette opinion, si quelques formes analogues ne me montraient la possibilité d'une autre explication, explication que je dois exposer ici brièvement.

Il est constant qu'au nombre des syllabes sanscrites que remplace la diphthongue zende *âo*, il faut comprendre *ân*, désinence du nominatif singulier masculin des adjectifs formés avec les suffixes *maṭ* et *vaṭ*. La terminaison *ân* devient en zend *âo*, sans doute parce que *ants*, qui devrait être le nominatif primitif de ces suffixes, ayant perdu sa nasale et sa dentale, a compensé cette perte par l'allongement de l'*a*, et réuni la sifflante *s* à l'*â*. Il résulte de là que le zend *astvâo* serait, s'il existait en sanscrit, *astuvân* (doué d'existence) [25]. Or, en appliquant à *avâo* la règle euphonique qui résulte de ce rapprochement, ainsi que de plusieurs autres qui seront indiqués plus tard, nous pourrons considérer *avâo* comme formé de *a-vâo*, *a* étant la racine du pronom bien connu pour être commun au zend et au sanscrit, et *vâo* représentant le *vân* sanscrit, nominatif du suffixe *vat*, et dans quelques cas indirects *vant*. Cet adjectif, dans cette hypothèse, doit signifier *tel*, littéralement « comme lui, » et la forme absolue qui doit être *avaṭ*, doit aussi répondre à *yavaṭ* (quel), comme le sanscrit *tâvat* répond à *yâvat*. Cette forme absolue *avaṭ* existe en réalité dans les textes, où elle se montre trop fréquemment pour que nous soyons obligés d'en donner des exemples. On l'y trouve avec les sens divers de *tel*, *autant*, et le plus souvent employée comme conjonction avec la signification de *ainsi*. Mais il est facile de voir que ces diverses acceptions résultent de la valeur première d'une racine pronominale, modifiée par un suffixe de comparaison.

---

[25] Ce mot a déjà été traduit par M. Bopp, qui n'a eu toutefois à s'expliquer que sur le locatif *astvainti*, qu'il considère, avec juste raison, comme formé du thème de l'infinitif *astu*, et du suffixe *vant*, et comme signifiant *doué d'existence*. (*Gramm. sanscr.* p. 322, note 2.) Il reste cependant encore à rendre compte de la contraction de *asta* et de *vant* en *astvant*, contraction qui ne fait pas difficulté à nos yeux, parce qu'elle se remarque aussi dans un mot déjà cité, *hvarsta* (ou *hvaresta*) pour *hu* et *varsta*, dans *hvanthwa* (bonne assemblée) pour *hu* et *vanthwa*, et qu'elle a son analogue dans celle de *bydre* (deux années), pour *bi*, plus *ydre*.

b.

Le féminin de ce même thème est *avaiti*, que nous lisons au IIᵉ *fargard* du Vendidad, dans un passage sur la lecture duquel les manuscrits présentent d'assez grandes variétés. Mais tous s'accordent à lire ⟨⟨⟩⟩ *avaiti bâzô*, ce qui, je crois, signifie « tanta secundum longitudinem, » ou « autant elle a « d'étendue, » *bâzô* étant autre part opposé à *frathô*, qu'Anquetil interprète par *largeur* [24]. Dans un autre texte emprunté au XIXᵉ chapitre du Yaçna, les manuscrits sont partagés entre *avaiti* et *avavaiti*, où nous reconnaissons déjà le même suffixe au féminin *vaiti*, avec le pronom *ava*, auquel nous allons revenir tout à l'heure. Il est indispensable de citer ce passage avec les variantes des manuscrits : on verra combien le choix entre les leçons diverses qu'ils présentent, offre quelquefois de difficultés. En combinant la lecture du n° 2 F avec celle des nᵒˢ 6 et 3 S, on a cette proposition :

⟨⟨⟩⟩

Anquetil traduit cette phrase : « à une distance égale à la largeur de la terre ; » mais elle signifie littéralement : « et cette terre est aussi grande en longueur qu'en « largeur. » Notre manuscrit lithographié lit deux fois *avaiti*, féminin de *avaṭ* [25]; mais ce mot est une fois de trop dans ce texte, car il faut un relatif, et je le trouve dans les autres manuscrits, qui lisent *yavaiti*, à l'exception du n° 2 F, qui a fautivement *yavaéti* [26]. Cette même phrase se trouve encore reproduite au LXXIIᵉ chapitre du Yaçna, où nous ne pouvons consulter que le n° 6 S, qui lit, comme le Vendidad-sadé, *avaiti*, et dans un passage voisin, *avavaitya* [27].

J'ai cité ces divers textes pour prouver que les manuscrits étaient partagés entre ces deux mots *avaiti* et *avavaiti*. Je n'ai pas de raison de croire qu'ils ne puissent exister concurremment dans la langue. L'existence d'*avavaiti*, dérivé du pronom *ava*, qui fait l'objet principal de cette discussion, est établie par celle du neutre *avavaṭ*, tout comme celle de notre *avaiti* l'est par le neutre *avaṭ*. Le désaccord des manuscrits qui lisent dans le même passage, les uns *avaiti*, les autres

[24] *Vendidad-sadé*, pag. 129; Olshausen, *Vendidad*, pag. 18. Dans son édition du commencement du Vendidad, M. Olshausen a très-judicieusement rejeté du texte une phrase qui n'est donnée que par deux manuscrits, le n° 1 F, pag. 43, et le n° 2 S, pag. 22, et dont le sens est : « quand la création céleste (la loi) « fut-elle donnée à l'homme pur? » Le n° 1 lit *achaoné* au datif, et le n° 2 *achaonô* au génitif, ce qui revient au même. Cette phrase, qui paraît

n'être qu'une glose qui a été vraisemblablement introduite par les copistes, a cependant le mérite de nous faire connaître une forme curieuse de l'imparfait du verbe être, *aç* (erat) sans augment.

[27] *Vendidad-sadé*, pag. 83.

[28] Ms. Anq. n° 6 S, pag. 79; n° 3 S, p. 93; n° 2 F, pag. 151.

[29] *Vendidad-sadé*, pag. 558; ms. Anq. n° 6 S, pag. 265.

avavaiti, ne me semble pas suffire pour autoriser la conjecture que *avaiti* n'est que la contraction de *avavaiti*. Mais je dois, d'un autre côté, reconnaître qu'une conjecture analogue est en quelque façon nécessaire pour expliquer un autre mot que je rencontre dans le xvɪ° *cardé* de l'Iescht de Taschter, et dont il ne m'est pas facile de rendre compte sans le regarder comme un accusatif de *avaṭ* ou de *avavaṭ*. Voici le texte, qui se lie à la seconde des phrases citées, page v :

سدرسعیبیرمهۥ6ٍڡه. سدرسعهاسدددمهمه. وآسدوسعسدددسمهمه. سدرسعیبیرمهۥ6ٍڡه.

نکویسإسدطنۥکوسعسمهمه. الاسدسدممهمه6ٍڡه. سدرسدنکلسه. ویرسدممه. نمعهۥ6ٍکحۥ6ۥ. نمعه.

ویرنه. سهۥرانٍ6ٍ. 6ٍسکوحۥبیۥ. سدرسکدوسسع. نوسدانوسدددسع. نوسدمهدوینمهمهۥنمومهۥویرنمهۥ.

Ce texte signifie littéralement : « talem sacrificio colite, talem invocate, talem « propitiamini, sicut me, qui sum Ahura Mazda, hujus Parikæ in expulsionem [20]. » Dans ce mot *aváoñtĕm*, dont le sens ne me paraît pas faire difficulté, comment expliquerons-nous la diphthongue عم *áo* ? Dirons-nous que l'*a* du suffixe *vaṭ* s'est augmenté en *áo* devant le عم *ñ*, comme nous savons que cela se voit devant le ر *ğ* ? Dirons-nous que *aváo-ñtĕm* est le nominatif *aváo*, qui prend une nouvelle désinence, celle de l'accusatif *ñtĕm*, de telle sorte que le suffixe *vaṭ* sera deux fois dans ce mot, une fois au nominatif *váo*, une seconde fois, mais apocopé, à l'accusatif *va-ñtĕm* ? Enfin, supposerons-nous que *aváoñtĕm* est une contraction de *avavañtĕm*, la voyelle *v* devenant *u* et se fondant avec les deux *a* réunis en un seul, pour faire la diphthongue *áo* ? Le lecteur est libre de choisir entre ces trois hypothèses, dont la dernière me paraît la plus vraisemblable ; mais ce que je puis présenter comme un fait positif, c'est que si *aváoñtĕm* est l'accusatif singulier masculin de l'adjectif *avaṭ*, il y a dans la formation de ce mot une irrégularité évidente, puisque *avaṭ* devrait faire 6ٍڡسرۥسدر *avañtĕm*. Or, on trouve ce mot même dans nos manuscrits, employé concurremment avec *avavañtĕm*, et (ainsi que nous venons de le dire à l'occasion du féminin *avavaiti*) dans le même passage, selon les diverses copies.

Par exemple, on lit dans le Vendidad-sadé lithographié : طسویلسوآسدرسویۥ. 6ٍڡرسدرسۥ *yárĕdrádjó avavañtĕm*, « autant que la durée d'une année [21] ; » mais cette lecture n'est adoptée que par le n° 2 S ; le n° 1 F et le n° 5 S lisent 6ٍڡرسدرسۥ *avañtĕm* [22]. Le manuscrit lithographié lit encore *avavañtĕm* dans un

---

[20] Ms. Anq. n° 3 S, pag. 507.

[21] *Vendidad-sadé*, pag. 181.

[22] Ms. Anq. n° 2 S, pag. 99 ; n° 1 F, p. 202 ;
n° 5 S, pag. 114.

autre passage du Vendidad : ·ڡۣۯۯۯۡۢ۸۸ۢۯۯۯۣۢۢ « autant en grandeur [11]; »
mais il y a une grande incertitude dans les autres copies, le n° 1 F lisant *avañtĕm*,
le n° 2 S en deux mots *ava avañtĕm*, et le n° 5 S *ava avaiñtĕm*, ce qui est la leçon
la plus fautive de toutes [14]. Il y a, ce semble, assez dans ces textes pour établir
l'existence de *avañtĕm* comme accusatif du mot dont le thème est *avaţ*, et le
nominatif masculin singulier *avâo*, si toutefois nous entendons bien les passages
où cette forme se trouve. L'accord des manuscrits est tel, que ce n'est pas le mot
avañtĕm qui peut être douteux, ce serait plutôt *avavañtĕm*, leçon qui ne se trouve
solidement appuyée que par notre manuscrit lithographié, que nous savons être
moderne. Mais que l'on admette *avavañtĕm* comme l'accusatif de *avavaţ*, ou que
l'on conteste l'existence de cette forme (ce qui, quant à moi, me paraîtrait un
peu hardi dans l'état où sont ces études), on peut toujours dire que *avañtĕm*
étant l'accusatif régulier de *avaţ*, il y a peu de probabilité que *avâoñtĕm* soit le
même cas du même mot, à moins de supposer une double forme dont la seconde
serait anomale. L'hypothèse qui regarde *avâoñtĕm* comme une contraction de
avavañtĕm me parait plus vraisemblable.

Les observations précédentes ont eu pour but d'appuyer la seconde explication
que nous avons proposée pour *avâo*, celle qui considère ce mot comme le nominatif d'un thème dont nous avons *avâo*, *avaiti*, *avaţ* et *avañtĕm*. J'avoue que cette
explication me parait préférable à celle qui regarde *avâo* comme le nominatif du
thème *ava*. Si on l'admet, nous y voyons déjà une preuve de ce que nous avancions en commençant, savoir, que ce pronom *ava* doit être étudié avec soin chaque
fois qu'il se présente dans les textes, et que la ressemblance qu'il offre avec d'autres
mots peut entraîner dans de nombreuses méprises. Je dois ajouter encore qu'il y
aurait un moyen de trancher toutes les difficultés que fait naître l'existence simultanée des deux pronoms de comparaison *avaţ* et *avavaţ*. Ce serait de supposer
que *avaţ* et ses diverses formes ne sont que des contractions de *avavaţ*. Mais
comme on peut tout aussi bien former de la lettre pronominale *a* un pronom
avaţ, que *avavaţ* de *ava*, je voudrais plus de preuves que ne m'en fournissent
les manuscrits de la Bibliothèque du Roi, pour dériver exclusivement le premier
mot du second.

Je reprends le pronom *ava* dont il me reste à examiner le génitif. Ce cas est
ۿۯۯۣۯۣ۸ۯۯ *avaĝhĕ*, sur l'orthographe duquel les manuscrits ne varient que très-
peu. Nous le trouvons vers la fin du premier chapitre du Yaçna, dans un
passage qui sera bientôt analysé [15]. Il nous suffira de dire en ce moment que

---

[13] *Vendidad-sadé*, pag. 244.   n° 5 S, pag. 209. On lit ailleurs *avandontem*.
[14] Ms. Anq. n° 1 F, pag. 365; n° 2 S, p. 180;   [15] *Vendidad-sadé*, pag. 11.

les manuscrits du Yaçna lisent uniformément *avaĝhé*, soit avec cette nasale *ĝ*,
soit avec *nĝ*, et que le Vendidad lithographié est le seul qui donne
avainĝhé. On voit encore ce génitif au xixe chapitre du Yaçna dans ce texte :
, ce que Nériosengh traduit exactement :
« avant la création de cet éther [14]. » Tous les manuscrits lisent uniformément
avaĝhé; le Vendidad lithographié est le seul qui réunisse à tort en un seul mot
paravaĝhé. Dans ces exemples, ainsi que dans deux ou trois autres, la valeur
de *avaĝhé* ne peut être douteuse, et l'explication que nous fournit la connaissance des lois euphoniques propres à la langue zende, ne peut faire difficulté.
Si le pronom *ava* existait en sanscrit, il ferait au génitif *avasya*. Or, une des
modifications que subirait en zend le pronom *avasya* serait *avaĝhé*, par la contraction de *ya* en *é*, par le changement de *s* dental en *h*, et par l'addition d'une
nasale. L'orthographe *avainĝhé* s'explique de même, comme celle de *ainĝhé*,
pour le sanscrit *asya*; je dois seulement remarquer qu'elle est beaucoup plus
rare et peut-être moins régulière que celle de *avaĝhé*.

Mais (et cette observation est de quelque importance) on aurait tort de
croire que toutes les fois qu'on rencontrera *avaĝhé*, ce mot devra être le génitif
du pronom que nous examinons. Les remarques suivantes sont destinées à pré-
munir le lecteur contre cette opinion. Si, par exemple, il existait dans la langue
un mot tel que *avas*, ou, d'après les lois euphoniques du zend, *avô*, comme le
datif de ce mot serait, d'après les mêmes lois euphoniques, *avaĝhé*, il s'établirait
nécessairement une confusion entre *avaĝhé*, génitif du pronom *ava*, et *avaĝhé*,
datif du substantif *avô*. Or, ce que nous venons de présenter comme une supposition, est vérifié par les faits. Ainsi, au premier *cardé* de l'Iescht des Ferouers, je
trouve le substantif *avas* au nominatif *avô*, réuni à d'autres substantifs
qui ne me laissent pas le moindre doute sur sa valeur grammaticale, en même
temps qu'ils limitent avec assez de précision le sens dans lequel doit être pris
ce mot. A la fin du chapitre précité, nous lisons d'abord :
, c'est-à-dire « la force, et l'éclat, et la protection,
« et le plaisir [17]. » Ce mot, qui seul serait *avô*, se trouve sans la copulative *tcha*,
et à l'accusatif, au xxixe chapitre du Yaçna, dans ce texte :
 « celui qui lui a donné protection selon ses forces [18]. » J'expliquerai ailleurs cette expression remarquable *zaçtavaṭ*, qui est ou un adjectif

---

[14] *Vendidad-sadé*, pag. 83.

[17] Ms. Anq. n° 3 S, pag. 568.

[18] *Vendidad-sadé*, pag. 172; ms. Anq. n° 2 F,
pag. 204.

en rapport avec *avô*, ou un adverbe formé du suffixe *vaṭ*. C'est ce même mot *avô* que je reconnais encore à la fin du xxxiiᵉ chapitre du même livre, dans cette phrase : [caractères zend], ce qui signifie, je pense, « celui qui a montré une protection qui éloigne la mort [30]. » Je pourrais citer encore un certain nombre de textes où *avô* se trouve, soit au nominatif, soit à l'accusatif, avec cette même signification; je crois ces exemples suffisants, et je me hâte de passer aux autres cas de ce mot, dont le rapprochement doit mettre notre proposition dans tout son jour.

Ce mot se trouve au datif dans un passage du premier *cardé* de l'Iescht des Ferouers, cité tout à l'heure, que je lis :

[caractères zend]

Je traduis littéralement : « sicut mihi veniebant auxilio, sicut mihi affere- bant opem fortes sanctorum Fravases [40]. » Il me semble que ce serait traduire d'une manière peu satisfaisante, que de faire rapporter ce mot *avanghê* à *mé*, en le considérant comme génitif, « illius mei. » Le sens de *protection* que je lui donne, en suivant ma première hypothèse sur *avô*, me parait beaucoup plus satisfaisant. En voici d'ailleurs un nouvel exemple emprunté à un passage où *avanghê* ne peut,

---

[30] *Vendidad-sadé*, pag. 219; ms. Anq. nº 2 F, p. 234. Je regrette de ne pouvoir adopter l'explication que M. Bopp a donnée du mot zend *dáraocha*, que l'on rencontre souvent comme épithète de *Haoma*, à la fois plante et divinité, dans le système mythologique des livres des Parses. Ce savant pense que ce mot doit se décomposer en *dúra* (loin) et *ôcha* (plante); il le traduit en conséquence par « diffusas *aosa* dictas plantas « habens; » en un mot, il en fait un terme correspondant au sanscrit *ôchadhíça*, épithète de la lune, qui signifie « maître des plantes « annuelles. » (*Gramm. sanscr.* pag. 330, note 1.) Mais s'il arrivait que cet adjectif zend, que j'écris d'après les meilleurs manuscrits *dáraocha*, s'appliquât à d'autres substantifs que celui avec lequel les textes nous le montrent le plus souvent en rapport, cette explication exclusive perdrait de sa valeur et pourrait même être tout à fait inexacte. Or, c'est, je crois, le cas de notre texte, où il s'agit, si je ne me

trompe, de la protection accordée à celui qui a commis un crime. Je ne puis trouver aucun rapport entre cette idée et celle des plantes annuelles, et j'aime mieux, admettant la traduction d'Anquetil et celle de Nériosengh, rendre *dáraocha* par « celui qui éloigne la mort, » et y voir un composé possessif formé de *dúra* (loin) et de *aocha* qui, en sanscrit, ne signifie que *chaleur* et *combustion*, mais qui, dans la langue des Parses, a bien pu prendre la signification de *consomption*, et par extension de *mort*. Je ferai remarquer en outre combien cette épithète s'applique heureusement à la plante Hom (*Haoma*), dont les vertus médicinales sont célébrées dans un chapitre très-curieux du Yaçna. Il est vrai que M. Bopp suppose que le zend *Haoma* est le *Soma* ou la lune des Indiens. Je crois plutôt que c'est le *soma* plante, et je pense que c'est à la plante que les textes adressent l'épithète de *dáraocha*.

[40] Ms. Anq. nº 3 S, pag. 566 et 568.

en aucune manière, prendre la signification d'un pronom, et où au contraire le
sens de *secours* résout immédiatement la difficulté. Je trouve dans le texte cité
tout à l'heure cette phrase :

Je traduis ce texte : « les arbres vivant beaucoup d'années croissent de la terre
« pour la conservation des provinces Iraniennes, pour la protection des hommes
« purs [41]. » C'est encore ce sens que nous verrons qu'il faut reconnaître à ce même
mot dans un passage du XLVIII° chapitre du Yaçna, qui sera analysé plus tard [42],
ainsi que dans un autre du LXVIII° chapitre [43]. Enfin, pour ne pas prolonger
inutilement cette discussion, nous ne citerons plus qu'un texte qui aura l'avantage de répandre un grand jour sur plusieurs passages analogues, en ce qu'il
se répète plusieurs fois au XVIII° *fargard* du Vendidad, et que les noms des personnages qui y figurent varient seuls une période qui reste d'ailleurs sans changement. Voici le texte corrigé d'après les manuscrits :

Anquetil traduit ce passage de la manière suivante : « Au (commencement
« du) second tiers de la nuit, (dit) le feu d'Ormuzd, je désire le secours des la-
« boureurs (principes) de biens. (Je demande) que les laboureurs (principes)
« de biens se lèvent, ceignent le kosti sur le sadéré, se lavent les mains, mettent
« du bois sur moi; qu'ils fassent sortir la flamme avec du bois pur, après s'être
« lavé les mains [44]. » La traduction littérale doit être : « Alors au tiers de la nuit

[41] Ms. Anq. n° 3 S, pag. 566, 573 et 574.

[42] *Vendidad-sadé*, p. 393; ms. Anq. n° 2 F,
pag. 338.

[43] Ms. Anq. n° 2 F, p. 443; n° 6 S, pag. 233.

[44] *Vendidad-sadé*, pag. 458; ms. Anq. n° 1
F, pag. 744 et 745; n° 2 S; pag. 414; n° 5 S,
pag. 481.

[45] *Zend Avesta*, tom. I, 2° part. pag. 405.

« le feu d'Ahura Mazda appelle à son secours le laboureur qui répand la vie :
« Laboureur qui répands la vie [46] ! lève-toi, ceins tes vêtements ; lave tes mains ;
« ramasse du bois ; porte-le sur moi ; fais-moi briller, à l'aide de bois purifié,
« avec des mains pures. » Ajoutons encore que ce mot *avaǧhé*, changeant sa finale
en *á*, se trouve à l'instrumental *avaǧhá,* avec le même sens, selon moi, notamment dans un passage du xlviii⁰ chapitre du Yaçna, que nous expliquerons plus
tard [47].

Maintenant si nous appliquons à ces divers mots, dont il n'était peut-être pas
très-facile de voir le rapport, les procédés d'une analyse dont la certitude repose
sur la connaissance des lois euphoniques propres au zend, nous trouverons que
avaǧhá, *avaǧhé*, *avó*, présupposent *avasá*, *avasé*, *avas*. Or, *avas*, qui devient ainsi
le thème des deux autres mots qui sont, l'un un datif, et l'autre un instrumental,
paraît être un nom neutre dérivé du radical *av*, en sanscrit *protéger*, au moyen
du suffixe *as*, qui est en zend d'un fréquent usage. On rencontre dans les textes
zends quelques autres dérivés de cette racine *av*, et notamment un imparfait,
ﻟﻤﻴﺲ *avān*, que notre Vendidad-sadé lithographié lit par erreur *aváni*, mais dont
nous corrigeons l'orthographe avec certitude, d'après les autres manuscrits du
Yaçna [48]. Nous en verrons encore l'indicatif présent *avámi*, dans un passage du
Yaçna, qui sera expliqué plus tard [49]. Ce qu'il y a de remarquable, c'est que de ce
même radical vient en sanscrit un substantif peu différent de notre mot zend,
avasa, auquel Wilson donne le sens de *protection* et dont il restreint l'usage au
style des Védas. C'est un mot de plus à ajouter à la liste de ceux qui constatent
combien sont intimes les rapports qui unissent le zend au plus ancien dialecte
sanscrit.

Le lecteur peut maintenant reconnaître jusqu'à quel point nous avons eu
raison de dire, au commencement de cette discussion, qu'il ne fallait pas s'arrêter
à la forme extérieure, et prendre pour autant de cas du pronom *ava*, tous les
mots qui offrent avec ce pronom quelque rapport. Je n'ai pas besoin d'avertir
que je n'ai pas eu à m'occuper dans cette note des dérivés assez nombreux du
pronom *ava*, tels que *avatha*, *avadha*, *avathra*, etc. [50]; ces mots seront expliqués
à mesure qu'ils se présenteront dans les textes.

[46] En traduisant ainsi le verbe *fchnyanç*, je
suis l'analogie que présente un dérivé de ce radical, *fchacha*, avec le grec ↓υχη̇. Mais il serait
plus exact peut-être de traduire « qui répand le
« grain, ou qui sème, » si l'on adopte l'étymologie que nous proposerons plus bas dans une
note sur l'absence du visarga en zend.

[47] *Vendidad-sadé*, pag. 393.

[48] *Vendidad-sadé*, pag. 519 ; ms. Anq. n° 2 F,
pag. 402 ; n° 3 S, pag. 246.

[49] *Vendidad-sadé*, pag. 352 ; ms. Anq. n° 6 S
pag. 160 ; n° 5 S, pag. 181.

[50] *Vendidad-sadé*, 464, 164, 117, etc

NOTE B.

Sur le retour d'un *y* à la voyelle *i*.

(*Observ. sur l'Alph. zend.* pag. LXIV.)

Si l'on compare ce que nous disons ici de *haoim* pour le sanscrit *savyam*, avec l'observation que nous avons faite pag. CIII, relativement à l'allongement d'un *i* pénultième devant *m*, par exemple à l'accusatif *paitîm*, pour le sanscrit *patim*, on remarquera une contradiction que l'on pourrait lever sans doute, en supposant une erreur de copiste, et en lisant *haoîm* pour *haoim*; mais la leçon des manuscrits est trop uniforme pour qu'on puisse se permettre de la changer. La difficulté est augmentée encore par l'orthographe constante du mot *nairîm*, qui représente un adjectif sanscrit *naryam* (viril). D'où vient donc que le mot *haoim* seul fait exception à la règle de l'allongement de l'*i* devant *m*?

Voici, je crois, les distinctions qu'il faut établir; du moins il me semble qu'il y a entre ces mots *paitîm*, *nairîm* et *haoim* (ou selon une autre lecture *hôim*), quelques raisons de différence. En thèse générale, quand l'*i* du thème d'un substantif se joint à la nasale *m*, caractéristique de l'accusatif, cet *i* s'allonge. Mais il n'en faut pas conclure absolument que, chaque fois que l'on trouvera un *i* devant un *m*, cet *i* soit dû à l'allongement d'un *i* bref primitif. L'*i* long devant *m* est quelquefois le résultat de la contraction de la syllabe *ya*, laquelle perdant son *a*, repoussé par *m*, est réduite à la semi-voyelle *y*, qui retourne à son élément voyelle *i*, quand elle n'est pas suivie d'une voyelle. Cette voyelle *i* s'allonge ensuite devant *m*, soit par analogie avec *paitîm*, c'est-à-dire par l'influence du *m*, soit par une sorte de compensation pour la suppression de la voyelle *a*. Quelle que soit la cause de ce fait, de *nairyam*, on a, par le retranchement de l'*a* et l'allongement de l'*i*, *nairîm*. Ainsi, quoique dans *paitîm* et *nairîm* le résultat orthographique soit le même, il y a entre ces deux *i* cette différence importante, que le premier est fondamentalement un *i*, tandis que le second *i* vient de la syllabe *ya*, laquelle perdant sa voyelle *a*, est réduite à son élément voyelle *i*.

Conclura-t-on de là que chaque fois que *ya* devra retourner à son principe, il s'allongera devant *m*? Je ne pense pas que cette conclusion soit permise. Ici encore il faut distinguer. Ou la syllabe *ya* est précédée d'une consonne, ou

c.

bien elle l'est d'une ou de plusieurs voyelles. Dans le premier cas (c'est celui de *nairîm*), l'*i* s'allonge devant *m*. Dans le second, si la voyelle *i* persiste, elle ne s'allonge pas. Je dis, si la voyelle *i* persiste, parce qu'il peut se faire qu'une loi d'euphonie, dont nous avons déjà parlé dans le texte, la fasse disparaître, par exemple dans le cas de *ayam*, qui devient *aêm*. Or, il va sans dire qu'alors il n'y a pas lieu à la question de l'allongement ou de l'abrégement de la voyelle, qui se fond avec l'*a* et devient *ê*. Mais la voyelle *i* peut persister quelquefois : 1° dans *gâim* (enjambée); 2° dans *haoim* (sinistrum). Dans le premier cas, le *ya* primitif perd son *a*, lequel va se joindre à l'*a* qui précède *y* dans les syllabes *aya*, d'où l'on a $a + a = â$, voyelle auprès de laquelle se juxta-pose *i*, résultat de *y* abandonné par *a*. Si l'*i* ne s'allonge pas devant *m*, c'est que je crois avoir remarqué que deux longues ne peuvent être régulièrement réunies dans la même diphthongue, si ce n'est peut-être dans *êê*. Dans le second cas, celui de *haoim* pour *savyam*, le *ya* primitif perd son *a*, et retourne conséquemment à son élément voyelle *i*. L'*a* expulsé de la syllabe *ya* va se placer devant le *v* de la syllabe *hav* (pour *sav*), lequel, par une modification analogue à celle de la syllabe *ya*, devient *u* : il en résulte $ha + au$, c'est-à-dire *hao*, réunion de voyelles auprès de laquelle *i* se juxta-pose sans allongement. Si la syllabe *hao* persiste devant *i*, et si l'on n'a pas *havim* ou *havîm*, c'est que la loi du changement de *u* et de *i* en *v* et en *y*, dans l'intérieur d'un mot, est limitée par une autre·loi plus générale en zend, savoir, que *v* et *y* non précédés par une consonne aiment mieux, ou retourner à leur élément voyelle, ou s'unir à l'*a* le plus prochain, que de rester semi-voyelles. Pour revenir à *haoim*, on voit qu'il s'y passe la même chose que dans *gâim* (si toutefois ce mot est pour *gayam*), puisque l'*a* n'est pas plus perdu dans le premier cas que dans le second. Tantôt il se joint à la voyelle, fût-elle autre que *a*, qui précède *y*, comme dans *haoim*, et s'unit avec elle pour former un nouveau son vocal. Tantôt il se joint avec l'*a* qui précède *y*, et il forme avec cet *a* un *â* long. Dans *nairîm*, au contraire, l'*a* de la syllabe *ya* (de *nairyam*) ne pouvant être recueilli, si je puis m'exprimer ainsi, par aucune voyelle, disparaît complétement; mais son absence se trouve compensée par l'allongement de l'*i*, reste de la semi-voyelle *ya*.

L'analyse précédente, si elle est exacte et si elle nous a donné la loi véritable de ces changements, devra s'appliquer à la semi-voyelle *v* dans son retour à son élément primitif *u*. Et en effet, les modifications de la semi-voyelle *v* se développent parallèlement à celles de *y* que nous venons d'exposer. La syllabe *va*, précédée d'une consonne, perd son *a*; le *v* retourne à son élément voyelle *u*, qui s'allonge devant *m*. Ainsi, de *tvam* (toi) au nominatif, on a en zend *tûm*. De

même encore les syllabes *ava* deviennent devant *m*, ou *ao*, comme dans *aom*
(eum) du pronom *ava;* ou *áu*, comme dans *gáum* (terre) de *gavam*. Enfin, les
syllabes *aéu* représentent le sanscrit *éva* dans *daéum* (deum) pour *daévam*, l'*a*
abandonnant la syllabe *va*, *v* retournant à son élément voyelle, et l'*a* disparaissant tout à fait, à la différence de ce qui se passe dans *haoim,* où nous supposons
qu'il se fond avec l'*u* de *ha-ui*.

L'explication que nous donnons de ces faits les présente comme des contractions de formes plus développées et plus régulières; conséquemment ces faits sont
relativement plus modernes que ces formes. Dire qu'il en soit ainsi de tous, c'est
ce que nous ne prétendons pas; car, comme nous l'avons fait remarquer autre
part, *ao*, par exemple, peut être un *guṇa* non résolu, aussi bien que la contraction des syllabes *ava*. C'est un point qu'il peut ne pas être également facile de déterminer dans tous les cas. Soit par exemple le mot *haoim* pour le sanscrit *savyam*,
que nous avons expliqué plus haut d'après la loi générale du retranchement de l'*a*
et de sa réunion avec la voyelle la plus prochaine : si *ao* n'est pas la contraction
de *ava*, ce ne peut être qu'un *guṇa* de *u*, de sorte que *hao* vient du radical *hu*.
Que l'on joigne à ce radical *gouñifié* le suffixe *ya*, et de plus le signe de l'accusatif *m;* cette lettre repoussant *a* précédé des semi-voyelles *y* et *v*, le *y* retour-
nera à son élément primitif, et de *haoyam* on aura *haoim*. Or, cette analyse
s'accorde bien avec celle que l'on peut donner du *savyam* sanscrit. Ce mot vient
du radical *sú* (*chá* d'après l'orthographe indienne) avec le suffixe *ya*. Mais le suffixe
ya exigeant d'ordinaire un *guṇa* de la première voyelle de la racine, nous devrions
avoir *sóya*. C'est en effet ce mot même dont le *guṇa* est très-légèrement modifié
dans *savya*. L'*ó* de *sóya* est changé en *av* devant *y*, comme si ce *y* était une voyelle,
de la même manière que l'on écrit *gavyáti* pour *góyáti*. Si ce dernier rapprochement est fondé, le zend *haoi-m* (dans l'hypothèse de notre seconde explication)
est exactement le sanscrit *sav-yam*, moins la résolution de l'*o guṇa* en *av*. Le mot
zend est conséquemment, quant à sa formation, contemporain du sanscrit;
peut-être même la formation du premier est-elle plus pure, et par conséquent
plus primitive que celle du second, puisque dans l'un la voyelle *gouñifiée* reste ,
entière, tandis que dans l'autre elle subit une modification euphonique. Cette
analyse, comme on voit, diffère de celle que nous avons donnée plus haut, en ce
sens que, pour arriver au zend *haoim*, on n'a pas besoin de passer par le sanscrit
savyam, et que *haoi-m* sort aussi directement du radical *sú* avec le suffixe *ya*, que
savya lui-même [1].

---

[1] Nous parlerons plus tard de deux autres   trouve que deux fois dans le Vendidad-sadé,
formes de ce même mot : *háyúm*, qui ne se   pag. 55, et *háuóya* qui est plus fréquent. Dans

C'est à la possibilité d'une pareille explication que j'ai fait allusion à la fin de la note sur laquelle portent ces remarques, quand j'ai dit que nous pouvions constater, à l'occasion de *haoim*, une de ces formations primitives dans lesquelles les modifications des voyelles ne sont pas encore résolues.

NOTE C.

Sur le *sandhi* des voyelles, et sur la séparation des mots au moyen d'un point.

(*Observ. sur l'Alph. zend,* pag. LXIV — LXVI.)

Les remarques que j'ai présentées dans le texte auquel se réfère cette note sur l'absence du *sandhi* en zend, comprennent des faits qu'il est nécessaire de distinguer les uns des autres; et je crains que le lecteur ne trouve que je ne les ai pas présentées avec assez de clarté. C'est pour éviter toute confusion que je me propose d'ajouter ici quelques développements nouveaux sur ce sujet, qui me paraît être un des traits les plus caractéristiques de la langue zende. Je profiterai de cette occasion pour m'expliquer sur le fait de la séparation des mots zends par un point.

Si, par *sandhi* intérieur, il faut entendre les modifications qu'éprouvent les voyelles et les consonnes du radical dans leur rencontre avec les voyelles et les consonnes des suffixes ou formatives, on ne peut disconvenir que ce *sandhi* ne

le premier mot, le *y* persiste devant la voyelle *u*, qui s'allonge par suite de sa rencontre avec *m*. Dans le second, la syllabe *hâv* ressemble à un *vrĭddhi* de *u*, et le mot tout entier représente un adjectif sanscrit dérivé *sâvaya*, qui toutefois n'existe pas. L'*ô* est dû à l'action de la semi-voyelle *v*, et il cache un *a* primitif. Quant à l'orthographe de *haoim*, nous devons avouer que les manuscrits lisent plus souvent *hôim* que *haoim*, qui, cependant, se rencontre dans des copies plus anciennes que le Vendidad-sadé lithographié. Si je crois pouvoir m'éloigner ici de la lecture la plus ordinaire des manuscrits, c'est que l'emploi de l'*ô* long pour repré-

senter la syllabe sanscrite *av*, me paraît une exception presque unique à la règle que m'a suggérée l'orthographe uniforme des manuscrits. Il me semble en même temps que *ô* a dû d'autant plus facilement remplacer *ao* dans *aoi*, que la langue zende nous présente fréquemment le groupe *ôi*. Les copistes ont pu s'accoutumer à croire que le seul *o* qui pût précéder la voyelle *i*, était l'*ô* long. Au reste, quand même une recherche ultérieure viendrait à prouver que le mot doit s'écrire *hôim*, cela ne changerait rien au point principal de notre discussion, qui porte sur le retour de *y* à *i*, retour qui a également lieu dans *hôim* comparé au féminin *hôyanm*.

soit beaucoup moins perfectionné en zend qu'en sanscrit. La liste des combinaisons des voyelles que nous avons données dans notre texte, présente un grand
nombre de faits à l'appui de cette assertion. Diverses particularités de la déclinaison zende nous montrent les voyelles formatives des désinences subsistant dans
leur état de désunion, au lieu de se modifier, comme en sanscrit, pour former
une voyelle unique. Ainsi, quelque explication que l'on adopte pour des faits
comme *gêus*, il est toujours certain que ce génitif se distingue du sanscrit *gôs*,
par le caractère même dont nous parlons en ce moment, c'est-à-dire par la non-
fusion des voyelles, ou par l'absence de *sandhi*.

La composition des voyelles affectées de *vrĭddhi* est encore une nouvelle preuve
de ce fait, puisque, au lieu d'opérer la fusion la plus complète qu'il est possible des deux éléments qui constituent la diphthongue *âi*, en l'écrivant, comme
fait le sanscrit, avec un signe unique, le zend laisse ces deux éléments désunis,
et donne ainsi le moyen de reconnaître avec précision quelle est leur nature
propre. Et qu'on ne dise pas que ceci est une affaire d'écriture, la langue zende
manquant d'un caractère unique destiné à la représentation de la diphthongue
âi. Cette explication serait, selon moi, insuffisante; car, comme la langue nous
offre le groupe ꣮ *âi* dans des mots où il ne semble pas être, au moins dans
son état actuel, un *vrĭddhi* de la voyelle *i*, il resterait encore assez de preuves
que le zend tolère la juxta-position des lettres *â* et *i*, et de même celle de *â* et
de *u*, juxta-position que ne souffre pas le sanscrit, qui les fond en *ê* et en *ô*.

Cependant il ne faudrait pas conclure de ces faits que toute action des voyelles
les unes sur les autres (et je ne parle ici que des voyelles, parce que l'attraction
des consonnes dans l'intérieur des mots est en général beaucoup plus reconnaissable), est absolument inconnue à la langue zende. Loin de là, et l'on remarque
dans cet idiome un nombre assez considérable de faits qui prouvent que le *sandhi*
intérieur ne lui est pas étranger. C'est ainsi que nous avons cité le changement
de *i* et de *u* en leurs semi-voyelles *y* et *v*, lorsque ces voyelles *i* et *u* tombent sur
une voyelle dissemblable. Si l'on se rappelle les observations que nous avons
faites dans la note précédente sur le retour de *y* et de *v* à *i* et à *u* (observations
qui limitent jusqu'à un certain point le principe du changement de *i* en *y* et de
u en *v*); si l'on fait attention aussi que la présence de la voyelle *a*, précédant et
suivant un *y* ou un *v*, donne lieu à des combinaisons de lettres (*aê* et *ao*) propres
à la langue zende, on trouvera que le zend se rapproche beaucoup du sanscrit,
quant au changement de *i* en *y* et de *u* en *v* devant une voyelle dissemblable.
Ainsi le zend, comme le sanscrit, change *tu* en *tv* devant *âm* de l'accusatif, et le
thwâm du premier de ces deux idiomes est identique au *tvâm* du second.

C'est qu'il y a dans les modifications des voyelles, comme aussi dans celles des consonnes, quelque chose de nécessaire dont toute langue doit offrir la trace. Mais tel idiome peut pousser plus loin qu'un autre l'application du principe sur lequel reposent ces modifications, et c'est aussi en cela que le sanscrit diffère du zend. Par exemple, le zend dit, comme le sanscrit, *tava* au génitif du pronom *tu-am;* or, M. Bopp a mis hors de doute que *tava* est pour *to+a.* Il résulte de là que le zend, comme le sanscrit, applique le principe du changement de *u* en *v* devant *a* au *guṇa* même de cet *u*, c'est-à-dire à la voyelle *o*. C'est, comme on voit, tirer de ce principe la dernière conséquence, que d'aller rechercher dans la voyelle *o*, résultat d'une composition, les éléments mêmes de cette composi-tion, pour changer ensuite en la semi-voyelle *v*, celui de ces éléments qui est susceptible de cette transformation. Mais supposons, pour un instant, que le sanscrit connaisse la loi de l'épenthèse d'un *i*, que nous savons être d'un usage si général en zend; le mot *djyôtis* devenant par l'insertion de l'*i djyô + itis*, devra s'écrire, en vertu de la loi euphonique indiquée tout à l'heure, *djyavitis*. Or, en zend une telle résolution de *ao* en *av* n'a jamais lieu dans le cas précité; et de *yu* (joindre), avec *guṇa* de la voyelle, et addition du suffixe *ti* précédé de l'*i* épenthétique, on a *yaoiti* (couple). Cet exemple fait, je pense, suffisamment comprendre ce que j'ai voulu dire, quand j'ai avancé que le *sandhi* intérieur est bien moins perfectionné en zend qu'en sanscrit. Cette proposition ne paraît pas sujette à contestation, et la conséquence que je crois pouvoir en tirer à la fin de mes Observations sur l'alphabet, quant à l'antiquité relative d'un pareil système, me semble, dans ses points principaux, à l'abri d'objections vraiment graves. Je dis, dans ses points principaux, parce que l'on peut reconnaître, dans ces groupes de voyelles dont plusieurs sont certainement antiques, quelques cas de contrac-tion qui placent les mots zends où on les remarque au même rang que les mots pâlis et quelquefois même prâcrits correspondants. Mais ces faits sont moins nombreux que ceux qui me paraissent assurer au système des combinaisons des voyelles zendes une ancienneté incontestable.

Quant à l'exemple de *húkhta*, pour *hu-ukhta*, que j'ai cité à la page LXVI, comme une preuve de la combinaison de deux *u* en un *ú* long, il peut s'entendre aussi du *sandhi* intérieur, avec cette différence importante cependant, que le mot au sein duquel se développe le fait de la fusion des deux *u* en un seul, est le résultat d'une composition : le mot n'étant pas étymologiquement un, le *sandhi* ne peut pas être appelé intérieur au même titre que dans les exemples cités ci-dessus. Les combinaisons comme *húkhta* ne sont pas rares en zend; on rencontre entre autres fréquemment la voyelle finale de la préposition *fra*, jointe à l'augment *a*

des imparfaits, et formant un *á* long. Le *i* final des prépositions *paiti, aiti,* etc.
se change régulièrement en *y* devant une voyelle dissemblable. La voyelle finale
de la particule *hadha* (ici) se fond en *ao* avec la voyelle initiale de *ukhta,* dans
le mot ‎‎ *hadhaokhta,* que d'autres textes écrivent ‎‎
hadhaokhdha, mot qui doit signifier « les paroles dites en ce monde, » et qui
désigne, comme on sait, le xxi° Nosk de l'Avesta. Anquetil, il est vrai, traduit
ce mot par « les Hâs puissants; » mais il est impossible de retrouver la dénomination de *Há* dans le mot *hadha* (ici), et d'ailleurs nous avons démontré, au
commencement de notre Commentaire, que le terme de *Há* n'avait pas dans les
textes d'existence réelle. Ces mêmes voyelles *a* et *u* se trouvent également fondues
dans ces orthographes du n° 6 S, qui lit en un seul mot ‎
açayaozdátám et ‎ *achayozdátáo,* ce que tous les autres textes
divisent en deux mots, *achaya uzdátám* et *achaya uzdátáo* [1]. Si ces leçons étaient
justifiées par un grand nombre de manuscrits, ce seraient des exemples du
sandhi, non-seulement comme *húkhta,* mais même du *sandhi* indien ou extérieur, le mot *achaya* (avec pureté) étant un instrumental qui doit rester séparé
du terme qu'il modifie. Je n'oserais cependant m'appuyer sur des faits peu nombreux, et que je ne rencontre que dans un manuscrit; et, de toute façon, je
proposerais de lire le second exemple, en ajoutant un *a, achayaozdátáo.*

Mais, il faut en convenir, l'existence du *sandhi* dans *húkhta* lui-même, *sandhi*
que j'ai admis dans le texte, et qui est en réalité très-vraisemblable, peut devenir douteuse, quand on pense à la manière dont la langue zende fond une
voyelle *i* et *u* dans les semi-voyelles *y* et *v.* Nous avons déjà cité *hvarsta* (bien fait)
pour *hu+varsta, byárě* (espace de deux années) pour *bi+yárě;* on trouve encore *hváthwa,* selon Anquetil « chef de l'assemblée, » et selon Nériosengh « qui
« rassemble bien. » Ce qui se passe dans ce cas, c'est la suppression de la voyelle
u d'une part, et de la voyelle *i* de l'autre. Or, ne peut-on pas dire que la même
chose a lieu dans *húkhta?* L'allongement de l'*u* ne doit pas faire difficulté, car
on trouve que l'*u* est quelquefois long, même quand il est initial, dans *úkhta*
non précédé d'une particule, et qu'il l'est toujours avec *duch,* devenant *daj,* dans
dujúkhta. C'est par une explication analogue que je rendrais compte de leçons
comme *taváthró* que présente notre manuscrit [2], au lieu de *tava áthró* (de toi, feu)
que lisent les autres copies. Ici nous avons un exemple du véritable *sandhi* indien,
du *sandhi* extérieur, tel qu'il est appliqué d'une manière rigoureuse à la langue
des Brahmanes. Mais comme les exemples de cette nature sont très-rares, et

---

[1] Ms. Anq. n° 6 S, pag. 86 et 94. — [2] *Vendidad-sadé,* pag. 533 et 534.

que le système des copistes est de séparer tous les mots par un point, je crois pouvoir avancer que si un copiste a lu en un seul mot *tavátars*, au lieu de *tava átars* en deux mots, ce n'est pas pour obéir à une notion plus ou moins confuse du *sandhi*, c'est uniquement en supprimant le second *a* bref de *tavá*.

Des faits que je viens de citer tout à l'heure, comparés à ceux que j'ai indiqués en commençant, comme *hadhaokhta*, il me paraît résulter deux observations que je ne voudrais pas donner comme des règles absolues, mais qui sont cependant appuyées d'un assez grand nombre d'exemples pour mériter d'être indiquées. La première, c'est que, quand la voyelle finale de la première partie du mot composé est identique à la voyelle initiale de la seconde, on ne peut pas affirmer qu'il y ait *sandhi* des deux voyelles. Il semble plutôt qu'il y a suppression de la première, comme quand une voyelle *i* et *u* tombe sur une semi-voyelle *y* et *v*. La seconde observation, c'est que la plupart des composés entre les parties desquels nous avons remarqué le *sandhi*, sont formés d'un préfixe ou d'une préposition avec un autre mot, substantif ou adjectif. Il suit de là que l'on ne peut pas conclure de ces faits l'existence du *sandhi* entre les deux parties d'un composé formé, par exemple, d'un substantif et d'un adjectif. Ce dernier cas est certainement très-rare, et je ne me rappelle en ce moment que *mazdaokhta* pour *mazda* et *ukhta;* encore un manuscrit lit-il en deux mots *mazdáo ukhta* [1]. Sans vouloir établir en ce moment des distinctions entre les diverses espèces de composés, distinctions qui ne sont pas présentées dans les grammaires sanscrites, nous nous contenterons de remarquer que le zend a, en général, plus intimement uni le préfixe à la seconde portion du mot composé que toute autre partie du discours, en ce que le préfixe tient au mot, et est par suite soumis aux lois d'un *sandhi* plus ou moins parfait, tandis que d'ordinaire la première partie d'un composé, quand elle appartient à une autre catégorie grammaticale, est séparée de la seconde par un point, comme nous le ferons voir tout à l'heure.

Nous avons déjà dit que chaque mot zend était dans les textes, tels que nous les ont transmis les Parses, séparé du mot suivant par un point. C'est une règle que nous avons cru devoir observer dans notre transcription du Yaçna, et que nous nous proposons de suivre à l'avenir. Cette particularité qui doit remonter, selon toute vraisemblance, à une haute antiquité, et qui donne à la langue de Zoroastre l'apparence du style lapidaire, est un des traits qui distinguent le plus nettement le zend du sanscrit. Elle indique à elle seule en même temps qu'elle explique ce fait, que le *sandhi* des grammairiens indiens, celui qui consiste à écrire tous les mots en une série non interrompue, en modifiant leurs finales

[1] *Vendidad-sadé,* pag. 85; ms. Anq. n° 2 F, pag. 157.

et leurs initiales suivant un système euphonique très-délicat, est à peu près
complétement inconnu dans l'ancienne langue de l'Arie. L'usage de séparer
chaque mot par un point ne peut venir que du besoin qu'on éprouve de marquer d'une manière précise l'unité du mot; et comme la notion de cette unité
est une des premières dont un peuple qui commence à écrire sa langue essaye
de se mettre en possession, les traces qui restent dans l'écriture des tentatives
faites pour distinguer les mots les uns des autres, nous reportent nécessairement
à l'époque des premiers essais du langage écrit. Cet usage peut avoir été, dans
le principe, réglé par la théorie de l'accent, théorie qui, pour la langue zende,
doit nous rester à jamais inconnue.

C'est en effet l'accent qui constitue le plus parfaitement l'unité du mot, et, par
là même, le distingue de la manière la plus tranchée du mot qui suit et de celui
qui précède. On trouve en zend des preuves curieuses de la réunion en un seul de
deux ou de plusieurs mots, dont un au moins ne devait pas avoir d'accent propre.
La conjonction copulative *tcha* n'a pas d'accent qui lui soit propre en zend; aussi
n'est-elle jamais isolée et se joint-elle toujours au mot qui la précède immédiatement. La tmèse des prépositions *á*, *uç*, *ni*, *vi*, ou la séparation de ces
préfixes du verbe qu'ils modifient, donne à ces mots une existence indépendante
et par suite peut-être un accent propre qu'ils ne possèdent pas d'eux-mêmes;
et il semble que ce changement soit marqué par une augmentation dans la
quantité de *ni* et de *vi* qui deviennent alors *ní* et *ví*. Mais quand on peut
réunir ces préfixes à un mot suivant, les copistes ne manquent pas de le faire,
entraînés comme ils le sont, sans doute, par la prononciation qui ne frappe ces
deux mots que d'un seul accent, et considère le second comme enclitique à
l'égard du premier.

Le lecteur n'a pas besoin que nous lui donnions des exemples de ce fait, qui se
reproduit à chaque page du Vendidad-sadé; nous ne pouvons cependant nous
empêcher de citer la phrase suivante, empruntée à un manuscrit évidemment
ancien. Au LXX° chapitre du Yaçna, le n° 6 S lit : ᴦᴦᴦᴦᴦᴦ
áhú átchanó djamyáṭ, c'est-à-dire, littéralement : « ad illas adque nos veniat, » ou
« qu'il vienne vers elles et vers nous [1]. » Cette réunion de trois monosyllabes en
un seul mot est donnée par un autre manuscrit, et répétée plusieurs fois dans
une invocation à Mithra, qui se trouve au 1ᵉʳ *cardé* de l'Iescht de ce génie; nous
la reproduisons ici, parce qu'elle fera passer sous les yeux du lecteur quelques
mots dont nous avons déjà parlé [2].

[1] Ms. Anq. n° 6 S, pag. 250. *Vendidad-sadé*, pag. 548. — [2] Ms. Anq. n° 4 F, pag. 583.

d.

[Zend script text — four lines]

Je traduis ce texte littéralement : « veniat ad nos auxilii gratia, veniat ad nos
« splendoris gratia, veniat ad nos voluptatis gratia, veniat ad nos patientiæ gratia,
« veniat ad nos bonæ valetudinis gratia, veniat ad nos victoriæ gratia, veniat ad nos
« progeniei gratia, veniat ad nos puritatis gratia, terribilis, invictus, adorandus,
« invocandus, illæsus [*]. » La réunion en un seul mot de *á tcha nô* n'est peut-être
pas tout à fait régulière ; ce qu'il y a de certain, c'est qu'on trouve dans un passage analogue du même manuscrit, en deux mots *átcha nô*, le pronom *nô* ayant
sans doute par lui-même un accent suffisant pour lui assurer une existence isolée
dans les textes. Mais la réunion de *á* et de *hís* d'une part, et de *á* et de *tcha* de
l'autre, suffit pour montrer que la théorie de l'accent a eu, sur la séparation des
mots au moyen d'un point, une influence incontestable.

Il est fort remarquable que cette division des mots s'étende en zend jusqu'aux
mots composés, c'est-à-dire que les deux parties d'un composé soient souvent séparées par un point, comme si elles formaient deux mots indépendants l'un de

---

[*] Nous appellerons l'attention du lecteur sur
quelques mots remarquables, par exemple sur
djamyât, subjonctif du radical *djam* pour *gam*
(aller), qui se conjugue ici à l'un des quatre
premiers temps et à la seconde classe, quoique le
zend, comme le sanscrit, possède dans *djaç*, pour
gatchtchh, un substitut du radical *djam* pour *gam*.
Il en est de même dans le style des Védas, où *gam*
(si je ne me trompe pas) est aussi employé
au subjonctif *gamyât*. Anquetil traduit le mot
marjdika par *compatissant* ; je ne m'éloigne pas
beaucoup de ce sens en mettant *patience*, et en
rattachant ce mot au sanscrit *mrĭch* (supporter).
Anquetil omet complétement *havanghâi*. Ce mot
est peut-être mal écrit pour *havanghê* ; mais je
n'oserais introduire dans le texte cette correc-

tion ; je ne suis pas plus certain relativement
à l'interprétation de ce mot, que je dérive de
sù (mettre au monde). On remarquera entre
autres, parmi les adjectifs qui terminent ce texte
et qui se rapportent à Mithra, *drukhtô*, du radical
dradj (sanscr. *druh*, blesser), avec le suffixe *ta*,
qui force le changement de la palatale en gutturale. Ce changement est d'autant plus digne
d'attention, que nous voyons dans le mot *parsta*
(interrogé) une gutturale qui devient sifflante.
S'il en est autrement pour *drukhta* (blessé),
c'est que le *dj* cache une gutturale primitive.
Ainsi le nom substantif *dradj* (un Daroudj, selon
Anquetil) fait à l'accusatif *drudjëm*, et au nominatif *drukhs*. C'est sans contredit le latin
trux.

l'autre. On ne peut nier que ce ne soit une violation manifeste du principe de la
composition, tel qu'il est compris et appliqué par les langues qui en ont le sentiment le plus vrai. Mais cette anomalie est-elle l'essai d'une grammaire dans
l'enfance, ou l'oubli d'un système ancien plus perfectionné? J'avoue que je trouve
plus de probabilités en faveur de la première hypothèse.

Je remarquerai d'abord que l'usage de séparer par un point les deux parties
d'un mot composé n'est pas tellement général, qu'on n'y voie dans les manuscrits d'assez nombreuses exceptions. Lorsque la seconde partie du mot composé,
celle que les grammairiens indiens appellent *upapada*, se trouve à la forme absolue,
ou à un cas qui en marque la subordination à l'égard de la première partie, les
deux mots sont à peu près invariablement unis en un seul. C'est ainsi que L'on a
tanumãthra (celui qui a la parole pour corps), *rathaëstão* (guerrier), de *rathé* (in
curru) et de *stão* (stans). Si, au contraire, comme cela arrive le plus souvent, la
première partie du mot composé porte la désinence du nominatif, les deux mots
qui forment ce composé sont séparés par un point. Il résulte de la comparaison de
ces faits, que le point ne s'interpose régulièrement entre les parties composantes,
que quand il y est en quelque sorte appelé par la désinence du nominatif, qui,
limitant le premier mot, peut faire croire que ce mot est, dans la phrase, chargé
du rôle que lui assigne naturellement sa désinence. Telle est la cause extérieure,
si je puis m'exprimer ainsi, qui peut expliquer comment les copistes ont persisté à laisser isolés deux mots qui doivent n'en faire qu'un. Mais la conservation
de la désinence du nominatif dans un composé, comme *daêvô dâtĕm*, « ce qui est
« donné par le Déva, » tient certainement à une autre cause. Elle vient de ce
que, au moment où la langue a été fixée par l'écriture dans les ouvrages qui l'ont
transmise jusqu'à nous, elle n'avait pas encore acquis une notion bien nette de
la forme absolue des noms substantifs. Cette notion suppose un travail grammatical qui doit ne commencer que quand un idiome a pu être soumis à une
longue et savante observation. Or, rien dans la langue zende ne prouve qu'elle
ait jamais été, pour un corps de grammairiens nationaux, l'objet d'une étude
ayant pour but d'y porter l'ordre et la régularité. L'ancien idiome de l'Arie
n'ayant peut-être pas distingué bien nettement la forme absolue du substantif
des diverses modifications de cas et de nombres qui la dissimulent, ou tout au
moins n'ayant pas profité de cette notion pour l'appliquer à la théorie des
composés, on comprend sans peine que, entre les divers cas du mot, celui
qu'il a été le plus naturel de choisir, ça été le nominatif. Car c'est ce cas qui
présente l'idée de l'objet sous le point de vue le plus général, et qui ajoute à cette
idée le rapport le moins précis. Quand un mot au nominatif est en dehors d'une

proposition, c'est-à-dire quand ce mot cesse d'être sujet, le rapport marqué par le cas disparaît si complétement, pour laisser à nu la notion du mot lui-même, que les langues anciennes ont appelé ce cas *celui qui dénomme* (ὀνομαστική, *nominativus*), et qu'il a remplacé pour elles la forme absolue des grammairiens indiens.

Il résulte de ces observations, que si les prêtres qui ont écrit les livres qui nous sont parvenus sous le nom de Zoroastre, n'ont pas senti le besoin de réunir en un seul tout les deux parties d'un composé; si, au contraire, ils ont continué à les séparer l'une de l'autre, au moins dans le plus grand nombre de cas, il est d'autant plus facile de comprendre que le système de la séparation par un point des mots infléchis et non composés se soit aussi exactement conservé. Or, la conséquence de ce système, c'est que le *sandhi* extérieur est impossible, ou, ce qui revient au même, ce système annonce une langue qui n'a pas eu l'idée de réunir en une série continue la totalité des mots d'une phrase. Un tel système dut son origine à l'absence de cette idée qui a exercé sur les langues de l'Inde une action si remarquable, et, une fois qu'il fut adopté, il dut à jamais empêcher cette idée de naître. Nous pouvons donc avancer que le *sandhi* extérieur, celui qui a été de bonne heure, à ce qu'il me semble, appliqué au sanscrit, et qui, selon l'opinion de M. G. de Humboldt, est propre aux langues du sud de l'Inde, est resté inconnu à la langue zende, et que, comme le sanscrit en fait depuis des siècles un usage régulier, ce n'est pas dans l'ancienne Arie qu'il en a puisé la connaissance. Quant au *sandhi* intérieur des deux parties d'un composé dont l'une est une préposition, son existence est établie par un assez grand nombre d'exemples pour être admise. On comprend d'ailleurs sans peine qu'une langue puisse, à l'aide de modifications euphoniques de lettres, attacher de la manière la plus intime, à un radical, le préfixe qui l'affecte, sans connaître pour cela la réunion en un tout continu des mots ou des éléments du discours qui, logiquement, doivent rester désunis. Enfin, le zend possède le *sandhi* véritablement intérieur, dont on trouve des exemples nombreux, pas assez toutefois pour que l'on puisse à cet égard placer sur la même ligne le zend et le sanscrit.

Pour terminer cette note, j'ajouterai qu'il serait intéressant d'examiner s'il n'est pas possible de retrouver en sanscrit la trace de ce système de la séparation des mots, que je crois antérieur à celui de leur réunion en un seul tout au moyen des modifications des finales et des initiales. Cette question ne pourrait être résolue que dans l'Inde, et même dans les provinces seulement où se sont conservés d'anciens manuscrits. Mais il faudrait avoir soin de ne pas prendre pour une séparation réelle des mots, des divisions factices comme celles que l'on remarque, suivant M. Colebrooke, dans quelques copies des Védas. Ce savant a constaté en effet que les Védas se récitaient quelquefois mot par mot, soit en séparant simplement chaque mot l'un de l'autre, soit en répétant les mots alternativement une ou plusieurs fois. On prépare en conséquence, pour cet usage, des copies des Védas, auxquelles on donne même des noms spéciaux, selon les divers modes de division et de récitation qu'on a dessein d'y appliquer [1]. Cette description se rapporte exactement à une partie du Rig-Véda que possède la Bibliothèque du Roi, et qui est écrite en caractères télingas sur feuilles de palmier. Si l'on pouvait croire un instant que la division des mots qu'on y remarque est réelle et non factice, on renoncerait à cette opinion en considérant qu'une telle division, qui s'étend quelquefois jusqu'aux désinences, brise le mètre et altère ainsi fondamentalement le texte du Véda. J'en citerai un exemple tiré du commencement du Rig-Véda, et qui se trouve aussi dans les fragments de M. Rosen; cette coïncidence heureuse nous donne le moyen d'apprécier jusqu'à quel point la division des mots, telle qu'elle est adoptée par notre copie télinga, est primitive; M. Rosen lit ainsi, d'après les manuscrits de Londres :

उप त्वाग्ने द्विवे द्विवे द्रोषावस्तार्धिया वयं

मम्रो भरन्त एमसि ॥

« Te, Agnis, caliginis fugator, quotidie nos mente venerabundi adorimur, » et le savant éditeur ajoute, pour expliquer एमसि, « *emasi* pro *imah*, vid. Pânin. VII. « 1. 46 [2]. » La copie du Rig-Véda que nous pouvons consulter, copie qui, d'ailleurs, suit la division en huit livres des manuscrits de M. Rosen, donne le passage de la manière suivante, sans distinguer l'un de l'autre les distiques dont se compose cet hymne [3].

उप त्वा अग्ने द्विवे द्विवे द्रोषा-वस्त: धिया वयं नम: भरन्त: आ इमसि ॥

Cette division n'est certainement pas sans intérêt en ce qu'on peut s'en servir pour entendre plus facilement le texte. Mais il faut convenir aussi qu'il serait à peu près impossible de faire usage d'un pareil manuscrit pour donner une édition de la totalité ou d'une partie seulement de ce Véda; car auparavant il faudrait rétablir le *sandhi* pour retrouver le mètre; et comme les lois du *sandhi* ne sont pas, au moins dans quelques cas, exactement les mêmes pour le style des Védas que pour le sanscrit classique, on comprend sans peine à combien d'erreurs on serait exposé. Mais, comparée à un manuscrit où les mots seraient groupés et réunis comme ils doivent l'être pour les besoins de l'euphonie et de la prosodie, une copie comme la nôtre pourrait être de quelque utilité. Ainsi,

---

[1] *Asiat. Res.* tom. VIII, pag. 380. — [2] *Rigved. spec.* pag. 17. — [3] Ms. tél. n° 1 b, fol. 1.

dans le seul passage que nous venons de citer, on trouve l'analyse exacte de la forme védique *émasi*, qui est certainement pour *á imasi*, et non pas seulement *imah*, comme semble le croire le savant éditeur; car, quoique les gloses de la règle de Pânini à laquelle il renvoie donnent cet exemple même du Véda, en interprétant *émasi* par *imah*, cette règle ne portant que sur la désinence *masi* pour *mah*, on peut croire que le scoliaste ne s'est pas occupé du commencement du mot, et qu'il n'a pas songé à tenir compte de la préposition *á*, que la division des mots et des parties d'un même mot, telle qu'elle est donnée dans notre copie télinga, fait clairement ressortir. C'est uniformément de cette manière qu'est analysé l'impératif एहि, c'est-à-dire आ इहि, notamment dans un passage du Rig-Véda, qui ne peut laisser aucune incertitude à cet égard.

Mais ce n'est pas ici le lieu d'insister sur l'importance de cette copie du Rig-Véda, qui d'ailleurs est fort mal écrite, et qui me semble, autant que j'en puis juger, très-fautive. Il nous suffira de faire observer en ce moment que la séparation même des mots, telle qu'on l'y remarque, prouve (ce qui du reste était déjà démontré par les textes extraits des Védas) que le système du *sandhi* existait dans la langue sanscrite, à l'époque, selon toute vraisemblance, très-ancienne, où ont été composées les prières des Védas. Ainsi le sanscrit avait, dès cette époque, subi l'influence d'un système auquel le zend est resté complétement étranger. Je ne voudrais pas conclure de là que les fragments zends que nous possédons sont antérieurs au texte des Védas. Mais il me paraît en résulter inévitablement que la langue zende, à quelque époque qu'aient été écrits les textes religieux qui nous l'ont conservée, s'y montre en ce point avec un caractère plus primitif que le sanscrit.

NOTE D.

Sur le radical *radh* et sur ses diverses significations.

(*Observ. sur l'Alph. zend,* pag. LXXIV.)

Nous ne devons pas laisser sans preuve notre opinion relativement au sens du radical *radh*, que l'on rencontre fréquemment dans les textes; la différence de notre interprétation avec celle de M. Bopp, qui rend ce verbe par *perforare*, dans un passage que nous examinerons tout à l'heure, nous impose le devoir

d'entourer la nôtre de tous les faits qui peuvent l'appuyer. Il faut ensuite examiner si la signification de *croître* suffit pour rendre compte de tous les textes
où ce mot se trouve, et s'il ne serait pas indispensable de lui assigner quelquefois une autre valeur. La présente note est destinée à démontrer, 1° que *rudh*
a le sens de *croître*, et qu'il est identique alors au sanscrit *ruh*; 2° qu'il a quelquefois le sens de *retenir*, et qu'il est identique alors au sanscrit *rudh*; 3° qu'il a
souvent le sens de *couler*, acception dans laquelle il se rattache au persan رود
rad (fleuve).

Je trouve une forme très-intéressante de la racine *rudh* dans le xᵉ chapitre du
Yaçna, lequel sera bientôt analysé. Je ne puis m'empêcher cependant de la citer
ici, parce qu'elle me fournira l'occasion de montrer, au moins par un exemple,
que les rapports que l'on remarque entre les noms et les pronoms du zend et
du sanscrit se retrouvent d'une manière aussi complète dans les verbes de ces
deux langues. Dans ce chapitre si important à tous égards, nous lisons :

[texte zend] , ce que Nériosengh
traduit : स्तौमि गिरीन् उद्भ्रमतरान् यत्र तुम समुद्धितोऽसि , et ce qui signifie : « je
« loue les montagnes élevées où tu as poussé, ô Hoama [1]. » J'ai examiné en détail
cette forme *urûradhucha*, dans le Commentaire consacré au xᵉ chapitre du Yaçna.
Je me contenterai de dire ici qu'il faut la considérer comme la seconde personne
de l'aoriste à redoublement, que M. Bopp distingue par le titre de formation
septième, et qui est caractérisé par un redoublement avec un augment. Cette
formation, qui est fréquente en zend, présente, surtout dans le balancement
de la voyelle longue et de la voyelle brève de la syllabe redoublée et du radical,
une merveilleuse analogie avec le sanscrit et le grec. Mais sans nous occuper ici
de ce mot au point de vue grammatical, nous pouvons dire que le témoignage de Nériosengh ne laisse aucun doute sur le sens du radical *rudh*.

Dans le même chapitre nous lisons plus bas :

[texte zend] , suivant Nériosengh स्तौमि जगतीं यस्मिन् स्थाने
सुगन्धत्वं करोषि , et ce que je traduis : « je loue les terres où tu crois bien odo-
« rant [2]. » La glose de Nériosengh est plutôt ici une paraphrase qu'une traduc-

---

[1] *Vendidad-sadé*, p. 48. Ce ms. lit d'une manière très-incorrecte le verbe *urûradhucha*, que
nous corrigeons d'après les autres copies, n° 6 S,
p. 46; n° 3 S, p. 64, et surtout d'après le n° 2

F, pag. 102, dont nous suivons l'orthographe,
en considérant ce verbe comme au moyen.

[2] *Vendidad-sadé*, pag. 49; ms. Anq. n° 2 F,
pag. 103.

tion; mais le sens véritable doit être celui que je viens d'indiquer. Le verbe *raodhahé* est ici la seconde personne du présent de l'indicatif à la forme moyenne du radical *rudh*; ce serait en sanscrit *rôhasé*. Il se peut faire aussi que la voyelle finale *é* ne soit qu'une faute de copiste, ou peut-être un développement inorganique de la voyelle *i*, caractéristique de l'actif, comme dans *ahé* (pour le sanscrit *asi*), que l'on trouve beaucoup plus fréquemment écrit de cette manière que *ahi*. Enfin, nous ajouterons que l'on rencontre souvent l'adjectif ꭓ, *huraodha*, auquel Nériosengh donne le sens de « celui qui croît bien [1]. »

Les citations précédentes suffisent pour démontrer la première de nos deux assertions, savoir, que *rudh*, comme le sanscrit *ruh*, signifie *croître*. Il nous reste à examiner quelques passages que cette signification seule n'expliquerait pas. Un de ces passages a été cité par M. Bopp, dans sa Grammaire sanscrite; le voici tel que la collation des manuscrits me permet d'en établir le texte :

ꭓꭓꭓꭓꭓꭓ

Anquetil traduit ce texte de la manière suivante : « lorsque les Mazdeïesnans « veulent creuser des ruisseaux dedans et autour d'une terre pour l'humecter, à « quoi ces Mazdeïesnans doivent-ils faire attention [2] » M. Bopp reproduit beaucoup mieux le sens par cette traduction latine : « si velint Ormuzdis adoratores « terram perforare ad humectandumque, ad arandumque, ad fodiendumque, « quomodo ii faciant hi qui sunt Ormuzdis adoratores [3] » Les remarques dont ce savant philologue accompagne cette phrase, remarques qui portent sur la forme grammaticale de *raodhayâm*, sont frappantes de sagacité et de justesse, quoique, si nous ne nous trompons pas, il manque encore quelque chose à l'explication définitive de ce mot. M. Bopp le regarde comme l'accusatif singulier féminin d'un nom abstrait qui remplit le rôle d'un infinitif. Il rapproche ce texte d'un autre passage du Vendidad, où notre manuscrit lit *raodhayĕn*, qu'il propose de remplacer par *raodhayâm*, conjecture que nous voyons vérifiée par un manuscrit [4]. Enfin, il avance que c'est bien *raodhayâm* qu'il faut lire, de même qu'on lit *yaochdayâm* qui se rencontre fréquemment uni à *aĝhĕn*, pour former un parfait périphrastique [5].

---

[1] *Vendidad-sadé*, pag. 51 et pass.
[4] *Vendidad-sadé*, pag. 198.
[5] *Zend Avesta*, tom. I, 2ᵉ part. pag. 310

[6] *Gramm. sanscr.* pag. 331.
[7] Ms. Anq. nᵒ 5 F, pag. 110.
[8] Ms. Anq. nᵒ 1 F, p. 275; nᵒ 2 S, p. 133.

Mais sur quoi ce savant philologue se fonde-t-il pour attribuer à ce radical ainsi infléchi la signification de *perforare*? Sans doute sur la traduction d'Anquetil, « creuser des ruisseaux. » *A priori*, ce sens se prête à celui de la phrase tout entière, quoique, à vrai dire, il y ait une sorte de tautologie dans les mots *perforare* et *ad fodiendum*. Le texte où notre Vendidad lithographié lit *raodhayên*, et où une autre copie lit mieux *raodhayām*, ne ferait pas difficulté, puisque, à l'exception des mots *hikhtayaêtcha*, etc. qui n'y sont pas répétés, ce texte est identique à celui que nous discutons en ce moment. Rien n'empêche non plus d'attacher ce sens à ce même mot dans un autre texte du xive *fargard* du Vendidad, texte dont Anquetil a brouillé le sens, et où il s'agit de la terre que l'on doit donner à des hommes purs pour qu'ils la labourent, et, ajoute ce texte, *raodhayām;* car c'est ainsi que je lis, avec le n° 1 F, ce mot que les trois autres Vendidad écrivent *raodhyām*, soit avec *o* bref, soit avec *ô* long [9]. Dans ce passage, comme dans les précédents, M. Bopp peut voir l'accusatif d'un nom abstrait servant d'infinitif à un radical qui a la signification de *perforare*.

Mais si l'on quitte *raodhayām*, pour expliquer, avec le sens de *perforare*, les autres emplois, d'ailleurs assez rares, de ce même radical, on éprouve, si je ne me trompe, une difficulté nouvelle. Je rencontre cette racine à la fin du xiiie *fargard* du Vendidad, dans un passage sur lequel les manuscrits offrent d'assez nombreuses variantes, mais à une forme très-reconnaissable ‎أ‎ *raodhayaêta* [10]. Anquetil traduit ce verbe par « je fais marcher; » mais si *marcher* est le sens du radical, il faudrait dire « qu'il fasse marcher, » au subjonctif; car ce verbe est, selon toute apparence, la troisième personne du singulier du verbe causatif à la voix moyenne, où *raodh* est le radical *radh*, affecté de *guṇa*, et *ayaêta* la réunion de la caractéristique et de la désinence. Le sens de *perforare* ne peut répandre aucun jour sur le passage auquel nous renvoyons; celui de *faire croître* est plus satisfaisant, et il peut fournir cette traduction : « qu'il fasse « croître pour moi ces deux chefs de ces provinces. » Mais comme le verbe *raodhayaêta* est précédé de la préposition *apa*, qui indique le plus souvent le rapport exprimé par le latin *ab* et *re*, j'ai peine à croire que notre verbe doive se ramener au sens de *croître*. Il me semble plus naturel d'y voir le même radical que le sanscrit *radh* (empêcher, contenir), qui peut bien prendre avec la pré-

---

[9] Ms. Anq. n° 1 F, pag. 650. Le n° 2 S, pag. 364, et le n° 5 S, pag. 421, ont *raodhyanm;* le Vendidad-sadé lithographié, pag. 419, a fautivement *raôdhyanm*.

[10] *Vendidad-sadé*, pag. 412, avec un *ô* long; ms. Anq. n° 1 F, pag. 630, n° 2 S, pag. 352. Le n° 5 S, pag. 407, lit seul par erreur *raodhayaêti*.

e.

position *apa* le sens de *garder*, qu'il a quelquefois en sanscrit avec la préposition *ava*. Le passage auquel nous faisons allusion étant tout entier consacré à relever l'importance du chien, et notamment des deux espèces de cet animal dont les noms signifient « gardien des troupeaux et gardien des lieux [11], » je conjecture que ce texte, embarrassé peut-être de quelques interpolations, signifie : « qu'il garde ces deux chefs des lieux. »

Si ces observations ont quelque valeur, il en résulte que ni le sens de *crescere* ni celui de *perforare* ne peuvent rendre compte du texte précédent ; que celui de *contenir, arrêter,* s'y accommode, au contraire, d'une manière assez satisfaisante, et conséquemment que nous avons, dans le radical unique *rudh* en zend, deux racines sanscrites : 1° le primitif de *rah* (croître) ; 2° *rudh* (contenir), qui s'écrit de la même manière dans les deux langues. La seule différence qui distingue en zend ces deux acceptions, c'est celle de la conjugaison, *rudh*, dans le sens de *croître,* appartenant à la première classe, et dans le sens de *contenir* à la dixième, ou à la forme causale.

C'est encore à cette même classe qu'il faut rapporter le verbe que je trouve dans un passage du xviiie *fargard* du Vendidad, et que quelques manuscrits écrivent au moyen ⟨⟩ *raodhayéité,* et d'autres à l'actif ⟨⟩ *raodhayéiti* [12]. Dans ce texte, qui contient un dialogue entre Serosch et une Déva femelle (*daévî drukhs*), qu'Anquetil, selon son système, appelle le *Daroudj* (au masculin), il est évidemment question de la pollution nocturne, exprimée par ces mots : ⟨⟩ ce qu'Anquetil traduit bien : « quand l'homme se pollue pendant le sommeil, » littéralement : « quod si homo sopitus semina foras emittit [13]. » Ici, il ne paraît pas

---

[11] Rien n'est plus bizarre que les noms que donne Anquetil aux divers rôles assignés au chien par le texte du Vendidad, et par lesquels il semble désigner différentes espèces de chiens. C'est qu'Anquetil, au lieu de traduire ces noms, s'est contenté de les transcrire comme les lui ont dictés ses interprètes parses, c'est-à-dire le plus souvent d'une manière très-barbare. Le chien Pésoschoroun est appelé dans le texte *paçus haurva,* c'est-à-dire, littéralement, « celui « pour lequel les troupeaux sont tout, ou le gar- « dien des troupeaux. » De même le chien Veschoroun se nomme *vîç haurva,* « le gardien des

« lieux ou des hommes. » Tous ces noms sont des épithètes, qu'il faut traduire si l'on veut que le lecteur comprenne quelque chose au texte.

[12] Le n° 1 F, pag. 766, et le n° 2 S, p. 428, ont l'actif ; le premier de ces manuscrits ajoute à tort un *a* devant l'*é* ; le second a *frâraodhayaiti.* Le n° 5 S, pag. 494, a *frâraodhyata* ; et le Vendidad-sadé, pag. 464, *frî raôdhayéité.*

[13] Le n° 1 F, pag. 766, lit *qafta*, leçon qui me paraît inférieure à celle du Vendidad-sadé, *qapta.* Les deux autres manuscrits mettent ce mot au nominatif singulier masculin d'un thème en *a,* le n° 2 S lisant *qaptô*, et le n° 5 S

qu'aucun des sens que nous avons reconnus jusqu'à présent à la racine *rudh* puisse rendre compte de ce passage. Celui de *faire croître*, et par extension, *faire jaillir*, pourrait sans doute s'y appliquer; mais cette dernière acception ne ressort pas assez facilement du sens primitif de *s'élever* et *pousser*, en parlant des plantes. J'aime mieux abandonner franchement ces explications peu satisfaisantes, et attribuer au radical *rudh* le sens de *couler*, et à la forme causale *faire couler*. Ce sens me semble justifié par l'existence du mot persan رود (fleuve); et quoique je n'en trouve pas jusqu'à présent l'analogue en sanscrit, je n'hésite pas à croire que le radical *rudh* a eu, en zend, le sens de *couler*, et qu'il se rattache à la racine *rad* qui figure dans les noms de fleuves de quelques langues européennes.

Cette assertion, qui me paraît être une conséquence nécessaire de l'analyse du passage précédent, une fois admise, on peut se servir de ce sens pour expliquer les trois exemples où se trouve l'accusatif du nom abstrait *raodhayām*, que M. Bopp considère si justement comme un infinitif. Il faut d'abord remarquer (ce que nous ne voyons pas dans l'analyse de M. Bopp) que *raodhayām* part de la forme causale du radical *rudh*; autrement il serait écrit *raodhām*. Cette observation rattache ce mot *raodhayām* à celle des conjugaisons de la racine *rudh* qui prend la forme causale et suit le paradigme de la dixième classe. Nous avons vu que, dans le sens de *croître*, *rudh* suivait le thème de la première classe; si donc ce sens pouvait être admis pour *raodhayām*, il faudrait le présenter comme un verbe causatif, et traduire : « si les Mazdayaçnas veulent « faire croître la terre. » Cette traduction me semble ne s'accorder qu'imparfaitement avec la fin de la phrase, et je pense qu'il faut renoncer à la signification de *croître*, pour expliquer cette phrase et les deux autres qui lui ressemblent. Tout est facile, au contraire, si l'on admet que nous avons bien traduit *khchudrāo raodhayéiti* par « semina emittit. » Le sens de *faire couler*, donné à un verbe à forme causale dont le radical *rudh* se retrouve, en quelque façon, dans le mot persan qui désigne un fleuve, rend compte d'une manière satisfaisante de nos trois passages; il est justifié même par la traduction d'Anquetil, « creuser « des ruisseaux. » Cette traduction se trouve ainsi confirmée jusqu'à un certain point, car elle exprime une idée analogue à celle de *faire couler*. Le texte, adoptant une hypallage antique, dit : « si les Mazdayaçnas veulent faire couler la

qaftó; nous avons adopté la leçon *qaptó*, qui nous donne un participe parfait passif très-régulier du radical *svap* (dormir). On pourrait regarder *qapta* comme le nominatif singulier masculin d'un nom d'agent en *tār* (nominatif *tá* et *ta*).

Mais cette leçon n'étant pas appuyée par tous les manuscrits, et deux copies nous donnant une forme très-régulière et très-explicable, nous n'avons pas besoin de recourir à un mot que nous ne retrouvons pas ailleurs.

« terre pour arroser, et pour labourer, et pour creuser, » c'est-à-dire, « si les
« adorateurs de Mazda veulent que des ruisseaux coulent sur la terre pour les
« travaux du labourage. » La tradition des Parses, qu'Anquetil a reproduite, a
modifié cette interprétation d'une manière à peine sensible, en exprimant le
moyen, tandis que le texte ne parle que de l'effet. Dans la traduction si fautive
que donne Anquetil de la seconde des phrases où se lit *raodhayām*, « car la terre
« des Mazdeïesnans désire les fleuves, » les mots sont certainement bouleversés,
mais l'idée de *fleuve* se retrouve encore, et c'est elle qui est contenue implicite-
ment dans le radical *rudh*.

Les observations que nous avons présentées au commencement de cette note
sur l'identité du *rudh* zend et du *rah* sanscrit, démontrent suffisamment que
nous avons bien fait d'assigner, avec M. Rask, la valeur d'un *dh* aspiré au q
zend. Cette proposition est confirmée encore par l'existence dans la langue zende
de la désinence sanscrite *dhvam*, caractéristique de la seconde personne plurielle
de l'imparfait, de l'impératif et du subjonctif à la voix moyenne. J'en trouve
un exemple au commencement du xviiie *cardé* du Vispered, dans l'impératif
ᵍᵉⁿᵈ *dárayadhwĕm* (conservez); la désinence change son *a* final en *ĕ*,
et devient *dhwĕm*, mais la dentale reste aspirée comme en sanscrit [14]. J'en vois
encore d'autres exemples dans l'Iescht d'Ormuzd, notamment ᵍᵉⁿᵈ
dayadhwĕm (donnez), ᵍᵉⁿᵈ *várayadhwĕm* (défendez), ᵍᵉⁿᵈ
zayadhwĕm (vivez?) [15].

NOTE E.

Sur le mot zend *daĕna* (femelle).

(*Observ. sur l'Alph. zend*, pag. LXXV.)

La signification que je crois pouvoir attribuer au mot zend qui fait l'objet
de cette note, repose sur la comparaison de ce mot avec le sanscrit *dhĕna*,
« vache qui vient de mettre bas. » Mais elle me paraît confirmée d'une manière
remarquable par le fait de l'existence en singhalais du mot *dĕnĕ*, qui, suivant
Clough, signifie d'abord *vache*, puis « femelle de toute espèce d'animal [1], » et

---

[14] *Vendidad-sadé*, pag. 303; ms. Anq. n° 3 F,   [15] Ms. Anq. n° 3 S, pag. 451.
pag. 61.   [1] Clough, *Singhal. dict.*, s. v° *dĕnĕ* et *dĕno*.

qui, selon la grammaire singhalaise de Chater, s'ajoute au nom des animaux, pour en désigner la femelle[1]. Ce mot vient évidemment du radical sanscrit *dhé* (boire), et le zend *daéná* ne diffère du sanscrit *dhéna* que par le suffixe, et, comme nous allons le montrer, par l'absence d'aspiration dans le *d* initial. C'est sans doute à ce radical *dhé* qu'appartiennent les mots grecs π-θήπη, πέτ-θη, et d'autres dérivés du verbe θάομαι. En citant ce mot, j'ai dû rétablir l'orthographe étymologique, c'est-à-dire l'écrire avec un *dh*. On le trouve en effet ainsi une fois dans un passage du VIIe *fargard* du Vendidad, où ce mot figure trois fois avec l'orthographe ordinaire, celle de *daéna*[2]. C'est cette dernière orthographe qui a trompé Anquetil, et qui lui a fait croire qu'il s'agissait du mot *daéna*, signifiant *loi, religion*. Le sens général peut seul indiquer dans quelle acception est pris *daéna*, car les manuscrits n'emploient presque jamais le *dh* pour distinguer ce mot dans le sens de *femelle*. Cela vient de ce que les copistes n'admettent pas le *dh* comme lettre initiale. On ne rencontre dans tout le Vendidad-sadé que douze ou treize mots commençant par cette lettre; et ces mots sont, ou des secondes parties de mots composés, ou des fragments de mots séparés par erreur du corps des mots auxquels ils appartiennent, ou enfin des inexactitudes de copiste. Cette observation, qui paraît n'intéresser que l'orthographe, a cependant quelque importance pour l'étymologie, puisque, si les copistes ne laissent pas subsister de *dh* initial, les mots où cette lettre se rencontre sont ainsi confondus avec ceux qui n'ont qu'un *d* non aspiré. Aussi je crois devoir relever ici les cas de l'emploi du *dh* initial qui se trouvent dans le Vendidad-sadé, et les comparer avec les leçons des autres manuscrits.

Le mot *daéna*, dont nous nous occupons au commencement de cette note, est écrit une seule fois sur quatre avec un *dh*, dans le passage que nous avons cité tout à l'heure. Aucun des autres manuscrits du Vendidad ne reproduit cette lecture; tous, au contraire, ont le *d* non aspiré. Ce mot formant, dans le passage précité, la seconde partie d'un mot composé, on pourrait admettre (si toutefois les deux parties composantes étaient écrites sans séparation) que le *dh* est régulier; car on remarque que les copistes recherchent autant le *dh* au milieu d'un mot, qu'ils le repoussent au commencement. Mais comme *dhaéna* de notre Vendidad-sadé lithographié est séparé par un point du terme avec lequel il est en composition, la présence du *dh* n'a plus de motif, et je n'hésiterais pas, dans une édition du Vendidad proprement dit, à rétablir le *d* non aspiré.

On trouve deux fois dans le Vendidad-sadé ᵚᵚᵚᵚ *dhatcha*[3]; mais ces deux

---

[1] Chater, *Gramm. of the Cinghalese*, p. 25. — [2] *Vendidad-sadé*, p. 242. — [3] *Ibid.* pag. 61, 447.

syllabes, où nous reconnaissons la copulative *tcha*, ne forment pas à elles seules
un mot; elles doivent être réunies à *çâtcha*, pour faire *çâtchadhatcha*, ou *çâtchaṭ-
tcha*, ou plutôt *çâtchiṭtcha*, suivant les diverses leçons des manuscrits, mot qui signifie, selon Nériosengh, « quel qu'il soit, quiconque. » C'est encore par une erreur
de copiste que ⲁⲕⲣⲟⲩⲡ *dhyéhé* a été séparé du mot auquel il appartient et
auquel il a enlevé sa formative et sa marque de génitif [1]. De même ⲁⲕⲣⲟⲩⲙ
dhâtayâo est isolé à tort de *mazda* dans notre Vendidad [6], ainsi que ⲁⲕⲣⲟⲩⲙ
dhâtâo [7]; d'autres manuscrits lisent ces deux mots en un seul [8]. Il faut en dire
autant de ⲁⲕⲣⲟⲩ *dhâta* que notre Vendidad sépare deux fois de *mazda* [9]; et de
ⲁⲕⲣⲟⲩⲡ *dhayahé*, qui n'est qu'une variante de *dhyéhé*, cité tout à l'heure [10].
Les autres manuscrits du Vispèred, livre auquel appartiennent la plupart de ces
exemples, les réunissent régulièrement aux mots dont ils font respective-
ment partie. Enfin, l'orthographe constante du mot *ṭbaécha* (haine) nous
autorise à regarder comme des fautes de copiste les mots ⲁⲕⲣⲟⲩ *dhbaéis* [11],
ⲁⲕⲣⲟⲩ *dhbasis* [12], et ⲁⲕⲣⲟⲩ *dhbaésó* [13], mots qu'il nous suffit de citer
ici, en avertissant qu'aucun des manuscrits du Vendidad, livre auquel ils sont
empruntés, n'emploie pour les écrire d'autre lettre que le *ṭ*.

On voit par là que le *dh* initial n'est pas admis en zend, et qu'ainsi les copistes
ont pu écrire avec un *d*, des mots qui, primitivement, avaient le *dh*. C'est
une observation qui, dans certains cas, peut jeter du jour sur l'étymologie de
mots difficiles. Mais, en suivant en cela l'exemple des copistes, un éditeur européen doit ne pas oublier, pour ramener le mot à son origine, de vérifier si
le *d* est primitif ou secondaire; cette recherche préparatoire est indispensable
pour assurer la marche du traducteur. Nous finirons cette note, que nous pré-
sentons comme le complément des remarques que nous avons faites sur le *dh*
zend dans nos Observations préliminaires, par la citation même du passage auquel
nous empruntons le mot *daéna*. On verra qu'il est difficile de lui laisser le sens
de *loi* que lui attribue Anquetil, et la lecture du texte même donnera peut-être
un plus haut degré de vraisemblance encore à notre explication.

[5] *Vendidad-sadé*, pag. 6. Le commencement
du mot est *hamaçpathmahé*.
[6] *Ibid.* pag. 5.
[7] *Ibid.* pag. 32.
[8] Ms. Anq. nᵒ 2 F, pag. 61; nᵒ 3 S, pag. 38.
[9] *Vendidad-sadé*, pag. 81.
[10] *Ibid.* pag. 105.
[11] *Ibid.* pag. 199.
[12] *Ibid.* pag. 200, deux fois.
[13] *Ibid.* pag. 229.

Au vii* *fargard* du Vendidad, Ormuzd, après avoir déterminé quelle est la récompense qui est due au médecin qui a guéri un Athorné, un chef de lieu, etc., passe à l'énumération des récompenses promises à celui qui guérit la femme qui occupe le même rang que les personnages dont le texte vient de parler. De part et d'autre le salaire est un animal d'une valeur plus ou moins grande; la différence est, selon mon interprétation, que pour la femme on donne une femelle, et pour l'homme un mâle.

[Avestan text, four lines]

Anquetil traduit tout ce passage de la manière suivante : « Si (le médecin) « guérit la femme d'un chef de maison, sa récompense doit être un âne (qui « soit) selon la loi. S'il guérit la femme d'un chef de rue, sa récompense sera « un taureau, selon la loi. S'il guérit la femme d'un chef de ville, sa récompense « sera un cheval, selon la loi. S'il guérit la femme d'un chef de contrée, sa « récompense sera un chameau, selon la loi [14]. » Le sens littéral me semble devoir être : « si primum domus dominam feminam sanet, asina pretium (erit); « si loci dominam feminam sanet, vacca pretium erit; si urbis dominam feminam « sanet, equa pretium erit; si provinciæ dominam feminam sanet, camelus « femina pretium erit. » Nous joindrons à cette traduction quelques observations destinées à la justifier.

En premier lieu, il est bon de remarquer que le mot *arĕdjô* est écrit par

[14] *Zend Avesta,* tom. I, 2* partie, pag. 323; *Vendidad-sadé,* pag. 242; ms. Anq. n° 1 F, pag. 356, 357; n° 2 S, pag. 175, 176; n° 5 S, pag. 204, 205. Nous suivons, dans l'orthographe des mots *kathwô daênô,* le Vendidad-sadé lithographié. Des trois autres manuscrits, deux lisent à la forme absolue *kathwa,* et un *kathwi.* Si l'on préfère la première de ces deux leçons, il faudra réunir *kathwa* à *daéna* en un seul mot, les composés dont la première partie est à la forme absolue n'étant pas d'ordinaire séparés en deux par un point. L'orthographe *kathwi* semble indiquer un féminin; mais je crois qu'elle est fautive. Les manuscrits varient de même relativement à la lecture de *gawadaênô;* nous avons suivi les n° 2 et 5 S, quoique la véritable orthographe nous semble devoir être *gaodaênô.* Le n° 1 F lit *gavi,* et le Vendidad-sadé en deux mots, *gavô daénô.* Ce texte renferme d'autres mots importants qui seront expliqués plus tard.

quelques manuscrits *arĕzó*, auquel cas il vient de *arh* (mériter), mais qu'on le trouve plus fréquemment avec un *dj*, c'est-à-dire dérivé, au moyen d'un *guṇa*, du radical *rĭdj* (gagner). Je ferai observer en outre que ma traduction apporte au sens une modification importante, en ce qu'il ne s'agit plus de la femme d'un chef de maison, etc., mais d'une femme qui est chef de maison, sans que le texte s'explique sur son état de femme mariée. Voici sur quels motifs je me fonde pour entendre ainsi *paitîm nâirikām*, littéralement, « dominum « feminam. » Il me semble que si le législateur eût voulu désigner la femme mariée, il se fût servi de *pathnîm*, qui existe en zend et qui répond exactement au sanscrit *patnî*. Ce mot se rencontre, il est vrai, assez rarement dans le Vendidad-sadé. Je crois cependant le trouver dans un passage du Vispered, où le Vendidad-sadé lit ꭓꭓꭓ *pathnĕm*, mais où un autre manuscrit lit *pathnim* [15]. Il faut seulement allonger l'*i* pour obtenir le sanscrit *patnîm*. Le nominatif se lit au XII*fargard* du Vendidad, où malheureusement nous manquons du secours des autres manuscrits, le Vendidad-sadé étant le seul qui nous donne ce chapitre [16]. Il est opposé au mot *paitis* (maître), de la manière suivante :

ꭓꭓꭓ ꭓꭓꭓ ꭓꭓꭓ ꭓꭓꭓ ꭓꭓꭓ ꭓꭓꭓ ꭓꭓꭓ ꭓꭓꭓ
ꭓꭓꭓ

« Si le maître de maison ou la maîtresse de maison vient à mourir. » Il faut peut-être séparer par un point le mot *vá* de *pathni;* mais on ne peut en aucune façon se refuser à voir dans le zend *pathni* le sanscrit *patnî*, dont le *th* est aspiré par suite de l'influence qu'exerce la nasale dentale sur la consonne qui la précède. Or, si l'on pense à l'analogie qui existe entre le zend et le sanscrit, analogie qui se retrouve jusqu'à un certain point dans les usages et dans les idées religieuses des peuples qui ont parlé ces deux langues, on nous permettra peut-être de supposer que *pathni* en zend a eu spécialement le sens de *femme mariée*, comme en sanscrit. Nous savons que *patnî*, dans cette dernière langue, est exclusivement affecté à la désignation de la femme mariée suivant la loi, tandis que, pour indiquer une *maîtresse*, on se sert de *pati* comme au masculin. C'est ce que nous apprend Colebrooke, d'après Pânini, aux gloses duquel il emprunte un exemple qui met le fait hors de doute [17]. La règle de Pânini exprime ce fait d'une manière remarquable : पत्युनों यज्ञसंयोगे ॥, ce que le commentateur résout et explique de la manière suivante :

[15] *Vendidad-sadé*, pag. 57; ms. Anq. n° 5 S, pag. 589.

[16] *Vendidad-sadé*, pag. 377.

[17] *Gramm. of the sanscr. lang.* pag. 113, 114.

पति । इ्येतस्य स्त्रियां नकारो ऽन्तादेश: स्यात् । यक्षेन संबन्धे सति । ऋत्रेभ्यो ङीप् । वसि-
ष्ठस्य पत्री ॥ वसिष्ठकर्तृकयक्षफलभोक्त्रीयर्थ: । यक्षसंयोगे किं । ग्रामस्य पतिरियं ॥ ¹⁸

Cette règle est trop claire pour qu'il puisse rester la moindre incertitude sur
la valeur réelle du mot *patnî* en sanscrit, et sur l'usage qu'on fait de *pati* aux
deux genres, quand il s'agit de désigner une femme qui est maîtresse. C'est cette
distinction du *yadjñasaṃyôgé*, qui nous rappelle le *Communia sacra* des Romains,
que je proposerais d'étendre à la langue zende.

Mais, quelque opinion qu'en ait le lecteur, et quand même il préférerait
l'interprétation d'Anquetil, c'est toujours d'une femme qu'il est question dans
notre texte; et ce fait me suffit pour établir entre les diverses femmes guéries
par le médecin, et la récompense qui est accordée à ce dernier, un rapport fondé
d'ailleurs sur l'étymologie. J'ajouterai que les composés dans lesquels figure
daêna sont des adjectifs possessifs, et que, comme tels, ils sont en rapport avec
un substantif dont ils prennent le genre. Ce substantif est *arĕdjô* (salaire), et
c'est pourquoi l'on a au masculin *açpô daênô*, ce qui revient à « salaire consistant
« en une femelle de cheval. » J'ai fait cette remarque pour qu'on ne fût pas
tenté de croire que *daêna* est du masculin.

NOTE F.

Sur le groupe *khdh*.

(*Observ. sur l'Alph. zend*, pag. LXXV.)

L'existence de ce groupe, qui est composé dans un système complétement différent de celui qui régit les combinaisons des consonnes en sanscrit, est démontrée par quelques mots, en assez petit nombre, mais sur l'authenticité desquels
il ne peut s'élever le moindre doute. Le plus caractéristique de tous est l'adjectif
pukhdha (cinquième) qui se rencontre dans plusieurs passages du Yaçna et du
Vendidad; nous renvoyons en note aux plus importants de ces passages[1]. Les ma-

---

[18] Pânini, IV. 1. 33. Je ne change au texte
que le ç dans le mot *vaçichtha*, que je lis avec
un *s* (*vasichtha*), d'après des raisons qui sont exposées dans mon analyse du mot zend *vahista*.

[1] *Vendidad-sadé*, pag. 44, 86, 118, 138, 139,
146, 154, 156, 157, 159 et pass.

f.

nuscrits ne varient pas sur l'orthographe de ce mot, qui est uniformément écrit ᵃᵉᵈᵃ *pukhdha* avec le *kh* que je crois aspiré, et avec le *dh*. Il y a, sur cette formation remarquable, plusieurs observations à faire. D'où peut venir l'aspiration du *dh*, et que représente cette dentale? Ce n'est, je crois, autre chose que le suffixe *ta*, qui, en sanscrit, est aspiré dans l'adjectif *chachṭha* (sixième). Si je suppose qu'en zend ce suffixe est primitivement *ta*, c'est que nous savons que, dans cette dernière langue, le *t* non aspiré remplace d'ordinaire le *th* dévanâgari: nous en avons un exemple dans la manière même dont le zend écrit l'adjectif *khṣtu* (sixième), au lieu du sanscrit *chachṭha*. Je pense donc que le zend *pukh-dha* est pour *pukh-ta*, comme nous voyons quelques manuscrits donner ᵃᵉᵈᵃ *ukhdha* pour ᵃᵉᵈᵃ *ukhta*. Il y a seulement cette différence entre ces deux mots, que le second (*ukhdha*) me paraît une irrégularité introduite, dans des temps relativement modernes, par l'influence de la prononciation, irrégularité que démontre la coexistence de la forme véritable *ukhta*, tandis que les manuscrits écrivent toujours *pukhdha*, et jamais *pukhta*. La première de ces deux orthographes *pukhdha* a donc, depuis longtemps, pris place dans la langue, et quoiqu'elle me paraisse, dans l'origine, n'être qu'une modification qui vient de la prononciation, elle doit être considérée comme régulière quant à l'état actuel de la langue. L'aspiration du *dh* est produite peut-être par l'influence du *kh*, quoique, à vrai dire, une lettre aspirée ne communique sa nature qu'à la consonne qui la précède immédiatement, et qu'en zend l'aspiration remonte au lieu de descendre; peut-être ne vient-elle que de l'usage où sont les copistes de préférer comme médial le *dh* au *d*. Si l'on admet que le suffixe *tha* sanscrit a pu rester aspiré en zend, le choix du *dh* dans *pukhdha* sera facile à comprendre; *dha* ne sera que *tha* adouci.

Une fois le suffixe retranché, il reste *pukh*, altération de *pañtch-an* (cinq) en zend comme en sanscrit. Le passage de la palatale *tch* à la gutturale est très-ordinaire. Il y a plus, la gutturale est peut-être primitive; de sorte que, pour expliquer *pukh*, on n'aurait pas besoin de partir de *pantch*, mais de *pank*. Quoi qu'il en soit, il n'en est pas de même de la nasale qui se retrouve dans presque toutes les formes de ce mot, tel que l'ont conservé les langues de la famille sanscritique. La voyelle *u* n'en est, selon toute apparence, que le substitut, à peu près comme le grec ος de οττ devient ου dans la déclinaison et dans la conjugaison. La modification qui change *pañtcha* (ou *panka*) en *pukhdha* n'est pas plus forte que celle qui, en singhalais, dérive *paha* de *pañtcha*, en passant par *pasa*, mots qui coexistent tous dans la langue, avec le sens de *cinq*.

Il faut encore citer, comme exemple de ce groupe, le mot zend qui passe

pour le nom de la ville de Bactres, que les manuscrits lisent ڛڛوڨیو *bákhdhím*
à l'accusatif, au 1ᵉʳ *fargard* du Vendidad. En voici le texte tel qu'il est établi
par M. Olshausen, d'après les manuscrits [1].

ﺳﻤﻮﺍﺑﯽﮒ. ﺳﻤﻮﺳﻮﺑﯿﮑﯿﮭﻢ. ﺭﯾﮏﻣﺎﺩﮏﺍﺳﺎﺑﯿﮏﯾﮭﻢ. ﻭﺍﺳﻮﺩﻭﺳﻮﻣﻤﮭﮑ. ﮒ ﺍﺳﺪﮐﮏﺳﮏﯾﮔﯽﺍﮒﭻ.
ﺳﺪﮒﮒ. ﻭﺟﮏﺣﻂ. ﺳﻮﺩﺍﺣﻂ. ڛڛوڨیو. ﻋﯿﮏﻭﺳﯽ. ﺩﺍﺣﯿﺎﺑﯽﮒ. ﻃﮏﻭﺳﺎﯾﮏﮒ. ﻭﺍﺳﻮﺩﮐﯿﮓﺑﮏﭻ.

Littéralement, « quartum locorumque regionumque excellentissimum ordinavi
« ego qui (sum) Ahura multiscius, *Bákhdhím* fortunatam, elata vexilla ha-
« bentem. » Un manuscrit lit *bákhdhĕm* [3]; un autre, dans la phrase qui suit
immédiatement le texte précité, lit *bákhtím* [4]; mais ce sont les seules exceptions
que je connaisse à l'orthographe *bákhdhí*, qui nous donne un nom substantif
féminin, et où le groupe *khdh* est bien authentique.

J'ajoute ici de courtes explications sur chacun des mots qui composent ce
texte. Le premier, *táirím*, est l'accusatif masculin singulier de l'adjectif *táirya*
(quatrième); c'est le sanscrit *túrya*. Le mot zend ne diffère du sanscrit que
par l'addition de l'*i* épenthétique, et par la contraction de *ím* pour *yam*. Le
second mot, *açaǧhāmtcha*, est le génitif pluriel, avec la particule *tcha*, du nom
neutre *açó*, qui serait en sanscrit *aças*, et qui a en zend le sens de *lieu*. Ce mot
vient, selon toute apparence, du radical *aç*, en sanscrit *occuper*, *pénétrer*, radical
qui sert en zend à expliquer plusieurs mots qui contiennent d'une manière plus
ou moins implicite la notion d'étendue. Si l'on admet cette conjecture, *açó*
(qui se trouve au commencement du 1ᵉʳ *fargard* du Vendidad, joint à l'adjectif
composé *rámódáitím*, litt. *jucundus dandus*, donné pour être agréable) devra
signifier, à proprement parler, *espace*. Mais comme le ﺳﻮ *ç* zend remplace fréquemment le *s* dental dévanâgari, on peut supposer aussi que ce mot dérive
du radical *as* (être), et qu'il a pu former en zend un substantif avec le sens de
lieu, comme, du radical sanscrit *bhú*, viennent les substantifs *bhú* et *bhuvana*.
Toutefois la première explication me paraît la plus vraisemblable. Le troisième
mot, *chóithranāmtcha*, est le génitif plur. neutre du substantif *chóithra* (province),
qui est exactement le sanscrit *kchétra*, le ﻣﻮ *ch* zend remplaçant quelquefois
le sanscrit क्ष *kcha*, comme dans *achi* pour *akchi* (œil); *ói* égalant *é* sanscrit,
comme dans les deuxièmes et troisièmes personnes du subjonctif *óis* et *óit*, pour
és et *ét;* et le *t* étant aspiré en *th* à cause de l'influence de la liquide *r* qui

[1] Olshausen, *Vendidad,* pag. 4. *Vendidad-sadé,*   [3] Ms. Anq. n° 1 F, pag. 9.
pag. 118.   [4] Ms. Anq. n° 2 S, pag. 6.

suit. L'adjectif *vahistĕm* a été suffisamment expliqué dans notre texte; il se rapporte à *táirím* et au substantif *açô* sous-entendu, tous ces mots étant régis à l'accusatif par le verbe *fráthwĕrĕçĕm*.

Ce mot est la première personne de l'imparfait actif d'un verbe où nous trouvons la désinence *ĕm* pour le sanscrit *am*, la préposition *fra* pour *pra*, laquelle est fondue, selon toute apparence, avec l'augment de l'imparfait *a-thwĕrĕç-ĕm*. Il semble que ce radical *thwĕrĕç* comprenne en lui-même les deux radicaux sanscrits त्वक्ष् *tvakch* (d'où vient le nom propre *Tvachtrí*, l'architecte céleste) et त्वर् *tvar* (se hâter, agir promptement). Si, en effet, on ramenait la syllabe *ar* de ce dernier radical à la voyelle indienne *rĭ* (en zend *ĕrĕ*), et qu'on l'insérât dans le radical sanscrit *tvakch*, on aurait un radical verbal peu éloigné de notre zend *thwĕrĕç*, dans lequel le *t* est aspiré par suite de l'influence du *w*. Quoi qu'il en soit de ce rapprochement, le sens de *thwĕrĕç* n'est pas douteux; ce mot signifie réellement « arranger, ordonner, créer, » comme *tach*, que nous avons précédemment rattaché au sanscrit *tvakch*. On rencontre dans les textes un assez grand nombre de formes qui en dérivent, et entre autres le participe parfait passif *thwarsta* (fait, arrangé). Ce participe, formé comme *karsta* de *kĕrĕch* (labourer), se trouve, au LXIVᵉ chapitre du Yaçna, au nominatif pluriel avec une forme très-remarquable, dont nous donnerons quelques exemples tout à l'heure dans une note spéciale. C'est ٮ موٮٮ *thwarstáonğhó*, où *áonğhó* représente un sanscrit *ásah* ou *ásas*, désinence védique des nominatifs pluriels masculins des noms dont le thème est en *a*. Nériosengh détermine aussi exactement la forme grammaticale que la valeur de la racine, par cette traduction *nirmitáh* (creati) [1].

C'est encore ce radical qu'on aurait de la peine à reconnaître, à cause des modifications euphoniques qu'il a subies, dans le mot ٮ موٮٮ *thwórĕstárá*, que je trouve au duel dans un passage du XLIᵉ chapitre du Yaçna, sur une phrase duquel une des remarques les plus ingénieuses de M. Bopp a jeté un jour tout nouveau. Dans les mots *açpinátcha yavánô*, M. Bopp a reconnu le couple des jeunes Açvins, dont le nom *açpiná* est au duel [2]. Immédiatement après l'indication de ce titre, le texte ajoute ٮ موٮٮ . موٮٮٮ [3],

[1] *Vendidad-sadé*, pag. 520; ms. Anq. n° 2 F, pag. 406 ; n° 3 S, pag. 249.

[2] *Gramm. sanscr.* pag. 322.

[3] *Vendidad-sadé*, pag. 313; ms. Anq. n° 6 S,

pag. 151; n° 2 F, pag. 267; n° 3 S, pag. 170. Notre Vendidad-sadé lithographié lit par erreur *páyustchá* ; le n° 2 lit au singulier *páyŭmtchá*, et les deux autres manuscrits *páyástchá*.

ce que je traduis par « et les artisans qui protégent. » Ce sont des épithètes données aux deux jumeaux dont le souvenir se représente plus d'une fois dans les textes, sans que leur nom y soit mentionné. Ici *páyás* est à l'accus. pluriel, quoique le mot *açpiná* ait la désinence du duel *á*, que M. Bopp regarde avec raison comme répondant à l'*á* des Védas, qui, lui-même, doit venir de *áu* du sanscrit classique. Le même savant a remarqué (et plusieurs textes du Zend Avesta justifient cette observation) que les désinences du pluriel et du duel se mêlaient souvent dans la même phrase, et les deux mots qui nous occupent en ce moment pourraient encore, si nous les analysons bien, en servir d'exemple. Je dois cependant avertir que, dans un autre texte du LIV° chapitre du Yaçna, ces deux mots se retrouvent réunis, et que les bons manuscrits y lisent *páyú*, qui est exactement, en zend comme en sanscrit, le duel d'un nom en *u* [1]. Quant à *thwórěstárá*, que nous avons deux fois dans le Vendidad-sadé, écrit soit avec l'*a* bref final, soit avec l'*á* long, c'est l'accusatif duel en *á* pour *áo* d'un nom d'agent dont le thème est en *tár*. Le retranchement de la désinence et de la formative donne *thwórěs*, où la voyelle *ó* est vraisemblablement l'augmentation de l'*a* de la syllabe *ar* (*guṇa* de *ěrě* du radical *thwěrěç*), augmentation analogue à celle que nous avons remarquée dans le zend *vóhu*, pour le sanscrit *vasu*. En faisant acception de toutes les particularités euphoniques que nous venons d'indiquer successivement, on conviendra que le zend *thwórěstárá* n'est pas fort éloigné du sanscrit *tvachṭárāu*. Ce mot se trouve au nominatif singulier ⲙⲡⲟⲩⲉⲓⲃⲉⲩⲥⲑ *thwórěstá* dans un passage du XXIX° chapitre du Yaçna, que nous analyserons en son lieu [2].

Je reprends la suite de l'examen du texte précité, dont l'analyse du mot *fráthwěrěçěm* m'a nécessairement détourné. Le mot qui suit *Bákhdhím* (nom sur lequel je reviendrai plus bas) est l'adjectif *çrírām* à l'accusatif, du thème *çríra*, « fortunée ou belle. » Nous avons expliqué ce mot dans le texte en le rattachant au substantif *çrí*. Restent *ěrědhwó drafchām*, qui doivent être réunis pour former un mot composé, dont le dernier seul porte la désinence de l'accusatif féminin, qui le rattache au nom de *Bákhdhím*. Le mot *ěrědhwó* est un adjectif avec la désinence du nominatif masculin singulier, dont le thème *ěrědhwa* est le sanscrit *úrdhva*. Je pense que la forme zende est antérieure à la forme sanscrite, et je la rattache au radical *ridh* (croître); la différence de *ěrě* à *úr* ne peut faire

_____

[1] *Vendidad-sadé*, pag. 514. Le n° 2 F, p. 386, et le n° 3 S, pag. 238, lisent *páyú*. Le n° 6 S, pag. 202, lit *páyu*, par suite de la confusion du *u* avec l'*ú* long que nous avons déjà remarquée.

[2] *Vendidad-sadé*, pag. 171. Nous mettons *á* long avec les anciens manuscrits.

difficulté. Enfin, *drafcha*, dans lequel on ne peut s'empêcher de reconnaître le mot d'où s'est formé le *drappello*, et *drapeau*, des langues de l'Europe occidentale et méridionale, signifie certainement *drapeau*, *étendard*.

NOTE G.

Sur l'absence de la lettre *l* en zend.

(*Observ. sur l'Alph. zend*, pag. LXXVIII.)

L'absence de la liquide *l* en zend, et l'emploi de *r* à la place de cette lettre, peuvent passer pour une preuve d'antiquité, en ce que la liquide *l* n'est d'ordinaire qu'un adoucissement de *r*. Il est également remarquable que cette lettre se trouve dans le persan, tandis que le zend ne la possède pas. Cela vient, selon toute apparence, non-seulement de ce que le persan est plus moderne que le zend, mais de ce qu'il a en propre des mots, et par suite peut-être des articulations, qui peuvent ne pas dériver du zend. Nous touchons ici à une question qu'il ne nous appartient pas de traiter; nous devons nous contenter de remarquer que plusieurs mots persans paraissent se rapprocher de la forme sanscrite plus que de la forme zende. Nous avons déjà cité en ce genre le nom de *Narsès*, il serait facile d'en ajouter beaucoup d'autres; cependant il faudrait avoir fait une étude comparée du persan et du zend pour apprécier, en connaissance de cause et sans préjugés, l'étendue des emprunts que le persan a faits, soit à l'ancienne langue de l'Arie, soit à celle des Brahmanes.

Quand nous disons que l'absence de la liquide *l* est une preuve d'antiquité, nous ne prétendons pas avancer absolument qu'une langue qui ne possède pas le *l*, est une langue nécessairement plus antique que celle qui fait usage de cette lettre. Bornant la question à la comparaison du zend et du sanscrit, nous disons que quand ces deux langues possèdent en commun un même mot, qui dans l'une est écrit avec un *l*, dans l'autre avec un *r*, c'est, selon toute apparence, dans cette dernière qu'on devra trouver la forme primitive de ce mot. Ainsi nous pensons que le mot *gara* (gosier) est plus ancien que *gala*, et cette conjecture nous paraît confirmée par l'existence du radical sanscrit ग्री *grî* (avaler). Il est vrai que *gala* est rattaché par les grammairiens indiens à *gal* (avaler); mais cette dernière racine elle-même peut bien n'être qu'un adoucissement de *gar*. En latin on a en même temps, et *gala* qui est le *gala* sanscrit, et *gurges*, qui, avec une signification différente, mais analogue, présente le radical *gar*.

Lorsque les dialectes dérivés du sanscrit auront été étudiés d'une manière plus complète, on reconnaîtra peut-être des traces de l'existence ancienne d'un *r* dans des mots où nous ne trouvons plus maintenant qu'un *l*. Par exemple, on rencontre très-fréquemment en pâli la particule སྐ *kira*, qui est exactement la particule sanscrite *kila*. Comme le dialecte pâli n'affectionne pas plus qu'aucune autre langue la liquide *r*, on ne peut pas supposer que *kira* vienne de *kila* sanscrit. Le contraire me paraît plus vraisemblable, et j'aime mieux croire que c'est un ancien mot qui est resté plus pur dans l'idiome dérivé que dans la langue mère. Il ne serait pas inutile de rechercher si, dans le dialecte des Védas, on ne retrouverait pas écrits avec un *r* des mots qui n'ont plus actuellement qu'un *l*. Dans la copie des Védas en caractères télingas que possède la Bibliothèque du Roi, on lit au commencement du III° hymne du Rig-Véda इमे सोमा अर्कृता:, ce qui paraît signifier : « hi somæ ornati [1]. » Mais cette copie est si difficile à lire, et on la trouve si incorrecte dans les endroits qu'on en peut déchiffrer, qu'il est peu sûr d'en tirer argument quant aux diverses particularités du dialecte des Védas. La substitution de la liquide *r* à *l* dans le mot *aram* pour *alam* peut venir aussi de quelque habitude provinciale.

NOTE H.

Sur bhâmi et humus, χϑών et hasta.

(Observ. sur l'Alph. zend, pag. LXXXI.)

J'ai oublié de faire remarquer dans la note 32, que je ne comparais pas, dans la liste à laquelle cette note se rapporte, le sanscrit *bhâmi* (terre) à tous les autres mots sans exception qui se trouvent sur la même ligne, mais que les deux termes extrêmes seulement étaient identiques; savoir, *bhâmi* sanscrit et *humus* latin. Les autres mots *zeme, zĕm, χϑών*, appartiennent à un autre radical, dont la forme première a vraisemblablement une gutturale ou une palatale; soit que le zend *záo* (au nomin.) paraisse n'être qu'un adoucissement du sanscrit

---

[1] *Rigved.*, ms. tél. n° 1 b, fol. 1.

gánh, ces deux mots étant dans le même rapport que le grec γῆ et γᾶ; soit que l'on adopte la conjecture que nous exposerons plus bas sur l'étymologie du substantif *zĕm*, et sur l'analogie qu'il paraît avoir avec un mot sanscrit peu commun.

Quant au substantif sanscrit *hasta*, que je décompose en *has-ta* et que je dérive de *har* (*hrĭ*) avec le suffixe *ta*, si l'on avait quelque peine à admettre, pour l'intérieur d'un mot, une permutation de lettres qui n'a lieu qu'à l'extérieur des mots en sanscrit, nous rappellierions qu'il en est exactement de même en latin où *us-tum* vient de *ur-o*.

NOTE I.

Sur *arĕdja* et *arĕza*.

(*Observ. sur l'Alph. zend*, pag. LXXXVI.)

Un nouvel examen des manuscrits m'a mis à même de reconnaître que la leçon *arĕdja* (prix) ne peut être changée, et que ce mot doit être un substantif dérivé du radical sanscrit *ardj* (gagner); ce qui n'empêche pas que ce dernier radical ne revienne à la racine *rĭdj*, qui d'ailleurs existe en sanscrit avec le sens de *gagner*. Si donc *arĕza* se trouve réellement dans la langue zende, comme on peut le supposer d'après les variantes d'un texte cité sur la note E, on continuera de le dériver de *arh* par le changement du *h* en *z*; mais il faudra distinguer deux mots : 1° *arĕdja* de *rĭdj*, en zend *ĕrĕdj*, et *arĕza* de *arh*, en zend *arz*. C'est en ce sens que je désire modifier l'assertion qui se trouve dans le texte auquel renvoie cette note.

NOTE J.

Sur la sifflante dentale devant *tch*.

(*Observ. sur l'Alph. zend*, pag. XCIII.)

L'observation que nous faisons dans le texte sur le changement d'une sifflante dentale en la sifflante palatale devant *tch* est rigoureusement exacte pour le cas où la sifflante est précédée d'un *a* bref ou long, ou de *do* [1]. Mais j'ai remarqué que quand elle était précédée d'une autre voyelle, notamment de *i* et de *u*, le plus grand nombre des manuscrits, et parmi eux les plus anciens, conservaient la sifflante dentale sans changement. J'ai cru longtemps que cette orthographe était une faute de copiste, et j'étais dans ce sentiment lorsque j'ai rédigé le texte auquel renvoie cette note, texte dans lequel je n'ai cependant affirmé l'existence de la permutation de *s* en *ç* que pour la désinence *as*. L'accord des manuscrits me persuade que ce n'est pas arbitrairement que les copistes écrivent ﻮﺳﻮ *páyustcha*, au lieu de ﻮﺳﻮ *páyaçtcha*, qu'on s'attendrait à

---

[1] Je cite ici la diphthongue *áo* comme une des voyelles après lesquelles la sifflante dentale se change en sifflante palatale devant *tch*, pour qu'on ne croie pas que j'ai oublié des combinaisons aussi communes que *doç-tcha*. Mais dans la réalité, ce n'est avancer un autre principe que celui qui est indiqué au commencement de la note J, savoir, que *á* long, comme *a* bref, permet à la sifflante dentale de se changer en palatale devant *tcha*. En effet *áo* zend est déjà pour *ds* sanscrit, et si devant *tcha* on trouve *do-çtcha*, c'est que la sifflante primitive de la syllabe *ds* reparaît comme si elle n'avait pas été fondue avec l'*á* dans *áo*. Si donc les voyelles ont quelque influence sur les changements de la sifflante, comme les notes J et K essayent de le faire voir, il est naturel d'attribuer cette influence à la voyelle de la syllabe primitive, c'est-à-dire à *d*, plutôt qu'à l'élément *o* de *áo*, dont on tient, à ce qu'il paraît, si peu de compte, que la sifflante (dont cet élément est le substitut) se retrouve comme si la substitution n'avait pas eu lieu. J'en dirai autant des syllabes *èç-tcha* (d'ailleurs peu communes), que l'on ne trouve pas fréquemment écrites avec le *s* dental, quoique l'élément *i*, qui semble faire partie intégrante de toute voyelle *è*, paraisse devoir attirer après soi un *s* dental. C'est que la voyelle *è* n'est pas ici primitive, et qu'elle est, selon moi, le développement d'un *a*. M. Bopp a émis l'opinion que *éç* est une désinence du nomin. et de l'accus. duels féminins,

dont les éléments primitifs *aydoç* se sont contractés en *ayç*, puis en *èç*, par la suppression de la diphthongue *áo*, et par le retour de la semi-voyelle *y* à son élément voyelle. (*Vergleich. Gramm.* pag. 244 et 262, note.) Ce n'est pas ici le lieu d'examiner jusqu'à quel point cette explication, certainement très-neuve, rend compte de tous les cas où l'on trouve *èçtcha*. Il me suffira de dire que, si elle était adoptée, elle justifierait la persistance de la sifflante *ç* après une voyelle telle que *è*. J'ai promis de traiter, dans une note spéciale, des diverses origines de l'*é* en zend, et je tâcherai d'y prouver que cette voyelle, et plus souvent encore *è*, est au nombre des permutations possibles de la voyelle *a*. Le lecteur peut déjà comparer les faits suivants et en tirer la conséquence : *èng* pour le sanscrit *am*, avec une nasale et l'addition d'une gutturale qui seront expliquées plus tard, notamment dans *viçpèng* pour *viçvam* (totum), *qèng* pour *kham* (cœlum, et par extension, solem), *angrèng* pour *angrêm* (crudelem), *qyèm* pour *syâm* (sim), *çènghé* (doces), etc. La note à laquelle je fais allusion comprendra un nombre considérable de faits analogues, non moins caractéristiques et non moins importants pour la grammaire comparative et pour l'intelligence des textes zends. J'essayerai d'y déterminer, autant qu'il sera possible, les causes de ce changement de *a* en *è* qui, dans les exemples cités tout à l'heure, paraît dû à l'influence de la nasale.

trouver si les lois euphoniques qui régissent les mots dans leur rencontre
mutuelle étaient aussi développées en zend qu'en sanscrit. La persistance de
la sifflante dentale dans les cas auxquels nous faisons allusion, est une preuve
intéressante du peu de progrès qu'a fait la loi du *sandhi* indien dans la langue
zende. La conjonction *tcha* se joint immédiatement en sa qualité d'enclitique au
mot qu'elle met en rapport avec un autre mot, sans que sa consonne puisse
exercer sur la sifflante précédente la moindre action. Cette exception est d'autant plus remarquable, que nous savons que la préposition *nis,* par exemple,
change sa finale selon la nature de la lettre initiale du mot que précède la préposition. Il semble que cette règle du *sandhi* semi-intérieur devrait se reproduire
à la fin des mots terminés en *us* et *is,* lorsqu'ils sont suivis de *tcha.* Si donc
la sifflante dentale subsiste devant un *tcha* lorsqu'elle est précédée des voyelles
i et *u,* c'est que l'action de la voyelle qui précède la sifflante l'emporte sur
celle de la consonne qui la suit; et la règle qui résulte de cette observation est
dans une corrélation parfaite avec celle que nous indiquerons dans la note suivante, sur l'emploi anomal de la sifflante palatale suivie d'une consonne quelconque, et précédée d'un *a.*

Au reste, on peut faire ici une remarque que suggère aussi l'emploi de la
sifflante palatale en zend. C'est que la sifflante dentale ﺵ *s* et la palatale ﺵ
ç ont pu, dans le principe, ne pas être aussi distinctes l'une de l'autre, quant
à la forme, qu'elles le sont actuellement. Nous ne possédons aucun manuscrit
zend véritablement ancien; nous ne pouvons donc nous livrer avec quelque
espoir de succès à des recherches paléographiques relatives au caractère zend.
Cependant j'ai rassemblé, sur ce sujet difficile mais intéressant, plusieurs remarques que je compte exposer lorsque je donnerai des spécimens des manuscrits
de la Bibliothèque du Roi; et j'ai déjà indiqué dans mon Avant-propos, que
le n° 6 Supp. des manuscrits d'Anquetil fournit le moyen de reconnaître
avec certitude la composition primitive de l'o zend. Or, pour revenir aux
sifflantes ﺵ ç et ﺵ *s,* il se peut faire que ces lettres, dont le premier trait
paraît commun à l'une et à l'autre, se soient dans l'origine ressemblé davantage,
et qu'elles n'aient été que plus tard distinguées l'une de l'autre par l'addition
régulière de quelques traits. C'est ce qu'il est permis de supposer à l'égard du
ﺵ *ch,* qui paraît n'être qu'une extension du ﺵ *s,* conjecture à laquelle la vue
des manuscrits eux-mêmes donne quelque vraisemblance. L'alphabet ou les
alphabets auxquels le zend a emprunté ses formes, ne connaissaient peut-être
pas cette distinction des trois sifflantes *ç, ch, s,* qui joue un rôle si important en
zend et en sanscrit.

Quoi qu'il en soit de cette question, sur laquelle je m'abstiens à dessein de prononcer maintenant, il faut ajouter à notre tableau des combinaisons des consonnes le groupe ᵖᵉˢᵗᵍ *stch* qui est établi par les observations précédentes, fondées sur la comparaison des manuscrits.

NOTE K.

Sur les groupes *çt* et *st*.

(*Observ. sur l'Alph. zend,* pag. xcv.)

Je dois ajouter aux observations relatives à l'emploi des sifflantes *ç* et *s*, et notamment au fréquent usage de la première devant la dentale *t*, que le groupe ᵖᵉˢˢ *çt* est en général plus commun au commencement qu'au milieu d'un mot, tandis que la sifflante dentale, qui ne commence jamais un mot, si ce n'est dans le groupe *sk*, est adoptée par les meilleurs manuscrits comme médiale, surtout après les voyelles *i* et *u*. En général, ˢˢ *ç*, qui n'est que très-rarement final, aime au contraire à commencer un mot, tandis que *s*, que nous savons être employé à la fin d'un mot après *i* et *u*, n'est presque jamais initial. Quelques exemples suffiront pour établir cette règle.

Le radical sanscrit *sthâ* (stare) fait, en zend, au participe parfait passif, ᵃᵘᵖᵉᵃᵘᵖᵉˢˢ *çtâta*, le *t* non aspiré remplaçant le *th* sanscrit, et le ˢˢ *ç* étant substitué au *s* dental. Or ce mot, qui se trouve fréquemment dans le Vendidad-sadé, est uniformément écrit de cette manière par tous les manuscrits. Le substantif ᵃˡᵃᵘᵖᵉˢˢ *çtâna* (lieu) suit exactement la même orthographe; aucun manuscrit ne présente de variantes. Un autre substantif ᵖᵉˢˢ *çti*, que Nériosengh traduit à peu près indifféremment par *création* ou par *monde*, et qui n'est, selon toute apparence, qu'une contraction du sanscrit *sthiti* (statio), est toujours écrit avec un *ç* palatal; les manuscrits sont uniformes sur ce point. Le mot ᵃˡᵇᵃᵘᵖᵉˢˢ *çtaora* (bête de somme), qui dérive peut-être de cette même racine, mais qui, certainement, est le même mot que le sanscrit स्थौर *sthâura* (charge d'un cheval), s'écrit également toujours avec un ˢˢ *ç* palatal.

Mais s'il arrive que ce radical *çtâ* devienne médial par suite des modifications de la flexion, ou par le fait de la réunion régulière ou irrégulière de plusieurs mots en un seul, alors on voit reparaître le *s* dental, même dans notre manuscrit lithographié qui, en général, préfère le *ç* palatal. Ainsí on trouve avec un *s* dental les diverses formes du verbe *çtâ*, comme ⟨zend⟩ *hista* (sta), ⟨zend⟩ *histênti* (stant), ⟨zend⟩ *histâmaidhê* (stamus), ⟨zend⟩ *histôis* (stes), etc. etc. Je n'ai pas besoin de faire remarquer le rapport que présente la formation de ce verbe avec le grec ἵστημι : le but de cette note est seulement de préciser l'emploi des sifflantes *ç* et *s*. De même lorsque le mot *çti* se trouve réuni à un autre mot, soit qu'il fasse vraiment corps avec lui, soit que les copistes aient cru à tort qu'il devait en être ainsi, il est remarquable que le *s* dental reparaisse; on en trouve deux exemples aux passages cités en note [1].

Je pourrais en dire autant des radicaux ⟨zend⟩ *çtu* (louer), pour le sanscrit *stu*; de ⟨zend⟩ *çtërë* (étendre), pour le sanscrit *strī*; du substantif ⟨zend⟩ *çtri* (femme), pour le sanscrit *strî*; de ⟨zend⟩ *çtâr* (astre), pour le mot védique *strî*; en d'autres termes, de tous les mots qui commencent par le groupe स्त *sta* ou स्थ *stha* en sanscrit. Lorsque ces mots se trouvent immédiatement précédés d'un autre mot terminé par une des voyelles *i* et *u*, et qu'ainsi le groupe *çt* devient médial, il s'écrit *st*. La voyelle qui précède le groupe *çt* n'est pas indifférente, car ce groupe subsiste, même médial, après un *a* bref et un *â*. Ainsi l'on trouve uniformément écrits avec un ⟨zend⟩ les mots ⟨zend⟩ *açti* (il est), ⟨zend⟩ *zaçta* (main) et autres. Si, dans ces mots, les copistes n'ont jamais employé la sifflante dentale, qui est naturellement attirée par le ⟨zend⟩ *t*, c'est sans doute à cause de l'influence de la voyelle qui précède la sifflante. Ici encore nous remarquons une action de la voyelle, semblable à celle que nous avons indiquée dans la note J; *a* et *â* attirent après eux *ç*, comme *i*, *u*, *o*, *ê* veulent plus généralement *s*, quelle que soit la consonne sur laquelle tombe la sifflante [2].

Ces observations déterminent avec quelque précision les cas où il peut être permis d'employer ⟨zend⟩ *st*, ou ⟨zend⟩ *çt*, au milieu des mots. Quant au commencement des mots, il faut reconnaître qu'on n'a pas le droit (au moins dans l'état des matériaux dont nous disposons en France) d'y replacer le ⟨zend⟩ *s* dental, selon l'analogie du sanscrit. Comme je l'ai dit en commençant cette note, le *s* dental n'est initial que quand il est suivi de *k*, et qu'ainsi il forme le groupe *sk*. Si on le trouve quelquefois initial dans notre Vendidad-sadé, ou c'est dans un

---

[1] Conf. *Vendidad-sadé*, pag. 83, et n° 6 S, pag. 79; *Vendidad-sadé*, pag. 365, et n° 3 F, pag. 66.

[2] Voyez ci-dessus *Observ. sur l'Alph. zend*, pag. cxxxviii, la note 62, où cette distinction est établie pour les groupes *sn* et *sm*.

mot ou dans une partie de mot séparée à tort du mot auquel elle appartient,
ou bien c'est qu'il remplace fautivement les lettres ç, ch, ou même sk.

Par exemple, on lit dans le 1ᵉʳ fargard du Vendidad le mot çayaněm écrit
une fois de cette manière, ⲅⲉ̣ⲏⲏⲏⲏ̣ⲭⲟ çayaněm, et deux fois ⲅⲉ̣ⲏⲏⲏⲏ̣ⲭⲟ sayaněm
avec un s dental. Je ne doute pas cependant que l'orthographe primitive de ce
mot ne soit çayaněm, avec la sifflante palatale, car il me paraît être identique
au sanscrit सयनं çayanaṁ, et être dérivé, comme ce dernier, du radical çî
(jacere). Si les manuscrits lisent quelquefois sayaněm et non çayaněm, comme
me paraît l'exiger l'étymologie, c'est que, dans les passages où l'on remarque
ce mot, il figure comme seconde partie d'un composé, et que la sifflante peut,
jusqu'à un certain point, avoir subi l'influence de la voyelle finale du mot précédent. Ainsi, au commencement du fargard que nous citions tout à l'heure,
nous trouvons le nom de Soghd joint à ce mot çayaněm, écrit sayaněm dans le
texte suivant :

ⲅⲉ̣

Anquetil traduit ce texte : « le second lieu, la (seconde) ville (semblable)
« au Behescht, que je produisis, moi, qui suis Ormuzd, fut Soghdô, abondant
« en troupeaux et en hommes. » La traduction vraiment littérale de ce passage
doit être, selon moi, « secundum locorumque provinciarumque excellentissi-
« mum ordinavi ego qui (sum) Ahura multiscius, terram in qua Çaghdha jacet. »
Le changement que cette interprétation apporte au sens de ce passage, est
plus important qu'il ne paraît l'être au premier coup d'œil. On y retrouve,
il est vrai, comme dans la version d'Anquetil, le nom de Soghd, la Sogdiane
des anciens; mais le mot gâum, que tous les manuscrits lisent de la même
manière, n'y signifie plus bœuf ou vache. Je le traduis par terre, selon une des
acceptions du sanscrit gô. Ce mot se distingue, au moins à l'accusatif, de gô
dans le sens de vache, lequel fait ⲅⲉ̣ⲭⲟ gâm, tandis que gâum part du primitif
gav-am, contracté suivant un système propre à la langue zende[1]. Je ne sais si
cette explication satisfera tous les lecteurs; mais j'avoue qu'il m'est impossible
d'en trouver une autre pour ce terme, qui m'a longtemps embarrassé. Si on l'a-
dopte, la traduction que nous donnons de çughdhô sayaněm en est une conséquence naturelle et facile à admettre. Ces deux mots forment en effet un composé

---

[1] Vendidad-sadé, pag. 117; Olshausen, Vendidad, p. 3; Zend Avesta, t. I, 2ᵉ part. p. 265.

[1] Ce mot est contracté en gaom au IVᵉ cardé
de l'Iescht de Mithra. Ms. Anq. nº 3 S, p. 518.

de dépendance, qui signifie « le siége de Çughdha; » et c'est, selon toute apparence,
parce que le second mot est joint au premier, sinon matériellement, au moins
logiquement, qu'il change sa sifflante primitive **ᴁ** ç contre une autre sifflante
plus en rapport avec la voyelle finale du mot précédent. Cette observation me
semble singulièrement fortifiée par l'orthographe du n° 2 S, qui lit *çughdhô
chayanĕm*, orthographe qui serait régulière, et nous devrions dire nécessaire,
si, au lieu d'être séparés par un point, les deux mots étaient réunis en un seul.
Il y a plus : quand le **ᴁ** ç palatal ne subsiste pas dans le mot *çayanĕm*, et
qu'il est remplacé par **ᴀᴣ** *s*, on est fondé à croire que l'emploi de cette dernière
sifflante vient de la confusion fréquente de cette lettre avec **ᴘᴣᴣ** *ch*; et je
ne craindrais pas d'écrire ce mot, dans l'exemple précité, *çughdhô chayanĕm*, en
admettant que la voyelle finale de la seconde partie du composé a exercé, sur
la sifflante initiale de la première partie, une action semblable à celle qui
aurait lieu si les deux mots n'en faisaient qu'un pour les yeux, comme ils
n'en font qu'un pour l'esprit.

Autant l'explication que nous venons de donner de ce mot composé me
semble naturelle, autant il me paraît difficile de déterminer ce qu'il faut précisément entendre par cette expression, qui rappelle celle de Ptolémée Σουγδιανῶν
θέσις, et qui serait non moins exactement rendue par la langue allemande, *Çughdha's Lage*. Est-ce le fleuve qui traversait la contrée nommée en zend *Çughdha*, ou
cette contrée elle-même, ou la ville principale du pays ? L'expression *Çughdha's
Lage* convient également à chacune de ces trois hypothèses. J'incline cependant
à croire que cette dénomination, qui a pu naturellement avoir cette triple application, a dû, dans le principe, désigner le fleuve qui passe pour être le *Polytime-
tus* d'Arrien [1]. Je me fonde sur le sens du mot *çughdha*, qui me paraît être identique au sanscrit शुक्त *çukta* (pur), c'est-à-dire au participe parfait passif de
çutch (être pur). La formation de ce mot est analogue à celle de *pakhda* qui
vient de *pakh-ta*, et il doit avoir été primitivement écrit *çukh-ta*. C'est le
suffixe *ta* qui, après s'être adouci en *dha*, a forcé le changement du *kh* en *gh* [2].

---

[1] Arrian. *Exped. Alex.* l. IV, c. 7; Ritter,
Erdkund., tom. II, pag. 575, éd. 1818.

[2] Notre manuscrit lithographié est le seul
qui lise avec un *d* non aspiré *çughda*; nous
avons dû adopter la leçon qui avait pour
elle le plus grand nombre d'autorités. Au reste,
on a ici la véritable orthographe d'un ethnique
célèbre, que les auteurs anciens et les géogra-

phes orientaux ont à peu près invariablement
écrit et prononcé *Sogdii* et *Soghd* (avec la
voyelle *o*). Il faut en excepter Denys le Périégète, qui donne l'orthographe véritable (οἷς
ἐπὶ γαῖα Σουγδιᾶς). Bernhardi, sur le vers 747,
remarque combien cette orthographe, qu'il ne
retrouve que dans Appien (*Syr.* 55), et dans le
Σουγδιανῶν θέσις de Ptolémée, est rare chez

Or, si l'on admet cette dérivation fondée sur le génie de la langue zende, on trouvera sans doute que la dénomination de *par*, employée comme nom de lieu, doit plus convenablement s'appliquer à un fleuve qu'à une ville ou qu'à un pays, quoique rien n'empêche que ce nom, désignant dans le principe un fleuve, ne se soit étendu aux localités voisines.

Les observations précédentes s'appliquent également au texte plus difficile encore où les Parses, et après eux Anquetil, voient le nom de *Kaboul*. Sans répéter la formule qui fait le commencement de ce texte, formule que nous avons donnée sur le passage précédent, nous ne citerons que la partie de la phrase où se trouve *sayaněm*, ﺳﻮﺳﺪ ﻭﺩ ﻭﺩﻟﺳﻮﻁ ﺳﺮ ﻭ ﺳﺮﻥ ﻭﻟﺳﻮﻥ, ce qu'Anquetil traduit « Véekeréánté (environnée) de villages nombreux, » suivant la leçon du Vendidad-sadé lithographié, qui lit le premier mot ﻭﻟﺳﺪ ﻭ ﻭﺩﻥ *vaěkěrěñtěm* [7]. De *vaěkěrětěm*, dont le thème est *vaěkěrěta*, on a fait, selon Anquetil, au moyen d'une transposition, *Kawoul* ou *Kaboul*, que l'on croit être le *Cabura* de Ptolémée. Mais il n'est personne qui ne voie combien cette étymologie est forcée; et quoique je manque des moyens nécessaires pour discuter le témoignage de la version pehlvie du Vendidad, je crois pouvoir avancer que si les Parses ont identifié le pays nommé par le texte zend *vaěkě-rěta*, avec celui qui porte le nom de *Kaboul*, ç'a été vraisemblablement par d'autres motifs qu'une aussi faible analogie de sons.

Si nous examinons ce texte en lui-même, et que nous en cherchions le sens avec les seuls secours que nous fournit la langue zende, nous devrons, en y appliquant les principes d'analyse indiqués sur *çughdhó sayaněm*, voir dans *dujakó sayaněm* un composé de dépendance signifiant « le siége de *Dajaka*. » Car, puisque dans *çaghdhó sayaněm*, le premier de ces deux mots est un nom de lieu, il en doit être de même de *dujakó*. Maintenant, si nous nous demandons ce que peut signifier *dajaka*, nous trouverons que ce mot a une grande ressemblance avec le persan *Douzakh*, qui désigne l'enfer. Le zend *dujaka* se prête bien à cette signification, car on y reconnaît le préfixe *daj* pour *dach* (mal), et *aka* (douleur); ces deux mots peuvent se réunir pour désigner un lieu de douleurs cruelles. Reste *vaěkěrětěm*; et, de même que nous avons pu croire tout à l'heure

---

les géographes grecs. Vossius (ad Mel. I, 2) l'avait introduite dans le texte de Méla, parce qu'il la trouvait aussi bien justifiée par les anciens géographes que celle de *Sogdii*. (Conf. Tzschuck. ad Mel. I, 2, 5, et Mannert, *Geogr.* *der Griech.* etc. part. IV, pag. 451.) Le n° 3 S lit à tort, dans l'Iescht de Mithra, *çanghdhěm*.

[7] *Vendidad-sadé*, pag. 119; Olshausen, *Vendidad*, pag. 5; Anquetil, *Zend Avesta*, tom. I, 2° part. pag. 267.

I. NOTES.   *h*

que *gâum* n'était pas un ethnique, mais seulement un mot désignant la *terre*, devrons-nous également supposer que *vaékĕrĕtĕm* (thème *vaékĕrĕta*) n'est pas un nom de lieu? Comparé au sanscrit, ce mot nous donne *vékrĭta*, qui n'existe pas, il est vrai, mais qui peut se ramener à l'adjectif *vikrĭta* (imparfait, défectueux), avec un *gaṇa*. Voilà le seul secours que le sanscrit, du moins à ma connaissance, nous offre pour l'explication de ce mot; et si on le croit suffisant, il faudra sous-entendre *açô* (lieu), pour justifier l'emploi de l'adjectif supposé *vaékĕrĕtĕm*, et on devra traduire : « la contrée imparfaite (mauvaise) « où gît *Dajaka*. »

J'avoue qu'il est difficile de s'expliquer comment Ormuzd a pu créer une région imparfaite, au nombre des lieux fortunés dont le premier *fargard* du Vendidad comprend l'énumération. Il semble que ce soit là une œuvre qui appartient exclusivement à Ahriman. Toutefois, cette portion du Vendidad ne contient en réalité que l'indication des parties de la terre habitable connues des adorateurs d'Ormuzd; et comme telle, elle peut bien embrasser des régions moins parfaites que l'Iran, la terre de prédilection d'Ormuzd, de Mithra et des principaux Izeds. Le Boundehesch parle d'une montagne qui est la porte du *Douzakh* (l'enfer)[1]; et quoique rien ne nous autorise à rattacher à cette montagne le pays nommé dans le texte zend *Dujaka*, il est permis de conjecturer (si toutefois *Dujaka* signifie *enfer*) que le *Dujakô sayanĕm* était, comme le mont Tchekaët du Boundehesch, placé par les Parses dans le voisinage des lieux où l'on croyait que les méchants devaient se rendre après leur mort. Je conviens d'ailleurs moi-même que cette interprétation aurait pour elle un plus haut degré de vraisemblance, si *vaékĕrĕta* était, dans le texte zend, écrit *vikĕrĕta*.

D'un autre côté (et cette supposition paraît plus admissible), les mots *vaékĕrĕtĕm yim dujakô sayanĕm* peuvent avoir désigné une contrée dont le nom a complétement disparu depuis. Le premier, *vaékĕrĕtĕm*, serait le nom d'une province, et *Dujakô* celui de la ville la plus considérable du pays. On peut même reconnaître dans le zend *Dajaka*, la ville de Douchak, l'ancienne capitale du Sedjestan, dont les ruines, considérables par leur étendue, sont situées, selon les observations d'un voyageur exact, le capitaine Christie, non loin de la rivière Helmend[2]. Mais, avant d'adopter ce rapprochement, il faudrait savoir si cette ville du Sedjestan est vraiment ancienne, ou du moins si ce nom de *Douchak* a été, antérieurement à notre ère, appliqué à une ville ou à un district situé dans cette province, que tous les renseignements contenus dans les écri-

[1] *Zend Avesta*, tom. II, pag. 365.
[2] Kinneir, *Geogr. Mem. of the Persian Empire*, pag. 192, 193; Pottinger, *Voyages dans le Béloutchistan*, tom. II, pag. 313 sqq., trad. franç.

vains de l'antiquité nous représentent comme le pays des *Zarangæ* [10]. En résumé,
je regarde les deux mots *vaêkĕrĕtĕm* et *dujakó* comme encore très-obscurs. L'interprétation qu'en propose Anquetil me paraît aussi difficile à remplacer qu'à
adopter. Ce que l'intelligence du texte a gagné aux observations précédentes,
c'est que l'on peut regarder *Dujakó* (lu dans notre Vendidad-sadé seul, *dahakó*)
comme un nom propre de pays, de fleuve ou de ville, formé avec *sayanĕm*,
de la même manière que *çughdhó sayanĕm* (la contrée où est situé Soghd), expression sur la valeur de laquelle nos observations n'ont dû laisser aucun doute
dans l'esprit du lecteur.

Maintenant, pour revenir à la remarque qui fait l'objet principal de cette discussion, il est tout à fait digne d'attention que les trois manuscrits du Vendidad
que nous pouvons consulter écrivent uniformément avec un *ch* ﭏﻤﺳﻤﻤ,
comme le faisait une seule copie dans le passage relatif à Soghd. Cet accord
confirme d'une manière remarquable la conjecture que nous émettions tout à
l'heure sur l'influence de la voyelle finale du mot avec lequel *çayanĕm* entre en
composition.

Enfin, la même orthographe se retrouve dans le passage relatif au neuvième
pays créé par Ormuzd, ﭏﻤﺳﻤﻤ ﻮﺳ.ﻮﯾﺳ.ﭏﻤﺳﻤ ﻮﺳﻴﮏ, selon An-
quetil, « *Khnéânté*, la demeure des loups [11]. » En admettant, sur l'autorité des
traductions pehlvies, citées par Anquetil dans la note à laquelle nous venons de
renvoyer le lecteur, que *khnĕñtĕm* (qui ressemble à un participe présent) signifie
« demeure, retraite, » le mot *vĕhrkánó-sayanĕm*, où les trois autres manuscrits
du Vendidad lisent encore *chayanĕm*, sera un composé de la même espèce que
ceux que nous venons d'analyser. Mais il ne faudra certainement pas le traduire
par « demeure des loups; » cette idée serait exprimée en zend par *vĕhrkó sayanĕm*. Le mot *vĕhrkánó*, dérivé de *vĕhrka*, signifie vraisemblablement à lui seul
lapinus, ou plutôt « abondant en loups, » et c'est un nom de lieu comme *çughdhó*
et *dujakó* cités tout à l'heure. La réunion de ces deux mots *vĕhrkánó chayanĕm*
doit donc signifier « lieu où gît *Vĕhrkána*. »

Or, par *vĕhrkána*, Anquetil (qui fait de *Khnĕñtĕm* un nom propre) pense
que la version pehlvie du Vendidad du Destour Djamasp désigne « le fleuve
« nommé *Roud khaneh gorgán*. » Il en conclut que *vĕhrkána* doit être *Korkang*,
peu éloigné de l'ancienne embouchure de l'Oxus, qui est sans contredit le *Kor-*

[10] Rennell, *Geogr. syst. of Herodotus*, tom. I,
pag. 380, 2ᵉ éd. Le Sedjestan doit aussi répondre à une partie considérable de l'*Aria*.

[11] *Vendidad-sadé*, pag. 119; Olshausen, *Vendidad*, pag. 6; Anquetil, *Zend Avesta*, tom. I,
2ᵉ part. pag. 267 et la note 4.

kandje de l'Ibn Haukal d'Ouseley [13], le *Korkandj* et le *Djordjaniye* du Kharizm [13], le *Gaerkandjé* d'Otter [14], et l'Ourkendj de nos cartes. Mais, quelque importance que l'on attribue à la branche ancienne de l'Oxus, qui est appelée dans le pays *Road khaneh gorgán* [15], ou à la ville de Korkang, qui fut, selon Nassir eddin, la capitale du Kharizm, comme le rapport qu'Anquetil pense trouver entre le zend *vĕhrkána* et les noms de ces localités ne repose et ne peut reposer que sur une ressemblance de son, il est permis de proposer un autre rapprochement qui n'a pas, au premier coup d'œil, une base plus solide, mais que l'ancienneté et la célébrité du nom qui me le fournit, rendent beaucoup plus vraisemblable [16]. C'est le nom de *Gourkán*, ville qui a joué un grand rôle dans l'histoire de la Perse, et qui est située au milieu d'un district dont Ibn Haukal vante la fertilité [17]. Les géographes arabes écrivent le nom de cette ville *Djordjan*, et Otter, dans ses Voyages, la nomme *Djurdjan*, en ajoutant, sur la richesse du pays qui l'entoure, des détails semblables à ceux que donne Ibn Haukal [18]. Kinneir, qui fait mention de cette forteresse célèbre dans son Mémoire géographique sur la Perse, la nomme *Jorjan* (Djordjan), et la qualifie de « ancien « *Hurkaan* [19]. » Cette orthographe de *Hurkaan* n'est sans doute qu'une transcription du grec; mais si elle n'est pas appuyée par quelque texte authentique, on doit la négliger, parce qu'on n'en a pas besoin pour rapprocher l'ancien nom de l'Hyrcanie de celui de *Gourkán*. Les localités se conviennent aussi bien que les dénominations, et l'on est généralement d'accord que la province appelée par les anciens *Hyrcania* embrassait au moins les pays connus actuellement sous les noms de Tabaristan, Mazandéran, Djordjan et Dahestan. J'ajouterai

[13] W. Ouseley, *Orient. Geogr. of Ebn Haukal,* pag. 240.

[13] Abulfeda, *Chorasm. Descr.* pag. 23, ap. Geogr. Græc. min. tom. III, Hudson. Aboulfeda nomme cette ville Grand Korkandj, pour la distinguer d'un autre *Korkandj* nommé, dans Nassir eddin, *Noukorkandj.* (*Ibid.* pag. 111.)

[14] *Voyages en Turquie et en Perse,* t. I, p. 236.

[15] Anquetil, *Zend Avesta,* tom. I, 2ᵉ part. pag. 267, note 4.

[16] Dans l'état où se trouve la géographie de ces contrées, il est certain qu'on n'a pas d'autre moyen, pour comprendre les renseignements que nous en ont conservés les anciens, que de s'attacher aux ressemblances des noms. Mais ce moyen doit être employé avec précaution;

car il arrive quelquefois qu'on peut rassembler un si grand nombre de noms de lieux semblables, qu'on se trouve fort embarrassé au moment de s'en servir. Par exemple, si l'on essayait de déterminer par cette seule voie ce que le te xte zend a pu entendre par *vĕhrkána,* on trouverait, dans Ibn Haukal seul, les deux noms *Vehrkan* et *Vehrkaneh,* qui, ajoutés au *Road khaneh gorgán* et au *Korkang* que nous venons de citer, donnent quatre synonymes pour le zend *vĕhrkána,* sans parler de celui que nous proposons dans le texte.

[17] W. Ouseley, *Orient. Geogr. of Ebn Haukal,* pag. 179 et 180.

[18] Otter, *Voyages en Turquie,* etc. t. I, p. 198.

[19] Kinneir, *Geogr. Mem.* etc. pag. 168.

qu'Étienne de Byzance place auprès des Hyrcaniens un peuple de Βαρκάνιοι [20],
dont on connaissait déjà le nom par les Fragments de Ctésias [21]. et par Quinte-
Curce [22]. Si l'on pouvait douter un instant de l'identité des mots *Vĕhrkána* et
'Υρκανία, on serait peut-être satisfait de trouver le mot *Barcani*, qui n'est certainement autre chose que le zend *Vĕhrkána*. La coexistence des deux noms
Barcani et *Hyrcani*, dans des localités aussi rapprochées, ne me paraît pas
devoir faire difficulté; car ces deux noms peuvent désigner deux divisions d'un
seul et même peuple; et de plus, la dénomination de *Barcani*, beaucoup moins
célèbre que celle de *Hyrcania*, peut avoir été remplacée par cette dernière. Je
ne vois donc dans les mots *Vĕhrkána*, *Barcani*, *Hyrcania*, *Gourkán*, qu'une seule
et même désignation très-légèrement diversifiée par le laps des siècles, et je
pense que, sauf la plus ou moins grande extension qu'on a pu lui donner, elle
se rapporte à une seule et même province, que la fertilité de son sol paraît
avoir de bonne heure rendue célèbre [23]. Je n'ai pas besoin d'ajouter que le zend
Vĕhrkána peut aussi bien désigner une ville qu'une province. Les anciens connaissaient une métropole du nom de 'Υρκανία, le Gourkán des modernes.

Au reste, quelque opinion qu'on ait de ces rapprochements, ils auront toujours servi à montrer de quels éléments se composent plusieurs dénominations
géographiques importantes du Zend Avesta. Nous pourrions encore en citer
d'autres empruntées aux Ieschts. Nous n'indiquerons en ce moment que سدردبـ.
ڲڡسسسـبی *airyó chayanĕm*, c'est-à-dire, « le lieu où gît l'Arie, » dans ce passage
du IVᵉ *cardé* de l'Iescht de Mithra : سد ددبـ. سوسسممـوس. ڲڡددبو وإيـ. سمـ.
.ڲڡسسسـبی, c'est-à-dire, littéralement, « tunc omnem constituit Ariæ locum [24]. »
Je lis *chayanĕm* au lieu de *sayanĕm* que donnent les deux manuscrits. Cette
correction facile ne change rien au texte, qui nous montre un nouvel emploi
du mot que je crois être primitivement *çayanĕm* (ou le sanscrit *çayanam*), joint

[20] Stephan. *de Urb.* s. v. Βαρκάνιοι.

[21] Ctes. c. 5. Baehr. Voyez sur ce mot une
bonne note de Baehr, pag. 106.

[22] Curt. l. III, c. 2.

[23] Strab. l. XI. c. 7. (Tzschuck. t. IV, p. 461.)
On a déjà remarqué, et entre autres d'Anville et
Wahl (*Pers. Reich.* p. 551 et 554), l'identité du
nom de Djordjan avec le nom de l'Hyrcanie, et
celle du nom de ville *Gourkán* avec le mot persan qui désigne un loup; et, à l'aide de ces rapprochements, on a pu dire que l'Hyrcanie signi-

fiait « le pays des loups. » Mais la discussion à
laquelle nous nous sommes livrés tout à l'heure
a moins pour but de donner à cette présomption la certitude d'une démonstration positive,
que de déterminer ce qu'il faut entendre par le
Vĕhrkána du texte zend, dont personne, que je
sache, ne s'était occupé jusqu'ici, et qu'on pouvait regarder, sur la foi d'Anquetil, comme un
mot signifiant *loup*.

[24] Ms. Anq. n° 3 S, pag. 518; n° 4 F,
pag. 587.

au nom célèbre de l'ancienne Arie, qui est reproduit dans ce texte presque·
aussi purement, sauf l'épenthèse de la voyelle *i*, qu'en sanscrit même. Par les
mots *airyô chayanĕm*, l'Iescht de Mithra désigne, selon toute apparence, l'Arie
proprement dite, ou la province que les anciens, et après eux les géographes
modernes, représentent comme distincte de l'Ariana, en zend *Airyana*. Mais j'ai
lieu de supposer que le mot *Airya* devait s'employer aussi dans un sens très-
général et avec une acception aussi étendue que celle qu'on attribue à l'*Airyana*.
L'exposé de cette hypothèse m'entraînerait beaucoup trop loin. Je remarquerai
seulement qne le mot *Airya* se joint au substantif *daqyu* (province), que nous
expliquerons plus bas dans la note Q, et qu'il sert à former une expression qui
ne peut être que collective, et qui signifie « les provinces Ariennes, » ou, selon les
Persans, *Iraniennes*. On trouve aussi les provinces qui ne sont pas comprises
dans l'Iran, nommées ڤۋۇڛ . ڛۋۇڤ *anairyâo danghâvô*, mots qu'An-
quetil traduit à tort par « les provinces de l'Iran, » et qui signifient « les provinces
« non Ariennes [25]. » On voit par là que cette expression, que MM. de Sacy et Saint-
Martin ont trouvée, l'un dans les inscriptions des Sassanides, l'autre dans les
auteurs arméniens, a été employée dès la plus haute antiquité [26].

NOTE L.

Sur l'absence de l'épenthèse de l'*i* avant *ch*.

(*Observ. sur l'Alph. zend*, pag. c.)

Je ne connais jusqu'à présent qu'une exception au principe que l'*i* épenthétique ne s'insère pas devant *ch* suivi de cette même voyelle *i;* c'est la seconde personne du présent de l'indicatif du verbe *kĕrĕ*, en sanscrit कृ *krĭ* (faire), que nous
trouvons écrite ۇۋۇۋ *kĕrĕnáichi*, dans un passage du x° chapitre du Yaçna,
qui sera analysé dans notre Commentaire. Les manuscrits varient quant à
l'orthographe de ce mot; mais on ne peut douter que l'épenthèse de l'*i* n'y soit
admise, car toutes les copies la donnent. Au reste, on trouve fort peu d'exemples

[25] Ms. Anq. n° 3 S, pag. 613. *Zend Avesta*,
tom. II, pag. 300.

[26] S. de Sacy, *Mém. sur diverses antiquités de*

la Perse, pag. 58, 84, 89, et les renvois indiqués à la table; Saint-Martin, *Mém. sur l'Arménie*, tom. I, pag. 274, note 4.

des syllabes ॐ et ॐ, et c'est leur rareté même qui nous ôte le moyen de vérifier s'il ne faudrait pas apporter quelque limitation au principe que nous avons posé dans notre texte.

NOTE M.

Sur le nom de *Paochkarasâdi* (Pâuchkarasâdi).

(*Observ. sur l'Alph. zend*, pag. c, note 39.)

Je crois utile de reproduire ici, en caractères dévanâgaris, et avec la glose qui l'accompagne, la règle que fait connaître la note 39 :

चयो द्वितीयाः शरि पौष्कारसादेः ॥ चयमल्याह्रान्तर्गतवर्णानां स्थाने वर्गद्वितीया श्राद्या भवन्ति शरि परतः पौष्कारसादेराचार्यस्य मतेन ॥ सुगण्ठषष्ठः टकारस्य ठकारः ॥ अफूह्ररः पकारस्य फकारः ॥ वष्सरः तकारस्य थकारः ॥

Je n'ai trouvé nulle part ailleurs la mention du grammairien auquel nous devons une indication aussi curieuse. Mais j'ai rencontré ce même nom dans un des Soûtras de Gâutama Bouddha, dont je possède une collection en pâli, connue sous le titre de *Dîgha-samgha* [1]. Dans ce Soûtra, qui forme le troisième de la collection, et dont le titre propre est en pâli ၁၃ဗ္ဗုၒၶၭ္ၴ *ambhaṭṭhasuttam*, un des interlocuteurs est ၔၭႃၛၒၶၭ္ၴ *Pôkkharasâdi*, que l'on représente comme un Brahmane instruit dans toutes les branches de la science indienne. Le nom de *Pôkkharasâdi* est l'altération pâlie du sanscrit पौष्करसादि *pâuchkarasâdi*, nom patronymique dérivé de *Puchkarasâda*. Je ne prétends en aucune façon que le personnage cité dans les Soûtras de Pânini soit le même que celui des Soûtras de Gâutama. Mais s'il arrivait que l'on pût recueillir d'autre part quelques ren-

---

[1] Les Soûtras forment la troisième division des écritures bouddhiques, selon les Singhalais. Ils contiennent toute la partie morale du Bouddhisme, et se composent de discours plus ou moins longs, qui passent pour avoir été prononcés par Gâutama Bouddha. Le fonds de ces discours est à peu près exclusivement moral ; mais les détails accessoires, tels que les lieux et les circonstances dans lesquels ils ont été prononcés, sont faits pour jeter un très-grand jour sur l'histoire et sur la propagation du Bouddhisme dans l'Inde.

seignements nouveaux sur ce grammairien, le rapprochement que je viens de
faire ne serait peut-être pas sans utilité. Au reste, le Soûtra pâli auquel je l'emprunte est très-remarquable par le nombre et l'importance des noms propres
brahmaniques qui y sont cités, et dont l'existence se trouve ainsi constatée à
l'époque déjà ancienne des prédications de Gâutama Bouddha. Nous nous proposons de revenir autre part sur ce sujet intéressant.

NOTE N.

Sur le mot *garĕwa* dérivé de *gĕrĕw*.

(*Observ. sur l'Alph. zend*, pag. CVIII, note 45.)

Je n'hésite pas à rattacher le substantif ᴀᴏᴌ᷉᷅᷄ *garĕwa* (uterus), que j'aimerais mieux écrire ᴀᴏᴌ᷉᷅ *garwa*, au radical ᴌ᷉᷅᷄ *gĕrĕw* (prendre), et de
même le sanscrit गर्भ *garbha*, au védique गृभ् *grĭbh*, ou ग्रभ् *grabh* (saisir),
par suite du rapport d'idées qu'exprime le *con-cipere* des Latins. Le radical
zend de ce mot subit des modifications remarquables qui sont dues au changement du *bh* primitif en *w*, et au retour de cette dernière lettre à l'élément
labial qui la constitue. Ainsi, que l'on veuille écrire en zend le sanscrit *grĭbh*,
une fois admises les règles de permutation que nous avons cherché à établir
dans le texte, le *bh* devenant *w*, et le *rĭ*, *ĕrĕ*, on aura *gĕrĕw*. Telle est, selon moi,
la forme primitive sous laquelle doit être présenté ce radical. Mais que la dentale *t* du suffixe du participe parfait passif vienne se joindre à ce radical, *t* étant
une sourde, forcera la sonnante *w* à se changer en la labiale sourde *p*, et on aura
ᴀᴏᴌ᷉᷅᷄ *gĕrĕpta* (pris), que l'on rencontre assez fréquemment, soit seul, soit
précédé d'une préposition. Ce verbe se conjuguant d'après le thème de la dixième
classe, ou, selon un seul manuscrit, suivant celui de la première, devient
ᴋᴏᴘᴋᴏᴌᴌᴌᴀᴌ᷉᷅᷄ *gèurwayĕtĕ*, ou ᴌᴏᴀᴌᴌᴌᴀᴌ᷉᷅᷄ *gèurwaiti* (il prend), et ᴌ᷉᷅᷄
ᴋᴏᴡᴋᴏᴌᴌᴌᴀᴌᴌ᷉᷅᷄ *gèurwayĕhĕ* (tu prends) [1]. Dans ce mot, la voyelle *u* est appelée
par l'action du ᴌᴌ *w* radical (substitut du *bh* sanscrit); mais le ᷅᷄ *ĕ* est une

---

[1] *Vendidad-sadé*, pag. 47; ms. Anq. n° 2 F, pag. 98.

anomalie pour *a*, analogue, selon toute apparence, à celle que l'on rencontre dans *gèus*. En effet, si l'on affectait de *gaṇa* ou de *vṛĭddhi* les syllabes zendes *ĕrĕ*, on aurait *gaurwayĕtĕ* ou *gâurwayĕtĕ*.

Ce radical reprend ses voyelles primitives sans aucune altération dans cette forme de l'imparfait que nous trouvons à la fin du LXIII° chapitre du Yaçna : ᳵ , c'est-à-dire, « qui ont élevé un « drapeau cruel [1]. » Cette forme *gĕrĕwanân*, si je la comprends bien, et si j'ai raison de suivre la leçon du n° 2 du Fonds d'Anquetil, me paraît prouver que le radical qui nous occupe est *gĕrĕw*, et qu'il appartient aussi à la neuvième classe. Ce mot serait en sanscrit *agrĭbhnan*.

Je trouve encore ce même radical avec la caractéristique de la même classe, sous la forme ᳵ *gĕrĕwanâiti*, avec cette même voyelle *a* intercalée, qu'on a pu remarquer dans l'imparfait [2]. Je donne ici le passage où je rencontre cette forme : il ouvre le IV° *cardé* de l'Iescht de Mithra.

---

[1] *Vendidad-sadé*, pag. 519; ms. Anq. n° 2 F, pag. 404. Notre ms. lithographié lit également *gĕrĕwananm*.

[2] Ms. Anq. n° 3 S, pag. 518; *Zend Avesta*, tom. II, pag. 206. Je présente la traduction suivante avec l'espoir d'avoir reproduit le sens général de l'ensemble, quoiqu'il reste, je l'avoue, de l'obscurité sur quelques détails. Je remarquerai d'abord le verbe *áçnaoiti*, que je tire du radical *aç* précédé, selon toute apparence, du préfixe *â*, et conjugué selon le thème de la cinquième classe. Ce radical signifie, à proprement parler, *pénétrer, occuper*; mais je soupçonne que l'addition de la préposition *tarô* (trans) donne à cette racine la signification que je crois pouvoir lui attribuer. On trouve d'ailleurs trois autres exemples du mot *haranm*, précisé par l'addition de l'adjectif *bĕrĕzaitĭm*, et signifiant ainsi « la montagne élevée, » ou, dans l'opinion des Parses, le *Bordj*. Dans ces exemples, on reconnaît le même emploi de la préposition *tarô* (trans montem). Je prends ensuite l'adjectif *paourva* dans le sens particulier d'*oriental*, et je le joins au mot *naêmât*, qu'il ne faudrait pas traduire absolument par *région, lieu* : ce serait certai-

nement confondre ce mot avec *nmâna* (lieu), ou peut-être plus exactement, *maison*. Le mot *naêma* signifie la *moitié* ou « qui occupe la moitié, » c'està-dire qu'il est employé à la fois comme substantif et comme adjectif. L'addition de ce substantif aux mots qui désignent l'orient, l'occident, et, en d'autres termes, l'un des points cardinaux, est fréquente dans les textes. J'en conclurais que le composé *paourva-naêma* signifie, à proprement parler, « la moitié orientale. » Les mots suivants, que je traduis « de l'immortel soleil, qui « a des chevaux rapides, » présentent une difficulté grave; c'est le monosyllabe *hú*, que j'avoue ne pouvoir comprendre sans supposer une faute de copiste, et l'omission de la syllabe *rô* qui, réunie à *hú*, forme le génitif du substantif *hvarĕ* (soleil). Je dois reconnaître que les deux manuscrits que je puis consulter en ce moment, 1° celui que j'ai cité au commencement de cette note, 2° le n° 4 du Fonds, pag. 587, donnent exactement cette même leçon *hú* que j'ai dû reproduire. Mais je soupçonne que cette syllabe *hú* est une interpolation de quelque copiste qui, pour préciser la notion du texte : « l'immortel « qui est comme un cheval rapide, » ou dans une

[texte en caractères pehlevi/zend]

Je traduis ce texte littéralement : « Mithra, qui primus celestis Yazata montem
« transsilit ex orientali regione immortalis solis, rapidos equos habentis; Mithra
« qui primus auratis-culminibus-pulchra cacumina occupat ; » ou, en le para-
phrasant pour en préciser le sens davantage : « Mithra qui, le premier des Izeds
« célestes, s'élançant au-dessus de la montagne, s'avance de la région orientale
« du soleil immortel trainé par des chevaux rapides, lui qui, le premier,
« occupe les beaux sommets aux pics dorés, » ou bien « s'empare des beaux
« sommets avec ses chaines d'or. » Le lecteur qui connait les fragments des Védas,
publiés par M. Rosen, ne peut qu'être frappé de la ressemblance que présente
notre passage zend avec quelques-uns de ces hymnes antiques.

autre acception, « qui a des chevaux rapides, »
a cru nécessaire d'y joindre le nom même du
soleil, qui est défini de cette manière dans un
nombre trop considérable de textes pour qu'il
soit nécessaire de nous arrêter à prouver ce fait.
Quoi qu'il en soit, je n'hésite pas à croire qu'il
s'agit ici du soleil, indiqué par un des caractères
les plus familiers aux auteurs des hymnes du
Zend Avesta. Je dois dire encore que je corrige
les deux manuscrits précités en lisant *aurvat* au
lieu de *urvat*, lecture qui me parait fautive,
et qui résulte d'une confusion des deux mots
aurvat (allant, rapide), et *urvân-êm* (à l'acc.),
âme. La loi de l'épenthèse de l'*a*, qui nous est
familière, me parait ne laisser aucune incertitude sur l'orthographe de ces deux mots. Dans
aurvat, l'*a* est épenthétique, l'*a* est radical.
C'est au contraire l'*u* qui est radical dans *urvâ*
ou *urvn*; il est rare de voir ce mot écrit avec
un *a*. Nous en dirons autant de *uru* (large)
qui ne prend jamais d'*a* initial, du moins dans
les bons manuscrits. Les mots *zaranyô piçô*
çrîrâo sont susceptibles d'une double combi-

naison. On peut d'abord les réunir en un composé possessif en rapport avec le mot *barêchnava*
du thème *barêchma*, dont nous avons le locatif
pluriel *barêchnacha*. Mais j'ignore la valeur du
mot *piçô*, que je traduis par *sommet*, *pic*, parce
que le sens général conduit naturellement à cette
interprétation. Je ne retrouve pas ce mot dans
d'autres textes, et je ne vois en sanscrit que le
radical *piç* (réduire en poudre), en latin *pinsere*,
qui ait du rapport avec ce mot; mais ce rapport même ne suffit pas pour rendre compte de
la signification de *piçô*. Je n'ai pas besoin d'ajouter qu'on peut aussi faire deux adjectifs de ces
trois mots, le premier *zaranyô piçô* (ayant des
sommets dorés), et le second *çrîrâo* (beaux).
Enfin, la seconde combinaison que nous annon-
cions tout à l'heure, consisterait à regarder *zara-*
nyô piçô comme une épithète de Mithra. En supposant que *piçô* soit une lecture inexacte de *pêçô*,
et en admettant (ce que j'essayerai de prouver
ailleurs) que *pêçô* signifie *chaine*, du radical
sanscrit et zend *paç* (lier), nous traduirons
zaranyô piçô « qui a des chaines d'or. »

NOTE O.

(*Observ. sur l'Alph. zend*, p. cx.)

Nous nous sommes attachés à préciser les changements que subissait la sifflante dentale dans sa rencontre avec un *m*, et nous avons montré que quand
la sifflante se trouvait dans des conditions qui lui permissent d'être dentale,
elle se changeait en *h*[1], tandis que s'il arrivait qu'elle répondît à un *ch* cérébral sanscrit, elle persistait, mais sans doute avec une valeur de *ch*[2]. Il faut
ajouter que, dans le premier cas, il se passe en zend la même chose qu'en pâli,
moins toutefois le déplacement de *h*, puisque, au lieu du sanscrit *asmâkam* (de
nous), on a en zend *ahmâkĕm*, et en pâli *amhâkam*, tout de même qu'on doit avoir
du védique *asmê* (nous), le zend *ahmê*, et qu'on a réellement le pâli *amhê*.
L'action de la voyelle qui précède la sifflante s'exerce même en pâli d'une
manière analogue à ce qui se passe en zend, puisque le sanscrit *yuchmâkam*
(de vous), qui est en zend *yusmâkĕm*, et peut-être plutôt *yuchmâkĕm*, est en pâli
yammâkam, en vertu de la loi d'assimilation.

Mais ce qu'il est important de remarquer, et ce qui fait l'objet des observations suivantes, c'est que le changement des groupes sanscrits *sm* et *chm* en
hm et *sm* zend n'a lieu qu'au milieu d'un mot, c'est-à-dire que le groupe *sm*,
pour devenir *hm*, doit nécessairement être précédé d'une voyelle qui fasse partie
du radical où se trouve *sm*. Si, au contraire, *sm* est initial d'un mot, la
sifflante dentale disparaît, et la nasale labiale subsiste seule. Cette règle, dont
je n'eusse pas indiqué l'existence en ce moment, si elle eût dû se trouver exposée plus tôt dans mon Commentaire, répand un grand jour sur un mot fréquemment employé dans ce qui nous reste des livres religieux des Parses, et qu'il
serait autrement difficile de reconnaître sous la forme nouvelle que le zend lui
a donnée. C'est le radical sanscrit *smrĭ* (se souvenir, commémorer) qui, en vertu
de la règle que je viens d'indiquer, perd sa sifflante et devient en zend *mĕrĕ*.
On voit déjà qu'il doit se confondre avec *mĕrĕ*, qui est identique au sanscrit

---

[1] Ci-dessus, *Observ. sur l'Alph. zend*, p. cx, cxi. — [2] Ci-dessus, *Ibid.* pag. cxxxviii, note 62.

mri (mourir); et dans le fait, les Parses modernes n'ont pas toujours clairement distingué ces deux mots.

Je trouve dans le Vendidad-sadé les formes suivantes qui, malgré leur ressemblance avec des mots dérivés du radical *mri* (mourir), doivent cependant se rattacher à *smri* (se rappeler). Ainsi on lit au xliiᵉ chapitre du Yaçna : [zend text], ce que Nériosengh traduit par सर्म ते: सममे: ये तब बाणी संस्मरन्ति, et Anquetil, « avec « tous ceux qui prononcent votre parole [1]. » Ici *marĕñti* est exactement le sanscrit *smaranti* (première classe), moins le *s*; l'*a* bref qui précède la nasale [symbol] s'est changé en *ĕ*, comme nous avons remarqué que le fait avait lieu pour les suffixes *ant*, *mant*, etc. Il faut seulement, ainsi que nous l'indiquerons plus bas dans une note spéciale, donner plus d'extension à l'observation que nous avons faite ci-dessus [1], car elle s'applique souvent aussi aux désinences *anti* des verbes, qui sont d'ordinaire en zend *ĕñti*.

C'est encore à ce radical que se rattache le mot *marĕñtô* (ceux qui commémorent), en sanscrit *smarantah*, nomin. plur. du participe présent du même verbe. Ce mot, que nous trouverons au commencement du xxxiᵉ chapitre du Yaçna, est exactement entendu par Anquetil, qui le traduit par le verbe *prononcer*, et plus exactement encore par Nériosengh, qui donne *penser, méditer* [1]. Il faut y rapporter encore le *mĕrĕtô* du second chapitre du Vendidad, lorsque Ormuzd invite Djemschid à rappeler et à porter dans le monde sa parole et sa loi [1]. A n'en juger que par le son, ce mot est identique au sanscrit *mrïta*, et au zend *mĕrĕta*, qui se trouve un certain nombre de fois dans le Vendidad avec le sens de *mort*. Je ne doute pas cependant qu'il ne vienne du radical *smri*, et je ne suis incertain que sur l'orthographe de *mĕrĕta*, que nous trouvons écrit *marĕta* dans *ratus marĕta*, qui peut être un composé, « prononcé par le maître [1], » ou qui nous donne un subjonctif moyen (*smarĕta*). Les manuscrits varient sur l'orthographe de ce mot; dans le passage même que nous citons, le n° 2 F écrit *mĕrĕta*. Toutefois, qu'il y ait dans ce mot un *guṇa*, ce qui me paraîtrait difficile à expliquer, ou bien que le *guṇa* soit aussi inconnu à ce mode qu'il l'est en sanscrit pour le participe, ce n'est pas là l'objet principal de cette discussion. Il nous suffit d'avoir montré que le sens de *se rappeler, commémorer*,

[1] Ms. Anq. n° 2 F, pag. 279. *Vendidad-sadé*, pag. 350.

[1] Ci-dessus, *Observ. sur l'Alph. zend*, p. cxxv.

[1] Ms. Anq. n° 2 F, p. 212. *Vend.-sadé*, p. 209.

Les mss. donnent tous la même orthographe.

[1] *Vendidad-sadé*, pag. 123.

[1] *Yaçna*, xixᵉ chap. n° 2 F, pag. 158; *Vendidad-sadé*, pag. 85.

est la véritable acception de *mĕrĕta*. Je ne citerai plus que le dérivé *marĕthrĕm*, « l'action de se rappeler, de commémorer, » dans ce passage :

[Zend text]

c'est-à-dire, « l'action de prononcer et d'accomplir la pure loi des Mazdayaçnas[1], » mot formé du même radical *mĕrĕ* et du suffixe *thra* (neutre *thrĕm*), et que nous verrons bientôt joint à la préposition *fra*, et écrit avec deux *ĕ*, dans *framĕrĕthrĕm*, qui a le même sens[2]. Avec le suffixe *tár* (sanscr. *trĭ*), on forme *framĕrĕtâ*, à l'accusatif *framĕrĕtârĕm*, ou plutôt peut-être *framarĕtârĕm*, mots qui seront examinés prochainement, et que nous ne citons ici que pour montrer à combien de dérivés ce radical a donné naissance[10]. Enfin, le sanscrit *smrĭti* se retrouve aussi en zend avec cette même altération dans le mot *framĕrĕiti* (souvenir)[11].

J'ai cité ces derniers mots, sur l'analyse complète desquels je compte revenir à mesure qu'ils se présenteront dans le texte du Yaçna, pour faire voir que le radical *smrĭ* avait, en zend, perdu si complétement sa sifflante, que cette lettre ne reparaissait pas, même lorsqu'elle se trouvait dans des circonstances favorables à son changement en *h*. En effet, l'on a *fra-mĕrĕiti*, et non *fra-hmĕrĕiti*, comme l'analogie de *ahmái* pour *asmái*, etc. semblerait l'exiger. Il est cependant un cas où il semble que la sifflante dentale se retrouve dans la préposition qui précède le radical. Ainsi au iiie *cardé* de l'Iescht de Taschter on lit :

[Zend text]

Anquetil traduit : « Je fais Izeschné à l'astre Taschter, éclatant de lumière « et de gloire. Si les productions (de la nature) meurent, les animaux domesti-« ques, les bestiaux, les hommes, etc.[12]. » Mais il est bien évident que la traduction véritable doit être : « nous adorons l'astre Tistrya, lumineux, resplendissant, « qu'invoquent les troupeaux, les animaux domestiques et les hommes. » Le mot zend *çtaora* se retrouve dans le sanscrit *sthâurin*, « cheval qui porte des far-« deaux. » Dans le Zend Avesta, *çtaora* désigne les bêtes de somme par opposition à *paçu* (les animaux en général et les bestiaux en particulier). Ici, nous traduisons *marĕiti* par *invoquent*, quoique le sens propre soit *commémorer*; mais ce qui mérite surtout notre attention, c'est la sifflante qui termine la préposition *paitis*, en sanscrit *prati*. En réunissant en un seul ces deux mots *paitismarĕiti*,

---

[1] *Vispered.* xiie *cardé; Vendidad-sadé*, p. 100.
[2] *Vendidad-sadé*, pag. 59, 227, 512.
[10] *Ibid.* pag. 18, 74.
[11] *Vendidad-sadé*, pag. 303, 553.
[12] Ms. Anq. n° 3 S, p. 496. *Zend Avesta*, tom. II, pag. 188.

outre qu'on retrouverait le sanscrit *pratismaranti*, on aurait un mot dans lequel
les règles de l'orthographe zende seraient rigoureusement observées, puisque la
sifflante *s* précédée des voyelles *i* et *u* subsiste devant *m*. Je dois remarquer
cependant que la sifflante de *paitis* appartient peut-être plutôt à la préposition
paiti qui, comme nous l'expliquerons plus tard, a fréquemment en zend une
sifflante, de sorte qu'on a *paitis* et *paiti*, comme *pairis* et *pairi*, comme *nis* et *ni*.
C'est, je crois, la même sifflante qui, en sanscrit, suit *prati* tombant sur un
mot commençant par un *k;* seulement l'emploi en est beaucoup plus étendu
en zend, et l'usage qu'en fait le sanscrit n'est que le reste d'un système plus ancien
et plus complet. Il n'était pas moins utile de citer, dans cette discussion sur
le radical *smrī* (zend *mērē*), l'exemple de l'Iescht de Taschter, parce que, s'il
ne prouve pas que le *s* de *paitis* se soit détaché de *smarēñti*, il nous fournit au
moins un nouvel exemple de l'espèce de modification que ce radical a subie en
zend, et qu'il nous donne une occasion de rectifier une traduction inexacte
d'Anquetil.

Le fait bien constaté de la suppression de la sifflante dentale devant *m*, lorsque
le groupe qui en résulte commence un mot, peut servir à expliquer un terme
très-important, en ce qu'il répand un grand jour sur un des procédés d'après
lesquels paraît s'être formée une partie de la conjugaison zende. Ce mot est
mahi, que les manuscrits donnent fréquemment avec un *i* long, par suite d'une
sorte d'augmentation de la voyelle finale, à laquelle *i* et *u* sont quelquefois soumises. Je n'hésite pas à voir dans *mahí* la première personne plurielle du verbe *as*
(être), laquelle est en sanscrit *smah*, et serait, dans le dialecte védique, *smasi*
(nous sommes), comme M. Lassen l'a fait voir le premier pour la désinence *mah*
des verbes (première personne présent actif) [13]. Une fois constatée l'existence
du *masi* des Védas comme terminaison des verbes actifs à la première personne
du pluriel, rien n'est plus facile que d'en conclure le zend *mahí*, qui en dérive
par le changement de *s* en *h*. Aussi étais-je depuis longtemps arrivé à ce résultat
dans le cas où *mahí* est une désinence verbale, comme *dvaēdayāmahí* (nous
invoquons), *nēmaqyāmahí* (nous adressons notre hommage), *vērēzyāmahí* (nous
accomplissons), etc. Mais le rapport de *mahí* avec le verbe auxiliaire *nous sommes*
ne me paraît pas aussi facile à reconnaître. Il faut, pour l'apercevoir, se faire
une idée nette de la portée de la règle exposée tout à l'heure, relativement à la
suppression d'un *s* dental précédant *m* et initial d'un mot. Au reste, le passage
suivant, dans lequel *mahí* (ou *mahi*) seul répond à *sumas*, mettra ce rapprochement

[13] Voy. *Ind. Bibl.* tom. III, pag. 85. Conf. *Siddh. Kaum.* pag. 445 r°.

dans tout son jour. Au xiiᵉ *cardé* du Vispered, le prêtre, après avoir prié pour
la prospérité, l'abondance et la fertilité des provinces, ajoute ces mots :

[Zend/Avestan script text]

[Zend/Avestan script text]

Anquetil traduit : « les hommes qui naissent, qui engendrent, par les saints
« qui sont, par ceux qui ont été, ces lieux dans lesquels je suis, etc. [14]. » Mon but en
ce moment n'est pas de déterminer le rapport de ce texte avec ce qui le précède ;
je me contente de sous-entendre « pour le bien de, » et je traduis littéralement :
« virorumque et natorum et qui nascentur sanctorum, qui illi erant, qui illi
« sunt, qui nos sumus. » Nous ferons observer d'abord qu'il y a dans ce texte un
fait de syntaxe très-remarquable : c'est, après le pronom relatif du pluriel, le
singulier *aém* (sanscr. *ayam*). Il semble que le pronom indicatif soit mis à ce
nombre pour marquer de la manière la plus générale les êtres dont on parle,
et que si l'on eût dit *yéñghé aété héñti* (qui hi sunt), c'eût été désigner ces êtres
d'une manière plus précise qu'il ne le fallait pour exprimer cette idée « qui
« ont été, qui sont. » Quant à la dernière proposition, *yéñghé vaém maht,* elle
est parfaitement régulière, et nous y trouvons, avec le pronom *vaém* pour
vayam, le verbe *maht* pour le védique *smasi,* sanscrit *smah* (nous sommes).

Si notre analyse de *maht* est exacte, et si ce mot est bien le verbe auxiliaire
smah, il faudra en dire autant de la désinence *maht* de la première personne plurielle des verbes à la forme active. Nous pourrons donc admettre qu'en zend la
première personne plurielle est formée, 1° d'un radical qui a subi les diverses
modifications par suite desquelles il devient susceptible d'être conjugué suivant
le thème des diverses classes dans lesquelles sont rangés les verbes ; 2° de la
première personne plurielle du verbe auxiliaire *maht,* pour le sanscrit *smah* (nous
sommes). Il semble même que cette formation remarquable n'a pas été complétement inconnue des copistes ; car il n'est pas rare de rencontrer la désinence
maht séparée par un point du verbe qu'elle modifie. Cela a dû même être tou-

---

[14] *Vendidad-sadé,* pag. 103. Ce texte est très-
incorrectement lu par notre manuscrit lithographié ; je le rectifie par la comparaison des
autres manuscrits. Au lieu de *sanhyamnananm,*
j'insère un *a* d'après l'autorité du n° 3 F, p. 42,
qui, d'ailleurs, lit en trois mots *djanm haya
manananmtcha.* C'est une forme intéressante
du participe du futur moyen du radical *zan,*

pour le sanscrit *djan,* où la formative *hyamana,*
en sanscrit *syamâna,* se joint immédiatement
au radical *zan,* dont le *n* final se reporte sur la
voyelle, d'où l'on a un *a* nasal (*an*), lequel joue à
peu près le rôle de l'anusvâra nécessaire devant
h. Les mots *aim, anghin,* sont des leçons évidemment fautives que le n° 3 F et le n° 5 S,
pag. 596, remplacent par *aém* et *anghĕn.*

jours ainsi dans l'origine, et ce n'est que par la suite des temps que la désinence *mahî* a pu se joindre au thème conjugable du verbe. Autrement le *s* de *smasi*, se trouvant précédé d'une voyelle, aurait été soumis à la loi du changement en *h*; et du sanscrit *védayâ-smasi* en un seul mot, on eût eu *vaédayâ-hmahî*. Pour que la suppression de la sifflante s'explique, il faut nécessairement admettre que *smasi* a été isolé du mot auquel il devait ajouter la notion du verbe *être* à la première personne plurielle. Il y a plus : si telle est bien l'origine de cette forme verbale, il faut, même sous le point de vue philosophique, supposer un moment où les deux parties qui la composent furent conçues isolément. Le contraire a eu lieu en pâli, où la désinence de l'imparfait et du parfait à la première personne plurielle est évidemment composée des mêmes éléments qu'en zend. Le verbe auxiliaire *smah* perdant sa finale, suivant le génie particulier de ce dialecte, change la première sifflante en *h*, qui est déplacé et qui suit le *m*, d'après un principe orthographique auquel je ne connais pas d'exception en pâli. Ainsi *patch* (cuire) fait à la première personne plurielle de l'imparfait, à l'actif *apatvhamhâ*, et au moyen *apatchâmhasé*, formes où *mhâ* et *mhasé* sont évidemment des altérations, l'une de *smâ*, sans doute pour smah (pour *smas*), et l'autre de *smasé*, qui est le moyen du verbe auxiliaire védique *smasi*.

NOTE P.

Sur le changement de *ds* sanscrit en *ḍōğh* zend.

(*Observ. sur l'Alph. zend*, pag. cxviii.)

Les permutations diverses que subit la sifflante dentale sanscrite d'après les lois de l'euphonie zende sont, sans contredit, un des faits qui jettent sur la grammaire et sur l'étymologie des mots zends le plus de lumière; c'est pour cela que je me suis attaché à en déterminer les limites avec le plus de précision qu'il m'a été possible. Mais je n'ai pu donner tous les exemples propres à démontrer les règles que j'établissais, parce que ces exemples se représenteront en foule dans la suite du Commentaire, et que les exposer dans mes Observations préliminaires, c'eût été grossir ce travail de textes qui se seraient ainsi trouvés répétés deux fois. Il y a cependant quelques faits sur lesquels je prendrai la liberté d'appeler l'attention du lecteur, moins de crainte qu'on

ne me reproche de ne pas les avoir aperçus, que parce qu'ils ne doivent se
présenter que dans les parties du Yaçna qui ne peuvent voir'le jour aussi promptement que je le désirerais. Je ne prendrai de ces faits que les plus importants,
savoir, le changement de *ás* en *áoğh*, et les conséquences qu'on en peut tirer
pour éclaircir quelques points de la déclinaison : ce sera la matière de cette note.
J'indiquerai ensuite l'existence d'une autre permutation de la sifflante dentale
sanscrite, que je cherche à rattacher au fait du changement de *s* en *h*. Enfin,
je dirai quelques mots de l'absence du visarga'en zend, particularité dont j'ai
omis de faire mention dans mes Observations préliminaires. Ces deux derniers
points feront l'objet spécial des deux notes suivantes Q et R.

Nous avons dit dans nos Observations sur l'alphabet, que quand *á* long précé-
dait un *s* dental suivi d'une autre voyelle qui ne s'opposait pas à l'insertion de
la nasale devant *h*, cet *á* long devenait en zend *áo*, de sorte que la syllabe
sanscrite *ás* se transformait dans la langue zende en *áoğh*. Nous avons donné
même assez d'exemples de ce fait pour que nous puissions le regarder comme
solidement établi. Mais nous n'avons cité qu'en passant une des conséquences les
plus importantes qu'on en peut tirer pour éclaircir quelques points intéressants
de la déclinaison. On trouve fréquemment dans les textes des mots qui, au lieu
d'être terminés par un *a* bref ou long, comme on devrait s'y attendre s'ils
étaient des nominatifs pluriels masculins ou neutres de noms substantifs d'un
thème en *a*, ont une désinence *áoğhó* qui semble les rattacher à une forme
absolue en *as*. Il n'en est rien cependant ; et comme *áoğh-ó*, expliqué par les lois
euphoniques indiquées dans notre texte, répond au sanscrit *ásah* ou *ásas*, on
doit y reconnaître les nominatifs pluriels de noms masculins, usités dans les
Védas, comme ब्राह्मणास: *bráhmaṇásah* pour *bráhmaṇáh*, ou *bráhmaṇás* du sanscrit classique. M. Bopp a déjà fait cette remarque dans sa Grammaire comparative, et l'a prouvée par la citation d'un mot unique ‌ڡلي ‌ڡ‌‌وسعڡي ‌وسعيب *vêhrkáoğhó*,
qu'il traduit par *lupi* et *lupos* [1] ; les exemples que j'ai déjà indiqués dans la
note 63 de l'Invocation, et ceux que je vais citer, empruntés à des portions
très-variées des livres zends, mettront ce fait dans tout son jour, et leur
nombre suffira pour montrer que j'étais déjà arrivé, par l'examen des textes, à
la même opinion.

Cette forme en *áoğhó* sert à caractériser le nominatif et l'accusatif pluriel des
noms en *a*, de la même manière que la désinence *a*, qui n'est qu'un débris d'une
ancienne terminaison plus complète, et qui est le plus souvent employée pour ces
deux cas. Nous devrons donc donner des preuves de l'usage que font les textes

---

[1] *Vergleich. Gramm.* etc. pag. 264.

I. NOTES.   k de *áoǧhô* avec l'une et l'autre valeur, c'est-à-dire comme nominatif et accusatif pluriels masculins.

Nous verrons bientôt un exemple du nominatif dans le mot ولي وسعرووسسرعيلو *vídaévdoǧhô*, au commencement du xᵉ chapitre du Yaçna, qui sera expliqué prochainement. En voici un autre du mot *yazata* (Ized) au nominatif pluriel masculin, emprunté au vɪᵉ *cardé* de l'Iescht de Taschter :

Je traduis ce texte : « si les hommes me rendent un culte avec le sacrifice où « mon nom est prononcé, de même que les autres Izeds célèbrent le sacrifice où « mon nom est prononcé. » Dans ce passage, *yazatáoǧhô* est le nominatif pluriel masculin du thème *yazata* dont les Parses ont fait *Ized*, et qui signifie : « être « digne du sacrifice, ou être adoré. » Le thème *yazata*, qui, dans d'autres passages, sert de nominatif et d'accusatif pluriel, prend ici la désinence *as*, laquelle avec l'*a* de la forme absolue devient *ás*, et qui, se répétant, selon l'explication de M. Bopp, sous la figure de l'*ô* zend pour le *ah* sanscrit, place *s* dental entre deux voyelles, et la force de se changer en *h* précédé de *ǧ*.

Nous verrons ce même mot plus tard dans ce texte du Yaçna : ولي ووم ويم, c'est-à-dire, « tous les Izeds « qui donnent le bien, purs[1]. » Ce texte est intéressant pour la grammaire, à cause de la réunion des diverses formes du nominatif pluriel, formes auxquelles il ne manque que la plus altérée de toutes, celle qui est en *a*, c'est-à-dire qui est identique au thème. En effet, nous y trouvons la désinence *é* des pronoms dont *víçpa* suit la déclinaison, désinence qui paraît composée de l'*a* du thème et d'un *i*. Le mot *achavanô*, qui est employé aussi fréquemment à l'accusatif, a la terminaison *as* changée en *ô*, laquelle, en sanscrit, appartient également à l'accusatif et au nominatif des noms de la déclinaison imparisyllabique. Cette désinence *as* répétée deux fois, comme nous le pensons avec M. Bopp, caractérise *yazatáoǧhô*. Le pronom *yói* est d'une formation analogue à *víçpé*, avec cette différence que, au lieu de se fondre avec *i* en *é*, l'*a* du thème a subsisté à part, et s'est augmenté en *ó*, ou bien, si l'on veut, que cette désinence *i* s'est jointe immédiatement au nominatif singulier masculin. Enfin, dans *vaǧhudáo* nous avons un nominatif pluriel de ces noms rares en *ás*, qui suivent le thème

---

[1] Ms. Anq. nᵒ 3 S, pag. 498. — [2] *Vendidad-sadé*, pag. 542; ms. Anq. nᵒ 6 S, pag. 239.

de la déclinaison des noms en *a*, et dont nous avons fait connaître l'existence par notre analyse du mot *mazdáo*. La diphthongue zende *áo* représentant un *ás* sanscrit, *vaghudáo* reviendra à *vasudás* (qui donne du bien), ou, en admettant l'interprétation que nous avons proposée pour *dáo* (science), « qui sait le bien. » Or, *vasudás*, en sanscrit, serait tout aussi bien le nominatif du pluriel que celui du singulier d'un adjectif formé d'un radical en *á* long. C'est aussi pourquoi le mot *vaghudáo* (qui se trouve au nominatif singulier) a la même désinence au nominatif pluriel, dans le passage remarquable que nous venons de citer. Ajoutons qu'on trouve concurremment *vaghudáoghó*, qui doit signifier « qui donnent le « bien, » et qui, ramené au sanscrit *dásah* pour *dáh*, peut être le nominatif pluriel avec la désinence *áoghó*, dont nous nous occupons en ce moment [1].

L'adjectif *víçpa*, dont nous citions tout à l'heure le nominatif pluriel *víçpé*, prend aussi cette désinence *áoghó* dans ce passage du xxxiiᵉ chapitre du Yaçna :

$$\text{سج. } \text{ع}\text{كى}\text{هد. بهدڡ. ٯوسع. سوسع. ڡلب}\text{مدسعروبط. ودوبرهد. سج} $$

ce qui paraît signifier : « ô vous tous, Dévas, vous en êtes l'origine par le vice « de votre cœur [1]. » Nous le trouverons encore au xlixᵉ chapitre du Yaçna, en rapport avec le mot ودسعروبط « bien favorables [1]. » Enfin, le mot qui forme la principale portion du nom d'Ormuzd, *ahura*, prend lui-même cette désinence et devient سددروسعربط *ahuráoghó*, que l'on ne trouve que deux fois, à ma connaissance, dans le Vendidad-sadé, une fois dans un passage difficile du Yaçna, où Nériosengh persiste à penser qu'il s'agit d'un nom au singulier [1], ainsi que dans un autre texte du xxxiᵉ chapitre du Yaçna, où la présence du verbe سددعوى *aghĕn* (erant) ne permet pas de douter que *ahuráoghó* ne soit au pluriel [1]. Cette conjecture est confirmée par la présence du mot سوربدسعوع qui est le nominatif pluriel masculin de l'adjectif dont nous connaissons le nominatif singulier et le génitif *mazdáo*. Comparé à *vaghudáo* cité plus haut, *mazdáoçtcha* a de plus la désinence *ç* pour *s*, qui reparaît attirée par le *tcha*, quoiqu'elle soit déjà fondue dans le *áo* pour *ás*.

[1] *Vendidad-sadé*, pag. 72 ; ms. Anq. n° 2 F, pag. 139.

[1] *Vendidad-sadé*, pag. 216 ; ms. Anq. n° 2 F, pag. 227. Cette phrase renferme un pronom très-remarquable *yũs* (vous), dont M. Bopp n'a pas parlé dans ses observations, d'ailleurs si intéressantes, sur les pronoms (*Vergleich. Gramm.* pag. 199), et dont nous nous occuperons plus tard en détail.

[1] *Vendidad-sadé*, pag. 425 ; ms. Anq. n° 1 F, pag. 350. Notre manuscrit lithographié lit mal tout ce passage, et entre autres le mot *hazaó-sáoghó*, ainsi que le fera voir l'analyse que nous en donnerons.

[1] *Vendidad-sadé*, pag. 174 ; ms. Anq. n° 2 F, pag. 210.

[1] *Vendidad-sadé*, pag. 210 ; ms. Anq. n° 2 F, pag. 214.

k.

Je n'ajouterai plus que deux exemples du nominatif avec cette désinence ; je crois devoir les citer ici, parce qu'ils sont empruntés à des textes intéressants. Je veux parler des mots *vaçtráonǧhó* et *urvápáonǧhó*, que je lis dans le iv* *cardé* de l'Iescht de Mithra. Voici ce texte, auquel nous comparerons un passage analogue du 1er *cardé* de l'Iescht des Ferouers, et qui se trouve immédiatement après celui qui est relatif à la marche de Mithra au-dessus des montagnes, cité ci-dessus, note N, pag. lxvj.

(texte en caractères zend sur quatre lignes)

Anquetil traduit ainsi ce passage : « Mithra fait que les biens demeurent « dans l'Iran ; il procure la tranquillité aux nombreuses âmes de l'Iran. Sur « cette montagne élevée (où il réside), sont des pâturages abondants ; l'eau bien- « faisante multiplie les troupeaux qui sont dans la bouche du Var Ourouâpé [10]. » Il y a, dans le texte, quelques points peu importants sur lesquels je ne suis pas encore fixé ; cependant je puis déjà dire que la traduction d'Anquetil doit être très-inexacte. Voici celle que je propose de lui substituer, et que je donne en latin pour qu'elle soit plus littérale : « tunc omnem constituit Ariæ locum « beneficus, in quo rectores eximii, antiqui, antiquas Arias (provincias) illu- « minant ; in quo montes excelsi, multis-pascuis-vestiti, aquosi, pabulum bovi « præbent, quorum e faucibus valles largas-aquas-habentes exeunt. » La première proposition de cette période a été expliquée plus haut à la fin de la note K, pag. lxj. La seconde, *yahmya çáçtáró*, est un peu plus embarrassée ; mais j'y reconnais avec certitude les deux mots *çáçtáró* et *rázayénti*. Le premier est le nominatif pluriel masculin de *çáçtár*, en sanscrit *çástrĭ* (celui qui gouverne) ; le second est le radical sanscrit *rádj* à la 10* classe, ou à la forme causale ; son sens propre est « ils font briller. » On pourrait aussi lui donner celui de *gouverner*, à cause du rapport que le sanscrit *rádjan* (roi) présente avec ce radical *rádj*. Mais je ne me rappelle pas d'avoir vu en zend le mot *rádjan* dans les textes que j'ai lus jusqu'ici ; c'est *khchathra* et *khchaya* qui expriment dans cette langue

---

* Ms. Anq. n° 3 S, p. 518 ; n° 4 F, p. 587. — [10] *Zend Avesta*, tom. II, pag. 206.

l'idée de *roi*. Cette considération m'engage à conserver au verbe *rázayénti* sa signification primitive; et je dois ajouter que la traduction qui en résulte est tout à fait dans les idées familières aux textes zends, où il est très-souvent parlé de l'éclat et de la splendeur qu'un Ized ou qu'un chef répand sur un pays.

Entre les deux mots que je viens d'expliquer, doit se trouver le complément du verbe *rázayénti;* je le vois en effet dans *paoirís íráo*. Le premier de ces deux mots est un accusatif pluriel féminin de *paoiri*, que je regarde comme une contraction de *paoirya* qui se présente très-fréquemment dans les textes avec le sens de *premier*. Il y a en zend un nombre considérable d'adjectifs de cette espèce qui se ressemblent beaucoup, et dont l'orthographe est si peu uniforme, qu'on est souvent dans un assez grand embarras pour faire un choix. Sans entrer ici dans une discussion qui m'entraînerait trop loin, et qui, d'ailleurs, ne se fera pas longtemps attendre, je dirai qu'on doit trouver, dans les diverses formes *póaru, paoaru, póurva, paourva, póurvya, paourvya, póirya, paoirya*, les deux adjectifs sanscrits *paru* (abondant) et *párva* (premier). De ces deux adjectifs dont la forme zende est *póaru* (ou *paoaru*) et *póurva* (ou *paourva*), viennent deux autres dérivés, l'un formé de *paourva* avec le suffixe *ya, paourvya*, et ayant le sens de *premier*, l'autre contracté, à ce qu'il me semble, de ce dernier adjectif et obtenu par le retranchement du *v, paoirya*, ou bien, ce qui n'est pas moins vraisemblable, dérivé du même radical que les mots *paru* et *párva*, mais formé avec un autre suffixe; il se prend dans les mêmes acceptions que *paourvya*. Si le lecteur adopte ces distinctions, que je crois fondées, nous rattacherons l'adjectif de notre texte à *paoirya*, qui fait à l'accusatif singulier masculin ܟܝܠܐ *paoirím*, par contraction pour *paoiryĕm*, au génitif singulier masculin ܟܝܠܐ *paoiryéhé*, etc., et qui, conséquemment, devrait faire à l'accusatif pluriel féminin *paoiryáo*. Il n'en est rien cependant, et cet adjectif est traité au pluriel féminin comme s'il était primitivement terminé par *i*, et l'on a *paoirís*, que les deux manuscrits des Ieschts écrivent par un *i* bref, ce qui me paraît fautif. Si, en effet, *paoirís* est, comme je le suppose, une contraction de *paoiryáo*, cette contraction ne peut avoir lieu que par la soustraction de l'*á* de *paoiryás*, forme sous laquelle nous devons nous représenter le mot dans son état primitif. Or, il est tout à fait conforme aux lois de la langue zende que *paoirys* devienne, non pas seulement *paoiris*, mais encore *paoirís*, l'allongement de l'*i* (élément du *y*) compensant la perte d'une partie de la désinence. Reste le sens de cet adjectif, qui d'ordinaire est celui de *premier;* mais je crois pouvoir lui donner, comme à *paourva*, les diverses acceptions du *párva* sanscrit.

Le mot auquel se rapporte cet adjectif *paoiris* est *íráo*, que j'ai dû transcrire tel que le donnent nos deux manuscrits des Ieschts, mais que je propose de remplacer par ڛڛٮٮٮٮ *airyáo*, accusatif pluriel féminin du mot *airya*, que nous savons être le nom propre de l'*Aria* ancienne. Ce mot, que nous trouvons dans le composé *airyó chayaněm*, est primitivement un adjectif, c'est-à-dire le sanscrit आर्य *arya* (excellent). Il est employé en zend comme dénomination géographique, tandis qu'en sanscrit c'est le mot *árya*, dont la première voyelle est longue, qui figure dans l'ancien nom de l'Inde, *Aryávarta*; mais, en sanscrit même, le mot *arya* se retrouve dans un des noms du soleil, *Aryaman*, que nous rapprocherons plus tard de son homophone zend. Je dis que *airya* est, dans le principe, un adjectif; et en effet le dernier *cardé* de l'Iescht de Taschter nous en fournit la preuve dans le texte suivant, que je transcris à dessein avec ses variantes d'orthographe.

ڛڛڛڛڛ ڛڛ ڛڛڛ ڛڛڛ ڛڛڛ ڛڛڛ ڛڛ ڛڛڛ ڛ ڛ ڛ

ڛڛ ڛ ڛ ڛ ڛ ڛ ڛ ڛ ڛڛ ڛ ڛ ڛ ڛ ڛ

ڛ ڛ ڛ [11]

Anquetil traduit assez bien : « que les provinces de l'Iran élèvent le Zour; que « les provinces de l'Iran lient le Barsom; que les provinces de l'Iran fassent cuire « ce qu'il faut faire cuire. » Il serait plus exact de dire : « qu'elles étendent pour « lui le Barsom, qu'elles fassent cuire pour lui un animal ; » mais je ne dois m'occuper ici que du mot *airydo*. L'orthographe que je viens de transcrire est la seule véritable; elle se retrouve trois fois dans ce même passage qui se représente au xvii° *cardé* de l'Iescht de Behram, à peu près tel qu'il est donné par le n° 3 S. Le n° 4 F lit au contraire une fois ڛڛٮٮٮ *aryáo*, et une autre fois ڛڛٮٮٮٮٮٮٮ *arayayáo*, leçons qui, jointes à *irído* et à *ěrýdo* de la phrase citée tout à l'heure, nous donnent quatre manières différentes, mais que je crois toutes également fautives, d'écrire *airydo*. Or, si je cite en ce moment ces variantes, c'est pour montrer combien les copistes sont peu constants dans la

---

[11] Ms. Anq. n° 4 F, pag. 562; n° 3 S, p. 508; les deux manuscrits lisent *ςtrinayěn;* je rétablis le *ěrě* qui est plus conforme aux lois de la conjugaison. Je me fonde d'ailleurs sur un autre Iescht, celui de Behram (xvii° *cardé*), où ce passage est répété et où le n° 3 S, pag. 610, lit *ςtaranayěni*, sans doute pour *ςtěrě...* (Cf. n° 4 F, pag. 835.) C'est encore d'après ce second passage que je lis *paçăm* (pecudem), au lieu de *paçtcháum* qui paraît dérivé de *patch* (cuire), mais que je ne puis analyser, à moins qu'il ne faille lire *paçtăm* de *paçtu* (rad. *patch*, suff. *tu*).

manière d'écrire ce mot, et, par suite, pour ramener le *tráo* de notre texte à *airyáo*. Cela posé, on m'accordera facilement que le mot *provinces* doit être sous-entendu; ce sera *dainǧhávó*, nominatif et accusatif pluriel féminin de *dainǧhu*, formé avec un *vriddhi* de la voyelle finale du radical, résolu devant la désinence *ó* (pour *as*) [12].

Il ne nous reste plus à expliquer que *aurva paoarva*, dont le premier est difficile, parce qu'il est fort rare. Nériosengh, au xe chapitre du Yaçna, le traduit une fois par *prakrichta*, et c'est d'après lui que je l'ai rendu par *eximius*. Mais tant qu'on n'a pas ramené un mot zend à sa forme sanscrite, ou qu'on ne l'a pas rattaché à une racine zende dont la signification ne puisse faire difficulté, on doit toujours être en doute sur son véritable sens. Ce que je crois pouvoir avancer, c'est qu'on doit distinguer ce mot de *uru* (large), de *urván* et de *urun* (âme), et enfin de *aurvat* (cheval). Il eût été intéressant de pouvoir retrouver ici, soit seul, soit en composition, le mot *aurvat* (cheval), et de voir dans notre texte une allusion à ces rois cavaliers qui paraissent avoir joué un grand rôle dans l'ancienne Asie. Mais je ne crois pas qu'on soit autorisé à identifier *aurva* avec *aurvat*. Le premier de ces deux mots a son thème en *a*, et c'est ce caractère même qui s'oppose à ce qu'on retrouve *aurva* en sanscrit; car autrement il ne manque pas dans cette dernière langue de mots commençant par *arv* (en zend *aurv*), et l'on a entre autres *arvátch*, et son dérivé *arvátchína* (récent), lesquels expriment une idée qui donnerait une interprétation très-satisfaisante des mots *çáçtáró aurva paoarva*, « des rois récents et « anciens. » On aimerait à regarder *aurva paoarva* comme un composé copulatif, et à traduire notre proposition : « in quo reges recentes-et-antiqui antiquas « Arias provincias illustrant. » Mais il faudrait avoir dans *aurva* le *tch* radical, de même que nous avons *avátchí* (le midi) de *avátch*.

Je passe les mots *garayó bĕrĕzañtó*, ou, comme écrivent souvent les manuscrits, *bĕrĕzĕñtó*, qui signifient « les montagnes élevées, » pour arriver à l'adjectif *póuru vaçtráoǧhó*, composé de *póuru* (abondant) et de *vaçtra* (plaine). Ce dernier mot, qui signifie aussi *vêtement*, me paraît désigner les plaines en tant que couvertes, ou, littéralement, *revêtues* de végétation, par suite d'une de ces analogies de sens qu'on retrouve fréquemment dans les langues anciennes. Réuni

---

[12] M. Bopp n'a pas parlé de ces formes des noms en *u*, et il ne s'est occupé que de celles qui prennent un *gana*, et de celles qui changent la voyelle finale du radical en *v* devant la désinence. Il y a cependant un certain nombre de mots qui prennent un *vriddhi*, comme *naçu*, qui fait *naçvó*, et une augmentation analogue du radical se reconnaît quelquefois même à l'accusatif singulier; nous en parlerons ailleurs.

à l'adjectif *póara*, *vaçtra* fait un composé possessif, « qui a beaucoup de plai-
« nes, » et, avec la désinence qui fait l'objet de cette note, *póura vaçtráoǧhó*, au
pluriel, en rapport avec *garayó* (les montagnes)₁.

L'analyse que nous venons de donner de ce mot nous fournit une bonne
correction pour un passage analogue du 1ᵉʳ *cardé* de l'Iescht des Ferouers, qui
se lit ainsi dans le n° 3 S :

[texte en écriture avestique/pehlevi, quatre lignes]

Anquetil traduit : « Tout cela (existe) pour la gloire et l'éclat des (Ferouers).
« Je conserve, ô Zoroastre, la terre étendue donnée d'Ormuzd, qui est grande
« et large, qui porte beaucoup de choses pures; (la terre) qui, dans tout le
« monde existant (par ma puissance), porte des vivants et des morts. Sur ses
« montagnes élevées sont des pâturages abondants, l'eau multiplie, etc. » Je
n'achève pas de transcrire la traduction d'Anquetil, parce qu'il lie à tort cette
phrase à une proposition qui doit s'en détacher, quoiqu'elle fasse partie de
l'ensemble de la période, et je présente comme plus fidèle la traduction suivante : « illarum (des Ferouers) lumine splendoreque, conservavi, ô Zarathus-
« tra, terram largam, ab Ahura datam, quæ (est) maximaque, et viis calcata;
« quæ sustinet montem pulchrum; quæ omnem mundum existentem sustinet,
« viventemque, mortuumque, montesque qui excelsi (sunt) multis-pascuis-
« vestiti, aquosi. » On trouvera en note quelques observations destinées à justifier cette version nouvelle; les donner dans ce texte, ce serait détourner trop
longtemps l'attention du lecteur de l'objet principal de notre recherche [14]. Notre

---

[13] Ms. Anq. n° 3 S, pag. 566; n° 4 F, p. 716,
717. Les deux manuscrits lisent le premier *yá*,
yáo; c'est évidemment une erreur qu'il faut
corriger. Les deux mss. ont *açtavantĕm*, que je
corrige également.

[14] Les deux premiers mots de ce texte appartiennent évidemment à la proposition à laquelle nous les faisons rapporter, et non à la
proposition précédente comme le veut Anquetil.
Ce sont deux noms à l'instrumental : *raya* vient
de *ri*, que nous avons déjà vu dans l'adjectif
raévat, et *qarênanghá* de *qarênangh*, expliqué
dans notre Commentaire. J'omets les mots, d'ailleurs intéressants et qui seront expliqués plus
tard, jusqu'à *barĕthri*, etc. Ce mot est le nominatif
singulier d'un nom adjectif en *tár*, qui au fé-

examen doit en ce moment exclusivement porter sur *vâçtrávaghó*, que je propose de remplacer par *vaçtráoghó*. Je crois que ce mot a été regardé à tort comme un adjectif formé de *vaçtra* avec un suffixe *vas*. Cependant, même dans cette hypothèse, on ne peut expliquer que par une erreur de copiste les deux *á* longs de *vâçtrávaghó*.

Je reprends la suite du texte emprunté au iv° *cardé* de l'Iescht de Mithra, dont la fin va nous offrir un nouveau terme où nous pourrons remarquer l'emploi de la forme qui fait l'objet de cette note. Nous trouvons d'abord le mot *áfĕñtó*, qui est un adjectif formé du substantif *áp* (eau) avec le suffixe *aţ*, indiquant ici la possession. Ce mot signifie donc « qui ont de l'eau. » Il faut seulement remarquer que le *p* du substantif *áp* a été changé en *f*, par une raison qui m'est restée jusqu'ici inconnue. Le mot *khâthró* présente une double difficulté. D'abord il est presque toujours écrit dans le Yaçna, dans le Vendidad et dans le Vispered, avec un ساح *q*, et Nériosengh le traduit par « bonheur, sa- « tisfaction, » d'autres fois par *nourriture*. Nous trouverons bientôt ce mot dans la suite du Yaçna, et nous essayerons de justifier ce dernier sens, qui se concilie aisément avec celui de « bien-être. » Il est, au reste, possible qu'il faille admettre l'existence de deux mots, l'un ayant un ساح *q*, parce que sa forme primitive est *sv*, l'autre ayant ھ *kh*, et se rattachant au radical sanscrit खाद् *khâd* (manger), duquel on peut d'ailleurs tirer aussi le mot *qâthrĕm*, par suite de la con-

---

minin devient *thri*, pour le sanscrit *trí*, l'*í* final s'abrégeant, et le *t* s'aspirant. Le zend *barĕthri* signifie donc « celle qui porte. » Je traduis le zend *paraos* comme un génitif de *paru*, qui devrait s'écrire à la forme absolue *paurŭ*, ou plutôt *póurŭ*, l'action du *p* étant, dans quelques cas, semblable à celle du *v*, et forçant le changement de l'*a* qui le suit en *ó*, surtout quand cet *ó* devra (par l'action de l'épenthèse par exemple) être suivi d'un *u*. Outre que nous avons quelques autres génitifs de noms en *u*, terminés par *aos*, la présence du mot *çrírahé* (pulchri) au génitif ne peut laisser aucun doute sur le cas de *paraos*. Le radical qui reste après qu'on a retranché la désinence, me paraît identique au sanscrit *paru*, dans le sens de *montagne*. Anquetil, au contraire, le traduit par *beaucoup*; mais il est obligé de faire de *çrírahé* un substantif, ce qui me paraît inadmissible. Nous ver-

rons plus bas, dans la note Q, de quelle utilité peut être la connaissance de ce mot pour l'explication d'un autre terme zend qui est beaucoup plus intéressant. Le lecteur remarquera l'adjectif *djam-tcha* (viventemque) de *dju*, une des formes du sanscrit *djiv*. C'est à cette transformation du radical que se rapporte le participe *zavananaum* (génitif pluriel), que l'on trouve à la fin du 1er *cardé* de l'Iescht des Ferouers. Si ce mot n'était pas suivi de *tcha*, on l'écrirait plutôt *djâm*. Enfin on trouve le mot *bĕrĕzantó* (dont l'accus. est semblable au nomin.), dans son vrai sens, en rapport avec *garayaç-tcha*, mais réuni à ce mot par le relatif *yó*, au nominatif masculin·singulier, au lieu du pluriel qu'exigerait la concordance. Le dernier mot *áfĕñtó* est expliqué dans la suite de l'analyse consacrée à l'exemple emprunté au iv° *cardé* de l'Iescht de Mithra.

l

fusion du ‿ *q* et du ⳼ *kh.* Mais une difficulté plus grave, c'est celle de la désinence *ó.* Si ce mot est, comme je le crois, le complément direct de *frádhayéné*,
il semble nécessaire de lire *kháthrëm*, tout de même que nous avons fréquemment *qáthrëm* dans le Yaçna. Il me paraît difficile de sortir de cette difficulté, à
moins de supposer que *frádhayéné* est un imparfait passif à la troisième personne du pluriel, dont la désinence ne différerait de celle de l'actif que par la
voyelle finale *é*, de même que le singulier ne diffère au passif de l'actif que
par la voyelle *a*, qui se joint au *t*, caractéristique de la troisième personne.
Cette formation, si elle pouvait être confirmée par d'autres exemples, serait
sans contredit fort remarquable. Le *t* de la désinence sanscrite *anta* serait tombé
au moyen, comme cela se voit à l'actif, où *an* (en zend *ën*) est pour *ant.* Seulement *é*, voyelle finale du moyen et du passif, aurait persisté en zend à un
temps où elle disparaît en sanscrit. En un mot, l'imparfait moyen se distin-
guerait du présent de la même voix par l'absence du *t*, et les désinences du
présent et de l'imparfait actifs et moyens seraient, à l'égard l'une de l'autre,
dans le rapport exprimé par la liste suivante :

3ᵉ personne plurielle présent de l'actif *ënti*, — du moyen *ënté*.
3ᵉ personne plurielle imparf. de l'actif *ën*, — du moyen *ëné*.

En un mot, *kháthró*, dans cette hypothèse, resterait au nominatif, et l'on
traduirait : « les montagnes ont été données comme nourriture à la vache. » Mais
je dois avouer que cette formation, qui est inouïe en sanscrit, ne se trouverait peut-être pas une seconde fois dans le Vendidad-sadé. Il y a donc tout
lieu de croire que la voyelle finale *é* a été ajoutée au mot *frádhayën* par la
prononciation, et qu'elle aura passé ensuite de la prononciation dans l'orthographe. La difficulté n'est donc que dans *kháthró*; j'ai dû en avertir le lecteur,
en attendant que la comparaison de quelque texte nouveau nous donne la
solution de ce problème.

La proposition suivante est liée à celle que nous venons d'expliquer par le
relatif *yat.* Je le regarde comme étant en rapport avec *garayó* (les montagnes),
et en composition avec le mot *djafra* à l'instrumental. Le relatif *yat* est à la
forme absolue, et, comme tel, capable de tous les genres et de tous les nombres. Nous pourrons donc traduire, dans cette hypothèse, « quorum e fauce, »
ou, « e faucibus, » puisqu'il est question de plusieurs montagnes. Il me semble
qu'on obtient un sens plus satisfaisant, en faisant rapporter *yat* à *garayó*, qu'en
lui donnant pour antécédent *airyó chàyanëm.* Anquetil nous apprend que *djafra*
veut dire « bouche, gorge d'une montagne, » et M. Bopp dérive très-bien quelque part le mot *djafna* (qui ne diffère de *djafra* que par le suffixe, et qui est

le mot propre pour signifier *bouche*), de *djap* (parler). Le mot suivant, *vairyô*, est ordinairement transcrit dans Anquetil par *Var;* c'est l'expression la plus générale pour indiquer une vallée avec de l'eau courante. On peut le rattacher au radical *vrĭ* (entourer), ou même y reconnaître, moins l'allongement de la première voyelle; le sanscrit *vâri* (eau). Ce substantif, d'un usage peu fréquent dans les textes, est ici en rapport avec l'adjectif *urvâpâonghô* dont Anquetil a fait un nom propre *Ouroudpé*. Je ne doute pas cependant qu'il ne faille traduire cet adjectif d'après ses éléments connus, savoir, *aru* (large), dont la voyelle finale est changée en sa semi-voyelle correspondante devant une voyelle, et *âpâonghô*, que les observations qui font l'objet de cette note démontrent suffisamment répondre au sanscrit *âpâsah*. Or, *âpâsah*, dans un composé possessif, serait le nominatif pluriel masculin védique d'un mot dont le thème serait en *a*. Cette décomposition nous conduit à *urvâpa*, « celui qui a des eaux larges, » et au pluriel, *urvâpâonghô*, adjectif qui confirme d'une manière assez heureuse la théorie que nous avons avancée sur les nominatifs pluriels masculins en *âonghô*. J'ajouterai, relativement à la traduction de cette dernière proposition, que je rends le verbe *histĕñti* par *exeant*, comme s'il y avait *uçĕhistĕñti*, qui est commun dans ce sens. J'y suis conduit par l'explication que je donne de *yaṭ djafra*. Mais on pourrait aussi regarder ce dernier mot comme un pluriel, et traduire : « quorum fauces stant valles multum aquosæ, » ou, « dont les gorges « sont des vallées qui ont de larges eaux, » en prenant *histĕñti* (stant) à peu près comme un synonyme de *hĕñti* (ils sont).

Au reste, les observations que nous avons faites tout à l'heure sur le ʊens primitif de *urvâpâonghô* n'empêchent pas que ce mot n'ait pu devenir la désignation spéciale, et conséquemment le nom propre d'une vallée et d'un fleuve célèbres. Ce mot est donné plus d'une fois en cette qualité dans les leschts, notamment dans l'Iescht des Eaux [15], et dans celui de Taschter deux fois [16]. L'examen de ces passages serait ici hors de propos; nous pourrons y revenir plus tard.

Quant à l'accusatif en *âonghô*, nous en trouvons un exemple frappant dans le xxx⁰ chapitre du Yaçna, morceau très-remarquable par le nombre des formes anciennes qu'il fournit. Il est écrit de la manière suivante : ꜰꜰꜰ ꜰꜰꜰ ꜰꜰꜰ, et Nériosengh le traduit bien यो मक्षाशानी ह्ठो मनुष्यज्य:, c'est-à-dire, « les deux choses que Mazda a données aux hommes [17]. »

[15] *Zend Avesta*, tom. II, pag. 171.

[16] *Ibid.* tom. II, pag. 189 et 196.

[17] *Vendidad-sadé*, pag. 175; ms. Anq. n⁰ 2 F, pag. 211.

Il faut toutefois remarquer que *machyáonghó*, quoiqu'il soit traduit dans la version de Nériosengh par un datif, doit répondre à un accusatif, parce que, en zend, le verbe *dá* (donner) veut ses deux compléments à ce dernier cas.

L'adjectif *çpitama*, que les Parses et Anquetil regardent comme un qualificatif qui est ordinairement attaché au nom de Zoroastre, et qui devient un nom propre, mais qu'il traduit néanmoins par *excellent* [18], se trouve aussi à l'accusatif pluriel avec cette désinence : ﻟﻴﻌﻔﻴﺲﻟﻌﻴﺲ *çpitamáonghó* [19].

Les exemples que je viens de produire suffisent certainement pour établir l'existence de cette terminaison, qui est restée en zend d'un fréquent usage. C'est un nouveau trait de ressemblance que présente cet idiome avec le dialecte des Védas. J'ajouterai que, dans cette note, je me suis servi indifféremment du ﻠﻌ *ng* ou du ﻝ *g*, pour la transcription de cette désinence *donghó*. J'ai dû suivre l'orthographe des divers manuscrits auxquels j'empruntais les exemples précités.

NOTE Q.

Sur le changement de *s* en *q*, et sur quelques dénominations géographiques.

(*Observ. sur l'Alph. zend*, pag. CXIX.)

Cette note est consacrée à faire connaître une modification importante de la sifflante dentale स *sa*, dans son passage en zend. Le lecteur est prié de la considérer comme une addition aux remarques que j'ai faites sur la lettre zende ﻮ *h*, en tant que représentant un *s* dévanâgari. Les observations auxquelles va donner lieu cette modification de la sifflante, justifieront peut-être suffisamment la place que nous donnons ici à cette note.

On remarque assez souvent dans les textes zends, soit comme initiale, soit comme médiale, une combinaison de consonnes qui présente quelque difficulté, si l'on n'a recours, pour l'expliquer, qu'aux permutations euphoniques exposées dans nos Observations préliminaires. C'est le groupe ﻤﻌ *qy* auquel nous avons dû donner place dans notre tableau des combinaisons des consonnes zendes. Si l'on appliquait uniquement à tous les cas où se montre ce groupe la loi du changement de *sv* dévanâgari en ﻤ (changement dont nous reparlerons à la fin de cette

[18] *Zend Avesta*, tom. I, 2ᵉ part. p. 9, note 1. — [19] *Vendidad-sadé*, pag. 363.

note), il se trouverait bien des circonstances où il serait à peu près impossible d'en rendre compte d'une manière satisfaisante. Nous allons en donner quelques exemples, et nous commencerons par le cas où le groupe qy est médial.

On rencontre plusieurs fois dans le Vendidad-sadé le mot نَمَقْيَامَهِ *nĕmaqyámahé* [1], ou نَمَقْيَامَهِ *nĕmaqyámahí*, comme l'écrivent le plus souvent les manuscrits, soit qu'ils séparent, comme notre Vendidad-sadé, la désinence *mahí* (ou *mahi*) du mot *nĕmaqyá* par un point, soit qu'ils la joignent immédiatement à ce mot [2]. D'autres fois le mot est coupé différemment, *nĕma qyámahí* [3], ou encore en trois parties, *nĕma qyá mahí* [4]. La glose de Nériosengh, quoiqu'elle fournisse peu de secours sous le rapport grammatical, puisqu'elle traduit dans un passage ce mot par नमस्कार्य « rends hommage, » nous apprend toutefois que nous devons y trouver le *namas* sanscrit, que nous savons être en zend *nĕmô*. De plus, la désinence *mahí* (où nous voyons, ainsi que dans le *vahí* du duel, une confirmation des principes que nous avons posés sur le changement de la sifflante dentale en *h*) nous montre que nous devons avoir un verbe à la première personne plurielle de l'indicatif présent. En isolant ainsi d'un côté *mahí*, de l'autre *nĕma*, il nous reste la syllabe نَيْس, laquelle est à expliquer. Mais d'abord, si la totalité du mot *nĕmaqyámahí* est un verbe au temps et à la personne que nous venons d'indiquer, la voyelle longue de la syllabe *qyá* ne fera pas difficulté, parce que, devant la désinence *mahí* (sanscrit classique *mah*), l'*a* des verbes dont la conjugaison admet cette lettre doit être allongé. Cette voyelle nous apprend seulement que le verbe dont il s'agit ici, est, ou de la première, ou de la quatrième, ou de la sixième, ou de la dixième classe, en un mot, de l'une de celles qui ne joignent les désinences au radical que par l'intermédiaire d'un *a*. D'un autre côté, en isolant *nĕma* de *qyámahí*, nous n'avons pas dû nous dissimuler que nous altérions, d'une manière assez grave, le thème du mot dont le nominatif est *nĕmô* (pour le sanscrit *namas*), et qui fait, dans ses cas indirects, *nĕmañh*. Comme *nĕmô*, *nĕmañh* se ramène au sanscrit *namas*; de sorte que si nous voulons retrouver *namas* dans *nĕmaqyámahí*, il faut que nous le divisions ainsi, *nĕmaq-yá-mahí*, en admettant *nĕmaq* comme le représentant du sanscrit *namas*. En poursuivant cette supposition, nous trouverons que le *nĕmaq-yá-mahí* zend serait le *namas-yá-masi* du sanscrit ancien, c'est-

---

[1] *Vendidad-sadé*, p. 493. Le n° 1 F, pag. 841, lit comme le Vendidad-sadé.

[2] *Ibid.* pag. 308 et 309; ms. Anq. n° 6 S, pag. 144, 146; n° 3 S, pag. 162 et 164; et n° 2 F, pag. 257 et 259.

[3] *Vendidad-sadé*, pag. 66; ms Anq n° 3 S, pag. 80, 162; n° 6 S, pag. 62.

[4] *Vendidad-sadé*, pag. 310. Dans ce passage les trois autres manuscrits lisent en un seul mot *nĕmaqyámahí*.

à-dire la première personne plurielle du présent de l'indicatif d'un verbe nominal, dérivé de *namas* au moyen de la formative *ya* (savoir, *namasyámi*). Il résulte donc de cette analyse, que le ﻡ *q* zend, au lieu d'exprimer ici le groupe sanscrit *sv*, comme nous l'avons fait voir dans nos Observations préliminaires, et comme nous le démontrerons à la fin de cette note par un exemple très-significatif, ne représente que la sifflante dentale sanscrite, et que ﻣﻣﻣ *qya* est ici pour स्य *sya*.

Mais pour être admise, cette loi euphonique a besoin d'être démontrée par plus d'un exemple; car si elle est vraie, elle doit se reproduire dans un certain nombre de cas. Il faut donc essayer de ramener au sanscrit *sy* celles des combinaisons de *q* avec *y* qui nous ont paru inexplicables par la loi du changement de *sv* sanscrit en *q* zend. Par exemple, je trouve dans le Vispered, au nominatif pluriel, le mot ﻣﻣﻣﻣﻣ *uzdáqyamana*, qui se lit au génitif du même nombre ﻣﻣﻣﻣﻣ *uzdáqyamnanãm* [1]. Le premier de ces deux mots est séparé en deux parties dans notre Vendidad-sadé, et il l'est de même deux fois dans le n° 3 du Fonds. Le n° 5 Supp. réunit les deux portions, mais les lit d'une manière très-remarquable, une fois ﻣﻣﻣﻣﻣ *uzdáyamananãm*, et l'autre fois ﻣﻣﻣﻣﻣ *azdáhyamna*. Or, si l'on compare entre elles toutes ces leçons, on ne sera pas longtemps à se convaincre que nous devons trouver dans ce mot, après le retranchement de la particule *uz* pour *uç* (qui serait en sanscrit *ud* pour *ut*), le sanscrit *dásyamãna*, ou le participe du futur moyen du verbe *dá* (donner); et, en supposant que ce participe prenne en zend une signification passive, notre analyse se trouvera confirmée par le sens du texte, où il est question d'offrandes présentées avec pureté, ou devant être présentées avec pureté. Je n'hésite donc pas à regarder comme fondé le rapprochement que je viens de proposer, et à considérer comme le participe du futur du verbe *dá*, le zend *dáqya-mana* pour le sanscrit *dásya-mána*. Cette remarque me paraît même de quelque importance, en ce que les futurs avec la désinence ﻣﻣﻣ *qya* ne sont pas communs en zend, ce qui vient de ce que, dans le Vendidad par exemple, le texte emploie d'ordinaire le subjonctif au lieu du futur. Je remarquerai en outre, pour en tirer tout à l'heure une conséquence utile dans la question qui nous occupe, la variante intéressante du n° 5 du Supplément, qui remplace le ﻡ *q* de notre Vendidad-sadé par l'aspiration véritable ou par un ﻭ *h*.

---

[1] *Vendidad-sadé*, p. 89 et 90; ms. Anq. n° 3 F, pag. 31 et 33; n° 5 S, pag. 592 et 593.

J'omets à dessein ici plusieurs autres cas où le groupe ‏ﻮﻮ‎ *qy* est employé, et où il me paraît tout à fait incompréhensible sans notre explication; comme je me sers de la loi du changement de *s* en *q*, pour rendre compte de ces faits mêmes, je ne pourrais les indiquer ici sans m'exposer à faire un paralogisme. Je ne dois présenter d'abord que les exemples où ‏ﻮﻮ‎ *qy* se montre clairement comme le remplaçant de *sy*.

Parmi ces exemples, les plus frappants, sans contredit, sont ceux où ce groupe *qy* est initial, notamment dans les diverses personnes du subjonctif du verbe auxiliaire *as* (être). En effet, si *qy* zend représente le sanscrit *sy*, nous devrons voir ce groupe dans la forme que le zend aura donnée au sanscrit *syâm*, *syâh*, *syât*, etc. Or, c'est ce qui arrive toujours pour ce verbe, et jamais peut-être loi euphonique ne s'est trouvée vérifiée par une série plus régulière de preuves. Commençons par la première personne : au lieu de *syâm* (sim), nous trouvons en zend ‏ﻮﻮ‎ *qyèm* [6], où l'*â* long du sanscrit s'est changé en ‏ﻪ‎ *è*, ainsi que nous l'avons remarqué autre part. La modification la plus ordinaire de l'*â* long du dévanâgari devant *m* est le zend ‏ﻪ‎ *â*, de sorte que nous devrions avoir *qyâm*. Mais il est en même temps permis de remarquer le curieux rapport que présente le *qyèm* zend avec l'ancien latin *s'em*, une fois admise la permutation de *s* en *q*.

La seconde personne est ‏ﻮﻮﻮ‎ *qyâo*, pour le sanscrit *syâh* ou *syâs*, ‏ﻮﻮ‎ *âo* zend représentant *âs* final sanscrit. Je la trouve dans cette courte proposition qui fait partie du xi.° chapitre du Yaçna : ‏ﻮﻮﻮﻮﻮﻮﻮﻮ‎ , ce qui me paraît signifier littéralement : « sic tu nobis « vitaque ossaque sis [7]. » J'examinerai autre part jusqu'à quel point on peut adopter avec certitude la leçon du manuscrit que nous suivons, laquelle consiste à séparer *açtěm* de *tâoçtchâ*, que notre manuscrit lithographié lit en un seul mot ‏ﻮﻮﻮﻮﻮﻮﻮ‎ *açtěntâoçtchâ*. Il me suffira de dire en ce moment que *açtěm* me paraît au singulier, comme *gayaç-tchâ* (la vie), que *tâoçtchâ* est un pronom au duel signifiant « et ces deux choses, » et que le tout revient à « la « vie, l'os (pour dire *le corps*) et ces deux choses; » le pronom étant mis au duel pour indiquer que celui qu'on invoque doit être à la fois ces deux choses, la vie et le corps [8].

---

[6] *Vendidad-sadé*, pag. 394; n° 2 F, pag. 339.

[7] *Vendidad-sadé*, pag. 312; ms. Anq. n° 2 F, pag. 265. Je suis la leçon du n° 6 S, pag. 149, qui sépare *açtěm* du mot suivant.

[8] Le mot *gaya*, qui se rencontre très-fréquemment dans les textes zends, est, selon moi, intéressant, en ce qu'il fournit un nouvel exemple d'un fait que nous avons déjà remar-

La troisième personne est ‎ﺳﺮﺳﺮﺳﻮ‎ *qyát* pour le sanscrit *syát*. On la trouve assez souvent dans le xLII⁰ chapitre du Yaçna, et Nériosengh lui-même la traduit deux fois exactement par le sanscrit *bhavét* et *bháyát* [1]. La première personne du pluriel devra être ‎ﺍﻭﻋﺳﺮﺳﺮﺳﻮ‎ *qyámá*, et c'est aussi *qyámá* qu'on trouve plusieurs fois dans le Yaçna. On le voit, entre autres, dans cette phrase du xxx⁰ chapitre que Nériosengh traduit assez exactement : ‎ﺳﺮﺳﺮﺳﻮ‎. ‎ﺳﺮﺭﻭﻋﻮ‎. ‎ﻣﺮﺟﻼﻳﻮ‎. ‎ﺍﻭﻟﺴﺮﻭﻳﻮ‎. एवं च ते वयं स्वाधीना: प्रस्म:, et qui signifie plus littéralement encore : « et puis-sions-nous être à toi [10]. » La seconde personne du pluriel est ‎ﺍﻭﻣﺳﺮﺳﺮﺳﻮ‎ *qyátá* pour *syáta*, et la troisième est ‎ﻳﻌﺳﺮﺳﻮ‎ *qyèn*, où nous retrouvons la même modification de la voyelle (qui devrait être ‎ﺥ‎ *á*), que nous avons remarquée à la première personne du singulier [11].

Les mots que je viens de citer démontrent, je crois, jusqu'à l'évidence la proposition qui fait l'objet de cette note. On peut regarder comme un fait positif que le *s* dental sanscrit suivi de la semi-voyelle *y*, outre qu'il devient *h*, d'après la loi exposée dans notre texte, se change encore en ‎ﺳﻮ‎ *q*; et que conséquemment il faut se garder de chercher uniquement dans le groupe ‎ﺳﺮﺳﻮ‎ le sanscrit *svy*. On peut même dire que quand ‎ﺳﻮ‎ *q* précède la semi-voyelle *y*, il n'est que bien rarement le représentant du groupe sanscrit *sv*.

Si ces principes sont le résultat d'observations exactes, nous devrons nous en servir pour rendre compte d'un certain nombre de mots assez embarrassants. Par exemple, on rencontre dans le Yaçna, au xiv⁰ chapitre, le mot ‎ﻳﻌﺳﺮﺳﺮﺳﻮ‎ en rapport avec le substantif *tanu*, au génitif ‎ﻣﺮﺳﺮﺟﻌﻭﻳﻼﺍﻭﻋﻮ‎ *tanvaç-*

qué, savoir, la facilité avec laquelle se permutent les lettres *dj* et *g*. Le radical sanscrit *djív* (vivre) ne s'est guère conservé entier que dans l'adjectif *djívya* (vivant ou vivifiant), qui, au reste, est assez rare. Dans tous les autres cas, ce radical devient *dju* et *zu*, ou *djí* et *zí*, selon que la voyelle ou la semi-voyelle est retranchée, ainsi que l'a remarqué M. Bopp, qui a comparé le grec ζάω à la forme *djayámi* qui serait le *guna* du radical devenu *djí*. Je suis d'autant plus disposé à admettre ce rapprochement, que le substantif *gaya* (la vie), substantif qu'il ne faut pas confondre avec celui dont nous connaissons l'accusatif *gáim* (pas), me paraît être formé du radical *djí*, permuté en *gí* et affecté d'un *guna* attiré par le suffixe *a*. Nous verrons

que ce mot a une très-grande importance, en tant que servant à former le nom propre Kaïo-morts. Quant au radical *dju* et *zu* (qui n'en est que l'adoucissement), nous avons déjà constaté l'existence d'un verbe dont nous avons trouvé le participe présent moyen *zav-ana*. Ce verbe, avec ses diverses formes, sera examiné plus tard en détail. (Voy. ci-dessus note P, pag. lxxxj.)

[*] *Vendidad-sadé,* pag. 35o, et n⁰ 2 F, p. 280 et 381. Add. *Vendidad-sadé,* pag. 3o5 et 311. Ce mot est quelquefois écrit *khydt* avec un *kh*.

[10] *Vendidad-sadé,* pag. 174; ms. Anq. n⁰ 2 F, p. 210. Add. *Vendidad-sadé,* pag. 311, et n⁰ 2 F, pag. 264.

[11] *Vendidad-sadé,* pag. 328 et 422; ms. Anq. n⁰ 2 F, pag. 3g3 et 342.

tchiṭ [12]. La désinence *yáo* doit d'abord répondre à la syllabe sanscrite *yás*. Si l'on veut trouver dans les deux ‌‌‍‍ le sanscrit *sv*, on aura *svasvy*, et pour thème *svasvî*, qui pourra passer pour le pronom *sva* redoublé, une fois au radical, une seconde fois au féminin. Cependant ce mot sera expliqué d'une manière plus satisfaisante, si l'on admet que le ‌‍ médial ne répond pas ici au groupe dévanâgari *sv*, mais seulement à *s*, de sorte que le zend *qaqyáo* sera pour le sanscrit *svasyáh*. J'expliquerai de la même manière le datif ‌‍‍‍ *qaqyái*, qui se trouve au xxxᵉ chapitre du Yaçna, en rapport avec le datif ‌‍‍‍ *tanuyé* [13]. Le même principe rend compte de la désinence ‌‍‍ *qyá*, qu'il faut regarder comme l'altération du sanscrit *sya*, avec allongement de la finale *a*, comme dans *hyá*. C'est ainsi que je trouve ‌‍‍‍ *yéqyá*, qui correspond à *yéhyá*, dérivé de *yasya*; ‌‍‍‍ *çpẽñtaqyá*, que j'écris avec ‌‍ d'après notre manuscrit lithographié, en réunissant au thème la désinence ‌‍‍ *qyá* séparée à tort par le copiste. On remarquera que tous les autres manuscrits lisent avec un ‌‍ *kh*, ‌‍‍‍ *çpentakhyá* [14]. Cette dernière orthographe me paraît fautive; j'en tire toutefois cette conséquence, que c'est bien comme gutturale aspirée que ‌‍ est employé dans cette occasion, au lieu et place du ‌‍ *h* qui persiste dans les désinences *hyá* et *hé*.

Enfin je n'ajouterai plus qu'un mot pour prouver l'importance de cette règle; c'est le substantif ‌‍‍‍ *daqyu*, ou ‌‍‍‍ *daiñ̄ghu*, ou ‌‍‍‍ *daĝha*. On rencontre en effet concurremment toutes ces formes dans les textes; et quoique l'autorité des Parses, ainsi que le sens général des passages où elles se trouvent, nous montrent que ces mots différents doivent tous également signifier *province, contrée*, il ne paraît pas facile, au premier abord, de les rattacher au même thème. Tout embarras cesse, au contraire, lorsque ‌‍ *q* est regardé comme une des permutations de la sifflante dentale, et le mot *daqyu* est immédiatement ramené au primitif qui a donné naissance à *daiñ̄ghu* et à *daĝha*. Il est seulement remarquable que les deux permutations de la sifflante dentale se trouvent réunies dans le même mot, et servent à former deux thèmes diffé-

---

[12] *Vendidad-sadé*, pag. 65, 67; ms. Anq. nᵒ 2 F, pag. 128, 131; nᵒ 6 S, pag. 62, 64; nᵒ 3 S, pag. 79, 81. Le nᵒ 2 F écrit *qaqayáo*; mais cette lecture me paraît fautive, et elle n'est soutenue par aucun autre manuscrit.

[13] *Vendidad-sadé*, pag. 173. Ce mot est écrit

de la même manière dans tous les autres manuscrits, nᵒ 6 S, pag. 118; nᵒ 2 F, pag. 206; nᵒ 3 S, pag. 130.

[14] *Vendidad-sadé*, pag. 223; nᵒ 6 S, pag. 136; nᵒ 1 F, pag. 242, et nᵒ 3 S, pag. 153. Nous avons vu de même ci-dessus *qyát* écrit *khyát*.

rents avec une seule et même signification. Ainsi, de *daqyu* on a au nomin. sing. ڣۇڗڛڛڛڛ *daqyus*, à l'acc. ڣڗڛڛڛڛ *daqyûm*, au gén. ڣۇڗڛڛڛڛ *da-qyèus*, au gén. plur. ڣ۰۴ڛڛڛڛ *daqyunãm*; et de *daġhu* ou *dainġhu*, au gén. sing. ڣۇڗۇڛڛڛ *daġhèus* ou ڣۇڗۇڛڛ *dainġhèus*, au nomin. plur. ڣۈۈۈۈ *daġhvó*, ڣۈۈۈۈۈ *danġhâvó*, et au datif ڣۇۈۈۈ *daġhubyó*.

Si maintenant nous voulons retrouver en sanscrit le type de toutes ces formes, nous devrons supposer *dasyu*, dont la sifflante devient tantôt ڛ *q*, tantôt ڛ *h*, avec ou sans nasale. Ce mot existe en effet dans la langue sanscrite, où il a le sens de *ennemi, voleur, barbare*, significations au nombre desquelles nous ne voyons pas celle de *province*. Je ne doute pas cependant que le *daqyu* zend ne vienne de la même origine que le sanscrit *dasyu*. La différence des significations peut être attribuée à la longue séparation des idiomes. Peut-être aussi le sanscrit *dasyu* était-il le nom indien des peuples qui, sortant des provinces ariennes pour franchir l'Indus et ravager les établissements brahmaniques de l'Inde supérieure, reçurent des habitants le nom d'*hommes des provinces*, et par suite celui de *barbares* et de *voleurs*. Quoi qu'il en soit de cette dernière conjecture, les diverses formes du zend *daqyu* sont suffisamment expliquées par leur rapprochement avec le sanscrit *dasyu*; et ce mot est une preuve nouvelle de la lumière que peut répandre sur un terme difficile la connaissance de la règle que nous avons cherché à établir.

Il ne nous reste plus maintenant qu'à justifier ce passage de la sifflante au *q*, en d'autres termes, à une gutturale. On pourrait remarquer d'abord que la permutation si connue du *ç* palatal en *k* suffit pour indiquer la possibilité du changement de *s* dental en une gutturale quelconque. Mais cette raison tirée de l'analogie de ces deux faits ne me paraît pas suffisante, parce que cette analogie elle-même est plus apparente que réelle. La sifflante palatale se change en *k* non aspiré, et cela vient de l'affinité constante qu'on remarque entre les palatales et les gutturales : le changement n'a pas lieu, à proprement parler, d'une sifflante quelconque à *k*, mais d'une sifflante particulière qui a un rapport intime avec les palatales, à une lettre qui est elle-même en rapport avec elles. Dans les circonstances, au contraire, dont nous parlons dans cette note, la sifflante dentale devient, non pas une gutturale quelle qu'elle soit, mais une gutturale aspirée; et si l'on pouvait douter que cela fût ainsi, nous rappellerions que les manuscrits emploient fréquemment dans ce cas le ڬ *kh* au lieu du ڛ *q*. Cette dernière lettre, d'ailleurs, peut passer pour aspirée, puisqu'elle est remplacée en persan par une gutturale dont l'aspiration ne peut être méconnue. Cela

posé, la permutation de *s* en ‌ devient plus intelligible, car nous savons que
la modification la plus ordinaire que subisse la sifflante dentale, c'est qu'elle
devient *h*; et même cette modification est tellement régulière en zend, que la
sifflante dentale n'y existe au milieu d'un mot que soutenue par une consonne,
ou que finale et précédée des voyelles *i, î, u, û, o, é, é*. Elle est plus facile encore à comprendre, si nous nous reportons au groupe même où nous la remarquons, c'est-à-dire à ‌ *qy*, lequel se trouve d'ordinaire dans des mots où nous
avons ‌ *hy*. Aussi je n'hésite pas à regarder ‌ *qy* comme dérivé de ‌
hy. La sifflante ne me paraît pas être devenue immédiatement une gutturale
plus ou moins aspirée; elle est devenue d'abord l'aspirée, par suite d'une modification qui a lieu dans un très-grand nombre de langues. L'aspirée a pris ensuite un caractère plus marqué, et elle s'est changée en une gutturale. Ce résultat
me paraît démontré par la coexistence dans la langue des groupes *hy* et *qy*;
on voit en quelque sorte le second naître du premier. C'est pour cela que j'ai
cru pouvoir rattacher à l'aspirée *h* cette particularité de l'euphonie zende.

Je passe au second point que j'ai promis de traiter dans cette note, c'est-à-
dire aux conséquences qui résultent, pour l'explication d'un mot important,
de l'application de la règle relative au changement de *sv* sanscrit en ‌ *q* zend.
L'emploi le plus ordinaire du ‌ *q* consiste, ainsi que nous l'avons déjà dit,
en ce que cette consonne est le substitut de la syllabe sanscrite *sv*. Ce changement a lieu, selon toute apparence, par suite de la permutation de la sifflante
en *h* (d'où l'on a *hv*), et par le renforcement de l'aspiration, qui, devenant
gutturale, absorbe la lettre *v*. Quoi qu'il en soit, cette permutation de lettres
est une des mieux constatées de celles que nous avons depuis longtemps reconnues, et nous pourrions en apporter un assez grand nombre d'exemples. Nous
nous contenterons de citer, pour faire apprécier son importance, un des mots
les plus curieux dont elle puisse fournir l'explication.

Ce mot est l'ancien nom de l'Arachosie, dont les Grecs appelaient les habitants Ἀραχωτοι, la capitale Ἀραχωτος, et le fleuve *Arachotus* [15]. Anquetil n'a pas
eu de peine à retrouver cette dénomination célèbre dans le dixième des
lieux créés par Ormuzd, ‌ *haraqaiti*, que le premier *fargard* du
Vendidad écrit de la manière suivante : ‌
‌, c'est-à-dire, « *Haraqaiti*, fortunée, aux drapeaux élevés [16]. » Mais

---

[15] Arrian. *Exped. Alex.* l. III, c. 23; Strab.
l. xv, c. 2 (Tzschuck. tom. VI, pag. 168, 174,
176, 178, 179); Dionys. Perieg. v. 1096; Plin.

l. vi, c. 25 (23); conf. Mannert, *Geogr. der Griech.*
part. v, Pers. pag. 76 sqq.
[16] *Vendidad-sadé*, pag. 120; Anquetil, *Zend*

je ne sache pas que l'on ait encore rapproché ce mot, qui est vraisemblablement ici un nom de ville, du terme sanscrit *Sarasvatî,* lequel désigne une rivière
bien connue dans le nord de l'Inde. Les lois euphoniques indiquées plus d'une
fois dans ce travail me dispensent d'entrer dans de longues explications pour
justifier ce rapprochement ; le *h* initial de *Haraqaiti* remplace le *s* dental sanscrit, et le *q* médial le *sv.* Mais ce qu'il est important de remarquer, c'est la
convenance de ce nom donné à une ville, et par suite à une contrée au milieu
de laquelle les anciens connaissaient un lac, qui était la source d'un fleuve [17].
Le mot *Sarasvatî* (féminin de *saras-vat*), et avec l'orthographe zende *Haraqaiti,*
signifie en effet « qui a un lac, » ou dans une acception plus générale, « qui a
« de l'eau ; » et si cette dénomination s'applique bien à une rivière, on ne peut
nier qu'elle ne désigne aussi fort heureusement un district ou une ville traversée
par un fleuve, ou voisine d'un lac. D'ailleurs, la rivière qui arrosait l'Arachosie se nommait également chez les anciens *Arachotus ;* de sorte qu'en réta-
blissant l'orthographe primitive de ce nom de lieu, on pourrait dire que l'Arachosie était traversée par la *Sarasvatî* (*Haraqaiti*). Qu'un fleuve ait donné son
nom à la contrée qu'il fertilisait, c'est un fait vulgaire, et dont les textes zends
nous fournissent d'autres exemples. Dans un pays comme la Perse méridionale,
l'existence d'une rivière est un phénomène capital, qui devient le trait
caractéristique de la géographie de la contrée ; et il suffit d'un examen super-
ficiel des textes zends pour se convaincre de l'importance que le législateur des
Ariens attachait aux rivières et aux lacs, dont les noms se représentent à tout
moment dans les prières du Yaçna et dans les Ieschts.

Maintenant, si je rapproche les deux mots *Sarasvatî* et *Haraqaiti,* et si je les
ramène à une origine commune, je ne prétends pas pour cela que le nom de la
Sarasvati ait été transporté de l'Inde dans la Perse, ou de la Perse dans l'Inde, pour
désigner, dans l'un ou l'autre de ces pays, un fleuve ou une province. Les dénominations de *Sarasvatî* et de *Haraqaiti* me paraissent aussi nationales, parce
qu'elles sont aussi naturelles, dans un pays que dans l'autre. J'en tire seulement
la conséquence que la langue zende a régné anciennement dans cette partie de la
Perse, puisqu'elle a laissé sur le sol des traces aussi visibles de son existence. Il est
sans doute difficile, dans l'état actuel de nos connaissances, de fixer même approximativement les limites géographiques de cet idiome. Mais on peut déjà
avancer, qu'au nord le nom de la Sogdiane (*Çaghdha*), au nord-ouest celui de

---

Avesta, tom. I, 2ᵉ part. pag. 268, et la note 1.   près lui, Amm. Marcell. l. xxiii, c. 6 (Vales.
[17] Ptol. l. vi, c. 20 (Bert. pag. 195), et d'a-   pag. 382).

l'Hyrcanie (*Vĕhrkâna*), au midi celui de l'Arachosie (*Haraqaiti*), sont des preuves aussi incontestables que nouvelles de la nationalité du zend dans ces provinces. Le triangle que formerait une ligne passant par ces trois points, laisserait certainement au midi, à l'ouest et au nord-est plusieurs pays où cette langue a dû fleurir. Mais il embrasserait déjà la plus grande partie des contrées où les renseignements que nous a conservés l'antiquité classique placent une nation puissante, celle des Ariens, nation dont le nom se trouve en zend comme en sanscrit, et pour laquelle le zend dut être l'idiome national, comme il fut plus tard, pour les Perses proprement dits, l'idiome de la religion et des lois. Il comprendrait, en un mot, non-seulement ce que les anciens appelaient l'Ariane dans son acception la plus étendue, mais encore quelques contrées plus ou moins célèbres, soit par leur fertilité, soit par le rôle qu'elles ont joué dans l'histoire, et qui, pour la plupart, portent des noms dont la langue zende seule peut rendre complétement raison. Si, après ce que l'on a pu apprendre du système propre de cette langue, et du degré d'affinité qu'elle présente avec d'autres idiomes, on pouvait un seul instant douter de son authenticité, et de l'ancienneté de son existence dans les pays que nous venons d'indiquer sommairement, toute incertitude cesserait devant le fait facile à constater, que des noms de lieux d'une grande importance, et jusqu'à ce jour inexpliqués, sont interprétés par le zend, et témoignent ainsi de la manière la plus évidente que cette langue avait jeté sur le sol de profondes racines. Ce n'est sans doute pas ici le lieu de traiter cette question dans tous ses détails; cependant le lecteur me permettra peut-être de lui signaler quelques dénominations géographiques, avec l'explication que je crois pouvoir en donner. L'importance de cette recherche, et la solidité de l'argument qu'on en peut tirer pour appuyer les autres preuves que l'on possède déjà de l'authenticité de la langue zende, me feront, je l'espère, pardonner cette digression.

Pour suivre, autant qu'il est possible, l'ordre des lieux, je commencerai par le nom d'une rivière considérable, le Helmend, qui arrose la province située au nord-ouest de l'ancienne Arachosie. Le nom de ce fleuve est diversement écrit dans les voyageurs modernes, tantôt *Helmend* et *Hilmend*, tantôt *Hermend*, *Hermand*, et *Hirmend*; enfin, quelquefois même *Hindmend* et *Hendmand*. Ce ne sont là que des variétés d'orthographe faciles à expliquer, et l'on n'a jamais douté que tous ces noms ne désignassent un seul et même fleuve. Un fait également admis sur l'autorité de d'Anville, c'est que cette rivière est la même que le Ἐτύμανδρος d'Arrien [18]. Ptolémée, qui ne nomme pas ce fleuve, fait cepen-

---

[18] Arrian. *Exped. Alex.* l. IV, c. 6 (Gronov. p. 159); d'Anville, *Géogr. anc.* t. II, p. 287, 289.

dant mention, dans la table de l'Arie, d'un peuple qu'il appelle Ἐτύμανδϱοι, et, selon l'ancien interprète, *Etymandri* [19]. Le nom du fleuve et celui du peuple ne sont certainement qu'un seul et même mot, et la différence de position ne peut présenter de difficulté grave; elle vient de la grande extension que Ptolémée a donnée à l'*Aria* proprement dite, province de laquelle, suivant les meilleurs géographes, dépend la Drangiane, qui confine à l'Arachosie [20]. Or, en même temps que Ptolémée attribue les *Etymandri* à l'*Aria*, Pline cite dans le voisinage de l'Arachosie un *Hermandus* ou *Herymandus* [21], qui n'est autre chose que le Ἐϱύμανθος de Polybe [22] et le *Erymanthus* de Quinte-Curce [23]. Il me semble que les géographes modernes, et entre autres Ortelius, Saumaise et Barbié du Bocage [24], ont bien fait de regarder ces diverses orthographes comme désignant un seul et même fleuve, dans Arrien *Étymandre*, dans Pline *Hermande*. Les difficultés qui résultent de ce que ce fleuve se montre à la fois dans le voisinage de l'Arachosie, chez les Évergètes, et dans l'Arie, disparaissent si l'on prend en considération la grande étendue de son cours et la proximité de ces provinces entre elles. On trouve en outre, dans ces différences de lecture, une preuve curieuse de l'ancienneté des variantes actuelles *Hendmand* et *Hirmend* (هيرمند), en même temps que ces variantes elles-mêmes, résultant du changement ordinaire du *d* en *r*, peuvent être données comme de bonnes raisons pour conserver dans le texte d'Arrien Ἐτύμανδϱος, au lieu de Ἐϱύμανδϱος que semble préférer Mannert [25], et dans celui de Pline *Hermandus*, au lieu de *Erymanthus* qu'Hardouin a cru devoir y introduire [26].

Mais il y en a une meilleure preuve encore; c'est que l'orthographe de ce nom en pehlvi et en zend se rapproche, autant qu'on le peut désirer, de celle de Ἐϱύμανδϱος. On lit dans le Boundehesch que « l'*Itomand-road* est dans le Sistan, »

[19] Ptol. l. vi, c. 17 (Bert. pag. 193).

[20] Mannert, *Geogr. der Griech.* part. v, Pers. pag. 69.

[21] Plin. l. vi, c. 25 (23).

[22] Polyb. l. xi, c. 14 (Schweigh. tom. III, pag. 382).

[23] Curt. l. viii, c. 9, 10.

[24] Salmas. in Solin. pag. 828. Solin a *Erumandus*, ce qui est entre *Hermandus* et *Erymanthus*. Conf. Barbié du Bocage dans Sainte-Croix, *Exam. crit.* etc. pag. 826.

[25] *Geogr. der Griech.* part. v, Pers. pag. 74. Comme Mannert, au mot Ἐϱύμανδϱος, renvoie

à Arrien, je croyais que quelque éditeur moderne avait introduit dans le texte de l'Expédition d'Alexandre cette leçon, au lieu de l'ancienne Ἐτύμανδϱος. N'ayant à ma disposition que deux éditions, celle de Gronovius et celle d'Amsterdam (1757), je ne pouvais rien affirmer à l'égard des éditions modernes. M. Stahl a eu la complaisance de les collationner pour moi, et j'ai ainsi acquis la certitude que toutes les éditions ont unanimement *Étymandre*.

[26] Les éditions de Pline, avant Hardouin, avaient *Hermandus*; c'est d'après un passage de Polybe, relatif au fleuve Erymanthus, que ce

et ce fleuve *Itomand* est aussi nommé *Itmand* et *Avmand*[19]. Or, le nom de *Itomand* n'est autre chose que le zend *Haétumaṭ*, que nous voyons, au premier *fargard* du Vendidad, employé comme désignation du onzième pays créé par Ormuzd. Voici le texte sans la formule du commencement, laquelle nous est connue : ᚹᚱᛟᚱᛟᚱ · ᚹᚱᛟᚱᛟᚱᚹᚱᛟ · ᚹᚱᛟᚱᚹᚱᚹ, ce qu'Anquetil tra-duit : « *Heétoméánté* (dont les habitants) étaient intelligents et heureux[20]. » La traduction véritable doit être : « *Haétumaṭ*, lumineux et éclatant; » mais An-

savant éditeur a cru pouvoir rejeter la leçon vul-gaire. Au reste, le texte de Pline présente une difficulté plus grave dans le nom de la ville au-près de laquelle passe le Hermandus. On lisait dans les anciennes éditions : « amnis Hermandus « præfluens per Abesten Arachosiorum. » Har-douin donne, d'après plusieurs manuscrits, en un seul mot, *Parabesten*. Mais cette dénomina-tion ne se retrouve, que je sache, dans aucun autre auteur; du moins Cellarius (*Geogr. ant.* t. II, p. 848), qui adopte la correction d'Har-douin, *Parabesten*, déclare que cette localité est inconnue. Quelque imposante que soit l'au-torité d'un critique comme Hardouin, j'oserai cependant défendre sinon complètement, au moins dans sa partie la plus importante, la leçon des anciens éditeurs. Si l'on se rappelle que Pline n'a pu connaître cette partie de l'Asie que par les récits des Grecs, que les sources auxquelles il a puisé sont exclusivement grecques, on n'aura pas de peine à admettre que, pour ap-précier en connaissance de cause la valeur re-lative des deux leçons *per Abesten* et *Parabesten*, il faut se représenter sous leur forme hellé-nique. Or, je me figure que Pline avait sous les yeux παρ' Ἀβέστην ou περὰ Βέστην. Un copiste peu familiarisé avec cette partie de l'Asie, en-core si peu connue de nos jours, aura fait de ces deux mots un seul nom *Parabesten*. Un au-tre, au contraire, connaissant d'ailleurs Ἀβέστην ou Βέστην, aura détaché la préposition παρὰ et l'aura remplacée par *per*, quoique l'idée qu'elle exprime fût déjà indiquée dans *præfluens*. Enfin le grand d'Anville n'a pas cru qu'il fût nécessaire

de corriger le texte de Pline; il a gardé le nom de *Abeste*, et y a trouvé la moderne Bost sur le Hindmend (*Géogr. anc.* tom. II, pag. 288), rapprochement qui prouve d'une manière défi-nitive la supériorité de la leçon *Abesten* sur *Pa-rabesten*. On doit remarquer qu'il ne faut pas dire, avec d'Herbelot (*Bibl. or.* v. *Bost*), que Bost ou Bust est située sur une rivière qui se jette dans l'Indus. C'est une erreur qui est ana-logue à celle de Ptolémée, relative à la direc-tion méridionale d'un fleuve sans nom, qu'il place dans la Drangiane, et qui, selon lui, se jette dans l'Arabius. D'Anville (*Ib.* pag. 287) a relevé cette inexactitude. Kinneir (*Geogr. Mem.* pag. 190) place, avec les voyageurs modernes, Bost sur la rivière Hirmend, et identifie Bost à l'ancienne Abeste qu'il écrit *Abbeste*. En résumé, la seule correction dont je crois le texte de Pline susceptible, c'est le retranchement de la prépo-sition *per*, et je proposerais de lire : « amnis « Hermandus præfluens Abesten Arachosiorum, » ou peut-être « præfluens Besten. » Cette dernière lecture serait confirmée par l'existence, dans la table de Peuttinger, du nom de *Bestia*, qui pa-raît être l'ancienne Abeste. Je remarquerai en outre que le mot *Bost*, si exactement reproduit par l'Abeste de Pline, avec la simple addition de l'a prosthétique, fréquente dans la langue persane, peut se rattacher au mot persan بُستان (jardin).

[19] *Zend Avesta*, tom. II, pag. 392, et les ren-vois à la table d'Anquetil.

[20] *Vendidad-sadé*, pag. 120; *Zend Avesta*, t. I, 2ᵉ part. pag. 268 et note 2.

quetil n'en conjecture pas moins avec juste raison qu'il s'agit ici du *Hendmand*,
« que Pline, dit-il, nomme *Hermandas*, » conservant ainsi l'ancienne leçon que
nous considérions tout à l'heure comme répondant à la variante moderne *Hirmend* [19]. Le nom de *Haêtumaṭ* doit certainement avoir désigné un district ou une
ville importante; mais je n'hésite pas à croire qu'il a pu être aussi convenablement le nom propre du fleuve, lequel se sera étendu, soit à une partie de
la contrée qu'il arrose, soit à une des nombreuses villes qui ont dû exister
sur ses bords, et dont, selon le capitaine Christie, on trouve les ruines dans
le voisinage de l'Hirmend [30]. J'en ai pour preuve, non-seulement l'identité, reconnue par Anquetil, du zend *Haêtumaṭ* (cas indirects *Haêtamañt*), du pehlvi
Itomand, et du moderne *Hendmand*, mais l'étymologie même du mot *Haêtumaṭ*,
que nous fournit la langue zende. Si l'on ramène *Haêtumaṭ* (forme absolue dont
l'accusatif est *haêtaměñt-ěm* ou *haêtamañt-ěm*) à son orthographe primitive, on
obtient *sětamat*, adjectif signifiant en sanscrit « qui a des ponts ou des chaus-
« sées. » L'une et l'autre de ces significations conviennent également bien, soit
à un fleuve qui traverserait un grand nombre de villes, soit à un pays dont les
plaines, arrosées par des coupures faites à un fleuve, doivent être conséquemment couvertes de chaussées. Elles ne s'accordent pas moins heureusement avéc
l'état physique des contrées que traverse la rivière Hermend, contrées maintenant arides, où la végétation ne peut être entretenue que par des irrigations fréquentes, et où elle`est actuellement restreinte par les sables du désert à une
lisière étroite de chaque côté du fleuve [31].

Si nous quittons le fleuve Hermend, le *Haêtumaṭ* du Vendidad, pour passer
dans le pays des *Zarangæ*, les Σαραγγαι d'Hérodote [32] et les Ζαραγγαι d'Arrien,
nous remarquerons d'abord, après d'Anville, que ce peuple est appelé par
d'autres auteurs, notamment par Strabon, Ptolémée, Pline, Δραγγαι ou *Drangæ*,
c'est-à-dire, « habitants de la Drangiane, » Δραγγιανή ou Δραγγιή. D'Anville, avec
cette exactitude qu'on ne peut se lasser d'admirer, a remarqué que la différence
des mots *Drangæ* et *Zarangæ* ne tenait qu'à la permutation si ordinaire des
lettres *d* et *z* [33]. Sans doute ce grand géographe eût été satisfait de retrouver,

[19] C'est aussi l'opinion de Sir W. Ouseley,
Travels, etc. tom. II, pag. 522.
[30] Christie dans Pottinger, *Voyages dans le
Béloutch.* tom. II, pag. 313 et 314, trad. franç.
[31] Christie dans Pottinger, *Voyages dans le
Béloutchistan*, tom. II, pag. 312, trad. franç.
[32] Hérod. l. III, c. 93; l. VII, c. 67. Voy. les

citations des auteurs qui ont parlé de ce peuple,
dans la table géographique de Larcher au mot
Sarangéens. Cellarius (*Geogr. ant.* t. II, p. 289),
en parlant des *Zarangæ* de Pline, dit qu'ils sont
inconnus d'ailleurs; il oublie Arrien, *Exped.
Alex.* l. III, c. 25; l. VI, c. 27.
[33] D'Anville, *Géogr. anc.* tom. II, pag. 289.

dans la langue des livres de Zoroastre, l'origine de ce mot et la confirmation du rapport qu'il voyait entre le nom des Zarangéens et celui de la moderne Zarang. Je n'hésite pas en effet à dériver l'ethnique *Zarangæ* et par suite *Drangæ*, qui n'en est que la contraction, du mot zend ڛڛۺڛ *zarayó* (lac), dont le pehlvi a fait *zaré* (lac et mer), et le persan درﯾا [14]. Il n'est pas rare de voir les mots qui ont *z* en zend prendre *d* en persan, et on a déjà pu en remarquer quelques exemples, entre autres ﺩﺳﺖ (main), pour le zend *zaçta*, qui répond au sanscrit *hasta*. Le mot *zarayó*, dont le thème ڛﺳﯾﻮ *zarayağh* paraît dans les cas indirects, et notamment à l'ablatif, ڛﺳﯾﻮﯾﻤﺲ *zarayağhaṭ*, est assez rare dans le Yaçna. Mais, chaque fois qu'on l'y rencontre, on le voit traduit dans Nériosengh par *samudra* (Océan). Dans le Vendidad proprement dit, où il est d'un plus fréquent usage, il est d'ordinaire joint à un adjectif qui sert à le déterminer, et il forme des noms propres qu'Anquetil transcrit souvent sans les traduire. C'est ainsi qu'on trouve fréquemment, dans son Zend Avesta, le *Zaré Voorokesché*, ce qui remplace les mots zends *zarayó vôurukachěm* (au nominatif ou à l'accusatif). Ce n'est pas ici le lieu de discuter tous les passages où se rencontre cette expression, par laquelle Anquetil croit que les textes ont voulu désigner l'Araxe [15]. Nous devons seulement remarquer que si le mot *zarayó* a pu, par extension, s'appliquer à un grand fleuve, il signifie, à proprement parler, un lac ou une mer, et qu'il ne serait pas très-difficile de voir, dans le *Zarayó vôurukachěm*, la mer Caspienne, ou la mer d'Aral, et quelquefois même le lac Zereh, dans le Sedjestan. Quoiqu'il soit souvent difficile de déterminer, ainsi que l'a remarqué Anquetil [16], si les textes zends désignent par le mot *zarayó* un lac ou un fleuve, le Boundehesch distingue trop clairement les *Zarés* des *Rouds* pour qu'il doive rester la moindre incertitude sur le sens primitif de *zarayó*. Avec l'adjectif possessif *vôurukachěm*, il signifie, je crois, « qui a des rivages étendus, » *kacha*, en zend, représentant le sanscrit *katchtchha*. Il est encore usité avec un autre adjectif ﭘﻮﯾﺪﺝ *pûitikěm*, dont le thème *pûitika* est identique au sanscrit *pûtika*, qui peut signifier à la fois *pareté* et *ordure* (comp. le latin *patus* et *pater*). Le zend *pûitika*, de même que le sanscrit *pûtika*, a la forme d'un adjectif, et, réuni au mot *zarayó*, il peut signifier

---

[14] *Zend Avesta*, tom. I, 2ᵉ part. pag. 3oo, note 3.

[15] Voyez les plus importants de ces textes, *Vendidad-sadé*, pag. 79, 112, 182, 183, 184, 313, 487, 499, 5oo, 5o2. Il en existe beaucoup d'autres non moins curieux dans les Ieschts-sadés, notamment dans l'Iescht de Taschter. Nous en donnerons plusieurs autre part.

[16] *Zend Avesta*, tom. I, 2ᵉ part. pag. 3oo, note 3.

« le lac pur, ou le lac impur [17]. » Je n'ai pu jusqu'ici découvrir quel lac ou quelle rivière les Parses entendaient désigner par cette expression; je doute seulement que ce soit le Phase, comme Anquetil le conjecture [18].

Maintenant que nous avons établi l'existence et deux des emplois les plus fréquents du mot *zarayó*, il serait intéressant d'en retrouver l'analogue en sanscrit, et par suite d'en pouvoir déterminer le sens étymologique. Mais j'ignore à quel mot sanscrit répond le zend *zarayó*. Les lois euphoniques nous donneraient *harayas* ou *djarayas*, mots qui n'existent pas. Il est cependant possible que, dans le *zarayó* zend, il faille chercher l'adjectif *zairi* (vert), et que le mot de *lac* soit emprunté à l'idée de verdure et de végétation. Pour être en état d'affirmer quelque chose sur l'étymologie de ce mot *zarayó*, il faudrait trouver en zend d'autres dérivés du radical auquel il appartient; or, jusqu'ici ce mot me paraît seul de son espèce. Mais s'il n'est pas facile à ramener au sanscrit, il n'en est pas moins certain qu'il est usité dans les textes zends les plus authentiques, et ce point suffit pour l'objet particulier de cette discussion. Le simple rapprochement du mot Ζαραγγαι et du zend *zarayagh-at*, par exemple, suffit pour démontrer leur identité. Les *Zarangæ* étaient, selon toute apparence, ainsi nommés, parce qu'ils habitaient la contrée au centre de laquelle était situé un lac célèbre, connu des anciens sous le nom de *Aria palus*. C'étaient les habitants du lac, et leur contrée était le pays du lac. Enfin, le nom même de *lac* (*zarayó*) subsiste encore dans celui du lac de *Zereh* ou *Zareh*, qui reproduit presque sans l'altérer le mot zend primitif, et qui nous donne une nouvelle preuve de l'existence ancienne du zend dans la province qui, plus tard, prit le nom de *Sedjestan*. On pourrait encore retrouver notre mot zend dans le nom que Pline donne au peuple dont *Prophthasia* était la capitale, « Prophthasia oppidum Zariasparum [19]. » Cet ethnique signifierait « les chevaux ou les cavaliers du lac. » Mais les géographes sont depuis longtemps d'accord pour remplacer les *Zariaspæ* de Pline par les *Ariaspæ* ou *Agriaspæ* d'Arrien [20]. La dénomination d'*Ariaspæ* (les chevaux de l'Aria) est certainement soutenue par des autorités imposantes; mais il est permis de remarquer combien celle de *Zariaspæ* ou *Zagriaspæ* serait convenable dans un pays où nous trouvons, dès les temps les plus anciens, des *Zarangæ* ou *Sarangæ*. L'existence des noms de *Zariaspa* et *Zariaspis* dans la Bactriane, donnés l'un comme l'ancien nom de Bactres, l'autre comme celui d'une rivière, n'est pas, pour nous, une objection contre celle des *Zariaspæ* du Sedjestan, puisque,

---

[17] *Vendidad-sadé*, pag. 183.

[18] *Zend Avesta*, tom. I, 2ᵉ part. pag. 300, note 4.

[19] *Plin.* l. vi, c. 25 (23).

[20] *Cellar. Geogr. ant.* tom. II, pag. 846; Mannert, *Geogr. der Griech.* part. v, Pers. p. 72.

selon notre opinion, ces pays sont du nombre de ceux dans lesquels la langue zende a dû très-anciennement régner. J'ajouterai que la conservation de la leçon de Pline, *Zariaspæ*, autorisée par la connaissance du mot zend *zarayô*, justifierait suffisamment d'Anville d'avoir rapproché les *Zariaspæ* du nom moderne de *Dergasp* [44].

Avant de passer à d'autres localités, nous devons indiquer un nouveau rapport que nous fournit un mot zend d'un usage assez rare. Je veux parler du nom de la montagne qu'Anquetil écrit *Houguer*, et de celui des Évergètes. On sait que les Ariaspes reçurent de Cyrus le nom d'*Évergètes*, Εὐεργέται, en récompense des services qu'ils rendirent à son armée. On a déjà conjecturé que le nom grec d'*Évergète* ne devait être que la traduction d'un mot persan, exprimant la même idée, mais on n'a pas, que je sache, essayé de retrouver ce nom en zend. On peut cependant tenter de le reconnaître dans le mot *hukairya*, que les textes nous donnent à l'accusatif, جدسوسدرل *hukairîm*, et à l'ablatif, وودسددسوسره *hukairydt*. Il est employé dans le Yaçna au LXVIIIe chapitre, lequel comprend une partie du Neaesch Ardouisour [45]. Ce passage sera amplement expliqué dans notre Commentaire; il nous suffit de faire remarquer en ce moment qu'il est question, dans ce texte, de l'eau de la source que les Parses nomment *Ardouisour*, et qui est représentée comme sortant « de l'élevé Houguer, » selon Anquetil, pour se rendre dans le lac *Vôurukacha* (aux rivages étendus) [46]. Or, « l'é- « levé Houguer » d'Anquetil est dans le texte وورسدسر.سوسوسه.هكسريه *hakëiryât hatcha bërëzaghât*, c'est-à-dire littéralement, « Hukëirya ex altitudine. » Mais je ne crains pas de corriger *hakëirya* par la leçon du volume des Ieschts, où ce mot se trouve au moins deux fois à l'accusatif, جدسوسدرل *hukairîm* [47]. Cet accusatif nous donne le thème *hukairya*, que je considère comme formé du préfixe *hu* (bien), et de *kairya* qui est l'altération du sanscrit *kárya* (effet), ou qui représente le substantif *kriyâ* (action) dérivé du radical *krî* (faire). La réunion de ces deux mots avec le préfixe *su* formerait en sanscrit les adjectifs possessifs *sukárya*, « celui qui produit de bons effets, » et *sukriya*, « ce- « lui dont les actions sont bonnes, qui fait le bien. » C'est bien là le grec Εὐεργέτης; mais nous devons avouer que nous n'avons pas encore rencontré, dans

[44] D'Anville, *Géogr. anc.* tom. II , pag. 289, 290. Voyez cependant Mannert, *Geogr. der Greich.* part. v, Pers. pag. 73.

[45] Ms. Anq. n° 2 F, pag. 447. Je rétablirai, dans mon Commentaire du Yaçna, d'après les

deux manuscrits du Yaçna en zend et en sanscrit, ce morceau important que ne donne pas notre Vendidad-sadé lithographié.

[46] *Zend Avesta*, tom. I, 2e part. pag. 246.

[47] Ms. Anq. n° 3 S, pag. 534 et 564.

le Zend Avesta, ce terme *Hukairya* joint à un autre mot qu'à celui de *bĕrĕzô*
(hauteur). L'analyse que nous venons d'en donner nous autorise, il est vrai,
à traduire le passage précité du Neaesch Ardouisour : « du haut de la montagne
« bienfaisante, » et un autre texte de l'Iescht de Mithra : « la montagne que l'on
« nomme *Hukairya*, ou la bienfaisante ⁴⁵. » Mais c'est à cela que doit se borner
le rapprochement dont nous venons de parler tout à l'heure. Nous ne savons
pas même précisément où est placée cette montagne, qu'Anquetil nomme le
plus souvent le Bordj ; nous ne voyons aucun peuple du nom de *Hakairya* dans
ce que nous connaissons des textes zends. Seulement nous sommes en état de
justifier, jusqu'à un certain point, l'opinion des savants qui ont cru que le
nom des Évergètes n'était que la traduction d'un mot d'origine persane,
puisque nous rencontrons en zend, non pas sans doute un nom de peuple,
mais un nom de montagne, que l'analyse étymologique nous autorise à traduire par *bienfaisant* ⁴⁶.

La détermination exacte des lieux dont parle le Zend Avesta, si jamais on
la peut obtenir, mettra en lumière, je n'en doute pas, d'autres rapprochements
propres à justifier l'opinion que nous avons émise en commençant sur l'existence d'un très-grand nombre de mots zends dans les dénominations géographiques de l'empire persan. Si l'on savait, par exemple, ce que le texte de
l'Iescht de Mithra ⁴⁷ veut désigner par le mot 𐬀𐬞𐬵 *pôurutĕm* qui précède
les noms mieux connus et dont nous nous occuperons tout à l'heure, de *Môuru*

---

⁴⁵ Ms. Anq. n° 3 S, pag. 534.

⁴⁶ Nous trouvons même mieux dans Hérodote,
qui nomme *Orosangæ* les bienfaiteurs du roi :
οἱ εὐεργέται βασιλῆος Ὀρσσάγγαι πρασί
(l. VIII, c. 85). On n'a pas encore, que je sache,
rapproché ce texte d'Hérodote des passages des
auteurs qui nous ont fait connaître le service
rendu par les Ariaspes à Cyrus. (Voy. Arrian.
Exped. Alex. l. III, c. 27; Curt. l. VII, c. 3.) Il
est permis de supposer que c'est en effet du
nom d'*Orosangæ* que furent appelés les Ariaspes,
à moins qu'on n'admette qu'ils reçurent le titre
zend de *Hukairya*. Dans l'absence de témoignages suffisants à cet égard, il est assez difficile de décider entre ces deux opinions; nous
remarquerons toutefois qu'il est naturel de
croire que le titre donné par Cyrus au peuple
de la Drangiane fut emprunté à la langue

persane. Or, comme je n'ai pu jusqu'à présent trouver de raison décisive pour admettre
que, du temps de Cyrus, le persan ait été identique au zend, j'aimerais mieux croire que ce
peuple reçut de Cyrus le nom d'*Orosangæ*,
qu'Hérodote nous donne comme persan. Si, au
contraire, comme les rapprochements géographiques proposés dans la note Q m'induisent à
le supposer, la langue zende fut en vigueur dans
l'Arie à une époque ancienne, on peut croire que
le nom de *Hukairya* était national dans ce pays.
En résumé, il serait possible que le grec Εὐεργέτης, qui répond certainement à un mot oriental de même valeur, fût la traduction d'un titre
qui serait, dans le persan proprement dit, *Oro-
sanga*, et en zend, *Hukairya*.

⁴⁷ Ms. Anq. n° 3 S, p. 518; Anquetil, *Zend
Avesta*, tom. II, pag. 207.

et *Haróyu*, on trouverait, dans la géographie de ces contrées telle que les Grecs nous l'ont transmise, quelques points remarquables de comparaison. Le zend *póuratĕm*, à l'accusatif, nous donne pour thème *póurata;* et ce mot, analysé d'après les règles de permutation de lettres établies dans notre travail, doit être regardé comme un dérivé de *póuru* avec le suffixe *ta.* La traduction que donne Anquetil du passage auquel nous empruntons ce mot ne nous apprend rien sur le sens de *póuru.* Ce savant n'y a pas conjecturé l'existence d'une dénomination géographique; mais il n'a pas non plus précisé la signification qu'il attribuait à ce mot. Nous n'avons donc d'autre guide que la connaissance du sens que *póuru* a dans d'autres passages, et ce sens est double, *póuru* signifiant le plus souvent *beaucoup,* et, selon une conjecture précédemment émise, *montagne.* Or, cette conjecture reçoit ici un nouveau degré de vraisemblance du rapprochement qu'on peut établir entre le zénd *póurata* et le sanscrit *parvata* (montagne); car ces deux mots sont, à l'égard l'un de l'autre, dans le même rapport que *póuru* zend et *paru* sanscrit. L'addition du suffixe *ata* au mot *paru* (montagne) donne *parvata,* avec le même sens; de même que celle du suffixe *ta* au zend *póuru* (que je conjecture être le sanscrit *paru*) fait *póurata,* qui doit avoir la même signification [44].

Or, si l'on pense avec nous que *póurata* signifie *montagne,* il sera facile de comprendre que ce mot ait pu désigner une chaîne particulière de montagnes, ou un pays montagneux; et l'on nous permettra peut-être de le comparer au nom que Ptolémée assigne à la chaîne qui sépare l'Arachosie du pays des Paropamises, et qui est diversement écrit comme nom de peuple et de montagne tout à la fois, Παρυῆται, Παροῆται et Παρσυῆται [45]. Mannert pense avec raison que ce peuple est le même que les Παργυῆται du nord de l'Arachosie [46]; et je trouve que cette leçon de *Parguetæ,* si rapprochée de celle de *Paruetæ,* confirme en quelque façon cette dernière. Si l'on pouvait plus tard acquérir la certitude que le mot zend que je suis fondé à regarder comme une dénomination géographique, désigne une chaîne de montagnes située dans l'Arachosie, ou dans le voisinage de cette contrée, la supériorité de la leçon Παρυῆται sur celle de Παροῆται ne saurait être contestée. Quant à présent, le rapprochement proposé entre *póurata* et les *Paruetæ* de Ptolémée ne peut prouver qu'une chose, c'est que ce dernier mot est facilement explicable, soit par la langue zende (*póurata*), soit par le sanscrit (*parvata*). J'ajouterai qu'il serait possible

[44] Voyez ci-dessus *Notes et éclaircissements,* pag. lxxxj à la note.
[45] Ptol. l. vi, c. 18 (Bert. pag. 193).
[46] Mannert, *Geogr. der Griech.* part. v, Pers. pag. 78 et 88. L'addition du γ dans Παργυῆται paraît uniquement due à la prononciation.

que le mot *paru* (et *pôaru* sous sa forme zende) se trouvât aussi dans le nom des montagnes du Paropamise, que les Grecs transcrivirent, d'après des renseignements pris sur les lieux, Παραπάνισος, Παροπανισός et Παροπαμισός [11]. Les Grecs ont sans doute pu joindre le nom commun *montagne* au nom propre que cette montagne même portait dans le pays.

Il nous reste encore à citer deux autres dénominations géographiques très-célèbres, et sur l'application desquelles le témoignage des écrivains orientaux, comparé à celui des Parses, ne peut laisser aucun doute. Je commencerai par le nom zend de la ville de Hérat, que je compare à celui d'un fleuve bien connu de l'Inde. Selon Anquetil, Hérat est le nom du sixième des pays créés par Ormuzd [12], que le 1er *fargard* du Vendidad nomme ﻣﻦﺩﺍﺩﻳﻖ . ﻗﺪﻳﻖﺟ , ﻗﺪﻳﺪﺟﻴﻖ , suivant Anquetil, « Harôïou considérable par le nombre de ses habi-« tants [13]. » Je ne suis pas certain du sens des mots *vis hĕrĕzanĕm*; le dernier ne se retrouve pas, à ma connaissance, une seconde fois dans le Vendidad-sadé, et il est diversement lu par les autres manuscrits du Vendidad, ﻗﺪﻳﻖﺟﻴﻖ *hrĕzanĕm* et ﻗﺪﻳﻖﺟﻴﻖﻳﻖ *harĕzanĕm* [14]. En admettant cette orthographe, que je crois préférable, nous devrons reconnaître dans ces deux mots le sanscrit *viç* (homme, peuple), et *sardjanam* (création); et nous pourrons en conséquence traduire : « *Harôya* qui crée des hommes, ou mère des peuples. » Mais le sens plus ou moins exact de l'épithète donnée à cette ville par le texte zend n'est pas pour le moment en question. Ce qui nous importe, c'est la dénomination même; et sans doute on ne fera pas difficulté d'admettre le rapprochement proposé par Anquetil entre *Hérat* et le zend *Harôyu*, si l'on fait attention que l'orthographe de ﻫﺮﺍﺕ est moderne, que, suivant les Orientaux eux-mêmes, cette ville se nomme également ﻫﺮﻯ *Heri* [15], et que ce nom, si rapproché de la dénomination zende primitive, s'est conservé dans celui de *Heri-roud*, fleuve qui traverse et fertilise la vallée dont Hérat est la capitale, et que l'on croit être celui que Ptolémée appelle Ἀρείας, et d'autres auteurs, *Arius* [17].

Cela posé, il ne nous reste plus qu'à rechercher à quel mot sanscrit peut répondre le zend *Harôya*. Je dis *Harôya* avec la voyelle *u* brève, parce que la longue

[11] Voyez, pour les diverses orthographes de ce mot, Bernhardi ad Diog. Perieg. v. 737.

[12] *Zend Avesta*, tom. I, 2e part. pag. 266, note 3.

[13] *Vendidad-sadé*, pag. 118. Tous les manuscrits lisent de la même manière *hardyâm*.

[14] La première de ces deux orthographes est donnée par le n° 2 S, pag. 7; la seconde par les n°s 1 F, pag. 11, et 5 S, pag. 7.

[15] W. Ouseley, *Orient. Geogr. of Ebn-Haukal*, pag. 217.

[16] Kinneir (d'après Christie), *Geogr. Mem.* etc. pag. 181.

[17] Ptol. l. VI, c. 17 (Bert. pag. 192).

que nous trouvons dans *Haróyâm* est due vraisemblablement à l'influence déjà
constatée de la nasale finale. Or, *Haróyu*, traité d'après les lois euphoniques que
nous avons souvent exposées, nous donne en sanscrit *saróyu*, qui n'existe pas
dans le lexique, mais qui n'est certainement pas très-éloigné du mot *Sarayu*,
nom d'un fleuve célèbre. Les grammairiens indiens dérivent *Sarayu* (dont la
prononciation moderne a fait *Sardja*) du radical *srï* (aller) et d'un suffixe (*uṇádi*)
ayu. Mais ne serait-il pas possible que *Sarayu* eût la même origine que *Sarasvatî*,
savoir, *saras* (eau ou étang), et le suffixe *yu*, que nous trouvons dans *ahamya*
(orgueilleux)? Dans cette hypothèse, le *Sarayu* sanscrit serait moins régulier que
le *Haróyu* zend ; car ce dernier mot a conservé la trace de la formative du mot
saras changé en *saró* devant une consonne sonnante, puis enfin en *haró*, par
suite de la permutation de *s* en *h*. En un mot, le zend *Haróyu* semble partir d'un
type oublié et très-légèrement modifié en sanscrit. Je n'ai pas besoin de répéter ici
les remarques que j'ai déjà faites, à l'occasion du nom de l'ancienne Arachosie, sur
la convenance qu'il y a eu à désigner un pays ou une ville par un nom signifiant
« ayant de l'eau. » Une dénomination pareille convient tout aussi bien à une contrée fertilisée par un fleuve, qu'à ce fleuve lui-même. Le point le plus important
de cette discussion, celui que j'ai essayé de mettre en lumière, c'est l'identité du
Haróyu zend et du *Sarayu* sanscrit. Si l'on adopte le rapprochement que je propose, ce mot devra s'ajouter à la liste des anciennes dénominations géographiques
de la Perse dont la langue zende fournit l'explication.

Un rapport non moins inattendu, et, qu'il me soit permis de le dire, non
moins curieux, me paraît pouvoir être établi entre l'ancien nom de la ville de
Marw et le mot sanscrit qui désigne la province du Marvar. Au nord de l'Arie
proprement dite, les Grecs connaissaient la Margiane, nommée, dit-on, ainsi du
fleuve *Margus* qui la traversait [18]. Les détails que nous devons à Pline et à
Strabon sur la fertilité de cette province, et en même temps sur la nature du
désert au milieu de laquelle elle était située, s'accordent parfaitement avec ce
que les voyageurs modernes nous ont appris de cette portion du Khorasan.
Pline dit positivement qu'elle est « difficilis aditu propter arenosas solitudines
« per cxx millia passuum [19], » et Strabon s'exprime de même : ἐρημίαις δὲ περιέχεται
ἡ πεδίον, « solitudinibus autem cingitur campus [20]. » Ce désert est celui que nos
cartes appellent « désert de Maroudjak, » et tous les géographes ont reconnu

---

[18] D'Anville, *Géogr. anc.* tom. II, pag. 296;
Mannert, *Geogr. der Griech.* part. IV, pag. 431.
[19] Plin. l. VI, c. 18 (16).

[20] Strab. l. XI, c. 10 (Tschuck. tom. IV,
pag. 507). Comparez Kinneir, *Geogr. Mem.* etc.,
surtout pag. 407.

l'identité du fleuve *Margus* avec le *Morghâb* ou *Merghâb* moderne [61]. Ibn-Haukal
nous apprend d'une manière positive que le nom de cette rivière dérive de
celui de la ville de Merou (Schahdjehan) qu'elle traverse [62], de sorte qu'en dernière analyse l'ancien nom de la Margiane lui vient de la ville principale dont
le nom subsiste encore dans deux villes du Khorasan. Rien n'est plus aisé que
de comprendre comment ce nom de ville a pu donner naissance à *Mergh*. Les
Orientaux le prononcent le plus souvent *Merw* ou *Marw*, et l'on sait que le *w* se
change fréquemment en *g*.

Or, si nous recherchons dans les textes zends cette dénomination, qui est celle de
deux villes anciennement célèbres, il faudra la reconnaître, avec Anquetil, dans
le troisième des lieux créés par Ormuzd, que je lis, suivant la leçon du n° 1 F,
⋅ᴄᴇ|ᴀᴀⱼᴀᴀᴀᴀᴀ ⋅ᴄᴇʲᴀᴀ ⋅ᴄᴊᴊᴄ , selon Anquetil, « Môoré puissante et sainte, »
mais plus exactement, « *Môaru* fort et pur [63]. » Notre Vendidad-sadé lit une fois
ᴄᴇʲᴊᴄ *môarĕm*, et c'est cette leçon qu'Anquetil a suivie. Mais, dans la même
page, en parlant de *Niçaya*, le copiste a rétabli l'orthographe que je crois la véritable, et qui est donnée à peu près uniformément par les autres manuscrits [64].
Ce n'est pas seulement le témoignage des manuscrits qui me fait adopter cette
leçon, c'est l'analyse même que je crois pouvoir présenter de *Môarum*, analyse
qui est bien moins facile, si l'on adopte *Môarĕm*. La suppression de la caractéristique de l'accusatif me donne *Môaru*, mot dans lequel le premier *a* est épenthétique, et attiré par le second. Si je le retranche, il restera *Môru*, et en admettant que la lettre *m* exerce, sur la voyelle *a* qui la suit, une action semblable
à celle que nous avons reconnue aux autres labiales *p*, *b*, *v*, lesquelles forcent souvent l'*a* qui les suit à se changer en *ô*, nous ramènerons le *Môra* zend à *Mara*, c'est-
à-dire au Merou ou au Marw des modernes. Mais मरु *mara* est un nom purement indien; il désigne en général un désert sablonneux et dépourvu d'eau, et en
particulier la province de Marwar, à laquelle, ainsi que l'ont fait voir les descriptions si neuves et si intéressantes de M. Tod, ce nom s'applique très-convenable-
ment. Si le *Môaru* des textes zends est étymologiquement identique au sanscrit
Maru, il devra certainement avoir la même signification, et les noms de *Marw*,
Mera, *Maroudjak* devront se traduire par « le désert dépourvu d'eau. » Nous trou-

[61] Voyez entre autres d'Anville, *Géogr. anc.*
tom. II, pag. 297; Wahl, *Schild. des pers. Reichs*,
pag. 562; Mannert , *Geogr. der Griech.* part. IV,
pag. 432.

[62] W. Ouseley, *Orient. Geogr. of Ebn-Haukal*,
pag. 216.

[63] *Vendidad-sadé*, pag. 118; *Zend Avesta.*
tom. I, 2ᵉ part. pag. 265, note 3.

[64] Ms. Anq. n° 1 F, pag. 8, 10; ce manuscrit
a *môurum* deux fois. Le n° 2 S a *môarum*, pag. 6,
et *maourum*, pag. 5. Le n° 5 S a *mourĕm*, pag. 5,
et *murum*, pag. 6.

vons donc encore ici une dénomination complétement indienne, appliquée à des localités bien éloignées de l'Inde proprement dite, mais à des localités physiquement semblables; nouvelle preuve de l'identité fondamentale des idiomes auxquels ce nom est emprunté, et de celle des peuples qui en ont fait usage.

Nous pourrions pousser beaucoup plus loin ces remarques, et reculer encore davantage au nord, à l'ouest et au midi, je ne dirai pas les limites de la langue zende, mais les traces de son ancienne existence dans les vastes contrées qui furent soumises à la Perse. Au delà des bornes de l'Arie (en prenant ce mot dans le sens où les Orientaux emploient celui d'Iran), c'est-à-dire dans le pays qu'on nomme *Touran*, des noms de peuples mentionnés par Pline, comme les *Ariacæ*, les *Antariani*, les *Arimaspi* et les *Aramæi* [65], permettent de supposer que les tribus nomades qui ont été de tout temps en guerre contre les peuples établis dans la Sogdiane et dans la Bactriane, ressemblaient à ces derniers par le langage, puisqu'elles portent des noms, jusqu'à un certain point, explicables par le zend. Les *Ariacæ* et les *Antariani* rappellent le nom de l'antique *Aria*, en zend *Airya*. Le retour fréquent du mot *açpa* dans les noms, soit d'hommes, soit de lieux, celui du mot *arvat* (zend *aurvaṭ*), qui a le même sens, mais qui est plus rarement employé, sont des preuves assez concluantes de la grande extension de la langue zende. Sans vouloir expliquer par une hypothèse étymologique le nom des Arimaspes, et sans chercher, avec Eustathe commentant Denys le Périégète, la raison des fables que l'antiquité nous a conservées sur cette tribu, on peut remarquer, dans cet ethnique, la présence du mot *açpa* (cheval) [66]. On est également tenté de reconnaître, dans *Arim-aspi*, le mot

---

[65] Plin. l. vi, c. 19 (17).

[66] Eustath. ad Dionys. Perieg. v. 31. On ferait un catalogue long et intéressant de tous les noms tant d'hommes que de lieux de l'Asie où se retrouvent des mots zends, et qui prouvent ainsi la grande extension de l'un des plus anciens dialectes de la famille des langues ariennes. Les mots qui se représentent le plus souvent, sont le nom même de *Aria* (en zend *Airya*), l'Arie dans sa plus grande étendue, c'est-à-dire le pays habité par la race des *Arya*, ou des hommes nobles; le mot *açpa* (cheval), et *pati* (maître, chef). On sait par Hérodote (l. vii, c. 62) que les Mèdes étaient primitivement connus sous le nom d'*Ariens*, et l'on trouve encore des *Arizantes* au nombre des peuples dont

se composait leur nation (l. i, c. 101). Le nom de *Aria*, plus ou moins abrégé, subsiste dans celui de plusieurs des chefs scythes dont Hérodote nous a conservé le souvenir, comme *Ariantes*, roi des Scythes nomades du temps de Darius; *Ariapithes*, contemporain de Xerxès, nom qui serait chez les Indiens *Aryapati*, le chef des Ariens, et en zend *Airyapaiti*. Le mot *pati* se retrouve sans doute encore dans *Spargapithes*, dont on ferait aisément le sanscrit *Svargapati*. Quant au mot *açpa*, il se rencontre fréquemment dans un grand nombre de noms, et en particulier dans celui des monts *Aspisii*, que Ptolémée place dans la Scythie en deçà de l'Imaüs, ainsi que dans les noms de villes et de peuples de la Scythie, et même de la Sérique, *Aspabota*;

zend *airyaman*, de sorte que les *Arimaspi* pourraient signifier « les chevaux
« d'Airyaman. » Je ne veux pas attacher à ce rapprochement plus d'importance
qu'il n'en mérite; mais il est difficile de se refuser à la conséquence qui résulte
du fréquent emploi du mot *açpa* dans les noms de peuples et de villes, et du
rapport que présente le commencement du mot *Arimaspi* avec le nom que
Pline donne aux Scythes *Aramæi*, mot à peu près identique au zend *airyaman*.

Aspacara et *Asparatha*. J'espère pouvoir traiter un jour en détail le sujet que je ne fais
qu'indiquer ici, en comprenant dans cette
recherche, 1° les noms mèdes, persans ou par-
thes que les auteurs anciens ont mentionnés
comme tels; 2° les noms étrangers à la Perse,
mais appartenant à des peuples ou à des localités voisines, conservés dans les mêmes sources. Ce n'est quelquefois que par des conjectures qu'on en peut découvrir le sens; mais ces
conjectures elles-mêmes peuvent ouvrir un
champ nouveau à des recherches plus heu-
reuses. Les dénominations géographiques citées
dans la note Q doivent, la plupart du moins,
être comptées au nombre des rapprochements
définitivement démontrés. J'aurais pu en citer
d'autres qui ne sont encore que des hypothèses,
et qui ont besoin, pour être adoptés, de preuves
plus nombreuses et plus démonstratives; je me
contenterai d'en produire ici un exemple.

On a déjà essayé plus d'une fois d'expliquer le
nom de *Histaspe*, que les Grecs écrivent Ὑστάσπης
et les Parses *Gouchtasp*. Hyde (cap. 33, p. 304,
305, éd. 1760) en a exposé plusieurs interprétations, que M. Vullers regarde comme inad-
missibles et qu'il remplace par la suivante :
« dessen Pferd gewiehert hat, » de *guchta*, participe parfait passif du sanscrit *ghuch* (faire
entendre un son), et de *açpa* zend, pour *açva*.
(*Fragm. ueber die Rel. des Zoroastr.* pag. 104.)
Mais, en supposant que le composé *ghuchtáçva*
puisse se prêter à cette interprétation (ce qui
ne me paraît pas certain, car il devrait plutôt
signifier « celui dont le cheval est proclamé »),
je ferai remarquer que le persan *Gouchtasp* est la
forme moderne du mot *Histaspe*, que les textes

zends écrivent *Vîstáçpa*. Or, il est impossible de
retrouver *guchta* dans *vista*, de sorte que le
vrai nom zend reste inexpliqué, et que l'étymologie de M. Vullers rendrait tout au plus compte
de la forme moderne *Gouchtasp*. Il faut donc
recourir à la langue zende; et quoique la première partie du nom propre *Vîstáçpa* soit assez
rare, et conséquemment difficile à interpréter,
je crois pouvoir y reconnaître le sanscrit *vitta*
(acquis, obtenu) de *vid*. En effet, nous savons
qu'en zend la dentale douce, finale d'un radical, tombant sur un suffixe commençant par *t*,
se change en *s*, comme on le voit en latin et
souvent même en persan. Cela posé, *Vîstáçpa*
formé de *vista* (acquis) et de *açpa* (cheval), sera
un composé possessif signifiant « celui qui a
« acquis ou qui possède des chevaux, » et par
extension peut-être *écuyer*. Je soupçonne que ce
nom propre a pu exister dans la langue zende
ou dans un des anciens dialectes persans comme
nom d'état ou de dignité, et je suis tenté de
le retrouver dans les *Vitaxæ* d'Ammien Marcellin (l. xxiii, c. 6, Vales. p. 369), qu'il définit
« Vitaxæ, id est magistri equitum. » En rapprochant de ce texte la phrase d'Hésychius :
Βίσταξ, ὁ βασιλεὺς παρὰ Πέρσαις, Adr. Valois
a proposé de lire *Vitaxæ, id est reges*. Mais il
n'est pas démontré que l'erreur (s'il y en a une
ici) doive être imputée à Ammien. Le mot *Bistax*, dans Ammien *Vitaxa*, offre une singulière
ressemblance avec le zend *Vîstáçpa* ou avec *Vistasp* qui pourrait en être la transcription persane régulière. La différence ne porte que
sur la finale ξ qui peut avoir été substituée par
erreur au groupe *sp* ou *ps*. Si cette hypothèse
était admise, Βίσταξ ou Βίσταψ signifierait *ma-*

Quant à ce dernier nom, Anquetil, et après lui les savants qui se sont occupés de la nomenclature géographique de la Perse ancienne, ont cru que le mot zend *airyaman* désignait, et la ville d'Ourmi, qui passe pour être la patrie de Zoroastre [17], et l'Arménie elle-même dont le nom offre, avec le zend *airyaman*, une ressemblance incontestable [18]. Mais, sans entrer ici dans l'examen de cette question, que je me propose de discuter plus tard spécialement, je puis déjà dire qu'il y a un grand nombre de textes dans le Yaçna, où il ne me semble pas possible que *airyaman* désigne une ville ou un pays. Anquetil s'est, je crois, trop facilement contenté d'une ressemblance de nom qui peut être fortuite; et quoique je ne prétende pas absolument que le mot *airyaman* n'ait aucun rapport avec celui d'*Armenia*, je crois pouvoir avancer que je n'ai pas encore rencontré un texte zend où l'on puisse montrer avec certitude que, en employant le mot *airyaman*, l'auteur a voulu désigner l'Arménie. Nériosengh, au contraire, le traduit tantôt par *maître*, tantôt par *ordre;* mais nous verrons que ce sens laisse encore subsister un grand nombre de difficultés. Ajoutons que le zend *airyaman*, ou peut-être seulement *airya*, paraît encore se retrouver dans le nom propre *Ariannes* ou *Aryaramnes* que nous a conservé Hérodote [19].

Si nous nous rapprochons de l'occident, nous trouvons le Kharizm, ou les

gister equitam, par la raison qu'on peut donner au zend *Vîstâçpa* le sens d'*écuyer*. Et quant à l'opinion d'Hésychius, que *Bistax* était synonyme de *roi* chez les Perses, elle vient peut-être de la confusion des deux emplois de notre mot zend *Vîstâçpa*, 1° comme nom d'état ou de dignité (selon Ammien Marcellin *Bitaxe*); 2° comme nom propre *Histaspe*, que l'on a même écrit quelquefois Ὑστάσπης. Nous trouvons même dans Xénophon (Cyrop. l. VIII, c. 3) un Ὑστάσπης qui commande la cavalerie de Cyrus. Je sais que Reland (*Diss. Miscell.* part. II, pag. 147) a déjà donné une explication du Βιστάξ d'Hésychius; mais c'est parce que cette explication ne me paraît pas satisfaisante que j'ai cru pouvoir en proposer une autre, au moins par conjecture. Le lecteur remarquera que j'y tiens moins qu'à l'analyse même du nom de *Vîstâçpa*, qui me semble à peu près démontrée. Je dois dire cependant que, au moment d'imprimer cette note, je me trouve confirmé dans ma conjecture par l'opinion de Kleuker, qui,

dans ses recherches relatives aux détails que nous a conservés l'antiquité sur les croyances et la religion persanes, avance comme un fait démontré, que *Bistax* et *Vistasp* ou *Vichtasp* sont un seul et même mot. (*Anhang zum Zend Avesta*, t. II, part. III, pag. 133.) Mais il me paraît donner du mot *Vistaspa* une explication insuffisante, quand il le dérive de *vesch* (maître), mot que je ne connais pas, et de *asp* (cheval). Que faire du *t* de *vist*? Et n'est-il pas évident que quand bien même *vesch* (pour *vista*) signifierait *maître*, le mot qui résulterait de la réunion de *vesch* et de *asp* serait formé contrairement aux lois de la composition zende, où le mot antécédent du rapport doit être placé le second, de sorte qu'il faudrait avoir *aspvesch*?

[17] *Zend Avesta*, tom. I, 2ᵉ part. pag. 5, et les renvois au Mémoire où Anquetil a traité spécialement cette question.

[18] S. Martin, *Mém. sur l'Arm.* t. I, p. 269, 271.

[19] Hérod. l. VII, c. 11. Ajoutez *Ariamenes*, frère de Xerxès.

o.

Chorasmii des anciens, dont je crois reconnaître le nom dans سمو جدیرزم *qâirizâm*, mot que je vois (à l'accusatif) dans le iv° *cardé* de l'Iescht de Mithra, immédiatement après le nom de la Sogdiane [70]. Anquetil a traduit ce mot par « lieu délicieux, » et il n'a pas pensé que ce pût être une dénomination géographique [71]. Je crois cependant que, dans une énumération de pays aussi connus que *Haróyu, Móuru* et *Çughdha*, le mot *qâirizâm*, joint à ceux qui le précèdent par la particule copulative *tcha* (et), ne peut être également qu'un nom de lieu. La ressemblance de ce mot avec celui de *Kharizm* appuie d'ailleurs ce rapprochement. La forme absolue doit être *qâirizĕm*, car le mot me paraît composé de *zām*, accusatif de *zĕm* (terre), et de *qâiri* qui se rattache évidemment au radical سمو *qar* (manger), et que je considérerais comme le participe du futur passif, s'il était écrit *qâirya*. Quoique la dérivation de ce mot, que je ne retrouve pas une seconde fois dans les textes avec un *â* long, me présente encore quelque obscurité, je ne doute pas cependant qu'il ne signifie « aliment, nourriture, » et je suis confirmé dans cette opinion par la traduction même que les Parses ont donnée à Anquetil pour ce mot, celle de « lieu « délicieux. » Quelque sens, au reste, qu'on assigne à *qâiri*, il me paraît difficile de ne pas adopter l'explication que nous proposons pour *zām*. Si l'on parvenait à prouver ce que nous ne donnons ici que comme une conjecture probable, savoir, que سمو جدیرزم *qâirizâm* de l'Iescht de Mithra est réellement le nom du Kharizm, il faudrait renoncer à l'étymologie qu'en proposent les Persans, et que d'Herbelot a fait connaître au mot *Khoavarezm*.

Je pourrais citer au nord-ouest d'autres dénominations qui se trouvent dans les textes zends, et que nous ont conservées les auteurs classiques, comme *Ragœa* [72], *Atropatia, Orontes* et d'autres, dont l'analyse m'entraînerait trop loin. Je ne parlerai plus que du cinquième des lieux créés par Ormuzd. C'est اسدیسو *niçâim* (accusatif d'un thème *niçaya*), qui se reconnaît dans le *Nisæa* des anciens, contrée célèbre qui confinait à l'Hyrcanie et à la Margiane; Strabon la nomme Νησαία [73],

---

[70] Ms. Anq. n° 3 S, pag. 518; n° 4 F, p. 588.

[71] *Zend Avesta*, tom. II, pag. 207.

[72] Le texte du Vendidad donne, comme épithète de cette ville ou de cette province, l'adjectif *thrizantâm*, qui ne signifie pas, selon moi, « aux trois germes, » comme le veut Anquetil, mais « aux trois peuples ou aux trois villes.» Nous reviendrons ailleurs sur cette particula-

rité; nous pouvons déjà remarquer que Ptolémée (l. vi, c. 12, Bert. p. 187) place dans la Sogdiane une ville de *Trybactra*, dont le nom signifie peut-être *les trois Bactres*, en admettant que le τρυ grec représente *tri* (en zend *thri*, trois). La formation de ce nom serait alors analogue à celle de *thrizanta*.

[73] Strab. l. xi, c. 7 (Tzschuck. t. IV, p. 463).

et Ptolémée place dans la Margiane la ville de Νισαία.[74] Il faut avouer que la
situation de cette province, telle qu'elle est indiquée par le texte relatif au
cinquième des lieux créés par Ormuzd, est difficile à concilier avec celle du
troisième et du quatrième des pays mentionnés dans le 1ᵉʳ *fargard* du Vendi-
dad, *Móuru* et *Bákhdhí*. Le texte du Vendidad porte سیروں . دسسد , ce qu'Anquetil traduit : « Nesàè (située) entre *Móoré*
« et *Bákhdí*[75]. » Mais comment le pays de *Niçaya* peut-il être situé entre *Móuru*
et *Bákhdhí*? Ce serait plutôt *Móuru* qui devrait être indiquée comme placée
entre ces deux villes, *Bákhdhí* et *Niçaya;* et l'on serait en conséquence tenté
de considérer le mot *añtarĕ*, non plus comme isolé, mais comme réuni en
composition avec *Móuramtcha*, et signifiant « qui a *Móuru* dans l'intervalle, »
ou « qui a *Móuru* entre soi et *Bákhdhí*. » La construction grammaticale serait
certainement peu correcte, mais la difficulté géographique serait levée. Si,
au contraire, on laisse *añtarĕ* détaché de *Móuramtcha*, et qu'on donne à la
phrase le sens de « entre *Móuru* et *Bákhdhí* (selon Anquetil, Balkh-Bâmi ou
« l'ancienne Bactres), » ce texte reste géographiquement inintelligible.

Pour sortir de cette difficulté, Anquetil a proposé une double hypothèse. Il a
supposé d'abord que la ville de Balkh-Bâmi n'avait été nommée ainsi que par
opposition à une autre Balkh située vers le golfe de Balkhan, qui en aurait tiré
son nom. Par ce moyen, *Niçaya* se trouve placée entre cette Balkh au nord de
l'Hyrcanie, et *Móuru*, qui désigne le pays des deux Marw. En second lieu, adoptant
l'opinion de Fréret, qui reporte la Bactriane dont parle Xénophon entre l'Ély-
maïde et la Susiane[76], il change *Móuru* en *Maraga*, ville de l'Aderbidjan, et place
de cette manière *Niçaya* dans l'Irak Adjemi. Mais si le texte signifie réellement
(ce qui paraît probable) « *Niçayam, inter Móuramque Bákhdhímque*, » et si, de
plus, Anquetil se croit autorisé à regarder le nom de *Bákhdhí* comme ne désignant
plus l'ancienne Bactriane, on a lieu d'être surpris qu'il n'ait pas pensé au district
de Bâdghis, appelé, dit-on, ainsi à cause de l'usage qu'on y fait des soupiraux pra-
tiqués aux maisons pour recevoir le vent[77]. Sans doute Anquetil a été arrêté par
l'origine même qu'on assigne à cette dénomination de *Bádghis*, origine qui, empruntée à la langue persane, exclut par cela même le nom zend de *Bákhdhí*,
auquel rien n'autorise à attribuer la signification de *soupirail*. J'avoue que, sans
cette étymologie de la moderne Bâdghis, j'aimerais à y trouver le *Bákhdhí* du

<hr />

[74] Ptol. l. VI, c. 10.

[75] *Vendidad-sadé*, p. 118; Olshausen, *Vendid.*
pag. 4; Anquetil, *Zend Avesta*, t. I, 2ᵉ part.

pag. 266, et les développements de la note 2.

[76] *Mém. de l'Acad. des inscr.* tom. IV, p. 611.

[77] D'Herbelot, *Biblioth. orient.* v. *Bâdghis.*

Zend Avesta [78]. Il est bien évident que l'énumération des seize contrées créées par Ormuzd commence à partir du nord. L'*Airyana* du texte est, d'après les termes mêmes du Zend Avesta, une contrée septentrionale [79]. La Sogdiane vient ensuite, peut-être sous le même parallèle, mais certainement à une latitude encore très-élevée, comparativement aux autres provinces. Marw est beaucoup plus au sud, et, en supposant que *Bákhdhí* fût Bâdghis, on avancerait directement vers le midi. Or, quoique *Niçaya* ne soit pas en ligne droite entre Marw et Bâdghis, la contrée à laquelle on attribue le nom de *Nisæa*, d'après les témoignages des anciens, est à gauche de Bâdghis, si l'on regarde le nord, presque dans l'intervalle qui se trouve entre Marw et Bâdghis. Au reste, ce n'est là qu'une conjecture, et c'est au lecteur à décider si elle est préférable à celles qu'Anquetil a proposées. Je dis que les rapprochements présentés par Anquetil ne sont que des conjectures; car, comme on vient de le voir, il n'avance qu'avec réserve l'opinion que la *Bákhdhí* du Zend Avesta est la Balkh moderne. Il n'a pas même trouvé dans la traduction pehlvie une confirmation positive de cette hypothèse, puisqu'on y voit le zend *Bákhdhím* remplacé par un mot pehlvi qui me paraît pouvoir se lire *Bahr*, mot qu'un copiste a traduit par le persan ﺟﻬﺮ, sans doute dans le sens de « part, sort, fortune. » Or, il est remarquable que ce sens appartienne à la racine d'où dérive *Bákhdhí*; car *bakhta* ou *bakhdha* se rencontre en zend avec la valeur de « qui a reçu en partage, » du radical *bhadj*. Enfin, Moïse de Khoren cite parmi les provinces de l'Arie « *Bahlia* quæ et Par- « thia; » et si l'on admet que *Bahlia* puisse être identique à *Bahr*, traduction de *Bákhdhí*, il faudra renoncer définitivement à voir dans ce dernier mot le nom de la Bactriane.

Je n'ajouterai plus qu'une observation sur les mots *Bákhdhí* et *Bactres*, et sur quelques termes qui me paraissent désigner les points cardinaux. J'avoue que j'aurais peine à reconnaître dans *Bákhdhí* le nom que donnaient les anciens à la célèbre cité de Bactres, et je m'étonnerais de voir le nom de cette ville plus altéré dans le texte du Zend Avesta que dans les documents que nous ont conservés les auteurs grecs. Je dis plus altéré, parce que si *Bákhdhí* et *Bactra* sont identiques comme le supposait Anquetil, ce dernier mot est vraisemblablement antérieur à l'autre. Ajoutons qu'il est facile de rendre compte du mot *Bactra*, et de

[78] On serait tenté de rapprocher de *Bákhdhí* les Pactyens d'Hérodote, que Rennell (*Geogr. syst.* tom. I, p. 368) retrouve dans les *Bactiaris*.

[79] C'est bien l'Ariane dans le sens où l'entend Strabon, lorsqu'il dit que la Bactriane est l'ornement de toute l'Ariane réunie, c'est-à-dire de la totalité des provinces ariennes. (Strab. l. xi, c. 11.) Comparez Amm. Marcell. Vales. pag. 381. « Ariani vivunt post Seras boreæ ob- « noxii flatibus. »

le retrouver en persan sans recourir à *Bákhdht;* au moins l'opinion de d'Herbelot est que Bactres a été ainsi nommée du persan بـاخـتر, dans le sens d'*orient* [80].
On peut rapprocher de ce mot l'*Apachtaria* de Moïse de Khoren, dénomination
qui, selon les idées de cet historien, s'appliquait à la Scythie ou aux pays au
nord de l'Arie [81]. L'identité du persan *bakhter* et de *Bactra* est évidente; mais ce
qui ne l'est pas moins, c'est celle de l'*Apachtaria* de Moïse de Khoren avec
le mot zend سپويكويسو *apákhtara,* que l'on trouve plus fréquemment écrit
سپويكويسو *apákhdhara,* par suite d'un de ces changements du ‌ *t* précédé de *kh* en ‌ *dh,* dont nous avons déjà rencontré quelques exemples. Anquetil traduit ce mot par *septentrional,* et je crois en effet qu'il doit avoir
cette signification. Cet adjectif me paraît formé de la préposition *apa,* du verbe
atch (aller) changé en *akh,* et du suffixe de comparaison *tara,* que l'on ne s'étonnera pas de voir figurer dans un mot exprimant une idée aussi essentiellement
relative que l'un des points du compas. Cette analyse, que je crois inattaquable,
est encore confirmée par celle que l'on peut donner de *avátcht* (féminin de
avátch), qui est formé de la préposition *ava* et du radical *atch,* comme *apák*
l'est de *apa* et de *ak* pour *atch.* Les mots *apák* et *avák,* qui dans l'Inde signifient
également *le midi,* étaient opposés l'un à l'autre dans l'ancienne langue persane, et signifiaient : le premier, *le nord* (*apák*); le second, *le midi* (*avátch*).
Cela posé, on ne contestera pas la grande ressemblance qu'offre le nom de
Bactra avec le zend *apákhtara.* Le premier est formé du second par la suppression de la voyelle initiale, et l'adoucissement du *p* en *b;* le reste du mot
est identique de part et d'autre. Enfin, il résultera de là que nous devrons
traduire *Bactra* par « la ville septentrionale. »

Cette interprétation diffère de celle qu'a proposée d'Herbelot, en ce que, au
lieu de partir du persan بـاخـتر *orient,* elle remonte plus haut, c'est-à-dire au zend
apákhtara (nord). Faudrait-il conclure de cette différence que notre mot zend
ne signifie pas *septentrional,* et qu'on doit lui assigner le sens du persan بـاخـتر?
Je ne le pense pas. Je dois dire, au contraire, qu'après avoir essayé de donner au
zend *apákhtara* la signification d'*orient,* j'en ai été détourné par une considération de quelque importance; c'est que ce mot ne se trouve jamais employé
qu'à l'occasion d'êtres ou d'objets proscrits par Ormuzd, entre autres Ahriman,
les Dévas, les Daroudjs, le froid et l'hiver. Or, qu'Ahriman, avec tous les maux
qui affligent le monde, vienne du nord, c'est l'opinion unanime des Parses.
C'est celle qu'on trouve énoncée dans de nombreux passages du Boundehesch,

---

[80] *Biblioth. orient.* v. *Bakhter.* — [81] *Mos. Chor. Geogr.* pag. 365, Whiston.

et cette opinion n'est que l'expression figurée d'un fait réel et très-anciennement constaté, savoir, la guerre du Touran contre l'Iran. Peut-on supposer que
si le mot zend *apâkhtara*, que nous rencontrons dans les textes quand il s'agit
d'Ahriman, eût pu désigner l'orient, les Parses, accoutumés à l'emploi du mot
باختر dans cette dernière acception, n'eussent pas saisi une analogie aussi frappante, pour donner le même sens au zend *apâkhtara*? Quand on voit combien
sont peu fondés les rapports sur lesquels ils basent leurs interprétations, on
doit demeurer convaincu que la tradition relative au sens du zend *apâkhtara*
(septentrional) devait être uniformément admise et incontestée. Ces raisons
me paraissent donner à la traduction des Parses et d'Anquetil toute la vraisemblance désirable, et j'avoue que, réunies à d'autres circonstances que je vais
exposer tout à l'heure, elles m'ont fait abandonner la conjecture que le zend
apâkhtara était identique, pour le sens comme pour la forme, au persan باختر.

Au reste, la signification du zend *apâkhtara* ou *apâkhdhara* a pu changer
par le laps des temps, et surtout avec les causes qui ont déplacé le centre de
la puissance souveraine dans l'ancienne Perse. Les contrées situées au nord pour
les habitants de la Transoxiane et des provinces méridionales, comme l'Arachosie et le Sedjestan, ont pu, quand ces peuples se sont établis à l'ouest,
être appelées *le pays de l'orient*. Mais ce que je crois pouvoir affirmer, c'est
que si le persan *bakhter* (orient) vient du zend *apâkhtara* (nord), les causes,
quelles qu'elles soient, qui ont amené ce changement de signification, sont
postérieures à la rédaction des parties du Zend Avesta qui sont parvenues jusqu'à nous. Dans ce recueil, *apâkhtara* signifie encore le *nord*; d'où nous pouvons conclure que les prières et les hymnes qui y sont contenus ont été
composés ou à une époque antérieure à ce changement, ou dans des localités où
il n'avait pas eu lieu. Pline et d'autres auteurs nous apprennent que le nom de
Bactra est postérieur à celui de *Zariaspa*, que portait anciennement la ville de
Bactres [22]. Or, en admettant que le *Bâkhdhî* du 1er *fargard* du Vendidad ne soit
pas le *Bactra* des anciens, il en résulterait que le nom de Bactres ne se trouve
pas dans les textes zends que nous possédons; circonstance de laquelle je
suis loin de vouloir inférer que la ville elle-même n'existait pas à l'époque,
d'ailleurs inconnue, où ont été rédigés et recueillis ces textes, mais qui permet
au moins de supposer que, si elle existait, elle portait un autre nom.

---

[22] Plin. l. vi, c. 18 (16). « Zariaspe, quod
« postea Bactrum. » Conf. Strab. l. xi, c. ii ;
Stephan. *de Urb*. s. v. Ζαείασπα. Arrien se sert
à la fois du nom de Bactres et de celui de

Zariaspe, pour désigner une seule et même
ville ; c'est du moins l'opinion de Mannert.
(*Geogr. der Griech*. part. iv, p. 449.) Voyez une
note de Blanckard sur Arrien, l. iv, c. 7.

Si l'on admet la conclusion principale de cette discussion, savoir, que le zend *apâkhtara*, malgré sa ressemblance avec le persan باختر (orient), doit cependant conserver le sens de *nord*, il ne sera peut-être pas inutile de rechercher s'il y a dans la langue un autre mot pour désigner l'orient. Ce mot existe, si je ne me trompe, sous une forme peu facile à reconnaître, à cause des variantes des manuscrits, et du nombre borné des passages où on le rencontre. Je ne l'ai encore trouvé que cinq fois dans les textes zends que nous possédons, et peut-être pensera-t-on que ce n'est pas assez pour en déterminer la lecture et le sens avec toute la précision désirable. Aussi je ne présente les observations suivantes que comme des conjectures qui, après tout, me paraissent très-probables, mais sur lesquelles je sollicite le jugement des philologues.

A la fin du 1ᵉʳ *fargard* du Vendidad, nous voyons que le quinzième des lieux créés par Ormuzd fut, selon la lecture d'Anquetil, *Hapté Héândo*. Je ne m'occupe pas en ce moment du nombre de *sept*, qui a probablement son origine dans une notion cosmogonique dont on trouve l'analogue dans les sept Keschvars des Parses et les sept Dvîpas des Indiens. Je veux seulement signaler au lecteur un mot difficile qui accompagne le nom de l'Inde. Voici le texte corrigé d'après la comparaison des manuscrits:

(texte en caractères zends sur trois lignes)

Anquetil traduit ce texte de la manière suivante: « Le quinzième lieu, la « (quinzième) ville (semblable) au Behescht, que je produisis, moi, qui suis « Ormuzd, fut *Hapté Héândo* (qui commande aux sept Indes). L'Inde est plus « grande et plus étendue que les autres (empires). » M. Olshausen, dans son édition des quatre premiers *fargards* du Vendidad, a lu un peu différemment quelques mots de ce texte, ainsi que nous le remarquerons tout à l'heure; mais il donne comme nous le nom de l'Inde, *hěñdu*, d'après le manuscrit du Vendidad, d'après le n° 1 F, pag. 22, et en partie d'après le n° 2 S, pag. 12, et le n° 5 S, pag. 14, qui lisent l'un *hañda*, et l'autre *hñda*. M. Bopp, adoptant la leçon *hěñdu*, fait de *Hapta Hěñda* un composé neutre signifiant *das Sieben-Indien*, ou « la réunion des sept Indes [20]. » Mais il ne s'ex-

[19] *Vendidad-sadé*, pag. 122; Olshausen, *Vendidad*, pag. 9. — [20] *Vergleich. Gramm.* pag. 268.

plique pas sur le rapport de ce mot avec ceux qui le suivent, et il ne donne pas de traduction de cette phrase difficile. Pour moi, l'existence du mot *Hĕñdam*, que d'autres manuscrits lisent ⟨⟨⟩⟩ *Hañdum* [85], et d'autres ⟨⟨⟩⟩ *Handum* [86], celle de ⟨⟨⟩⟩ *Hĕñdvô*, ou ⟨⟨⟩⟩ *Hañdvô*, que nous trouverons dans le Yaçna [87], de même que dans l'Iescht de Mithra [88], m'engagent à regarder *Hĕñda* ou *Hañdu* comme un substantif masculin. Si, dans le composé *Hapta Hĕñda*, le dernier mot a la désinence d'un neutre, cela vient uniquement, selon moi, de l'espèce même de ce composé, laquelle n'admet, comme on sait, que des neutres ou des féminins. En comparant au sanscrit *Sindhu* le zend *Hĕñda* qui n'en diffère que par sa première voyelle, on est tenté de corriger l'orthographe des Parses, et de lire ⟨⟨⟩⟩ *Hiñda* avec un *i*, du thème *Hiñda*, identique au sanscrit *Sindhu*. Les voyelles zendes ⟨⟩ *i* et ⟨⟩ *ĕ* étant fréquemment confondues, et la voyelle ⟨⟩ *a* se prononçant d'ordinaire *ĕ*, il ne serait pas étonnant que ces deux derniers signes *a* et *ĕ* eussent remplacé le premier dans le mot *Hĕñda* ou *Hañdu*, comme l'écrivent les textes zends. Cependant je n'ai pas osé introduire cette correction, parce que rien ne prouve que la leçon *Hĕñdu* ou *Hañdu* ne soit pas aussi authentique que celle de *Hindu*. Le nom sanscrit *Sindhu* n'est pas un mot dont on possède avec certitude l'étymologie, et l'on ne doit pas oublier que les éditions de Pline avant Hardouin portaient *Sandus*, qui rappelle le zend *Hañda*.

Je traduis donc les mots *yô Hapta Hĕñda* : « qui septem Indiæ, » en supposant que *yô* est irrégulièrement au masculin pour le neutre, qui serait mieux en rapport avec le genre apparent de *Hapta Hĕñda*. Le mot suivant, *hatcha*, nous est connu; il indique l'extraction, le départ d'un lieu pour arriver à un autre lieu. Ce sens, que je pourrais justifier par un nombre considérable de passages, me paraît confirmé ici par la présence du mot *avi* que je traduis par *vers*, ou par *jusqu'à*, en l'opposant à *hatcha*. J'ajoute que je lis *avi* avec le n° 1 F et le n° 2 S; le Vendidad-sadé lithographié et le n° 5 S ont *ava*, qui, signifiant *en bas*, peut s'accorder aussi, quoique moins convenablement, avec notre interprétation. Ce mot *hatcha* est suivi de *achaçtara*, que je regarde comme un adjectif en rapport avec *Hĕñdva*, lu également ainsi par M. Olshausen. C'est la leçon du Vendidad-sadé lithographié; les trois autres manuscrits donnent, le n° 1 F, ⟨⟨⟩⟩ *Hidva*, le n° 2 S, ⟨⟨⟩⟩ *Hiñdvai*, et le n° 5 S, ⟨⟨⟩⟩ *Hañdva*. M. Bopp considère

[85] Ms. Anq. n° 5 S, pag. 14.

[86] *Vendidad-sadé*, pag. 122; ms. Anq. n° 1 F, pag. 23. Le n° 2 S, pag. 12, a seul la leçon

Hĕñdva, que l'on doit regarder comme au plur.

[87] *Vendidad-sadé*, pag. 521.

[88] Ms. Anq. n° 2 S, pag. 538, 643.

ce mot comme une forme du pluriel sans *guṇa*, mais il ne s'explique pas sur le cas (nomin. ou acc.), et c'est cependant un des points qui font difficulté dans ce passage. Ce ne pourrait être qu'un accusatif (semblable au nominatif), parce que *hatcha* est fréquemment suivi de ce cas. Cependant, à ne considérer que la signification de la particule *hatcha*, il faut reconnaître qu'on aimerait mieux trouver ici un ablatif, cas dont la valeur propre est exprimée par les prépositions latines *ex* et *ab*. Je crois même qu'il est possible de prendre *Hēñdva* pour un instrumental singulier, ayant *a* bref pour désinence, et employé dans le sens de l'ablatif. Cette conjecture, à laquelle je m'arrête, me semble confirmée par la présence à la fin de la phrase de *Hēñdam* au singulier, et parce que nous savons avec certitude que le mot *Hēñda* fait à l'accusatif pluriel *Hēñdvó*.

Je passe au mot que je lis *uchaçtara;* cette leçon est, moins le *ch*, celle du Vendidad-sadé lithographié et du n° 2 S; le n° 1 F a ﺍ *uçtara*, et le n° 5 S ﺍ *uçstra*. Pour justifier l'orthographe que j'adopte et pour établir le sens de ce mot obscur, j'ai besoin de comparer les variantes des passages où il se trouve. Je le vois en rapport avec *Hēñdvó* à l'acc., au LXIVᵉ chapitre du Yaçna, dans un passage dont les autres mots ne présentent aucune difficulté, mais pour lequel nous sommes privés du secours de la traduction de Nériosengh. Le Vendidad-sadé le lit *usaçtairé* [88], les n°ˢ 2 F et 3 S, *uchaçtairi* [89], et le n° 6 S, *usaçtaéré* [91]. Nous voyons déjà ici deux manuscrits qui ont la sifflante *ch*, c'est-à-dire *uchaç* au lieu de *usaç*. Cette dernière orthographe est cependant la plus commune, et on la retrouve dans le Vendidad proprement dit, livre où le mot *uchaçtara* est écrit à l'ablatif sing. *usaçtaráṭ* [92], *usaçtaraṭ* [93], et *usaçtráṭ* [94]. De même à l'ablatif pluriel nous lisons trois fois *usaçtaraéibyó* [95], et une fois *usaçtraibyó* [96]. Enfin, cette même orthographe se retrouve, mais avec d'autres incorrections plus graves, au XXVIIᵉ *cardé* de l'Iescht de Mithra, où notre adjectif, en rapport avec *Hēñdvó*, est lu *usistáairé* par deux manuscrits [97]. Cet accord des copistes, que je n'ai pas dû dissimuler, ne m'empêche pas de penser qu'il faut

---

[88] *Vendidad-sadé*, pag. 521.
[90] Ms. Anq. n° 2 F, pag. 408; n° 3 S, p. 250.
[91] Ms. Anq. n° 6 S, pag. 210.
[92] Ms. Anq. n° 2 S, pag. 443.
[93] Ms. Anq. n° 1 F, pag. 793; n° 5 S, p. 514.

[94] *Vendidad-sadé*, pag. 478.
[95] Ms. Anq. n° 1 F, pag. 793; n° 2 S, p. 444; n° 5 S, pag. 514.
[96] *Vendidad-sadé*, pag. 478.
[97] Ms. Anq. n° 3 S, pag. 538; n° 4 F, p. 643.

lire *uchaç* au lieu de *usaç*, quoique M. Olshausen ait adopté cette dernière leçon. Je m'appuie sur ce fait, plus d'une fois constaté, que les copistes confondent
ordinairement ﻤﻭ *s* et ﻤﻭ *ch*. La syllabe qui suit *uch* est uniformément écrite
aç; mais, dans la comparaison que nous allons faire de ce mot avec le terme
sanscrit auquel il correspond, nous devrons ramener cette sifflante *ç* à la dentale *s*, parce que nous savons déjà que la sifflante dentale précédée de *a* et
tombant sur *t* se change dans l'orthographe zende en *ç*.

Cela posé, et quelque opinion qu'on adopte sur le cas de notre adjectif
(que ce soit un accusatif pluriel masculin ou neutre, ou bien un instrumental
singulier), nous devrons toujours y avoir le thème *uchaçtara*, où nous reconnaissons immédiatement le suffixe *tara* que nous avons vu dans *apâkhtara* (septentrional). Ce suffixe retranché, il reste *uchaç*, dans lequel je n'hésite pas à
retrouver le sanscrit *uchas*, « le matin ou l'aurore, » qui, joint au suffixe de
comparaison *tara*, forme en zend un adjectif dont le sens doit être « qui est
« du côté de l'aurore, oriental. » J'avoue que nous sommes bien loin du sens
d'Anquetil, sens que d'ailleurs il n'est pas facile de découvrir dans sa paraphrase, ainsi que de celui de M. Bopp, qui traduit ce mot par *auf-sternig*.
Sans doute M. Bopp veut dire par là *septentrional;* mais nous devons nous
hâter de reconnaître qu'il a fait suivre cette traduction d'un point de doute,
ce qui prouve qu'il n'y attache pas une grande importance. Elle donne lieu
en effet à des difficultés graves, et elle va contre plusieurs des faits euphoniques et étymologiques de la langue zende les mieux constatés. En lisant, avec
le Vendidad-sadé, la première syllabe de notre mot *us*, et en le traduisant par
auf, ce grand philologue voit certainement ici la particule *uç*, le *ut* sanscrit,
avec le sens de *en haut;* et le mot suivant *açtara* lui paraît identique au zend
çtâra (les astres). Mais si *us* était la particule *uç* bien connue en zend, il faudrait
que, dans ce mot composé, elle fût écrite *uz*, parce que la voyelle de *açtara*,
en sa qualité de sonnante, force le changement du *s* qui la précède en *z*. C'est
une règle à laquelle n'échappe pas la particule *uç*, et c'est en vertu de ce principe que nous avons des orthographes comme ﻤﻭﺩﻭﺝ *azukhch* (croître en haut).
Secondement *açtara* ne peut signifier *astre*, il faudrait *açtâra*. Je connais bien
en zend le mot *çtâr*, écrit, dans quelques cas indirects, avec la prosthèse d'un
a, voyelle appelée vraisemblablement par la prononciation devant le groupe
çt; mais il me paraît indispensable que le second *a* soit long. C'est ainsi que
nous avons, au commencement du Yaçna, *açtârâm* au génitif pluriel [**]; toute-

---

[**] *Vendidad-sadé*, pag. 9. Ce manuscrit divise à tort ce mot en deux.

fois cette orthographe est si rare, que les trois autres manuscrits du Yaçna ont
çtârâm. Ce fait, joint à l'observation que nous faisions tout à l'heure sur la nécessité du changement de uç en uz, ne me permet pas d'admettre le sens, d'ailleurs peu clair, que donne M. Bopp à l'adjectif zend uchaçtara.

L'interprétation que nous venons de proposer me semble, au contraire,
remplir toutes les conditions de l'euphonie et de l'étymologie. Elle me paraît
de plus confirmée par le rapport frappant qu'elle offre avec la signification que
je me crois autorisé à donner à la fin du texte qui nous occupe. En interprétant uchaçtara par oriental, nous traduirons les mots analysés jusqu'ici par
« les sept Indes depuis l'Inde orientale. » Or, si l'examen de ce qui nous reste
encore à expliquer de cette phrase nous y fait découvrir le nom de l'occident,
les observations que nous avons faites sur uchaçtara recevront de ce rapprochement, ou plutôt de cette opposition, une valeur nouvelle.

J'ai dit tout à l'heure que le mot avi, qui signifie ordinairement vers, devait
se traduire ici par jusqu'à, ce qui revient au même. Le complément de cette
préposition est Hĕñdam, accusatif singulier de Hĕñda, mot sur lequel nous
nous contenterons de remarquer que deux manuscrits lisent عيوسوي Han-
dam [99], un عيوسوي Hañdam [100], et le quatrième عيوسوي Hĕñdam [101] ; le
rapprochement de ces variantes prouve, ce me semble, que s'il fallait changer la
leçon Hĕñda, ce serait tout au plus par Hañda qu'il faudrait la remplacer,
mais qu'on n'a certainement pas d'autorité suffisante pour rétablir Hiñda. Le
mot avec lequel ce nom de pays est en rapport est très-diversement lu dans
les manuscrits, où il est d'ailleurs assez rare. Dans le passage qui nous occupe,
nous trouvons les variantes suivantes: عيسودممسو daosatarĕm [102], وسودمسو
عيسو dâosatarĕm [103], عيسودممطسو daosçtrĕm [104], et عيسودممسو.
dâus açtarĕm en deux mots [105]. C'est cette dernière leçon qu'adopte M. Olshausen, seulement il réunit ces deux mots en un seul. Cet adjectif se trouve
aussi dans le LXIVe chapitre du Yaçna (auquel nous avons renvoyé tout à
l'heure à l'occasion de uchaçtara), écrit très-diversement سعيسودممطسو dao-
chatairi [106], سعيسودممطسو daosataéri [107], سعيسودممطسو. daosa tairĕ [108], et

---

[99] Vendidad-sadé, pag. 122, et n° 1 F, p. 23.　　[104] Ms. Anq. n° 5 S, pag. 14.
[100] Ms. Anq. n° 5 S, pag. 14.　　　　　　　　　　[105] Vendidad-sadé, pag. 122.
[101] Ms. Anq. n° 2 S, pag. 12.　　　　　　　　　　[106] Ms. Anq. n° 2 F, pag. 408.
[102] Ms. Anq. n° 1 F, pag. 23.　　　　　　　　　　[107] Ms. Anq. n° 6 S, pag. 210.
[103] Ms. Anq. n° 2 S, pag. 12.　　　　　　　　　　[108] Vendidad-sadé, pag. 521.

‏د‎ داكهچتائري *daochaçtairi* [109]. Enfin, il est encore employé avec *Hēñdvô*, et opposé à *uchaçtara*, dans l'Iescht de Mithra cité plus haut; les deux manuscrits l'écrivent également ‏‎ *dausistarĕ* [110]. A ces variantes il faut encore ajouter la leçon adoptée par M. Bopp, ‏‎ *dausaçtarĕm*, leçon qui, nous devons le dire, n'est fournie par aucun manuscrit. Elle suggère à ce savant la traduction *dem schlecht-sternigen*, qu'il accompagne d'un point de doute [111]. Nous nous sommes déjà expliqués sur l'impossibilité où l'on est de trouver ici le mot *astre*; s'il n'est pas dans *uchaçtara*, on ne doit pas le voir davantage dans *dausaçtarĕm*, quand bien même ce serait la véritable leçon. Quant à la première syllabe *daus*, outre qu'elle n'est dans aucun manuscrit, elle ne peut signifier *mal*; la voyelle *a* y est de trop, et ce serait la seule fois, dans le Vendidad-sadé, que la particule *dus* aurait cette orthographe. Ajoutons qu'il faudrait au moins *daz*, à cause de l'action de la sonnante *a* commençant le mot *açtarĕm*. De plus, quand même l'idée de *mauvais* et de *constellation* devrait se trouver dans ce mot, nous ne voyons pas quel sens il en résulterait pour la phrase entière.

Il faut donc abandonner cette explication insuffisante, et chercher, dans l'analyse approfondie du mot, les éléments dont il est formé, et la signification de ces éléments. En premier lieu nous détachons le suffixe *tara*, qui, dans notre passage, est à l'accusatif sing. *tarĕm*, en remarquant que la présence de ce suffixe annonce ou un comparatif, ou un terme désignant l'un des quatre points cardinaux, puisque nous le rencontrons déjà dans *apâkhtara* (septentrional), et dans *uchaçtara* (oriental). Ce suffixe retranché laisse à nu un mot très-diversement écrit. Toutefois les variantes de ce mot peuvent se ramener sous deux chefs, dont l'un comprend *daocha*, *daosa* (trois fois) et *dâosa*, c'est-à-dire un mot non terminé par *s* ou *ç*; et l'autre *daochas*, *daosç*, *dâus-aç* et *dusis*. On remarquera sans peine que c'est dans cette dernière catégorie que se montre la plus grande variété, circonstance qui doit, ce semble, éveiller les soupçons de la critique. Dans la première classe, au contraire, on est frappé de voir la régularité des orthographes qui la composent, les manuscrits donnant trois fois *dâosa* avec un *a* bref, une seule fois *dáosa* avec un *â* long, et enfin *daocha* avec un *ch*. Or, les quatre premières variantes reviennent, dans mon opinion, à *daocha*, car le ‏‎ *s* qu'on y trouve ne peut être que le substitut de ‏‎ *ch*; c'est un point sur lequel j'ai déjà plus d'une fois insisté.

---

[109] Ms. Anq. n° 3 S, pag. 250.

[110] Ms. Anq. n° 3 S, pag. 538; n° 4 F, p. 643.

[111] *Vergl. Gramm.* p. 268. M. Bopp écrit *daus*, d'après son système sur l'insertion de *a* devant *u*.

Rien n'est dès-lors plus facile que de retrouver le mot sanscrit correspondant; du moins je ne doute pas que le *daocha* zend ne soit le sanscrit *dôchâ* (nuit). La voyelle *ao* est le représentant de l'*ô* médial et *guṇa* sanscrit, et la finale *a* bref remplace l'*â* long des féminins indiens, dans ce mot comme dans tous ceux qui suivent le thème de la première déclinaison. Réuni au suffixe de comparaison *tara*, ce mot *daocha* doit donc former un adjectif signifiant « qui est vers la nuit, πρὸς ζόφον, ou occidental. » Ce résultat, obtenu par une analyse que je crois rigoureuse, s'accorde d'une manière frappante avec celui auquel nous sommes arrivés tout à l'heure dans notre examen de l'adjectif *uchaçtara*. Si l'explication que nous avons proposée pour ce dernier mot a pu satisfaire le lecteur, celle de *daochatara* devra recevoir de la première un plus haut degré de probabilité. Enfin, ce texte embarrassé dans la traduction d'Anquetil présentera un sens raisonnable; il signifiera : « le quinzième lieu, le « quinzième pays excellent que j'ai créé, moi qui suis Ormuzd, ce sont les « sept Indes, depuis l'Inde orientale jusqu'à l'Inde occidentale. »

J'ajouterai que, si l'on tenait à la variante *daochas*, que l'on ne rencontre d'ailleurs qu'une fois, mais qui paraît plus complétement en rapport avec *uchaç*, on pourrait voir ici l'ablatif d'un substantif *daoch* pour le sanscrit *dôs*, substantif qui, dans la langue des Brahmanes, n'a pas le sens de *nuit*, mais qui a pu l'avoir en zend, et qui serait à l'égard de *daocha*, comme le *niç* sanscrit est à l'égard de *niçâ* (nuit). Cette variante est confirmée par l'orthographe pehlvie de ce mot que nous trouvons dans une phrase du Yaçna zend-sanscrit, où les passages pehlvis sont d'ailleurs très-rares. Je crois pouvoir y lire *dachçtr*, le pehlvi supprimant, comme on sait, les voyelles qu'écrit le zend [113]. Je préfère cependant ma première explication, et je pense que la sifflante a été introduite dans *daochatara*, par suite de la ressemblance que présente ce mot avec *uchaçtara*, qui lui est opposé dans toutes les phrases où il se trouve. La leçon *dusistarĕ* fait encore penser au grec δύσις (le couchant); mais ce rap-

[113] Ms. Anq. n° 2 F, pag. 408. Le groupe que je lis *du* ressemble tellement au *tch* zend qu'il faut une grande attention pour l'en distinguer. Je profite de cette occasion pour donner une explication nouvelle des lettres *tchpt* que l'on trouve au commencement du Yaçna (Voyez *Invocation*, § VII, pag. 69). J'ai proposé de regarder le *tch* comme le substitut de *g*, qui doit se trouver dans le mot *gft* (écrit sans voyelles). Je pense maintenant que le *tch* n'est ici autre chose que le représentant du groupe pehlvi qu'on peut lire *ga, du, ya*, selon qu'on place les divers points diacritiques, nécessaires pour distinguer ces lettres. Ce groupe est, comme je viens de le dire, tellement semblable au *tch* zend, qu'on s'explique aisément comment un copiste peu habile a pu écrire, en caractères zends, *tchpt*, ce qui, en caractères pehlvis, devait se lire *guft*, ou *goft*, selon la valeur que l'on voudra donner à la voyelle.

port me semble purement accidentel. En résumé, le mot *daochatara* doit être compté au nombre des termes qui désignent les quatre points cardinaux, lesquels sont, selon moi, *apâkhtara* (septentrional), *avâtchî* (fém. méridional), *achaçtara* (oriental), et *daochatara* (occidental).

NOTE R.

Sur l'absence du visarga en zend.

(*Observ. sur l'Alph. zend*, pag. cxix.)

Après les nombreuses preuves que nous avons données, dans notre discussion sur la lettre *h*, de la fréquence de la permutation de la sifflante dentale en cette lettre, on devrait penser que la langue zende connaît l'emploi d'un signe spécial analogue à l'aspirée, et destiné à remplacer la sifflante dentale dans les circonstances où nous trouvons en sanscrit le visarga. On ne serait même pas surpris de voir jouer ce rôle à la lettre ᕗ *h*, que l'on trouve à la place du ष *sa* dévanâgari au commencement et au milieu des mots, dans les cas que nous avons précédemment indiqués. Il n'en est rien cependant; la lettre ᕗ *h*, qui ne peut être finale en zend, n'a jamais la valeur du visarga sanscrit; ce dernier signe est aussi inconnu à l'ancienne langue de l'Arie comme substitut de *s*, que comme remplaçant de *r*.

Pour mieux apprécier les différences qui résultent de l'absence de ce signe, entre le zend et le sanscrit, nous reprendrons en peu de mots les cas dans lesquels l'idiome brahmanique emploie le visarga, tels que M. Bopp les a exposés.

1° Le visarga est le substitut de *s* sanscrit à la fin d'une phrase, et, dans le cours de la phrase, devant les gutturales et les labiales; voilà la règle indienne. En zend chaque mot étant séparé de celui qui le suit par un point, est mis, à l'égard de ce dernier, dans la même position que le mot qui, en sanscrit, termine le discours, et la sifflante dentale n'en persiste pas moins. De là vient que nous avons en zend *s* après les voyelles suivantes, quelle que soit la consonne commençant le mot qui succède à celui que termine *s* :

و	*i*	مگوومسوم *paitis*	पति:	*patih*	dominus.
ۍ	*í*	مگومسعع *gěnábís*	अङ्गनाभि: *anganábhih*		feminis.
و	*u*	مگووم *ratus*	ऋतु:	*rĭtuh*	tempestas; magister.
۾	*á*	مگومو *yás*	यूयं	*yúyam*	vos [1].
و	*o*	مگلملو *mraos*	अब्री:	*abróh ?*	dixisti.

2° Le visarga sanscrit remplace *r* à la fin du discours. Mais le zend ne repousse pas la liquide *r* comme finale d'un mot, seulement il l'accompagne du son très-bref *ě*, que, dans la réalité, on fait entendre chaque fois qu'on prononce *r* final.

Nous ne parlerons pas des autres emplois du visarga comme substitut, soit de *s*, soit de *r*, devant les gutturales et les labiales sourdes, parce que ce sont là des faits du *sandhi* indien, et que ces cas ne peuvent pas se présenter en zend, où le *sandhi* est, sauf quelques exceptions, à peu près complétement inconnu. Mais nous devons ajouter quelques observations sur la liste relative à l'absence du visarga en zend comme substitut de la sifflante.

Nous remarquerons d'abord que nous n'avons pas compris toutes les voyelles dans cette liste, pour des raisons que le lecteur déjà familiarisé avec quelques particularités de la déclinaison zende comprendra sans peine. Ainsi le visarga remplace en sanscrit la sifflante dentale finale, précédée des voyelles *a* bref et *á* long, mais seulement à la fin du discours, devant les sourdes de la classe des gutturales et des labiales, et enfin, mais *ad libitam*, devant les trois sifflantes. Devant une sonnante, au contraire, *s* précédé de *a* devient *ó*; précédé de *á*, il tombe, c'est-à-dire, comme l'a prouvé M. Bopp, il devient आौ *áu*, dont le dernier élément disparaît. Or, ce qui n'a lieu en sanscrit que devant les sonnantes, est une règle à peu près générale en zend; de sorte que, dans cette langue, *s* dental n'est jamais final d'un mot, quand la voyelle qui le précède est *a* ou *á; as* se change en *ó*, et *ás* en *áo*. Pour que *s* précédé d'un *a* ou d'un *á* reparaisse, il faut qu'il devienne médial par l'addition d'un enclitique, comme *tcha*, par exemple *yaç-tcha*, lequel force la sifflante dentale à se changer en palatale. Si dans le mot *kaçě* ou *kaçé* (qui interrogatif), la

---

[1] Pour comprendre ce rapprochement, il faut supposer qu'il est établi entre *yás* et le sanscrit *yuch-mat*, dont *yuch*, s'il pouvait devenir final, ne s'écrirait pas autrement que *yuh*. Le zend *yás* est le lith. *yùs*, que M. Bopp (*Vergl. Gramm.* p. 199) rapproche du sansc. *yuchmân*.

sifflante se montre sous la forme d'une palatale, cela tient à un fait dont nous proposerons plus tard une double explication.

Nous n'avons pas non plus parlé de la manière dont le zend remplace le visarga sanscrit après प़ *é* et प़ *ái*. Pour commencer par ce dernier cas, qui est le plus simple, nous dirons qu'il rentre dans celui de la voyelle *i*, puisque, en zend, la diphthongue *ái* est écrite avec les deux caractères *á* et *i*, et que nous savons déjà que la sifflante dentale persiste après cette dernière voyelle. Quant à *é*, il n'y a pas non plus lieu de se faire cette question pour le zend, puisque la finale sanscrite *éh* (désinence des noms en *i* à l'ablatif et au génitif) est en zend *óis*. Or, ce dernier cas rentre encore dans celui de la voyelle *i*. Mais nous devons remarquer que *s* reparaît souvent après *é*, sous la forme de la palatale, lorsque le mot terminé par *é* tombe sur un *tcha*; c'est le reste d'une ancienne désinence, dont nous parlerons ailleurs, mais dont la nature et l'origine, quelles qu'elles soient, ne font rien à notre théorie de *s* final, puisque quand les mots terminés par *é*, où l'on remarque ç, ne sont pas suivis de *tcha*, on ne trouve plus aucune trace de cette sifflante. Nous en dirons autant de ç palatal suivi de *tcha* par exemple, et précédé de *ɛ é*, qui n'est d'ordinaire qu'une faute de copiste pour *é*, ou qui est la permutation d'un *a* ou d'un *á*, lettres après lesquelles peut reparaître ç.

Les voyelles *ó* et *áu* n'ont pas dû être citées davantage; et en effet, l'*ó* sanscrit, suivi de visarga et servant de désinence aux noms en *a*, paraît sous deux formes en zend, et ces deux formes rentrent dans les exemples donnés au commencement de cette note. Ou bien le sanscrit *ó* est remplacé par le zend *éu*, et alors c'est le cas d'un nom terminé par *u*; la sifflante dentale persiste en zend. Ou bien le sanscrit *ó* est en zend *ao*, et alors c'est le cas de *mraos* (tu as dit) que nous avons cité. Je ne crois pas qu'on rencontre régulièrement ﭏ *ó* zend suivi d'un *s* dental final, parce que *ó*, s'il est final, représente la syllabe sanscrite *as* ou *ah*, et, s'il est médial, remplace un *a* altéré en *ó*. Il est même remarquable qu'on ne trouve pas cette sifflante comme finale dans la désinence des locatifs et des génitifs duels en *ó*, désinence qui existe en zend, quoique M. Bopp avance dans sa Grammaire comparative qu'elle a disparu de cette langue, et qu'elle y est remplacée par celle du pluriel [1]. J'en vois un exemple très-frappant, et en même temps fort régulier, dans les deux mots ﺳﻮﺑﻮﻳ . ﺍﻭﺑﻮﺩﺏ *ubóyó aġhvó*, qui se lisent dans le Yaçna [2]. Le zend *aġhvó* serait le sanscrit *asvóh* (ou *asvós*), si ce mot existait à ce nombre; de

---

[1] *Vergleich. Gramm.* pag. 261. — [2] *Vendidad-sadé*, pag. 312, deux fois.

même que *ubóyó* est exactement le sanscrit *abhayóh*, avec les changements euphoniques propres au zend, savoir *b* non aspiré pour *bh*, et *a* changé en *ó* par suite de l'influence de *b*, influence que cette lettre me paraît posséder aussi bien que le *v*, le *p* et le *m* [1]. Or, si la sifflante *s* et son substitut visarga sont primitifs dans cette désinence du génitif et du locatif duel sanscrits, il en résulte que la sifflante a été supprimée en zend, et conséquemment on peut dire que, dans cette langue, la voyelle *ó* ne supporte pas plus après elle la sifflante dentale finale, qu'elle ne la supporte médiale. Quant à la voyelle, ou plutôt à la diphthongue *áa*, elle rentre dans le cas de la voyelle *u*, et c'est ainsi qu'on écrit en zend *gáus* pour le sanscrit *gáuh*.

Reste la voyelle sanscrite *ri*, que nous savons être représentée en zend par *ĕrĕ*. Nous pouvons reconnaître par un mot qui se rencontre souvent dans les textes que la sifflante dentale reste finale après le son *ĕ* précédé de *r*. Mais il n'est pas facile de constater à quel cas répond en sanscrit le *ĕrĕs* ou *ĕrĕch* zend. La lecture ⲙⲟⳉⲋ *ĕrĕs* est même encore douteuse; et si l'on trouve ⲙⲩ *s* final dans ce mot, on doit remarquer qu'aussitôt qu'il entre en composition avec un autre mot, les bons manuscrits écrivent ⲙⲟⳉⲋ *ĕrĕch*. Si donc on a ⲙⲟⳉⲋ *ĕrĕs* ainsi isolé, il y a tout lieu de supposer que le ⲙⲩ *s* n'est ici que le substitut de ⲙⲩ *ch*, dont le signe paraît régulièrement repoussé de la fin d'un mot. Je dis le signe, et non le son; car il n'est pas démontré que le *s* dental, caractéristique des nominatifs des noms en *i*, en *u* et autres, n'ait pas subi dans la prononciation la modification qui, en sanscrit, le change en *ch*. Le mot *ĕrĕs* est employé en zend, soit seul, soit en composition; quelquefois même il est écrit *ars* ou *arch*, comme si la voyelle était affectée de *guṇa*. Mais, dans aucun cas, il ne porte de désinence, et l'on doit, selon toute apparence, le regarder comme un adjectif neutre, auquel les Parses donnent le sens de *vrai*, et qu'ils prennent d'ordinaire substantivement (*le vrai*). Comparé au sanscrit, *ĕrĕch* revient à *rĭch*; mais ce dernier radical ne signifie que *prendre* et *s'approcher*, et c'est seulement non *rĭchi* (saint) qui présente quelque analogie avec notre mot zend. D'un autre côté, comme une palatale ne peut pas plus en zend qu'en sanscrit être finale d'un

---

[1] Nous avons déjà reconnu que la lettre *v* possédait souvent la faculté de changer en *ó* l'*a* qui la suivait, pourvu que cet *a* fût médial. Le *p* exerce aussi sur l'*a* placé dans les mêmes conditions cette même influence; le mot *póuru* (si l'on préfère cette orthographe à *paouru*) en peut servir d'exemple. Enfin, l'ancien nom géographique *Móuru* nous a semblé s'expliquer ainsi très-facilement. Quant à l'aspirée *f*, elle ne peut exercer sur *a* la même action, car elle n'est peut-être jamais suivie d'une voyelle, si ce n'est de l'*ĕ* bref.

mot, il est permis de supposer que le *s* ou *ch* zend est le substitut d'un *z* qui, lui-même, aurait remplacé un *dj* sanscrit. Nous sommes ainsi ramenés au radical *rïdj* (d'où *rïdju*, droit), dont notre mot zend n'est, à ce qu'il me semble, qu'un dérivé. En sanscrit, ce dérivé serait *rïk*; mais la gutturale sourde ne me paraît être finale dans aucun mot zend; et comme la palatale *dj* du radical ne peut elle-même subsister, elle ne peut que se changer en sifflante. D'ailleurs une partie de ce changement s'est déjà opérée en zend, puisque le radical *rïdj* prend, dans les autres dérivés que nous en connaissons, la consonne *z*, c'est-à-dire qu'il admet une lettre qui, pour tenir encore par un faible lien à la classe des palatales, n'en est pas moins une véritable sifflante.

Les observations précédentes ont eu pour but de déterminer les cas divers d'orthographe qui résultent en zend de l'absence du visarga. On voit que l'ancienne langue de l'Arie n'a pas repoussé la sifflante de la fin d'un mot, et qu'elle ne l'a pas usée, comme en sanscrit, pour en faire une aspiration faible. Ce fait était d'autant plus important à remarquer que nous savons que l'euphonie zende change aussi souvent qu'elle le peut le *s* dental en *h*. Mais, nous ne pouvons trop le répéter, ce n'est peut-être que le signe du ﻣ *s* dental qui est employé dans cette circonstance, et la prononciation donnait sans doute à ce signe la valeur d'un *ch*. Au reste, que le *s* dental qui, dans tous les cas précités, excepté *ërës*, n'est qu'une désinence, échappe à l'influence des lettres *i*, *u*, *o*, et reste *s*, ou bien qu'il subisse cette influence et devienne *ch*, il n'en résulte pas moins que le zend diffère en ce point d'une manière notable du sanscrit; car il garde toujours une sifflante finale dans des cas où cette sifflante serait exclue des mots sanscrits correspondants.

Cette persistance de la sifflante finale est tellement propre à la langue zende, qu'on la remarque jusque dans les nominatifs de quelques noms-de la déclinaison imparisyllabique, où la sifflante se joint au thème terminé par certaines consonnes, notamment par une gutturale, une palatale, une labiale, une dentale, et la liquide *r*. C'est à cette particularité, qui rapproche le zend du latin et du grec, en même temps qu'elle l'éloigne du sanscrit, que l'on doit des nominatifs comme ﻣﻮﺳﺒﻻ *vâkhs* (la parole), pour le sanscrit *vâk;* ﻣﻮﺩﺭﻭ *drukhs* (le cruel), du thème *drudj* (r. *druh*); ﻣﻮﻻﺳ *âfs* (l'eau), de *âp* qui n'est usité en sanscrit qu'au pluriel; ﻣﺮﺭﺭﻭﻻ *fchayâç* (vivifiant ou qui produit); ﻣﻮﺳﻣﺍ *âtars* (le feu). M. Bopp, dans sa Grammaire comparative, a constaté le rapport que présentait en ce point le zend avec le grec, le latin et le lithuanien, non pas uniformément et en masse, mais selon les dialectes, l'éolien, par exemple, conservant la sifflante, tandis que l'attique l'a perdue [1]. Notre intention n'est pas de traiter en ce moment cette importante matière, quoique nous pensions qu'on peut la présenter d'une manière plus complète que ne l'a fait le savant auteur de la Grammaire comparative. Nous ne citerons de ces faits que ceux qui ont rapport aux diverses destinées de la sifflante *s* finale en zend. On comprend sans peine, que cette sifflante servant de caractéristique du nominatif, nous devons, au moins incidemment, toucher la théorie du nominatif zend.

On remarquera d'abord que la sifflante ᴘᴜ *s* subsiste sans altération après l'aspirée des gutturales, après celle des labiales et après la liquide *r*. Nous ajoutons à dessein cette liquide, en nous appuyant sur le mot *âtars* (au nominatif), que M. Bopp n'a pas indiqué dans sa Grammaire. Il est, selon moi, d'autant plus nécessaire de le mentionner, que si l'on s'arrêtait uniquement à l'analogie des noms en *rĭ* (que M. Bopp écrit *ar*, regardant cette forme comme radicale), on s'attendrait à trouver pour nominatif de ce mot, dont l'accusatif est *âtar-ĕm*, la forme *âtâ* ou même *âta*. Il n'en est rien cependant, et le nominatif de ce nom est bien *âtars*. Or, pour apprécier jusqu'à quel point le zend diffère ici des autres langues de la même famille, il est nécessaire de nous fixer sur l'étymologie de ce mot.

D'abord, on peut le regarder comme formé du préfixe *â* et de *tar*, *guṇa* de *trĭ* (traverser), employé comme seconde partie d'un composé. La réunion de ces deux éléments présente le sens de « celui qui pénètre, » image qui désigne assez heureusement le feu, surtout dans la pensée d'un peuple qui n'a pu en faire l'objet de son adoration sans remarquer sa puissance irrésistible. Dans cette hypothèse, le zend joignant au thème *âtar* le signe du nominatif *s*, va plus loin que le sanscrit, le latin et le grec, qui font disparaître le *s* après la liquide *r* finale de la forme absolue. Ainsi en sanscrit *gîr* (parole) fait *gîr*, et non *gîrs*; en grec μάρτυρ est pour μάρτυρ-ς; et en latin *vomer* pour *vomer-s*. Or, dans cette dernière langue, la disparition de la sifflante comme signe du nominatif après la liquide *r* est d'autant plus remarquable, que le latin affectionne le groupe *rs*, et que la sifflante subsiste comme caractéristique après cette même liquide *r*, dans les mots dont la forme absolue a perdu une consonne, comme un *t*, par exemple, dans *pars* pour *part-s*, *mars* pour *mart-s*. Mais le latin a tellement repoussé *s* de la fin d'un mot dont le thème est terminé par la liquide *r*, que cette sifflante caractéristique du nominatif ne reparaît qu'au

---

[1] *Vergleich. Gramm.* pag. 148, 160 et 161.

moyen d'un *i* intercalé entre la liquide et le signe désinentiel (*illustris* pour *illuster-s*). Pour retrouver dans les langues européennes l'analogue de la formation du zend *átars*, il faut aller jusqu'au gothique, qui joint le signe du nominatif au thème des mots *père, frère*, etc., et qui dit *fadrs*, conformément à l'analogie.

Mais le mot *átars* peut se prêter à une autre explication qui, si elle était admise, aurait des résultats non moins intéressants pour la grammaire comparative. Je crois me rappeler, quoique je n'aie pu retrouver le passage, d'avoir vu le feu quelquefois invoqué dans les Védas sous le nom du *dévorant*, en sanscrit *attrĭ*, mot dont le nominatif serait *attá*, et le thème à l'accusatif *attár-am* [*]. En supposant que ce mot fût passé dans le zend, il n'aurait pu y conserver le double *t*, car nous savons qu'il n'y a pas dans le Vendidad-sadé un seul mot où la même consonne soit redoublée dans le même groupe; nous nous servons même de cette observation pour expliquer quelques termes difficiles dont la véritable étymologie reparaît, si l'on rétablit une lettre supprimée. Au lieu des deux *tt* du sanscrit *attár*, nous aurons donc une seule dentale, mais la voyelle initiale du mot pourra s'allonger pour compenser cette perte. Il résulte de là que le zend *átar* pourra être ramené au sanscrit *attár*. La seule objection que je voie contre cette explication, c'est que la finale *ar* est brève en zend, tandis qu'elle est et qu'elle doit être longue en sanscrit. Toutefois je devais indiquer au lecteur la possibilité de cette interprétation nouvelle, parce que, si l'on pouvait la vérifier plus tard par d'autres comparaisons, on serait en droit d'en conclure que les noms formés des suffixes *tár* et *tar* ont quelquefois, en zend comme en gothique, conservé la sifflante caractéristique du nominatif, et qu'ils n'ont pas toujours modifié leur thème de manière à faire leur nominatif en *á*. Mais je regarde, jusqu'à présent, la première étymologie que j'ai proposée comme plus vraisemblable.

Les exemples que nous venons d'analyser ont cela de commun, que la sifflante dentale, caractéristique du nominatif, y subsiste sans aucun changement. Cette sifflante se retrouve aussi dans le mot *fchuyâç*, mais elle y a pris la

---

[*] On trouve encore, dans l'ancienne mythologie brahmanique, le nom du sage Atri dont l'orthographe véritable est *Attri*, et qui dérive du radical *ad* (manger). Comme Atri est né de l'œil de Brahmâ, et que l'œil est, suivant la cosmogonie philosophique des Oupanichads, le siége du soleil, qui est souvent considéré comme le symbole du feu, on pourrait supposer que le Richi Atri, ou plutôt *Attri*, n'a été ainsi nommé que par allusion à l'élément qui siége dans l'organe où la mythologie croit qu'il a pris naissance. Cependant l'étymologie que l'on donne de ce nom (*ad* et *tri*) ne me paraîtrait pas un motif suffisant pour admettre entre *Attri*, nom propre du sage, et *attrĭ*, que je crois être un des noms du feu, le rapport que suggère, au premier coup d'œil, l'origine commune de ces deux mots.

forme d'une palatale. On remarque en effet que l'*ā* n'est jamais suivi d'une autre sifflante que *ç*. Il ne faut pas un grand effort d'attention pour s'apercevoir que cette désinence *āç* est exactement le *ans* des participes présents latins, et le *ιrç* du dialecte éolien. En effet, elle caractérise en zend le nominatif singulier masculin des participes, et représente, à un état plus ancien, le sanscrit *an*. Comme en sanscrit, le *t* du suffixe *ant* est supprimé, et l'*a* se trouve fondu avec la nasale dans le 𐬁 *ā* zend. Il semble même que 𐬁 *ā* parte plutôt d'un nominatif en *ān*, comme *bhavān*, que de la forme régulière en *an;* car nous sommes accoutumés à voir ce signe *ā* remplacer l'*á* long dans les désinences sanscrites de l'accusatif féminin singulier et des génitifs pluriels masculins et féminins. Or, il n'est nullement indifférent de constater que cette terminaison *āç* est la forme que prend le suffixe des participes présents, car nous remarquerons tout à l'heure combien est rare l'emploi de cette désinence pour les autres noms de la déclinaison imparisyllabique; mais nous devons auparavant exposer une explication du mot *fchuyāç* que nous avons promise plus haut[1]. Ce mot, qui fait partie du nom du laboureur, offre une si grande analogie avec le sanscrit *chu* et *chú* (mettre au monde), radicaux dont le dernier se conjugue selon le thème de la quatrième classe, que je crois pouvoir le considérer comme identique à la racine sanscrite *chu*, avec la seule différence de l'addition d'un *f*. La prosthèse de cette labiale devant une sifflante est assez commune en zend, et je compte en donner bientôt des exemples dans une note qui sera consacrée à déterminer quelles sont les consonnes et les groupes de consonnes qui peuvent commencer et terminer un mot, et qui portera sur le tableau des combinaisons des consonnes, donné dans nos Observations préliminaires sur l'alphabet zend.

Nous avons dit tout à l'heure que *āç* était la modification spéciale du suffixe *ant* au nominatif, et que cette désinence n'était que bien rarement employée pour d'autres mots de la déclinaison imparisyllabique. Je n'en trouve en effet jusqu'ici qu'un seul exemple dans un mot formé du suffixe *vat*. C'est l'adjectif de comparaison 𐬚𐬎𐬎𐬁𐬴 *thwāvāç* (semblable à toi), que je rencontre plusieurs fois dans le Vendidad-sadé, et notamment dans le Yaçna. Comme les passages où il se trouve seront amplement expliqués dans mon Commentaire, je ne crois pas devoir les citer en ce moment; je me contente d'y renvoyer en note le lecteur curieux de vérifier le fait par lui-même, et je remarque que, dans les passages pour lesquels nous possédons une traduction sanscrite, Nériosengh rend toujours ce mot par तत्तुल्य: *tvattulyah* (semblable à toi)[2]. Le nominatif de cet adjectif,

---

[1] *Notes et éclaircissements*, p. xviij, note 46. — [2] *Vendidad-sadé*, pag. 213 et 351.

dans lequel nous reconnaissons le pronom *thwá* et le suffixe *vaṭ*, nous présente le même caractère que celui des participes présents dont *añt* (nominatif *áç*) est la formative. Mais il n'en faudrait pas conclure que les adjectifs dont *vaṭ* est le suffixe suivent régulièrement ce thème, car il n'en est rien, et *thwáváç* est jusqu'ici le seul mot de cette espèce qui ait son nominatif identique à celui des participes. Au contraire (et c'est ici que les observations que nous avons faites sur la valeur première du *áo* zend peuvent recevoir une nouvelle application), le suffixe *vaṭ* qui prend son accusatif de *vañt* (*vañt-ĕm*), fait à peu près invariablement son nominatif en *áo*. Il en doit être de même du suffixe *maṭ*, *mañt*, au nominatif *máo*. C'est ainsi que nous trouvons ᵐᵃⁿ *qarĕ-naǧhváo*, et plus souvent ᵐᵃⁿ *qarĕnaǧháo* (resplendissant), le *v* étant oublié peut-être par erreur; ᵐᵃⁿ *raéváo* (lumineux), où nous voyons une preuve définitive que le mot radical primitif de cet adjectif est bien *raé*, *guṇa* de *ri* (splendeur), et non *raév* [*]; car si *raévaṭ* était dérivé de ce radical verbal, il suivrait le thème des participes présents et ferait *raéváç*. Nous avons déjà vu un adjectif formé avec le suffixe *vas*, c'est-à-dire *vídhváo*, faire son nominatif singulier de la même manière. Enfin le radical *djan* (sansc. *han*), en composition, fait son nominatif en *áo*, dans *vĕrĕthradjáo* (victor), dont l'accusatif est *vĕrĕthrádjanĕm*, tandis que, chose remarquable, la sifflante et la nasale reparaissent quand ce mot s'unit au suffixe du comparatif et à celui du superlatif, *vĕrĕthradjáçtaró*, *vĕrĕthradjáçtĕmó*. On conviendra sans peine que ces faits doivent, quelque explication qu'on en donne, figurer dans une exposition des désinences du nominatif en zend, car ils embrassent une classe fort considérable de mots, savoir, ceux· qui sont formés au moyen des suffixes *maṭ*, *vaṭ* et *vas*, en zend *vaǧh*.

Mais d'où peut venir cette désinence? Déjà, à l'occasion de *vídhváo* (savant), préoccupé de la ressemblance de ce mot avec le sanscrit *vidván*, j'ai conjecturé que peut-être la diphthongue *áo* représentait le *án* sanscrit, et que ce fait offrait de l'analogie avec celui de la suppression d'une nasale après une voyelle dans quelques idiomes néolatins. Mais un examen plus attentif des modifications que subit en zend l'*á* long du sanscrit me persuade que cette explication n'est pas suffisante. En effet, le seul changement régulier dont *án* sanscrit final paraisse susceptible, serait la substitution de l'*á* nasal à l'*á* long; d'où l'on aurait *vídhván* pour *vidván*. Ajoutons que la suppression de la nasale dans *achava* pour *achavan*, en nous portant à supposer que la nasale est aussi sup-

---

[*] Voyez ci-dessus, chap. I, § 1, pag. 126.

primée dans *vídhváo*, exclut l'opinion que l'élément *o* de la diphthongue ᛉ
áo représente cette nasale. La difficulté reste donc tout entière, mais le mot
même où nous la remarquons nous en fournit une solution que je crois satisfaisante. Pour expliquer le nominatif *vídhváo*, nous ne partirons plus du nominatif sanscrit *vidván*, car ce nominatif lui-même est déjà une modification du
thème. Nous devrons remonter à la forme absolue terminée en *s*, en sanscrit
vidvas. Or, supposons que le zend, n'ajoutant pas de nasale au nominatif, forme
ce cas comme le sanscrit fait pour *apsaras* par exemple, qui devient *apsarás*,
et avec visarga *apsaráh*. De *vídhvas* (pour le sanscrit *vidvas*) nous aurons *vídhvás*; mais comme *s* final est impossible après un *á* long, et que la sifflante doit
se changer en une voyelle pour se fondre ensuite avec l'*á* long en une diphthongue, de *vídhvás* nous aurons *vídhváo*, comme nous avons *máo* de *más* (lune).
On voit en quoi cette explication diffère de celle que j'ai proposée dans la
partie du Commentaire à laquelle j'ai renvoyé tout à l'heure. L'avantage est
tout entier du côté de celle que je viens d'exposer, et, à ne considérer que le
principe sur lequel elle repose, on pourrait être surpris de ce que je ne l'ai
pas rencontrée plus tôt, si l'on ne se rappelait que les tentatives faites pour
dériver le nominatif *vídhváo* du nominatif *vidván*, loin de nous y conduire,
nous en éloignaient au contraire [10].

Nous n'avons cependant encore accompli que la moitié de notre tâche, et il
nous reste à rendre compte des nominatifs *váo* et *máo* des suffixes *vañt* et *mañt*.
Ici, quoique nous ne puissions pas produire une conclusion aussi décisive, l'o-
pinion que nous allons exposer a pour elle toute la vraisemblance que donne
à un rapprochement grammatical une des lois les plus fécondes en fait de
langage, l'analogie. Si dans *mazdáo* la diphthongue *áo* remplace *ás*, finale du nominatif; si *áo* joue également ce rôle dans *máo* pour *más*, et dans *vídhváo*
pour *vídhvás*, avec cette différence toutefois que, dans ces deux derniers mots,
s final n'est pas caractéristique d'un cas, mais que la sifflante appartient au
thème, ne peut-on pas dire que cette même diphthongue zende *áo* est également le substitut de la même syllabe sanscrite *ás*, dans *váo* et *máo*, de *vañt*
et de *mañt*? Mais à quelle condition pourrons-nous obtenir *vás* de *vañt* et *más*
de *mañt*? A la même sans doute que celle qui nous donne en grec ἐλέφα-ς pour
ἐλέφαντ-ς et en latin *sanguis* pour *sanguins*. Tandis qu'en sanscrit le signe du
nominatif ne s'est pas juxta-posé aux suffixes *vant* et *mant* perdant leur *t* et
augmentant leur voyelle en *á* (*ván*, *mán*), c'est la nasale qui a disparu avec
la dentale en zend, et la sifflante caractéristique du nominatif qui a persisté.

[10] Voyez ci-dessus, *Invocation*, pag. 64.

I. NOTES.

r

Mais juxta-posée à l'*á* long, elle s'est changée en *áo*, suivant la loi générale qui régit les mots comme *máo* et *mazdáo*.

Si je conjecture que la sifflante caractéristique du nominatif s'est ajoutée même aux mots formés par les suffixes *vañt* et *mañt*, c'est que je remarque, dans la langue zende, un emploi de cette caractéristique beaucoup plus fréquent qu'en sanscrit. Sans parler des cas où le *s* subsiste en zend, tandis qu'il est remplacé par le visarga sanscrit, lequel n'en est que le substitut, nous savons que la sifflante persiste après la liquide *r* dans *áṭars* (ignis), et (ce qui offre une analogie plus marquée encore avec le cas de *vá-s*, *váo*, pour *vañt-s*) dans le participe présent. Je sais qu'on peut opposer à notre explication cette désinence même du participe présent, et se demander pourquoi, si *añt* a fait au nominatif *áç*, les suffixes *vañt* et *mañt* n'ont pas fait, conformément à l'analogie, *váç* et *máç*. Nous répondrons pour *váç* que cette désinence existe déjà dans *thwáváç*, mais que la raison qui a fait préférer *váo* et *máo* nous est inconnue. Autre chose est de rechercher les éléments dont se compose une forme grammaticale, autre chose de dire pourquoi on a choisi ces éléments plutôt que d'autres. Si, dans l'absence de tout secours étranger pour l'explication des textes zends, la première recherche est imposée à la critique comme un devoir, on conviendra que la seconde est à peu près facultative; et j'avoue que, pour ma part, je n'aime à m'y livrer que lorsque l'évidence du résultat est de nature à entraîner immédiatement la conviction, et qu'il en résulte quelque lumière nouvelle sur les procédés de l'esprit dans la formation du langage. Nous remarquerons d'ailleurs qu'il existe en sanscrit une différence analogue entre le nominatif du suffixe *ant* et celui des suffixes *vant* et *mant*, différence qui me paraît aussi difficile à expliquer pour le sanscrit que pour le zend. Enfin (et ici encore on pourrait voir une objection à notre hypothèse sur *váo* et *máo*), nous avons remarqué que les noms formés avec les suffixes *van* et *man* faisaient en zend leur nominatif par le retranchement de la nasale. D'où vient cette différence, et pourquoi ces derniers suffixes ne suivent-ils pas l'analogie de *mañt* et de *vañt*, ou celle de *añt*? Si, comme je l'ai avancé, la sifflante est d'un fréquent usage en zend dans la déclinaison imparisyllabique, pourquoi n'a-t-elle pas été employée pour caractériser aussi les mots comme *acha-van* et *aç-man* (ciel)? En un mot, d'où vient que l'on n'a pas au nominatif *achavó* de *achava-s*, et *açmó* de *açma-s*? J'avoue que j'ignore la raison de ces différences, et elles ne me suggèrent qu'une seule observation, c'est qu'elles existent également en sanscrit. Ajoutons que l'état où nous a été transmise la langue zende permet de supposer qu'une déclinaison aussi étendue que la déclinaison imparisyllabique a pu, dans ses diverses parties, suivre des analogies diverses, d'ailleurs peu nombreuses.

L'explication que nous avons proposée pour les nominatifs des suffixes *vañt* et *mañt* s'applique, ce me semble, au mot *zĕm* (terre), dont le nominatif est ڞ *záo*, et l'accusatif ڞ *zăm*. Déjà M. Bopp, dans sa Grammaire comparative, a montré que le zend *záo* devait être pour *zás*, et je n'hésite pas à me ranger à cet avis, quoique l'analyse que je crois pouvoir donner de ce mot diffère essentiellement de celle de M. Bopp [11]. Ce savant, adoptant le rapprochement que j'ai fait des diverses formes *zĕmé*, *zĕmó*, etc., avec le nominatif *záo* et l'accusatif *zăm*, ne doute pas que le *zĕm* zend ne soit le sanscrit *gav*, la gutturale étant changée en *z*, et le *v* en *m* [12]. Il est certainement permis d'admettre que la gutturale peut devenir *z* en passant par la palatale, *gav*, *djav*, *zav*. On a également des exemples, quoiqu'ils soient moins fréquents, du passage du *v* en *m*, et M. Bopp a judicieusement rappelé le zend *mrá*, qui représente le sanscrit *brá* (que l'on pourrait à la rigueur prononcer *vrá*). Mais cet exemple même n'est pas tout à fait concluant dans la question présente, celle de *gav* changée en *zĕm*, parce que le *v* ou plutôt le *b* dont le zend a fait *m* est suivi de la liquide *r*, et que, dans ce dernier cas, la permutation de *b* en *m*, et réciproquement, est beaucoup plus facile; c'est ainsi que le grec a fait, de *amrĭta*, ἄμβροτης et ἄβροτις. Mais en supposant que le changement de *v* en *m* soit aussi fréquent qu'il semble nécessaire de le penser, si l'on veut faire admettre sans contestation le rapprochement de *gav* et de *zĕm*, il restera toujours une difficulté assez grave; c'est la différence du nominatif du mot *záo* (terre), et de *gáus* dans le sens de *bœuf*.

Je remarquerai d'abord, relativement à ce dernier mot, qu'il ne faut pas l'écrire ڞ, comme M. Bopp pense que cela est permis; car *gáos* est une véritable faute de copiste, laquelle ne se trouve, à ma connaissance, qu'une seule fois dans le Vendidad-sadé, tandis que les autres manuscrits, qui la corrigent et la remplacent par *gáus*, ont uniformément, ainsi que le Vendidad-sadé lui-même, la véritable leçon. Cela posé, la ressemblance de *gáus* et de *záo* peut ne plus paraître aussi frappante. Pour moi, j'avoue ne pas comprendre la raison pour laquelle le même mot formerait son nominatif en *gáus* dans le sens de *bœuf*, et en *záo* dans le sens de *terre*. Je sais bien que les accusatifs *găm* et *zăm* sont à peu près identiques; mais ce dernier fait s'explique aussi facilement par l'hypothèse que j'emploie pour l'interprétation du mot *zĕm*. Selon moi, ce monosyllabe est le radical lui-même, et la voyelle *ĕ* bref y représente un *a* sanscrit devant *m*, comme l'admet M. Bopp pour *gav*

[11] *Vergleich. Gramm.* pag. 145. — [12] *Ibid.* pag. 173, note.

devenant *zĕm*. Ainsi que dans le plus grand nombre des mots terminés par une nasale, le nominatif doit se former par le retranchement de cette nasale elle-même, et par l'augmentation de la voyelle qui la précède, de sorte que, de *zĕm* pour *zam*, nous aurons, après l'addition du signe du nominatif, *zá-s*, c'est-à-dire en zend *záo* [13]. Que l'accusatif suive ce thème au lieu de partir de *zĕm*, et qu'on dise *zãm* au lieu de *zĕm-ĕm* par exemple, cela me paraît un fait analogue à celui que l'on remarque en sanscrit même, où l'accusatif ressemble souvent plus au nominatif qu'à tout autre cas. Enfin, j'ajouterai une remarque qui vient, jusqu'à un certain point, à l'appui de mon opinion sur la forme primitive de ce radical; c'est qu'on trouve au génitif singulier ﻣﻮﻣﻌﺺ *zĕmahé*, comme si ce substantif suivait le thème des noms en *a* [14]. Or, dans ce dernier cas, le thème ne peut être autre chose que *zĕma*, lequel vient sans doute primitivement de *zĕm*.

Au reste, c'est au lecteur qu'il appartient de décider entre cette hypothèse et celle de M. Bopp; c'est parce que cette dernière ne m'a pas pleinement satisfait, que j'ai essayé d'en hasarder une autre. Si l'on pouvait acquérir la certitude que *zĕm* fût un radical existant réellement dans la langue zende, plutôt que la transformation de *gó* (et dans les cas indirects *gav*), il resterait encore à rattacher ce radical, soit à un autre mot zend, soit à une racine sanscrite. Or, on a le choix entre le radical *gam* (aller), que nous savons être en zend *djam*, et un autre mot sanscrit très-rare, *djam*, lequel ne se trouve qu'en composition, pour signifier *femme mariée*, vraisemblablement aussi avec l'idée de *mère*. Si le zend *zĕm* était le *djam* du sanscrit जम्पती *djampatí* (mari et femme), *zĕm* désignerait la terre en tant que *génératrice*, à peu près comme l'on a en grec δημήτηρ. Mais je préfère rattacher notre mot zend au radical *gam* (aller). On s'étonnera moins de voir l'idée de *terre* exprimée par un mot qui

---

[13] Le mot *zyáo* (hiver) au nominatif, et à l'accusatif *zyãm*, me paraît suivre l'analogie de *záo* (terre). Ce mot part d'un radical *zim*, qui est le sanscrit *hima*.

[14] Je crois reconnaître ce génitif dans ce passage emprunté au commencement du 1er *fargard* du Vendidad : *Adha zĕmahé maidhĕm adha zĕmahé zĕrĕdhaĕm*. Quoique la totalité de la phrase ne me semble pas parfaitement claire, je suppose que ces mots signifient : « là au milieu « de la terre, là au cœur de la terre. » (Vendidad-sadé, p. 117. Olshausen, *Vendidad*, p. 3.)

On remarquera *maidhĕm* au lieu de *maidhyĕm*, ou plutôt encore *maidhĭm*; le *y* du suffixe s'est déplacé et est retourné à son élément voyelle, d'où l'on a *maidha* au lieu de *madhya*. Je lis *zĕrĕdhaĕm* avec le n° 2 S, pag. 4, au lieu de *zarĕdhaĕm* que donne M. Olshausen d'après les autres manuscrits, parce que ce mot me paraît être la transcription exacte du sanscrit *hrĭdayam*, sauf l'aspiration du *d* propre à l'orthographe zende. Les deux syllabes finales sont devenues *aĕm* par suite de la contraction de *aya* en *aĕ*, et *zĕrĕ* représente le sanscrit *hrĭ*.

signifie *aller*, si l'on pense qu'il en est à peu près de même en sanscrit, où le mot *djagat* (le monde), et au féminin *djagatí* (la terre), vient évidemment de la racine *gam*, par réduplication. En zend, nous voyons déjà sortir d'un autre radical qui a le même sens, c'est-à-dire de *gâ*, un substantif *gâtu* signifiant *lieu*, et nous essayerons ailleurs de rattacher le zend *gaétha* (monde) à un radical signifiant *aller*.

˙ Nous avons promis plus haut de rechercher la raison pour laquelle la voyelle ƹ *é*, quelquefois même ʯ *é* subsistait à la fin du mot *kaç* après la sifflante palatale, et nous avons annoncé que nous pourrions donner de ce fait une double explication. Ce n'est pas sans dessein, comme on va le voir tout à l'heure, que nous avons placé ici l'examen de ces faits, car ils se rattachent très-directement à la question que nous avons traitée dans la présente note, l'absence du visarga en zend, et la persistance de la caractéristique du nominatif qui en est la suite. Mais avant d'exposer les conjectures qu'ils nous suggèrent, nous devons indiquer l'explication qu'a donnée déjà M. Bopp du seul de ces faits qui l'ait frappé. En parcourant le Vendidad-sadé, ce savant a remarqué les deux mots ʯʓʔʓ *kaçé* et ʓʓʔʓ *kaçi*, qui se trouvaient dans une phrase du Yaçna qu'il désirait expliquer; et frappé du rapport de ces deux mots avec le sanscrit *kas* et le latin *quis*, il a cru pouvoir avancer, relativement aux voyelles qui les terminent, qu'elles répondaient à l'iota grec dans *ούποί, έκαποί* [15]. Certainement si cette voyelle était uniformément *i*, il serait très-vraisemblable que cet *i* a quelque analogie d'emploi avec l'iota démonstratif des Grecs. Mais combien de difficultés laisserait subsister encore cette hypothèse! difficultés qui ne paraissent pas avoir arrêté M. Bopp, mais qui, dans notre opinion du moins, nous semblent assez graves. En premier lieu, d'où vient que la caractéristique du nominatif, que nous savons avec certitude être la sifflante dentale, est changée en *ç* palatal dans *kaçé* ou *kaçi*? Nous avons déjà remarqué que ce changement avait lieu dans les nominatifs en ʓʯ *âç;* mais alors le *ç* palatal n'est suivi d'aucune voyelle. Si, comme on a le droit de s'y attendre, la caractéristique du nominatif doit être, sauf le cas des mots en *añt* cités tout à l'heure, la sifflante dentale, que nous rencontrons si fréquemment en zend avec cet emploi, d'où vient que cette sifflante n'a pas été soumise à la permutation régulière de *s* en *h*, précédé ou non précédé de la nasale ʓ *ġ*? Enfin, si c'est *i* qui devait suivre la sifflante *s* précédée de *a*, pourquoi n'a-t-on pas dit *kahi;* et si c'est *é*, pourquoi ne trouve-t-on pas *kaġhé*, en vertu

[15] *Gramm. sanscr.* pag. 327.

de l'analogie du primitif *kas-ê* avec *ya-sê*, que nous avons déjà vu devenir *yêĝhê*?

J'avoue que ces considérations m'empêchent d'admettre l'explication proposée par M. Bopp; elles me paraissent à elles seules faire naître des difficultés insolubles. Mais ces difficultés deviennent plus grandes encore quand on compare entre elles les diverses orthographes des mots *kaçê* et *kaçi*, et qu'on arrive à reconnaître que ces deux dernières orthographes sont certainement les plus rares, et vraisemblablement les moins correctes. Pour que le lecteur puisse se convaincre de l'exactitude de cette assertion, et en même temps pour préparer la solution de ce problème, je crois devoir mettre sous ses yeux les diverses variantes de ces mots, qui ne se rencontrent, à ma connaissance, que trois fois dans le Vendidad-sadé.

> *Vendidad sadé*, pag. 39, ⟨⟩ *Kaçithawãm.*
>
>   *Ibid.*   pag. 41, ⟨⟩ *Kaçéthwãm.*
>
>   *Ibid.*   pag. 42, ⟨⟩ *Kaçê.*
>
> *Yaçna*, n° 6 S, pag. 35, ⟨⟩ *Kaçĕ.*
>
>   *Ibid.*   pag. 37, ⟨⟩ *Kaçĕthwãm.*
>
>   *Ibid.*   pag. 39, ⟨⟩ *Kaçĕthwãm.*
>
> *Yaçna*, n° 2 F, pag. 80, ⟨⟩ *Kaçĕthwãm.*
>
>   *Ibid.*   pag. 85, ⟨⟩ *Kaçĕ.*
>
>   *Ibid.*   pag. 88, ⟨⟩ *Kaçĕthwãm.*
>
> *Yaçna*, n° 3 S, pag. 50, ⟨⟩ *Kaçĕ.*
>
>   *Ibid.*   pag. 53, ⟨⟩ *Kaçé.*
>
>   *Ibid.*   pag. 55, ⟨⟩ *Kaçithwãm.*

Il résulte de cette collection de variantes que, sur douze fois, le mot *kaçê* est écrit sept fois avec un ç *ĕ* bref, ⟨⟩ *kaçĕ;* trois fois avec un ⟨⟩ *é*, ⟨⟩ *kaçé;* et deux fois seulement avec un ﺍ *i*, ⟨⟩ *kaçi*. Il me semble que la conclusion qui ressort nécessairement de ces rapprochements, c'est que l'orthographe ⟨⟩ *kaçĕ* est la plus régulière. Une seconde conséquence plus importante encore qui résulte de la comparaison de nos variantes, c'est que le mot` *kaçĕ*, quelle que soit sa voyelle finale, est joint sept fois sur douze au mot qui le suit, c'est-à-dire à *thwăm* (toi) à l'accusatif. Sur les cas de réunion que l'on remarque dans notre liste, *kaçĕ* est écrit quatre fois avec un ç *ĕ* bref, deux fois avec un ﺝ *i*, une seule fois avec un ﮟ *ĕ*. Ainsi de quelque manière que l'on combine ces données, que l'on considère *kaçĕ* à part, ou qu'on le regarde comme devant être joint au mot suivant, l'orthographe *kaçĕ* doit toujours avoir la préférence, si l'on se décide uniquement d'après la règle souveraine en cette matière, le nombre et la valeur des manuscrits; car (cela n'est pas inutile à remarquer) ce sont les manuscrits les plus anciens, le n° 6 S et le n° 2 F, qui donnent uniformément *kaçĕ*, et les variantes ne commencent qu'avec les manuscrits plus modernes, le Vendidad-sadé et le n° 3 du Supplément.

Cela posé, nous pouvons affirmer que la véritable orthographe de ce mot doit être *kaçĕ*, et que, si l'on trouve deux fois *kaçĕ* et deux fois *kaçi*, cela vient uniquement de la confusion fréquente de ces trois lettres ç *ĕ*, ﮟ *ĕ*, et ﺝ *i*. Nous sommes dès lors en état de tenter en connaissance de cause l'explication de ce mot, laquelle peut, jusqu'à un certain point, être double, suivant que l'on considère la sifflante ç ou la voyelle finale *ĕ*, ou, en d'autres termes, selon que l'on envisage le mot *kaçĕ* isolément, ou dans sa réunion avec le mot suivant *thwăm*. Dans le premier cas, il faut expliquer la présence de la sifflante ç, au lieu de *s*; dans le second, au contraire, c'est celle de la voyelle *ĕ*, qui, comme nous le verrons tout à l'heure, doit être prise en considération.

Or, nous avons déjà fait voir combien il était difficile de regarder ç comme signe du nominatif dans *kaçĕ*, parce que ce signe doit être *s* dental, parce que de plus cette sifflante, précédée de *a* bref, doit se changer en *ŏ*, ou que, si elle vient à être suivie d'une voyelle, elle doit être remplacée par *h*, précédé ou non précédé d'une nasale. Si donc ç ne peut, dans *kaçĕ* envisagé isolément, être considéré comme la caractéristique du nominatif, nous devrons diviser le mot *kaçĕ*, non plus de cette manière *kaç-ĕ*, mais de la manière suivante *ka-çĕ*, de même que nous avons analysé ﮟﻮﻻﻓﻮﻳﻮ *yĕṅghĕ* en *yĕ-ṅghĕ* pour *ya-sĕ*. On ne peut pas dire que le *çĕ* de *ka-çĕ* est le substitut du *sĕ*, que nous supposons dans *yĕṅghĕ* (pour *yasĕ*); car, dans ce dernier mot, *sĕ* ne peut être qu'une marque de pluriel, tandis que dans *kaçĕ* le monosyllabe *çĕ* ne doit pas avoir cette valeur, *kaçĕ* étant un adjectif interrogatif au singulier. On est donc conduit à regarder *çĕ* comme un monosyllabe qui s'ajoute au nominatif de l'interrogatif *ka*, et qui semble répondre au *ce* latin dans *hic-ce*. Ce qui paraîtrait donner quelque poids à ce rapprochement, c'est que l'on trouve, joint à *tchiţ*, le monosyllabe *çâm*, mot rare et peu clair, qui se présente comme un accusatif singulier féminin, ou peut-être comme un accusatif pluriel masculin d'un monosyllabe indicatif *ça*, dont nous avons en quelque sorte la forme absolue dans *çĕ*. Nous verrons, dans le premier chapitre du Yaçna, que ce monosyllabe *çâm*, joint à *tchiṭ*, peut se prêter à la signification du mot composé latin *quicanque*. En poursuivant cette hypothèse, on pourrait même dire que *çĕ* n'est qu'une dégradation de *tcha*, forme sous laquelle se présente, non-seulement dans les langues de la même famille, mais en zend même, l'adjectif interrogatif *ka*.

Reste à expliquer la manière dont ce monosyllabe *çĕ* se joindrait au mot *ka*. Cet adjectif, qui se montre ici sans désinence de nominatif, quoique ce soit réellement ce dernier cas qu'exprime la réunion des deux éléments *ka-çĕ*, a-t-il perdu sa désinence *s*, ou bien ne l'a-t-il jamais eue? Pour résoudre cette question, nous remarquerons qu'en général, quand un ou plusieurs monosyllabes, ayant une valeur déterminative, se joignent à un mot de la classe de ceux qu'on appelle *pronoms*, l'addition de ces monosyllabes n'empêche pas le pronom de prendre ses désinences ordinaires, je dois dire, nécessaires. Les monosyllabes adjoints suivent de plus le pronom dans tous ses cas, de sorte que l'on a en latin, par exemple, *hicce, huncce, hosce*, etc. L'analogie seule nous porte donc à admettre que l'adjectif interrogatif *ka-çĕ* doit, s'il est régulièrement formé, porter une désinence de nominatif, et que si, dans l'état actuel du mot, nous ne retrouvons plus cette désinence, c'est qu'elle a disparu sous l'influence de quelque loi euphonique, qu'il serait intéressant de connaître. Cette loi est peut-être celle que nous avons déjà indiquée, savoir, que deux sifflantes, et, d'une manière plus générale, deux consonnes identiques ne se rencontrent jamais en zend dans le même groupe. Nous reviendrons sur ce fait dans une note spéciale où nous examinerons la nature et la composition des groupes des consonnes en zend. Il nous suffira, pour le moment, d'alléguer un seul exemple en preuve de l'existence de ce principe. Cet exemple nous sera fourni par le mot ᚷᚴᛚᛗᚢ *uçtânĕm*, auquel je ne puis attribuer d'autre signification que celle d'*existence*. En effet, j'y remarque d'un côté *çtânĕm*, que nous avons vu exister à part en zend, et y représenter le sanscrit *sthânam*; et de l'autre ᚴ *uç*, ou bien ᚴ *us*, que nous avons vu, avec une égale certitude, répondre au sanscrit *at*. D'après cette analyse, le zend *uçtânĕm* revient, quant aux éléments dont il est formé, au sanscrit *ut-sthânam* (dont on a fait, par la suppression de la sifflante, *utthânam*), et quant à sa signification, au latin *existentia*, mot dont les parties composantes, *ex* et *stare*, ont exactement la même valeur que les mots zends *uç* et *çtá*. Mais si cette analyse est exacte, il faut admettre que l'une des deux sifflantes, celle de *uç* ou bien celle de *çtáněm*, a disparu dans la rencontre de ces deux mots, et que l'une des deux, vraisemblablement la première, s'est fondue dans la seconde. Maintenant, si nous revenons à *kaçě*, ne pourrait-on pas supposer, si toutefois *çě* existe réellement dans la langue, que la sifflante caractéristique du nominatif a disparu devant celle de *çě*, et que *ka-çě* est pour *kas-çě* ou *kaç-çě*, comme *uçtána* est pour *us-çtána* ou bien *uç-çtána*?

Cette explication, que j'ai longtemps regardée comme la véritable, serait certainement à l'abri de tout reproche, si le monosyllabe *çě* se trouvait dans d'autres cas qu'au nominatif *kaçě*. Il semble en effet que si ce mot *çě* existe en zend, et que s'il a pour destination de donner au pronom qu'il accompagne un degré de détermination plus marqué, il doit être en usage avec tous les cas du pronom interrogatif *kas*. Cependant je ne l'ai jamais trouvé qu'avec le mot *ka* employé comme nominatif, circonstance qui me paraît faite pour inspirer quelques doutes sur la réalité de l'existence du monosyllabe *çě*. Je suis en outre frappé de cette particularité singulière, que le mot *kaçě*, sur sept fois qu'il est écrit ainsi, est réuni quatre fois au mot suivant *thwâm*. L'explication que nous avons donnée tout à l'heure de *kaçě* ne rend aucunement compte de la réunion de *kaçě* et de *thwâm* en un seul mot. Il y a plus, le principe de cette explication et la cause de la réunion de ces deux mots sont en contradiction formelle; car, dans une langue qui ne fait pas un usage plus fréquent du *sandhi* que le zend, il faut reconnaître que s'il y a fusion de deux mots en un seul, ce ne peut être que sous l'influence de l'accent, et qu'ainsi ce sera entre des mots dont l'un sera enclitique ou proclitique à l'égard de l'autre, et particulièrement entre des monosyllabes, que devra s'opérer le fait de cette réunion. Or, outre que *kaçě* n'est pas un monosyllabe, il semble que l'addition même de la particule *çě* à l'adjectif interrogatif *kaç*, apocopé en *ka*, a suffi pour douer ce mot d'un accent propre, à peu près comme le *ce* latin, qui, s'ajoutant au pronom *hic*, en change les conditions relativement à l'accent. Il résulte de là que la réunion en un seul mot de *kaçě* et de *thwâm* est tout à fait inexplicable dans notre première hypothèse; et cependant cette réunion même est le cas le plus fréquent de l'emploi de *kaçě*, puisque nous rencontrons, sept fois sur douze, ce mot joint au suivant *thwâm*.

Or cette particularité, qui fait difficulté dans notre première explication, contient elle-même le principe de la seconde, de celle que nous allons exposer. En effet, si la comparaison des manuscrits nous autorise à admettre que le mot *kaçě* n'est régulièrement employé avec cette orthographe que quand il est joint au pronom *thwâm*, il semble nécessaire de regarder *kaçĕthwâm* comme deux mots réunis, parce que l'un est enclitique ou proclitique à l'égard de l'autre. Cela posé, la voyelle *ĕ* n'est plus une finale du pronom *kaçĕ*, mais seulement un *scheva* fait pour faciliter la prononciation du groupe *çthw*, de sorte que nous diviserons le mot *kaçĕthwâm* en *kaç-ĕ-thwâm*. Le second monosyllabe est joint au premier, vraisemblablement en qualité d'enclitique; et quant à l'insertion de la voyelle très-brève *ĕ*, elle est, selon toute apparence, d'invention moderne, et elle paraît due à un besoin presque exagéré de représenter par l'écriture toutes les nuances de la prononciation. Mais d'où vient que *kaç* (quis) a repris la sifflante caractéristique du nominatif, au lieu de la changer, avec l'*a* qui précède, en *ô*? Et pourquoi, cette sifflante une fois rappelée, a-t-on choisi la palatale *ç* de préférence à la dentale *s*, qui est la désinence primitive du nominatif? On s'explique bien que cette sifflante devienne *ç* devant une palatale, lettre de même ordre qu'elle, mais cette raison ne paraît plus valable quand il s'agit du *th*. Ces objections peuvent, il est vrai, arrêter un instant; cependant je ne les crois pas invincibles. Si l'on a dit *kaçĕthwâm* (pour *kaçthwâm*), c'est par la raison même que l'on disait *kaçtcha* et *yaçtcha;* ces deux faits partent du même principe, savoir, que certains monosyllabes sont considérés en zend comme enclitiques ou proclitiques. La particule *tcha* est de la première espèce; les pronoms peuvent être, suivant les circonstances, de l'une ou de l'autre. Mais après tout il importe peu que, dans *kaçĕthwâm*, *kaçĕ* soit proclitique ou *thwâm* enclitique. Ce qu'il faut remarquer, c'est que la position nouvelle dans laquelle se trouve placée la caractéristique du nominatif par suite de sa rencontre avec une consonne, la soustrait aux changements qui n'eussent pas manqué de l'altérer, si elle fût restée finale. Voilà pourquoi on a *kaçĕthwâm* (pour *kaçthwâm*) et non *kôthwâm* (qui cependant se trouve une fois au ɪxᵉ chapitre du Yaçna); car *ô*, en tant que permutation de *as*, n'est possible en zend qu'à la condition d'être final; sitôt qu'une circonstance quelconque rend *as* médial, quand surtout *as* doit tomber sur une consonne, la sifflante reparaît. Ce principe une fois admis, il n'est plus difficile d'expliquer le choix de la sifflante palatale au lieu de la dentale. Nous n'avons pour en rendre compte qu'à nous référer aux éclaircissements que nous avons donnés dans la note K, sur l'attraction de la sifflante palatale pour la voyelle *a*, et sur sa persistance devant une dentale. La consonne de *thwâm*, quoique aspirée, n'en appartient pas moins primitivement à l'ordre des dentales; d'où il résulte qu'on peut écrire *kaçthwâm*, et avec le *scheva*, *kaçĕthwâm*, comme on écrit *açti* plutôt que *asti*.

C'est par la même explication que je rends compte de ﺟﻭﺳﻣ *kaçté* (quis tibi), que nous rencontrerons deux fois dans le Yaçna[14], et de ﺟﻭﺳ *kaçnâ* (quis homo), qui se trouve également dans le même livre. De part et d'autre, les mots *té* et *nâ* semblent attirés par l'adjectif interrogatif *kaç* (pour *kas*), qui, s'il restait seul, et s'il n'obéissait pas au mouvement qui le porte à s'unir à *té* et à *nâ*, s'écrirait *kô*. On n'a besoin, pour se convaincre de l'exactitude de cette remarque, que de comparer l'expression *kô narô* (quis homo) avec *kaçnâ*, qui a le même sens. Dans le premier cas, *narô* est le nominatif singulier masculin du dissyllabique *nara* (homme); et par cela même que ce mot a deux syllabes, il ne peut céder à l'attraction qu'exerce l'adjectif interrogatif qui le précède; *kas* reste donc isolé, et dès lors soumis à la règle du changement de *as* en *ô*. Dans le second cas, au contraire, *nâ*, nominatif de *nĕrĕ* (en sanscrit *nrï*), n'oppose pas la même résistance, et il s'unit avec *kas*, qui, grâce à sa rencontre avec *nâ*, conserve entiers tous les éléments qui le composent, et change seulement sa sifflante dentale en la sifflante palatale, que recherche *n*.

Pour terminer ces remarques, je citerai un seul exemple de *kaçnâ*; l'analyse du passage où je le trouve me paraît mettre hors de doute les faits que j'ai cherché à établir tout à l'heure. Au XLIIIe chapitre du Yaçna, parmi les questions que Zoroastre adresse à Ormuzd, on remarque la suivante : ﺟﺳﻣﻭﺳ ﺟﺳﻣ

ﺟﺳﻣ ﺟﺳﻣﻭﺳ ﺟﺳﻣﻭﺳﺟ ﺟﺳﻣﻭﺳ ﺟﻣﻭﺳﺟﻣ

ﺟﻣﻭﺳ ; ce qui signifie, selon Nériosengh, को जनने: पिता पुण्यस्य (sic) प्रथ

मं किल सद्यापारत्वं कस्यके क:सूर्यस्य तारकानां च ददौ पद्ववीं किल मार्गं तेषां

को ददौ ॥ [17]. Il est remarquable que Nériosengh ne traduise que la moitié du mot *kaçnâ*, et qu'Anquetil fasse de même dans la version suivante, dont la fin est un peu bizarre : « quel est le premier père pur qui a engendré? qui a donné « de lui-même les astres qui ne sont pas à deux faces [18]? » Je ne doute pas cependant que *nâ*, dans *kaçnâ*, ne signifie *homme*, ainsi que dans d'autres passages du Vendidad où il est employé isolément. Mais je pense en même temps que la réunion du mot *nâ* et du pronom interrogatif n'ajoute pas à ce pronom une notion bien précise, et que ces mots : « quel homme » signifient seulement « quel est « celui qui? »

Parmi les mots qui composent ce texte, plusieurs sont très-intéressants; mais

---

[14] *Vendidad-sadé*, pag. 171 et 363.

[17] *Vendidad-sadé*, pag. 351; ms. Anq. n° 2 F,

pag. 283; n° 6 S, pag. 159; n° 3 S, pag. 180.

[18] *Zend Avesta*, tom. I, IIe part., pag. 190.

il nous suffira en ce moment d'appeler l'attention du lecteur sur le plus remarquable, parce que les autres seront plus tard examinés en détail. Ce mot est *patá*, que Nériosengh et Anquetil s'accordent à traduire par *père*. C'est, selon moi, exactement le grec et le latin πατήρ et *päter;* le sanscrit *pitá,* en changeant la voyelle *a* en une voyelle plus légère *i* (particularité que nous remarquerons également dans quelques mots zends), me paraît moins ancien que *patá.* Ce substantif zend a sa première voyelle brève, comme le latin et le grec, ce qui est certainement une coïncidence remarquable. Il est à regretter que ce substantif ne soit pas plus communément employé, et qu'on soit ainsi privé des moyens d'en déterminer les diverses formes; toutefois celle que je cite en ce moment me paraît pouvoir être admise comme tout à fait authentique [19]. Un autre mot non moins curieux et non moins rigoureusement déterminé est *adhvánĕm*, mot dont Anquetil, et vraisemblablement avant lui les Parses, ont tout à fait méconnu le sens. C'est sans contredit le sanscrit *adhvan* (route). Au reste, nous traduirons le passage précité de la manière suivante : « quel est le premier père de la création « pure? qui a montré leur route au soleil et aux astres? »

[19] Le mot *patá* (père) se trouve encore dans le *Vendidad-sadé,* pag. 359, 385. On trouve à l'accusatif *patrĕm,* pag. 211 et 357. Les n⁰ˢ 6 S, pag. 122 et 165, et 2 F, pag. 217 et 299, lisent uniformément et mieux *patarĕm,* dans ces deux passages; le n° 3 S a seul une fois *patárĕm.* Ces leçons me paraissent préférables à celles de *pitó, paitarĕm* et *paiti,* que l'on rencontre avec le sens de *père.* La dernière surtout est très-douteuse; elle fait penser à une confusion du mot *père* avec celui qui signifie *maître* et *mari.* Mais si *paiti* doit être pris dans ce dernier sens, on a lieu de s'étonner qu'il ne porte pas le signe du nominatif *s.* Je remarquerai à cette occasion que l'absence de cette sifflante dans le mot *ármaiti* m'a fait considérer ce substantif comme le féminin d'un adjectif en *at.* (Voyez ci-dessus, chap. I, § II, pag. 157.) Mais j'ai depuis acquis la certitude que si le nominatif de ce nom difficile se prêtait quelquefois à cette explication, on trouvait aussi souvent un autre nominatif *is,* qui ne peut être que celui d'un mot formé avec le suffixe *ti.* C'est au thème ainsi terminé que se rapportent tous les autres cas de ce mot que je rencontre dans les textes; dat. sing. *tĕĕ,* gén. *tóis,* voc. *ti* et *tí,* nom. plur. *tayó.* Le nom. en *í* et l'acc. en *ím* peuvent seuls se rattacher à un thème en *i;* mais, en premier lieu, il y a souvent une confusion entre *i* bref et *í* long final, et cette dernière forme n'est quelquefois que le vocatif du mot en *tis;* et secondement, *ím* est aussi bien l'accusatif d'un nom en *í* que d'un nom en *t.* La modification que la présente note apporte au passage du chapitre I de notre Commentaire, auquel nous renvoyons, est d'autant plus nécessaire que, les noms dont le thème est en *at* faisant au féminin *ati* (qui est primitivement *atí*), on pourrait croire que cette classe de noms fait son dat. sing. en *ĕĕ,* ce qui serait faux, puisque les noms en *t,* auxquels appartiennent les féminins en *ati, vati, mati,* font leur datif exactement comme en sanscrit (*yái*). En résumé, on doit considérer *ármaiti* comme un féminin formé avec le suffixe *ti;* mais je ne connais pas encore les éléments de ce mot, où il semble qu'on puisse trouver *mati* (pensée). Employé comme nom d'un Amschaspand, ce mot rappelle peut-être le nom propre persan *Amestris.*

Lightning Source UK Ltd.
Milton Keynes UK
UKHW022130050820
367766UK00008B/238